高校建筑类专业参考书系

The reference book series for the major of architecture in universities

国家自然科学基金资助项目（40971085、40501023）

# 城市社会的空间视角

冯 健 主编

中国建筑工业出版社

**图书在版编目（CIP）数据**

城市社会的空间视角/冯健主编. —北京：中国建筑工业出版社，2010.9（2024.4重印）
（高校建筑类专业参考书系）
ISBN 978-7-112-12409-1

Ⅰ.①城… Ⅱ.①冯… Ⅲ.①城市地理学：社会地理学 Ⅳ.①K901

中国版本图书馆CIP数据核字（2010）第168965号

责任编辑：李　东
责任设计：赵明霞
责任校对：马　赛　关　健

高校建筑类专业参考书系
城市社会的空间视角
冯　健　主编
*
中国建筑工业出版社出版、发行（北京西郊百万庄）
各地新华书店、建筑书店经销
北京嘉泰利德公司制版
建工社（河北）印刷有限公司印刷
*
开本：787×1092毫米　1/16　印张：23¾　字数：592千字
2010年10月第一版　2024年4月第二次印刷
定价：**68.00**元
ISBN 978-7-112-12409-1
（42371）

# FOREWORD 前言

## 如何开展城市社会地理研究

这是一本写给学生的书，尤其是初学做研究的本科生和研究生，目的是教大家如何独立开展一项完整的城市社会地理学研究。

从 2004 年开始，我在北京大学为高年级本科生开设“城市社会地理学”选修课，至今已有 6 个年头。在教学实践中，构建基于中国研究实践的城市社会地理学教学体系是头等大事。众所周知，目前国内尚没有出版城市社会地理学教材，尽管西方学者诺克斯和平奇所撰写的《城市社会地理学导论》一书已译成中文并在商务印书馆出版，但它根植于西方的文化背景和哲学意识，中国学生读起来往往一头雾水，读后收获甚微，仍然没有学会如何开展类似研究。

因此，我开始构思把城市社会地理学这个课程当作一个平台，在这个平台上手把手地教会学生如何独立开展一项城市社会地理研究，这可能比教他们具体的知识更有用。这就是这门课程的基本教学思路。

我大概安排 1/3 的课时讲授基本理论、方法和研究技能，包括：西方城市社会地理学的研究进展，西方各种哲学思潮及其在地理研究中的应用，城市社会调查方法以及论文的写作技巧。第二个 1/3 的课时，集中安排三次讨论课，包括：选题讨论、中期汇报和期末汇报。

在课程的一开始，我就告诉学生要构思选题，总体原则是结合自己感兴趣的北京某种城市社会现象或社会问题开展调查，最好是有一定的了解或有一定基础的问题，有校长基金的同学尽量结合基金课题来做（尽管有些校长基金的“法定导师”并不是我）。选题最好属于空间问题，与空间无关但意义突出的选题也受到鼓励。在开课一个月后，进行选题讨论。在选题汇报时，要求同学围绕论题的相关研究进展、研究背景、研究方法和思路、初步的研究框架以及预期研究目标等方面做一些准备并汇报自己的想法，供大家讨论。经过师生的共同努力，同学的选题会更加成熟，思路也会更加清晰。当然，也有少部分同学的选题没有通过或被否定，还要更换题目，并重复上述过程。选题汇报结束后，鼓励和监督同学按照设想的思路开展调查，在调查分析过程中遇到问题随时可以向老师请教。

经过约两个月的时间，在同学已经开展了一定的调查，有初步发现的时候，要准备中期汇报。中期时，要求同学对调查中的发现和初步结论进行总结，应形成成熟而详细的研究提纲，部分环节要有初步的研究结论和看法，要明确目前研究过程中遇到哪些障碍，还存在什么困难和问题，下一步的研究打算等。老师要重点解答学生的疑问，鼓励学生克服畏惧心理，把研究进行下去，尤其是对于调查开展不下去的情况，要把准“脉”，找出问题所在和解决办法。

再经过一个月的时间（学期末），要进行期末汇报，要求学生基本完成研究，形成结论。前两次讨论可以不限制时间，但第三次讨论要严格控制时间，训练学生如何在有限的时间内把最精彩的内容表达出来，实际上是在模拟毕业论文答辩过程。老师不仅要继续对学生的研究内容进行指导，还要对学生在台上的表达方式和技巧等进行现场指导。在期末考试结束后，学生要递交课程论文。

在三次讨论课的中间，安排本课程的另外 1/3 的内容，讲授我自己所开展的有关中国城市社会空间的系列研究。目的是让学生体会如何在已有文献的基础上寻找创新点，如何提出研究问题，如何开展实证研究以及如何成文和突出重点。由于我针对中国城市社会空间的实证研究已形成体系，故这一点并不困难。

经过上述过程的训练，在“手把手”式教学的基础上，学生才能完成一项属于自己的研究并形成真正意义上的论文。当然，这个过程对学生来讲并不轻松，甚至有些痛苦，但只有完成这种痛苦的“蜕变”，学生才能体会到科研的酸甜苦辣，才能真正实现由知识的学习向科研创造的转变。坚持完成上述过程并认真开展调查和论文撰写的同学几乎都有类似体会。一位同学在期末汇报结束后说，他发现自己完成了一个飞跃，因为他第一次上台讲时，啰哩啰嗦地讲了 40 多分钟，不但不得要领，还紧张地出了一身汗，但第三次上台讲时，他已能轻松自如地在规定时间内把最精彩的东西展现给大家了。不少同学都认为这门课对他们产生了很大影响。2007 年，本科生肖丹和詹韵基于她们的课程论文，完成了“北京四合院地区老年居民交往活动的空间特征调查报告”，获当年全国城市规划专业社会调查报告一等奖，也是对本课程教学方法的一个肯定。在教学上，我强调不与人同，强调形成自己的特色，现在看来，这个目标基本实现。

在城市社会地理学的研究上，经过十多年的实践探索，渐渐形成了一些有针对性的治学思想，这些思想在本书上篇的各章内容中都有所反映，在此不妨归纳于下，供大家参考。

糅百家之长。文艺的学习强调“取法乎上”。城市社会地理也是一样，多看高水平的论文和著作，直接向高水平的国外英文论文学习，除了城市地理方面的论文外，多看人文地理其他分支学科的论文，多看人类学、社会学方面的著作。我有时还浏览自然地理学、生态学甚至第四纪地质学等专业的论文，分析其图件的制作形式，以汲取营养。除了英文的著作以外，有时还浏览日文著作，常有受益之处。

解剖麻雀。麻雀虽小，五脏俱全。强调以小见大，以点带面。这是社会人类学常用的方法，基于一个村子的调查可以写成一本很好的书。对象虽小，但不一定不重要，要从“小对象”中反映“大背景”，揭示“大问题”。

讲故事。包括两方面的含义：一方面，强调选题的趣味性，强调对引人入胜的论题的研究；另一方面，别老是“板着脸说话”，强调通过个人的生活史以及个体的“述说”把故事讲透，把严肃的问题以生动有趣的方式交代出来，而同样达到较好的学术效果。

从空间中解脱出来。对于地理学的“空间”，我主张让学生分两步走：第一步，要走进空间里去，即学会运用空间的视角来分析问题，学会空间分析的本领；第二步，要从空间中走出来，要勇于超越“地理”和“空间”的约束，因为空间并不总是最重要的，有时还可能成为约束甚至障碍。选择正统的“空间”问题做研究固然好，但更多的时候可以考虑把“空间”作为一种分析视角，或分析问题的一个方面。

摆脱定量崇拜。定性、定量殊途同归。定量研究不是目标，而是研究手段之一，不要为了定量而定量，更不要成为数据的“奴隶”，要做到数据“为我所用”，认识到数据是我的“奴隶”。定性研究手段也可以达到预期的研究目标。定量有定量的优势，定性有定性的好处。

强调理论定位。对于学术研究而言，理论是高贵的传统，通过理论上的讨论和强调理论贡献来提升论文的层次。

总体而言，本书是一本教学生如何开展城市社会地理研究的“实战”录。除了介绍城市社会地理的理论、调查和研究方法以外，还从宏观和微观城市社会空间研究两大方面，收录了 20 篇论文，供研究城市社会地理论文写作者参考使用。这些论文，除了我和我的合作者们的几篇作品以外，都出自我所指导的学生之手，绝大多数来自北大的城市社会地理学课堂，少数系我指导的本科毕业论文，也秉承同样的教学思想。

本书的分工如下：上篇由冯健负责撰写，中篇和下篇的各篇论文都分别以脚注的形式注明了作者，各篇论文文责自负。全书由冯健拟定提纲并负责统稿，研究生吴芳芳协助书稿的校对工作。

感谢北京大学的老一辈学者、恩师周一星教授和胡兆量教授一直以来的支持和帮助。两位先生的学术思想博大精深，欲把其发扬光大，还有待于将来我和我的学生们的共同努力。感谢陈彦光副教授，经常性的学术讨论，受益匪浅。同时，还要感谢北京大学另一位城市社会地理学者、同事柴彦威教授，长期的共事使两人的城市社会地理研究形成明确分工：柴教授偏重于空间行为和时空间结构，我偏重于空间统计和空间形态；柴教授注重与行为学和时间地理学的交叉，我则强调与社会人类学和人口地理学的交叉；而近年对个体的关注和对质性研究方法的强调则是两人共同的特点，所谓“英雄所见略同”。

感谢国家自然科学基金委员会的资助，本书也是我所主持的国家自然科学基金项目（40971085、40501023）的一个教学研究成果。最后，还要感谢中国建筑工业出版社，感谢责任编辑李东女士，她的辛勤劳动保证了本书的高质量面世。

冯　健

2009 年秋

于北京时雨园新居

CONTENTS 目录



## 上篇 教学研究方法
## 城市社会地理理论与研究方法

## 中篇　教学研究实践Ⅰ
## 宏观城市社会空间研究

## 下篇　教学研究实践Ⅱ
## 微观城市社会空间研究

## 附：全国城市规划专业社会调查报告一等奖作品（2007年）

Exordium

# 上篇　教学研究方法

# 城市社会地理理论与研究方法

# 1 城市社会的空间视角：理论借鉴

ONE

从空间的角度研究城市社会是城市社会地理学的独特视角。城市社会地理学实际上是城市社会学与地理学的交叉学科，是城市地理学的重要组成部分。它比城市社会学更贴近城市规划，它的“空间”概念既没有脱离实体空间，即没有游离于实体和设施空间之外，又偏重对居民活动和生活空间层面的研究，可以说自成体系。这种视角对于了解和理解城市十分有效，尤其是在宏观层面的针对整个城市的空间统计分析和微观层面的针对居民所受到的空间约束分析方面，它能揭示出明确的规律性和重要特征，为科学而合理地认识城市提供基本素材，为城市规划提供依据。实际上，现代城市规划倡导公众参与的理念，对于居民活动空间的解读正是实现“以人为本”的基础。因而，城市社会地理学的空间视角可以实现对城市规划空间概念的有效补充。

本章拟对城市社会地理学的相关理论进行介绍，其中一部分理论可以追溯到城市社会学的早期阶段。这些理论可以丰富我们的视野，为开展中国城市社会地理学的实证研究提供借鉴。

## 1.1 芝加哥学派与古典城市生态学理论

芝加哥大学在美国建立了第一个社会学系，包括文森特、托马斯、帕克、伯吉斯等在内的一批著名学者先后在这里任教，形成了一支强大的研究团队。20 世纪 20 年代以后，在帕克的带领下，芝加哥大学社会学系形成了以研究城市问题为中心的社会学研究群体，这就是著名的“芝加哥学派”。芝加哥学派的突出特点是把城市作为研究重点，其贡献在于对新兴的芝加哥城市的社会问题开展实证研究，开创了美国社会学经验研究的传统（彭华民等，2006）。

帕克是芝加哥学派的代表人物，他对城市社会问题有浓厚的兴趣，其最重要的贡献是创立了“人类生态学”理论。1926 年，帕克撰写了《城市：都市环境中人的行为研究建议》，被认为是芝加哥学派形成的标志。帕克认为，城市分析类似一个生态过程，他把城市看做是一个有机体，城市的发展过程就像生物为生存而适应或改变环境的生态过程一样，生态过程的核心是对有限资源的“竞争”，竞争导致各种支配形式，并促成高度复杂的劳动分工，从而形成各种特定的组织形式。他还认为，城市分析是一个空间改变和重组的过程，是一个文化过程。城市在从中心向外扩张的过程中，分化成不同的自然区域，这个过程包括人口的集中与扩散，功能的中心化与去中心化，分异、侵入和演替等。

伯吉斯是芝加哥学派的另一位重要学者，他的主要贡献是对社会发展与现代城市空间扩张的内在关系作了开创性的分析。伯吉斯曾提出著名的“同心圆”模型（下文将有详细介绍），用于描述 20 世纪 20 年代芝加哥的社会空间结构，其核心思想是：城市的持续发展源于人口压力，

它引发了中心集聚化与贸易分散化的双重过程，空间资源的竞争将新的活动吸引到城市中心，但也将其他活动驱赶到边缘地带，城市发展就是那些在城市中心地段竞争中的失败者重新定位于边缘地段的过程。城市发展依据竞争进行分配，竞争的结果导致空间与功能的区分，城市最终成为以高度集中的中央商务区为中心，并为其他四个功能不同的区域如居住、通勤等同心环带所环绕的同心圆结构（向德平、章友德，2005 年）。

沃斯是帕克的学生，也是芝加哥学派的代表人物之一。他分析和总结了以前城市社会学家的理论和观点，研究了社会学所积累的大量描述城市现象的材料，建构了系统的城市社会学理论。1938 年，沃斯发表了《作为生活方式的城市性》的论文，把城市特有的生活方式叫做“城市性”，认为人口规模、人口密度和人口异质性三个因素及其相互间的关系导致城市性的发展。

## 1.2 韦伯学派和新韦伯主义城市理论

韦伯学派关注城市资源分配不平等、社会冲突与权力分配等问题，其重要概念包括（顾朝林，2002）：①强调社会结构中的个人行为，认为个人行为在社会结构中是相对自主的；②社会行为理论，认为人的社会行为可以分为感性行为、传统行为和理性行为；③阶级理论，认为社会分层包括三类，即阶级、社会地位和权力，提出“财产阶级”（Property Class）和“后致阶级”（Acquisition Class）的概念，将对社会不公平的讨论从传统上着眼于工作岗位或劳动力市场所衍生出的不平等扩展到住房和城市资源分配的问题上。

20 世纪 70 年代以后，在芝加哥学派城市理论与韦伯社会学的重要概念及方法的基础上，以分析和解释与城市空间客体相对应的社会现象为目标，把城市视作一个“社会—空间”系统的新韦伯主义得以崛起。新韦伯主义城市理论主要包括两个方面，即雷克斯和摩尔的“住房阶级”理论和帕尔的“城市经理人”理论。

住房阶级理论将城市视作一个空间结构与社会结构合二为一的特殊体，其理论的前提假设是城市在某种程度上拥有一个趋于一致的地位—价值判断系统，人们会对稀缺的住房资源进行争夺，可能由此产生冲突。个人获取稀缺住房资源主要是通过市场竞争机制和科层制的分配机制两种途径。住房阶级理论将城市居民分为 5 种类型：①通过现金购买方式拥有属于自己的住房并住在最令人满意的地区的居民；②通过信用贷款方式拥有属于自己的住房并住在最令人满意的地区的居民；③住在政府兴建的公共住房的居民；④通过抵押贷款等方式拥有属于自己的住房，却住在不太令人满意的地区的居民；⑤租住私人住房，住在不太令人满意的地区的居民。在稀缺和普遍期望的住房分配过程中，处在不同的住房等级序列中的不同群体不可避免地会发生斗争和冲突，为获得稀缺住房资源而展开的斗争被视作另一种形式的阶级斗争。住房阶级理论将住房研究与主流社会学关注的资源分配不平等和阶级斗争的传统紧密结合在一起，试图说明城市的空间结构和社会组织是如何通过住房分配体系联系在一起的（蔡禾、张应祥，2003）。

城市资源的分配并非完全取决于自由市场，部分资源是通过政府的科层制架构去分配的。换言之，城市资源的不平等分配模式并不是由空间或区位决定的，而是那些在社会系统中占据重要位置的个体的行为后果。各种守门人（Gate Keepers）或城市经理人（Urban Managers）决定着不同类型的城市稀缺资源在不同人群中的分配。经过对理论的不断完善，帕尔把城市经理人发展为一个“参与变量”，扮演着协调私人部门利益与社会需要、中央政府政策与地方民众要求之间关系的角色。帕尔还指出，应将对城市经理人的研究与国家角色及职能的转变联系起来，在城市研究中发现国家。

## 1.3 马克思主义学派和城市空间的政治经济学理论

第二次世界大战以后，城市社会学在理论取向和概念系统方面发生重大转变，针对古典城市生态学忽视政治和经济制度作用的缺点，城市研究中开始引入社会变量，如针对阶级、种族、性别等进行分析，并运用全球化的视角进行观察，这些新思想源自马克思主义（向德平、章友德，2005），实际上是把城市政治经济学引入城市社会学。

法国马克思主义学者列斐伏尔是城市空间政治经济学理论分析的创始人。列斐伏尔对城市理论的思考包括：将已有的城市理论和城市实践批判为意识形态，意识形态的作用正是要确保对被压迫和被剥削的认同；已有的城市理论及其所支持的城市规划是把城市空间当作一种纯粹的科学对象，是一种技术统治论，忽视了塑造城市空间的社会关系、经济结构和不同团体间的政治对抗；城市空间是政治的，是资本主义的产物，应该考虑一种在资本主义社会里空间被生产以及生产过程中矛盾如何产生的理论。

列斐伏尔认为要由关注空间中事物的生产转向空间本身的生产，其结果是现代经济的规划倾向于成为空间的规划，都市建设计划和地域性管理只是这种空间规划的要素。列斐伏尔提出著名的“空间是社会的产物”的论断，有学者根据列斐伏尔的著述总结了这一论断的理论内涵（于海，2005），具体包括：①物理的自然空间正在消失；②任何一个社会，任何一种生产方式，都会生产其自身的空间，故空间包含了多重关系，每一个都有其指派场所，这些可归为权力关系的生产关系表征，也显现于空间中；③理论复制了空间的生产过程，如果说空间是一种产物，我们对空间的知识必定被期望去复制和解释该生产过程，要从关注空间中的事物转向关注空间的实际生产；④生产力和生产关系在空间的生产中发挥作用，每一种生产方式都有其自身的独特空间，从一种生产方式转向另一种生产方式必然伴随着新空间的产生。

哈维是马克思主义学派中另一位产生重要影响的学者。哈维是一个马克思主义学者，认为只有马克思主义才能建构起对资本主义城市过程这一复杂而丰富的对象科学而全面的认识。他认为城市过程具有辩证特征：一方面，时间和空间塑造城市过程，另一方面，城市过程也在形塑城市空间和时间。哈维运用马克思主义的资本范畴，将城市看成是资本积聚和循环的空间节点，基于资本主义生产本质，资本积聚、资本流通、资本循环和资本增值也是城市过程的动力学原则。在资本的城市化过程中，资本是如何按照自己的意图来生产和形塑城市这个人造环境的以及资本城市化使得城市空间的生产负载上了资本主义生产的矛盾是哈维城市理论的重要主题。哈维还认为，伴随资本城市化的是社会关系的城市化以及围绕城市而展开的各种阶级斗争。

城市空间政治经济学理论反映了“二战”后西方城市社会变化的现实，强调要将城市空间置于资本主义生产方式下来考察，强调城市空间在资本积累和资本循环以及资本主义生存中的功能和作用，注意分析世界政治经济因素对城市社会变迁的影响以及将城市空间过程与社会过程结合起来分析（蔡禾、张应祥，2003），对于城市社会学理论的发展作出了重要贡献。

## 1.4 全球化与信息化城市理论

全球化（globalization），即经济全球化，最早由美国经济学家拉维特于 1985 年在《市场全球化》一文中提出，用来形容前 20 年间国际经济的巨大变化，即商品、服务、资本和技术在世界生产、消费和投资领域中的扩散。另一位学者麦格鲁形象地形容“全球化”为“发生在地球某一地方的事件、活动、决定等，会给遥远的另一地方的个人与社群带来重大的影响”。无可置疑的是，在经济力量和技术力量的共同推动下，世界的城市正在被塑造成一个可以共同分享的社会空间。

在全球经济转型以及空间重组的条件下，新的国际劳动地域分工正在形成，不同城市在占据不同位置的同时，其发展也在渐趋全球化。城市的发展也带来了社会空间的破碎化，城市的分裂化和城市社会的不平等发展。全球经济和城市空间重组的过程中，对不同社会群体也产生了不同的影响：部分资本家可通过经济转型而扩大本地或海外投资，专业及技术人员能从经济重组中获取更高的工资，非技术工人、家庭主妇等会因经济转型而失业，或转向一些低收入、不稳定的工种，居于城市中心的低收入家庭也会因空间重组或绅士化而丧失家园，而居于偏远新区的低收入住户的需求也会被主流社会所遗忘（顾朝林，2002）。

以互联网技术为代表的信息技术革命正在拉开信息时代的序幕，信息化城市的崛起成为必然。在《信息化城市》一书（崔保国等译，2001）中，卡斯泰尔（1989）提出，新信息技术正以全球性的工具——网络整合世界，在这个过程中，城市会失去原来的城区概念，突破原有的物理空间，向郊区拓展，由信息网络构成的流动空间正逐渐取代原有的城市空间。在流动空间中，新的产业和新的服务型经济根据信息部门带来的动力运行，然后通过信息交流系统来重新整合，新的专业管理阶层控制了城市、乡村和世界之间相互联系的专用空间，生产和消费、劳动和资本、管理和信息之间发生着新的联系，创造出新的全球化经济。

在著名的《网络社会的崛起》一书（夏铸九、王志弘等译，2001）中，卡斯泰尔还讨论了巨型城市的概念。他认为，新的全球经济与浮现中的信息社会具有一种新的空间形式——巨型城市，在各式各样的社会和地理脉络中发展。巨型城市并非都是全球经济的支配中心，但是它有大量的人口连接上全球系统，作为其腹地的磁石，巨型城市吸引了其所在的整个国家或区域。巨型城市连接了全球经济和全球信息网络，集中了世界的权力。巨型城市跨越了广大领域而建立起功能性连接，其功能和社会层级在空间上既模糊又混杂，它是空间片断、功能碎片和社会区隔的不连续群族。

## 1.5 城市意象与空间感知理论

城市意象涉及几个重要概念，包括空间感知、感知地图、感知空间或意象空间。空间感知（spatial cognition）是对结构、实体和空间关系的内心描绘或认识，换言之，是对空间和思想的重建和内在反映（Golledge、Stimson，1997）。感知地图（cognitive map）通常被认为是空间感知的一个子集，同时又被作为城市空间感知的一个最有效的研究手段。感知空间，亦称意象空间，指由于周围环境对居民的影响而使居民产生的对环境直接或间接的经验认识空间，是居民头脑中经过想象可以回忆出来的环境意象（顾朝林、宋国臣，2001 年）。城市意象调查和研究的意义在于（李郇、许学强，1993 年）：通过空间感知来把握城市内部空间结构，打破了传统的土地功能分区和社区分析的城市结构研究方法，把注意力集中在受城市空间影响的个人和集体行为上，成为了西方现代城市规划和设计中最常用的方法之一。

林奇在城市意象方面作了开创性的研究且最负盛名（Lynch，1960），他出版了著名的《城市意象》一书（方益萍、何晓军译，2001 年）。在书中，林奇不仅讨论了基于居民空间感知的城市形态构成及其与城市发展和城市设计的关系，还提供了一套完整的城市意象空间调查及研究方法。林奇认为，每一个人都会与自己生活的城市的某一部分联系密切，对城市的印象必然沉浸在记忆中而意味深长。城市是成千上万不同阶层、不同性格的人们共同感知的事物，城市景观具有可读性，不能将城市仅仅看成是自身存在的事物，而应该将其理解为由它的市民感受到的城市。环境意象是个体头脑对外部环境归纳出的图像，是直接感觉与过去经验记忆的共同产物，可以用来掌握信息并指导行为。一个独特的、可读的、好的环境意象不仅能够使拥有者在感情上产生重要的安全感，还能起到扩展人类经验潜在深度和强度的作用。环境意象一般由三个部分组成，即个性、结构和意蕴。可意象性非常重要，它是指有形物体中蕴涵的对于任何观察者都有可能唤起强烈意象的特性。由于意象的产生是观察者与被观察物体之间一个双向的过程，通过象征性的图案、重新训练观察者或是改造周围环境都有可能加强意象。

林奇在美国的三个城市——波士顿、泽西城和洛杉矶作了大量的抽样访谈，要求访谈对象对其所在的城市环境进行描述，指出他们认为重要的环境特征要素及空间位置，并以图解的方式表达其对城市意象的认知，结果发现，居民对于城市意象的认知模式具有相似的五类构成要素，即道路（path）、边界（edge）、区域（district）、节点（node）和标志物（landmark）。道路是观察者习惯、偶然或潜在的移动通道，它可能是机动车道、步行道、长途干线、隧道或铁路线，它往往是意象的主导元素，很多环境元素沿道路布局。边界是两个部分的边界线，是连续过程中的线形中断，是一种横向参照。边界将区域区分开来，也可能是接缝，沿线的两个区域相互关联并衔接在一起。区域，是城市内中等以上的分区，观察者从心理上有进入其中的感觉。节点，是具有战略意义的点，是人们往来行程的集中焦点，连接点、休息站、道路交叉或汇聚点、集散地、广场等都属于节点。标志物，通常是一个有形物体，在许多可能元素中挑选出一个突出元素，如重要的自然景观或人文景观，标志物是被用来确定身份或结构的线索。

林奇成功地利用这种方法来研究大都市的形态及其设计。他认为，一个大都市区域的整体可意象性并不等于其中每一个点的意象强度都相同，而是应该具有主导的轮廓和相应的更宽广的背景、关键点以及连接组织。任何现行运作中的城市地区都具有结构和个性，只是强弱相差悬殊。一个经常出现的课题是如何对敏感的现状环境进行改造，其中包括发现和保留强烈的意象元素，克服一些感知上的难点等，从模糊混乱之中提出潜在的结构和个性。对城市范围内视觉形态进行控制的规划，其最终目标并不是物质形成，而是人们心目中的意象特征。

在林奇之后，城市意象的研究不断增多，如对罗马不同阶级针对罗马城市意象的研究（Francescato & Mebane，1973），对不同种族居民在城市意象方面的差异的研究（Orleans，1973），对城市居民认知地图类型的实证研究（Appleyard，1970），对城市居民认知阶段的研究（Golledge，1978）等。林奇曾指出（Lynch，1960），居民以不同的方式来构造其对城市的意象地图，主要有两种类型：一种是路径主导型（path-oriented），另一种是空间主导型（space-oriented）。对这一论断进行实证和发展的是艾普利亚德（Appleyard，1970），他强调熟悉时间、教育、旅行方式对意象地图的影响，将序列型（sequential，即路径主导型，pathdominance）地图又分为段（fragmented）、链（chain）、支/环（branch/loop）和网（netted）4种亚类型；将空间型（spatial，即区位主导型，location-dominance）分为散点（scattered）、马赛克（mosaic）、连接（linked）和格局（patterned）4种亚类型。乔来治（Golledge，1978）认为，居民对环境有一个学习的过程，城市感知地图能反映居民对环境的学习和相互作用，感知地图随时间而变化，与居民和节点、道路及区域的相对连接程度有关。他认为，感知地图的发展过程包括了3个阶段，即连接发展阶段（linkage development）、邻里描绘阶段（neighborhood delineation）和等级秩序阶段（hierarchical ordering）。连接发展阶段，即一旦居住区位确定，居民需要了解工作地、家庭的位置，工作节点和路线成为其感知地图的关键要素。邻里描绘阶段，即通过试验和过失，不同的购物机会得以调查，围绕首级节点，高度的熟悉产生了具有细节的固定区域。等级秩序阶段，即附加的购物、社会和休闲旅行进一步增加了对可替代性的认识，使选择的评价非常便利，最终导致首级、次级和较小节点网络的发展（Golledge，1978）。

## 1.6　时间地理学学派和时空制约理论

时间地理学由20世纪60年代瑞典地理学家哈格斯特朗提出，并由以他为首的隆德学派发展而成。时间地理学学派注重围绕人们活动的各种制约条件的分析，在时空轴上动态地、连续地研究人类活动对城市空间结构的影响（顾朝林，2002）。

哈格斯特朗的时间地理学最早萌芽于其对瑞典中南部阿斯比地区的人口考古学调查，他想设计一套符号来表示个人传记绘制成的时间和空间中的路径（Johnston et al.，2000）。在哈格斯特朗的研究体系中，他强调事件发生的连续性和相关性，而由于事件的发生必定具备一定的时空条件，因而事件的结果会受到其地域化的影响（Hägerstrand，1976、1984）。他提出了一套有关时间地理学的概念体系，包括生命线、生命路径、个人路径、时空棱柱、制约等。生命线是从人的出生到死亡的历程中所经历的诸如国内迁移、移居国外、置于研究区以外等空间事件，是非常宏观的时空概念模型。生命路径则是在一个以横轴平面代表空间、纵轴代表时间的坐标体系中，反映被调查者的活动过程和这一过程中所发生的诸如停留、迁移等具有空间意义的行为（Hägerstrand，1970）。个人路径，是指个人为了谋生或满足其获得信息、社会交往及娱乐等方面的需求而在其中移动的轨道，如一个人从自家出发，从单位到银行，再回到单位，最后路过邮局并回家的连续活动就可以用路径来表示，个人路径不随时间发生移动时在时空轴上可以表示为竖直线，而发生移动时则表示为斜线（柴彦威等，2002）。时空棱柱是在诠释个人能力制约时所使用的一个概念。在一个纵坐标表示时间、横坐标表示可达范围的二维坐标系中，时空棱柱就成了一个菱形区域，菱形的上下顶点之间表示时间距离，左右顶点之间则表示活动能力。如果是在一个纵坐标表示时间、横轴平面表示空间的三维坐标系中，每一个随时间的活动范围就真的成为“棱柱”了。

哈格斯特朗最基本的理论框架可由他建构的网络模型来表示，这个模型展现了一个三维图景，实际上是由在时间上连续分布的空间断面所组成。这个模型强调了居民个体活动的空间领地概念，个体从其住所开始，随着时间的推移而有不同的活动场所，每一个个体均有其时空路径，不同个体在时空上所表现出的共同约束被称为“活动束”。

约翰斯顿等（2000）在《人文地理学词典》一书（柴彦威等译，2004年）中，对哈格斯特朗的网络模型进行了总结，认为这一模型建立在四个基本命题基础之上：

（1）时间和空间是个人用来实现事项的资源。

（2）任何事项的实现都受到三种制约：①能力制约，由于个人的生理能力以及他们所能利用的设施使其活动受到限制，能力制约在很大程度上决定于个人的生活地位，同时又决定了个人的时空棱柱，棱柱包含了一组可能的时空路径，这些路径经过一系列可进入的驻所，如农场、工厂、学校和商店等；②组合制约，决定了何时、何地、用多长时间，个人与其他的人、工具和材料相结合来进行生产、交易和消费，组合制约决定了时空的“活动束”；③权威制约或导向制约，加上了特定时间领地的进入条件和行为方式的限制。

（3）这些制约是相互作用的，不能简单地“加和”。三种制约一起确定了一系列的可能性界线，标志着个人或团体实现特定事项时可以利用的路径。这些界线对应于一种基本的，逐渐形成的逻辑或结构，要描述这种逻辑或结构，需要一种运用高度准确概念的时空间名词来研究权力的方法。

（4）在这些结构模型的控制下，事项之间竞争“自由路径”和“开放时空间”，是分析当中的核心问题，这种竞争由力求保证基本的时空和谐的特定机构来加以调解。

柴彦威等（2002）总结了时间地理学方法的特点，认为主要在于以下 4 个方面：一是在微观层面上将时间和空间相结合，从微观个体的角度认识人的行动及其过程的先后继承性，把握不同个体行为活动在不间断的时空间中的同一性，时间和空间被视为有限的、不可转移的资源，既强调空间秩序动态，又强调时间秩序动态；二是通过研究物质环境中限制人的行为的制约条件来说明人的空间行为；三是基于个人日常行为分析的方法论，通过跟踪一个群体中每个人的日常活动路径，研究发生在路径上的活动顺序及时空间特征，进而探讨不同类型人群的活动规律，实际上是一种基于个人行为的微观研究手段；四是从居民个人活动空间与城市空间结构的互动关系出发开展研究，研究成果可以为居住社区规划、城市交通规划、休闲和商业设施规划等提供依据。

## 1.7 城市社会空间结构模型理论

城市社会空间结构模型是城市社会地理研究中最有代表性的成果。基于土地利用的城市社会空间结构模型，最早是由芝加哥学派的帕克、伯吉斯等人于 20 世纪 20 年代引进的。

1925 年，伯吉斯根据芝加哥的土地利用结构提炼了著名的同心圆模型，其核心思想是各种不同类型的居住区由内向外呈环状分布。最中间的圈层为土地价格最高的中央商务区，是城市商业、社会和文化生活的焦点，仅那些利润足够高，可以支付所需土地租金的活动才分布在此区。往外围，则是离中央商务区最近的过渡地带，随着城市发展，工业由内城转移到此处，居住环境遭到破坏，这里的居民差别较大，有较多的流动人口，犯罪率及精神疾病比例为全市最高。再往外围，是独立的工人居住地带，本区焦点是工厂和工人阶级。继续往外围，是较好的住宅区分布地带，是中产阶级的家园，辅助性的商业中心得以发展。在其外围，是通勤地带，与 CBD（中央商务区）之间的通勤时间为 30~60 分钟，是郊区单身家庭宿舍的集中分布地带。在上述 5 个地带以外，还有周围的农业地带以及城市的宽广腹地。随着人口压力的增大和居住环境的恶化，低收入住户向较高级的住宅地带入侵而较高级的住户则向外迁移并入侵更高级的住宅地带，迁居就像波浪一样向外传开，这就是著名的侵入—演替理论（Burgess，1925）。

基于对同心圆模型的批判，霍依特（1939）根据美国142个城市的居住结构提出了扇形模型，他认为，随着城市的扩展，每类用地都是以扇形的方式向外扩展。高租金的居住区沿着交通线发展，或向能躲避洪水的高地发展，或向空旷地区发展，或沿着无工业的湖滨、河岸发展。低租金的居住区则被限制在荒废的、最令人不满的居住环境中发展。中等状况的居住区位于高租金区的两边。无论是从地理上还是从社会性质上看，整个扇形都会随时间而变化。人口迁移的过滤理论便来自扇形模型，城市结构的形成随高级居住区的发展而展开，住房向低级阶层住户过滤，而居民向高级居住区过滤。

1945年，哈里斯和乌尔曼观察到多数大城市的生长并非围绕单一的CBD，而是综合了多个中心的作用，因之提出了城市土地利用结构的多核心模型（Harris、Ullman，1945）。城市多核心结构的区位及其生长决定于以下几个控制性的要素：首先，某些活动要求专业化的工厂，并需要集聚在其附近，如工业要求交通设施，因此常布局在铁路、主要公路及港口附近；其次，活动相似的群体因联合经营的节约而受益，从而导致专业带和金融区的出现；再次，一些活动由于外部的负面效应而相互抵制，如高级住宅区与工业区的分离；最后，一些活动可能因位于CBD或与CBD邻近而受益，但又支付不起那里昂贵的租金，必须选择其他的区位，仓库和食品批发便是这类活动的典型。多核心模型的价值在于其对城市生长多核心本质的清晰认识。多核心模型与现实更为接近，但这也成为它的致命缺点。

对三大经典模型的批判集中在其对经济要素的倾斜以及忽视文化对城市空间结构的影响方面（Pacione，2001）。与此同时，它们也不断得到验证和进一步修正，新的城市社会空间结构模型不断出现。1965年，曼提出了针对英国中等规模城市的一种空间结构模型，同时综合了同心圆和扇形两种模型的要素（Mann，1965）。1983年，基尔斯利对同心圆模型进行修正，充分考虑到了城市化的进程以及政府的介入作用（Kearsley，1983）。在三大经典模型之后，出现了许多新的影响城市增长的因素，而它们又集中反映了当时的社会变化，如：城市经济的逆工业化、服务经济的出现、自动化的优势、家庭规模的缩小、郊区居住区的发展、商业及工业的离心化发展以及政府在城市增长过程中不断加强的干涉等（Pacione，2001）。1987年，怀特提出了一种对同心圆模型修正后的新模型，体现了上述因素的作用，展现了21世纪的城市结构（White，1987）。

除了上述针对发达国家城市的模型以外，还产生了许多针对发展中国家城市空间结构的模型。1967年，麦基以东南亚港口城市为原型，提出了著名的Desakota模式，充分考虑了种族的多样化、多类型村落的演化以及城乡空间关系的作用（McGee，1967）。1980年，格里夫和福特提出了一种针对拉丁美洲城市的空间结构模型（Griff、Ford，1980）。1996年，福特又对此模型进行了更新，其特点是力图将传统的城市结构要素与现代化的城市进程相结合。莱蒙提出了一种南非种族隔离下的城市空间结构模型，它反映了南非长达近半个世纪的种族隔离政策对城市空间的影响（Lemon，1991）。1993年，福特提出了印度尼西亚城市空间结构模型，既综合了麦基模型的特征，同时又具有新的特点，强调商业区类型的复杂化，更加强化了村落在城市空间结构中的地位（Ford，1993）。

上述模型是城市社会空间结构研究中最有代表性的成果。三大经典模型的基本特征在今天的城市中仍可得到验证，因此，不应因为模型形式“简单”而否定其价值（冯健，2004、2005），毕竟模型是一种抽象而理想的概括，它被用于减少现实世界的复杂性而突出实际状况或过程中最重要的要素和特征，有助于理解城市土地利用结构及其变化的方式（Pacione，2001）。

# 1.8 基于因子生态分析的社会区理论

随着数理统计方法与计算机技术的发展，因子分析技术被用于城市社会空间结构的研究，一方面，加强了城市社会地理学的定量研究手段，另一方面，促进了相对客观的城市空间统计研究的发展。社会区（Social Area）的概念不同于社区（Community）。"社区"是指代与社会组织特定方面有关的内部相关条件的集合，其基本构成要素包括"地区"、"共同纽带"和"社会互动"。"社会区"是指以因子分析和聚类分析技术，从空间统计的角度对城市不同类型人群的主要居住区域进行相对客观的划分。

城市社会空间结构的因子生态分析研究最早可以追溯到20世纪四五十年代谢夫凯和贝尔的工作（Shevky、Bell，1955），他们基于对北美城市的研究，提出了社会区的三大要素，即社会经济地位、家庭和种族，并指出：随着城市专业化及工业化水平的提高，城市人口的职业不断扩展和分化，人口的社会地位、经济收入、生活方式、消费类型以及对居住环境的需求会产生进一步的分化；工业化增加了妇女的就业机会，大家庭逐步被核心家庭所取代；移民涌入城市，并按同种族或同乡的方式聚居在一起，对其他种族则持排斥倾向。20世纪60年代以后，计算机的发展为在城市社会区研究中采用完善的多元统计方法创造了条件，多伦多、伦敦、巴黎、华沙、加尔各答、开罗等大城市都进行了社会区研究（许学强等，1989；Yeh et al.，1995）。

早期的社会区研究存在两个缺陷，它们只依靠个别的关键变量，并且缺乏一个理论基础来证明这些变量的合理性，后来的学者通过建立多变量分类方案，使得这些缺陷得以克服。用因子生态分析技术来研究城市社会区，其主要步骤包括以下3个方面（Lee，1983）：首先，通过对社会经济地位、家庭状况和种族地位的构思而鉴别出主题。其次，从人口统计结果中选出主要的特征变量，用以表示每种构思职业和文化程度通常代表的经济地位。女性的生育水平、妇女劳动力和独家住宅比率代表家庭状况。种族地位是通过分析有色人种的种族地位及来自传统的白人新教核心区域之外的种族来估计的。每个特征变量被转化为人口调查区的指数。最后，这些指数被统一转变为不同的构思要素，进而被转化成空间单元的多变量分类图。

在诸多的社会区研究成果中，莫迪对多伦多的研究较有特色，他提出了一种具有叠加特征的城市社会空间结构模型（Murdie，1969）。他认为：社会经济状况常使社会区呈扇形结构；家庭状况对社会区的影响多呈同心圆结构，近市中心的地带主要是小型家庭或单身家庭，其家长要么是老年人，要么是年轻人；种族状况的影响一般呈分散状的群组分布，每一个群组由一个具体的种族或民族组成，大致相当于一个人口统计区。3种类型的社会空间组织相叠加，则构成了整个城市的社会空间结构。国际上开展的此类研究中，较早与中国城市有关的研究包括三个：第一个是对台北的社会区及居住空间结构的研究（Hsu & Pannell，1982）；第二个是对香港的系列研究（Lo，1975、1986、2005），最初划分了1961年及1971年香港的社会区，后来又多次结合最新数据进行前后对比研究，还探讨了香港城市生态结构的演化、规划意义及未来的发展趋势；第三个是对广州的研究（Yeh et al.，1995），使用居民出行调查及房屋普查数据，认为1985年的广州社会区的主因子包括5个方面，即人口密集程度、科技文化水平、工人干部比重、房屋住宅质量及家庭人口结构。

最新的发表在国际期刊上与中国城市社会区有关的研究主要是针对北京的分析。对北京的研究包括两份：一份使用针对建成区的调查数据，认为土地利用强度、家庭状况、社会经济状

况、种族状况在城市社会区形成方面发挥了主导作用（Gu et al.，2005）；另一份研究使用整个都市区的第三次和第五次人口普查数据，发现北京社会区经历了从计划经济时代到市场转型时期的变化，前者所反映的是以职业信息为主的因子，后者除了职业因子以外，还出现了与人口流动、民族状况和居住状况有关的新因子（Feng et al.，2007、2008）。值得指出的是，西方文献中有关城市社会区的研究基本上针对的是资本主义国家和成熟的市场经济，因此，针对社会主义中国计划经济时期和市场转型时期的上述研究，正好给了西方文献一个很好的补充，使城市社会区规律有了意识形态上的差别，也促进了城市社会区理论的完善。

## 1.9 社会—空间辩证法理论

社会—空间辩证法（Sociospatial dialectic）的概念最早由哈维在20世纪70年代时提出（Harvey，1973）。索亚（1994）在《后现代地理学》一书（王文斌译，2004）中，专门对社会—空间辩证法概念的发展及其来龙去脉进行了详细交代。在哈维的名著《社会正义与城市》一书中，他评价了列斐伏尔空间理论的贡献。在列斐伏尔的空间理论中，将空间的组织处理为一种物质的产物，解决了城市化的社会结构与空间结构之间的关系，成功地探讨了由社会所创造的在意识形态方面的内容，这是他的主要贡献。但列斐伏尔却认为，在现代资本主义社会中，空间结构力量起决定性的和卓越的作用，这种把“空间”作为中心地位和自主地位的观点遭到了哈维和卡斯泰尔的反对，因为他们认为生产、生产的各种社会关系以及产业资本等仍然扮演着基本的角色，而列斐伏尔在自己的城市化概念中似乎借用了空间或区域的冲突来取代阶级冲突，将其当作激烈转型背后的推动力量（Soja，1994）。

卡斯泰尔认为，列斐伏尔将生产关系、阶级关系中的空间结构与历史基础相割裂是一个错误，而别的学者则指责卡斯泰尔也犯了类似错误。卡斯泰尔认为，空间是一种物质产物，源于社会过程中的辩证关系，它联系并改变着文化、自然、人和环境之间关系的辩证互动过程，但索亚认为卡斯泰尔过分强调了群体公共消费和消费过程的其他社会和空间问题（吴启焰，2001）。

哈维不认同列斐伏尔把城市化作为一个有自身动力的独立实体来看待的观点以及城市化统治了工业社会的观点，因为那样就等于说，在转变过程中作为结构而存在的城市化与老工业社会内部动力之间的矛盾会以前者的方式得以解决。在某些重要的或至关紧要的方面，工业社会及其所含的结构会继续统治城市化。哈维进而提出了几个方面的考虑（Harvey，1988）：一是资本构成的变化和固定资产投资的增长是工业资本主义内部动力的产物，它不能被认为是城市化过程的响应。创造性的空间通过固定资产投资配置而得以实现。另外，创造性的需要和有效需求的维持通过统治工业资本主义的演化过程而得以产生。城市化为工业资本所生产产品的配置提供了机会，从这个意义上讲，城市化过程仍由工业资本主义的需求所推动。还有，剩余价值的生产、占用和流通已不再服从城市化的内部动力，而是持续被工业社会内部条件所控制。因此，城市化是剩余价值流通的产物，这是哈维与列斐伏尔观点分异的最重要的一个论断。

社会的各种变革贯穿于当代整个社会并引起了一些变化，这种变化从经济增长和工业化引发的诸问题占主导的时期一直延续到城市框架问题起决定作用的时期（Harvey，1973）。哈维提出的社会—空间辩证法，是想表明空间和空间的政治组织体现了各种社会关系，但又反过来作用于这些关系。后来的学者对社会—空间辩证法的概念有了进一步的发展。如索亚所定义的社会—空间辩证法是，组织空间的结构既不是一个有着自己的建设和转换规律的自主独立结构（这是实证主义的空间崇拜主义），也不会简单地表现为从社会（即非空间）生产关系中产生的阶级结构，而是代表了一种辩证地限定的，同时作为社会关系和空间关系的生产总关系的成分（Soja，1980）。诺克斯和平奇（2000）在《城市社会地理学导论》一书（柴彦威、张景秋等译，2005）中也提到了社会—空间辩证法，但论述篇幅不多。他们认为，由于人们生活和工作在城市空间中，他们逐渐将自己的特性施加给他们的环境，并尽其所能地改变和调整环境，使之满足他们的需要并体现其价值，同时，人类自身又逐渐适应了自然和周围的人，因此存在一个连续的双向过程。他们进而对索亚的思想进行引申，认为索亚的概念强调人们在创造和改变城市空间的同时又被他们所居住和工作的空间以各种方式控制着。邻里和社区被创造、维系和改造，与此同时，居民的价值、态度和行为也不可避免地被其周围的环境以及周围的人的价值、态度和行为所影响。另外，迪尔和沃尔奇（Dear、Wolch，1989）对社会—空间辩证法的理解很有意思，主要包括 3 个方面：社会关系中的事件是通过空间而形成的，就像位置特征影响居住地布局一样；社会关系中的事件受到空间的限制，如由于废弃的建筑环境所产生的惯性，或者物质环境便利或阻碍人们行动的程度；社会关系中的事件受空间的调解，就像距离摩擦的普遍作用一样，促进了包括日常生活方式在内的各种社会活动的发展（Knox & Pinch，2000）。

社会—空间辩证法是城市社会地理学最重要的理论之一。它的价值主要在于两个方面：一方面，它是在对城市社会学理论批判的基础上，基于城市社会地理学学科研究实践，由地理学家提出的理论，可谓是“土生土长”、“原汁原味”的城市社会地理学理论；另一方面，它对空间的作用有恰当的评价，既没有夸大到“空间崇拜”的程度（空间起决定作用），又没有“空间虚无主义”或“反空间”的思想。在研究实践中，社会—空间辩证法理论非常有用，尤其是对所获得的空间规律和行为特征进行解释时，显示了其强大的威力。

## 参考文献

[1] Appleyard D. 1970. Styles and Methods of Structuring a City [J]. Environment and Behavior, 2: 100-107.

[2] Castells M. 1989. The Informational City: Information Technology, Economic Restructuring, and the Urban-regional Process [M]. London: Basil Blackwell.

[3] Dear M, Wolch J. 1989. How Territory Shapes Social Life [A]. In: J Wolch and M Dear (eds). The Power of Geography: How Territory Shapes Social Life [C]. Boston, MA: Unwin Hyman.

[4] Feng J, Wu F L, Logan J. 2008. From Homogenous to Heterogeneous: The Transformation of Beijing's Socio-Spatial Structure [J]. Built Environment, 34: 482-497.

[5] Feng J, Zhou Y X, Logan J, Wu F L. 2007. Restructuring of Beijing's Social Space [J]. Eurasian Geography and Economics, 48: 509-542.

[6] Ford L. 1993. A model of Indonesian City Structure [J]. Geographical Review, 83: 374-396.

[7] Francescato D, Mebane W. 1973. How Citizens View Two Great Cities: Milan and Rome

[A]. In: R Downs and D Stea (eds). Image and Environment: Cognitive Mapping and Spatial Behavior [C]. Chicago: Aldine, 131-147.

[8] Golledge R, Stimson R. 1997. Spatial Behavior: a Geographic Perspective [M]. London: The Guilford Press.

[9] Golledge R G. 1978. Learning About Urban Environments [A]. In: T Carlstein, D Parkes and N Thrift (eds). Making Sense of Time [C]. New York: Halsted, 76-98.

[10] Gu C L, Wang F H, Liu G L. 2005. The Structure of Social Space in Beijing in 1998: a Socialist City in Transition [J]. Urban Geography, 25: 167-192.

[11] Hägerstrand T. 1970. What About People in Regional Science [J]. Papers and Proceedings of the Regional Science Association, 24: 7-21.

[12] Hägerstrand T. 1976. Geography and the Study of Interaction Between Society and Nature [J]. Geoforum, 7: 329-334.

[13] Hägerstrand T. 1984. Presence and Absence: a Look at Conceptual Choices and Bodily Necessities [J]. Reg Stud, 18: 373-380.

[14] Harris C, Ullman E. 1945. The Nature of Cities [J]. Annals of the American Academy of Political Science, 242: 7-17.

[15] Harvey D. 1973. Social Justice and the City (First Edition) [M]. Lobdon: Edward Arnold.

[16] Harvey D. 1988. Social Justice and the City (Second Edition) [M]. Oxford: Blackwell.

[17] Hoyt H. 1939. The Structure and Growth of Residential Neighborhoods in American Cities [M]. Washington D C: Federal Housing Administration.

[18] Hsu Y A, Pannell C W. 1982. Urbanization and Residential Spatial Structure in Taiwan [J]. Pacific Viewpoint, 23: 22-52.

[19] Johnston R J, Gregory D, Pratt G, Watts M. 2000. The Dictionary of Human Geography (Fourth Edition) [M]. Oxford, UK: Blackwell Publishers Ltd.

[20] Kearsley G. 1983. Teaching Urban Geography: the Burgess Model [J]. New Zealand Journal of Geography, 12: 10-13.

[21] Knox P, Pinch S. 1983. Urban Social Geography-An Introduction (Fourth Edition) [M]. Englewood Cliffs, NJ: Prentice Hall.

[22] Lee D. 1983. A Social Geography of City [M]. New York: Harper & Row.

[23] Lemon A. 1991. Homes Apart [M]. London: Paul Chapman.

[24] Lo C P. 1975. Changes in the Ecological Structure of Hong Kong 1961-1971: a Comparative Analysis [J]. Environment and Planning A, 7: 941-963.

[25] Lo C P. 1986. The Evolution of the Ecological Structure of Hong Kong: Implications for Planning and Future Development [J]. Urban Geography, 7 (4): 311-335.

[26] Lo C P. 1994. Economic Reforms and Socialist City Structure: a Case Study of Guangzhou, China [J]. Urban Geography, 15 (2): 128-149.

[27] Lo C P. 2005. Decentralization and Population: Contradictory Trends in Hong Kong's Postcolonial Social Landscape [J]. Urban Geography, 26 (1): 36-60.

[28] Lynch K. 1960. The Image of the City [M]. Cambridge, Mass: The MIT Press.

[29] Mann P. 1965. An Approach to Urban Sociology [M]. London: Routledge.
[30] McGee. 1967. The Southeast Asian City [M]. New York: Praeger.
[31] Murdie R A. 1969. Factorial Ecology of Metropolitan Toronto, 1951–1961 [R]. Research Paper No. 116. Department of Geography, University of Chicago.
[32] Orleans P. 1973. Differential Cognition of Urban Residents: Effects of Social Scale on Mapping [A]. In: R Downs and D Stea (eds). Image and Environment: Cognitive Mapping and Spatial Behavior [C]. Chicago: Aldine, 115–130.
[33] Pacione M. 2001. Models of Urban Land Use Structure in Cities of the Developed World [J]. Geography, 86: 97–119.
[34] Shevky E, Bell W. 1955. Social Area Analysis: Theory, Illustrative Application and Computational Procedures [M]. Stanford CA: Stanford University Press.
[35] Soja E W. 1980. The Socio-spatial Dialectic [J]. Annals of the Association of American Geographers, 70: 207–225.
[36] Soja E W. 1994. Postmodern Geographies: the Reassertion of Space in Critical Social Theory [M]. London: Verso.
[37] White M. 1987. American Neighborhoods and Residential Differentiation [M]. New York: Russell Sage Foundation.
[38] Yeh A G O, Xu X Q, Hu H Y. 1995. The Social Space of Guangzhou City, China [J]. Urban Geography, 16: 595–621.
[39] 爱德华·W·索亚 . 2004. 后现代地理学：重申批判社会理论中的空间 [M]. 王文斌译 . 北京：商务印书馆 .
[40] 包亚明 . 2003. 现代性与空间的生产（都市与文化第 2 辑）[C]. 上海：上海教育出版社 .
[41] 保罗·诺克斯，史蒂文·平奇 . 2005. 城市社会地理学导论 [M]. 柴彦威，张景秋等译 . 北京：商务印书馆 .
[42] 蔡禾，张应祥 . 2003. 城市社会学：理论与视野 [M]. 广州：中山大学出版社 .
[43] 柴彦威，刘志林，李峥嵘等 . 2002. 中国城市的时空间结构 [M]. 北京：北京大学出版社.
[44] 戴维·理 . 1992. 城市社会空间结构 [M]. 王兴中等译 . 西安：西安地图出版社 .
[45] 冯健 . 2004. 转型期中国城市内部空间重构 [M]. 北京：科学出版社 .
[46] 冯健 . 2005. 西方城市内部空间结构研究及其启示 [J]. 城市规划，29 (8)：41–5.
[47] 顾朝林 . 2002. 城市社会学 [M]. 南京：东南大学出版社 .
[48] 顾朝林，宋国臣 . 2001. 北京城市意象空间及构成要素研究 [J]. 地理学报，56 (1)：64–74.
[49] 凯文·林奇 . 2001. 城市意象 [M]. 方益萍，何晓军译 . 北京：华夏出版社 .
[50] 李郇，许学强 . 1993. 广州市城市意象空间分析 [J]. 人文地理，8 (3)：27–35.
[51] 曼纽尔·卡斯泰尔 . 2001a. 信息化城市 [M]. 崔保国等译 . 南京：江苏人民出版社 .
[52] 曼纽尔·卡斯泰尔 . 2001b. 网络社会的崛起 [M]. 夏铸九，王志弘等译 . 北京：社会科学文献出版社 .
[53] 彭华民，杨心恒，关信平等 . 2006. 社会学概论 [M]. 北京：高等教育出版社 .

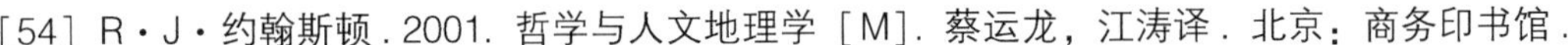

[54] R·J·约翰斯顿 . 2001. 哲学与人文地理学［M］. 蔡运龙，江涛译 . 北京：商务印书馆 .
[55] R·J·约翰斯顿 . 2004. 人文地理学词典［M］. 柴彦威等译 . 北京：商务印书馆 .
[56] 吴启焰 . 2001. 大城市居住空间分异研究的理论与实践［M］. 北京：科学出版社 .
[57] 向德平，章友德 . 2005. 城市社会学［M］. 北京：高等教育出版社 .
[58] 许学强，胡华颖，叶嘉安 . 1989. 广州市社会空间结构的因子生态分析［J］. 地理学报，44（4）：386-395.
[59] 于海 . 2005. 城市社会学文选［C］. 上海：复旦大学出版社 .

# 2 西方城市社会地理学理念：方法借鉴

TWO

城市社会地理学，作为人文地理学的一个重要分支学科，在研究方法和研究理念上与整个人文地理学的发展同步。尤其是西方人文地理学的各种哲学思潮对城市社会地理学的研究都产生了不同程度的影响。这些地理哲学思潮，与其说是流派或思潮，不如说是研究理念，它们实际上为城市社会地理学提供了研究视角上的借鉴和方法论的支持。对于这些理念，虽然没有必要全盘接受，但“知己知彼”十分重要，应采取“洋为中用”的态度，凡有益于开拓研究视野、丰富研究思路和增加研究方法多样性的，不妨多借鉴，最终目的是要“为我所用”，用它们来实现自己的研究目标。

## 2.1 归纳与演绎：两种研究逻辑及其应用

### 2.1.1 归纳逻辑和演绎逻辑

归纳和演绎不算是哲学思潮，而是科学研究的两种完全不同的思维逻辑。在此对它们进行系统的介绍，因为它们在城市社会地理研究中的应用非常广泛。

归纳法遵循的思维路线是由“特殊”到“一般”，即由若干事例和现象，概括、提炼出一般性的规则和特征。这里的“特殊”是指具体的案例，“一般”是指普遍性的规则或规律。地理学最初的发展起源于经验的累积，需要对经验和知识进行最基本的归类，因而早期地理学的一个最重要的特点便是运用归纳法和归纳式的逻辑思维，属于经验主义层次。但这并不意味着随着地理学的发展和成熟，归纳式思维不再应用，相反，仍有很多地理学家在其理论研究和实践工作中使用归纳法。

在《地理学中的解释》一书（高泳源等译，1996）中，哈维（1971）对地理学研究中的归纳式思维有过详细论述：当把最低层次的信息转变为某种语言时，会形成一堆次序凌乱的“事实”陈述；利用文字和符号进行描述，可使其中一部分有次序；然后经过下定义、度量和分类等步骤，可以将部分有次序的事实进行归类；深入研究可以揭示许多规律性和经验性定律；利用已发现的经验性规律，把它们中的若干结合成为某种统一的理论结构。

由图 1-2-1 所示的归纳法程序中可见，由最初对经验的感知所获取的杂乱事物，到定义、分类和量度，进而形成有条理的事物，再经过归纳和概括形成法则和建立理论，最后获取解释。这种经验主义的研究程序在今天仍然非常有用。中国地理学者强调为国民经济建设服务的地理学研究，尤其是结合城市规划、区域规划和国土规划等开展了很多专题研究，由归纳法的程序

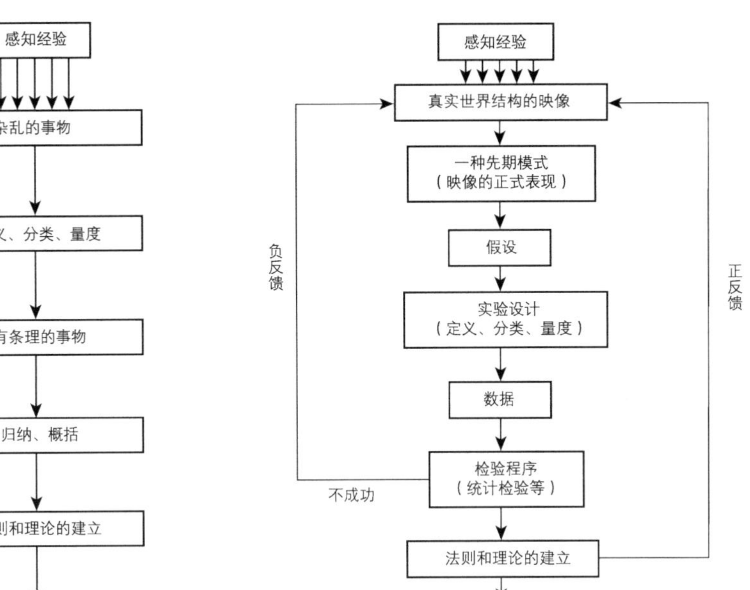


图 1-2-1　归纳法的研究程序示意
资料来源：Harvey，1971.

图 1-2-2　演绎法的研究程序示意
资料来源：Harvey，1971.

图不难看出，这些为地方政府服务的横向课题研究基本上采用的是归纳法逻辑。这类专题研究多是从实地调查开始，获取初步的资料、数据和印象，然后对它们进行整理、分类和量度，进而发现问题和形成有条理的规律性内容，最后再强调一下解决问题的方案、政策和对策等。值得指出的是，以归纳法开展学术研究，也要把建立理论和获得解释作为最终目标。从这个意义上讲，归纳法和演绎法是“殊途同归”，并不存在孰优孰劣的问题。

演绎法则遵循由“一般”到“特殊”的思维路线，即由某一普遍性的前提或规则开始，进而结合具体事件或案例进行陈述。这里的“特殊”仍然是指具体的案例，“一般”指普遍性的规则、规律或定理等，只不过在没有结合具体案例之前，这些规则、定理等已经存在或已经经过思考而先期获得。演绎法中相关要素的出现顺序基本上和归纳法相反。

哈维（1971）对演绎法的思维特点解释如下：事实如何构成某种直观的先验描画将作为一种先验模型予以识别；借助于这类描画，可以假定一种理论，并演绎出许多假说，假说可以对照官能感知数据来检验；求助一种后验模型（如数学符号），表示包含在理论中的观念；建立模型相当于提出一个经验性的设计程序，这个程序的首要作用是建立规则，以便我们可以定义、分类和度量与检验理论密切相关的变量；利用这些经验性设计，可以积聚证据，用来证实蕴藏在理论中的假说；在一种理论中所包含的陈述，能赢得支持的，即成为科学定律。

用更直观的语言对图 1-2-2 进行解释，演绎法的最终目标也是要建立理论和法则并获得解释，这与归纳法的任务是相同的。不同的是，在建立成熟的法则和理论之前，演绎法根据研究者对世界的认知和已经掌握的知识与相关理论，在详细探讨具体案例之前会形成一种先期的理论或假说，当然这些理论或假说未必成熟，甚至也有可能是错误的。进而，结合具体案例的情况来验证先期的理论或假说，如果案例符合或证明了先期的理论或假说，则会导向成熟的法则或理论的建立，即所谓的正反馈；如果对案例的研究发现，先期的理论或假说还有未考虑周全之处或其他不足之处，则可以对先期的理论或假说进行力所能及的修正，使它能够合理地解释案例，即所谓的负反馈。

## 2.1.2 两种研究逻辑的应用

实际上，在日常生活中，每个人的思维方式，尤其是在对一些问题作出判断时或发表某种看法时，都在无意识地使用这两种逻辑。不妨举例说明。

如，某人深有感触地认为在人类长相的家庭遗传方面，女儿长得更像父亲，而儿子长得更像母亲。他在得到这个结论之前总结了许多案例，如周边的亲戚、朋友、同事，多有这种规律，因而有此结论。这就是典型的归纳法思维。

再如，某人遇到另一人，以为是其多年未曾见面的同学，离得很远便呼其姓名，结果对方没有反应，待走近后仔细观察，才发现虽然外貌很像但并非其同学。在这个过程中有两次判断，在作出第一次判断之前，此人已有一个先期的印象，即其同学的身高、长相、声音等特征，他将遇见的这人与其同学的特征进行比对，因为很相符，所以判断是其同学；第二次判断，经过仔细观察，发现有不符合之处，故得出新的结论。这个过程正是演绎法思维的应用，对其同学的先期印象恰似最初的假说。

再举一个学术研究的例子来说明两种思维的应用。假如有这样一个论断——“转型期中国城市社会空间结构朝越来越复杂的方向演化”，要求分别使用归纳式思维和演绎式思维来实现对这一论断的论证。

首先，选择北京作为实证地区，研究北京在转型期间城市社会空间结构的演化，发现其结果是越来越复杂。然后又对上海、广州等城市进行实证研究，发现它们在转型期的社会空间演化方向也是如此，即越来越复杂。由此得出结论：转型期中国城市社会空间结构朝越来越复杂的方向演化。这就是典型的归纳式思维。

当然，这个论断的得出也可以不从实证研究开始，而是从理论的推导开始。不同时期影响城市社会空间结构演化因素的变化会导致社会空间结构演化方向的变化。在转型期之前，中国城市社会空间结构的推动力量相对简单，主要来自于政府的计划经济手段，社会相对均等，居民分化不明显；而在市场转型时期，市场经济的发展带来城市发展动力的巨大变化，政府的角色也变得更为复杂，居民的贫富分化加剧且在空间上有所表现，土地利用结构和地价、房价的空间格局也远比计划经济时期复杂。因此，作出推断，在城市发展动力日趋多元化和复杂化的条件下，中国城市社会空间结构应该越来越复杂。上述分析实际上是一个理论演绎过程。理论演绎的效果取决于研究者的知识水平、对实际情况的把握和对理论的驾驭能力。然后，选择北京作为实证城市，发现果然符合上述判断，于是进而肯定上述论断，得出最终结论，即转型期中国城市社会空间结构朝越来越复杂的方向演化。这就是演绎思维在学术研究中的应用。

在学术研究中，归纳和演绎两种思维都很重要，视情况不同而各有作用。一般而言，中国学者多习惯于采用归纳思维，而西方学者多习惯于采用演绎思维。造成这种局面的原因很多，其中最为重要的一个方面在于中西方社会科学发展所处的阶段不同，中西方学者所受到的理论和学说的影响不同。西方的社会科学强调研究者自己的理论建构和自圆其说，不管研究者的理论是否存在不足或局限，只要能够做到自圆其说便可以接受它或承认其价值。中国的社会科学研究也在朝这个方向发展，相信将来演绎式思维会得到更为广泛的应用。

## 2.2 结构主义地理学理念：强调理论建构和深层机制

### 2.2.1 结构主义地理学的理念

结构主义地理学源于结构主义思潮。结构主义思潮以一条公理作为其特性（Johnston，1986），即：对所观察现象的解释不能只通过对现象的经验研究得出，而必须在支持所有现象但又不能在其内部辨认的普遍结构中去寻找。结构主义强调通过理论结合观察和分析来认识潜伏的结构。

从结构主义学者对实证主义和人本主义学者的批评中可以初步看出结构主义学者思考问题的特点。结构主义学者对实证主义学者的研究有所不满，认为他们的研究还局限在表面层次，而决定事物存在与发展的往往是潜在的、看不见的深层次机制，就像罗西（Rossi，1981）形容的那样，实证主义和行为主义天真的假设只是在其表面价值上把人们的有意解释和公开行为当作科学分析的对象，必须在表面结构之外去发掘能说明各种可观察现象及其表面矛盾的深层结构和实际结构。结构主义学者对人本主义学者的批判则集中在，他们将重点放在个人身上，扭曲了现实，没有很好地考虑社会等因素对个人活动的限制和约束。

有学者总结了结构主义地理学派的特点（于涛方，2000），认为：结构主义地理学者强调整体性的研究，反对孤立局部的研究，认为孤立的各个部分本身是没有意义的，部分只能在整体中得到其意义，整体对它的部分在逻辑上有优先的重要性；强调认识地理事物的内部结构，反对单纯认识外部现象，认为地理现象表面上杂乱无章，但都是由其内部结构统一支配或规定的；强调内部地理要素研究，忽视或否定外部因素研究；强调静态研究，忽视或反对历史研究，与人本主义地理学重视历史和背景条件分析正好相反；强调不以人的意志为转移的客观作用，忽视或否定人的主观能动性，认为一切社会现象和文化现象的意义和性质都是由其先验的结构所注定的，人的一切行为都无意识地受结构的支配。

在《哲学与人文地理学》一书（蔡运龙、江涛译，2001）中，约翰斯顿（1986）对结构主义思潮有过深刻的总结。他认为，结构主义的认识论是，现象世界（即被领悟了的）并不一定揭示机制世界（它使现象世界得以产生），知识获取不是通过证据的积累，而是通过理论发展，以便能够说明社会内部的驱动力。其本体论认为实际存在的东西（即创造世界的力量或结构）不可能直接观察到，而只有通过思索才行。其方法论涉及理论的建构，这些理论可以解释所观察到的东西，但其真实性是不可检验的，因为得不到它们存在的直接证据。

今天来看结构主义地理学，既有其贡献，又有其缺陷。其主要的缺陷在于排斥局部、外部、历史的研究，完全否认人在社会、历史中的影响作用，尤其是它排斥观察世界时保持动态的、历史的观点，也成为一个不小的缺陷。因为，事物永远处于发展变化的动态过程中，而且很多情况是处于波动变化的状态，如果仅用静态的观点去认识和分析事物在某一时点的状态，难免会有局限，而且如果所分析事物的时点正好处于波动状态，可能会得到不同甚至完全相反的结论。当然，一个理论和流派存在缺陷在所难免，并不会影响人们对其价值的推崇。

结构主义地理学者的很多视角在今天看来仍然非常有用，如他们对实证主义学者满足于经验现象的罗列和描述的批判，他们对事物内部深层机制的重视和强调以及他们的主要方法论——通过思索和理论建构来实现对地理事物的解释，尤其是对理论建构的强调。事实证明，西方现代地理学者已充分吸收了结构主义这一方法论的营养，这从他们发表的论文以及对博士论文的要求、博士论文的写法中便可看出。实际上，对于定性研究，理论建构非常重要，掌握了理论建构的方法，城市社会地理研究将“如虎添翼”。因此，开展中国城市社会地理研究，可以多吸收结构主义地理学的营养，从而丰富研究手段，提高研究效果。

### 2.2.2 结构主义地理学方法在城市社会地理研究中的应用

重点要掌握结构主义地理学者通过思考而进行理论建构的方法。

如果比较中西方城市地理学者的论文，常常可以发现中西学者的研究逻辑存在明显的区别：中国学者习惯于从实证研究着手，然后再力求“小中见大”，讨论一般性的理论问题；西方学者则习惯于一开始就给出自己的理论，然后再分析实证地区的情况，用其理论去解释实证地区，当然在这个过程中不排除对其理论进行修正。这种研究习惯的差异，一方面，涉及前文所讨论的归纳法和演绎法思维逻辑的差异，另一方面，也因为西方学者受结构主义理念和方法的影响更多。实际上，结构主义学者的理论建构往往要结合演绎法的思维和程序来开展，理论建构和演绎思维关系更为密切。

下面结合两篇西方期刊上所发表的有关中国城市研究的论文来具体讨论结构主义的理论建构问题，这两篇论文虽然出自华人学者之手，但反映了西方的思维特点，与本土的中国学者所撰论文在结构上存在明显差别。

一篇论文是由吴缚龙教授撰写的，题目是“建筑供应的新结构：广州都市区城市景观的转变”（Wu，1998）。这篇论文主要探讨了在从计划经济到市场经济转型过程中中国都市区建筑环境的最新变化。论文分为 8 个部分：第 1 部分是引言；第 2 部分的标题为“基于文献的理论洞察”；第 3 部分，标题为“理论框架”；第 4 部分，标题为“变化 1：经济的分散化和投资的多元化”；第 5 部分，标题为“变化 2：城市土地发展的再组织”；第 6 部分，标题为“城市规划的角色转变”；第 7 部分，标题为“城市景观的转变：广州的案例”；第 8 部分是结论。全文共 25 页。值得指出的是，尽管论文的主题是“基于广州案例来探讨转型期中国都市区建筑环境和城市景观的变化”，但直到第 13 页才开始系统分析广州的案例，换言之，论文约有一半的篇幅相当于理论研究，它们集中体现在第 3 至第 6 部分，这是典型的结构主义地理学的分析视角。当然，作者也融合了实证主义方法，如在第 4 至第 6 部分，也插入一些数据和实证材料来说明其观点。

我们重点分析作者是如何来强化理论分析分量的，请注意这种理论分析不是文献分析，论文专门有一部分（第 2 部分）相当于文献回顾。在第 3 部分，作者所给出的理论框架（图的形式）十分醒目，这个理论框架是作者进行理论建构的核心内容。这个理论框架的名称叫“建筑供应结构和城市景观转变中的变化”，它与论文的标题相呼应，暗合了整篇论文的主题。在这幅图中，作者以时间为线索（改革前、改革后），以不同时期建筑供应结构和这种结构所对应的城市景观元素为主要内容进行展开。如改革前，建筑供应结构由建设资本投资、特殊项目的发展和基于行业的规划构成，这种结构所对应的城市景观元素包括：自赖型社区、工业卫星镇、混合的土地利用、职业而非社会状态所引发的分异、低密度居住的发展、城市边缘的不断扩展、城市中心非商业用地比重较高。改革后，建筑供应结构则由外来资本、自有资金、房地产发展和市区规划构成，其对应的城市景观元素包括：新商业区、绅士化居住地产、新的社会区、大规模的边缘居住区、城市蔓延和“蛙跳式”增长地域、开发区和城市次中心、商业的再开发。

这个理论框架来自于作者的思考和别具匠心的经营，其前提是作者对相关文献的驾驭和对转型期中国的理解，是作者构建出的理论。为了进一步阐述这个理论，作者又用了三个部分对这个理论进行详细展开，目的是要进一步强化这一理论的分量。在作者对理论阐述比较满意之后，才进入案例研究，当然，他所构造的理论可以很好地解释广州城市景观的转变和建筑的供应变化。

另一篇文章是黄友琴和克拉克撰写的“转型期中国城市住房产权选择：多层次分析”(Huang、Clark，2002)。这篇文章主要使用1996年的中国住房调查数据，用多层次分析模型技术，研究1988年住房制度改革以来家庭户在住房市场上获得有限选择自由的条件下中国城市住房产权的选择，认为市场机制和制度因素同时在起作用。论文在“引言”之后，是文献回顾。在进入以数据和模型为主的实证分析之前，论文用了约4页的篇幅从理论上讨论“住房产权和制度的关系”。按说这是一篇运用系统数据和定量模型的实证研究论文，但作者无疑吸收了结构主义地理学的长处，在进入实证分析之前，先构造了一个定性的理论，并成为论文的一大亮点。当然，论文后面数量研究的结论与前文的定性理论是相符的。这个理论出现在“住房产权和制度的关系”部分，除了相关的文字表述以外，作者用了占一页篇幅的图来阐述其理论。这个图的名称为“不同经济形态下的住房产权和社会关系”。在这个图中，作者细致地分析了在计划经济、转型经济和市场经济体制下，单位、政府、职工和开发商之间的关系，包括联系方式和联系强度。实际上，这个图所包括的要素并不复杂，但效果很好，作者显然花费了很多心思来构造它。类似这样的理论，如果只通过分析数据而得出，可能不全面也不一定深刻，必须经过作者的思索和“苦心经营”才能系统和深刻，它不是表面上存在的现象，是隐藏在表面现象之后的深层次机制，要用头脑把它挖掘出来。

## 2.3 人本主义地理学理念：注重对个体的关注和理解

### 2.3.1 人本主义地理学的理念

在传统的经济学和经济地理学的理论模型中，往往把人作为“经济人”来考虑，这里的人是理性的，他们追求最小成本和最大利润，追求在最短距离内和最短的时间内实现既定目标。这些模型中的“人”和其他因素类似，没有思想、没有感情，是一个纯粹的学术变量。人口学中的“人”是集合了多个个体的数据，而针对人的行为和属性的问卷调查所获取的数据及其统计分析，也是从数据的“集聚体”上来研究人，不会去关注个体的想法及其赋予事物的含义。

人本主义对“人”的强调，完全不同于仅作为变量的“人”、作为集合数据的“人”以及作为统计“集聚体”属性的“人”。

人本主义特别注重一切事物的诠释皆基于人的思想、感觉与经验，是以人作为出发点，以主观性为兴趣中心的。人本主义地理学家是最早对计量地理理论基础发难的，认为科学主义地理学在探讨问题及开发理论时，完全忽略了人的因素，特别是人所能发生的作用。与此同时，他们也指出，以逻辑实证主义为基础的计量运动，其对知识的定义及看法有太强的排他性、垄断性及霸权心态，强调如果单单注重对规律的寻求而舍弃对独特性事物的探讨，则忽视了大千世界的绝大部分事物（马润潮，1999)。人本主义地理学者强调人文地理学中意义和价值等主观内容研究的重要性。为了知识的主观性，人文地理学中已做的很多工作采取了人本主义思潮中本质上是主观主义的立场，尤其在文化地理学、社会地理学和历史地理学中。值得强调的是，人本主义地理学者所强调的思想和主观知识，既不可观测也不可计量，他们更多地专注于经验。

与实证主义地理学强调解释不同的是，人本主义地理学强调描述。这种描述和传统地理学的描述方法有所不同：它致力于纯粹的、直接的感受描述，是述说出来的，其中渗透着描述者对某一事物的理解。人本主义地理学的描述方法具有一种表达人与人之间、人与地之间更为融洽的流畅感（张祖林，1995；于涛方、顾朝林，2000）。

人本主义地理学将世界看做是相互联系的、不可分割的整体，价值（人的感觉）与事实之间的界限变得模糊，因此，一个人的目标、意图和目的，不能和个人的经历及对世界的认知分离开来。一切事物的存在与否及其存在状况，皆会因当事人的文化、背景、经历及主观意愿而不同。这个世界不是只有一个而是有多个，而同一事物在不同的人看来也会不同（马润潮，1999）。人本主义地理学者不强调通性，而强调地球表面事物的差异性和独特性。人本主义地理学者没有兴趣去寻找什么通则，人本主义地理学的终极目标，不是要像科学那样预测事件的后果，也不是要建立放之四海而皆准的理论，而是要了解事物对人的意义。人本主义地理学者认为单单注重对规律的寻求而舍弃对独特性事物的探讨，是忽视了这个大千世界的绝大部分事物（Entrinkin，1976；Johnston，1986；马润潮，1999）。

段义孚是人本主义地理学的领军人物之一，对人本主义地理学的很多概念都有发展（Tuan，1977；段义孚，2006）。他强调人本主义地理学通过研究人与自然的关系，研究人们的地理行为和他们的感情，研究关于空间和地方的观念，从而达到对人类世界的理解。他为“研究人的经验长河中的空间感情和空间观念”而争辩，认为这样一种地理学应关注于空间和地方，使它们进入人类经验，并且应使人们能够更深入地探索他们的个人地理学。他把“地方感”认定为人本主义地理学的主要论题之一，即“从纯空间向某种强烈的人文地方”的转换，把这种过程表示为更为一般的“地方倾向”概念，是信奉“一切人类的活动都与物质环境拴在一起”的一个例子。段义孚极有说服力地、清楚地阐明了地点或“地儿”（Place）与空间（Space）的不同，指明了“地儿”是含有丰富意义的，人们会对它产生感情，它也有其特性或“地儿的身份特色”，它除了为人们提供生活空间以外，也是人们价值观念及经验的汇集点。实际上，“地儿”各具含义，构成人对世界内容的认知，构成人的人生地理，进而影响其行为（唐晓峰，1996）。

人本主义地理学没有太突出的理论，它实际上提供了一种认识地理和空间的新的方式。实证主义学者批判它，认为它所阐发的概念和原理是主观的，并非科学的，因而不可能具有一般意义；结构主义对它也持批判态度，认为它将重点放在个人身上，扭曲了现实，没有很好地考虑社会等因素对个人活动的限制和约束（Johnston，1986）。两方的批判既有道理，也没有道理。因为，人本主义地理学者并没有宣称他们的认知方式属于科学，而结构主义学者对人本主义的批判恰恰就是结构主义方法所缺失的部分。也有学者认为，以研究人地关系为己任的地理学者当然应更多地具备人文精神，人本主义空间观的确弥补了科学主义空间观把人的生存意义置于其外的严重缺陷，事实上，人的生存和认识过程既有理性的一面，也有非理性的一面，而人本主义地理学正好在科学的地理学和人文的地理学之间架设一座桥梁，使得人文地理学成为人文关怀基础上的科学，从而既保持人居世界的丰富多样性，又能体现人类设计世界时的匠心（陶建文，2002）。

在《哲学与人文地理学》一书（蔡运龙、江涛译，2001）中，约翰斯顿（1986）从哲学的层面对人本主义思潮的特征进行了总结，认为人本主义的认识论是：着重知识的主观性；人是一种有思想的生灵，人的意向性创造他或她在其中行动的世界；知识是在一种由个人创造的主观意识世界中的主观获取。其本体论是：存在的东西只是人们感觉存在的东西；知识只能从存在于人类头脑的东西中获得。其方法论是：包括研究那些个人世界，而且与实证主义方法相反，强调个别性和主观性而不是可重复性和真理。

## 2.3.2 人本主义地理学理念在城市社会地理研究中的应用

完全按人本主义地理学的规范和思路去开展研究比较困难，除非研究者自身就是彻底的人本主义学者。对当今中国的城市社会地理学者而言，笔者以为，这样做也没有必要，但人本主义的一些理念可以提供认识空间和地理的新的视角，可以在一定程度上丰富我们的研究思路。可以将这些理念吸收到我们的研究中来，即使是典型的实证主义地理学者，吸收其他学派的理念和视角，对自己的研究也不无裨益。

人本主义的概念和视角有很多，其中，注重个体对空间的认知和理解从而成功诠释城市空间演化，是一个很有效的视角。这也是笔者从中吸取营养最多的一个方面，把它糅入中国城市的实证研究中完全可能，也非常有效。这个研究视角的体现一般要结合对居民个体的深度访谈来进行，个体对空间的理解要从他们的“口述”中来体现，也就是说要从居民的“生活史”和“口述史”中挖掘空间的内涵。当然，居民个体的访谈可以作为证据在论文中使用，就像是使用其他数据一样。除此之外，最好能够实现理论建构，要在和被调查者访谈互动的过程中建构研究者的理论。这种微观研究手法正好可以和基于官方调查的数据统计和基于问卷调查数据的统计相结合，并可以弥补后者细腻性不足的缺陷。

下面举例来说明这种研究视角如何在研究中体现。

例文是由美国的辛迪・范教授撰写的一篇题为“转型中国的城乡人口迁移和劳动力的市场分割”的论文（Fan，2003）。这篇论文的总体风格属于把实证主义和结构主义方法相结合，同时也吸收了人本主义的一些研究视角。尤为难得的是，论文注重个人层面的感受，并用来服务于自己的理论。通读全文，很容易感受到论文的一个最明显的特点，那就是把基于统计数据的分析和基于个体的访谈材料交互使用，达到很好的效果。

在论文的主体内容之一“性别和流动的劳动力”一节中，作者首先通过数据表格的分析提出两个发现：一是在流动的劳动力中男性多于女性，二是与男性城乡流动的劳动力相比，女性更加年轻，更多处于未婚状态。作者又进一步指出，这种规律最重要的原因是控制农村女性生命周期的社会—文化传统的作用。在中国，很多女孩在初中以后就辍学了，而在辍学后和结婚前，她们基本上属于待流出的剩余劳动力。紧接着作者给出了一个受访的仅受过两年小学教育并决定在无锡餐馆打工的16岁安徽女孩的话：

“退学后，我帮妈妈做家务。当看到其他打工回来的女孩既有漂亮衣服穿又有钱花的时候，我非常羡慕。我计划春节后回到餐馆。我还年轻，家里的农活也不需要我，况且我们的耕地也非常有限。”

作者又进一步指出，在多数情况下，家庭经济的需要是村民外出务工的最主要原因。年轻女孩往往被迫缩短教育，而家里的男孩则继续上学。紧接着作者又给出了一个初中毕业前就已辍学的21岁的安徽姑娘的一段话：

“我妈妈病了三年了。家里的地仅用来种植粮食并刚刚够吃的。我爸爸是个教师，他的收入还不够妈妈的医疗花费。三年前，当我大哥考上大学时，我就必须退学，靠打工挣钱。因此我决定在上海的一家服装厂打工。”

作者进而指出，这是一个典型的由社会—文化传统决定女性劳动力流动状况的案例。在这里，女性被终止教育不仅是节约开支的策略，而且也是增加家庭收入的有效方式，也为她们的同胞兄弟们上学提供了机会。女性流动人口为她们的家庭作出了经济贡献。

范教授的这段分析十分生动、深刻，而且学术效果不减，尤其是这两个案例中女孩对自身生活史的回顾，揭示了中国经济欠发达乡村地区的性别歧视和女性在教育方面的缺失，以及女性流动和社会—文化传统的关系，既充分说明了作者的观点，又让人对欠发达乡村地区女性的命运生出同情之心。可以说，这段文字具有一定的震撼力。其实，之所以达到这种效果，就在于这两段自述性文字的引用，其作用绝不亚于两个基于数据的表格。这就是个体研究视角的力量。

针对个体的调查和阐述，有的学者往往会关心其代表性的问题，最常见的问题就是这个个体究竟能否代表整个类型？其实，没有完全不代表类型的个体，也没有百分之百代表类型的个体，个体和类型之间的代表关系是相对的，只要个体案例选择得好，根本不用担心它揭示不出类型的一般特征。

## 2.4 行为主义地理学理念：从行为和时空制约的层面研究空间

### 2.4.1 行为主义地理学的方法

在20世纪60年代地理学的计量革命以后，一些学者对计量运动有所失望，开始借助心理学和行为科学的视角，把研究对象转向人的行为以及行为与空间的关系。1970年，著名学者道温斯提出“行为革命”的口号，主张地理学的重要任务是研究“空间行为”与“空间知觉”。行为主义地理学者试图以强调行为来代替科学化的计量，使地理学产生一场与“计量革命”相类似的新的革命。事实上，他们的计划最后得以实现，因为20世纪70年代以后，西方行为地理学与知觉地理学得到迅速发展，成为人文地理学的重要研究课题和重要的方法论。

行为主义地理学最突出的特点表现在它对心理因素的强调。行为主义地理学者认为，人类空间活动的结果表现在地面上的现象，其全部或者一部分是由人类个人的心理因素决定的。行为主义研究是根据行为如何发生（而不是为什么发生）来量度行为的经验研究（Johnston，1986）。研究者们强调，诸如接近信息的机会、冒险的程度、环境意象、关于刺激性形势的知识阶段、对地方的态度、感觉到的应力、讨厌风险、地方效用和已揭示的偏爱等因素在认识空间活动中都至关重要（Golledge，1981）。行为主义地理学还强调过程指向，其所强调的过程是诸如学习、感知、认识和态度形成等的人类行为过程（Golledge，1981）。

行为主义开始关注“人”，这是其进步所在，但其在本质上还不同于人本主义所关注的“人”，因为它并没有强调居民个体，它虽然从个体那里搜集信息和相关数据，但它所关注的是大量个体的聚集体，是统计意义上的个人行为，因此，行为主义的研究带有统计色彩，仍然属于实证主义的范畴。除此以外，约翰斯顿（1986）在《哲学与人文地理学》（蔡运龙、江涛译，2001）中指出，计量革命明显影响了行为地理学研究论题的选择，如行为主义地理学者关注购物中心的选择、迁居的决定、寻求新居、为旅程选择运输方式等问题，这种研究通过严格的抽样程序来寻求将数据采集、态度的度量和行为的度量、结果的陈述进行普遍化，但它不那么具有理论导向，未将假设置于研究策略的中心地位，则暗示了某种程度的归纳主义，也是针对实证主义的一种指责。

总之，行为地理学是人文地理学的心理学方向的转向，在协调环境和空间行为的关系时强调认知和决策变量的作用（Johnston et al.，2000）。行为主义的研究属于归纳性研究，其目的是从运行中的行为过程里提出一般性阐述，其研究领域很大程度上受空间科学学派的影响，但无论怎样，行为地理学提供了一种有用的方法论，尤其是在人文地理学家的众多方法中，它自有效用（Johnston，1991）。

## 2.4.2 行为主义地理学方法在城市社会地理研究中的应用

基于行为主义地理学，研究中国城市，可借鉴的视角或方法主要在于以下几个方面。

首先，是研究城市居民的空间行为和空间偏好，探讨城市居民的各种行为在空间上的规律性，进而为城市社会空间结构研究提供依据。行为空间可视作由人类活动的地理投影所形成，空间行为则表明特定空间的人类行为规律，与利用场所的人类知觉、选择和行为有关（张文奎，1993；Juckle et al.，1976）。这类话题最常见的是探讨居民的迁居与流动性、通勤、出行活动及其交通方式、购物和休闲等行为所表现出的规律性，尤其注重探讨它们与空间的关系或在空间上所表现出的特征。空间偏好一般要结合居民居住区位的选择、变化以及城市居住空间的变迁来开展研究，一般要通过大宗问卷调查来获取数据，再进行统计分析或模型分析，最终揭示出客观的规律，并对其进行合理解释。

其次，是研究城市居民的感知空间和城市意象空间结构。这一类的研究实际上是从居民的心理层面研究城市空间，是地理学和心理学的交叉领域，其最有效的手段是让居民按要求绘制感知地图或意象地图，也就是用纸笔绘出他们头脑中的城市空间。林奇在这方面的研究最负盛名，他以小样本的长期面谈调查的结果为基础来开展研究（Lynch，1960）。虽然手绘地图不能达到编制复合意象的程度，但它的确有助于说明人们感知城市的方式，感知地图非常清晰地展现了每个人在勾画城市时迥然不同的方式，他们所绘地图的组织和内容反映了其生活方式和情感关注（Knox and Pinch，2000）。感知地图调查要求有一定的数量和质量。虽然在数量上它难以达到像问卷调查那样的大宗数量要求，但无疑在同样质量的条件下样本越多越有利于得出权威结论。与问卷调查填写选项相比，绘制感知地图对被调查者而言相对麻烦，所耗时间也较多，被调查居民容易敷衍了事。因此，必须在质量上有所保证，加强现场监督和对所获地图的筛选。要注意避免研究人员对被调查者意志的干扰，尤其是在当被调查者对相关概念（如城市空间、地图等）和绘制要求提出疑问而研究人员必须给出解释时，要十分慎重，避免被调查者受研究人员解释语言的影响而难以反映出其真实的心理状态。

感知地图应用到研究中，大致有三种方式：一是系统研究整个城市的意象空间，如研究北京城市意象空间结构，需要对居民开展系统的调查；二是研究一个特殊地区（相当于局部城市空间或某一类型城市空间）的意象空间，如研究大学生对校园空间的感知，其结论与整个城市意象空间有不同之处；三是在研究城市空间问题时，把感知地图作为调查方法之一，从心理感知的角度在一定程度上反映问题，如研究城市公园设施布局时，适时地对公园游人做一些感知地图调查，反映在游人心目中公园最重要的景观和最重要的设施。

再次，是对城市居民活动时空制约的研究和时间地理学方法的应用。时间地理学研究起源于瑞典地理学家哈格斯特朗。时间地理学的视角注重研究人们活动的各种具体制约条件并在时空间轴上动态地描述各种人类活动规律及其与城市空间结构的关系（顾朝林，2002）。时间地理学有几个非常突出的特点（柴彦威、龚华，2001）：①在时空间坐标系上连续不断地表示和分析人文现象，通过路径、时空框、时空棱柱、活动束、活动企划等概念将个体行为分析在时空轴上结合起来；②将时间和空间在微观层面上结合起来，从微观个体的角度去认识人的行为及其过程，并且把握不同个体行为活动在不间断的时空间中的同一性；③强调限制人行为的制约条件，通过研究物质环境中限制人的行为的制约条件来说明人的空间行为；④通过对个体日常活动路径及时空间特征的分析，反映某一类型人群的时空活动规律。

针对中国城市空间的实证研究，可以系统地对居民不同类型时间（如休息日和工作日）的一天 24 小时之内的时间利用和生活路径进行探讨，但条件是要对城市居民开展生活志和时间利用的问卷调查，具体调查方法参见柴彦威的有关著作（1999、2002）。另外一种类型的研究是借鉴时间地理学的方法，将其有效地运用到相关的实证研究中去。如笔者所指导的学生研究某社区老年人的通勤问题，就运用时间地理学中有关“时空路径”的分析方法，调查了老年人一天 24 小时的生命路径，进而将社区老年人的时空活动分成几种类型，再分析每一类型老年人工作的特点以及通勤的时间和方式等特点，为研究老年人通勤问题提供了有力的分析工具。

关于如何在城市社会地理研究中利用时间地理学方法，再以柴彦威教授的一篇题为“以单位为基础的中国城市内部生活空间结构——兰州市的实证研究”的论文为例来详细说明（柴彦威，1996）。这篇论文值得初学城市社会地理学的同学一读。论文主要以兰州作为实证地区，探讨单位在城市居民日常生活空间中的作用，对中国城市内部生活空间结构的层次进行了总结，认为包括三个层次，即由单位构成的基础生活圈，以同质单位为主形成的低级生活圈和以区为主的高级生活圈，论文的结构也基本上按这三个层次展开。作者在分析单位的分类和居民日常生活的关系时，认为可以按居住设施、生活设施和福利设施的不同把单位分成三类，它们对应着三种生活类型。紧接着，为了说明不同单位间居民生活类型的差异，作者运用时间地理学方法描绘了大单位和小单位两种类型的三口之家家庭各成员在一天 24 小时内的活动路径，很清晰地反映出了大单位和小单位家庭时空间结构的差异，用微观的手法形象地说明了单位对居民时空活动的影响。尽管作者只给出了两个案例的家庭时空活动的图件，但它给人的印象十分深刻，可以说把时间地理学方法运用得恰到好处。

## 2.5 女权主义地理学理念：关注性别和空间的关系

### 2.5.1 女权主义地理学的理念

女权主义最早起源于 19 世纪的妇女解放运动。后来女权主义渐渐成为一种妇女有意识地研究自身、解放自身的思潮，到了 20 世纪 70~80 年代，女权主义已成为轰轰烈烈的运动。女权主义大致可分为自由的女权主义（又称保守的女权主义）、激进的女权主义和马克思主义的女权主义，以最后一种影响最大（Mackinnon，1983）。

马克思主义的女权主义有早期和晚期之分。沃野（2002）总结了早期和晚期马克思主义女权主义的特点。早期马克思主义的女权主义的发展源自对无工资家务劳动的反省。在资本主义社会里，妇女受压迫、受剥削，在抽象意义上，是由资本主义的本质所决定的，但具体地讲，则是无工资价值的家务劳动的必然结果。妇女的家务劳动是一种直接贡献于资本主义经济发展的活动，应该是一种经济性的资本生产。如果没有妇女的家务劳动，资本主义生产的利润就不可能产生，资本主义制度也不可能建立。妇女之所以在劳动市场竞争中处于劣势地位，是因为妇女被长时间地缠入那种看不见的、被男人同时也包括妇女在内都认为是天经地义的、不被社会认可的无工资的家务劳动。后期的马克思主义女权主义同意早期的理论，相信家务劳动不被社会认可，除此之外，他们认为，妇女地位低下和受压迫并非像一些正统马克思主义所说的那样由经济决定，而是受男女关系间的父权结构所影响，进而认为，导致妇女受压迫、受剥削的根本原因是资本主义和父权的结合，是一种父权资本主义的结果。

女权主义地理学就是利用女权政治学及其理论探讨性别关系与地理学怎样相互结合和相互影响（Johnston et al.，2000），是地理学吸收女权主义理念的产物。传统的地理学家以男性为主，实际上，男性们的著述反映的是男性眼中的世界。因此，就像 IBG 妇女与地理学研究小组（1984）指出的那样，如果我们浏览图书馆或书店里的地理学代表性著作，明显可以看到，绝大多数的地理学与“男性”密切相关，我们面对的是“男性与自然环境”、“男性与文化”、“男性的空间”等。事实上，“女性在空间世界中不存在”，“女性在地理学中被隐藏了”。地理学家们应该考虑我们的半边天——女性们是如何生活的，应该重视对女性的感知和行为空间的研究。女权主义地理学者会清晰地考虑社会的性别结构，他们应承担一种义务，这种义务的目标有两个，一是短期内缓和性别的不平等，二是要通过为追求真正平等而发生的社会变化来消除性别的不平等（Women and Geography Study Group of the IBG，1984）。IBG 妇女与地理学研究小组（1984）还提出女权主义地理学应关注改变学科内外的性别关系，着眼于对社会如何创造性别结构形式的研究，怎样通过结束性别不平等的项目来改变空间形式。女权主义的发展促使个性、政治和学术生活被检验。她们还提出，要得到主流地理学的认可，女权主义地理学者应强调以下研究方向：①女权主义城市地理学，关注传统上被忽视的土地利用，尤其是有报酬工作的公众领域与家庭、住宅私人领域的区隔作用；②女性日益参与的公共领域，劳动力的组成、女性的雇佣形式以及区域不平等；③家庭和有薪水的工作之分离，从性别不平等的角度研究女性使用公共设施的程度；④女性改变发展中的世界的行动（Women and Geography Study Group of the IBG，1984）。

女权主义地理学的两个理念得到了学术界的共识：一方面是重视学科中的女性参与，因为传统的地理学家以男性为主，男性和女性的生理特点决定了他们的心理特点以及对事物（包括空间及其他地理方面）认知方式的不同，应该发挥女性细腻的思维习惯、敏感的观察能力，强调女性独特的地理认知和生活经验，也就是要重视女性地理学者对空间的研究，用她们的研究成果去补充、修正、反思甚至重建地理学的相关理论；另一方面，传统的空间研究把“人”作为一个没有性别意义的整体来对待，即使是针对个体行为和感知的研究也没有考虑到性别的因素所可能造成的差异，因而有可能导致我们对空间和地理的理解有偏差，所以应该关注不同性别的行为主体之间的差异性，有时还要关注女性内部的差异。

20 世纪 80 年代以后，女权主义地理学又有新的发展，尤其是离开了对两性系统和阶级系统的关注以及现代主义的讨论，可称为后殖民主义女权地理学。在《人文地理学词典》（柴彦威等译，2004）中，约翰斯顿等（2000）系统地总结了后殖民主义女权地理学的发展，认为存在以下几个方面的特征：①性别的范畴受到争议并被扩大到超越了男女二元，女权地理学家日益关心两性关系在不同种族、民族、宗教、性趋向和国别中的差异以及在这些不同坐标轴上处于不同地位的女性之间的剥削关系；②利用更广泛的社会和文化理论，包括心理分析和后结构主义，以便全面认识两性关系特征是如何形成的，女权地理学家之间的理论差异更加明显；③通过对掌握实际知识更高的要求，出现了明显的脱离客观主义认识论的倾向，讨论的重点在于相对主义和实际知识的区别以及协调各部分认识使其承担政治行动与社会变革的途径；④新的领域出现，有些继承了不同的地理和空间概念，大量的文献围绕两性关系的文化表现，把注意力延伸到想象和象征的空间。

## 2.5.2 女权主义地理学理念在城市社会地理学研究中的应用

真正进入女权主义地理学的研究领域，争取到与西方同领域学者对话的“话语权”并不容易。下面以发表在最著名的女权主义地理学刊物《性别，地点和文化》（*Gender*，*Place and Culture*）上由西方学者撰写的一篇题为“伊斯坦布尔的面纱与城市空间：女性的服饰、流动性与伊斯兰文化”的论文（Secor，2002）为例，分析西方学者是怎样探讨女权主义地理学话题的。这篇论文由以下 7 个部分组成：引言；服装和身体：一个分析框架；面纱和土耳其的生产空间；研究方法；面纱选择与城市空间流动性；在信仰、宗教礼节和日常生活之间：伊斯兰和城市面纱；结论：伊斯兰知识的地方生产。

论文从《古兰经》的规定入手，分析了伊斯兰教义对妇女暴露身体的约束，同时也存在自然环境的原因，即在干旱少雨地区风沙较大，分析了土耳其的人口构成特点，回顾了土耳其由政教分离的宗教统治到现代法治国家的历程，提出面纱是一种“退化的”和“非文明化的”标志，对于“面纱权力”存在争斗，大学校园等空间开始限制妇女戴面纱。进而提出本文的研究问题：是什么刻画了迁移妇女对于面纱的理解？通过对妇女的城市流动和伊斯兰文化认同的分析，理解面纱怎样成为重要的空间习惯？伊斯兰文化认同与习惯如何在城市生活中变得缓和而有弹性？

作者在分析框架中提出，如果把城市看作由不同的“面纱权力”组成，就可以更好地理解戴面纱或不戴面纱的社会空间经历。这些“面纱权力”产生于特殊的权力群体，从空间上实现了与妇女面纱有关的霸权规则和规范。这些“面纱权力”参与了城市空间的生产，塑造了女性（无论佩戴面纱与否）在城市中流动的方式。论文的调查方法是从数据库中有记录的 5000 个流动妇女中随机选择样本，以座谈会方式进行调查。研究推论基于场所认同、分享经历和重现主题。随后，作者讨论了面纱所造成的空间隔离、大学校园里面纱的争论、佩戴面纱在公共场所和异己区域的遭遇、面纱造成的限制与歧视、面纱的选择与信仰、礼节和文化的关系、在日常生活中的争论、进入城市空间与面纱的关系等论题。

值得赞赏的是，作者通过穆斯林女性佩戴面纱这样一个具体的习惯，基于服装、身体和文化的话题，诠释了穆斯林女性在权力群体、宗教文化、城市空间、流动和社会发展等多层因素制约和影响下的选择和生存状态。论文最后将话题引申到知识的地方生产、文化认同以及女性迁移到城市的多样化理解方面，又提升了研究的理论意义。

中国的女权主义地理学研究还处于刚刚起步的阶段，在目前所能查到的为数不多的文献中，多是对国外女权主义地理学发展及相关理论的介绍，针对中国的实证研究很少。当前，对女权主义视角的借鉴主要是在两个方面：一方面，鼓励更多的女性研究者出现，笔者在教学实践中也是积极鼓励女同学们利用她们的优势开展这方面的研究，只有女性地理学者越来越多，才有可能对传统的地理学理论进行性别的修正，事实也证明，女权主义理论对当前中国的女性有持续的吸引力，她们也有足够的热情和兴趣从事这方面的研究；另一方面，强调专门调查和研究女性的空间行为和空间感知，也着重关注女性这一群体内部空间行为的差异，这方面的研究容

易入手，研究者更易受到鼓舞。但值得强调的是，女权主义和针对女性群体的研究还不能完全划等号。在对女性的调查研究中，一定要注重观察女性空间行为及其决策与丈夫、子女、家庭和社会的关系，注重分析父权社会对女性就业和生活的影响，只有做到这个层次，才可以说研究真正体现了女权主义的视角。当把这样的基础研究推进到一定程度，可以进一步学习类似前述例文那样的西方女权主义地理学的话语，逐渐使自己的研究与国际接轨。

## 参考文献


[1] Entrinkin J N. 1976. Contemporary Humanism in Geography [J]. Annals of the Association of American Geographers, 66: 615–632.

[2] Fan C C. 2003. Rural-urban Migration and Gender Division of Labor in Transitional China [J]. International Journal of Urban and Regional Research, 27 (1): 24–47.

[3] Golledge R G. 1981. Misconceptions, Misinterpretations, and Misrepresentations of Behavioral Approaches in Human Geography [J]. Environment and Planning A, 13: 1352–1344.

[4] Harvey D. 1971. Explanation in Geography [M]. London: Edward Arnold Ltd.

[5] Huang Y Q, Clark W A V. 2002. Housing Tenure Choice in Transitional Urban China: a Multilevel Analysis [J]. Urban Studies, 39 (1): 7–32.

[6] Johnston R J, Gregory D, Pratt G, Watts M. 2000. The Dictionary of Human Geography (Fourth Edition) [M]. Oxford, UK: Blackwell Publishers Ltd.

[7] Johnston R J. 1991. Geography and Geographer [M]. London: Edward Arnold Ltd.

[8] Juckle J A, Brunn S, Roseman C C. 1976. Human Spatial Behavior: a Social Geography [M]. North Scituate, MA: Duxbury Press.

[9] Knox P, Pinch S. 2000. Urban Social Geography-An Introduction (Fourth edition) [M]. Englewood Cliffs, NJ: Prentice Hall.

[10] Lynch K. 1960. Image of the City [M]. Cambridge: MIT Press.

[11] Mackinnon C A. 1983. Feminism Marxism, Method and the State: Toward a Feminist Jurisprudence [J]. Signs, 8 (4): 635–658.

[12] Rossi I. 1981. Transformational Structuralism: Lévi-Strauss's Definition of Social Structure [A]. In: P M Blau and R K Merton (eds). Continuities in Structural Inquiry [C]. Beverly Hills: Sage Publications, 51–80.

[13] Secor A J. 2002. The Veil and Urban Space in Istanbul: Women's Dress, Mobility and Islamic knowledge [J]. Gender, Place and Culture, 9 (1): 5–22.

[14] TuanY F. 1977. Space and Place [M]. Inneapolis: University of Minnesota Press.

[15] Women and Geography Study Group of the IBG. 1984. Geography and Gender: An Introduction to Feminist Geography [M]. London: Hutchinson.

[16] Wu F L. 1998. The New Structure of Building Provision: Transformation of the Urban Landscape Metropolitan Guangzhou, China [J]. Urban Studies, 35 (2): 259–283.

[17] 保罗・诺克斯，史蒂文・平奇 . 2005. 城市社会地理学导论 [M]. 柴彦威，张景秋等译 .

北京：商务印书馆.
[18] 柴彦威.1996. 以单位为基础的中国城市内部生活空间结构——兰州市的实证研究 [J]. 地理研究，15 (1)：30-38.
[19] 柴彦威.1999. 中日城市结构比较研究 [M]. 北京：北京大学出版社.
[20] 柴彦威，翁桂兰，刘志林.2003. 中国城市女性居民行为空间研究的女性主义视角 [J]. 人文地理，18 (4)：1-4.
[21] 柴彦威，龚华.2001. 城市社会的时间地理学研究 [J]. 北京大学学报 (哲学社会科学版)，28 (5)：17-24.
[22] 柴彦威，刘志林，李峥嵘等.2002. 中国城市的时空间结构 [M]. 北京：北京大学出版社.
[23] 大卫·哈维.1996. 地理学中的解释 [M]. 高泳源，刘立华，蔡运龙译. 北京：商务印书馆.
[24] 段义孚.2006. 人文主义地理学之我见 [J]. 地理科学进展，25 (2)：1-7.
[25] 顾朝林.2002. 城市社会学 [M]. 南京：东南大学出版社.
[26] 黄春晓，顾朝林.2003. 基于女性主义的空间透视：一种新的规划理念 [J]. 城市规划，27 (6)：81-85.
[27] 黄春晓.2006. 女性主义理论及其对空间规划的启示 [J]. 江苏城市规划，(5)：11-15.
[28] 理查德·皮特.2007. 现代地理学思想 [M]. 周尚意等译. 北京：商务印书馆.
[29] 马润潮.1999. 人文主义与后现代主义之兴起及西方新区域地理学之发展 [J]. 地理学报，54 (4)：365-372.
[30] R·J·约翰斯顿.2001. 哲学与人文地理学 [M]. 蔡运龙，江涛译. 北京：商务印书馆.
[31] R·J·约翰斯顿.2004. 人文地理学词典 [M]. 柴彦威等译. 北京：商务印书馆.
[32] 唐晓峰.1996. 地理学与"人文关怀" [J]. 读书，(1)：61-66.
[33] 陶建文.2002. 科学主义和人本主义的空间观——论人文地理学中空间观的演化 [J]. 兰州学刊，(3)：9-11.
[34] 沃野.2002. 西方马克思主义的女权主义 [J]. 学术研究，(4)：28-31.
[35] 于涛方.2000. 结构主义地理学——当代西方人文地理学的一个重要流派 [J]. 人文地理，15 (1)：66-69.
[36] 于涛方，顾朝林.2000. 人文主义地理学——当代西方人文地理学的一个重要流派 [J]. 地理学与国土研究，16 (2)：68-74.
[37] 张文奎.1993. 张文奎人文地理论文选集 [C]. 长春：东北师范大学出版社.
[38] 张祖林.1995. 当代西方地理学中的人文主义 [J]. 自然辩证法研究，(4)：237-243.

# 3 如何开展城市社会地理调查

THREE

城市社会地理研究离不开社会调查。与地理学的其他分支学科相比，社会地理更强调社会观察和社会调查。城市社会地理研究与社会调查的关系好比"鱼水"关系。社会调查的意义主要在于：一方面，获取研究所需的基本数据和资料；另一方面，加深对研究对象和研究问题的理解，尤其是在分析某一现象或规律的影响因素以及构建其机制框架时，往往需要来自社会调查时所获得的信息和灵感。开展城市社会调查，不在时间长短，关键是要保持敏锐的视角，能够"以点带面"地抓住问题，要"快刀斩乱麻"，及时理出所要调查问题的头绪。在中国，用于开展宏观城市社会空间研究的数据获取难度较大，难就难在政府部门没有配合研究人员做研究和调查的意识，对他们来说似乎也没有这种义务，除非这项研究经过上级政府或同级政府部门（如规划局等）的立项而他们不得不配合，因此，与城市政府相关部门的人员打交道时要讲究一定的策略，调查才能顺利进行。开展微观城市社会空间研究，会更多地使用问卷调查和深度访谈的方式来"生产"数据，同样需要讲究技巧。

## 3.1 城市社会调查研究方法

首先有必要厘清"社会研究"的概念。对社会研究概念的论述，比较权威的学者有美国的肯尼斯·D·贝利、日本的福武直以及中国的费孝通和风笑天等。

美国社会学家贝利（1986）认为，社会研究就是搜集那些有助于我们回答社会各方面的问题从而使我们得以了解社会的资料。日本社会学家福武直认为，社会研究就是实证地抓获社会现象的一种方法，具有通过直接实地调查收集所谓实在的数据并由此进行分析的特色（福武直、松原治郎，1986）。我国著名社会学家费孝通认为，社会研究就是运用科学的方法，有步骤地去考察社会各种现象，收集必要的社会资料并进而分析各种因素及其相互关系，以达到掌握社会实情、解决社会问题和推动社会进行的目的（费孝通，1984）。另一位中国社会学者风笑天认为，社会研究是一种由社会学家、社会科学家以及其他一些寻求有关社会中各种问题的答案的人们所从事的一种研究类型（风笑天，2001）。邹农俭（2002）总结了各种有关社会研究方法的概念，提出社会研究就是在一定的理论指导下，运用具体的方法，了解社会事实的发生和发展，弄清社会现象的变化，揭示社会要素之间的内在联系，从而达到正确认识和解释社会现象、有利于把握社会现象变化的目的。

实际上，城市社会研究就是以城市作为研究对象，按照社会科学的逻辑，通过一定的方式、方法和途径，获取有关城市相关专题的基本信息、基础资料和数据，进而把握城市现象的内在规律，揭示城市问题并获得合理的解释。城市社会的调查和研究方法，就是在上述过程中获取资料、数据和开展调查的方式和途径。

## 3.2 数据、资料的种类、收集与处理

### 3.2.1 数据、资料采集的重要性

应该对在城市社会地理研究中数据的采集和使用引起足够的重视。

著名华人地理学者马润潮教授曾经撰文指出，近些年，西方从事城市研究或人文地理学研究的学者的研究重点似乎不在于寻求普适性的理论，即使是追求理论也是在特定地点适用的理论（马润潮，1999），这与20世纪60~70年代的“计量革命”冲击社会科学研究时期的学科崇尚早已不同。在这种背景下，国际学术界对特定城市或城市特定专题实证研究深度的要求比过去有所提高，并普遍要求使用大量的第一手数据，其表现就是，很多学术期刊每一期仅刊发几篇论文，以保证每篇论文的分量（有的论文长达三四十页甚至更多）。国际上“强化实证研究”的学术规范对数据的要求，实际上代表了城市社会调查方法发展的一般趋势，即强调数据采集和实证调查的深度。

### 3.2.2 统计数据和资料的种类

城市社会地理研究所用到的相关数据、资料的种类大体上包括：统计数据、相关材料、问卷调查数据和访谈资料。问卷调查和访谈方法将在下文予以详细介绍，在此重点介绍统计数据与相关材料的获取和使用方法。

各种统计数据是城市社会地理研究中用处最多的基础数据种类。从20世纪80年代中期开始，地方统计部门每年都会编辑或出版反映前一年度本地各种社会经济发展状况的统计年鉴，80年代早期和中期也会有本地的社会经济统计资料，可以和后来的统计年鉴上的数据相衔接。在实地调查中，要尽量收集全上述具有历史连续性的、完整的统计数据，以备在研究分析中使用。在1999年，各地城市政府都编辑或出版了新中国建国50年以来的本地统计数据集（以“某地50年”命名，如《杭州50年》），汇集了新中国成立以来直至20世纪90年代的权威统计数据，这样可以在一定程度上弥补统计年鉴中所缺失的80年代以前的有关本地的各种统计数据。

除了统计年鉴和新中国建国50年的统计数据以外，还有各种普查资料，也十分有用。

截至目前，中国总共进行过5次人口普查，即1953年的第一次、1964年的第二次、1982年的第三次、1990年的第四次和2000年的第五次人口普查。目前来看，对城市社会地理研究用处最多的是第三次、第四次和第五次人口普查。近些年，基本上是在两次人口普查中间的年份，会开展一次人口抽样调查，如1995年和2005年各地都开展了人口1%抽样调查。但值得强调的是，人口抽样调查数据对本市在总体上有代表性，对于区及其以下空间单元则没有代表性。

除了人口普查之外，中国还多次进行过农业、工业、商业普查，基本单位普查和经济普查，比较常用是1996年的工业普查资料、1998年的商业普查资料、1996年的第一次基本单位普查资料、2001年的第二次基本单位普查资料、2004年的全国第一次经济普查资料、2008年的全国第二次经济普查资料。值得指出的是，如果要研究城市内部空间结构，或反映各种社会要素

在城市内部的空间分布，还需要获取街区（街道、乡镇）一级行政地域单元的数据，而这些数据往往没有出版，需要从相关部门直接获取，必要时，应尽量获取电子版的数据，以避免重新录入数据及录入过程中可能出现的失误。

公安系统（地方公安局）也是获取统计数据的一个重要部门，需要重点调查。主要是获取有关户籍人口统计，非农业人口和暂住人口统计方面的信息。重点调查两个表，一个是“户籍人口统计报表”（人口及其变动情况），另一个是“暂住人口统计报表”。前一个表可获得的有关户籍人口的信息具体包括：人口总量（分性别）、非农业人口、出生人数（或出生率）、死亡人数（或死亡率）、迁入人数（分为省内迁入和省外迁入）、迁出人数（分为迁往省内和迁往省外）。后一个表可获得的有关暂住人口的信息包括：暂住人口总量、分性别数量、按暂住时间分类（1个月以下，1~12个月，1年以上）、来自地区（省内、省外、港澳台、国外）、居住处所（旅店、居民家中、单位内部、工地现场、租赁房屋）、暂住目的（务工、务农、经商、服务、因公出差、借读培训、治病疗养、保姆、投靠亲友、探亲访友、旅游观光）。

无论是户籍人口统计报表还是暂住人口统计报表，一般都是从公安部门的基层汇总到高层，换言之，既存在乡镇、街道一级行政单元的上述表格（往往是以乡镇或街道派出所为单位进行汇总，派出所和乡镇、街道之间有简单的对应关系），也存在区县一级行政单元的上述表格（以区县公安分局为单位进行汇总）。如对于一个地级市而言，市公安局应该掌握每个区县的上述数据，区县公安分局应该掌握每个乡镇、街道派出所的上述数据，而乡镇、街道派出所的报表中应该可以分出村（居委会）级行政单元的户籍人口数据和暂住人口数据。多数情况下，分乡镇、街道以及分村（居）的人口数据可以从市公安局中直接获取，但也有市局没有存档而要从各区县公安分局获取的情况存在。只有获取了这些基层行政单元的人口数据，才具备了研究城市内部空间结构的基本条件，因此它们对于城市社会地理研究来讲尤为重要。

与被调查城市有关的材料的获取对于了解城市和以后的分析研究工作来讲十分重要。从20世纪80年代开始，各城市每年都会编辑或出版地方年鉴，年鉴会对本市上一年度的基本情况、各区的基本情况以及行政区划变动情况等有详细的介绍，对于了解被调查城市十分重要。另外，各地的地方志办公室会编辑本地的地方志以及人口志、交通志、环境志等各种专业志。在实地调查时，应尽量获取最新版及老版的地方志和各种专业志。另外，被调查城市的政府工作报告，政府的相关文件，相关会议的论文集，“十五”规划、“十一五”规划以及“十二五”规划，新版和旧版的城市总体规划等都是需要搜集的资料，它们对于以后的分析研究工作会起到非常重要的作用。地方报纸的系统查阅也会获取有关被调查城市的很多信息，甚至能获得针对所要研究的课题的直接信息（如有的地方报纸曾整版报道过本地的流动人口、城镇化、城市贫困、少数民族人口聚居等），也会有利于以后的分析研究工作。

### 3.2.3 基础地图的获取及对基层行政区划变迁的考证

对于宏观层面的城市社会地理研究，尤其是城市社会空间的研究，往往要获取基于基层行政区划的地图，这样才能将基层行政单元的统计数据在空间上表达出来，进而得到空间规律或发现空间问题。可见，基层行政单元的地图对于城市社会地理研究的重要性。

在实地调查期间，应该设法获取城市分街区（分街道、乡镇）的地图，有时还要获取更小的行政单元地图，如基于村委会和居委会的地图。为了利用历史数据并探讨城市的时空演变特点，还有必要搞清楚相关时段中城市基层行政区划的变动情况，尤其是地名的变化情况、街区管辖范围的变动情况，并依之对城市分街区地图进行调整，进而获取各历史时期的城市分街区地图。对基层行政区划变迁的考证过程十分复杂，但必不可少。

城市的基层行政区划地图一般不容易获取。虽有很大难度，但也并非不可获取。依笔者的经验，有以下途径可重点参考：

第一，考虑出版渠道。笔者每在一个城市开展研究或调查工作之前，一定要去当地的新华书店，购买有关本地的各种地图，查阅并购买与本地发展有关的书籍，如北京市分街道、乡镇的地图集就曾多次出版。在多数情况下，基于基层行政区划的城市地图集不会出版，但也可以购买到各种不同比例的城市地图、分区的或能分出外围乡镇以及标有详细地名的城市地图册，为下一步工作打下基础。有时，虽然出版了分街道、乡镇的地图集，但书店中未必有售，可以在网上搜索和查询具体的书名、编著者以及出版社等信息，然后到出版社或编辑单位去查询，有时会有意想不到的收获。

第二，重点调查民政局地名办。各地的民政局一般会下设地名办公室，负责本市各种层次的行政区划调整及地名变动，是需要重点调查的部门。一般情况下，分街道、分乡镇的城市地图可以从这里获取。地名办有时还会有内部印刷但没有正式出版的地图册。如果要搞清楚一定时期内城市基层行政区划的变迁情况，民政局的地名办也是需要重点调查的部门。如结合第三次人口普查（1982 年）和第五次人口普查（2000 年）的数据，研究 1982~2000 年间的城市社会空间结构，就要搞清楚这 18 年间城市街道、乡镇一级行政区划的调整情况以及地名的变化情况，才有可能获取与 1982 年数据相匹配的准确地图。民政局的地名办一般会有若干年来本市各区街道、乡镇行政区划调整的文字记录，有时还会有早年的地图册，如 20 世纪 80 年代或 90 年代曾出版或内部印刷的有街道、乡镇范围的地图册，把这个地图册上的街道、乡镇范围与新地图册上的相应范围进行比对，则各种区划的调整、变动就一目了然了。如果没有早期的地图册，根据新的地图册以及详细的有关区划调整的文字记录，也基本上可以复原早期的基础行政区划图，达到研究使用的目的。

如果在市民政局地名办没有解决分街道、乡镇行政区划地图的问题，还可以在区县民政局解决。区县民政局地名办一定会掌握本区县分街道、乡镇的地图。当然，如果一个城市有多个区县，这就需要每个区县都要去跑，相对比较麻烦。笔者在 2001 年调查杭州时，就是从每个区民政局索取本区地图，最后合成了整个杭州市区分街道、乡镇的城市地图。

第三，从地方年鉴中获取基层行政区划调整的情况。地方年鉴（注意不是统计年鉴）上一般也会公布当年本地的行政区划调整情况，如果把一二十年以来本地年鉴上有关区划调整的内容集中起来，也相当可观，可以作为考证基层行政区划变迁的重要参考资料。

第四，在基层政府部门调查或电话调查行政区划的变动情况。在经过上述工作之后，如果还有一些基层行政单元的名称或范围变化（如分合关系）不清楚，可以对这些基层行政单元或相关的政府部门进行单独调查，更多的时候，通过电话调查就完全可以解决问题。由于街道或乡镇范围相对较小，一般而言，本街道、乡镇的政府工作人员对一段时间内（如 10 年以来）本街道、乡镇的区划变动情况非常了解。笔者常用的办法是，打电话到街道或乡镇的地名办、政府办、国土所、村镇办或规划所等单位询问，有时直接打电话给街道或乡镇的主任、镇（乡）长或书记，一般都能解决问题。如果还解决不了，还可以打电话给本街道、乡镇所在的区的民政局地名办以及区政府办等去询问。具体电话可以在政府网站上查询，或通过 114 或邮政系统出版的本市电话号码簿（黄页）进行查询。如果遇到特别复杂的情况或通过各种电话查询仍然解决不了的情况，就要亲赴当地政府（街道、乡镇政府或民政局地名办）去调查。

第五，本市的测绘院也有可能有研究所需要的地图或地图册，不妨去查询，或是通过购买的方式加以解决。

第六，国土部门有分村（居）委会的基础地图。在国土详查工作中，要求给出本市的村（居）界线。如果研究单元细到居委会和村委会，国土局和民政局是两个需要重点调查的部门。我们就从义乌市国土局获得过全市分村（居）的电子版地图，当然是出于某项国家重要课题研究的需要，义乌作为示范区，有协助调查和提供资料的义务。如果“渠道”不顺的话，这项数据不容易获取。

## 3.2.4 数据的使用与处理

与中国城市社会空间有关的统计数据处理主要针对的是人口统计数据，这样的数据主要来自两大系统：一个是以户籍所在地为基准的统计系统（公安系统）；一个是以居住所在地为基准的统计系统（人口普查系统）。首先要搞清楚它们之间的区别，才能明确数据的具体用途。

公安系统所统计的户籍人口，就是以户口所在地为基准进行统计的，与实际人口之间有一些偏差，因为它包括了户在人不在的情况，尽管如此，户籍人口仍然是被广泛接受的反映城市人口的重要数据。公安系统所统计的暂住人口，是在到公安机关领取暂住证的流动人口数量的基础上，再加上公安机关所获取的其他有关暂住人口的信息，最后由公安机关汇总后的数据，与实际的流动人口数量往往偏差较大。在中国多数地区都是如此，只有广东省的情况特殊，其暂住人口数量与实际流动人口数量偏差较少，因为其信息来自出租房屋普查，如在深圳，政府每年都派出数千名房屋普查员开展出租房屋普查工作，因此其暂住人口统计相对符合实际。尽管如此，公安系统所统计的暂住人口数据，如性别分类、暂住时间分类、来自地区、居住处所和暂住目的等，可以反映流动人口的一般特征，因此仍然是有用的。

普查人口，是按照居住所在地进行统计的，因此，它反映的是城市居住人口的状况。地方（城市）每年度“统计年鉴”上的人口数量（包括户籍人口数量和暂住人口数量），在多数年份（在非普查年份）沿袭公安系统所上报的户籍人口和暂住人口数据或在公安系统上报数据的基础上略加调整，而在普查年份及其附近年份，一般会给出普查人口数据。

实际上，由于普查人口数据所反映的面较广，信息也比较全面，对城市社会空间分析更加有用。普查人口的数据处理也相对复杂，首先要从普查人口中分出“常住户籍人口”和“外来人口”才可以进行分门别类的分析，这里不妨以此为例进行简单介绍（冯健、周一星，2003；冯健，2004）。

中国的普查人口一般按居住地和户口登记地的关系将人口分为5类。“三普”（1982年）和“四普”（1990年）人口就按照上述关系被分为以下5类：①常住本县、市，户口在本县、市；②常住本县、市一年以上，户口在外县、市；③人住本县、市不满一年，离开户口登记地一年以上；④人住本县、市，户口待定；⑤原住本县、市，现在国外工作或学习，暂无户口。一般把类型①作为常住户籍人口，类型②、③、④之和即为外来人口。

“五普”（2000年）人口更复杂一些，主要是停留时间标准由“三普”、“四普”的“一年”变为“半年”，统计的空间尺度由“县、市”变为“乡、镇、街道”。“五普”按居住地和户口登记地的关系被分为如下5类：①居住本乡、镇、街道，户口在本乡、镇、街道；②居住本乡、镇、街道半年以上，户口在外乡、镇、街道；③在本乡、镇、街道居住不满半年，离开户口登记地半年以上；④居住本乡、镇、街道，户口待定；⑤原住本乡、镇、街道，现在国外工作或学习，暂无户口。

这样，类型①比实际的常住户籍人口偏小，类型②、③、④之和则比实际外来人口偏大，因为包括了人户分离的人口（即市、县内迁移），他们仍是本市的常住户籍人口。在第五次人口普查中，②和③作为“迁移人口”，按户口登记地分为 8 类：①本县（市）其他乡；②本县（市）其他镇；③本县（市）其他街道；④本市区其他乡；⑤本市区其他镇；⑥本市区其他街道；⑦本省其他县（市）、市区；⑧省外。对于非直辖市城市而言，迁移人口的前 6 类和户口登记类型的①，为常住户籍人口；迁移人口的⑦、⑧类和户口登记类型的④，为外来人口。对于直辖市城市而言，迁移人口的前 7 类和户口登记类型的①，为常住户籍人口；迁移人口的第 8 类和户口登记类型的④，为外来人口。

## 3.3 问卷调查方法

### 3.3.1 调查问卷的设计

问卷调查就是把要研究的内容设计成一系列的问题，通过发放和回收一定数量的调查问卷，收集被调查者对相关问题的回答和看法，进而对被调查者的回答进行统计并总结出一般特征或进行定量分析，从而获得研究问题的答案。

问卷调查的第一步是要设计调查问卷。调查问卷的主要内容可包括两大部分：一是关于被调查者基本属性特征的调查；二是针对研究问题内容的调查。

被调查者的基本属性一般包括被调查者的年龄、性别、籍贯、学历、所从事的职业、收入情况，必要时还可调查其居住地或就业地等方面的信息。这些基本属性特征都可能在一定程度上影响被调查者对具体问题的答案，因此，有必要调查清楚，以便于将来对问卷的把握和分析。

针对所要研究的问题进行调查是问卷设计的核心。可以把所要研究的内容分成几个大的方面，每一方面涉及若干问题。问卷罗列的问题应足以满足本次研究的需要。绝大多数情况下，应该采取“选择题”的形式进行调查，即在每一问题后，给出若干答案以供被调查者选择。这种调查方式实际上是一种封闭式调查，这样做的好处是把研究问题答案标准化了，便于问卷的统计和分析。实际上，任何调查都应围绕研究者的研究需要，要有针对性和目的性，而不能“漫无边际”，这样就要求研究者对调查工作有一定的调控和引导，以选择题的方式进行调查正体现了这种调控，保证了调查工作的高效率。如果问题是多项选择，一定要求被调查者将所填答案的多项按重要程度由重到轻进行排序。

对少数问题，也可以采取“填空”的方法进行调查，这又分为两种情况：一种是问卷回收后，可以对被调查者所填内容进行归类处理，如调查年龄时，被调查者只填一个数字（如 46 岁），但处理问卷时可以将年龄分组，按组进行归类处理（如把 46 岁归入 40~50 岁年龄组）；另一种是所谓的开放式调查，不受固定答案的约束而让被调查者自由填写，这样的问题不能进行统计分析，但可作为典型案例，成为研究分析中的有效补充材料。有时还需要被调查者绘图，如针对居民感知地图的调查就需要在问卷中留出足够空间让居民描绘其印象中的城市空间。

问卷调查工作的大忌是在调查了相当多的样本以后，发现问卷设计得不好或相关问题有遗漏或有的问题答案选项设计不合理而重新设计问卷，从而导致同一项调查中使用了两种问卷。这样会给将来问卷的统计带来麻烦。因此，问卷一经确定最好不要改变，如果确要改变，那么就使用改变后的问卷重新开始调查。要避免上述情况发生，就要做到在设计问卷之前对研究目标、研究框架和研究内容十分熟悉，要根据比较成熟的研究目标和研究框架来设计问卷。

问卷的设计要讲究技巧，尤其是要讲究心理学技巧。问卷的整体篇幅不宜太长，以 3 页以内为好，时间长度最好不要超过半小时（20 分钟以内或更短的时间以内为好），否则被调查者容易中途退出或敷衍了事，难以保证调查问卷的填写质量。一般而言，被调查者的心理规律是在开始填写问卷时兴趣最浓，随着时间的持续和问题的增多，被调查者的兴趣会有所减小。因此，在设计问卷时，应该考虑到把最重要的研究问题设计到问卷的靠前位置，保证被调查者在兴趣最浓时填写。另外，个人属性，尤其是收入、职业等，由于涉及个人的秘密，被调查者往往在心理上有一定的畏难情绪，因此，在设计问卷时应尽量把个人属性方面的内容放到问卷的最后，以免一开始就把被调查者吓倒。在问卷的开始，应有一段文字介绍调查的目的，并强调是为了做研究使用，问卷不必署名，也不存在泄密的问题，让被调查者在心理上彻底放松。有时还会提醒被调查者，如果对一些问题有选项以外的看法或其他观点，欢迎将具体想法写在问卷旁侧的空白处，这些将成为案例分析的好材料。

### 3.3.2 问卷的发放与回收

问卷的发放有当面发放、邮寄发放、电话调查等方式，由于后两种回收率和成功率较低，一般应采取当面发放调查的方式。为鼓励被调查者参与调查的积极性，当面调查可随同问卷发放小礼品或具有特定意义的纪念品，如笔者的课题组开展调查时，常发放印有“北京大学”标记的笔、T 恤衫和明信片等礼品或纪念品，产生较好的效果。

为了使问卷更有代表性，要注意调查样本的抽样问题。

所谓抽样，即是按照随机的原则从研究总体中抽取一部分单位进行研究，以便依据所获得的数据对研究总体的数量特征做出科学的统计推断，从而达到认识全部研究对象的目的的一种统计方法。理论上讲，在抽样调查中，抽取哪些单位，不抽取哪些单位，是遵循随机的原则的，应完全排除调查者主观意识的作用。但是在实际的抽样调查中，有的调查者也采用非随机抽样，即不完全按照或不按照随机原则抽取样本单位，非随机抽样包括三种类型：①随意抽样，即抽取样本没有标准和原则，完全是随意的；②判断抽样，即调查者根据经验和对总体的了解，从总体中抽取有代表性的、典型的单位作为样本；③分层配比抽样，即根据总体的结构特征将总体所有单位按某种标志（如性别、年龄、职业等）分成若干层次，按照各层次单位数占总体单位数的比例在各层中抽取样本（郭星华、谭国清，1997）。总体上看，非随机抽样中的第三种方法更为科学，也比较常用。

严格意义上的随机抽样和大样本量的调查，往往需要动用大量的人力和财力资源，更多的时候需要政府部门出面组织，才能保证调查的顺利进行。如第五次人口普查中的“长表”调查，就是典型的动用全国各地方、各层次政府的力量完成的严格的随机抽样调查。一般而言，为城市规划或一项城市社会问题研究而做的问卷调查，出于人力、物力和财力的限制，往往做不到严格的随机抽样。但是，考虑到研究目标相对明确，研究者对被调查者的情况或所研究的专题比较熟悉，可以根据实际情况采用分层配比抽样的方法，更多的时候也按照被调查者的居住地或工作地进行配比分层，更具有可操作性。

为了保证问卷的填写质量，在被调查者填写问卷的过程中，问卷的发放人员或研究人员最好全程陪同监督，当被调查者遇到不明确的问题时及时地给予解释，对被调查者给予适当的引导和鼓励，尽量要求填写的问卷不要出现问题回答空缺，以保证问卷的最终质量。遇到不认识字或文化程度不高的被调查者，问卷发放人员或研究人员可以逐一读出和解释问卷的问题，请被调查者口头回答，并代其填写到问卷上，也是十分可行的办法。

在问卷填写完成和回收以后，根据需要，可以对被调查者进行简单的访谈，就相关问题征求详细意见并作记录，为研究的开展积累更多的信息。

### 3.3.3 问卷的处理及数据库建设

对回收的问卷进行编号，以备在数据库建设过程中出现差错时复查，也便于数据校对和将来的查询。

对回收来的问卷进行浏览性的通读和检阅，挑出那些多处空缺、填写不认真、填写质量不合格和明显存在问题的问卷，要尽可能地辨认并挑出有明显虚报情节、矛盾情节的问卷，上述问卷都被视作“无效问卷”并予以剔除。剔除无效问卷后的其他回收问卷称为“有效问卷”。

计算问卷的回收率和有效率。回收率，即回收来的问卷数量占总发放问卷数量的比重。有效率，即有效问卷数量占所有回收问卷数量的比重。这是两个反映调查问卷回收情况和有效情况的最常用的指标。

把带有编码的有效问卷逐一输入 Excel、SPSS 或其他相关软件，建设数据库。

### 3.3.4 问卷数据的使用

根据研究需要，对所建设的数据库进行有效的使用和开发。

如果是要做针对选项答案的一般的百分比分析，可以在 Excel 软件中用“筛选”的功能进行统计，根据统计出的符合条件的样本数量来计算其百分比。如果是相对复杂的统计分析，需要用 SPSS 等软件进行辅助分析。

基于所建设的数据库，还可以分成若干子数据库，进而做一些变量间的交叉分析。最常见的是分析被调查者的基本属性和某项问题的关系，如分析被调查者的收入特征和某项行为之间的关系。这时，可以以收入为基准对数据库的样本进行重新排序，使同一收入的样本单独成为一个数据库，这样原来的一个大数据库就可以根据收入分级而被分为多个数据库，分别统计出每个收入数据库在该行为上的特征，然后再进行综合比较，就可以实现变量之间交叉研究的目标。

## 3.4 访谈、深度访谈与质性研究方法

### 3.4.1 部门访谈

在城市社会地理研究调查中，除了到城市的各个相关部门去索取资料和数据以外，部门的访谈也十分重要。

部门访谈的调查方式，一般要由牵头部门陪同或开具介绍信。部门访谈的主要程序包括：介绍本研究的背景及此行重点要了解的问题；请其负责人或相关业务人员介绍本部门、本行业

或所管业务领域的大体情况并回答重要问题；课题组其他成员提问或讨论；最后尽可能地索要或购买文字材料及相关的资料；索要联系方式。

与城市社会地理研究相关的有可能被访谈到的部门，一般包括：规划局、规划院、统计局(城调队、商调队、资料室、服务中心)、环保局（污控处、研究室)、经委（工业处)、发改委、建委（开发办)、五普办、测绘院、房管局（拆迁办)、土地局、各区县的民政局（地名办)、公安局及重要的派出所和档案馆等。具体调查部门可根据研究任务的具体需要而定。

部门访谈的意义主要在于以下几个方面：①通过对部门领导或相关业务人员的访谈，听取他们对本业务部门所负责领域的相关情况的介绍，增强在短期内对相关情况的了解和掌握，尤其是宏观的把握，十分必要；②为资料、数据的获取做必要的铺垫，一般而言，开门见山地向相关部门索取数据、资料，容易招至对方的反感，也不容易成功获取所需的全部资料，先通过访谈和对方建立良好的关系，最后再提出需要什么样的数据、资料，对方容易接受，成功的几率更大；③访谈是一种互动关系，除了要求对方介绍情况以外，还应对一些难以把握的问题以及关键问题征求对方的看法，可以达到“集思广益”之效果；④由于部门的业务人员对相关情况十分熟悉，有的人长期在一线实践中已形成一定的看法或初步的解决方案，在这种情况下，倾听他们的看法，将其中合理的成分吸纳到将来的研究中来就十分难得，而且，这种深入的部门访谈还可起到激发研究者的研究灵感和启发思路的作用；⑤部门访谈比较高的境界是通过互动建立了超越本研究以外的关系，如有时会遇到有见识、高水平的地方领导，他们在访谈的过程中还会就相关问题征求调查人员的意见，把访谈当作一次学习和获取信息的难得机会，这样就摆脱了被调查对象的被动局面，形成良好的互动气氛，再如，通过访谈和沟通，甚至和被调查部门的领导和相关人员建立了良好的个人关系，有的还建立了今后的初步合作意向，这些都超越了针对单项研究和调查任务本身的要求，是部门访谈的较高境界。

部门访谈有很多技巧，需要在实践中体会。

部门访谈最忌讳的是“冷场”，调查人员在访谈之前一定要做一些准备，如尽可能多地从其他渠道了解要调查事项的一些情况以便于形成良好互动，对要了解的关键问题做到心中有数并对访谈过程进行引导，甚至可以提前准备好一些要问的问题。在访谈结束时，尽量留下对方的联系方式，并告诉对方将来在研究过程中遇到问题还有可能再次来调查或电话请教。

总之，在访谈过程中一定要建立良好的关系，形成良好的气氛，要让被调查者感到调查人员本身就是这个方面的专家。在研究过程中，遇到一些新的问题，而又不太可能重赴被调查城市，可以适当地采取电话采访的手段来解决问题。社会调查需要讲究技巧，尤其是面对一些不太配合或敷衍了事的领导，需要采用一定的办法，将在下文予以介绍。

## 3.4.2 质性研究方法与深度访谈

质性研究（Qualitative Research)，也有人称之为“质的研究”，是以研究者本人作为研究工具，在自然情境下采用多种资料收集方法对社会现象进行整体性探究，使用归纳法分析资料和形成理论，通过与研究对象互动对其行为和意义建构获得解释性理解的一种活动（陈向明，1996、2000)。质性研究是西方社会科学界运用比较广泛的一种调查和研究方法。

在西方，20 世纪 60 年代以后，质性研究受到现象学和阐释学的进一步影响，研究者越来越意识到，自己与被研究者之间是一种“主体间性”的关系。研究者的自我意识不仅可以包容被研究的对象世界，而且可以创造一个社会世界。研究不仅仅是一种意义的表现，而且是一种意义的创造。研究不再只是对一个固定不变的“客观事实”的了解，而是一个研究双方彼此互动、相互构成、共同理解的过程。这种理解不仅仅涉及研究者在认知层面上“了解”对方，而且需要研究者通过自己的亲身体验去“理解”对方，并通过“语言”这一具有人类共同性的中介，将研究结果“解释”出来，只有当研究者进入对方所关切的问题域时，“意义”才可能向研究者展现（马克斯威尔，2007）。质性研究有很复杂的程序（陈向明，2000）：研究者在正式到实地进行质性研究之前需要做的准备工作包括研究课题的设计、研究对象的抽样、研究者个人因素对研究的影响、研究者与被研究者之间的关系对研究的作用以及研究者进入现场的方式。质性研究的资料收集方法也相对多样，最常用的是深度访谈、观察和实物分析，这些方法要解决的问题包括了解被研究者的所思所想、所作所为，并解释研究者所看到的物品的意义。质性研究的资料分析过程要强调研究者从资料中发掘意义并理解被研究者，通过研究者文化客位的解释来获得被研究者主位的意义，实现理论构建。另外，质性研究的质量、效度、信度、推论和伦理道德等都有其独到的检测手段和评价标准。

如前所述，在城市社会地理调查中，访谈法是比较常用的一种调查方法，但深度访谈法与一般的部门访谈法还有所不同。实际上，深度访谈法也是质性研究中最重要的一种方法。深度访谈是一种研究性交谈，是研究者通过有目的提问的方式，从被研究者那里收集、建构第一手资料并作为观点证据的研究方法（陈向明，2000）。质性研究中的深度访谈法，在西方的城市社会研究中已得到广泛应用（Kitchin and Tate，2000），而且我们注意到，运用这种方法研究中国城市社会现象的论文曾经在西方很多著名的英文杂志上得以发表。与部门访谈法的调查对象不同的是，质性研究中的深度访谈法的调查对象多数针对的是个人。在开展深度访谈之前，要求调查者对该项研究已有充分的准备和把握，已形成比较成熟的、详细的研究提纲和调查计划。访谈的内容尽量根据详细的研究提纲来定，要为研究提纲服务，以解决提纲中的所有问题为目标。当然，在访谈的过程中，可能还会有新的、有趣的发现，这些新的发现应该被及时地给予重视，并吸收到研究计划中来，研究者应根据实际情况增加新的访谈内容并对原有研究计划做一些调整。很多时候，这些新的发现和新出现的情况可能会成为研究的新的突破口。深度访谈的关键要领是要在与被调查者的“谈话”和互动中，形成和构建研究者的理论，这些理论以最初的被调查者为原型，经过研究人员有针对性的扩展性调查而逐渐成熟、定型。理论以被调查者的言行为证据。研究人员应根据对被调查者的深度访谈，尽量以概念模型的方法把理论的过程、原理以及相关的类型和机制等直观地还原出来。

笔者及学生已经尝试运用质性研究方法来研究中国的城市社会空间问题，初见成效。事实证明，质性研究中的深度访谈法是研究微观社会空间的有效工具。

## 3.5 社会调查的技巧

社会调查需要技巧。

尤其是与地方政府打交道时，一定要讲究技巧，讲究方式、方法。掌握了一定的技巧，不仅可以顺利地拿到所需要的资料、数据，还可以在融洽的氛围下与地方官员建立良好的关系，甚至是达成今后的合作意向。不讲究技巧，可能会吃闭门羹，一无所获，这在社会调查实践中都是经常发生的现象。中国的传统文化博大精深，古人的谋略术用在今天的社会调查中，往往有出奇制胜之效。笔者在 10 多年的社会调查实践中，深切地感受到技巧的重要性，陈彦光副教授曾建议笔者按古人的“三十六计”进行总结，是个很好的思路。后来结合多年的教学实践，发现这一块内容的课堂效果较好，学生饶有兴趣，故而在此给出，当然将来还可以进一步改进。总之，我们提倡在坚持诚信的原则下，适当讲究一下技巧，达到“四两拨千斤”的效果。



**1）“借刀杀人”**

到地方的相关部门去调查，以个人的名义往往难以奏效，需要打着课题研究（尤其是本地城市规划或为规划服务的专题研究）的旗号，至少也要采用单位的名义。如果是参加了某项由地方规划局牵头的规划研究项目，可以让规划局开具介绍信，最好由规划局的相关人员带领去政府相关部门调查。这等于是借地方规划局这把“刀”实现了让被调查部门予以接待的目标。但有时是借当地规划局还是借研究者所在的高校这把“刀”，则需要视具体情况不同而区别对待。如笔者在A市调查时，由于规划局在当地的威信不高，规划局的同志就建议我们用“北京大学”的名义，认为借北京大学比借他们的名义更管用。如果市政府能为规划及相关研究启动协调会（全市各部门领导均来参加），由市政府办出具介绍信，再到具体部门调查就容易多了。一般而言，由当地规划部门人员陪同，打着规划调研的旗号就能解决问题。

**2）“擒贼擒王”**

到具体政府部门调查时，很多人直接持介绍信到相关科室去，直接找科室领导或具体办事人员，往往效果不佳。很多时候，就被这些科室领导或办事人员直接拒绝了或三言两语就把调查人员打发了。比较好的办法是，先找其局长或分管副局长等高级领导，领导同意了，调查的事情就好办了，此所谓“擒贼先擒王”。一般而言，下属或职员没有决策权，而且害怕承担责任，他们往往“事不关己，高高挂起”，或采取“多一事不如少一事”的态度，不愿意多揽事，恐怕将来生出什么事并被追究到责任。尤其是对于外地来的调研人员，他们找个理由（如借口没有这类数据）不接待或敷衍了事也不会存在过失。高级领导就不一样了，他们有决策权或决定权，素质也相对较高，往往站得更高，考虑得更多，眼光也会更长远。对于有足够理由前来调研的人员，如果不予接待，可能还会落下口实。因此，尽量不要和下属纠缠，直接找主管领导，只要主管领导同意了，他会让其下属配合，这样，情况就完全不同了，因为接待调研对下属来讲等于是执行命令，如果执行不好等于他没有完成任务。

**3）“以逸待劳”**

有人作调查时，刚一开场便告诉对方需要什么数据，结果反而拿不到数据，因为把对方吓着了，使对方产生了防备心理。一开始就跟人要数据，犯了社会调查之大忌。要讲究“以逸待劳”，不要急于求成，等把关系建立好了，获得对方的好感，充分沟通以后再说数据的事情。最好等该谈的都谈完了，最后再要数据，这样的效果往往较好。下面举几个笔者遇到的例子。

2001年在B市环保局污控处调查污染企业的搬迁治理问题，非常成功。污控处的领导接待后，便告知笔者可以让一位懂业务的人员与笔者交流，笔者当然正求之不得。后来发现，这位业务员非常健谈，她有很多考虑和想法，但由于处于“底层”，没有人会听她的意见。这次，笔者所问的都是非常专业的问题，很多问题她都考虑过并有自己的看法，因此，她把笔者当成倾诉的对象。这时的“以逸待劳”只要做好这个“倾诉对象”就可以了。

同一时间，在B市的房管局，要调查旧城改造、新住宅建设及相关政策时，却遭到一位处长的排斥，先后去了两次，调查都无法进行。后来获悉本市有一个旧城改造办公室，属于房管局管，但在其他地方办公。抱着试试看的态度，找到了该旧城改造办公室。办公室的领导是一位中年妇女，知道笔者来自北京大学，她表现出浓厚的兴趣，并透露出她儿子马上要参加高考，想了解北京大学的一些招生情况。笔者便给她做了简单介绍，并留下具体的联系方式，告知可以让她儿子直接与笔者联系询问相关问题或寻求帮助。经过这一番“感情联络”，资料数据的问题似乎都成了小问题了，最后全都迎刃而解。

2006 年，在 C 省外贸部门某处调查时，发现接待笔者的处长电脑桌面为一不俗的书法作品。于是调查便从谈论书法开始。他告知笔者这是广东某著名女书法家的作品，笔者便列举了江苏和北京几个著名的女书法家，他都清楚。接着又交流了一些书法知识，原来他和笔者一样，都是书法爱好者。后来，关系融洽到难以想象的程度，笔者邀请他到北京的家中交流和参观所收藏的作品，他则执意在调查结束后开车送笔者回宾馆。当然，获取数据资料都不再成为问题，甚至为了一本资料，他跑了好几个办公室亲自查找。可见“以逸待劳”的重要性。

“以逸待劳”要分具体情况。只要能拿到资料，不要着急，要有耐心。但有时候，对方以“回头发传真”或“回头再找”等作为搪塞借口，这时不但不能“以逸待劳”，还要“穷追猛打”，尽量当场把问题解决。实在是当场解决不了的，一定要留下对方的联系方式，并约好来取资料的时间，这种情况下一定要让对方感受到你的认真和迫切程度。

**4）“瞒天过海”**

在电话调查时，有时会考虑使用。尤其是对于经济欠发达地区的基层政府部门，如果介绍说是某某学校的或是为了某某课题调查，往往会吃闭门羹。这时候倒不如说是“规划局请来做规划的”或干脆模糊一点说是“规划局在做规划”并直接引出要问的问题。这种对调查者身份的“瞒天过海”并不是鼓励大家去说谎或欺骗，而是在无伤大雅的情况下，善意地使用一点技巧使调查能够顺利开展。有时笔者还反其道而行之，如在经济发达地区，故意告诉他笔者是北京大学的，为当地做一个规划，遇到一个小问题想请教。如笔者在电话调查义乌村级行政单元区划变迁问题时，就用这个办法，基层政府也非常配合，原因是，在经济发达地区，人的意识和眼光与欠发达地区不同。

**5）“声东击西”与“欲擒故纵”**

这种办法属于心理战术，是用来对付如下局面的：某科室领导已同意接待，或勉强愿意接待，既不十分情愿提供数据，又没有明确拒绝。在这种情况下，对结果难以预料，因为即使看到他们确实有某种数据，他们也可能以某种理由而拒绝提供。这时可以适当地采用“声东击西”和“欲擒故纵”的战术。先不要太早暴露自己的真正目标，故意翻看或询问不太重要或可要可不要的数据，即声东击西，让他们以为你的重点在此，并以为其他数据不是你的重点。然后，出其不意地索要他们以为不是重点而恰恰就是你真正想要的数据，往往有出奇制胜之效。

有时，对于真正要获取的数据可以适当地往后推一推，先从非重点数据开始。因为，有些不太配合的领导不想让调查者轻易地拿到数据，有些数据他们虽然有，但也会拒绝。开始就提出希望拿到最重要的数据，如果被拒绝了，就难以挽回局面。当然，也要视具体情况而定，如时间紧张或对方已经非常配合，这时候反倒要明确调查重点，首先保证最重要的数据，然后才是其他。

**6）“抛砖引玉”**

有些部门领导虽然勉强接待了调查者，但很不情愿拿出数据或图纸，似乎心理有些不平衡。这种时候不妨“大方”一点，主动给对方好处，让其心理平衡。试举几个例子。

2005 年，笔者在 D 市民政局地名办便遇到一位不太配合的领导。明明看到他们有早期的分街道、乡镇的地图册，却以各种理由不予提供，也不允许笔者复印，显然其内心很不平衡。笔者知道他们并不掌握由 AutoCAD 制作成的电子版地图，便向这位领导介绍 AutoCAD 软件的使用及安装方法，并主动将已掌握的一份本市电子地图拷贝给他。在这种情况下，他不好意思不提供了。在 E 市统计局的综合科，也遇到过类似情况。笔者主动提出，将来可以将研究报告向他们提供一份。抛了这块“砖”，带来了要获取的资料、数据这块“玉”。



**7）“顺手牵羊”与“无中生有”**

一般而言，在调查之前对于所需要的某种数据大概会心中有数，但对于相关的其他数据，或是相关职能部门是否已对这一数据做过分析或开发，并不清楚。还有一些数据，事先没有想到，但看到之后才知道其有用并作出要获取这项数据的判断。因此，在被调查部门，要不断地挖掘数据，不放过任何蛛丝马迹，甚至是有用没用的资料先要了再说，要能够“得寸进尺”，要“顺手牵羊”，有时还要具备“无中生有”的本领。

在 F 市统计局的综合科，当科长打开其集中堆放资料的柜子时，笔者发现有好几种数据事先没有想到，还有两种论文集也十分有用。在这种情况下，便要求科长将这几本数据资料拿出来，先翻一翻、看一看，表现得爱不释手，然后再“得寸进尺”，要求复印。还有一些时候，在地级市的相关职能部门可以看到全省乃至全国的同行业、同部门的统计数据或分析报告，做比较分析时很有用，而又不值得专门再去省里的相关部门获取，这时候就不失时机地要求复印这些资料。笔者在 G 市老年办调查的时候，就发现有一本全国性的专门研究老龄化的论文集（估计书店中难以买到），便要求借出复印，节省了时间和精力。在 H 市的开发办，要调查旧城改造和居民的搬迁问题，由于接待领导有其他会议，在市规划局同志的陪同下，我们苦等了一个多小时，后来领导回来了，只用了很短的时间简单地介绍了一些情况，并告知没有任何相关的文字材料或数据。在最后告别时，笔者发现其办公桌上有一份有关居民户搬迁和旧城改造的报告，便拿起一观，并请其提供一份。这个领导没办法，只好提供了一份电子版的文稿，回来后发现报告中有一组非常难得的数据，在笔者的相关英文论文中得到引用。虽然是“顺手牵羊”，却发挥了大作用。

2005 年笔者曾带领课题组在 I 市专门调查人口发展问题。与人口数据有关的几个部门包括：市统计局人口处，市计生委，市公安局户政处。当时，想获取针对第五次人口普查所做的开发或相关的论文集等，但统计局人口处的处长以各种理由推脱，按他的说法，几乎什么资料都没有。后来到了计生委，负责接待的处长比较热情，因为笔者对人口学的一些专业术语相当了解，问的又都是内行的问题，故他感觉好像遇到了知音。当笔者问起本市的某一人口指标时，他说“我要去查查”，回来时抱来一大本资料，正是针对本市第五次人口普查所开发的论文集，笔者便要求复印，他欣然同意。当问起另一个指标时，他又说“我要去查查”，等回来时又抱来一本资料，原来是针对全省各市人口的相关分析报告，也十分有用，笔者再次提出要复印，他又欣然同意。最后非要请笔者吃饭，还要建立长期的合作关系。半年后，还收到他的一封信，询问有关本市的人口密度问题，笔者做了认真的答复。这是一个“无中生有”的例子。在社会调查中，和地方领导的关系相处到这一程度，资料数据都不会成为问题了。

**8）“金蝉脱壳”**

需要两人相互配合，制造一定的迷惑性，在对方不较真的情况下往往奏效。如在公安系统的户政部门，有的地方要求较严，不准复印，亦不准拍照，只准手抄。有的地方相对宽松，准许复印和拍照。也有的地方准许少量复印。由于在地方上停留的时间有限，再加上需要的数据较多，手抄几乎不可行。一般可以争取到部分复印，但到底印多少，并没有明文规定。在这种情况下，通过一人打掩护，可以适当地多印一些，或以拍照来提高速度。但总体上，这种行为是善意的，将来在使用数据时要遵守对方的保密规定。

**9）“苦肉计”**

通过“诉苦”来打动对方。讲这个课题研究多么难，来调查一趟多么不容易，任务可能完成不了等。让被调查的部门领导产生一定的“同情心”。与之相反的是，千万不要让对方产生戒备心，如他知道了这个课题有多少经费的支持并希望课题组能购买数据，这时“空手套白狼”就难以实现了。

**10）“美人计”**

不是真的“美人计”，而是讲一种规律，即异性往往容易配合调查。具体而言，当被调查部门领导为女性，男性调查者容易得到配合；而当被调查部门领导为男性，女性调查者容易得到配合。曾遇见过课题组的几个女同志到相关职能部门的女领导那里调查，几次都吃闭门羹，而后来换了个男同志再去，问题便迎刃而解的情况。

**11）“走为上”**

三十六计，走为上计。资料拿到后，迅速离开，不再拖延，以免对方反悔。有时候，还会言多有失，引起对方的怀疑甚至反悔。这种情况，笔者都曾遇到过，不再一一举例。

## 3.6 社会调查与研究的程序

要了解社会调查在一项研究中的作用，需要知道一项研究的完整步骤。一般而言，一项完整的研究包括以下六个步骤：

第一是选题。选题要新颖，最好要“有趣”，才能吸引别人。当然，很多时候是根据面临的研究任务、大课题的需要或新出现的社会问题、新的政策形势等来做一些选题，这样的选题的优点是任务明确，缺点是相对固定、限制性较大，实际上相当于“命题作文”。更多的时候，是出于研究兴趣来做选题。在这种情况下，要注意发掘和抓住灵感，可以先读类似选题的文献，进一步丰富最初的想法，进而形成成熟的选题。

第二是收集和阅读相关文献。通过检索大量的国内外相关文献，了解别人做了什么，发现了什么，还存在什么不足，进而明确哪些方面需要进一步做工作，需要进一步创新。阅读文献的意义相当于“站在别人的肩膀上”前进，在避免重复工作的同时，也能保持一个高的起点。要注意学习已有文献的研究方法，要取长补短，保持创新的头脑，还要能指出别人的研究有哪些不足，给自己未来的研究一个基本的定位，即自己的研究要解决这些不足中的全部或一部分。

第三是确定研究框架和提纲。主要是论文或该项研究从哪几个方面来解决问题，每一个方面的内部着眼点又是什么，每一个方面又从哪几个小的方面来加以阐释。各大块内容之间以及每块内容的各个小的方面之间要讲究逻辑关系，不能杂乱无章。研究分析要有侧重点。在开展调查之前，研究提纲要尽量考虑成熟。在开展调查的过程中，根据新的情况和新发现的问题，还可以对原有提纲做进一步的调整，但这种调整一般都是微调，因为原有提纲已相对成熟。

第四是确定调查、研究方法和技术路线。主要是考虑完成本研究的数据支撑是什么，用什么样的调查方法获取数据和资料，采用什么技术手段来分析数据，理清楚各种相关的调查和分析方法与研究框架中的每一步骤之间存在什么样的关系。

第五是开展系统的调查。根据上一步所确定的调查方法开展调查。如果是开展问卷调查，应事先确定发放适宜的问卷数量。如果使用深度访谈法来开展调查，经常会遇到访谈多少样本的问题。深度访谈法不同于问卷调查法，一般不受样本量的左右，而是强调访谈的“深度”。但按一般经验而言，成功地完成一项研究，开展30~50个样本的访谈是必需的。随着访谈样本的增加，会发现不再有新的情况出现，而是对以往样本反映情况和特征的重复，那么就意味着，

本项研究所需要的访谈样本量已经够了。

第六是最后的成文。在以上步骤的基础上，完成研究的成文工作。

由上述程序可见，社会调查依赖于研究框架和内容设计的需要，在调查之前，对研究提纲考虑得越成熟，社会调查越有保障。而一项研究的成功与否，社会调查也起着举足轻重的作用，调查所获取的数据、资料是研究能否有重要发现的基础。社会调查相当于生物学和化学研究中的“实验”，确切地讲，社会调查是“社会实验”，被调查部门相当于“社会实验室”。至于研究和撰写论文过程中各环节的具体要求，将在下一章予以阐述。

## 参考文献


[1] Kitchin R，Tate N J. 2000. Conducting Research into Human Geography：Theory，Methodology and Practice [M]. Pearson Education.

[2] 陈向明 . 1996. 社会科学中的定性研究方法 [J]. 中国社会科学，(6)：93-102.

[3] 陈向明 . 2000. 质的研究方法与社会科学研究 [M]. 北京：教育科学出版社 .

[4] 邓肯・D・贝利 . 1986. 现代社会研究方法 [M]. 上海：上海人民出版社 .

[5] 费孝通 . 1984. 社会学概论 [M]. 天津：天津人民出版社 .

[6] 风笑天 . 2001. 社会学研究方法 [M]. 北京：中国人民大学出版社 .

[7] 冯健 . 2004. 转型期中国城市内部空间重构 [M]. 北京：科学出版社 .

[8] 冯健，周一星 . 2003. 1990 年代北京市人口空间分布的最新变化 [J]. 城市规划，27 (5)：55-63.

[9] 福武直，松原治郎 . 1986. 社会调查方法 [M]. 长沙：湖南大学出版社 .

[10] 郭星华，谭国清 . 1997. 问卷调查技术与实例 [M]. 北京：中国人民大学出版社 .

[11] 马润潮 . 1999. 人文主义与后现代化主义之兴起及西方新区域地理学之发展 [J]. 地理学报，54 (4)：365-372.

[12] 约瑟夫・A・马克斯威尔 . 2007. 质的研究设计：一种互动的取向 [M]. 朱光明译 . 重庆：重庆大学出版社 .

[13] 邹农俭 . 2002. 社会研究方法通用教程 [M]. 北京：中国审计出版社，中国社会出版社 .

# 4 如何撰写城市社会地理论文

FOUR

撰写论文是科研工作中最重要的也是最难的一个步骤。对于高年级本科生，尤其是对于硕士和博士研究生而言，学会撰写科研论文并将其成功地发表出来，是必须具备的本领。很多高校，针对硕士和博士研究生，都有要求发表若干论文才能获得学位申请资格的规定。这一类的论文是一般意义上的“小论文”，各种毕业论文可谓是“大论文”，因为前者篇幅相对较小，而后者篇幅较大，需要有大的章法（指论文的结构和逻辑关系）。实际上，掌握了如何撰写“小论文”，对撰写“大论文”会有很大帮助，因为后者可以视作是前者的放大，既包括论文结构章法的放大，又包括核心内容和分量的放大。对于城市社会地理的选题而言，要熟练地掌握论文的撰写方法，需要从地理研究的任务、目标等着手，明确“地理研究究竟要解决什么问题”，并按照这一基本目标去组织论文结构。

## 4.1 地理研究的目标

人文地理专业的很多同学都不太清楚地理研究的目标。很多人都存在一个困惑：地理研究究竟是要干什么？这个问题可能需要经过多年的科研实践，才会有深刻的体会，才能获得圆满的答案，但并不排除提前了解它的必要性。其他的几个问题也同样重要，如：怎样才算是“地理”的和“地理性”的？人文地理研究的核心问题是发现“规律”，还是探讨“政策”、“对策”？深入地理解这些问题，对于构思和形成一篇城市社会地理论文的结构会有帮助。

著名地理学家哈维的《地理学的解释》一书是地理学的不朽名著（Harvey，1971、1996）。在这本书的开始，哈维就提出了一个十分重要的命题，对地理学的任务或者说地理研究的任务进行了规定。他认为，地理学着重描述和解释地球表面的地区差异。这是迄今为止，我们所看到的对地理学任务最简单、最清晰、最具权威性的概括。

如何理解这一概念呢？可以从三个方面来分析。

首先，作为地理学者，我们要干什么？

按照哈维的定义，答案应该是“揭示区域差异的规律性”。另一位著名学者哈特向也曾把“区域差异”作为地理学的终极目标（Hartshorne，1939、1996）。可以说，各种尺度的地区差异或区域差异是地理学的核心命题，揭示各种尺度的区域差异的规律性就是地理学者的核心任务。这些规律都是客观存在的，就人文地理现象而言，更多的是通过各种特征表现出来，有时候也会通过问题表现出来，“问题”可理解为“不好的特征”。总之，人文地理研究总是要理清各种特征，有时也要揭示一些问题。

其次，如何揭示规律性？

从哈维的定义中获得的启示是，先描述这种规律，然后对其进行解释。这里的“描述”，不是指简单的“文字描述”，它的意思是通过一定的手段和方法表达出来。表达的方式、方法多种多样，文字描述仅是其中的一种手段。仅仅去发现规律并将之表达出来还不够，还需要对其进行解释。“解释规律”实际上是认识世界十分必要的步骤，对于认识地理世界也是一样。对于地理研究而言，如果一个学者只能发现地理规律，而不能够解释，即有“地”无“理”，那他显然不能算是一个合格的地理学者，这样的研究也存在遗憾。

解释规律往往需要涉及“影响因素”和“机制”。影响因素是单个的对规律的形成和发展起到一定作用的因素。更多的时候，分析单个因素的影响作用还不够，因为现实中规律的形成往往是多个要素同时起作用，而且要素之间也会有相互作用，甚至各要素还会形成一定的层次，具有综合式、网络式、交互式作用的特征。因此，有必要把这种综合作用关系搞清楚，这就是综合机制。具有一定特色的和代表性的机制也可以概括成“机制模式”。

最后，研究手段如何? 尽管在哈维的简单定义中，没有对地理学研究手段的具体规定，但结合《地理学的解释》一书其他章节的论述，以及地理学最新的发展趋势，可以总结为“多样化的研究手段”。既可以用定性的方法，也可以用定量的方法，还可以定性、定量相结合；可以对地理规律的数理机制进行探讨，也可以对地理特征的社会形态进行描述；可以结合遥感技术来获取数据，也可以运用 GIS 技术进行辅助分析等。

哈维对地理学的定义，概括出了地理学者的核心任务。其核心任务就是发现规律，并对其进行解释。实际上，一篇论文也应该按照这种核心任务来组织其核心内容甚至框架结构。有很多论文都落脚在对策上，是不对的。作为一个地理学者，在一篇论文中，把“规律发现”部分阐述好，并形成令人信服的“解释”，能做到有“地”有“理”，他的主要任务就完成了。除此以外，如果还有精力，可以再继续探讨其他问题，包括对策。但如果“规律发现”和“解释”部分没有做好，即使对策论述得再好，也不算是一个成功的研究。

## 4.2 如何体现“地理性”

由哈维和哈特向所定义和强调的“区域差异”，可以引申出几条主要的线索，这些线索都可以体现出所谓的“地理性”。

第一条线索是“区域”或“空间”及其随时间的演化，具体可能涉及区域差异、区域经济、空间分布、空间结构、空间（区域）格局以及时空演化、空间重构等。第二条线索是“人地关系”，即在“区域”的基础上考虑到“人”的作用，但视角是探讨“人”和“地”之间的关系，具体可能涉及人地关系、可持续发展或区域可持续发展、承载力、生态系统、人均耕地等。第三条线索是“区域”的决策层面，即“区划”和“规划”，具体可能涉及区域规划、城镇体系规划、旅游规划等。除了上述三条主要线索以外，还有一些地理学的传统研究领域，如城镇化、土地利用、旅游等，也是能够体现地理性的论题。

在中国，《地理学报》是发表有关人文地理研究成果的最具有权威性的刊物。分析 2002~2008 年《地理学报》上所有关于人文地理研究的论文题目，发现基本上都可以归入上述三条线索。这说明，把握住这三条线索，就可以使所开展的研究或所撰写的论文不致偏离地理学的核心问题或不丢失其“地理性”。

城市社会地理方面的论文，着重研究空间现象和空间问题，因此，多数是以“空间”作为研究的主要线索。就研究空间现象和空间规律而论，城市社会地理一方面强调对整个城市尺度（也有用建成区尺度、都市区尺度）的宏观空间的研究，注重空间统计分析；另一方面，对于城市内部有特色的局部空间的研究，往往注重微观层面的分析，甚至强调个体层次（单个的人）对空间的理解。但无论是宏观层次还是微观层次的空间，都离不开对空间的关注。

## 4.3 超越“地理”和“空间”的约束

在明确了城市社会地理的研究目标以及通过“空间”这条线索来体现“地理性”以后，即让学生走进空间以后，笔者在教学中还强调既能够走进空间，又要能从空间中走出来，要勇于超越“地理”和“空间”的约束。这种提法可能很多老师未必同意。笔者多年从事城市社会地理学的研究和教学工作，经过长期实践，感到应该把空间视角作为一种优势，这是非地理出身者不具备的一种视角。但是，空间并不总是最重要的因素，有时候它可能成为约束甚至障碍，在这种时候就要勇于摆脱空间的约束。选择正统的“空间”问题做研究固然好，但更多的时候可以考虑把“空间”作为一种分析视角，或分析问题的一个方面、一个变量。因此，对于学习人文地理的学生来讲，我们不强求大家都去做正统的“空间”问题研究，但有一个最基本的要求，就是要训练有素并具备空间分析的能力，将来在观察社会和分析问题时，能够把空间作为一个方面、一个因素或一个变量来进行考虑，而非地理出身的人不会具备这样的视角，也不具备空间分析的本领。

城市社会地理是一个交叉学科，除了地理学和经济学以外，与社会学和人类学的关系也比较密切，从事城市社会地理研究的学者常常徘徊在社会学和人类学的边缘。因此，当一项研究很有意义，但它离“空间”稍远了一点，而与社会学或人类学更接近了一点，也是无可厚非而且应该得到支持的。“空间”问题并不总是最重要的，当有更重要、更有意思的课题出现时，应该鼓励同学去做后者的研究。项飚（2000）的《跨越边界的社区：北京“浙江村”的生活史》一书写得很棒，笔者多次鼓励对城市社会地理有兴趣的学生认真学习这本书。这本书实际上是社会学著作，但它似乎也游离在社会与地理的边缘，也可以算作偏社会学方向的城市社会地理著作。尽管它没有太多强调空间的视角，但是它所用的社会学的研究方法以及所揭示的有趣现象是很多空间分析著作所不及的，它仍然可以算作中国城市社会地理的经典著作。如果地理学出身的同学能运用这样的方法（非空间分析方法），能写出这样的著作，我们又有什么理由不支持、不为之喝彩呢?

## 4.4 关于论文选题和研究方法的确定

### 4.4.1 论文的选题

学习做研究和撰写论文的第一步是要学会选题。

选题一般要从阅读相关的文献开始，围绕自己的兴趣使研究对象和研究目标逐渐清晰。要善于抓住灵感，保持创作热情。如果事先没有灵感，或没有具体想法，可以在阅读文献的过程中产生灵感，并形成相对成熟的想法。

在多数情况下，选题可能就直接决定了论文的命运。因此，有人说“一个好的选题等于成功了一半”，并非妄言。一般的要求是，选题要新颖，要适当地强调选题的理论意义和实践价值。一个有新意的选题，更能引起读者的兴趣，作为研究者而言，容易在有新意的选题中寻找创新的空间。当然，也可以在传统的题目中求创新，但难度相对较大。选题的理论意义至关重要。透过一项研究，最好能在理论上得到一定的启示或对已有相关理论产生一定的补充作用，这样的选题就有比较明确的理论意义。在明确理论意义的基础上，一个选题如果拥有较好的实践应用价值，当然就更好了。

有的选题，经过研究后只能形成一、两篇论文，便没有开发价值了，相反，有的选题能做出一系列的研究成果，并形成一个完整的研究体系。两者相比较，显然后者更优，因为其有较好的研究前景，容易凸显其理论价值。

好的选题一定要容易操作，要学会“小题大做”和“大题小做”。

“小题大做”在生活中是一个贬义词，但在科研上却值得推崇，其含义是通过对一个小问题或小对象的深入研究，“小中见大”，揭示其“大意义”，强调通过踏实的实证调查研究，实现一个既定的且容易操作的研究目标。社会人类学的很多选题都是“小题大做”，如很多研究者就深入调查一个村落，但社会人类学者往往能够小中见大，通过对这个村落的考察、体验，反映大的时代背景或得出重要结论。对他们来说，一个村落可以写成一本书。这种视角值得借鉴。

一般情况下，我们鼓励同学“小题大做”，避免空洞化，尽量把研究做实，强调研究的可操作性，尽量不做太大的题目。如果非要做大题目，也未尝不可，但要学会“大题小做”。所谓的“大题小做”，不是像其字面意思那样，不是要“虎头蛇尾”，而是强调大题目要讲究研究的可操作性，强调大处着眼、小处落笔。大题目最忌做成“大而空”的内容，最好要结合一个具体地区的调查来进行分析阐述，实现“小中见大”。

试举例说明“小题大做”和“大题小做”的关系。

假如我们要研究城中村居民社会关系重构这个主题，选择北京海淀区S村作为调查对象来研究这个问题。围绕S村进行系统的调查，揭示S村居民社会关系的特点、近年其社会关系受到城市扩张冲击并发生的变化以及相关的驱动力等，在最后的结论与讨论部分，由S村的现象而上升到当前中国的城中村转型中社会关系重构的一般现象乃至从理论的层面进行讨论，便是典型的“小题大做”型的研究路线。这种研究路线强调深度挖掘，由于研究目标本身很小，在讨论部分的引申实际上很容易超越预定的研究目标，等于超额完成研究任务，容易获得认可。

假如要研究中国东部沿海地区城中村居民社会关系重构这个命题。如果是一个项目或是依托项目的博士论文，当然可以“大题大做”，即在东部沿海地区选出若干种类型的城中村（即选点），在每一个点进行调查，再总结这些点所代表的东部沿海地区城中村的居民社会关系的重构。但如果是一篇论文或是本科、硕士学位论文，在有限的人力、经费、时间约束下，可以考虑“大题小做”。选择东部某省比较典型的城中村——M村来开展调查。通过对M村居民的社会关系变迁的调查，归纳出哪些特点代表了东部地区的城中村在快速城市化的冲击下居民社会关系演变的一般特征，哪些动力代表了东部地区普遍的动力，既能拿M村的数据和情况来说明，又能让读者相信这确实是东部地区的一般特征。这样就避免了“大而空”的表述，把大的命题具体化，体现了“小中见大”的威力。当然，这种研究路线由于既定研究目标较大，实现起来本身就有难度，再加上用一个村的例子来说明，其局限性往往不可避免。初学者不容易取得好的效果。

### 4.4.2 确定研究方法

在选题初步明确之后，要考虑做这个研究将采用的研究方法。研究方法至关重要，也是决定一篇论文成败的关键因素。作为高年级本科生和研究生而言，主要是借鉴国内外的各种研究方法，最好能在别人方法的基础上有所改进和创新。当然，任何时候独创的研究方法都应该受到鼓励。在做研究之前，最好对近些年国际地理杂志发表的论文有所了解，掌握在分析地理问题时，哪些方法比较传统，哪些方法处于前沿，哪些是新方法，哪些方法属于“旧瓶装新酒”。也要关注国内的高级别地理和规划杂志的动向，及时地吸收别人的长处。受到别人的启发后，应把灵感和初步的想法记录下来，并深入扩展下去，逐渐形成成熟的研究方法。

初学写论文，往往会“手生”，甚至“脑生”。所谓“脑生”，就是对下一步要干什么或要写什么心中无数，甚至对能否成功地形成一篇论文也没有把握。这种情况很正常。当熟练地掌握了写作技巧以后，就会越来越轻松。要想达到娴熟驾驭文字的程度，必须多练多写。当一篇论文完成以后，要构思、酝酿第二篇、第三篇……要经常处在练笔和动笔的状态，否则很快就又生疏了。总之，初学者会经常处于“生→熟→生→熟”的状态，反复多次，最后便能达到“驾轻就熟”的程度。

## 4.5 相关研究文献的查阅

查阅相关文献是做研究的基础性工作，也是十分重要的一个步骤。通过查阅文献，才能了解到别人在某一个方向上已研究到什么程度，才能做到“知己知彼，百战不殆”。地理研究，也要像其他的理科学科研究一样，要站在别人的肩膀上前进，要在别人研究成果的基础上更进一步，要避免重复性工作。很多时候，通过阅读别人的研究成果，可以学习到新的方法，可以受到启发。

文献查阅包括国内相关文献和国际文献（主要是英文）查阅两个方面。检索的刊物要讲究权威性，至少要包括被大家公认的本专业的主流刊物，在此基础上，可以适当扩大检索刊物的范围。从时间尺度上来讲，一方面，要突出对最新发表的论文的查阅，如近一两年内的论文；另一方面，查阅时间最好有一个跨度，如 10 年或 20 年以来，在此基础上，尽可能地列出所掌握的更早的文献。一些重要杂志的审稿人，对论文的文献检索问题一般都比较重视，有时会以文献的问题作为理由来否定一篇论文。

对国内的文献而言，有关城市社会地理论题的论文，至少要检索以下刊物：《地理学报》、《地理研究》、《地理科学》、《经济地理》、《人文地理》、《城市规划》、《城市规划学刊》，这实际上是一个不成文的规范。在此基础上，可以再扩展到其他与地理有关的中文核心刊物（如《自然资源学报》、《地理与地理信息科学》、《地域研究与开发》、《地理科学进展》、《资源科学》、《城市发展研究》等）。检索时间建议从 1995 年开始直至现刊。对国际英文文献而言，应该检索一些著名的人文地理或城市方面的杂志，如 *Urban Geography*（城市地理）、*Urban Studies*（城市研究）、*Environment and Planning A*（环境与规划 A）、*Environment and Planning B*（环境与规划 B）、*Journal of International Urban and Regional Research*（国际城市与区域研究杂志）、*Urban Affairs Review*（城市事务）、*Journal of Urban Economics*（城市经济学杂志）、*Economic Geography*（经济地理）、*Regional Studies*（区域研究）等。

对于初学做研究的高年级本科生或研究生而言，由于文献阅读量相对较少，可能对学术界最新研究动态及主要研究方向的进展把握不了，这很正常。但这一关迟早要过。建议抽出半年甚至更多的时间对上述杂志在 1995 年以后的进展逐本翻阅，多数文章采取泛读和浏览的方式，对少数自己关心和喜欢的论文采取精读的方式。经过这个过程，基本上可以做到对人文地理的各个主要方向的研究进展有大致的把握。然后，争取每一期现刊杂志都作浏览，这样就基本上可以做到跟上最新的研究动态，将来在从事具体的研究时，当选题确定以后，再针对更为具体而细致的研究方向，开展详细的文献查阅工作。

除了期刊以外，报纸、网页新闻等亦是重要的资料获取渠道。如就研究北京而言，《北京青年报》每周四的“广厦时代”，《北京日报》第 13、14 版的有关城市化、房地产等的专版，都可能会对北京的研究提供难得的信息。网上的百度搜索可以搜索到一些报纸的新闻网页，对论文的定性分析部分非常有用。

## 4.6 文献综述的写法

### 4.6.1 文献综述对文献检索的要求

针对某一专题，在保证检索文献的权威性、公正性与广泛性的基础上，需要对检索到的文献进行阅读、分类和评价。文献综述主要是要明确在某一研究方向前人已经做了什么，已经研究到什么程度，还存在什么问题，还有哪些问题没有解决等等。其最终目标是要给自己将从事的研究一个基本定位，即它不是对前人工作的简单重复，而是有益的补充，是站在前人的肩膀上继续前进，对学术研究会有所推动和有所贡献。

文献检索要讲究权威性、广泛性和公正性。所谓的权威性是指，要求所检索的杂志、期刊应该是相关专业或方向的主流刊物。广泛性是指应该尽可能地包括本研究方向所有的主流刊物，还要在此基础上，尽可能地扩展检索刊物的范围。公正性，是指客观而公平地对待所检索到的论文，要一视同仁，不会因作者地位、资历的不同而“厚此薄彼”或视而不见，有的人只引用名家的论文，对非名家的论文尤其是研究生发表的论文视而不见，这是不对的，应该尊重别人的劳动成果。

为了详细说明这个问题，不妨举几个国内人文地理研究文献检索的实例。国内人文地理方向文献检索的主流刊物至少应该包括：《地理学报》、《地理研究》、《地理科学》、《经济地理》、《人文地理》、《城市规划》、《城市规划汇刊》，在此基础上再作适当扩展。关于主流刊物的范围，并没有具体规定，一般是学者们根据刊物的分量所形成的共识。如顾朝林和许海贤（1999）撰写的“改革开放二十年来中国城市地理学研究进展”，检索的刊物包括：《地理学报》、《地理研究》、《地理科学》、《经济地理》、《人文地理》、《城市规划》、《城市规划汇刊》共 7 种。许学强和周素红（2003）撰写的“20 世纪 80 年代以来我国城市地理学研究的回顾与展望”，检索的中文期刊包括：《地理学报》、《地理研究》、《地理科学》、《人文地理》、《经济地理》、《地域研究与开发》、《地理学与国土研究》、《地理科学进展》、《热带地理》、《城市规划》、《城市规划汇刊》、《城市问题》，在前述 7 种刊物的基础上又扩展了若干刊物。古诗韵和保继刚（1999）撰写的“城市旅游研究进展”一文，检索了 11 种地理类期刊：《地理学报》、《地理科学》、《地理研究》、《经济地理》、《人文地理》、《自然资源学报》、《热带地理》、《干旱区地区》、《山地研究》、《地理学与国土研究》、《地域研究与开发》；5种城市类期刊：《城市规划》、《城市规划汇刊》、《城市问题》、《城市研究》、《城市开发》；以及专门旅游类期刊：《旅游学刊》。前述7种期刊在其范围之内，又因为研究主题涉及“城市”和“旅游”而扩展了城市类期刊，并检索了专门的旅游类期刊。

## 4.6.2 对相关研究文献的总结概括

文献检索好以后，就要对文献进行阅读、分析和概括。

首先，要对本领域研究的发展过程有一个总的把握，往往要追溯到第一份研究或最初的研究。要分析该类研究从少到多的过程，最好把这一过程概括为几个主要的阶段，总结各阶段的特点，有时还要先交代一下相关的概念，或先对概念进行界定。

其次，一般还要总结一下参与研究的学科与研究队伍的情况，要对以往所采用的研究方法及其发展过程进行总结。

最后，也是最重要的方面，对检索到的文献进行归类，即明确以往学者在本领域大概做了哪些方面的工作，把相关的研究文献“对号入座”，分别归并到相应的类别中去。然后，按照类别逐一阐述。为了说明这个问题，特举两个例子。顾朝林和许海贤（1999）曾对改革开放以来中国城市地理学的研究文献进行总结，他们把城市地理学的相关文献总结为7个大的类别，每一个类别又分为几个小的类别。具体包括：①城市—区域研究；②城市规划研究（城市性质、城市规模、城镇用地分析和用地评价）；③城市化研究（城市化的动力机制、乡村地区城市化、城市化特征）；④城镇体系研究（理论研究、实证研究）；⑤城市发展方针研究；⑥城市空间结构研究（城市市场空间、城市形态、城市边缘区、郊区化、城市群、都市区和都市连绵区）；⑦城市可持续发展研究（城市可持续发展、生态城市、城市生态规划理论与方法）。这样的分类比较清楚。城市地理学的文献可谓浩如烟海，读者很难去把握，而按照这样的类型和亚类型，读者理解和把握起来则容易多了。再看一个例子。笔者曾对20世纪80年代以来中国小城镇领域的研究文献进行过总结（冯健，2001），将诸多的小城镇研究文献总结为6个方面，每个方面又分为许多小的方面，具体如下：①小城镇发展研究（类型与模式，发展方针与发展战略，发展机制、条件、制度与可持续性）；②小城镇规划与建设研究（小城镇规划与建设的一般技术和理论探讨，不同类型的小城镇规划研究，地区小城镇规划研究，其他方面的研究）；③小城镇—乡村区域研究（小城镇与乡村城市化研究，小城镇与农村聚落和乡村空间研究，小城镇与乡村地区发展研究）；④小城镇经济研究；⑤小城镇其他专题的研究。这样也可以达到使读者轻松把握数量庞大的小城镇研究文献的目的。

## 4.6.3 对本领域研究的评价与展望

首先是对以往研究文献的评价。评价大致有两种方式：一种是在上述文献归类的过程中，进行随时的局部评价；另一种是以专门的章节对上述归类后的文献进行总体评价。也可以把两种方式相结合，以后者为主而以前者为辅。在做具体评价时，可以从研究内容、研究方法、研究成果等方面进行评价，也可以从理论研究进展和实践研究进展等方面进行评价，甚至还可以结合中西方的研究差距进行评价。评价的目标是发现问题，给将要开展的研究一个基本的定位，

换言之，正是要解决这些问题或弥补研究的薄弱环节才开展这项研究。

其次，在评价结束以后，常常还要进行一下展望。对未来的研究方向进行力所能及的展望，使研究目标更加明确。

举一个具体的例子来说明这个问题。笔者曾对“中国城市内部空间结构”方面的文献进行过综述（冯健、周一星，2003）。全文的结构分为三大块，包括：基本概念与研究阶段的划分；中国城市内部空间结构研究进展；中国城市内部空间结构研究的评价与展望。第三块即我们所讨论的“评价与展望”部分，分成两个方面来讨论：一是“中西方研究存在巨大差距”，即“评价部分”；二是“研究机遇与新的研究课题”，即“展望部分”。“评价部分”具体讨论了三个方面的内容，包括：①从学科建设上看，西方城市内部空间结构研究的理论体系已相当完备，与之相比，中国尚未形成一个具有特色的理论体系；②从研究内容上看，近年（主要是 1996 年以后）中国城市内部空间结构的研究进展较快，但与西方研究相比，还存在较大差距；③从研究方法上看，中国城市内部空间结构研究虽然比过去有较大进步，但定量的手段仍需加强，实证研究深度有待提高。“展望部分”也讨论了三个方面的内容，包括：①第五次人口普查数据与新时期中国城市内部空间结构的研究；②伴随着中国经济的成功转型，城市内部空间结构的研究重点正在转变；③中国城市郊区化理论与城市内部空间结构理论等需要进一步发展。这个例文中的“评价部分”按照学科发展、研究内容和研究方法三个方面来组织评价的体系，把中西比较作为一个线索，相对容易把握。“展望部分”则结合中国相关研究的理论进展、数据条件和研究任务来讨论，为即将开展的研究埋下伏笔。

## 4.7 论文的写作技巧

### 4.7.1 论文的模仿与创新

初学写论文，一般要从模仿开始。

多读学术期刊上的论文，对于能产生“共鸣”的文章，可以通过模仿它们来学习写论文。模仿包括研究论题的模仿，研究方法的模仿，论文结构的模仿，行文风格和表达方式的模仿等。研究论题的模仿，比如看到别人研究北京社会区的论文，就可以结合自己所在的城市去收集同样的数据，来做所在城市的社会区研究。研究方法的模仿也比较普遍，即别人论文中的研究方法可以借来一用，如北京社会区研究论文中使用了因子生态分析方法，那么模仿者也可以用同样的方法研究所在城市的社会区，有时甚至不同领域、不同学科的方法也可以借鉴。论文结构的模仿，刚开始学写论文，在论文结构的把握上尚不清楚，可以模仿别人论文的结构。行文风格和表达方式的模仿，初学者在论文的具体行文表述上往往心中无数，尤其是在专业术语的使用上，也可以通过模仿较高水平的论文，渐渐达到得心应手的程度。

文艺的学习上强调“取法乎上”，意思是即使“取法乎上”，也“仅得乎中”，因此，学习的对象水平越高，学习者所得到的越多。科研方面的学习也是同样的道理。建议初学者多读《地理学报》、《地理研究》等高水平期刊上的相关论文，最好能直接向国际英文论文学习。

只有模仿还不够，最好还要有所创新。初学者去模仿，属于迫不得已，因为不会写论文，要通过模仿的过程学会写论文。但当达到一定水平后，要强调在别人的基础上创新，每篇文章都要有一定的新意，哪怕只有一点新意。不要成为别人研究的翻版，要用“融汇百家，为我所用”的态度去学习前人的文献。

## 4.7.2 论文的写作规范

论文包括多种类型，如思想型、实证型、推理型等等。有的文章属于思想型的文章，通篇不见数据或极少使用数据，而是要表达作者的某种思想，几乎纯用文字表达，国外的文章有不少属于这种类型，但对于初学者或没有一定研究基础的人来讲不好掌握。也有推理型论文，有很多的数理推理或定性推理，有时还要结合一点实证性的内容，如果没有较强的数学基础和专业兴趣，也很难掌握。最普遍的、最易于初学的是各种实证性的论文，即通过对一个地区或其他研究对象的详细调查，通过深入剖析这个研究对象来说明问题、提出观点。

从论文的分量来讲，有“大文章”和“小文章”之分。一般来讲，一篇文章解决一个或几个问题即可。衡量一篇论文是否成功，主要看它是否完成了预定的研究目标。因此，论文之间往往不太容易去比较，尤其是当这些论文都出色地完成了预定的研究目标。但是，论文在分量上还是存在着差异，有的论文有更重要的发现，而有些论文的发现似乎并没有那么重要。有重要发现的论文自然分量更重。

论文的写作要求是，无论要论证什么问题，一般要提出明确而具体的论点，然后使用充分的证据或数据来说话，并做到论证过程的严密，让人无懈可击。城市社会地理论文在结构上也有规范，这种规范可以参考自然科学论文的规范。自然科学论文的结构一般相对简单，总体来讲由四个部分构成，即：引言（简要的文献综述）、研究区概况及数据（研究方法）、正文（计算结果，讨论）、结论（讨论与结论）。城市社会地理论文按这种结构来组织论文的体系当然没有任何问题，但更多的时候“正文”部分会被分成几大块，它们共同构成论文的主体。

## 4.7.3 数据的使用与处理

城市社会地理论文写作所使用的数据主要包括三种类型：一是统计数据，要求在空间上完整，最好是能细分出街道、乡镇一级行政地域单元（甚至更细小的空间单元）的数据；二是问卷调查数据，即针对所要研究的问题，设计、发放和回收问卷；三是访谈资料。初学做研究，如果没有掌握系统的空间统计数据，可以尝试使用问卷调查和访谈的方法获取数据，这样可操作性更强，如果问卷调查缺乏经费支持或难以达到一定的“量”的要求，单靠访谈也可以完成研究和形成论文。

值得强调的是，不要成为“数据或资料的奴隶”，要做“数据或资料的主人”。有的同学做了问卷调查，但在写作论文时，按问卷调查的题目逐题罗列数据，根本看不出论文的结构，研究者成了“数据的奴隶”，是写论文之大忌。遇到这种情况，要主动改变意识，明白“数据为我所用”，即“数据是为我服务的”，研究的最终目的不是罗列数据，而是要表达研究者的观点和思想。有的同学在论文中堆积了很多资料，不知道他要表达什么，也是这方面的问题。还有的同学在其博士论文或硕士论文中，运用了访谈的方法，但属于无效使用，因为他把这些访谈材料以附录的形式放在了论文之后，并没有真正从这些访谈材料中建构自己的理论，也是问题之所在。

## 4.7.4 图表的制作

要对论文中图表的制作有足够重视。图表是论文的“彩点”，是论文的精髓所在。如果把一篇论文比作一个人的话，那么，思想、观点和发现的规律是其灵魂，图表是其知识、内涵，行文是其外表。因为论文的多数信息是靠图表传达的，研究所发现的很多规律亦是通过图表来表现的，一篇论文出彩的地方多表现在图表上。我们常常发现，有经验的学者在浏览同行的论文或论著时，随便地翻一翻，就可以在很短的时间内把握住其精髓，其实，这中间的窍门就是重点看这些论文或论著中的图表，尤其是图。图表承载了大量的信息，研究者的很多思想和理念是通过图件来传达的，可见图表在一篇论文中的重要地位。

在撰写论文时，必须用心经营图表。实际上，不仅城市社会地理如此，整个人文地理亦如此，自然地理也是如此，学者们在图件的制作上花费了大量的精力。表格主要来自数据和数据处理结果，因此，数据的质量和对数据处理结果的表达将决定表格的质量。不是所有的数据处理结果都要做成表格并插在文中，要有所选择、有所提炼，要做好这一步，眼光很重要。除了数据表格以外，文字表格也是城市社会地理常用到的表格形式。文字表格有时是对资料的概括，有时是对所研究的现象和发现成果的概括，后者的难度更大，很多时候是在没有表格的条件下创造条件产生表格，因此，文字表格的分量往往超过数据表格。

图件的制作需要掌握相关的制图软件，如 AutoCAD、Sufer 和专业的地理信息系统软件 ArcGIS、Arcview、Mapinfo，遥感软件 Erdas 等以及最常用的 Word 和 Excel 也可制图，可谓各有所长。Excel 的制图功能不可小视，把 Excel 的作用发挥好，可以做出非常精致而漂亮的图件。制作概念模型图、技术路线图、研究区的区位图以及各种强调线条的图，AutoCAD 更为好用，与直接在 Word 中制图相比，AutoCAD 在控制字距、行距方面更为随意。空间分级图、等值线图等的制作则是各种 GIS 软件最为擅长的功能，尤其是分级图，颜色过渡效果极好。

在城市社会地理论文的制图方面，值得强调的是一定要学会制作各种概念模型图件。常见的概念模型大致有两类：一类是针对空间表达的概念模型，即“空间模型”，它实际上是把地图或各种空间分布图的要素简化，概括出核心原理，让读者能轻松地抓住本质问题，另一方面也增加了趣味性，如社会区研究中的社会空间结构模型；另一类是阐释原理的概念模型，以文字表达为主，通过图件来直观地表达各个组成部分之间的逻辑关系以及类型和要素之间的关系，如各种机制模型。

论文图件的制作必须要下工夫。要想把图件做好，还要多参考其他学科的方法，如多浏览自然地理、生态学、第四纪地质等学科期刊上的论文，注意其论文中的插图，有些方法可以借鉴到城市社会地理研究中来。

## 4.7.5 论文的逻辑关系与行文表述

初学写论文，对行文表述往往心中没数，属于正常现象。随着对论文写作的熟悉，对文字驾驭的能力会不断增强，最终达到随心所欲的程度。

论文的写作和行文很重要的一个方面是要强调逻辑结构和逻辑关系。从论文的全文来讲，有全文的逻辑结构；从论文内部来讲，文中还存在块与块之间的逻辑关系，段落与段落之间以及句与句之间的逻辑关系。很多同学写不好论文，常常是因为提纲写不好，而决定提纲的一个很重要的方面就是逻辑结构。论文的大的块面结构一定要清晰、合理。提纲写好了，再构思详细提纲，细化到次一级甚至更次一级的标题，每一块内容仍然要讲究逻辑关系。提纲完成、数据处理结果出来之后，就可以考虑具体的写作行文了。可以参考英文的表达方式，尤其是就一个段落而言，段落首句可以作为对本段内容的总体概括，这样写出的东西层次分明，便于读者阅读。

在具体行文过程中，要学会科学语言的使用。

首先要明确科学语言与口语和文学化语言的区别，尽量地摆脱“口语化”的语言，摒弃“文学化”的色彩。论文中要尽量杜绝使用“我”、“我们”、“大家”等词语，因为它们是典型的口语化用语。要尽量减少“的”字的使用，能不用“的”，就尽量不用，能删掉的就尽量删掉。要用专业术语来替代口语化语言，专业术语要靠阅读文献来掌握，读到的次数多了，对相关专业术语的“语感”就会无形中增强，在写作中就自然而然地会用了。文学化语言也不适合在地理学术论文中使用。下面举几个实际的例子来加以说明。

有一篇论文讨论“中国民歌文化的地域特征及其地理基础”，其初稿中有一段文字：

对中国民歌文化进行区划是为了认清各地的文化风格，更重要的是保护和发展这种风格。在当今流行文化的冲击之下，各地民歌的保护便更有了意思。但是，我们也不能因此而否定区域性的民歌逐渐走向流行，毕竟音乐无界线，越是个性的，就越是大家的。

这段文字中有不少口语化的语言，如果把这些口语改为学术语言，味道就明显不一样了。如，“便更有了意思”，使用学术语言可改为“便值得关注”；“越是个性的，就越是大家的”，意思很好但不是学术语言，可以改为“在全球化的趋势下保持地方特色愈发重要”。

在一篇名为“旅游扶贫开发中存在的问题及对策”的论文中有这样一段文字：

要改变狭隘旅游资源观，认识到特色就是旅游资源。在很多人眼里，旅游资源被限定在优美风景、历史古迹的小范围内。其实，旅游资源的内容没有什么限定，关键是特色。自己的文化特色、文化内涵是可以永续利用的旅游资源。人无我有、独一无二的就可能是旅游资源。

文中口语化语言使用较多，影响了论文的效果。“在很多人眼里，旅游资源被限定在……”可改为“旅游资源常被限定在……”，一个“常”字可代替“在很多人眼里”6个字的功能；“没有什么限定”应改为“并无限定”；“自己的文化特色”可改为“自身文化特色”。

再举两个文学化语言的例子。这两个例子来自中国地理学会2003年学术年会论文集《认识地理过程，关注人类家园》(摘要集)。其中一篇论文为“桐城派形成的地理背景探析”，文中有如下表述：

一、优越的自然地理环境孕育了一批优秀的桐城儿女，促使桐城派师法自然、清正雅洁文风的形成。

二、人文荟萃、积淀深厚的人文地理背景是桐城派独领风骚数百年的潜在因素。

另一篇论文名为“兰州铁路客运站布局与西客站重建的思考”，摘要中有如下文字：

改革开放以来，兰州同全国一样，社会、经济发展快马加鞭。尤其是“西部大开发”的伟大战略实施以后，兰州地区的变化更是气象万千、日新月异，社会事业全面进步，经济发展突飞猛进，人民生活水平显著提高，城市面貌焕然一新。一幢幢高楼大厦拔地而起，一条条宽阔大道蜿蜒远去，一座座黄河大桥飞架南北……沿黄河两岸的“百里风情线”更是兰州的骄傲，被誉为兰州的“外滩”。

这两篇论文的题目都是非常传统的地理学题目，也是很好的研究课题，而且都使用的是专业术语，但论文中却大量使用文学化色彩的语言，让人感觉像是在读散文，完全失去了学术论文的味道。

论文写作还要尽量避免使用“号召式、口号化”的表达方式。相对而言，口语化和文学化的语言容易识别，“号召式、口号化”语言则不太容易识别，而且一不小心就容易出现此类问题，这类语言的使用虽谈不上造成多大的失误，但格调不高。以发表在某杂志上的两篇文章为例，来体会这类语言的使用效果。

一篇文章题目为“湖南省县域经济发展问题研究——以浏阳市为例”，其中一部分内容（内部标题）表述如下：

1 浏阳发展县域经济的主要经验

1.1 坚持从实际出发，理顺发展思路，实行可持续发展

1.2 坚持因地制宜，发展特色农业，培育支柱产业

1.3 坚持依靠科技进步，全面提高工农业的科技含量和技术装备水平，推进经济增长方式的转变

1.4 坚持以效益为中心，实现经济、社会、生态效益的统一

另一篇文章题为“对湖南小城镇建设的思考”，其中的部分章节标题表述如下：

2 小城镇在湖南省农村现代化建设中的特殊作用

2.1 加快小城镇建设是湖南省产业结构调整的需要

2.2 加快小城镇建设是实现农业产业化、农村工业化的客观要求

2.3 加快小城镇建设是促进区域农村经济增长的现实途径

2.4 加快小城镇建设有利于节约农村非农用地，优化农村自然环境

这两段文字中的内容表述类似政府工作报告，排比句的使用似乎有一种号召效果，但学术分量不重，内容的表达也缺乏学术含量。

值得强调的是，科研论文与政府工作报告和规划文本在写法上存在极大的差别。论文强调“学术味”，强调客观因素；而政府工作报告、领导人的讲话及政府的文件纲领则强调“政治味”，强调对群众的号召力量。论文强调理论提炼，注重对理论问题的阐述；而政府工作报告或规划文本则强调对策和“可操作性”。论文强调“严谨性”、“科学性”的态度，对使用的数据和逻辑关系十分重视；政府工作报告和规划文本往往不强调数据的系统性，更多的是在阐述对未来的设想和发展思路，尽管这种设想和思路目前还无法证实。在表达方式上，也存在较大的区别，上述两例即是表达方式方面的问题。

科研论文语言表达上的提高永无止境。除了学会使用科学语言和专业术语进行表达以外，还要像古人那样“练字”、“练句”。古人在形容古诗文方面的“推敲”功夫时说“两句三年得，一吟双泪流”，科研论文虽没有这么夸张，但在论文完成以后，一定要字斟句酌地在语言上“推敲”。很多高水平的地理学家在语言的使用上也达到了很深的造诣，如北京大学的胡兆量教授、周一星教授。周一星教授以治学严谨著称，其语言的使用也是这种风格，常字斟句酌地修改著述的文字。胡兆量教授的语言自成一格，习惯大量使用短句，其风格凝练概括，有铅华洗尽之妙。学生可多研读老先生们的著述，不仅学习专业知识和技能，还应分析其语言使用方面的技巧，以少走弯路。很多语言使用技巧需要自己在实践中体会，才知道其妙处，如：论文标题之中尽量少用重复的字；一句之内减少同一字、词的出现次数，尽量避免短距离内用字的重复；表达方式尽量多样化，并自如地加以运用。

论文中对图表解释说明的文字尤其要注意。一方面，对论文中重要的图表要有解释和分析，把“彩点”的信息充分地表达出来，论述要“有血有肉”，避免“干干瘪瘪”；另一方面，对图

表的解释说明不应是对图表信息的重复，要精练，要达到画龙点睛和锦上添花的效果。因此，论文初稿完成后，要对论文中文字与图表的关系反复推敲修改。

## 4.7.6 定量和定性表达的功能

无论是写作论文还是组织讲稿，要对不同情况下定性文字的功能和数据（定量）的功能有清晰的认识，并能熟练地使用以使不同情景下二者的功能得到充分发挥。

在很多时候，定性文字的概括比罗列很多细节数据更有用，因为前者表达得更清晰，更能使读者发生兴趣并容易抓住要领。比如，在分析城市某圈层街道人口增长的时候，如果用数据描述了很多具体街道人口增长的细节，不仅占用了很多篇幅，而且可能会导致读者的厌烦，因为读者对这个城市的具体街道名称并不熟悉，他们对具体街道人口增长了多少（具体数据）也不关心，在这种情况下，就应该充分发挥定性文字概括的作用。也就是说，应该通过简短的文字将街道人口增长及其所反映的城市人口空间变动的规律性内容概括出来，这些内容是读者所关心的东西，也是数据分析所要揭示的核心内容。

另外，有的时候，几个核心数据的使用会起到关键作用，使人印象深刻，其达到的效果会远远超过篇幅更多的定性文字的描述。如在论述中国资源利用效率较低并评价当前中国资源、环境可持续发展程度的时候，如果使用下面一组数据可以起到很好的效果，即“中国消耗了全世界36%的钢铁，16%的能源和52%的水泥，仅创造了全球7%的GDP”。这一组数据虽然简单，但它有说服力，很清晰地反映出所要说明的问题，其效果远远胜过一大段的文字描述。再如在北京大学人文地理专业的某次在职和离退休教师的聚会上，大家请老教授们讲话，大意是要谈谈地理学的用处或重要性。其中，胡兆量教授的讲话很短，但给人印象深刻。在形容当前中国建设速度之快、地理学将大有用场的时候，他使用了两个简单的数据：中国是目前世界上建设量最大的国家，全球的建筑工地有50%在中国；建筑工程所用的高塔吊，全球的70%分布在中国。

所以，数据和定性文字各有其功能，如果能够清楚地知道它们各自的长处，做到在不同的场合下发挥其功能，就可以达到很好的效果。更多的时候，要把二者结合起来使用，因为光有定性概括而缺乏数据分析则难以做到“有血有肉”，反之，光有数据分析而缺乏规律性概括又容易枯燥和不得要领。

## 4.7.7 引言和结论的写法

论文的引言最难写，很多学者都有类似感受，尤其是英文论文的引言。

要写好论文的引言，必须明白引言的作用。引言最重要的一个作用是用较短的篇幅来引起读者对本研究和全文的兴趣。按照正常的逻辑，引言位于全文之首，读者会先读引言。设想，如果读者在读完引言以后，认为文章没有太大意思或根本不值得花费时间去读，换言之，引言没有唤起读者的阅读兴趣，那么即使文章写得再好也无济于事，可见引言之重要。引言的写作要精练，作者的视角要敏锐。从哪里引发问题，由什么话题引到本文要研究的问题上去，都要细细琢磨。中文论文一般会在引言中给出简要的文献综述，当然也有专门用一节的篇幅来交代文献的。如果在引言中交代文献，实际上引言与文后的参考文献就挂上了。更多的时候，对文章的包装作用多体现在引言上，因为在不足千字的篇幅之内，要交代出本领域的国际前沿文献及相关研究进展，还要交代出国内的研究进展状况，要理出本研究领域的来龙去脉，对初学者来讲会有一定的难度。在论文引言中做这些陈述的目的就是要给本研究一个清晰的定位，要提出明确的研究问题和具体的研究目标。这些问题多是针对以往研究的不足之处而提出的，而本文正是要解决这些问题或其中的一部分问题，这样在逻辑上就理顺了。要真正把引言写好，作者还要有很好的对文献的驾驭能力，尤其是对其中交代文献的这部分内容，一定要写好。引用的文献，既要有国内文献，又要有国际文献，既要有追溯根源的历史文献，又要有反映最新研究动态的近年文献。在文献评述的内容中，既要交代什么人干了什么事，又要适当地把其研究的具体发现穿插在评述之中，要达到如下效果，即若干个具体发现的描述组合成一段有关本研究的、别人难以尽知的、令人饶有兴趣的知识库，这一点最难做到。

结论也是一篇论文的重要组成部分。要形成一种写作规范，在论文最后对全文的研究进行总结，不要把结论写成结语。如果在论文中已把研究问题论述得比较充分，那么结论就比较简单，只要概括全文最重要的研究发现即可，既可以把这些发现综合概括成一段结论，又可把它们分成几点结论来写。但结论不仅仅限于总结的功能，它还有其他功能，最重要的功能是可以在结论中对全文的研究进一步升华。这个功能一般结合讨论来进行，因此，很多时候论文的最后一部分内容是“结论与讨论”或“讨论与结论”。

## 4.7.8 论文的理论升华

在研究一种城市空间现象时，最终目的并不是“就事论事”，而是能够在理论上对以往的城市空间研究有所补充。因此，在一项有关城市空间的实证研究完成之后，要从理论的高度展开讨论，争取在理论上有所贡献，哪怕这个贡献很小。这项工作一般放在论文的“讨论”部分或“结论与讨论”部分。有了理论上的讨论，论文立刻会得到提升，给人的感觉和印象会大不一样，可见理论升华之重要。

有人写论文会把最后的方向收聚到“对策”上，虽是一个处理办法，但是格调不高，甚至对论文会起反作用。笔者的经验是，要考虑实际情况而区别对待。为地方政府所做的策划报告、规划专题研究等各种横向课题报告，最后一定要给出对策，因为这些报告是要给地方领导看的，他们也许对研究过程和各种论证过程并不关心，但最后往往重点看问题以及解决这些问题的对策，所以这类报告强调“问题导向”容易奏效，强调给出对策也可以满足地方的实际需求。对于强调格局、过程和机理的地理研究而言，没有学者愿意看对策，而更关注论文的理论贡献。笔者的做法是：在针对地方政府的横向报告中，都给出他们关心的对策，但在论文中很少去讨论对策，尤其是在地理类刊物上发表的论文，几乎从不涉及对策，偶有两篇有对策的论文，也是发表在城市规划类的刊物（这类刊物相对强调实践的可操作性，而对理论贡献没有太多的强调）上，而且这些对策多是报告中现成的东西，只是稍作修改罢了。在学位论文中，就更不能讨论对策了，应该充分地强调论文的理论贡献，笔者所指导的各种学位论文，都是按这个导向。在一篇论文或学位论文中，在研究的主体部分完成以后，如果归集到理论问题上去，论文会得到升华，如果归集到对策上去，论文就会走下坡路。2008 年，集中时间参加某高校的区域经济学和人文地理学的近 30 份硕士论文答辩，本来多数论文的质量还不错，但几乎 90%的论文最后都去探讨对策，令人失望。笔者费了很大力气去逐篇纠正这个问题，呼吁他们要强调理论导向。最后，其院长在总结时认为，他们过去对理论问题没有重视，这次在导向上的纠正为其学科发展注入了新鲜的血液。

总之，在一项有关城市的研究工作基本完成之际，不要忘了，自己要衡量一下，这项研究在理论上有什么贡献？对以往的理论或认识有什么推进？不要怕理论贡献小，只要有理论的推进就应该受到鼓励。实际上，强调理论导向会为一篇地理论文起到锦上添花甚至画龙点睛的作用。

## 4.7.9 摘要的写法

摘要很重要。读者在阅读全文之前，会先读摘要，因此摘要撰写得好坏，会决定读者要不要继续阅读全文。现代社会的信息量十分巨大，大量的期刊、杂志，每一年、每一期又发表大量的论文，从文献检索的角度来看，检索者在检索过程中往往无暇顾及全文，而会把有限的时间和精力集中在篇幅更为短小的、反映论文精华的摘要上去，从摘要上初步鉴别论文是否为其所需以及论文的“好坏”，进而再进行筛选。尤其是在电脑时代，摘要成为是否下载和阅读论文的最重要的判断依据。经常在期刊网上下载论文者对此会有体会。

撰写摘要，要在十分有限的篇幅内，交代论文描述的研究以及最重要的发现。其难就难在篇幅有限。关于摘要的篇幅，各杂志要求不同，但一般中文摘要不会超过 400 字。如《地理学报》要求摘要 100~200 字左右，《地理研究》要求摘要以 200~300 字为宜。就摘要的写法而言，要以第三人称的方式，客观地把论文的研究结果和主要发现进行高度概括。摘要的写法要注意以下几个方面的技巧：①摘要中尽量不要出现介绍研究背景的内容，如果非要出现，也要控制在一行半文字以内，因为篇幅有限，应把空间留给更重要的内容——概括研究发现，而像研究背景这样不太重要的内容则不宜在摘要中出现；②描述实际的具体内容，消除空泛的文字；③以交代“干了什么”来节省篇幅，以交代“发现了什么”来提高分量，如果摘要只描述“论文干了什么”则容易内容空泛，如果摘要全部都用来交代研究发现，则篇幅不够，也难以描述完整，最好的办法是把两种交代方式相结合。

看几个例子则更容易理解上述内容。

例 1：仍以前文提及的“中国民歌文化的地域特征及其地理基础”一文为例。这篇论文对中国的民歌文化开展了区划，概括了每一民歌文化区的特征及其形成的地理条件，是篇很有意思的论文。论文摘要的初稿如下：

摘要：民歌作为一种文化现象，一开始就伴随着人类的整个历史发展过程，它的产生和发展离不开人类生存的地理环境，不同的地理环境内有不同的民歌文化景观。中国复杂的自然、人文地理环境，是中国民歌文化区域形成不同文化特征的重要原因，同时也是划分中国民歌文化区的重要依据。民歌的传播与人类文化传播途径相一致，它既缩小了民歌文化的地区差异，又促进了各地民歌文化的不断发展与更新。

可见，摘要写得很不成功，主要原因在于内容太空泛，没有把最重要的发现交代出来，似乎也引不起读者阅读的兴趣。笔者帮助作者对论文的摘要进行了修改，改后的面貌如下：

摘要：在简述民歌文化研究状况的基础上，作者分析了我国民歌文化区形成的历史基础，并从文化地理的角度，探讨了民歌文化的地域整合性。然后将全国民歌文化区分为七大区域，包括：以江南小调为代表的“江南水乡风格”，以北方号子为代表的“粗犷刚劲风格”，以“信天游”、“花儿”为代表的“西北高原风格”，以云、贵、川山歌为代表的“西南高原风格”，以长调为特色的“北方草原风格”，异域风格的新疆民歌以及高山雪原上的民歌，作者还论述了各区域民歌文化的特征及形成的地理基础。

可前后比较，体会表达效果的变化。效果的差异就在于修改后的摘要有了实在内容，并容易引起读者的兴趣，而这些内容在论文的原文中都有，但作者没把它们“放”到摘要中去。

例2：笔者在“杭州城市形态和土地利用结构的时空演化”一文中的摘要（冯健，2003），具体如下：

摘要：根据分形理论研究杭州1949~1996年间城市形态和土地利用结构的演化特征，发现杭州城市具有明确的自相似规律。研究表明，杭州城市形态和土地利用结构的分形性态逐渐变好，这与国外学者“演化的城市分形”观相互印证。各类土地形态的维数都小于整个城市形态的维数，从而证实了国内学者“城市化地区的分维大于各职能类土地空间分布维数”的理论推断。从时空变化来看，杭州城市形态的分维呈上升趋势，1996年接近Batty等提出的理论预期维数 $D=1.71$。居住用地、工业用地和对外交通用地的分维近20年来趋于增大，而教育用地和绿化用地的分维则有所减小。杭州市的分形演化和分维变化总体上揭示了城市自组织演化的特征，但工业用地维数的大幅度上升和绿化用地维数的下降显然暗示该城市在进化过程中的局部退化倾向。

在这个摘要中，首先交代论文“干了什么”，即第一句。然后，以“研究表明”为承转，引出具体的研究发现。

例3：笔者在“近20年来北京都市区人口增长与分布”一文中的摘要（冯健、周一星，2003），具体如下：

摘要：利用第五次人口普查数据，研究1982~2000年北京都市区人口增长与分布规律。首先，分析了都市区人口增长特征，并提炼了不同阶段人口增长的空间模型，发现：开始于20世纪80年代的人口郊区化，在90年代幅度加大；80年代，北京都市区人口空间增长过程的相似性大于差异性，整体上呈现出一定的同质性特点；而90年代则差异性大于相似性，异质性特征日渐突出。继而，通过数学模型的回归研究北京都市区人口分布及空间结构的演化趋势。单核心模型的回归表明，Clark模型在拟合北京城市人口分布方面占据优势，而Smeed模型拟合都市区人口分布的效果更好，参数变化说明当前郊区化的主体仍属“近郊化”。多核心模型的回归表明，1990年都市区双中心结构刚刚发育，2000年多核心结构比较明显但并不成熟，主要的次中心在影响人口分布方面起到了重要作用。近20年来，基于人口分布的北京都市区空间结构渐趋复杂。

这个摘要运用了很多的技巧，可仔细研究其写法。第一句，总体上概括全文用什么样的数据“干了什么”。这之后，具体汇报论文两大主体内容，即“人口增长及空间概念模型”和“人口分布的数学回归”。在第一部分内容，“首先分析了……”是交代这一部分内容“干了什么”，然后以“发现”作为承转交代具体的研究发现，紧接着“继而，通过数学模型……”是交代第二部分内容“干了什么”，仅这样还不够，还要接着交代这一部分内容的具体发现，这便是“单核心模型的回归表明……”、“多核心模型的回归表明……”两句的作用。最后一句，属于“虚晃一枪”，用一句简短的话交代了文中对应的大量图表的内容。总之，摘要的写法就是要讲究“虚虚实实”，“虚”和“实”相结合，“虚”指“干了什么”，“实”指“发现了什么”，两者各有各的功能，它们一起实现在一个极其有限的篇幅内展现论文最重要的内容。

除了中文摘要以外，发表的论文还要求有英文摘要。英文摘要的篇幅各杂志要求不一，如《地理学报》、《地理研究》要求英文摘要占一页，而且应该有简要的研究方法、观测、实验、统计数据、数学公式和基本观点。英文摘要未必完全按中文摘要去直译。专业术语的表达应过硬，而这种表达来自阅读英文文献的积累以及对相关论文中专业术语的学习和揣摩。

## 4.7.10 关键词的写法

论文关键词的问题常常被忽视。很多人不清楚什么样的词语可以做关键词，什么样的词语不能做关键词，以致闹了笑话。各杂志对论文关键词数量的要求不一，如《地理学报》要求3~7个，《地理研究》要求3~6个，一般不超过7个。很多一般性的词汇并不是关键词，具体什么样的词汇可以成为关键词，可以参考英文专业书中的词汇索引。进入索引的专业词汇一般都可以成为关键词。

关键词的作用是什么？其最主要的功能是供别人检索用的，如在期刊网上，可以通过选择关键词从而查到自己要的论文。关键词不是论文题目中所包含的词语，也不一定是论文要干的这个事情或要探讨的主要内容。明确关键词的这个功能就好办了，在确定论文的关键词时，自己就可以衡量一下：如果自己在期刊网上查找论文，会不会输入这个词进行检索。一般而言，针对具体地区的实证研究，地区名可以成为关键词，而且往往把它作为关键词中的最后一个，如“北京”，别人可能会通过“北京”这个词来检索与北京相关的论文。但有些词汇不能作为关键词，如有的人围绕某一方面做一篇文献综述性的文章，他便把“综述”、“评述”、“研究进展”、“展望”、“主要成果”、“发展方向”等作为关键词，这就大错特错了，尽管论文在探讨这方面的内容，但它们不能成为关键词，因为不会有人用这些词语来检索论文，用它们中的任何一个做关键词就等于浪费了一个供人检索的机会。再举一个例子，有人研究某种现象不同时期的机制变化，便用“机制”、“驱动力”、“影响因素”等作为关键词，同样也不合适，而把“不同时期”、“变化”作为关键词就更有问题了。有的论文关键词选得不好，如在一篇研究城市空间方面的论文中，“城市空间”是很好的关键词，但把“城市”作为关键词就属于选得不好。一篇论文的各关键词之间要尽量避免相互之间的重复，如在一篇题为“全球化进程的空间分异及其对策探讨——以江苏省为例”的论文中，给出5个关键词，即“全球化”、“经济全球化”、“全球化指标”、“空间分异”、“江苏”，效果不好，因为前3个关键词相互之间重复的信息太多了，其实只保留其中的一个就可以了。

## 4.7.11 参考文献

参考文献的写法很简单，不用一个小时的时间就能掌握，但很多人对此不重视，以致在博士论文中还没有搞清楚参考文献中外国人的“名”和“姓”的写法。参考文献反映的是研究规范问题，参考文献规范了，对论文可以起到锦上添花之效果。这里我们重点讨论中文论文中引用的中外参考文献的写法。

中文期刊上的论文，对参考文献的引用无外乎两种标注方法：一种是按顺序以“中括号加顺序号，上标”的方式在正文中标示，如“周一星最早对中国城市郊区化开展实证研究[2]”；另一种采用“人名加时间，括号”的方式在正文中标示，如“周一星最早对中国城市郊区化开展实证研究（周一星，1996）”。在正文后所罗列的参考文献中，两种标注方式所对应的文献写法略有不同，因为前一种按序号罗列，而后一种以人名为主线索、以时间为次线索进行罗列。

第一种标注方式对应的文献罗列方式如下：

[2] 周一星. 北京的郊区化及引发的思考 [J]. 地理科学，1996，16（3）：198-205.

ONE

第二种标注方式对应的文献罗列方式如下：

周一星 . 1996. 北京的郊区化及引发的思考 [J]. 地理科学，16（3）：198-205.

即后一种方式把"时间"提到了人名之后。"1996"代表论文的发表年份，"16（3）：198-205"代表论文所在杂志的卷、期和页码（即第16卷，本年的第3期，本期的第198~205页）。如果这个杂志没有排卷，不得已就写成"1996，(3)：198-205"。"[J]"代表参考文献类型。常见的代码与文献类型的对应关系如下：M——专著；C——论文集；N——报纸；J——期刊论文；D——学位论文；R——报告；S——标准；P——专利。

文献类型代码一般写在文献名称之后。

如果按第一种标注方式，引用了一本书、一个学位论文、报纸上的一篇文章、正式出版论文集中的一篇文章，罗列参考文献时则按如下形式：

[1] 周一星 . 城市地理学 [M]. 北京：商务印书馆，1997，186.

[2] 冯健 . 转型期中国城市内部空间重构 [D]. 北京大学博士论文，2003.

[3] 朱鹰 . 石景山农民昨起改户口 [N]. 北京青年报，2002-12-2（A5版）.

[4] 刘传江 . 当代中国乡城人口流动的中间障碍因素分析 [C] //魏津生、盛朗、陶鹰. 中国流动人口研究. 北京：人民出版社，2002，32-61.

在标注上述各种文献时，要细心，尽量不要有遗漏或标注不规范。引用专著时，要标出出版地（即出版社所在城市），要给出所引内容在书中的具体页码。报纸，除了给出具体日期外，还要给出所引内容所在的具体版面。正式出版的论文集，既要交代论文的作者，又要交代论文集的编者以及所引论文在论文集中的具体页码。按照出版界的相关规定，当引用非正式出版物时，一般用当页脚注的方式引用，而不在参考文献中罗列。

很多中文的期刊都盛行第一种标注方式，但对第二种标注方式也不反对；而在学位论文中，一般都采取第二种标注方式，因为第一种很不方便，如果增加了一篇参考文献，那么所有文献的顺序号都要被调整一遍，十分繁琐。国际上的期刊都采用第二种标注方式，中国也在逐渐和国际接轨，这种标注方式逐渐盛行。第二种标注方式存在很多细节，下文的讨论主要是针对这种标注方式。

如果引用了同一个作者在不同年份的文章，参考文献中先以人名为主线索，即把这个作者的文章都罗列在一起，再以时间为次线索，即同一个作者的文章按发表时间的先后为序排列。如果一篇文献有3个或3个以上作者，在正文中引用时可采用"(第一作者等，时间)"的方式标出，文献罗列时，3个作者的情况要写全作者名字，3个以上作者的情况可以"前三位作者名字等"的方式给出。如引用了胡序威、周一星和顾朝林主编的《中国沿海城镇密集地区空间集聚与扩散研究》一书，正文中用"（胡序威等，2000）"即可，罗列参考文献时，则用如下形式：

胡序威，周一星，顾朝林等 . 2000. 中国沿海城镇密集地区空间集聚与扩散研究 [M]. 北京：科学出版社，175-198.

如果引文出现同一作者在同一年份有多篇文献的情况，则以a、b、c、d进行区分。如引用了顾朝林和宋国臣在2001年的3篇论文，正文中则以"（顾朝林、宋国臣，2001a）"的形式标出，依此类推。在罗列参考文献时，按如下形式：

顾朝林，宋国臣 . 2001a. 北京城市意象空间及构成要素研究 [J]. 地理学报，56（1）：64-74.

顾朝林，宋国臣 . 2001b. 城市意象研究及其在城市规划中的应用 [J]. 城市规划，25

(3)：70–77.

顾朝林，宋国臣．2001c. 北京城市意象空间调查与分析［J］. 规划师，17（2）：25–28，83.

比较麻烦的是，当引用英文文献的时候，英文名字中的“名”和“姓”在参考文献中的写法有很多讲究。按正常的逻辑，英文名字应该“名”在前而“姓”在后。但在正文中引用时，一般只写“姓”不写“名”，而在罗列参考文献时，把“姓”写全，“名”则省略为第一个字母，而且变为“姓”在前、“名”在后。

如，某论文中引用由 William J. Coffey 和 Richard G. Shearmur 共同撰写的一篇论文，在正文中应该用“（Coffey and Shearmur，2001）”的方式，因为 Coffey 和 Shearmur 分别是两位作者的“姓”，他们的“名”（William J. 和 Richard G.）在正文中不要出现。在罗列参考文献时，他们名字只省略为第一个字母（再加一点，表示省略），即“William J.”可省略为“W. J.”，“Richard G.”则被省略为“R. G.”。如果在英文文章中，规范的罗列方式如下：

Coffey，W. J.，Shearmur，R. G.，2001，The Identification of employment centers in canadian metropolitan areas：the examples of monstreal，1996. The Canadian Geographer，Vol. 45，371–386.

在上述表述中，“名”（W. J.）被写在了“姓”（Coffey）之后。“Vol. 45”表示第 45 卷，英文论文中可以不给出“期”。在中文的期刊中，一些细节（如“名”的第一个字母后的“点”）可能又被省略。如按《地理学报》的格式，表述如下：

Coffey W J，Shearmur R G. The identification of employment centers in Canadian metropolitan areas：the examples of monstreal，1996. The Canadian Geographer，2001，45（3）：371–386.

如果是中国人或华人在国际英文期刊上发表的论文，也按同样的方式处理。如，当引用周一星教授在英文期刊上的一篇论文时，正文中要采用“（Zhou，2000）”的标注方式，在罗列参考文献时，作者名字被表述为“Zhou Y. X.”。另外，值得注意的是，有些华人学者有英文名字或在表达自己英文名字时有固定的方式，应采用其发表论文时的英文表达方式，如叶嘉安教授的英文名字为 Anthony Gar–On Yeh，马润潮教授的英文名字为 Laurence J. C. Ma，在罗列参考文献时，他们应分别表述为“Yeh A. G. O.”和“Ma L. J. C.”。

如果一篇英文文献的作者有 3 个或 3 个以上，与中文文献的处理方式类似。英文的“等”用“et al.”表示。如在引用 Coffey 等人 1996 年的文章时，正文中用“（Coffey et al.，1996）”的方式进行标注。

值得强调的是，引用英文论文集中论文的写法。当引用的一篇文章来自某正式出版的论文集时，在罗列参考文献时，文章的作者按正常方式表述，但论文集的编者，却按“名”在前、“姓”在后的方式表述。试举一例如下：

Harloe，M.，1988，The changing role of social rented housing. In：M. Ball，M. Harloe and M. Martens（Eds）. Housing and Social Change in Europe and the USA. London：Routledge，pp. 41–86.

以上仅是依笔者的经验，对论文中引用参考文献时的规范给出一个大概的描述。随着国人对西方文献接触的增多，明显能够感受到，中国的学术界受国际学术规范的影响越来越大。在这种影响下，再加上自身还没有明确的统一规范，在引用英文文献方面的标注方式还有点乱。另外，如果注意则不难发现，各期刊或出版社对标注参考文献的格式要求也有一些差异。如在短语与短语间隔时，有的要求使用“.”，有的则要求使用“,”等。学位论文（学士、硕士、博士）对参考文献的标注格式也没有统一要求。所谓万变不离其宗，掌握了上述基本写法，在向具体杂志投稿时，应再花一点精力研究其参考文献的罗列格式，则不难应对了。

## 参考文献


[1] Hartshorne R. 1939. The Nature of Geography：A Critical Survey of Current Thought in the Light of the Past [M]. Lancaster，Penn：The Association of American Geographers.

[2] Harvey D. 1971. Explanation in Geography [M]. London：Edward Arnold Ltd.

[3] 大卫·哈维 . 1996. 地理学中的解释 [M]. 高泳源，刘立华，蔡运龙译 . 北京：商务印书馆 .

[4] 理查德·哈特向 . 1996. 地理学的性质——当前地理学思想述评 [M]. 叶光庭译 . 北京：商务印书馆 .

[5] 项飚 . 2000. 跨越边界的社区：北京“浙江村”的生活史 [M]. 北京：三联书店 .

[6] 冯健，周一星 . 2003. 近 20 年来北京都市区人口增长与分布 [J]. 地理学报，58 (6)：903-916.

[7] 顾朝林，许海贤 . 1999. 改革开放二十年来中国城市地理学研究进展 [J]. 地理科学，19 (4)：320-331.

[8] 冯健 . 2001. 1980 年代以来我国小城镇研究的新进展 [J]. 城市规划汇刊，(3)：28-34.

[9] 冯健 . 2003. 杭州城市形态与土地利用结构的时空演化 [J]. 地理学报，58 (3)：343-353.

[10] 古诗韵，保继刚 . 1999. 城市旅游研究进展 [J]. 旅游学刊，14 (2)：15-20.

[11] 冯健，周一星 . 2003. 中国城市内部空间结构研究的进展与展望 [J]. 地理科学进展，22 (3)：304-315.

[12] 许学强，周素红 . 2003. 20 世纪 80 年代以来我国城市地理学研究的回顾与展望 [J]. 经济地理，23 (4)：433-440.

The Meaning of City

# 中篇　教学研究实践Ⅰ

## 宏观城市社会空间研究

# 1 转型期中国城市内部空间重构[①]

ONE

## 1.1 引 言

城市内部空间结构是在一定的经济、社会背景和基本发展动力下，综合了人口变化、经济职能的分布变化以及社会空间类型等要素而形成的复合性城市地域型式，是地理学和城市规划研究的主要课题之一（冯健，2005a）。这种视角把城市看作一个面，研究城市内部各组成部分及其相互间的关系。国外学者对城市内部空间结构的研究有不同的着眼点，如：有的从“系统论”的角度，强调结构的组织规则和子系统的相互作用（Bourne，1982）；有的强调运行方式及与土地利用的关系（Knox、Marston，1998）；也有的强调与政治及公共政策的关系（Yeh、Wu，1995）。就中国城市内部空间结构而言，人口、经济和社会要素是很好的研究载体，而且在转型期中国城市内部的人口、经济和社会等要素都经历了巨大的变化和空间重构。可以说，转型期的中国城市内部空间重构已成为新时期城市地理学者所关心的重要问题。

改革开放以前，中国城市发展的计划经济色彩强烈，城市规划和建设受政府干预的成分较多，严格的户籍管理制度限制了城乡人口流动，土地的无偿划拨使城市地域功能处于混乱状态，向心集聚一直是城市人口和产业空间决策和发展的主导动力。改革开放以后，中国经济步入转型期，市场机制在塑造城市空间方面逐渐发挥主导作用，如城市土地使用制度的市场化改革引发了一连串的空间反应，城市居民收入和职业的分化所带来的社会极化和空间分异，户籍管理制度松动导致大城市流动人口急遽增长进而影响到郊区城市空间发展，离心扩散力量成为大城市空间发展的主导动力并诱发了郊区化进程。改革开放以来中国城市空间发展背景的上述变化以及中国大城市在市场机制下所发生的剧烈的空间重构，已引起国际学术界的高度重视，取得了很多研究成果（Yeh、Wu，1995；Wu、Yeh，1997；Zhou、Ma，2000；Huang、Clark，2002；Wu、Li，2005）。近年，随着第五次人口普查数据的面世和对郊区化研究的重视，国内学者在城市人口与空间的关系（Feng、Zhou，2005；冯健、周一星，2003a、b；谢守红，2004；高向东、江取珍，2002）、城市社会区与社会空间分异（冯健、周一星，2003c；李志刚、吴缚龙，2006；周春山等，2006；宣国富等，2006；吴俊莲等，2005；王兴中等，2000）、城市产业的空间力量（冯健，2002；冯健等，2004；王兴平，2005）等与城市内部空间重构相关的方面也取得一系列的研究进展。本文拟解决以下三个方面的问题，以对以往文献进行有益的补充：①从人口、经济和社会三大方面对转型期中国城市内部空间重构的特征进行系统总结；

① 本文作者：冯健。

②概括计划经济和市场经济条件下中国城市内部空间结构模式及其重构特征；③开展中西城市内部空间重构的比较研究。

# 1.2 转型期中国城市内部空间重构特征

## 1.2.1 中国城市内部人口空间重构特征

### 1）城市人口郊区化速度的重构

表2-1-1汇总了1982~2000年间北京、杭州、广州、武汉、上海五个大城市人口的空间变动数据。总体上看，在20世纪80年代，多数城市已形成中心区人口减少、近郊区人口快速增长、远郊区人口低速增长的区域差异的基本格局；90年代，这一大体格局仍得到保持，并且各圈层人口增减强度发生变化，中心区人口减少的幅度和速度都在加大，近郊区人口增加的幅度和速度也在加大。考虑到，中心城区人口的自然增长率仍为正值（周一星、孟延春，2000），中心城区人口的减少是由于人口的机械变动引起的，即居住人口向中心城区以外地区的迁移造成的。因此，总体上看，20世纪80年代中国大城市已开始了居住郊区化，90年代郊区化的速度在加快。

上述趋势在北京、杭州和上海都得到充分体现。如北京中心区的人口，20世纪80年代与90年代相比，其人口年均增长率由-0.43%降至-0.99%，而近郊区人口年均增长率由4.34%增至4.82%。杭州中心区人口的年均增长率由-1.57%降到-1.75%，而近郊区人口年均增长率则由4.29%增至5.46%。上海是四圈层结构，情况复杂一些，但趋势也很明显，核心区人口年均增长率由80年代的-0.69%降至90年代的-4.42%，“边缘区+近郊区”的人口年均增长率则由2.50%增到3.61%。

广州和武汉虽略有不同，但与总趋势并不矛盾。广州在20世纪80年代还没有开始郊区化，但在90年代郊区化已经开始。其中心区人口的年均增长率由80年代的1.24%变为90年代的-0.64%,实现了负增长的突破。而近郊区人口增长的优势则进一步突出，其人口年均增长率由4.43%提高到8.87%（谢守红，2004）。武汉中心区的人口在80年代实现了负增长，但90年代转而升高，与老城人口过于密集、旧城改造迟缓以及老城仍然吸引了大量的流动人口前来就业的特点有关。下文按常住户籍人口来衡量发现，90年代武汉的郊区化仍在继续发展。

中国大城市内部总人口的空间重构（1982 1990年，1990 2000年） 表2-1-1

| 不同时期的人口增长状况 | | | 市域 | 中心区 | 近郊区 | 远郊区 |
|---|---|---|---|---|---|---|
| 北京 | 1982~1990年 | 增长量（万人） | 158.8 | -8.2 | 114.9 | 52.1 |
| | | 增长率（%） | 17.21 | -3.38 | 40.46 | 13.12 |
| | | 年均增长率（%） | 2.00 | -0.43 | 4.34 | 1.55 |
| | 1990~2000年 | 增长量（万人） | 275.0 | -22.2 | 240.0 | 57.2 |
| | | 增长率（%） | 25.42 | -9.50 | 60.15 | 12.73 |
| | | 年均增长率（%） | 2.29 | -0.99 | 4.82 | 1.21 |
| 杭州 | 1982~1990年 | 增长量（万人） | 57.1 | -5.5 | 35.4 | 27.2 |
| | | 增长率（%） | 10.87 | -11.86 | 39.99 | 6.96 |
| | | 年均增长率（%） | 1.30 | -1.57 | 4.29 | 0.84 |
| | 1990~2000年 | 增长量（万人） | 104.6 | -6.6 | 87.0 | 24.2 |
| | | 增长率（%） | 17.93 | -16.17 | 70.13 | 5.79 |
| | | 年均增长率（%） | 1.66 | -1.75 | 5.46 | 0.56 |

续表

| | 不同时期的人口增长状况 | | 市域 | 中心区 | 近郊区 | 远郊区 |
|---|---|---|---|---|---|---|
| 广州 | 1982~1990 年 | 增长量（万人） | 110.7 | 19.7 | 66.7 | 24.3 |
| | | 增长率（%） | 21.31 | 10.33 | 41.43 | 14.49 |
| | | 年均增长率（%） | 2.44 | 1.24 | 4.43 | 1.71 |
| | 1990~2000 年 | 增长量（万人） | 364.2 | -13.1 | 304.9 | 72.4 |
| | | 增长率（%） | 57.81 | -6.21 | 133.98 | 37.72 |
| | | 年均增长率（%） | 4.67 | -0.64 | 8.87 | 3.25 |
| 武汉 | 1982~1990 年 | 增长量（万人） | 99.3 | -0.9 | 71.8 | 28.4 |
| | | 增长率（%） | 16.80 | -0.86 | 35.30 | 9.86 |
| | | 年均增长率（%） | 1.96 | -0.11 | 3.85 | 1.18 |
| | 1990~2000 年 | 增长量（万人） | 114.5 | 5.0 | 102.1 | 7.4 |
| | | 增长率（%） | 16.59 | 5.05 | 37.13 | 2.33 |
| | | 年均增长率（%） | 1.55 | 0.49 | 3.21 | 0.23 |
| | 不同时期的人口增长状况 | | 市域 | 核心区 | 边缘区+近郊区 | 远郊区 |
| 上海 | 1982~1990 年 | 增长量（万人） | 148.2 | -10.9 | 142.5 | 16.6 |
| | | 增长率（%） | 12.50 | -5.40 | 21.85 | 4.98 |
| | | 年均增长率（%） | 1.48 | -0.69 | 2.50 | 0.61 |
| | 1990~2000 年 | 增长量（万人） | 306.6 | -69.2 | 337.7 | 38.1 |
| | | 增长率（%） | 22.98 | -36.40 | 42.50 | 10.89 |
| | | 年均增长率（%） | 2.09 | -4.42 | 3.61 | 1.04 |

资料来源：Feng、Zhou，2005；冯健、周一星，2003a；谢守红，2004.

### 2）常住户籍人口和外来人口的空间重构

将总人口分解为常住户籍人口和外来人口，可以更清晰地洞察城市内部人口的空间重构特征，因为以常住户籍人口衡量郊区化可以排除外来人口干扰并反映居民外迁的真实强度。

以常住户籍人口来衡量，中心区居民外迁强度要远高于按总人口度量的结果（表 2-1-2）。如在北京，1982~1990 年间中心区按常住户籍人口衡量的减少幅度（14.3 万人，增长率-6.1%）要比按总人口（8.2 万人，增长率-3.38%）大得多；1990~2000 年间二者的差异更大（常住户籍人口减少 40.3 万人，增长率-18.2%，总人口减少 22.2 万人，增长率-9.5%）。近郊区的这种差别更大得惊人。80 年代北京近郊区总人口的增长幅度（114.9 万人，增幅为 40.5%）远高于常住户籍人口的增长幅度（87.7 万，增幅 31.6%），90 年代前者（240 万，增幅 60.2%）也远高于后者（113 万，增幅 31%）。杭州和广州的情况类似。

**中国大城市内部常住户籍人口和外来人口的空间重构**

**（1982~1990 年，1990~2000 年）** 表 2-1-2

| | 不同时期的人口增长状况 | | | 中心区 | 近郊区 | 远郊区 | 市域 |
|---|---|---|---|---|---|---|---|
| 北京 | 常住户籍人口 | 1982~1990 年 | 增长量（人） | -143496 | 876534 | 387149 | 1120187 |
| | | | 增长率（%） | -6.1 | 31.63 | 9.87 | 12.38 |
| | | 1990~2000 年 | 增长量（人） | -403177 | 1130927 | 65824 | 793574 |
| | | | 增长率（%） | -18.24 | 31.01 | 1.53 | 7.8 |
| | 外来人口 | 1982~1990 年 | 增长量（人） | 50001 | 248172 | 134100 | 432273 |
| | | | 增长率（%） | 87.04 | 388.8 | 276.03 | 254.49 |
| | | 1990~2000 年 | 增长量（人） | 189228 | 1270075 | 506291 | 1965594 |
| | | | 增长率（%） | 176.11 | 407.07 | 277.14 | 326.44 |
| 杭州 | 常住户籍人口 | 1982~1990 年 | 增长量（人） | -73390 | 247020 | 234224 | 407854 |
| | | | 增长率（%） | -16.44 | 28.61 | 6.04 | 7.86 |
| | | 1990~2000 年 | 增长量（人） | -73644 | 330083 | -8603 | 247836 |
| | | | 增长率（%） | -19.74 | 29.73 | -0.21 | 4.43 |

续表

| 不同时期的人口增长状况 | | | | 中心区 | 近郊区 | 远郊区 | 市域 |
|---|---|---|---|---|---|---|---|
| 杭州 | 外来人口 | 1982~1990年 | 增长量（人） | 17881 | 106017 | 38021 | 161919 |
| | | | 增长率（%） | 112.60 | 482.40 | 117.71 | 230.80 |
| | | 1990~2000年 | 增长量（人） | 7005 | 538623 | 250022 | 795650 |
| | | | 增长率（%） | 20.7 | 420.8 | 355.5 | 342.8 |
| 广州 | 常住户籍人口 | 1982~1990年 | 增长量（人） | 72079 | 375371 | 167570 | 615020 |
| | | | 增长率（%） | 3.88 | 23.73 | 10.04 | 12.03 |
| | | 1990~2000年 | 增长量（人） | -536883 | 304680 | 40002 | -192201 |
| | | | 增长率（%） | -27.79 | 15.57 | 2.18 | -3.36 |
| | 外来人口 | 1982~1990年 | 增长量（人） | 121494 | 285552 | 73806 | 480852 |
| | | | 增长率（%） | 292.99 | 937.50 | 877.81 | 598.57 |
| | | 1990~2000年 | 增长量（人） | 395968 | 2681598 | 643030 | 3720596 |
| | | | 增长率（%） | 242.98 | 848.58 | 782.14 | 662.99 |
| 武汉 | 常住户籍人口 | 1990~2000年 | 增长量（人） | -81049 | 618769 | -799 | 536921 |
| | | | 增长率（%） | -8.89 | 24.90 | -0.03 | 8.29 |
| | 外来人口 | 1990~2000年 | 增长量（人） | 131166 | 402735 | 74432 | 608333 |
| | | | 增长率（%） | 167.87 | 154.02 | 91.41 | 144.48 |

资料来源：Feng、Zhou，2005；冯健、周一星，2003a；谢守红，2004.

上述差别很大程度上是由于外来人口的空间变动特点引起的，无论在20世纪80年代还是90年代，各城市中心区和近郊区都在集聚大量外来人口，不同的是，杭州、广州中心区外来人口增长的速度和幅度在下降，而北京还在上升。以北京为例，中心区外来人口在20世纪80年代获得了87%的增长，在90年代获得了176%的增长；近郊区的外来人口在80年代增长了389%，在90年代增长了407%。不同圈层外来人口的变化起到了两方面的作用：一方面，它抵消了中心区人口的减少，使得总人口的变化在一定程度上掩盖了居民外迁的真实强度；另一方面，它增加了近郊区人口的增长幅度，因为近郊区对外来人口的吸引力更大。

总之，转型期中国大城市中心区有较多的常住户籍人口发生了外迁，但人口外迁的真实强度往往被总人口变化所掩盖，根本原因在于外来人口完全不同的空间增长格局的作用。转型期中国大城市常住户籍人口和外来人口的空间重构存在明显的差别。

**3）城市人口空间重构过程的差异性与相似性**

将城市地域进一步细化，根据距离中心区远近，把近郊区分为“近郊区内沿”和“近郊区外缘”，根据距离近郊区的远近，把近郊区以外的都市区分为“都市区内沿”和“都市区外缘”。按上述方法划分了北京都市区和杭州城近郊区，发现明显的空间差异性特征。

20世纪80年代，中国大城市内部人口空间重构过程的相似性大于差异性，人口变化的地域类型相对较少，多数地域人口缓慢增长，少部分地域人口中、高速增长或者减少。具体如下：①中心区的街区已变为人口减少型；②近郊区内沿为人口中、高速增长型，近郊区的外缘为人口中、低速增长型；③近郊区以外的广大地域，人口增长比较缓慢，局部地域出现人口减少现象。90年代中国大城市内部人口空间重构过程的差异性已大于相似性，人口变化存在明显的多极增长的特点。具体表现在：①中心区街区人口减少的幅度增大；②近郊区外缘转变为人口中、高速增长型；③都市区内沿大量区域人口增长中心的崛起，突出地表现在区县政府驻地街区和快速城市化街区人口的中、高速增长；④都市区外缘人口的减少已相当普遍。

## 1.2.2 中国城市内部经济空间重构特征

1）城市工业的空间重构

对城市中心地段交通和其他基础设施的依赖性导致了改革开放前中国城市工业的集聚发展，也带来了城区土地利用的不集约和污染扰民等副作用。改革开放后，城区工业污染扰民问题引起了社会的重视，污染扰民企业的搬迁、治理成为20世纪80年代中国城市工业离心化和郊区化发展的最主要动力。另外，由于对城市工业“大而全、小而全”体制的缺陷引起重视，很多城市开展了工业体制改革，着手调整城市工业布局过于分散的局面，在此过程中伴随了一定程度的郊区化。90年代，工业郊区化继续发展，出现大规模企业搬迁现象。除了污染扰民企业的搬迁、治理以外，城市土地有偿使用制度的改革及随之而来的城区土地“退二进三”式的功能置换成为工业郊区化发展最典型的动力，企业通过转让原址获得资金补偿，搬迁积极性大大提高。也有很多企业出于自身发展需求而主动搬迁。转型期的城市规划与城市开发均推动了工业郊区化发展。

北京、杭州、广州和上海不同圈层的工业用地面积或企业数量的变化均可对工业郊区化进行界定（Feng、Zhou，2005；谢守红，2004）。在北京，1985~1997年，市区因工业搬迁腾出用地59hm$^2$，其中中心区占42hm$^2$（占71%）；1995~1999年，市区因污染扰民企业搬迁而腾出用地172hm$^2$；1999~2002年，四环路以内工业用地比重已从8.74%下降到7.26%。城市各类开发区的发展本身也是工业郊区化和工业空间重构的一种表现。在杭州，三个国家级开发区都位于用地宽松的郊区，各区级工业园区基本上都倾向于选建在近郊区的外缘地带，有的不惜付出突破行政界线的代价，如上城区在拱墅区北部边缘地带建设了其工业园区，实现了由用地比较紧张的中心区向用地比较宽松的近郊区外缘的转移（冯健，2002）。这实际上反映了城市土地市场化所导致的土地置换，北京也有类似趋势（图2-1-1）。总之，转型期中国大城市工业空间重构凸显了郊区化的力量。

2）城市商业的空间重构

20世纪90年代以来，中国大城市的商业经营方式发生了巨大变革，超市、便利店、仓储式商场等多种新型商业业态获得较大发展。近年，中国超市保持着年均68%的增长速度，成为全国商业最主要的增长点（王德、周宇，2002）。中国大型超市的真正发展始于1995年，1998年以后，中国大型超市数量有明显增长。近年来，大城市郊区的大型超市或大型购物中心的兴起与发展改变了城市零售业的空间格局，对城市商业空间结构产生冲击。中国城市大型超市获得发展的原因包括：①由于采用直接由厂家供货进场而减少经营环节和降低经营成本，采用先销售后结算的方式减少了商家的大规模资金占用，使得大型超市商品价格相对低廉；②郊区满足了大型连锁超市及仓储式超市所要求的较大用地空间，包括较大的经营面积（从2500m$^2$到1万m$^2$不等）和商品储存空间（仓储式超市卖场和仓库合一，60%以上空间用于商品储存和批发），满足庞大人流和物流需要的大型停车场；③居住郊区化发展促进了郊区大型购物中心的发展（图2-1-1），因为郊区的大量社区需要配备各种购物中心，以满足居民生活需求。

形成鲜明对比的是，长期以来，城区商业已过于饱和，不仅没有太多的商业发展空间，而且经营状态及盈利状况也不佳。如从1997年开始，北京城区各大型百货商场就处于微利、薄利，甚至亏损的状态，从而使得近年中国大城市开始控制商场过于集中在城区的局面而鼓励发展商业的郊区化。如北京规定凡营业面积在1万m$^2$以上的大型仓储式商场只能布局在三环路以

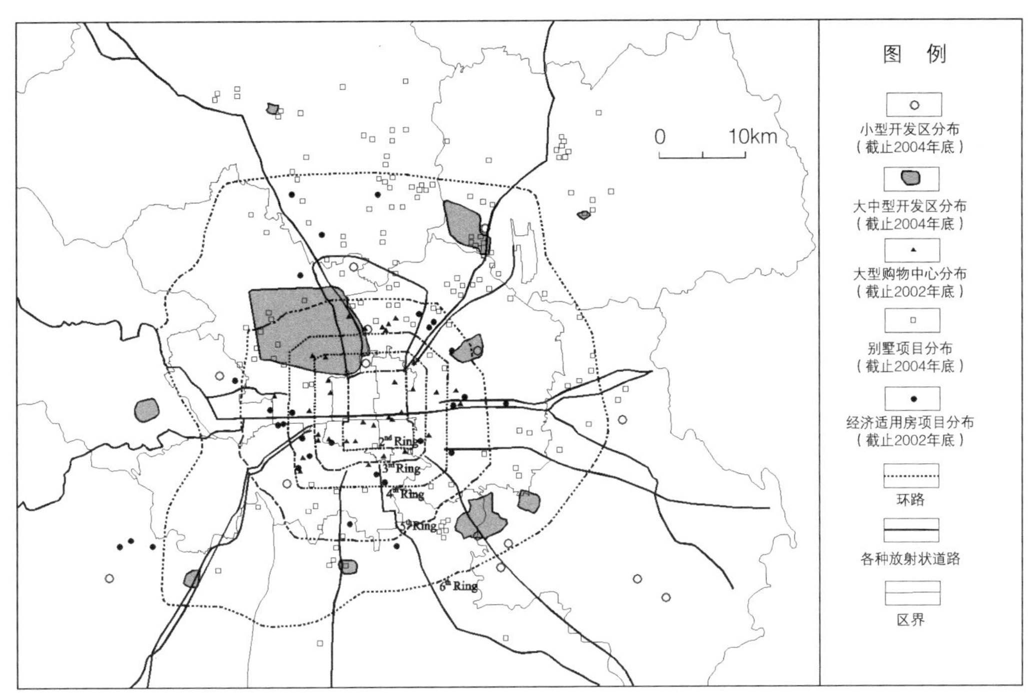


图 2-1-1 北京各种开发区、购物中心、别墅项目和经济适用房项目的空间分布

外的商业中心，二环路以内近期不再发展大型百货店。对北京的千份问卷调查表明（冯健、周一星，2004），1992~2002 年间居民光顾王府井、西单等市级购物中心的频率基本稳定，但光顾区域性购物中心或大型超市的频率却有极大变化，表现出“多频”比重上升和“少频”比重下降的趋势。最近的一项针对北京的问卷调查则表明（冯健等，2007），1995~2005 年间居民购物行为的变化反映出北京商业发展的郊区化和多中心化趋势，居住地附近的低等级商品购物行为逐渐增多，区域性购物中心、大型超市以及家电卖场对高等级商品购物产生巨大吸引力。

## 1.2.3 中国城市内部社会空间重构特征

### 1）城市社会空间因子的重构

学术界对北京、广州和上海社会空间因子生态分析的研究在时间上具有连贯性（冯健、周一星，2003c；李志刚、吴缚龙，2006；周春山等，2006），通过对比能够揭示城市社会空间因子重构特点，可以从“延续”和“变化”两方面进行分析（表 2-1-3）。

中国城市内部社会空间重构（1982~2000 年） 表 2-1-3

| | 年份 | 社会区因子 | 社会区类型 | 重构特征描述 |
|---|---|---|---|---|
| 北京 | 1982 年 | 工人干部人口，农业人口，知识分子，采矿工人 | 人口密集、工人居住区，知识分子聚居区，机关干部居住区，农业人口居住区，煤矿工人居住区 | 个别因子消失，有新因子出现；社会区类型越来越复杂化，单一型社会区减少，混杂型社会区增多 |
| | 1985 年、1990 年 | 旧城高密度地带，1949 年后的近郊和文化区，建筑工地，近郊农业，专业人士区，东城延展区，高层住宅区 | 旧城高密度区，东城延展区，近郊住宅区，专业人士区，近郊工业住宅，文化区，近郊农业区，建筑工地 | |

续表

| 年份 | | 社会区因子 | 社会区类型 | 重构特征描述 |
|---|---|---|---|---|
| **北京** | 2000年 | 一般工薪阶层，农业人口，外来人口，知识阶层和少数民族，居住条件 | 人口密集、居住拥挤的老城区，知识阶层及少数民族聚居区，人口密度较小、居住面积较大的城市郊区，外来人口集中分布区，远郊城镇人口居住区，农业人口居住区 | |
| **广州** | 1984年、1985年 | 人口密集程度，科技文化水平，工人干部比重，房屋住宅质量，家庭人口构成 | 人口密集混合功能旧城区，干部居住区，工人居住区，农业人口散居区，知识分子居住区 | 不在业人口成为新的主因子；中等收入阶层聚集区的形成反映了社会的分化，社会区类型多样化，混杂型的社会区明显增多 |
| | 1990年 | 城市开发进程，工人干部比重，科技文化水平，人口密集程度，农业人口比重 | 人口密集、混合功能旧城区，混合工人居住区，以交通通信业从业者为主的聚居区，农业人口散居区，干部居住区，知识分子居住区，以移民为主的新开发区 | |
| | 2000年 | 人口密集程度，文化与职业状况，家庭状况与农业人口比重，不在业人口比重，城市住宅质量 | 人口密集、居住拥挤的老城区，中等收入阶层聚集区，一般工薪阶层居住区，知识分子、高级职业者聚集区，外来人口和本地居民集中混居区，近郊城镇人口居住区，农业人口聚集区 | |
| **上海** | 1982年、1990年 | 文化构成，人口密集程度，性别和职业构成，外来暂住人口，居住条件，婚姻状况 | 高密度商业居住区，中密度文化居住区，工业居住混杂区，新村住宅区，科技文教区 | 因子和社会区类型既有对传统的延续，又有新的情况出现 |
| | 2000年 | 外来人口，离退休和下岗人员，工薪阶层，知识分子 | 计划经济时代建设的工人居住区，外来人口集中居住区，白领集中居住区，农民居住区，新建普通住宅居住区，离退休人员集中居住区 | |
| **南昌** | 2000年 | 住房状况，文化与职业状况，家庭状况，外来人口状况 | 最佳住房条件高省内外来人口区，中等住房条件较大家庭规模区，高住房条件最低文化水平区，低住房条件高文化水平主干家庭区，中等住房条件最高文化水平核心家庭区，中等住房条件最少省内外来人口区，最低住房条件最高省内外来人口区 | 外来人口因子突出；社会区类型及其构成呈现复杂化特点 |
| **西安** | 1990年 | 人口聚集程度，科学技术水平，工人与干部比重，农业人口比重 | 人口密集混合居住区，干部居住区，知识分子居住区，工人居住区，边缘混杂居住区，农业人口散居区 | 不是典型市场经济条件下的社会区 |

资料来源：冯健、周一星，2003c；李志刚、吴缚龙，2006；周春山等，2006；吴俊莲等，2005；王兴中等，2000；薛凤旋，1996；许学强等，1989；郑静等，1995；祝俊明，1995.

近20年中，中国大城市具有稳定性的因子一般包括与工人、与农业人口和与知识分子相关的因子以及反映人口居住状态的人口密集程度或住宅质量，但在各城市的表现略有差异。在北京，1982年的工人人口、农业人口、知识分子在2000年的一般工薪阶层、农业人口、知识阶层上体现出延续性。但是，前后形势有所变化，1982年的工人和干部位于同一主因子上，2000年时，与机关干部相关的变量已落在知识阶层里面，而且知识阶层和少数民族共同位于一个主因子上，这在一定程度上反映出机关干部与一般工薪阶层社会差距拉大的现实。在广州，1984~2000年间人口密集程度、文化状况、住宅质量表现出较好的延续性。在上海，知识分子或文化构成上的延续性较好。

近20年中，变化较大的因子一般包括与机关干部相关的因子，与外来人口相关的因子，与不在业或离退休、下岗人口相关的因子、与少数民族相关的因子。在典型的计划经济时代，机关干部作为“尊贵身份”的象征，直接决定居民的生活状况，是影响城市社会区的重要因素。

但随着市场的转型，机关干部已不再作为一个典型的主因子而存在，这与市场经济条件下经济收入而不是职业身份对居民的生活状况起到直接的决定作用有关。市场经济条件下，城市流动人口的大量集聚也在社会空间因子上有所体现，2000 年，北京、上海、南昌都出现了外来人口因子，广州也类似，但外来人口变量被包含在了家庭状况因子中。少数民族因子只在 2000 年的北京有所体现。有趣的是，广州和上海都出现了不在业人口或下岗工人因子，实际上反映了 10 多年来国有企业改革历程以及城市社会极化进一步加剧的现实。

2）城市社会区类型的重构

从 1982 年或 1984 年到 2000 年，中国大城市社会区类型的重构表现出两方面的趋势：①社会区类型由简单到复杂的变化，即类型越来越多样化，不断有新的类型出现；②社会区构成由单一到混杂的变化，即同一社会区内的主体居住人员倾向于复杂化。

在典型的计划经济时代，工人、知识分子、机关干部、农业人口大多分别形成集中居住区，他们之间的空间分异简单而清晰，尤其在北京和广州最为典型。经过市场转型，有许多新的社会区类型出现，如有关外来人口的居住区，快速城镇化进程所引起的近郊或远郊城镇人口居住区，居住条件较好的郊区以及中产阶层崛起所引起的中等收入阶层居住区或白领集中居住区等，它们的出现，再加上传统延续下来的居住拥挤的老城区、计划经济时代建设的工人居住区、农业人口居住区等，使得城市社会区的类型越来越复杂化。与此同时，不难发现，市场经济的洗礼还使得同一社会区内主体居民的构成越来越复杂化，如北京后来出现的“知识分子阶层及少数民族聚居区”（冯健、周一星，2003c），广州出现的“知识分子、高级职业者聚集区”及“外来人口和本地居民集中混居区”（周春山等，2006），南昌的“高住房条件最低文化水平区”、“低住房条件高文化水平主干家庭区”、“中等住房条件最高文化水平核心家庭区”等（吴俊莲等，2005），这些社会区在某种程度上说是一种居住的混合，不如计划经济时代社会区的构成那么单一。

3）城市社会空间结构的重构：从简单到复杂

可以从高度概括的角度来看中国城市社会空间结构的概念模型及其变化。

在 1982 年的北京（冯健、周一星，2003c），1984 年、1985 年的广州（许学强等，1989）和综合了 1982 年与 1990 年数据的上海（祝俊明，1995）的城市社会空间结构中，都呈现出由少数几种社会区简单地组合在有限城市建成区中的空间格局。如北京模式中，人口密集的工人居住区占据中心城区及其附近地域，紧临其外围是知识分子居住区和机关干部居住区，在都市区外围西部是煤矿工人居住区；在广州，人口密集、功能混合的旧城区占据中心偏西的部位，其旁侧是干部居住区和面积较大的工人居住区，外围是农业人口散居区，两块知识分子居住区则穿插在工人居住区中，整体上呈现出同心椭圆形态。总之，它们的最大特点就是简单而有特色。

在 2000 年的北京、广州、上海和南昌（冯健、周一星，2003c；周春山等，2006；李志刚、吴缚龙，2006；吴俊莲等，2005），城市社会空间结构要复杂得多：一方面，城市化的发展使城市建成区大为扩展；另一方面，各类社会区之间以更为复杂的方式进行组合，最典型的组合方式就是同时综合了同心圆、扇形和多中心三种经典的城市结构模式。在北京，各类社会区整体上是以同心圆方式呈现其空间格局，但各类社会区内部多表现出扇形形态，另外，远郊城镇人口居住区等呈现出多中心的格局。广州和上海也概莫能外，如在上海，几类大型社会区之间所组成的“核心—外围—更外围—更加外围”的向心结构实际上就是同心圆，计划经济时代的工人居住区、白领居住区是明显的扇形结构，而外来人口集中居住区和郊区中心城镇等显然是多中心格局。总之，市场转型时期中国城市社会空间结构的最大特点就是越来越复杂。

## 1.3 转型期中国城市内部空间重构模式

以上分别从人口、经济和社会三个方面概括了转型期中国城市内部空间重构特征。在上述研究基础上，可以提炼出中国城市内部空间重构的综合模式。

### 1.3.1 计划经济时期的中国城市内部空间结构模式（20 世纪 80 年代初）

计划经济时期中国城市内部空间结构模式的最大特点是相似性大于差异性，整体上带有一定的同质性色彩（图 2-1-2）。从中心到外围，依次分布着中心商业区或中央商务区、城市中心区、近郊区内沿、近郊区外缘、都市区内沿、都市区外缘等圈层地域。

在城市中心附近是中心商业区或中央商务区（CBD）。这里往往是城市商业、社会和文化生活的焦点，分布有全市规模最大、等级最高的商场，金融中心机构以及标志性的广场、建筑，昂贵的宾馆等。在一些工商业城市，改革开放前便已形成中央商务区（如上海）或中央商务区的雏形（如天津、广州和重庆等）；在中国绝大多数的城市，这里只能算作是中心商业区，是以零售贸易为主的全市最大规模的商业中心，有些具备一定的 CBD 功能。

城市中心区是全市人口密度最大的地段。中心区的居住比较拥挤，20 世纪 80 年代居民不断外迁致使中心区人口呈现负增长状态，大量的城市工业分布于此，工人居住特点明显，是综合的工业、居住混合地带。在近郊区内沿，紧临中心区的局部地段具有与中心区类似的性质，即属于人口密集的工业、居住混合地带；一些机关单位集中建设职工住宅，使部分地段形成典型的机关干部居住区；大学的集中发展形成了知识分子聚居区；多数地段的工业较为发达，企业单位在工作地附近组织职工住区，导致居住、工业的混合功能；作为中心区外迁人口和城市外来人口的主要接收地，近郊区内沿人口呈现中、高速增长的特点。在近郊区外缘，靠近近郊区内沿的地带仍是工业集中分布的地区，形成工人居住区；工业的规模发展及集中布局形成一些工业集聚点（如在北京），在一些城市形成了初步的工业区（如在杭州）；大部分地域为农业地带；近郊区外缘人口呈现缓慢增长的特点。都市区的内沿和外缘均为农业地域；位于都市区内沿的部分远郊区、县政府驻地人口表现出快速增长的特点；都市区外缘局部地段人口呈现负增长；都市区绝大部分地段的人口都处于缓慢增长状态。

### 1.3.2 市场经济时期的中国城市内部空间结构模式（20 世纪 90 年代末）

市场经济时期中国城市内部空间结构模式（20 世纪 90 年代末）则复杂得多，差异性大于相似性，带有多中心结构的特点，整体上表现出明显的异质性特征（图 2-1-3）。

最中心仍然是中心商业区或中央商务区。20 世纪 90 年代，在原有中心商业区或中央商务区雏形的基础上，一些城市的 CBD 获得了发展，个别城市还建设了新的 CBD，如：在上海，由于外滩的 CBD 在发展空间上受到限制，90 年代以后在浦东陆家嘴形成新的 CBD；在广州，80 年代中后期以来，CBD 已发展成 3 个区块。与以往不同的是，随着郊区大型超市和购物中心的兴起与发展，城市中心商业区的零售商业功能受到挑战。

在中心区，20 世纪 90 年代有更多的居民外迁，人口以更快的速度实现负增长，但中心区仍然是人口密集、居住拥挤的居住区。工业企业的外迁与布局调整使中心区的工业大量减少，有些城市（如杭州）在 90 年代末其中心区工业已所剩无几，有些城市（如北京）不断加大城区企业外迁力度，工业布局获得重大调整，总之，中心区的功能得到较大改变。在近郊区，除了内沿以外，外缘人口也表现出中、高速增长特点。外来人口大量增长和集中分布，并成为一个新的社会区类型，一般分布在紧靠老城区外围的近郊地带。在近郊区内沿，形成了明显的知识阶层居住区（在北京它和少数民族聚居区在一起）。随着居住郊区化的发展，作为配套设施的大型超市和区域性购物中心在近郊区大量兴起，在一定程度上分担了城市中心商业区的零售业功能，促进了商业郊区化的发展。90 年代，大量崛起的各类开发区，出于用地、交通等原因的考虑，主要分布在近郊区（尤其是外缘），近郊区外缘成为中心区和近郊区内沿外迁企业的主要接收地，90 年代的居住、工业混合地带已经扩展到整个近郊区外缘。

随着交通设施的改善，都市区内沿的交通便利之处以及靠近城区的地区亦是各类开发区以及大型购物中心布局的重要地域。在都市区内沿，远郊区、县政府驻地街区在 90 年代获得了飞速发展，突出地表现在其人口的快速增长上，作为远郊城镇人口居住区，它们已成为一种突出的社会区类型。90 年代，还形成了一些快速城市化发展地区（多是工业基础较好的街区或国家级开发区位居的街区），其人口亦有快速增长的特征。除了上述极点以外，在广大都市区内沿的农居混合地带，人口均处于缓慢增长状态。在广大都市区外缘的农业地带，人口普遍呈现负增长特点。在近郊区以及都市区的交通便利之处，形成了一些富人居住的别墅区。

### 1.3.3 转型期中国城市内部空间结构模式的重构：从同质性到异质性

基于前文的重构特征和对不同时期的空间结构模式的研究，发现一条转型期中国城市内部空间重构的定律，即中国城市正经历着从计划经济时期的同质性空间结构向市场经济时期的异质性空间结构的转变。

着眼于 20 世纪 80 年代初的整个都市区，城市实体地域仅限于近郊区内沿及其周围的紧临地域，其余的广大地段几乎都是人口缓慢增长的农业地域；在城市实体以内，地域类型也比较单一，绝大多数地域为工业、居住混合地带（包括位于老城的人口密集型混合地带和位于近郊区的混合地带），其余的地域类型不仅种类少而且分布范围亦有限。故总体上看，计划经济时期中国城市内部空间结构模式的相似性大于差异性，表现出一定的同质性特征。

20 世纪 90 年代末，中国城市内部空间结构模式则相对复杂，城市功能地域类型的分化日趋明显，差异性大于相似性，整体上呈现出明显的异质性特征。90 年代，中国城市的实体地域已基本上扩展到整个近郊区的外缘。就城市实体内部而言，地域类型的发展更加多样化，如增加了外来人口集中区、各类开发区、郊区大型购物中心、城中村以及郊区别墅区等，工业的布局调整使中心区的功能趋于清晰化。就都市区内沿和外缘而言，地域类型也更为多样：远郊区、县政府驻地街区的突出；快速城市化街区及开发区的发展；人口增长的地域类型更为丰富，既有极点的中、高速增长，又有圈域的缓慢增长和负增长。

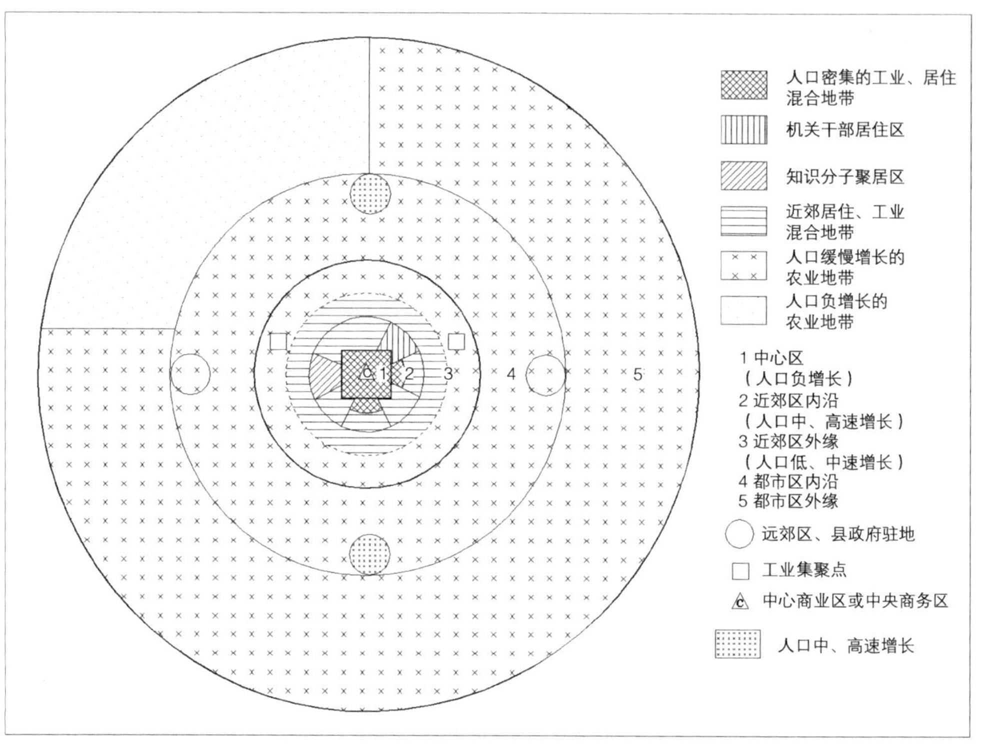


图 2-1-2　计划经济晚期（20 世纪 80 年代初）的中国城市内部空间结构模式

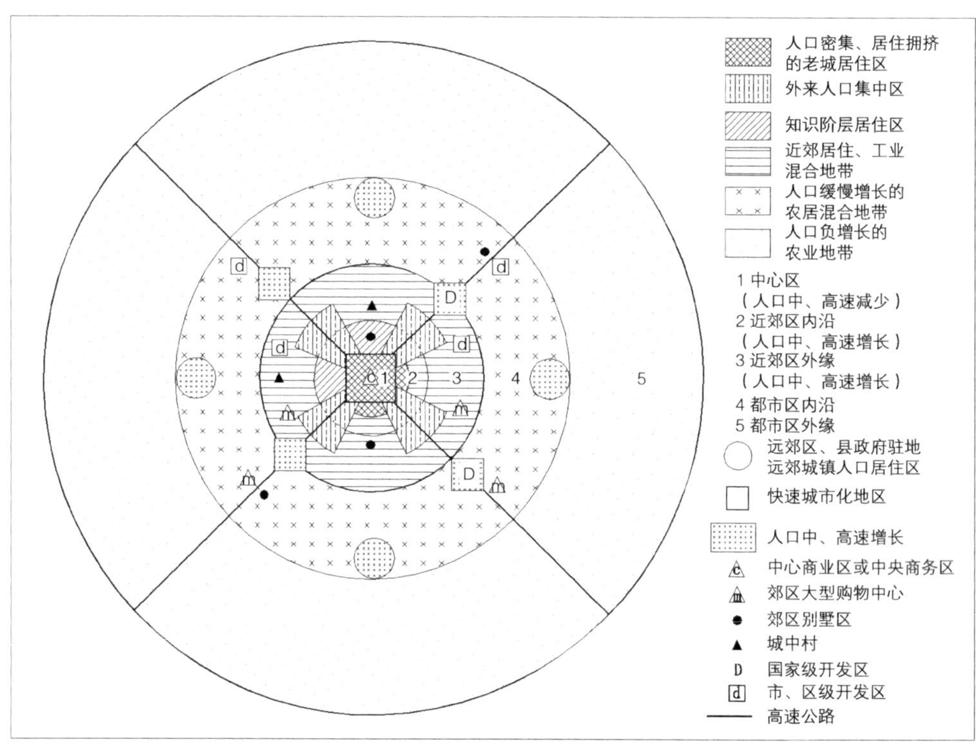


图 2-1-3　市场经济时期（20 世纪 90 年代末）的中国城市内部空间结构模式

## 1.4 转型期中国城市内部空间重构机制

城市内部空间重构涉及的面较广，在前文重构特征部分分析了主要的方面，还有一些如关于居民迁居（冯健、周一星，2004；柴彦威等，2000）、感知空间重构（冯健，2005b；顾朝林、宋国臣，2001a、b）等限于篇幅而不再给出，具体可参见相关研究。可以从政治行为、经济体制改革、转型时期社会变化以及城市主体——居民的观念和行为要素等宏观和微观层次上分析转型期中国城市内部空间重构的动力及其综合机制模式（图 2-1-4）。

在经济层次上，地方和外来资金投入是城市内部空间重构的经济保证。在投资推动下，旧城改造得以进行，旧城改造本身导致了城市景观重塑和城市空间改造，同时它又与工业郊区化、交通设施建设等交织在一起。交通设施建设不仅推动了工业郊区化发展，而且还推动了城市空间扩展。郊区住宅建设，一方面，推动了城市空间扩展，另一方面，与城郊购物中心及大型超市发展形成互动：居住区发展需要配备区域购物中心，以满足居民生活需要，购物等设施的完善，又吸引了更多居民来此居住。上述诸方面，其本身又直接地改造着城市空间，它们是在地

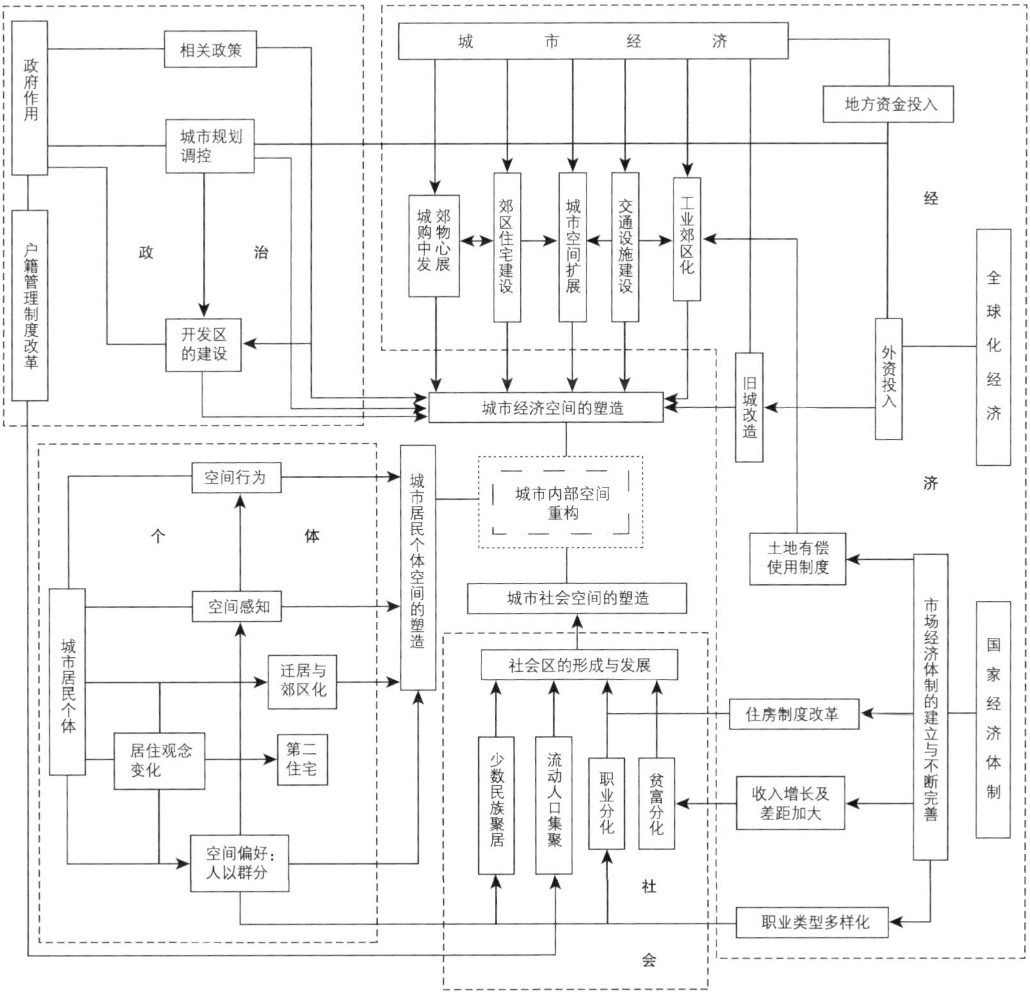

图 2-1-4 转型期中国城市内部空间重构机制

方与外来资金的保证下以及城市规划的调控下进行的。从国家经济体制变革的角度，市场机制的建立与完善促使城市土地有偿使用制度的发展，进而推动了城市工业郊区化进行土地“退二进三”式的功能置换。

在政策及政府行为的层面上，城市规划除了调控城市经济空间建设外，它本身就是针对城市空间发展的一项政府调控，直接参与城市空间塑造。政府相关的空间政策亦作用于城市空间重构，20 世纪 90 年代开发区的发展是政府作用的典型体现，其本身就是一项城市发展政策，受城市规划调控，它明显地塑造着 90 年代以后新的城市空间结构。

市场经济体制的确立与完善，推动了城市住房制度的改革，居民收入增长，收入差距加大以及职业类型的多样化发展。它们都作用于城市社会空间的重构：收入增长与差距加大促使社会贫富分化及社会极化；职业类型多样化带来了职业分化，它们给城市社会区的形成与演化打下烙印，社会区类型也要经受住房制度改革的冲击。转型期社会区的形成与发展还体现出流动人口的集聚和少数民族聚居的特征，实际上，它们是一种典型的政府干预结果——户籍管理制度逐渐松动的表现。户籍制度改革使大城市流动人口急剧增长，流动人口的空间集聚表现出集中于近郊区的空间偏好，进而形成典型的社会区类型。

在城市居民个体的层面，居住观念的变化推动了郊区化以及第二住宅的发展；城市居民空间偏好亦作用于空间感知过程，进而形成城市意象空间结构；居民的空间行为、意象空间以及郊区化、季节性郊区化等，均塑造了城市居民的个体空间。

在中国城市发展的转型期中，政治、经济、社会和个体的各种要素，通过交织式的综合作用，塑造着城市的经济空间、社会空间以及个体空间，有效地推动了城市内部空间重构。

## 1.5 城市内部空间重构的中西比较

### 1.5.1 城市内部空间结构模式的中西比较

由于发展动力和背景的根本不同，计划经济条件下的简单、均一的中国城市空间结构模式与西方相差甚大。市场经济条件下，中西城市具有类似的经济背景和发展动力，城市内部空间结构才具有可比性。下面以 20 世纪 90 年代中国城市内部空间结构模式与西方模式进行比较。

西方模式中一般都具有中央商务区，中国城市亦有对应的中心商业区或中央商务区，但存在细微差别，即绝大多数中国城市仅具备以零售业为主要功能的中心商业区或 CBD 雏形，在少数的几个工商业城市才形成了成熟的 CBD。这些中心商业区或 CBD 雏形将逐步演变为城市的 CBD。就地域圈层结构及各圈层人口变化特点而言，中西城市存在较多的相似之处：中心区相当于西方的中心市，人口不断减少；近郊区人口不断增加。与 Hall（1984）的城市演变模型相比，不同之处在于：中国城市的都市区范围一般都大于城近郊区范围；在郊区化阶段，中国城市近郊区人口快速增长而不是低速增长，近郊区以外的都市区人口缓慢增长，都市区外缘人口已经处于减少状态。中西城市的各社会阶层居住区亦有差异。西方不同阶层的地域特征十分明确，如 Hoyt 模式中的低级身份住区、中等身份住区和高级身份住区，Mann 模型中的中等阶层扇区、低中等阶层扇区等（Pacione，2001a、b）。中国城市还没有形成清晰的有关各社会阶层的聚居区，但已有一些雏形和痕迹，如人口密集、居住拥挤的老城区一般工薪阶层较多，外来人口集中区收入普遍偏低，个别城市甚至出现了白领集中居住区，很多城市都形成了以独户式别墅为特征的富人住宅群落。就不同种族及少数民族居住区而言，中西差别较大。许多西方城市结构模型都突出了种族隔离和分化的特点。北京社会区中少数民族的集聚有一定程度的表现，但并没有民族歧视或隔离现象。另外，工业郊区化在20世纪50年代的西方便已发生，在中国，它改变了中心区工业、居住的混合功能，使工业向近郊区外缘及其以外地域转移。商业郊区化发展的动力，中西有相似之处，如它使拥有较强储备能力和较大面积停车场的郊区大型购物中心及仓储式超市大量兴起，并对郊区用地结构产生影响。

总之，中西城市内部空间结构模式既有相同之处，又表现出一定的差异。随着市场机制的完善及其对社会结构影响的深入，将来中国城市社会阶层及贫富差距的空间表现会越来越明显。从某种意义上讲，市场机制将使中国城市内部空间结构更多地表现出与西方的相似性。

## 1.5.2 城市内部空间重构机制的中西比较

中西城市内部空间重构的机制在许多方面表现出共性，如政策和规划的作用，工业、商业的离心化和郊区化，私家车的发展和通勤方式的变化，地方和外来资金的投入，职业及收入的差距等。但中西差异也非常明显，我们重点分析以下几个方面：

**1）居住地域结构重构的推动力量有所不同**

西方城市居住地域结构重构的动力主要是对优良居住环境的追求，具有主动迁居的特点。如著名的侵入—演替理论，便是指随着中心区人口压力的增大和居住环境的恶化，市中心区的人口纷纷向外迁移，低收入住户向较高级的住宅区地带入侵而较高级的住户则向外迁移并入侵一个更高级的住宅地带，从而推动城市居住地域结构重构。西方城市的低收入者在内城集聚，富裕阶层则到郊区居住，居民经济基础对城市居住地域结构影响较大。在中国，情况大不相同。中心区欣欣向荣并没有衰退（周一星、孟延春，1997），因此很多人不愿意离开中心区。尽管近年这种情况有所变化，但仍然存在被动迁居和被动郊区化的现象。据我们在北京的调查，在市民前一次搬迁的原因中，最重要的是单位分房，其次是原居住地拆迁，改善居住区的自然和社会环境所占比重最小，对中心区居民而言，原居住地拆迁所占比重更高。因此，在中国，旧城改造、拆迁以及单位分房制度对城市居住地域结构重构影响较大。

**2）种族或少数民族居住区形成的原因有所不同**

西方城市空间结构模型中都突出了种族集聚的特点。城市中种族、民族、文化和阶级的多元性，造成了西方城市的动荡和混乱（孙群郎，1999）。较低的经济收入决定了穷人、黑人和其他少数民族多居住在内城旧街区，而富裕的中上层阶级为了逃避不安全的社会环境并追求悠闲的田园生活则外迁到郊区定居，西方的不同种族居住区的形成实际上是种族歧视和种族对抗的结果。中国则完全不同。20世纪90年代，北京城市空间结构中出现了知识阶层和少数民族聚居区。少数民族居住区的形成不是因为民族或种族歧视，而是与少数民族人士的求学、就业状况密切相关，少数民族人口分布较多的街区基本上就是中央民族大学等高等院校集中分布的地区。另外，北京“新疆村”这样的少数民族聚落的形成与就业的集聚有关。

**3）自下而上式和自上而下式城市空间重构力量的差异**

在西方著名的城市结构过滤理论中，城市结构的形成随高级居住区的发展而展开，因现有住房日渐陈旧或衰落，高级阶层为维持其地位而购买新建的高级住宅，在高级阶层向外迁移的过程中，留下的房子被低级阶层的住户所占据，结果，住房向低级阶层住户过滤，而居民向高级居住区过滤。通过这种自下而上的方式，城市内部空间结构得以形成。长期以来，中国城市内部空间的重构过程更多的是基于自上而下式的力量。在1998年住房制度改革以前，中国实行了近50年的福利分房制度，对城市空间结构具有根深蒂固的影响。在传统的住房实物分配制度下，由政府投资建房，再由单位分配给本单位职工，或单位自建住宅区。为了最大效益地安排生产与生活，单位一般以职、住接近的原则组织居住空间（柴彦威，2000）。在这种自上而下式力量的推动下，城市空间得以重构。随着住房制度改革的深入，住房观念和购房行为已发生较大转变，市场供求规律正常发挥作用，居民购房的自主性以及区位选择的灵活性大大增强。可以预见，将来自下而上式的力量必然成为影响中国城市空间重构的主导力量。

## 1.6 结　论

人口、经济和社会要素是研究转型期中国城市内部空间重构的重要载体。

人口普查数据对比分析表明，与20世纪80年代相比，90年代中国城市人口郊区化速度在加快，尽管个别城市略有差异，但整体上表现出带有共同性的人口增长的空间差异特征。转型期中国大城市中心区有较多的常住户籍人口发生了外迁，但人口外迁的真实强度往往被总人口变化所掩盖，根本原因在于外来人口完全不同的空间增长格局的作用。转型期中国大城市常住户籍人口和外来人口的空间重构存在明显的差别。如果将城市空间地域进一步细化，会发现转型期中国城市人口空间重构过程的相似性特征减弱而差异性特征增强。对推动工业空间重构的动力和背景的分析结果表明，转型期中国大城市工业空间重构过程凸显了郊区化的力量。城市商业空间重构也存在类似现象，区域性购物中心、大型超市以及家电卖场的发展，使转型期居民购物行为出现变化，郊区化、离心化和多中心化的趋势越来越明显。中国城市社会空间因子与社会形势密切相关，转型期中国城市社会区类型越来越多样化，社会区构成则经历了由单一到混杂的变化。计划经济时代的社会区简单而有特色，市场经济时期的社会区越来越复杂，常常同时综合同心圆、扇形和多中心三种经典的城市结构模式。

转型期中国城市内部空间的重构遵循一条规律，即中国城市正经历着从计划经济时期的同质性空间结构向市场经济时期的异质性空间结构的转变，这种转变可以从政治、经济、社会和个体等宏观和微观层面上寻求动力。中西城市内部空间结构模式既有相同之处，又表现出一定的差异，市场机制将使中国城市内部空间结构更多地表现出与西方的相似性。中西城市内部空间重构机制也是既有相同之处又有不同之处，最突出的差异包括：居住地域结构重构的推动力量有所不同；种族或少数民族居住区形成的原因有所不同；自下而上式和自上而下式城市空间重构力量的差异。

## 参考文献


[1] Bourne L S. 1982. Internal Structure of the City: Reading on Urban Form, Growth and Policy [M]. Oxford: Oxford University Press.

[2] Feng J, Zhou Y X. 2005. Suburbanization and the Changes of Urban Internal Spatial Structure in Hangzhou, China [J]. Urban Geography, 25 (2): 107-136.

[3] Hall P. 1984. The World Cities [M]. New York, NY: St. Martin's Press.

[4] Huang Y Q, Clark W A V. 2002. Housing Tenure Choice in Transitional Urban China: a Multilevel Analysis [J]. Urban Studies, 39: 7-32.

[5] Knox P L, Marston S A. 1998. Places and Regions in Global Context: Human Geography [M]. Upper Saddle River, NJ: Prentice Hall.

[6] Pacione M. 2001a. Models of Urban Land Use Structure in Cities of the Developed World [J]. Geography, 86 (2): 97-119.

[7] Pacione M. 2001b. The Internal Structure of Cities in the Third World [J]. Geography, 86 (3): 189-209.

[8] Wu F L, Yeh A G O. 1997. Changing Spatial Distribution and Determinants of Land Development in Chinese Cities in the Transition from a Centrally Planned Economy to a Socialist Market Economy: A Case Study of Guangzhou [J]. Urban Studies, 34: 1851-1897.

[9] Wu F, Li Z G. 2005. Sociospatial Differentiation: Processes and Spaces in Subdistricts of Shanghai [J]. Urban Geography, 26 (2): 137-166.

[10] Yeh A G O, Wu F L. 1995. Internal Structure of Chinese Cities in the Midst of Economic Reform [J]. Urban Geography, 16: 521-554.

[11] Zhou Y X, Ma L J C. 2000. Economic Restructuring and Suburbanization in China [J]. Urban Geography, 21: 205-236.

[12] 柴彦威 . 2000. 城市空间 [M]. 北京：科学出版社 .

[13] 柴彦威，胡知勇，仵宗卿 . 2000. 天津城市内部人口迁居特征及机制分析 [J]. 地理研究，19 (4)：391-399.

[14] 冯健 . 2002. 杭州城市工业的空间扩散与郊区化研究 [J]. 城市规划汇刊，(2)：42-47.

[15] 冯健 . 2005a. 西方城市内部空间结构研究及其启示 [J]. 城市规划，29 (8)：41-50.

[16] 冯健 . 2005b. 北京城市居民的空间感知与意象空间结构 [J]. 地理科学，25 (2)：142-154.

[17] 冯健，陈秀欣，兰宗敏 . 2007. 北京市居民购物行为空间结构演变 [J]. 地理学报，62 (10)：1083-1096.

[18] 冯健，周一星 . 2003a. 1990 年代北京市人口空间分布的最新变化 [J]. 城市规划，27 (5)：55-63.

[19] 冯健，周一星 . 2003b. 近 20 年来北京都市区人口增长与分布 [J]. 地理学报，58 (6)：903-916.

[20] 冯健，周一星 . 2003c. 北京都市区社会空间结构及其演化（1982~2000） [J]. 地理研究，22 (4)：465-483.

[21] 冯健，周一星 . 2004. 郊区化进程中北京城市内部迁居及相关空间行为：基于千份问卷调查的分析 [J]. 地理研究，23 (2)：227-242.

[22] 冯健，周一星，王晓光，陈杨 . 2004. 1990 年代北京郊区化的最新发展趋势及其对策 [J]. 城市规划，28 (3)：13-29.

[23] 高向东，江取珍 . 2002. 对上海城市人口分布变动与郊区化的探讨 [J]. 城市规划，26 (1)：66-69，89.

[24] 顾朝林，宋国臣 . 2001a. 北京城市意象空间及构成要素研究 [J]. 地理学报，56 (1)：64-74.

[25] 顾朝林，宋国臣 . 2001b. 北京城市意象空间调查与分析 [J]. 规划师，17 (2)：25-28，83.

[26] 李志刚，吴缚龙 . 2006. 转型期上海社会空间分异研究 [J]. 地理学报，61 (2)：199-211.

[27] 孙群郎 . 1999. 郊区化对美国社会的影响 [J]. 美国研究，(3)：42-57.

[28] 王德，周宇 . 2002. 上海市消费者对大型超市选择行为的特征分析 [J]. 城市规划汇刊，(4)：46-50.

[29] 王兴平 . 2005. 中国城市新产业空间 [M]. 北京：科学出版社 .

[30] 王兴中等 . 2000. 中国城市社会空间结构研究 [M]. 北京：科学出版社 .

[31] 吴俊莲，顾朝林，黄瑛等 . 2005. 南昌城市社会区研究——基于第五次人口普查数据的分析 [J]. 地理研究，24 (4)：611-619.

[32] 谢守红 . 2004. 大都市区的空间组织 [M]. 北京：科学出版社 .

[33] 许学强，胡华颖，叶嘉安 . 1989. 广州市社会空间结构的因子生态分析 [J]. 地理学报，44 (4)：386-395.

[34] 宣国富，徐建刚，赵静 . 2006. 上海市中心城社会区分析 [J]. 地理研究，25 (3)：526-538.

[35] 薛凤旋 . 1996. 北京：由传统国都到社会主义首都 [M]. 香港：香港大学出版社 .

[36] 郑静，许学强，陈浩光 . 1995. 广州市社会空间的因子生态再分析 [J]. 地理研究，14 (2)：15-26.

[37] 周春山，刘洋，朱红 . 2006. 转型时期广州市社会区分析 [J]. 地理学报，61 (10)：1046-1056.

[38] 周一星，孟延春 . 1997. 沈阳的郊区化：兼论中西方郊区化的比较 [J]. 地理学报，52 (4)：289-299.

[39] 周一星，孟延春 . 2000. 北京的郊区化及其对策 [M]. 北京：科学出版社 .

[40] 祝俊明 . 1995. 上海市人口的社会空间结构分析 [J]. 中国人口科学，(4)：21-30.

# 2 转型期北京社会空间分异重构[①]

TWO

## 2.1 引　言

城市社会空间分异是指城市社会要素在空间上明显的不均衡分布现象（冯健，2005）。实际上，城市内部空间分异研究是地理分析的一个基础工作，就像国家和大洲地域分化一样，它提供了一个全面的、具有基本效用的描述性假设，并依据特征鲜明和表现相对均质的要求对城市内部区域进行定义（Knox、Pinch，2000）。西方城市社会地理学者特别强调对差异和不平等以及基于它们的城市空间结构模式的研究，认为它们能够展示充满了隔离、交叠和极化作用纷繁复杂的万花筒般的城市景观，因而是城市社会地理学的重要议题（Knox、Pinch，2000；Pacione，2001a、b；Kitchin、Tate，2000）。

在战后城市景观发生形态—功能性转变以后，大都市空间和社区多样化与极化之间的流动状态及其群体特征的形成具有新的含义：今天的后城市（Post-urban）不仅在人口结构上，而且在文化和种族上的多样性不断加强，后郊区（Post-suburb）环境的异质性与破碎性、多元文化主义与快速发展的亚文化成为当代都市社会景观，公共空间的现实化与私有化以及围墙和门禁社区（Gated Community）都获得了发展（The Ghent Urban Studies Team，1999）。实际上，随着全球化的发展，在后福特主义体制、灵活的劳动用工制度以及生产者服务业获得大发展的背景下，国际上的全球城市正在不断呈现出越来越细分化、破碎化（Fragmented）和多中心化（Polycentric Urban Structure）的社会空间（Wu、Li，2005；Friedmann、Wolff，1982；Sassen，1991；Coffey、Shearmur，2002；Garreau，1991）。在这种情况下，对日益多样化、破碎化和细分化的城市空间分异及其重构特征进行研究具有重要意义。

近年来，由于第五次人口普查数据面世，关于转型期中国城市社会空间结构和分异的实证研究成果不断增多，如对北京、上海、广州、西安、南昌等城市的研究（Gu et al.，2005；冯健、周一星，2003；冯健，2004；李志刚、吴缚龙，2006；宣国富等，2006；周春山等，2006；王兴中等，2000；吴俊莲等，2005），基本结论是：转型期中国大城市已存在明显的社会区，基于社会区的城市结构表现出异质性的特征，也就是说，中国大城市已存在社会空间分异现象。我们注意到：①基于社会区研究的空间结构是一种相对宏观的和高度概括的分异，有必要细腻地研究和展示各种社会要素，如各类居住人口、各类就业人口和住房状况的空间分异格局和特征；②对于一个时段尤其是转型期中国城市社会空间分异重构过程的研究十分缺乏，

① 本文作者：冯健。

有必要通过定量手段进一步揭示这种重构特征；③能否从制度、市场和文化变迁层面建立对转型期中国城市社会空间分异重构解释的理论框架。本文立足于上述方面，利用北京的数据，对转型期中国城市社会空间分异研究做进一步补充。

# 2.2 基本数据与研究方法

## 2.2.1 研究区与基本数据

北京都市区是指北京市域内除了平谷、怀柔、延庆和密云以外的 14 个区（图 2-2-1）。在北京的圈层结构中，一般把东城、西城、崇文和宣武 4 个区作为城市中心区，也称为“城区”；把朝阳、丰台、石景山和海淀 4 个区作为近郊区；把市域其余 10 个区县作为远郊区。城区和近郊区，也称为“城八区”或“城近郊区”。截至 2006 年底，北京市常住人口总量为 1581 万人，其中户籍人口为 1198 万人，流动人口 383 万人（北京市统计局，2007）。

本文采用了北京第三次（1982 年）和第五次（2000 年）人口普查的分街区数据。文中使用的街区概念，与建筑学的“街区”有所不同，统指街道办事处和乡（公社）、镇一级的行政地域单元。对 1982~2000 年间北京都市区内街区行政区划的变动情况进行了考证，为保证街区人口的前后可比性，依照考证结果对相关街区的人口进行合并处理。结合采集的分街区数据和街区地图，建立空间数据库。由于人口的再分布不仅意味着空间区位变化，还展现了城市空间中不同社会群体的分异，通过人口分异可以透视城市多层空间重合体的特征（Wu，2005）。因此，基于街区层次的人口普查数据是反映城市社会空间特征的有力工具。

为便于理解，对人口普查的就业分类数据进行归并，将第三产业人口分为 5 类：“三产 1”指流通部门，包括交通运输、仓储、邮电通信、批发和零售贸易、餐饮业；“三产 2”指为生产服务的部门，包括采掘业、电力、燃气及水的生产和供应、地质勘查、水利管理业；“三产 3”指为生活服务的部门，包括金融、保险、房地产业、社会服务业；“三产 4”指为提高科学文化水平和居民素质服务的部门，包括卫生、体育和社会福利、教育、文化艺术、广播电影电视、科研、综合技术服务业；“三产 5”指为社会公共需要服务的部门，包括国家机关、党政机关、

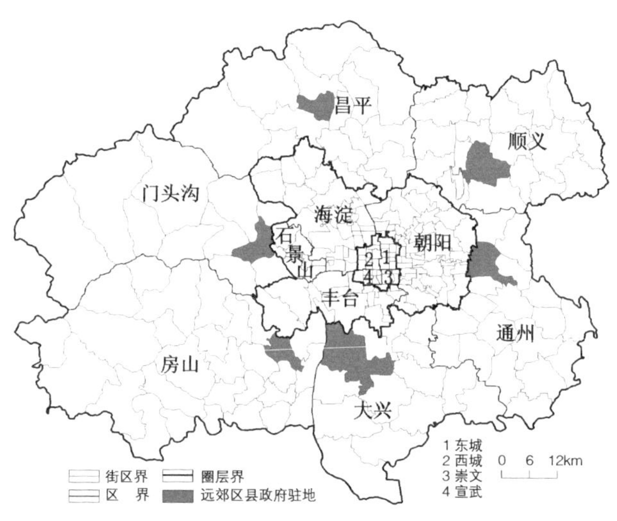


图 2-2-1 研究区：北京都市区的街区层次

社会团体和其他行业。

TWO

## 2.2.2 研究方法与模型

分别以地理信息系统软件 ArcView GIS 3. 2a 和 MapInfo v6. 0 提取北京都市区各街区的面积、街区质点（几何中心）坐标，量度各街区几何中心与天安门之间的距离并作为各街区距城市中心的距离。在空间数据库的基础上，利用 ArcView GIS 的空间展示功能生成空间格局图，并概括各类社会要素的空间分异特征。

为了更准确地揭示城市社会空间分异重构的特点，分别计算标准差、极差、信息熵、绝对分异指数、相对分异指数和隔离指数。信息熵的模型表作：

$$H=-\sum_{i=1}^{n}\left(\frac{X_i}{\sum_{i=1}^{n}X_i}\right)\ln\left(\frac{X_i}{\sum_{i=1}^{n}X_i}\right) \qquad (2-2-1)$$

式中，$H$ 表示信息熵，$X$ 代表某社会指标，$i$ 代表街区样本。

分异指数又称地方化指数，用来衡量较大范围内次一级人口分组之间居民的隔离程度（Johnston et al.，2000），实际上是某一类要素相对于另一类要素的分异情况。模型表作：

$$I_d=\frac{1}{2}\sum_{i=1}^{n}\left|\frac{X_i}{\sum_{i=1}^{n}X_i}-\frac{Y_i}{\sum_{i=1}^{n}Y_i}\right| \qquad (2-2-2)$$

式中，$I_d$ 表示分异指数，$X$ 和 $Y$ 分别代表两类不同的社会要素，$i$ 代表街区样本。$I_d$ 的数值在 0~1 之间。0 代表无分异，1 代表完全分异。$I_d$ 越大，表明 $X$、$Y$ 之间的分异越大。

本文对分异指数模型的引申包括两个方面：一方面，如果 $Y$ 取 1，则 $\sum_{i=1}^{n}Y_i$ 为 $N$（即样本总数量），这时式 2-2-2 就代表"绝对分异指数"，即相对于平均分布格局的分异程度；另一方面，如果 $Y$ 表示街区总人口，则 $\sum_{i=1}^{n}Y_i$ 就代表都市区总人口，这时式 2-2-2 就代表"相对分异指数"，即相对于居住人口分布格局的分异程度。

隔离指数，在相对分异指数的基础上引入了百分比权数（Johnston et al.，2000）。模型表作：

$$I_s=\frac{I_d}{1-X/Z} \qquad (2-2-3)$$

式中，$I_s$ 表示隔离指数，分子 $I_d$ 代表相对于都市区总人口的相对分异指数，分母

$$1-\frac{X}{Z}=1-\sum x_{ai}/\sum x_{ni} \qquad (2-2-4)$$

可以视为一个权数，它表示在总人口中扣除某类人口的分量之后，其余人口所占分量。在式 2-2-3 和式 2-2-4 中，$X$ 和 $\sum x_{ai}$ 代表都市区某一类人口的总量，$Z$ 和 $\sum x_{ni}$ 代表都市区总人口数量。西方学者常用隔离指数来衡量城市内部的种族隔离情况。在中国，不存在种族隔离现象，可以用隔离指数来衡量某一类人口的群居性和城市人口的混居性状况，如针对某一类人口的隔离指数越大，则这类人口的群居性就越强，与其他人口的混居性则越弱。

除了上述模型以外，为了能概括性地解释城市社会空间分异重构，本文尝试建立概念模型。作为一种概括性的描述手段，概念模型方法在西方城市社会地理学中得到了广泛应用（Knox、Pinch，2000）。

## 2.3 北京社会空间分异特征

### 2.3.1 北京都市区居住人口空间分异特征

**1）基于人口密度的居住空间格局**

从 2000 年北京都市区分街区人口密度图（图 2-2-2）上可以看出，从城市中心向外围，人口密度基本上呈现同心圆式衰减，人口密度最高的街区高度集中在城区及其附近，远郊区县政府驻地街区的人口密度明显高于其周围的街区。与 1990 年的情况相对比，可以发现 10 年来街区人口密度两极分化呈现缩小之势，极高人口密度街区的分布有向外扩移之趋势。都市区居住空间格局变化中隐含了郊区化作用的痕迹，中心区内位居顶端的街区人口密度的降低和具有极高人口密度的街区分布的向外扩移，都表明郊区化使得传统内城居住拥挤的状况有所改善。

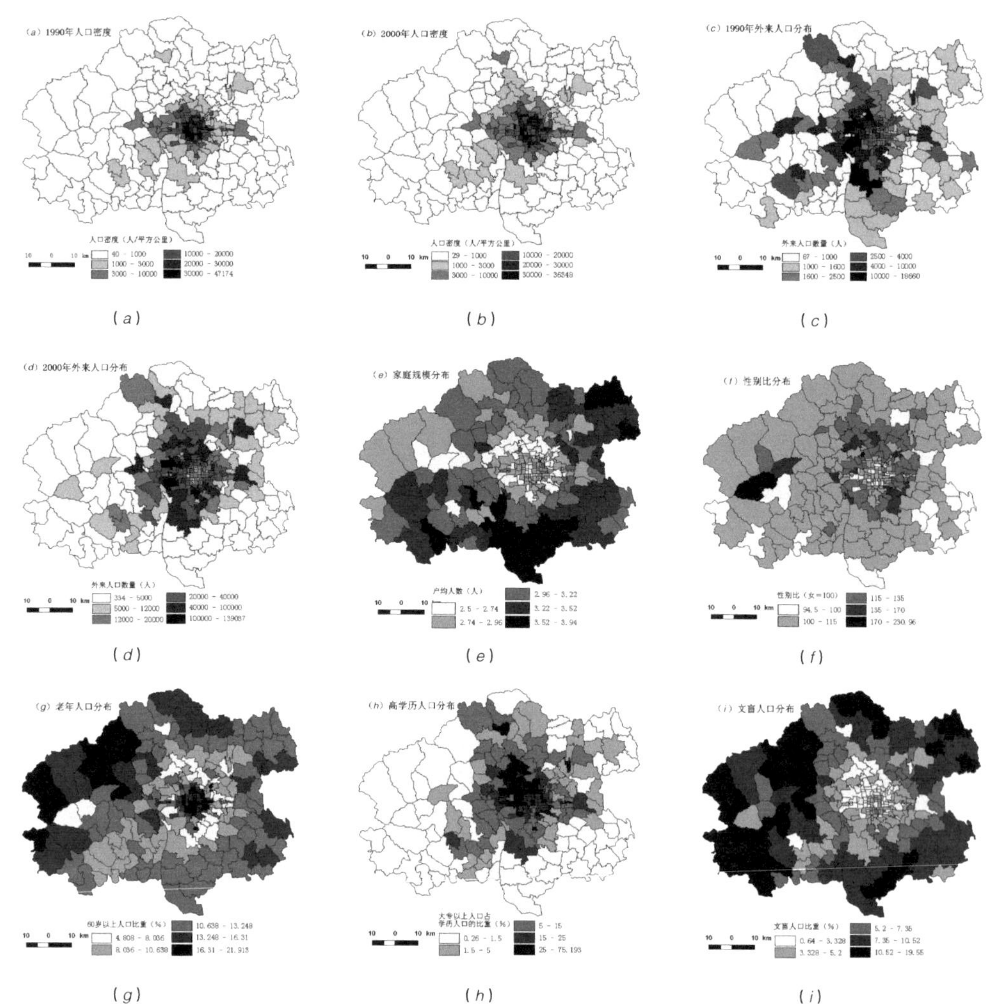


图 2-2-2　北京都市区分街区各类居住人口空间分异（2000 年）
注：为便于比较，同时给出了 1990 年的人口密度分布和外来人口分布图。

2）外来人口空间分异

拥有高外来人口数量的街区主要分布在近郊区，远郊区县政府驻地街区对外来人口亦颇具吸引力。从2000年的情况来看，外来人口属中、高数量型（不少于12000人）的街区，分布在中心区和近郊区绝大部分地段，外加远郊区县的政府驻地镇及其临近的城市化快速发展地段；外来人口属低数量型（少于12000人）的街区，则分布在近郊区外围和都市区外围六区县的广大街区以及中心区部分街区上。从演化轨迹上看，虽然1990年街区外来人口数量普遍较低，但已为10年后外来人口的分布格局奠定了基础。

3）家庭规模和性别比空间分异

北京都市区以户均人数为度量的家庭规模分布存在明显的空间分化。家庭规模较大的街区几乎全部分布在远郊区县，集中分布在顺义、通州、大兴和房山区；家庭规模较小的街区多数集中分布在中心区和近郊区，大部分远郊区县政府驻地街区以及门头沟的大部分地区和昌平临近城八区的街区。这种分异特点说明在远郊区县普遍存在相对较大的家庭规模，与该地农村人口相对集中有关；而在中心区和近郊区，家庭规模则相对偏小，尤其是近郊区分布了多数户均人数小于2.74的街区，与近20年来大量新一代家庭来此购房或迁居到此有关。北京都市区性别比也存在一定程度的空间分异。北京都市区有1/6的街区女性人口多于男性人口，5/6的街区男性人口多于女性人口。

4）老龄化人口空间分异

大于60岁的人口主要分布在中心区及其临近地域以及都市区外围的局部地段。北京都市区内老龄人口的这种分布规律说明：一方面，老龄人口倾向于居住在基础设施条件相对便利的城区及其附近地域；另一方面，在都市区边缘的部分农村地区，老龄人口比重相对偏高。

5）学历人口空间分异

高学历人口主要集于海淀和朝阳两区；文盲人口主要分布在都市区外围农村地区，以房山和门头沟两区为多。海淀区的东升、清华园、燕园、中关村、花园路、北太平庄、北下关、甘家口、八里庄和永定路以及朝阳区的亚运村、小关和和平街都是高学历人口比重最高的地区。前者是北京高等院校、中科院研究所以及高科技电子产品交易市场的主要集中地区，后者也集中了大量中科院研究所。文盲人口比重的分布特点正好与高学历人口比重分布趋势相反。在农村地区，尤其是边远农村地区，文盲比重相对较高。

6）少数民族人口空间分异

重点考察满族、回族、蒙古族、壮族和维吾尔族5个少数民族的人口分布情况（图2-2-3），满族人口空间格局有其历史根源，回族人口分布相对均匀，壮、蒙古、维等族人口的空间集中主要缘于在京求学的高学历人口。满族人口，主要分布在中心区及与其临近的近郊区，这种格局的形成与历史上满族人口主要居于内城有关。在北京，回族人口超过千人的街区有94个，而超过百人的就有156个，说明回族和汉族人口长期混居，其分布相当普遍和均匀。但也有少数街区因回族人口的聚居而数量相对突出，如著名的回族乡——通州于家务乡，中央民族大学所在地——海淀区的四季青（含紫竹院）。维吾尔族人口最多的街区主要是四季青和甘家口（超过300人）。蒙古族和壮族人口分布有一定的相似性，主要分布在海淀区的四季青及其附近街区。形成上述格局的原因主要在于：①中央民族大学位于紫竹院，故四季青（含紫竹院）的少数民族人口相对突出；②海淀区的高校集中地带少数民族人口相对较多，说明少数民族人口集中分布多是缘于在京求学的大专以上学历人员；③在北京形成了维吾尔族人口的集中聚落，即甘家口的"新疆村"，导致甘家口维吾尔族人口的相对突出。

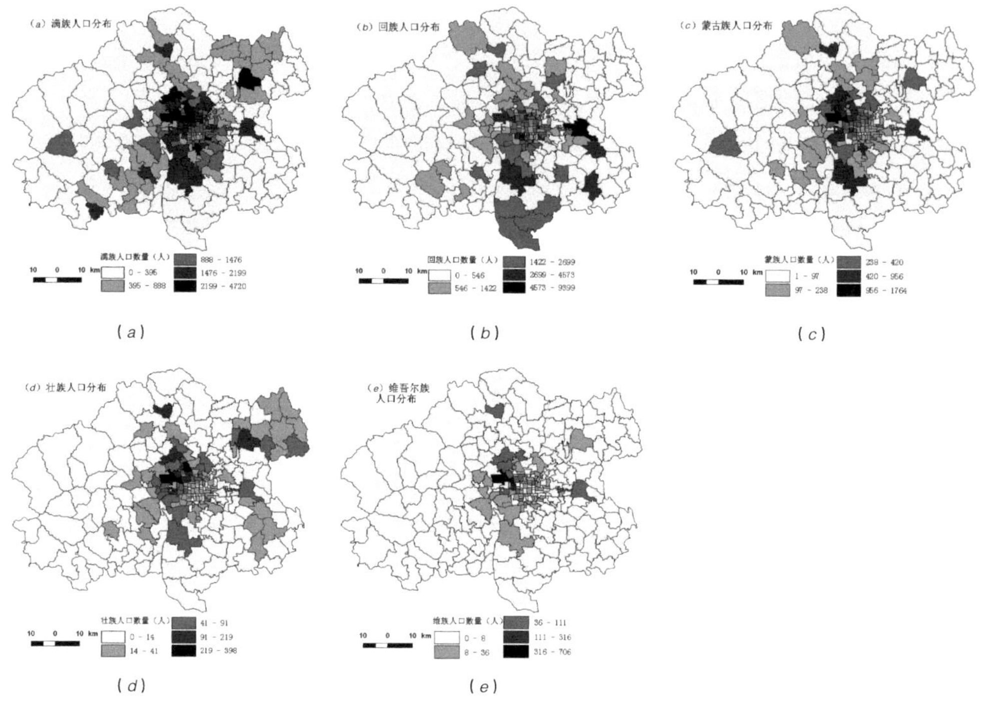


图 2-2-3 北京都市区少数民族人口的空间分异（2000 年）

## 2.3.2 北京都市区就业人口空间分异特征

**1）未工作人口①和农业人口空间分异**

北京的未工作人口主要集中在城八区和远郊区县政府驻地街区。北京农业人口的分布与地域城市化水平成反比，主要集中在远郊区县的边缘地带，城八区的农业人口已很少，在朝阳、海淀和丰台的外围部分乡镇，尚有一些农业人口分布。总体上看，北京都市区内农业人口分布最多的地域集中在都市区南部边缘地域。

**2）第二产业就业人口空间分异**

二产就业人口比重较高的街区主要集中在朝阳、丰台和昌平、顺义；在通州、大兴和房山靠近城八区的方向，一些街区也分布有较高的二产就业比重；海淀区二产就业人口比重的优势并不明显。总体而言，二产就业人口比重较高的街区分布主要集中在两大块：一是都市区北部昌平和顺义两区的大部分地区；二是近郊区的东部和南部，主要由朝阳和丰台的部分街区构成。

**3）第三产业就业人口空间分异**

三产就业人口比重最高的街区主要集中在中心区及其周边地域，另外在门头沟和房山的局部地带比重也较高，因为这里是北京煤矿的主要分布地带，采掘业人口比较集中导致三产人口比重较高。在都市区外围地域，三产就业人口所占比重则相对较小。如果以地铁 1 号线为界，将北京分为南城和北城的话，可以发现，三产就业人口比重最高的街区绝大多数分布在北城，

---

① 人口普查中的未工作人口包括以下 7 类人口：①在校学生；②料理家务且无劳动收入；③离退休（完全依靠退休金生活）；④丧失工作能力；⑤从未工作正在找工作；⑥失去工作正在找工作；⑦其他。

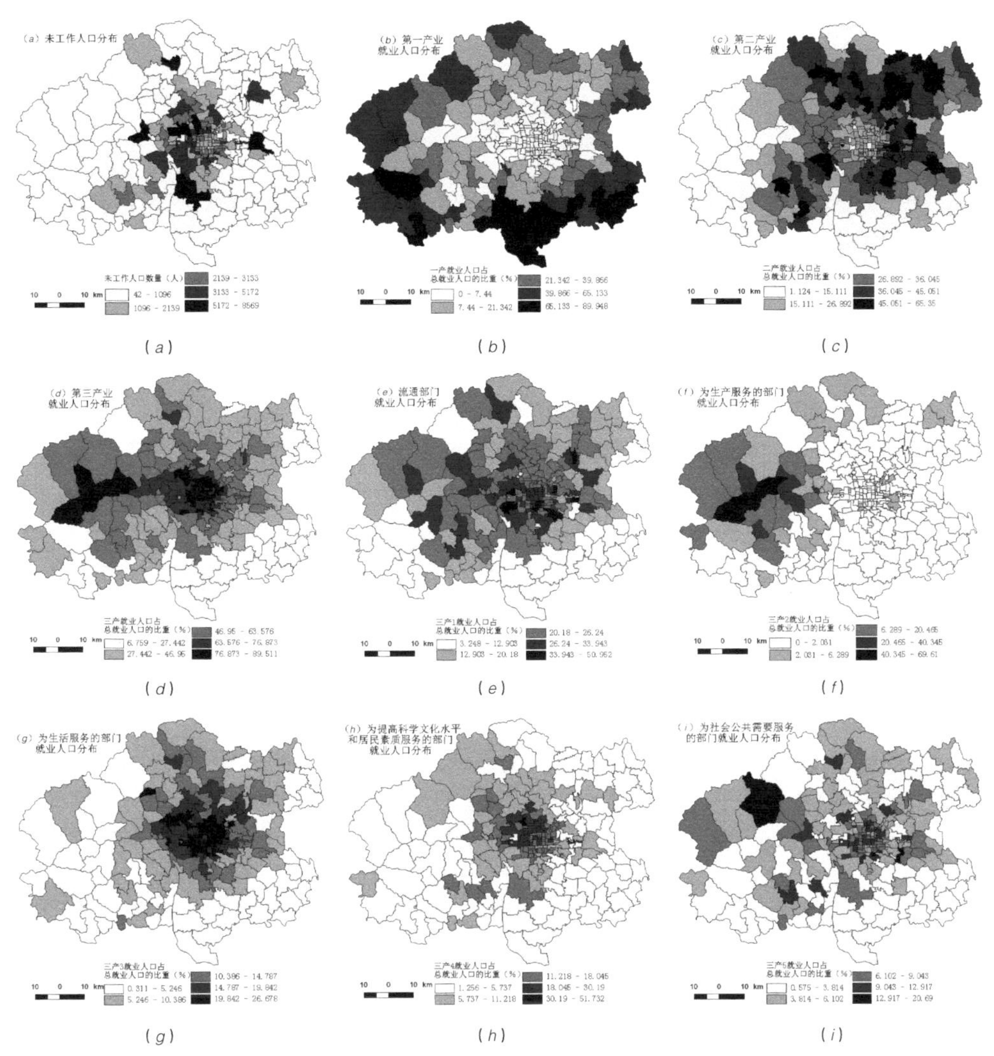


图 2-2-4　北京都市区各类产业就业人口的空间分异（2000 年）

南城的第三产业比较滞后。

**4）三产细类就业人口空间分异**

流通部门（三产 1）就业人口分布相对分散，但也存在一些重点分布地域，如中心区以及近郊区的海淀、丰台和朝阳等，在都市区外围地域有大量街区三产 1 的就业人口比重极低。为生产服务的部门（三产 2）就业人口高度集中在西部的门头沟和房山两区的街区，原因前已述及，与采掘业人口在此高度集中有关。

为生活服务的部门（三产 3）就业人口分布趋势也十分明显，高度集中在城区和近郊区，并向南部和东部有所扩展，向西和向北有大幅度的扩展，甚至向北蔓延到位于远郊区的昌平区部分街区。这种分布格局反映了包括金融、保险、房地产业、社会服务业等在内的生活服务密集型产业的分布有集中成团的现象，与建成区发展趋势密切相关。

为提高科学文化水平和居民素质服务的部门（三产 4）就业人口的分布最容易理解，因为他们集中分布在海淀区的高校密集区，与其临近的西城和东城的部分街区以及朝阳区的亚运村、大屯路一带，而在都市区外围的 6 个远郊区县分布较少。另外，就为社会公共需要服务的部门（三产 5）而言，比重相对较高的地区较为零散地分散在西城、东城的一些街区以及近郊、远郊的区县政府驻地街区。

## 2.3.3 北京都市区住房状况空间分异特征

从月租金、购建住房费用、经济适用房住户、租房情况等多个指标来反映 2000 年北京都市区住房空间的分异（图 2-2-5）。

以人均住房面积来反映居住分异，北京人均住房面积较小的街区主要集中在中心城区，中心城区以外的广大地域普遍居住面积较大。从月租金 1500 元以上的户数比重分布来看，比重相对较高的街区分布有集中在城区及其周边近临的近郊区的特点。从购建住房费用在 20 万元以上的户数比重来看，集中分布范围比月租金 1500 元以上户数集中的地区向外有一些扩展。一些离城八区较近的远郊地区，如昌平区的回龙观镇和北七家镇，顺义的后沙峪镇，大兴区的亦庄镇等分布有较高的比例。比例超过 7%的绝大多数分布在城区以外。就购买经济适用房户数的比重而言，高比重的街区零散地穿插在近、远郊区，和经济适用房项目的空间分布有关，如比重较高的亦庄、回龙观、望京等地都是北京著名的经济适用房建设地点。租公有住房和租商品房住户比重的分布都呈现同心圆的空间格局并有近似的互补关系。租公有住房户数的比重按距城市中心的距离依次向外递减：中心城区的比重最高，其次是近郊区内沿，再次是近郊区外缘和部分临近的远郊区，最低的是都市区外缘地域。租商品房的户数比重分布也是同心圆格局：中心城区和都市区外缘地域比重最低，比重最高的分布在近郊区内沿，比重比较高的则分布在近郊区外缘和都市区内沿。值得指出的是，若干位于都市区外缘传统的工业化和城市化发展较快的地区租公有房的比重相对较高，远郊区县政府驻地街区租商品房的比重相对较高。

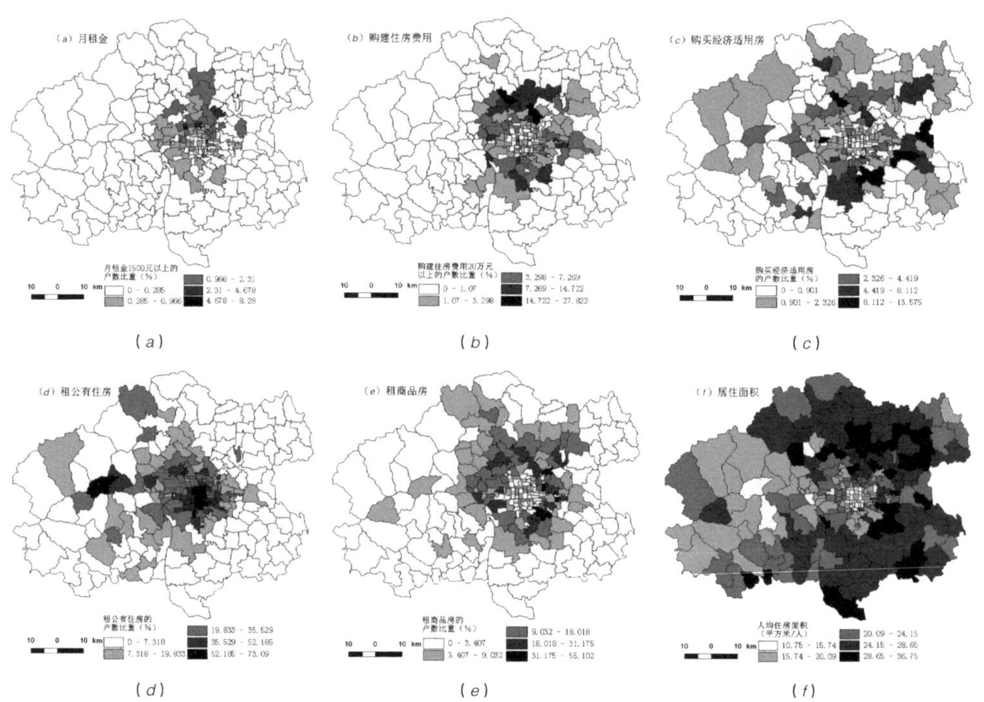


图 2-2-5 北京都市区住房状况的空间分异（2000 年）

# 2.4 转型期北京社会空间分异重构

## 2.4.1 北京社会要素分异重构统计特征

表 2-2-1 给出北京都市区若干社会指标的统计特征，包括极差、最大值、平均值和标准差。标准差代表相对于平均位置的偏离程度，标准差减小说明样本总体差异减小了。极差代表个体样本之间的两极分化，极差增大说明样本两极分化加剧。

结果表明，1982~2000 年间街区之间差异总体上趋于减小的指标包括：人口密度、家庭规模、满族和回族人口、文盲比重、未工作人口、第一产业和第二产业的就业人口比重以及三产内部为生产服务的部门、为提高科学文化水平和居民素质服务的部门和为社会公共需要服务的部门的就业人口比重（三产 2、三产 4 和三产 5）等。另外，性别比、老年人口比重、外来人口、高学历人口，蒙古族和壮族人口，流通部门和为生活服务的部门的三产就业人口比重等社会指标的差异则趋于增大。

18 年来各指标的标准差所表现出的样本总体上的差异性与极差所表现出的个体样本间的两极分化并不总是一致的。最典型的是人口密度，总体差异减小但个体两极分化增大了，其含义是，18 年来在都市区居住密度更加均衡发展的同时，不同地域对人口居住的吸引力在两个极端上的差异反而增大，这与北京城市扩展和房地产发展特点相符。流通部门的就业人口总体差异增大但个体两极分化减小，是流通部门专业化程度普遍提高的结果。

1982 年和 2000 年北京都市区社会指标的统计特征差异　　表 2-2-1

| 指标 | 2000 年 | | | | 1982 年 | | | |
|---|---|---|---|---|---|---|---|---|
| | 极差 | 最大值 | 平均值 | 标准差 | 极差 | 最大值 | 平均值 | 标准差 |
| 人口密度（人/km$^2$） | 62186.8 | 62215.9 | 8902.6 | 11644.3 | 57035.9 | 57080.1 | 7497.6 | 13363.4 |
| 性别比（女=100） | 136.5 | 231.0 | 110.8 | 15.2 | 82.0 | 160.8 | 101.6 | 11.2 |
| 户均人数（人/户） | 1.4 | 3.9 | 3.0 | 0.3 | 5.2 | 8.2 | 3.8 | 0.4 |
| 老年人口比重（%） | 17.1 | 21.9 | 12.5 | 3.5 | 12.1 | 17.2 | 12.4 | 2.5 |
| 街区外来人口数量（人） | 138703.0 | 139037.0 | 18760.1 | 21973.4 | 8025.0 | 8047.0 | 839.5 | 1111.7 |
| 满族人口（人） | 4720.0 | 4720.0 | 831.8 | 804.9 | 7185.0 | 7185.0 | 483.1 | 848.3 |
| 回族人口（人） | 9399.0 | 9399.0 | 957.4 | 1278.6 | 13323.0 | 13323.0 | 959.2 | 1755.1 |
| 蒙古族人口（人） | 1763.0 | 1764.0 | 146.5 | 184.5 | 919.0 | 919.0 | 48.5 | 107.6 |
| 壮族人口（人） | 398.0 | 398.0 | 25.5 | 43.9 | 206.0 | 206.0 | 9.1 | 20.0 |
| 维吾尔族人口（人） | 706.0 | 706.0 | 12.7 | 51.5 | — | — | — | — |
| 文盲人口比重（%） | 18.9 | 19.6 | 5.7 | 3.2 | 31.1 | 33.9 | 16.8 | 6.6 |
| 大学以上人口比重（%） | 74.9 | 75.2 | 13.5 | 13.8 | 63.4 | 63.5 | 4.5 | 8.1 |
| 一产就业人口比重（%） | 89.9 | 89.9 | 17.1 | 23.3 | 87.7 | 87.8 | 41.2 | 32.5 |
| 二产就业人口比重（%） | 64.2 | 65.3 | 29.1 | 12.4 | 64.2 | 65.6 | 32.3 | 17.3 |
| 三产就业人口比重（%） | 82.8 | 89.5 | 54.6 | 22.1 | 76.8 | 80.5 | 26.5 | 20.3 |
| 三产 1 人口比重（%） | 47.7 | 51.0 | 21.9 | 8.1 | 64.5 | 65.4 | 8.9 | 7.9 |
| 三产 2 人口比重（%） | 69.6 | 69.6 | 3.1 | 8.7 | 67.8 | 67.8 | 3.1 | 9.2 |
| 三产 3 人口比重（%） | 26.4 | 26.7 | 13.0 | 7.5 | 8.3 | 8.3 | 1.7 | 2.0 |

续表

| 指标 | 2000年 | | | | 1982年 | | | |
|---|---|---|---|---|---|---|---|---|
| | 极差 | 最大值 | 平均值 | 标准差 | 极差 | 最大值 | 平均值 | 标准差 |
| 三产4人口比重（%） | 50.5 | 51.7 | 10.0 | 7.9 | 71.2 | 72.6 | 9.4 | 11.2 |
| 三产5人口比重（%） | 20.1 | 20.7 | 5.8 | 3.2 | 18.8 | 19.2 | 3.4 | 3.4 |
| 未工作人口（人） | 8527.0 | 8569.0 | 1698.0 | 1509.2 | 77183.0 | 77574.0 | 7918.3 | 7912.2 |
| 机关干部人口比重（%） | 16.0 | 16.3 | 4.8 | 3.3 | 11.6 | 12.1 | 3.1 | 2.2 |
| 专业技术人员比重（%） | 48.5 | 50.5 | 14.1 | 10.5 | 53.1 | 57.0 | 11.3 | 8.8 |
| 办事人员比重（%） | 22.3 | 22.8 | 9.1 | 5.4 | 12.8 | 13.0 | 3.1 | 2.7 |
| 商业服务人口比重（%） | 50.5 | 51.5 | 22.0 | 9.4 | 20.1 | 21.8 | 9.2 | 5.7 |
| 农业职业人口比重（%） | 88.6 | 88.6 | 18.0 | 23.7 | 80.2 | 80.4 | 36.4 | 29.0 |
| 生产运输人口比重（%） | 69.3 | 74.6 | 32.4 | 13.5 | 57.5 | 68.6 | 37.0 | 14.4 |
| 房费20万元以上比重（%） | 27.8 | 27.8 | 2.0 | 3.6 | — | — | — | — |
| 购商品房户数比重（%） | 27.9 | 27.9 | 2.4 | 4.1 | — | — | — | — |
| 购经济适用房户数比重（%） | 13.6 | 13.6 | 1.6 | 2.2 | — | — | — | — |
| 租公有房户数比重（%） | 73.1 | 73.1 | 21.0 | 20.7 | — | — | — | — |
| 租商品房户数比重（%） | 55.1 | 55.1 | 5.8 | 8.4 | — | — | — | — |
| 人均住房面积（$m^2$/人） | 26.0 | 36.8 | 22.2 | 5.5 | — | — | — | — |

## 2.4.2 北京社会空间系统分异重构

计算反映北京都市区社会空间的35个指标的信息熵，由于“三普”没有关于住房指标的统计，因此1982~2000年间相关指数的变化体现在住房以外的指标上（下文亦同）。

从计算结果上看，无论是在1982年还是2000年，绝大部分指标的信息熵值都在4~5bit之间。前后相比发现，除了农业就业人口以外，其他所有指标的信息熵都是增加的，因此都市区社会空间系统整体上向越来越复杂化的方向演化，但农业人口的空间系统却趋于简单化，农业空间系统的这种变化特点与近20年来整个都市区产业结构调整与演化趋势相一致，即城区已无农业人口，近郊区的农业也逐渐被二产和三产替代，农业整体上处于萎缩状态。

信息熵的变化也可以在一定程度上反映系统分布的均衡程度，即基于空间数据的系统信息熵越大，空间差距越小，空间分布越趋于均衡。计算结果表明，18年间绝大多数社会指标的空间分布向均衡的趋势演化，只有农业就业人口趋于集中，这正反映了农业区位向远郊区集中的特点。以前后信息熵差值0.5bit作为标准，可以发现1982~2000年间空间分布变动较大的社会指标包括：人口密度、少数民族人口、高学历人口、二产和三产的就业人口。尤其是满族和蒙古族人口，三产中为生产、生活和社会公共需要服务的就业人口（三产2、三产3和三产5），信息熵的增加值都在0.7bit以上，表明这些社会指标的空间分异经历了幅度较大的重构。

## 2.4.3 北京社会要素绝对空间分异重构

用不同方法所计算的参数关注的重点和细节不同。信息熵在反映不同对象的差异时，并无参照对象，是一种宏观统计量，更关注宏观的规律性，在反映系统整体演化和重构的规律性方面有优势，但在一些差异的细节上可能不突出。相比之下，分异指数设置了参照对象，其优势在于能突出更加微观的细节，因此，有必要计算北京社会指标的分异指数（表 2-2-2）。

基于空间数据的绝对分异指数是相对于绝对均衡分布的一种空间分异。从计算结果上看，大的趋势与信息熵的计算结果相似，但略有差异。除了老年人口、性别比、户均人数、农业就业人口等少数指标以外，1982~2000 年间其他各指标的绝对分异指数都呈现减少的趋势，说明绝大部分社会指标的空间分异程度在下降。尽管整个社会的老龄化水平在提高，但不同区域老龄化水平提高的程度和变化趋势有所不同，从下文的图 2-2-6*f* 所反映的北京都市区老年人口比重与距离关系的重构中可以清楚地发现，18 年来北京都市区老龄化水平空间分异在加强，即老城区街区老龄化水平普遍提高很大，而相当一部分近郊区街区的老龄化水平还有降低的趋势，这实际上受到了近郊区由于外来人口相对集中和承接了大量参与郊区化的居民而年龄结构相对年轻化特点的影响，都市区整体上的老龄化水平空间分异得以加强。性别比和表征家庭规模的户均人数的空间分异也有所增强，但幅度相对较小。从性别比与距离关系的重构特点上也可对上述结果进行解释：在距离城市中心 5~25km 的范围之内，18 年中街区性别比有大幅度的提高，其他空间变化不大，整体的空间分异加强了。户均人数的变化也可获得类似解释。农业就业人口绝对分异指数的变化与农业的相对集中发展有关。从 2000 年北京都市区住房属性指标来看，绝对分异指数都在 0. 5 以上，说明北京的住房存在比较明显的空间分异特点。

**北京都市区社会空间分异指数及其变化（1982~2000 年）　　表 2-2-2**

| 指标 | 绝对分异指数 | | | 相对分异指数 | | | 信息熵 | | |
|---|---|---|---|---|---|---|---|---|---|
| | 2000 年 | 1982 年 | 1982~2000 年差值 | 2000 年 | 1982 年 | 1982~2000 年差值 | 2000 年 | 1982 年 | 1982~2000 年差值 |
| 总人口 | 0. 298 | 0. 321 | −0. 023 | 0. 000 | 0. 000 | 0. 000 | 5. 205 | 4. 915 | 0. 290 |
| 人口密度 | 0. 554 | 0. 657 | −0. 103 | 0. 446 | 0. 534 | −0. 088 | 4. 693 | 4. 096 | 0. 597 |
| 性别比 | 0. 044 | 0. 035 | 0. 009 | 0. 302 | 0. 319 | −0. 017 | 5. 472 | 5. 231 | 0. 241 |
| 户均人数 | 0. 044 | 0. 034 | 0. 010 | 0. 324 | 0. 335 | −0. 011 | 5. 475 | 5. 231 | 0. 244 |
| 老年人口 | 0. 330 | 0. 308 | 0. 022 | 0. 124 | 0. 089 | 0. 035 | 5. 179 | 4. 946 | 0. 233 |
| 外来人口 | 0. 414 | 0. 457 | −0. 043 | 0. 181 | 0. 187 | −0. 006 | 4. 950 | 4. 624 | 0. 326 |
| 满族人口 | 0. 376 | 0. 539 | −0. 163 | 0. 186 | 0. 359 | −0. 173 | 5. 044 | 4. 290 | 0. 754 |
| 回族人口 | 0. 462 | 0. 560 | −0. 098 | 0. 319 | 0. 342 | −0. 024 | 4. 786 | 4. 237 | 0. 549 |
| 蒙古族人口 | 0. 417 | 0. 617 | −0. 201 | 0. 203 | 0. 433 | −0. 230 | 4. 921 | 3. 984 | 0. 937 |
| 壮族人口 | 0. 476 | 0. 584 | −0. 108 | 0. 324 | 0. 427 | −0. 103 | 4. 679 | 4. 063 | 0. 615 |
| 维吾尔族人口 | 0. 621 | — | — | 0. 506 | — | — | 3. 792 | — | — |
| 文盲人口 | 0. 232 | 0. 240 | −0. 008 | 0. 204 | 0. 176 | 0. 028 | 5. 299 | 5. 026 | 0. 273 |
| 大学以上人口 | 0. 513 | 0. 619 | −0. 106 | 0. 292 | 0. 417 | −0. 124 | 4. 672 | 4. 074 | 0. 597 |
| 一产就业人口 | 0. 508 | 0. 368 | 0. 141 | 0. 635 | 0. 515 | 0. 120 | 4. 665 | 4. 760 | −0. 095 |
| 二产就业人口 | 0. 322 | 0. 469 | −0. 148 | 0. 162 | 0. 186 | −0. 023 | 5. 137 | 4. 583 | 0. 553 |
| 三产就业人口 | 0. 379 | 0. 501 | −0. 121 | 0. 114 | 0. 245 | −0. 131 | 5. 056 | 4. 525 | 0. 530 |
| 三产 1 就业人口 | 0. 355 | 0. 525 | −0. 170 | 0. 105 | 0. 259 | −0. 154 | 5. 089 | 4. 489 | 0. 599 |
| 三产 2 就业人口 | 0. 450 | 0. 580 | −0. 129 | 0. 398 | 0. 558 | −0. 160 | 4. 746 | 3. 896 | 0. 851 |
| 三产 3 就业人口 | 0. 408 | 0. 597 | −0. 189 | 0. 168 | 0. 353 | −0. 186 | 4. 989 | 4. 262 | 0. 726 |
| 三产 4 就业人口 | 0. 458 | 0. 540 | −0. 082 | 0. 223 | 0. 314 | −0. 091 | 4. 851 | 4. 400 | 0. 451 |
| 三产 5 就业人口 | 0. 412 | 0. 572 | −0. 160 | 0. 184 | 0. 335 | −0. 151 | 4. 997 | 4. 257 | 0. 740 |
| 未工作人口 | 0. 333 | 0. 334 | −0. 001 | 0. 075 | 0. 064 | 0. 011 | 5. 149 | 4. 893 | 0. 257 |

续表

| 指标 | 绝对分异指数 | | | 相对分异指数 | | | 信息熵 | | |
|---|---|---|---|---|---|---|---|---|---|
| | 2000年 | 1982年 | 1982~2000年差值 | 2000年 | 1982年 | 1982~2000年差值 | 2000年 | 1982年 | 1982~2000年差值 |
| 机关干部人口 | 0.429 | 0.519 | -0.090 | 0.229 | 0.242 | -0.013 | 4.942 | 4.453 | 0.488 |
| 专业技术人员 | 0.449 | 0.490 | -0.041 | 0.203 | 0.234 | -0.031 | 4.886 | 4.545 | 0.341 |
| 办事人员 | 0.423 | 0.548 | -0.125 | 0.164 | 0.272 | -0.108 | 4.977 | 4.383 | 0.594 |
| 商业服务业人口 | 0.365 | 0.489 | -0.124 | 0.116 | 0.208 | -0.092 | 5.061 | 4.580 | 0.481 |
| 农业职业人口 | 0.506 | 0.365 | 0.140 | 0.634 | 0.512 | 0.122 | 4.678 | 4.777 | -0.098 |
| 生产运输人口 | 0.292 | 0.430 | -0.137 | 0.173 | 0.145 | 0.029 | 5.192 | 4.692 | 0.500 |
| 月租金1500元以上户数 | 0.628 | — | — | 0.471 | — | — | 4.189 | — | — |
| 房费20万元以上户数 | 0.597 | — | — | 0.461 | — | — | 4.253 | — | — |
| 购商品房户数 | 0.607 | — | — | 0.511 | — | — | 4.113 | — | — |
| 购经济适用房户数 | 0.577 | — | — | 0.416 | — | — | 4.421 | — | — |
| 租公有房户数 | 0.501 | — | — | 0.298 | — | — | 4.790 | — | — |
| 租商品房户数 | 0.542 | — | — | 0.412 | — | — | 4.512 | — | — |
| 人均住房面积 | 0.100 | — | — | 0.349 | — | — | 5.450 | — | — |

### 2.4.4 北京社会要素相对空间分异重构

计算相对于总居住人口分布的相对分异指数。如果一个时段某一指标的相对分异指数减少了，说明其相对于总人口空间分布格局的一致性变强了。从计算结果上看，1982~2000年间，相对分异指数增长的社会指标包括老年人口、文盲人口、农业就业人口、未工作人口、农业职业人口和生产运输人口。其他指标的相对分异指数都呈减小的趋势，说明这些社会指标空间分布格局与总人口的分布格局的一致性在变好。具体而言，人口密度自然与总人口的分布格局有较强的相关性；对外来人口、各少数民族人口、高学历人口而言，可以理解为，总人口的分布、增长导致了其目前的空间格局；第二产业和第三产业，与总人口分布格局的一致性变好，尤其是18年来发展起来的各种服务业，由于其服务对象多是针对城市人口，故与总人口分布的一致性增强。

老年人口、文盲人口，18年来逐渐偏离与总人口分布格局的一致性，原因是他们有其独特的分布特点。将街区总人口、老年人口比重、文盲人口按从大到小排序，很容易发现他们之间的不一致性，如老年人口比重较高的老城诸街区，其人口总量并不突出，文盲人口数量突出的远郊区诸街区，其人口总量也不突出。农业就业人口相对分异指数的变化可获得与前文类似的解释，农业的相对集中与总人口分布关系不大。未工作人口的相对分异指数变化则告诉我们，人口分布集中的地区未必就是无工作人口集中的地区。

已有研究曾计算上海基于街区数据的住房指标的相对分异指数，可以与北京进行比较。2000年，上海购买商品房、购买经济适用房、租公有房住户、租商品房住户的相对分异指数分别为0.249、0.356、0.209和0.549（李志刚、吴缚龙，2006）。相比而言，北京商品房、经济适用房住户和公有房住户的空间分异程度都明显高于上海，但北京租（商品）房的空间分异程度低于上海。说明与上海相比，北京的商品房开发与居住人口的匹配性方面明显差于上海，但租房市场发育较好，与人口的空间匹配性比上海略好。

### 2.4.5 北京社会空间群居性和混居性状况重构

隔离指数可以在一定程度上反映某类人口与其以外的其他人口的空间关系，即可以衡量人口的群居性和混居性状况，但并非对所有人口指标都有意义，从35个指标中挑选出老年人口、外来人口、少数民族人口、文盲人口、大学以上学历人口以及未工作人口、各种行业人口和职业人口，计算上述指标的隔离指数及其变化（表2-2-3）。

计算结果显示的规律性非常明确。18年中，除了老年人口、外来人口、文盲人口和农业人口以外，其余所有指标的隔离指数都在下降。也就是说，从总体上看，北京都市区人口的混居性在增强，但老年人口、外来人口、文盲人口和农业人口相对于其他人口的混居性变弱而群居性特征增强了。从2000年的绝对数值来看，隔离指数最高的是农业人口（行业0.638，职业0.637），其次是维吾尔族人口（0.506），其他指标都在0.4以下，绝大多数都在0.3以下。说明北京都市建成区内部的小块农地逐渐消失，农业用地更加向城市外围集中，这符合北京城市空间扩张的特点，而维吾尔族人口仍然表现出高度群居性，这与北京社会区研究的结论相符合（冯健、周一星，2003）。值得强调的是，除了维吾尔族因1982年数据缺失而无法前后对比，满、回、蒙古、壮等少数民族的隔离指数都在下降，因此从总体上看，少数民族人口与汉族人口的混居性在增强，这体现出中国大城市地区的多民族融和特征。

北京都市区社会空间的隔离指数及其变化（1982~2000年）　　表2-2-3

| 指标 | 2000年 | 1982年 | 1982~2000年差值 | 指标 | 2000年 | 1982年 | 1982~2000年差值 |
|---|---|---|---|---|---|---|---|
| 老年人口 | 0.142 | 0.101 | 0.041 | 三产1就业人口 | 0.107 | 0.279 | -0.173 |
| 外来人口 | 0.287 | 0.191 | 0.097 | 三产2就业人口 | 0.398 | 0.565 | -0.167 |
| 满族人口 | 0.189 | 0.363 | -0.174 | 三产3就业人口 | 0.169 | 0.359 | -0.190 |
| 回族人口 | 0.325 | 0.350 | -0.026 | 三产4就业人口 | 0.225 | 0.339 | -0.115 |
| 蒙古族人口 | 0.204 | 0.434 | -0.230 | 三产5就业人口 | 0.185 | 0.346 | -0.161 |
| 壮族人口 | 0.324 | 0.427 | -0.103 | 未工作人口 | 0.078 | 0.079 | -0.001 |
| 维吾尔族人口 | 0.506 | — | — | 机关干部人口 | 0.230 | 0.249 | -0.019 |
| 文盲人口 | 0.213 | 0.204 | 0.009 | 专业技术人员 | 0.205 | 0.256 | -0.052 |
| 大学以上人口 | 0.358 | 0.441 | -0.083 | 办事人员 | 0.165 | 0.280 | -0.115 |
| 一产就业人口 | 0.638 | 0.599 | 0.039 | 商业服务业人口 | 0.118 | 0.224 | -0.107 |
| 二产就业人口 | 0.165 | 0.248 | -0.083 | 农业职业人口 | 0.637 | 0.583 | 0.053 |
| 三产就业人口 | 0.118 | 0.308 | -0.190 | 生产运输人口 | 0.176 | 0.196 | -0.020 |

## 2.5 北京社会空间分异与距离关系重构

图2-2-6所示为北京都市区主要社会指标与距离关系的重构。

人口密度与距离关系的重构规律十分明确：18年来，中心区（距离城市中心约5km的范围）人口密度有所降低；近郊区（距城市中心5~25km的范围）人口密度有一定程度的上升，尤其是距离城市中心5~12km的范围上升比较显著。人口密度分布的整体空间差异在减小。

大学以上学历人口比重与距离关系的重构，既反映了改革开放以来学历水平的普及和提高过程，又反映了高学历人口在空间上的差异，尤其是在城近郊区的街区（距离城市中心 0~25km 的范围），18 年来高学历水平的提高比较明显。外来人口的分布前后差异极大，1982 年，绝大多数街区外来人口比重都在 5%以下，2000 年，大部分街区外来人口比重处在 10%~70%的区间，外来人口分布实际上也具有“普及”的特点，这种特点反倒使空间单元之间的分异有所减小。高学历人口和外来人口都是这一类型社会指标空间分异的代表，尽管其有明确的分异特征，但“普及”的力量反倒使其空间分异比计划经济时代的情况有所降低。

老年人口比重与距离关系的变化表现出空间分异加强的特点。在中心城区及其附近，距离城市中心 0~8km 的范围，老龄化水平有比较明显的变化，1982 年，这一距离段多在 16%以下，2000 年，则多在 16%以上。在距离城市中心 8~12km 的范围，一部分街区的老龄化水平有所上

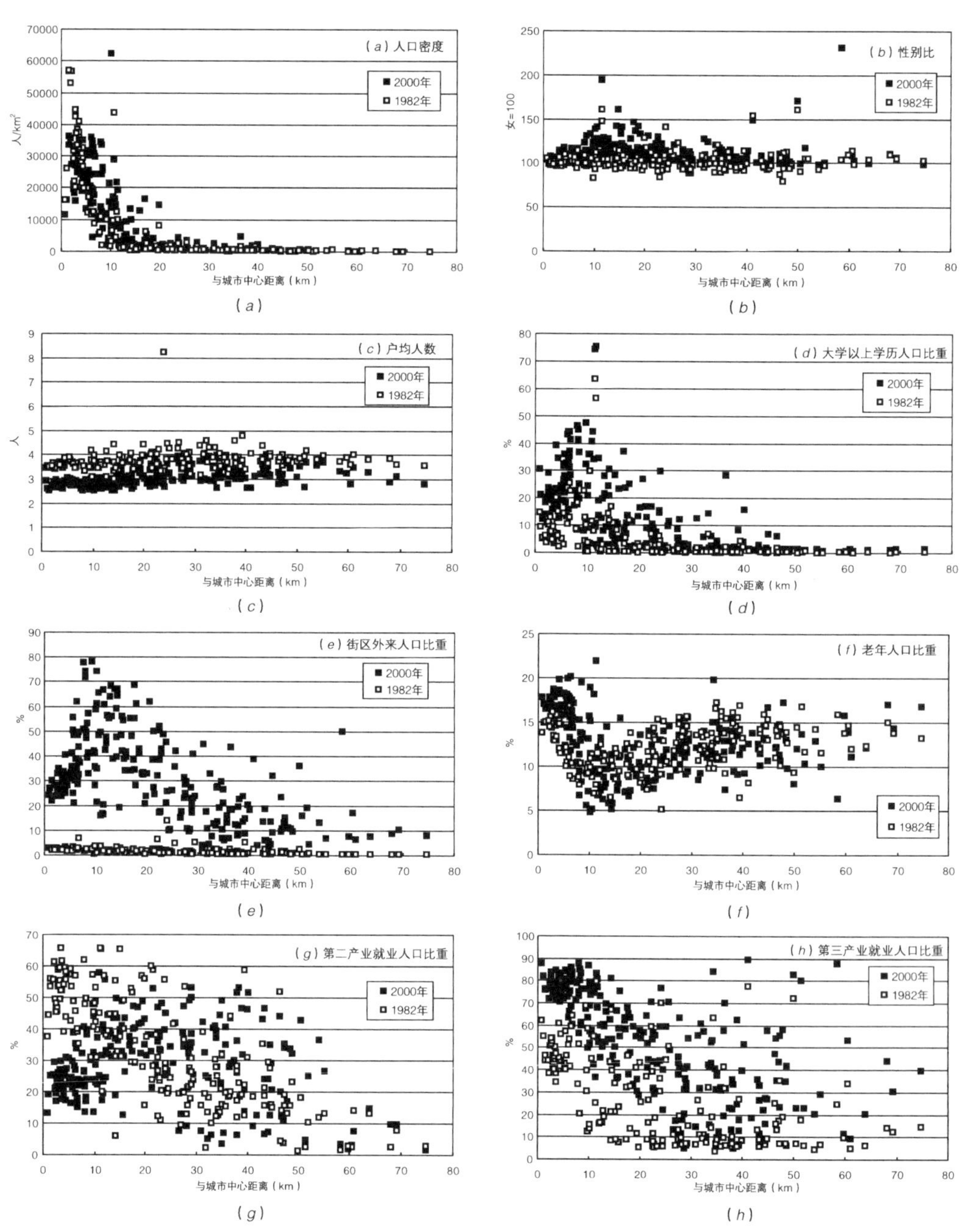

图 2-2-6　北京都市区主要社会指标与距离关系的重构

升，也有相当一部分的老龄化水平有所下降。在距离城市中心 12~55km 的范围，街区的老龄化水平整体上有下降的趋势。这种变化大致反映了两种趋势：一方面，中心城区及其附近、部分远郊农村地区，老龄化问题比较突出。另一方面，近郊区及其附近的年龄结构有年轻化的特点。

第二产业就业人口比重与距离关系的重构清晰地再现了北京工业郊区化的过程。在距离城市中心 0~25km 的范围内（约为城近郊区），第二产业就业人口比重整体上呈现明显的下降趋势。在距离城市中心 0~10km 的范围内，下降趋势最为典型，1982 年，这一距离段的比重基本上都在 40%以上，而 2000 年则基本上都降到 40%以下。在距离城市中心 10~25km 的范围内，整体上亦有一定程度的下降。在距离城市中心 25km 以外的范围，二产就业人口的比重则有明显的上升趋势。从而表明，1982~2000 年期间，北京不仅已经开始工业郊区化过程，而且已完成相当一部分的“远郊化”过程，近郊区一部分工业也向更远的“郊区”转移。

第三产业就业人口比重与距离关系的变化则反映了都市区产业结构高级化的发展趋势。在距离城市中心 0~10km 范围以内，三产就业人口比重有突出的上升趋势，1982 年这一距离段的比重基本上都在 65%以下，而 2000 年则基本上都在 65%以上。在距离城市中心 10km 以外的地区，三产就业人口比重几乎都有不同程度的提升，2000 年，少部分远郊街区三产就业人口的比重高达 80%以上，达到中心城区的水平。

## 2.6 基于制度、市场和文化变迁的解释：一个理论框架

社会空间可视作社会要素作用于空间的结果，也可视作一种过程，在这个过程中，社会和空间相互作用，其机理是“社会空间辩证法”（Socio-spatial Dialectic）（Knox、Pinch，2000）。另外，近年西方人文地理学强调“文化和制度转向”（Clark et al.，2003），侧重从文化和制度层面上诠释人文现象的空间规律，这些都为我们提供了新的研究视角。实际上，可以从制度、市场、文化和社会变迁及其与空间相互作用的角度，对转型期北京社会空间分异重构进行解释（图 2-2-7）。

包括户籍制度改革、土地有偿使用制度建立等在内的制度创新过程对城市空间上的流动人口和产业活动的增长与布局产生了重要影响。市场的转型，使得传统的城市经济结构面临严峻挑战，也加快了城市产业结构向高级化方向转变的步伐，如北京一产 GDP、二产 GDP 和三产 GDP 占城市 GDP 总量的比重分别由 1982 年的 6.7%、64.4%、28.9%演变到 2000 年的 2.5%、32.7%、64.8%，再到 2006 年的 1.3%、27.8%和 70.9%。实际上，城市产业结构升级推动了城市就业空间的演变，城市内部空间层次上产业结构的转变推动了就业人口在城市空间上分异的发展。如按照人口普查所显示的就业人口数据，1982~2000 年间，北京中心区和近郊区在流通部门和为生活服务的部门的就业人口比重上升极快，中心区三产 3 的就业人口比重上升了 17%，三产 1 的比重上升了 11%，这显然与中心区的用地置换及其经济功能的转变历程密切相关。向全国开放的劳动力市场，使北京的流动人口剧烈增长，如北京的流动人口从 1982 年的 17 万增至 2000 年的 257 万（按人口普查数据），18 年间增加了 14 倍，按最近的统计，2006 年底，北京的流动人口已达到 383 万（北京市统计局，2007）。文化层面上的高等教育发展不仅使高学历人员比重增加，也使普通居民的平均学历水平得以提高。从人口、家庭和社会结构变迁的角度来看，家庭规模在普遍缩小，人口的老龄化特点日益突出。总之，来自制度、市场和文化等层面的基础动力带来了社会要素在规模上的重构，它们既表现在很多要素的规模增长方面，

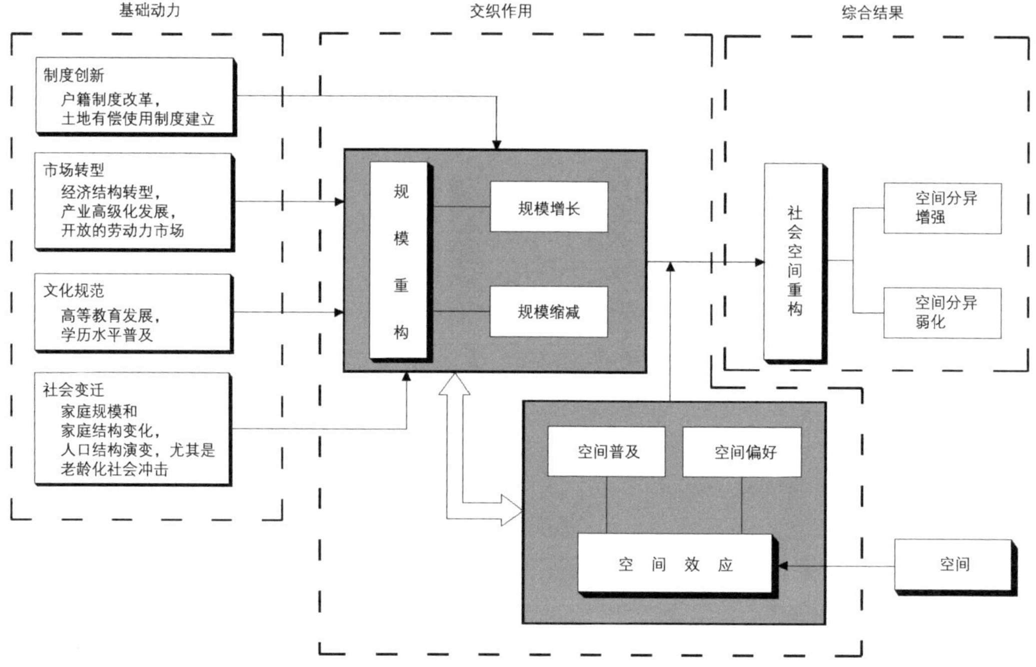

图 2-2-7　转型期北京社会空间分异重构机制的概念模型

如北京的流动人口、三产就业人口、高学历人员、老年人口，也表现在一部分要素的规模缩减方面，如北京的家庭规模和农业就业人口等。

另外，不同性质的社会要素，反映在空间上有不同的趋势。换言之，从空间的层面来看，存在“分散”和“集聚”两种效应：一方面，各自组织空间单元的发展产生空间普及效应，在整体上表现出分散的发展趋势；另一方面，一些社会要素具有特定的空间偏好或出于节约经营成本的考虑，倾向于向一些特定的空间集聚。实际上，在社会要素的规模重构和空间重构的过程中，它们发生了综合的交织作用：发生规模增长的要素可以产生空间普及效应，如北京的三产就业人口、学历人口分布、流动人口分布等，它们也可以产生空间偏好效应，如不断增加的老年人口出于对就医、服务等设施便利性的考虑而决定其居住区位；发生规模缩减的社会要素同样可以对应于上述两种空间效应，如家庭规模对应于空间普及，而农业就业人口对应于空间偏好，因为要尽可能地节约土地成本，将价格昂贵的土地置换给用地更加集约的第三产业。

社会要素“规模重构”和“空间效应”的综合作用结果就是社会空间重构，有的表现出空间分异减弱的趋势，而有的表现出增强的趋势。北京绝大多数社会指标的空间分异程度呈现减弱趋势，多数类型的人口混居性在增强，但少数指标的空间分异程度在增强，少数类型人口的群居性在增强，这些规律都可以从制度、市场、社会和文化变迁上寻求基层动力解释，从规模和空间上寻求重构过程的交织作用，从空间分异增强和弱化上寻求重构的结果。

## 2.7　结　论

有学者认为，与居委会层次的数据相比，街区不适宜作为划分社会空间的基本单元，主要原因在于基于街区的社会空间分异程度低于居委会（李志刚、吴缚龙，2006），我们不同意这种观点。实际上，分异程度是一种相对的概念，不同空间尺度之间不具有可比性，判断社会空间分异程度的变化应基于同一空间尺度不同时点的对比。另外，对研究数据种类的选择，还要考虑其来源的可操作性，对于中国人口普查数据而言，大众可获得的基本单元是街区而非居委会，况且使用居委会数据还存在难以准确复原居委会层次的城市地图及其变迁关系的缺陷。尽管我们不反对使用居委会尺度的数据，本文研究还是进一步表明，“街区尺度”是展现中国城市社会空间分异特征的具有可操作性的空间尺度。

北京都市区的各类居住人口都存在明显的、各具特色的空间分异特征，如居住人口密度、外来人口、家庭规模、老年人口、学历人口、少数民族人口等。各类就业人口和住房状况指标都展现出了在郊区化和城市产业转型背景下北京都市区内部主要经济和社会要素的空间差异格局。通过计算信息熵、绝对分异指数、相对分异指数、隔离指数等指标可以定量地度量转型期北京社会空间分异的重构特征。除了老年人口、性别比、户均人数和农业就业人口等少数指标以外，1982~2000 年间北京绝大部分社会指标的空间分异程度在下降。同期，外来人口、各少数民族人口、高学历人口以及二产、三产就业人口等与总人口分布格局的一致性在变好，而老年人口、文盲人口以及与农业相关的人口逐渐偏离了与总人口分布格局的一致性。18 年间，城市人口的混居性普遍增强，但老年人口、外来人口和农业人口却表现出相对于其他人口的混居性变弱而群居性增强的特征。信息熵的变化实际上也反映出，除个别指标以外，城市社会空间总体上向更加复杂和异质性增强的方向演化，这与基于社会区分析的北京都市区社会空间结构演化的研究结论完全一致（冯健、周一星，2003；冯健，2004）。更重要的是，基于分异指数和隔离指数的分析给我们展现了社会区分析以外的有关都市区社会空间重构的更多细节。这些细节可以从城市社会空间分异与距离关系的重构规律中得到更加直观的认识，而对它们的解释则需要从制度、市场和文化变迁的层面来寻求基础动力，需要借助社会空间辩证法建立解释性框架。

最后需要指出的是，1982~2000 年的 18 年不仅可以和人口普查时间相对接，而且也是中国转型期的一个重要阶段，因为它经历了从计划经济到社会主义市场经济的转型，因此研究中国城市转型离不开对这一阶段的关注。2000 年以后，北京社会空间的分异及其重构情况，有待于“六普”数据面世以后的后续研究。

## 参考文献

[1] Clark G L, Feldman M P, Gertler, M S. 2003. The Oxford Handbook of Economic Geography [M]. Oxford：Oxford University Press.

[2] Coffey W J, Shearmur R G. 2002. Agglomeration and Dispersion of High-order Service Employment in the Monstreal Metropolitan Region, 1981–96 [J]. Urban Studies, 39：359–378.

[3] Friedmann J, Wolff G. 1982. World City Formation：An Agenda for Research and Action [J]. International Journal of Urban and Regional Research, 6, 309–344.

[4] Garreau J. 1991. Edge City [M]. New York, NY：Doubleday.

[5] Gu C L, Wang F H, Liu G L. 2005. The Structure of Social Space in Beijing in 1998：a Socialist City in Transition [J]. Urban Geography, Vol. 25, 167–192.

[6] Johnston R J, Gregory D, Pratt G, Watts M. 2000. The Dictionary of Human Geography

(Fourth Edition) [M]. Malden: Blackwell.

[7] Kitchin R, Tate N J. 2000. Conducting Research into Human Geography: Theory, Methodology and Practice [M]. Pearson Education.

[8] Knox P, Pinch S. 2000. Urban Social Geography: an Introduction (Fourth edition) [M]. Englewood Cliffs, NJ: Prentice Hall.

[9] Pacione M. 2001a. Models of Urban Land Use Structure in Cities of the Developed World [J]. Geography, 86 (2): 97-119.

[10] Pacione M. 2001b. The Internal Structure of Cities in the Third World [J]. Geography, 86 (3): 189-209.

[11] Sassen S. 1991. The Global City [M]. Princeton. NJ: Princeton University Press.

[12] The Ghent Urban Studies Team. 1999. The Urban Condition: Space, Community, and Self in the Contemporary Metropolis [M]. Rotterdam: 010 Publishers.

[13] Wu F L. 2005. The City of Transition and the Transition of Cities [J]. Urban Geography, 26 (2): 100-106.

[14] Wu F, Li Z G. 2005. Socio-spatial Differentiation: Processes and Spaces in Subdistricts of Shanghai [J]. Urban Geography, 26 (2): 137-166.

[15] 北京市统计局 . 2007. 北京统计年鉴 2007 [M]. 北京：中国统计出版社 .

[16] 冯健 . 2004. 转型期中国城市内部空间重构 [M]. 北京：科学出版社 .

[17] 冯健 . 2005. 正视北京的社会空间分异趋势 [J]. 北京规划建设，(2)：176-179.

[18] 冯健，周一星 . 2003. 北京都市区社会空间结构及其演化 (1982-2000) [J]. 地理研究，22 (4)：465-483.

[19] 李志刚，吴缚龙 . 2006. 转型期上海社会空间分异研究 [J]. 地理学报，61 (2)：199-211.

[20] 王兴中等 . 2000. 中国城市社会空间结构研究 [M]. 北京：科学出版社 .

[21] 吴俊莲，顾朝林，黄瑛等 . 2005. 南昌城市社会区研究——基于第五次人口普查数据的分析 [J]. 地理研究，24 (4)：611-619.

[22] 宣国富，徐建刚，赵静 . 2006. 上海市中心城社会区分析 [J]. 地理研究，25 (3)：526-538.

[23] 周春山，刘洋，朱红 . 2006. 转型时期广州市社会区分析 [J]. 地理学报，61 (10)：1046-1056.

TWO

# 3 快速城市化背景下城乡结合部发展特征与机制——以北京海淀区为例[①]

THREE

## 3.1 引　言

城乡结合部是城市建成区到农村纯农腹地之间的过渡性地域实体（Pryor 1968；任荣荣、张红，2008），是城市化过程中普遍存在的一种社区类型，在城市中具有重要功能，其发展状态直接影响到整个城市的可持续发展（戚本超、周达，2007）。城市扩张需要占用城乡结合部的土地（Hushak，1975），土地征用是城乡结合部转型的初始动力，也是城乡结合部未来发展的关键，学术界围绕着城乡结合部土地利用、土地征用价格、收益分配及失地农民的安置等问题开展了一系列研究（McMillen，1989；刘灵辉等，2007；马贤磊、曲福田，2006；何春阳等，2001；郭爱请、王辉，2007；吴铮争等，2008；López et al.，2001；刘盛和，2002）。城乡结合部在从乡村走向城市的过程中需要经历一个较为漫长的演变过程，同时也要面对复杂的经济、社会、环境和体制变革。也有学者对城乡结合部的后续发展过程中出现的问题，如集体资产的处置和社区建设管理等进行了探讨（魏书华，2002；张勋宗、陈思君，2007）。

近年来，随着中国进入城市化发展的中期加速阶段，快速城市化特征愈发突出（Zhou、Ma，2003、2005），城市空间转型速度加快，异质化、多中心化、破碎化成为转型期中国大城市空间演化的重要特征（Gu et al.，2005；Feng et al.，2008；Li、Wu，2008；Wu、Phelps，2008）。在空间和土地使用转变的同时，也伴随着经济、社会、政府和制度的转型，而它们往往和空间的再生产交织在一起（Lin，2007）。就中国大城市的城乡结合部而言，快速城市化已对其居民构成、土地产出、产业转型、管理模式和空间结构等产生了重要影响与冲击。已有研究多侧重于对城乡结合部发展特点的简单描述或对某个方面的具体分析。值得指出的是，作为一个复杂的地域系统，城乡结合部的发展与转型受到多方面因素的影响，矛盾与问题的消除也需要多方配合。而且，制度、规划和政策因素在中国大城市城乡结合部的发展中不容忽视（Gallent，2006；陈孟平，2006）。城乡结合部是中国城市内部空间的重要类型，要进一步丰富转型期中国城市内部空间结构理论，对城乡结合部这一空间类型的研究应当引起重视，应该多选取一些具有复杂特点的城乡结合部，开展详细的实地调查和实证研究。

本文选取北京市海淀区这一复杂地域作为案例，通过对海淀区城乡结合部调查资料与数据

① 本文作者：刘玉、冯健。

的系统分析，概括转型期城乡结合部发展的特征，从经济、制度、规划和历史因素等角度探讨城乡结合部的发展机制，旨在为快速城市化背景下我国大城市城乡结合部的健康发展与顺利转型提供借鉴。

# 3.2 研究区域与数据获取

## 3.2.1 研究区域

海淀区位于北京西北部，是首都的重要功能区域，中关村以及北京主要的大学多分布于此。随着北京城市化进程与城市扩张的推进，城市的重要职能区域由过去的城四区（东城、西城、崇文和宣武）逐步扩大到城八区（新增海淀、朝阳、石景山和丰台四区）。目前北京市城乡结合部的范围大致分布在上述新增四个区的外围部分及邻近的其他郊区。因此，海淀区的城乡结合部是北京城乡结合部的重要组成部分，其发展状态关系着北京空间资源配置、产业结构转型以及生态环境建设等方面，其发展特征与机制在北京城乡结合部乃至全国大城市城乡结合部中具有典型性和代表性。

国内外关于城乡结合部界定的研究已有不少，有定量指标也有定性描述。概括而言，根据城市规划、人口特征、社会形态、景观特征、生态系统、土地利用和城市功能等方面的特征（任荣荣、张红，2008），同时适当考虑行政区划，对城乡结合部地域范围给出大致界定是较为常见的方案。本文据此界定北京海淀区城乡结合部的范围。

目前，海淀区城乡结合部集中分布在海淀乡、东升乡、四季青镇、西北旺镇以及与其紧邻的街道（青龙桥街道、香山街道、西三旗街道、马连洼街道、清河街道、学院路街道、上地街道、田村街道、八里庄街道），总地域面积为 204.46km$^2$，占海淀区辖区面积总量的 47.4%（图 2-3-1）。

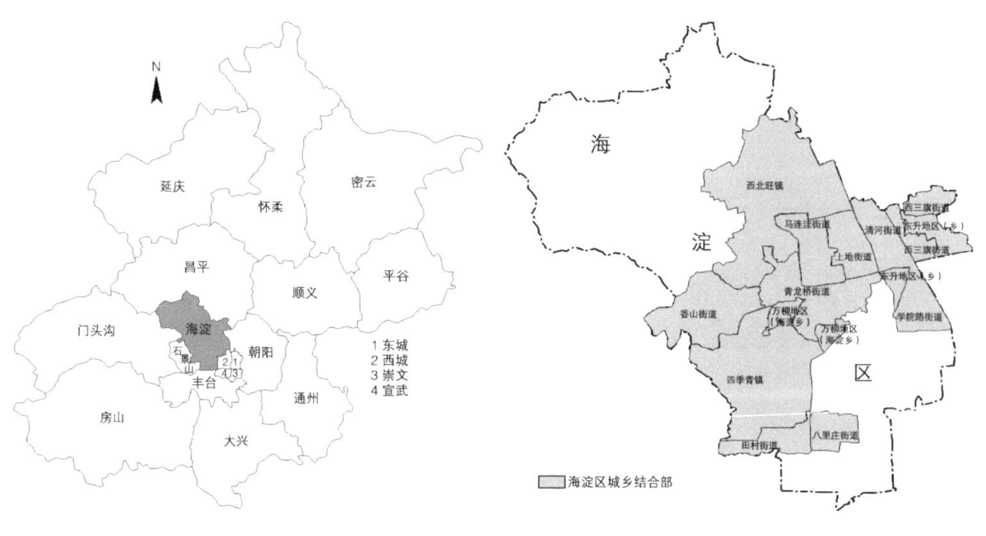


（a）海淀区在北京市的位置　　（b）海淀区城乡结合部的分布范围

图 2-3-1 北京海淀区城乡结合部地理位置与空间范围示意图

### 3.2.2 数据获取

文中对北京海淀区城乡结合部研究的数据多来自于一手调查，利用与北京相关职能部门的关系，作者于 2008 年开展了为期三周的详细调研，获得了宝贵的第一手的资料和相关信息。调查对象包括海淀区城乡结合部的各街道、乡镇和典型村以及海淀区各委、办、局。通过对上述部门的访谈，获取城乡结合部发展的最新信息以及在发展过程中所面临的现实问题；从上述部门获得统计年鉴以外的第一手资料、数据，来弥补常规统计数据的不足。

## 3.3 城乡结合部发展特征

### 3.3.1 居民构成与发展特征

**1）户籍人口以非农人口为主，“农转居”速度放缓**

随着快速城市化进程的推进，海淀区城乡结合部的农业人口已经较少，2007 年，9 个街道、4 个乡镇共有户籍人口 66.5 万人，其中农业人口 6.1 万人，仅占 9%左右，集中分布在 4 个乡镇。受征地规模变化的影响，加之近年国家、北京市和海淀区在农民福利与生活条件改善方面加大了投入与扶持力度，农民转居的热情已明显下降，农转居的速度也逐渐放缓。

“我们这儿还剩 100 多个农业人口，其中有几十个劳动力，坚决不转（户口）。”

（对某街道工作人员的访谈）

**2）外来人口规模接近户籍人口，乡镇集聚指向特征显著**

2007 年，海淀区城乡结合部户籍人口 66.5 万人，外来人口 63.4 万人，两者数量大致相当，有 53.8%的乡镇和街道外来人口已超过户籍人口（图 2-3-2）。海淀乡、东升乡、四季青镇和西北旺镇是外来人口分布尤为集中的地区，外来人口数量占海淀区城乡结合部全部外来人口数量的 43.2%。东升乡外来人口数量是户籍人口的 12.1 倍，其中双泉堡村更是达到了 38.2 倍，其他 3 个乡镇外来人口的数量是户籍人口的 2~3 倍，海淀乡的六郎庄村达到了 10 倍。除此以外，西三旗街道、清河街道、上地街道和马连洼街道等的外来人口数量也较多，与户籍人口的比值偏高。其中西三旗街道由于新开发小区较多，许多外来人口在此买房，属于居住集中指向型，而上地和清河街道等外来人口较多则与这些地区高新技术产业集聚密切相关，属于就业集中指向型。

**3）非农就业与收入占主导，无稳定就业现象普遍**

海淀区城乡结合部居民以非农就业和收入为主导，即便在农业人口和外来人口非常集中的四个乡镇，非农领域也成为居民的主要就业和收入来源。表 2-3-1 显示，2006 年，居住在海淀区城乡结合部四个乡镇的住户人口中，只有 2.2%从事第一产业生产，而其中超过 80%分布在西北旺镇。海淀乡、东升乡和四季青镇第一产业从业人员比例很低，分别为 0.3%、0.5%和 0.3%。另外，海淀区城乡结合部四乡镇家庭户经营性收入和工资收入主要来自于农业的户数为 1578 户，仅占全部户数的 3.3%，同样主要集中在西北旺镇（88.6%）。

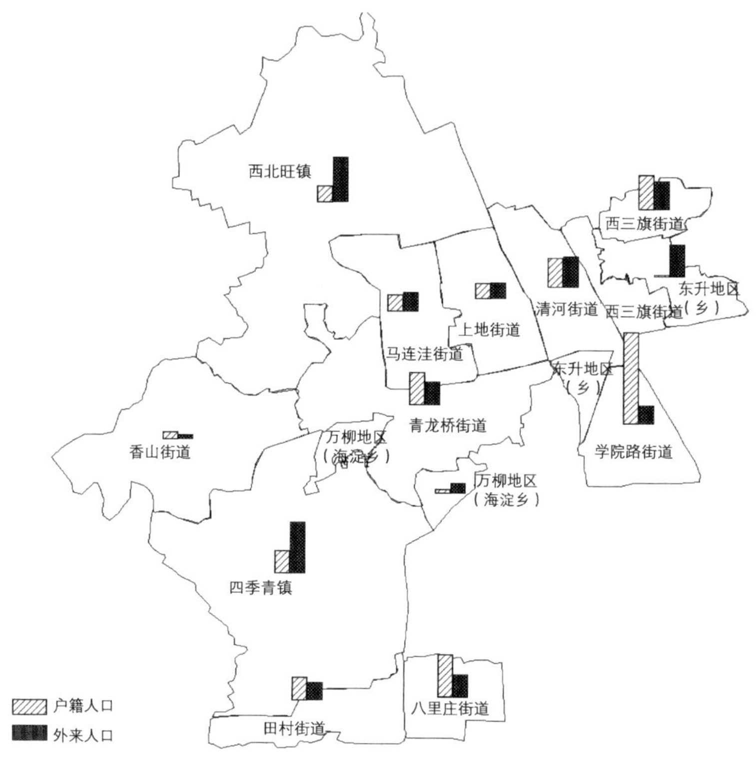


图 2-3-2　海淀区城乡结合部各地区外来人口与户籍人口规模对比

资料来源：据海淀区城乡结合部各乡镇、街道劳动部门和流管办所提供的数据绘制。

注：图中柱图高低反映了人口规模的大小，西三旗街道、东升地区（乡）和万柳地区（海淀乡）在空间上被分割成两部分，图中将上述地区的全部数据放在其中一部分进行显示，下同。

**海淀城乡结合部四乡镇三次产业从业人员比例（单位:%）　　　表 2-3-1**

| | 第一产业就业人员比例 | 第二产业就业人员比例 | 第三产业就业人员比例 |
|---|---|---|---|
| 海淀乡 | 0.3 | 7.7 | 92.0 |
| 东升乡 | 0.5 | 10.5 | 89.0 |
| 四季青镇 | 0.3 | 21.5 | 78.2 |
| 西北旺镇 | 6.9 | 21.1 | 72.0 |
| 四乡镇 | 2.2 | 18.1 | 79.7 |

资料来源：海淀区农业普查资料（2006 年）。

注：表中数据为所有居住在统计辖区内的人口，包括户籍人口和外来人口。

城乡结合部地区的农民、农转居人员（尤其大龄）和较低层次的流动人口都是没有稳定就业保障的人群，构成了城市无稳定就业人员的主体。据西北旺镇实地调查资料，农村劳动力中约 5%仍从事农业；5%已享受村内退休政策或依靠亲属供养；10%因身体、年龄、技能或家庭原因无法工作；15%因家庭收入高、出租房屋、拆迁补偿或其他原因无就业愿望；已实现各种形式转移就业的仅占 40%，还有 15%在不断的就业与失业状态下流动。另据从各街道档案调查中获得的数据，海淀区城乡结合部各街道农转居人员就业中八里庄街道较好，已转居人员的就业率达到了 88%，其次是西三旗街道，为 44%，其他街道的就业率不足 20%，青龙桥街道和香山街道农转居人员的就业率为 0。城乡结合部流动人口的就业统计不完善，但根据部分街道的资料，流动人口以务工经商为主，工作的不稳定性非常强。

"平时百姓就靠租房获得收入，有时靠锄草等获得点收入。"

（对某典型村居委会工作人员的访谈）

"农转居后，土地没了，不好就业、不愿就业，大多申请吃低保。"

（对某街道工作人员的访谈）

## 3.3.2 土地利用结构与分布特征

**1）非农用地为主，绿化、公用设施、住宅等用地比例较高**

海淀区城乡结合部农用地占全部土地面积的31.5%，其中农用地中70%为林地，耕地只占13.7%，且73%分布在西北旺镇，海淀乡、学院路街道、青龙桥街道、八里庄街道、田村街道和西三旗街道已没有耕地。空间上农用地主要集中在西北旺镇、香山街道、四季青镇和青龙桥街道等少数地区。而香山和青龙桥街道的农用地几乎100%为林地，四季青镇林地占农用地的比重也高达70%，西北旺镇这一比重稍低，为40%。绿化是海淀区城乡结合部林地的主要功能。

此外，公共管理与公共服务用地和住宅用地也在海淀区城乡结合部土地利用中占据较大比重（图2-3-3）。其中，公共管理与公共服务用地面积为36.4km²，占总面积的17.8%。这类用地主要分布在青龙桥街道、西北旺镇、四季青镇和学院路街道，四者合计占此类用地总量的64%。住宅用地占全部土地面积的16.8%，相对于其他用地类型，住宅用地的空间分布较为均匀，四季青和西北旺两个面积较大的乡镇住宅用地占城乡结合部住宅用地总量的比重较大，分别为19.4%和13.5%，但在其内部土地利用结构中，住宅用地的比例并不高。相反在街道和乡镇土地利用结构中住宅用地比例较大的为西三旗、八里庄、马连洼、田村和学院路等街道（图2-3-5）。

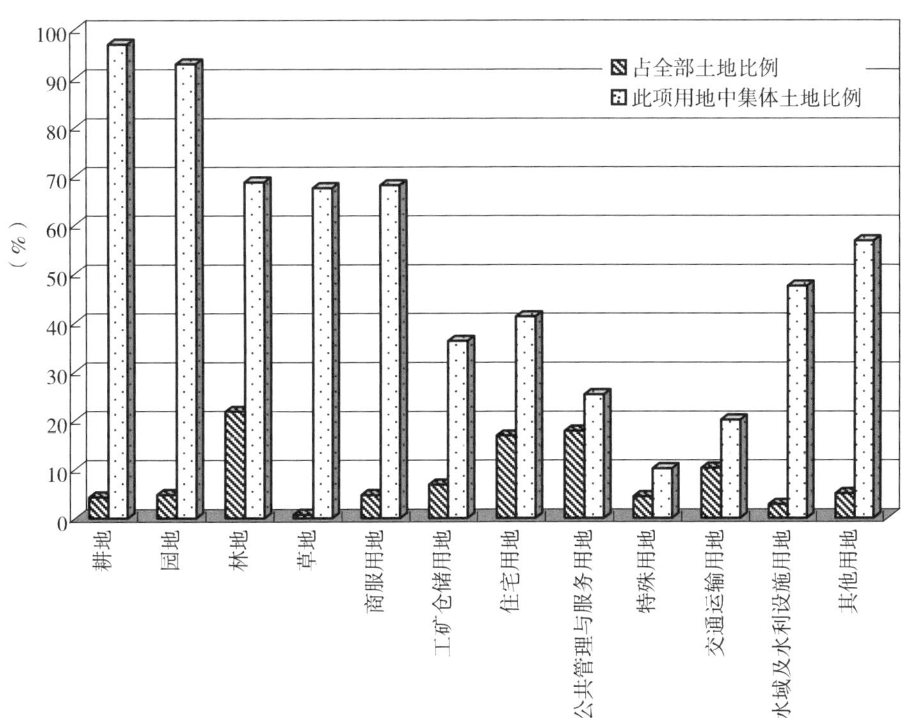


图2-3-3　2007年海淀区城乡结合部土地利用类型及权属性质

资料来源：海淀区土地局调查获取资料。

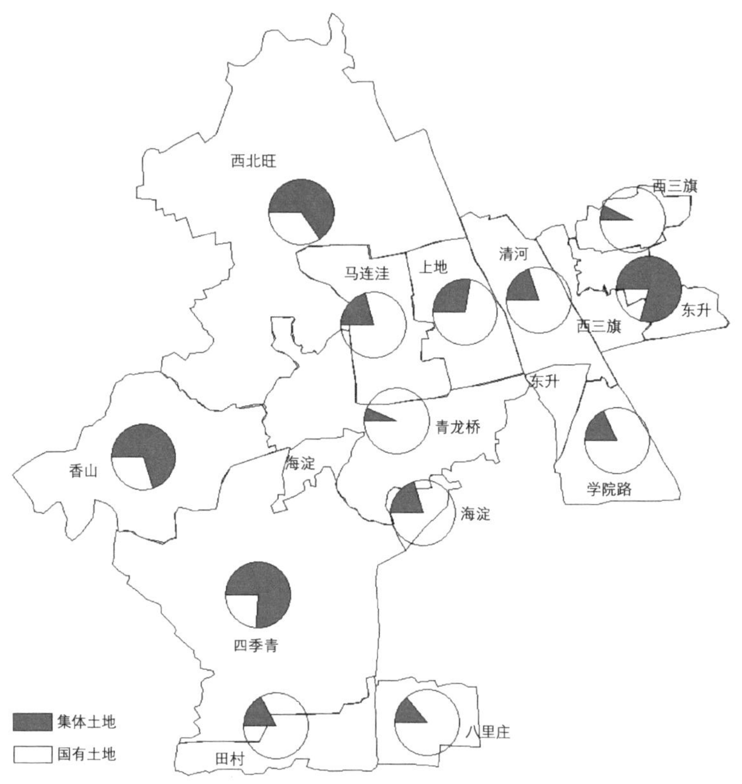


图 2-3-4 海淀城乡结合部集体土地与国有土地分布
资料来源：同图 2-3-3。

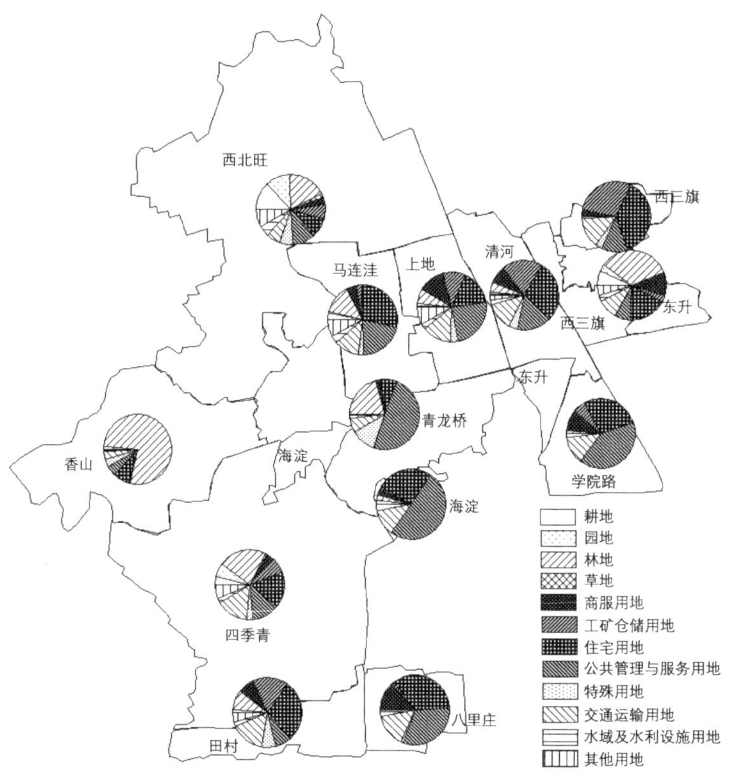


图 2-3-5 海淀区城乡结合部土地利用类型
资料来源：同图 2-3-3。

2）集体土地近半，农用地、商服和住宅用地集体土地比例较高

目前，海淀区城乡结合部国有土地占全部土地面积的52.2%，集体土地占47.8%，两者在空间上交错分布。街道和乡镇层面上，东升乡、四季青镇、香山街道和西北旺镇集体土地比例较高，为80%~65%不等（图2-3-4）。

在海淀区城乡结合部各种土地利用类型中，集体土地比例超过一半的有耕地、园地、林地、草地、商服和其他用地等。另外，住宅用地中集体土地的比例也高达41.2%（图2-3-3）。

3）土地开发非集中连片，城乡用地交错布局

伴随着土地征用的不断推进，海淀区城乡结合部地区村子的范围越来越小，景观上也逐渐被现代化的城市景观所替代，不过，土地开发与建设在空间上并非集中连片分布，表现出显著的城乡土地交错布局的特点，大量的行政村与城市公共设施、生活设施和其他设施之间被一定的农业生产用地分隔开来。据2006年普查资料，海淀区城乡结合部17.9%的行政村与城市公共设施和生活设施完全连接，76.9%的行政村与城市公共设施和生活设施部分连接，5.1%的行政村与城市公共设施和生活设施未连接。①

图2-3-6示意了海淀区城乡结合部行政村与城市公共设施、生活设施和其他设施连接状况的空间分布特点。A类区域，即行政村完全被城市公共设施、生活设施和其他设施所包围的区域，主要分布在结合部的中北部，具体包括海淀乡的4个行政村和四季青镇的高庄村、常青村以及西北旺镇的东北旺村。C类区域，即行政村与城市公共设施、生活设施和其他设施未连接的区域，相对较小，主要分布在结合部的西北部，具体包括西北旺镇的唐家岭村和冷泉村。其余的为B类区域，这类地区分布范围较广，东升乡的5个行政村和四季青镇、西北旺镇的绝大部分行政村均属此类。

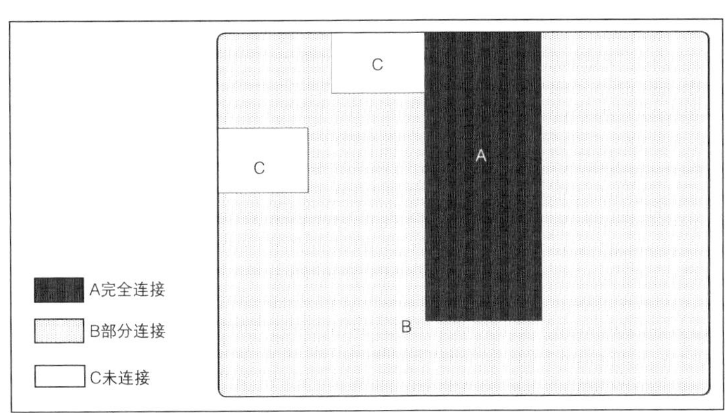


图2-3-6　海淀区城乡结合部城乡连接情况示意图

## 3.3.3　经济结构与分布特征

1）经济活动多元化，高低档并存

城乡结合部受到城市经济和农村经济的双向辐射，加之受人口构成等复杂性因素的影响，

① 当城市公共设施、居住设施和其他设施延伸到村级区域的全部地域时，则该村级区域为完全连接的村级区域；当城市公共设施、居住设施和其他设施延伸到村级区域的驻地，尚有部分区域未延伸到，即仍有部分农业生产用地时，则该村级区域的全部为部分连接的村级地域；当城市公共设施、居住设施和其他设施未延伸到村级区域的任何地方，或只延伸到村级区域的一部分，但未延伸到村级区域的驻地时，则该村级区域为未连接的村级地域。

形成了独特的多元化经济发展特征。从经济活动主体看，一方面，拥有大量的乡镇、村办企业，这些企业虽然已完成或正在经历着集体经济改造过程，但仍保留着明显的传统痕迹；另一方面，作为城市发展的重要空间拓展区，城乡结合部陆续出现一批高新技术产业和现代服务企业。除此之外，大量外来人口为了满足生存与生活的需要，在城乡结合部地区开展了一些诸如废品回收、餐饮零售、日常维修等低层次经济活动。

“（某）路上废品收购站太多，主要是外来人口开的。”

（对某街道工作人员的访谈）

#### 2）传统服务业比重较高，违规经营问题严重

快速城市化背景下，海淀区城乡结合部第三产业发展较快。例如，2007年四季青镇和东升乡第三产业产值占GDP的比重已分别达到82.5%和84.3%。第三产业中多以传统低端服务业为主，如餐饮、食品、商品零售、各种维修等满足日常生产、生活需要的产业，规模小，人员素质低，且有大量的违法违章生产经营。以田村街道的半壁店后街地区为例，据调查统计，沿街共有商户105家，主要为各类零售商店、菜站、水果摊、饭馆、麻辣烫点和理发店、发廊等（图2-3-7）。其中无照经营占了55.2%。

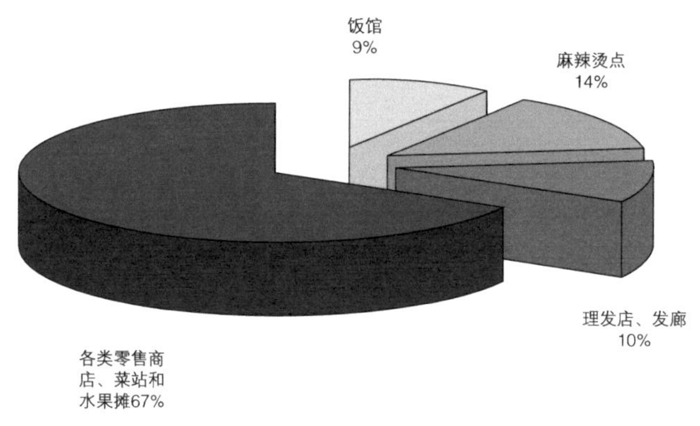


图2-3-7　田村街道半壁店后街地区经营商户构成
资料来源：据田村街道调研数据绘制。

#### 3）村集体经济地位显著，物业和财产租赁收入比例偏高

据海淀区农业普查资料统计，2006年，城乡结合部4乡镇村集体经济收入总量为9.6亿元，占全年农村经济收入集体部分的23.4%。其中，村集体物业收入和村集体财产租赁占据村集体总收入的1/4强。4乡镇中28.2%的行政村村集体财产租赁收入占全年村集体收入的比例超过了50%，西北旺镇的马连洼村更是达到了100%，东升乡的八家村为99.9%。

“已没有农业用地，只靠发展集体经济，主要是三产、出租房屋（一部分靠违章）。”

（对某街道工作人员的访谈）

### 3.3.4　基础设施与公共服务发展和布局特征

#### 1）基础设施与公共服务供给主体多元化

城乡结合部基础设施与公共服务的供给主体具有多元化特点，城市政府、乡镇政府乃至村集体都是基础设施与公共服务的供给者。原则上，城乡结合部街道辖区范围内的基础设施和公共服务供给由城市政府负责，资金来源于城市财政；乡镇辖区范围内的基础设施和公共服务

（除国家和市级项目外）供给由乡镇政府和村集体负责，资金来源于乡镇财政和村集体收入。但事实上，各主体交叉、扯皮现象非常严重，反而影响了城乡结合部基础设施与公共服务的供给水平。

“街道与乡镇、居委会与村委会，社会管理职能界定不清楚。”

（对某街道工作人员的访谈）

2）基础设施和公共服务水平偏低

一方面，农村地区道路、环卫等基础设施欠账多。海淀区城乡结合部 4 乡镇道路和环卫等基础设施欠账较多，仍有部分村子尚未完成道路硬化、垃圾封闭存放、旱厕改水厕等基本的设施建设与改造。污水管网建设更是普遍严重滞后，情况最好的东升乡也只有 40%的行政村有生活污水收集管网，四季青镇这一比例为 0（表 2-3-2）。另据对本村村容村貌满意度的调查，4 乡镇居民平均不满意率高达近三成。受区位、投资主体财力和改造程度等因素的影响，基础设施和公共服务的空间差异较为明显。总体上，海淀乡、东升乡好于四季青镇和西北旺镇，村级层面上差异更加显著。

“每逢下雨厕所根本去不了……前几天下了点雨，你们看现在街道上都是泥水……我们最希望解决的就是居住环境问题。”

（对某典型村居民代表的访谈）

“从外面看有树挡着，觉得还挺好，其实里面根本进不去，脏乱得很……我们就在那里工作，环境很差。”

（对某街道一典型村居委会工作人员的访谈）

海淀区城乡结合部 4 乡镇基础设施状况（单位:%） 表 2-3-2

| | | 海淀乡 | | 东升乡 | | 四季青镇 | | 西北旺镇 | |
|---|---|---|---|---|---|---|---|---|---|
| 村内道路硬化率 | | 92.2 | | 79.2 | | 99 | | 87 | |
| 垃圾封闭式存放的行政村 | | 100 | | 100 | | 14.3 | | 31.2 | |
| 有生活污水收集管网的行政村 | | 25 | | 40 | | 0 | | 6.3 | |
| 完成改厕的自然村 | | 97.4 | | 100 | | 97.6 | | 89.7 | |
| | | 六郎庄 | 树村 | 马坊 | 小营 | 振兴 | 香山 | 西北旺 | 六里屯 |
| 本村村容村貌满意度 | 非常满意 | 0 | 2.7 | 0 | 0 | 0 | 0 | 0 | 0 |
| | 满意或基本满意 | 48.3 | 81.1 | 78.6 | 70.1 | 100 | 66.9 | 81.8 | 29.9 |
| | 不满意或非常不满意 | 51.7 | 16.2 | 21.2 | 29.8 | 0 | 33.1 | 18.2 | 70.1 |

资料来源：2006 年海淀区农业普查资料。

注：村民满意度与需求调查中，海淀乡抽查六郎庄村 85 户，树村 37 户；东升乡马坊村 61 户，小营村 134 户；四季青镇振兴村 76 户，香山村 103 户；西北旺镇西北旺村 66 户，六里屯村 77 户。表中数值为计算各项占被调查户的比例。

另一方面，街道、建成区市政设施也较为落后。特别是与乡镇、村相邻，或外来人口集居的地方，道路交通、环境卫生、文化教育、商业设施等不能满足居民的日常生活需要，治安隐患较多。

“文化设施、交通设施比较落后……借奥运的东风，市政设施有所提高，但仍比较落后……公共文化产业在我们地区属于一个空白……我们地区邮局比较缺，（某地）7km$^2$ 只有一个邮政储蓄所，工商银行也比较缺，基本上没有工行网点，没有大型商业设施……环境非常差，私搭乱建多，基础设施比较差，水电气各方面与其他地区差距非常大，治安混乱，发案率非常高，在全市都挂号……”

（对某街道工作人员的访谈）

“本地区 10 万人，没有中学，只有 1 所小学，正规幼儿园只有 2 个，文化体育设施少。”

（对某街道工作人员的访谈）

## 3.4 城乡结合部发展机制分析

上述分析表明，海淀区城乡结合部兼具城市与农村发展特点，又区别于城市和农村发展模式，在此基础上形成了一种特殊的结合部发展机制。经济因素、制度因素、规划因素和历史因素等共同造就了城乡结合部居住人口混杂、弱势群体集聚，城乡土地交错、开发建设无序，经济产业多元、低层违规居多，街乡管理交叉、基础设施滞后的发展状态（图 2-3-8）。

### 3.4.1 经济因素

1）传统农村经济发展模式约束

长期以来，城乡结合部地区农村经济发展模式占主导，形成了传统部门为主，企业规模小，布局分散，经营管理层次偏低，就业人员素质不高的特点。由于镇域经济与产业在企业规模、技术实力等方面与现代化高新技术产业差距显著，致使一些高新技术园区虽然坐落于乡镇地域范围内，但与镇域经济和产业的联系却非常薄弱。例如中关村科技园区在西北旺镇，但西北旺镇的乡镇企业很难找到与其合作的切入点，既限制了高新技术产业对城乡结合部地区经济发展的带动，也滞缓了城乡结合部产业升级与转型的进度。

“高新园区把地占了，但就业、税收与镇上都没关系，反而把建设指标都占了，把原来的企业也挤走了……与高新企业配套也接不上，他们不要。”

（对某镇工作人员的访谈）

2）低端经济要素与经济活动集聚

低端经济要素与经济活动的集聚进一步加剧了城乡结合部面貌破旧和管理混乱的发展状态。伴随着快速城市化过程的推进，城区低收入人群和低端产业不断向城乡结合部地区迁移。同时大量外来人口也落户城乡结合部地区，并带来了低层次的经济活动与生产生活方式。总体而言，农民、农转居居民、低收入人群、外来人口均属于弱势群体，他们在城乡结合部地区的不断集聚，使这一地区消费水平低，产业组织能力差，经营水平低等特点被进一步强化。

3）土地流转诱发不稳定因素

集体土地流转引发的系列经济行为带来新的不稳定发展因素。快速城市化进程中城市空间扩张必然产生大量、持续的集体土地流转，而土地流转的过程中又必然涉及征地转居人员的就业与社会保障安排、村庄搬迁与改造、征地补偿与分配、集体资产处置、用地结构变化、产业结构调整等多方面问题，对城乡结合部传统发展模式与利益分配格局产生强

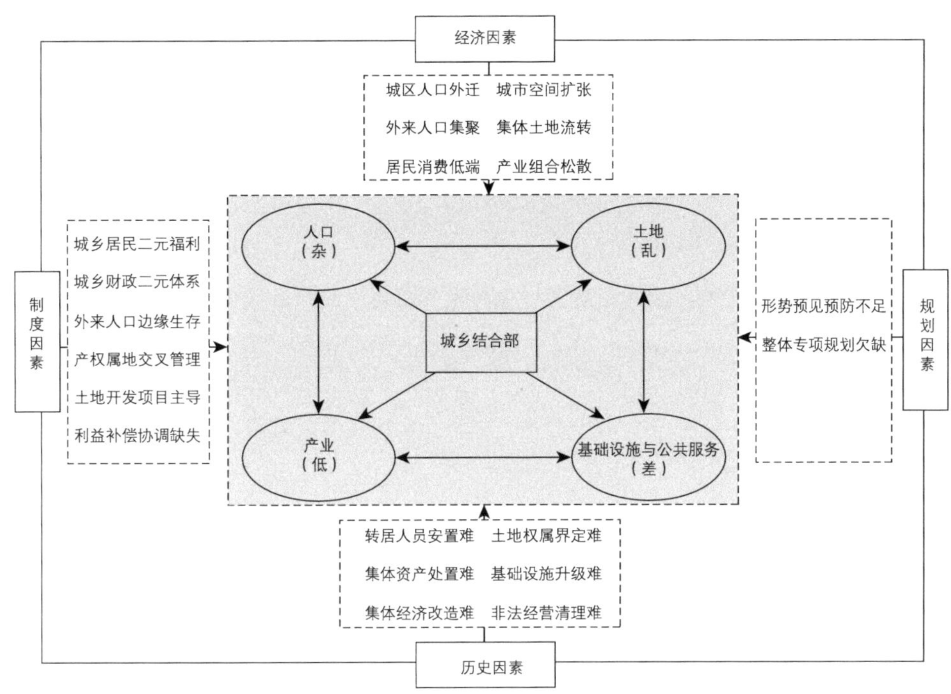


图 2-3-8　城乡结合部发展机制

烈冲击。

“有的拆迁补偿给的单价不低，但是（原来）平房面积较小，拿到的钱买不了新房。要房需求大于现金。”

（对某街道工作人员的访谈）

## 3.4.2　制度因素

体制不顺、制度基础薄弱是造成城乡结合部地区发展混乱、治理困难和矛盾多发的重要因素之一。

**1）城乡“二元”交叉管理体制**

目前，城乡结合部城市和农村基层管理部门都担负着提供公共服务和实施公共管理的职责，而农村政府还具有经济管理的职能。两者在公共服务与管理方面的资金来源有所不同，城市基层管理部门的经费主要来自财政预算，而农村地区则来自于集体经济收入等。由此导致两者在提供公共服务与管理方面的积极性、实施标准乃至实施能力都具有很大差异。

理论上，城市和乡村两套管理体制有着明确的分工界定，但事实上由于城乡元素交叉分布，城市基层组织和农村基层组织在工作中很难准确界定各自的管辖范围。例如，不少家庭中既有农业人口，也有非农业人口，甚至还有租住其房屋的外来人口，如何界定这种家庭的管理责权归属，如何处理此类家庭中诸如违章建筑、计划生育等实际问题，成为一个难题。那些在街道之中的村子的农业人口和集体土地，产权和管理权均属于其所在的乡镇，但由于它们在街道的管辖范围内，根据属地管理的原则，街道与居委会要对辖区内的居民提供公共服务，要进行相关的设施建设，如厕所、垃圾站等，如果涉及占用集体土地，街道、居委会和乡镇、村委会协调难度非常大，导致基础设施的建设与环境改善等措施无法得到切实实施，滞后现象越来越严重，环境“脏、乱、差”现象也越来越突出。

“环境问题，街道也投了不少钱，但没从根本上解决问题……街道与村委会得协调。”

（对某典型村居民代表的访谈）

“小区为城镇，由居委会负责管理，但周边土地为农村集体土地，街道建设、治理根本无法展开。”

（对某街道工作人员的访谈）

“平时的环卫、维护管理都由街道负责，但一涉及用地，如建垃圾楼、保洁人员住房等，乡里就会干预。”

（对某街道工作人员的访谈）

“一家中既有农业人口，也有非农业人口，碰到去处理违章建筑等问题时，对街道说他是农村户口不归你管，对乡镇说他是非农业户口不归你管。”

（对某街道工作人员的访谈）

2）城市扩张占地、补偿制度缺失

城乡结合部土地征用、补偿、开发以及管理等方面较为混乱，不仅直接造成土地开发与利用问题，还诱发其他诸多经济、社会与环境问题。城市扩张占地补偿机制不完善，区域内群众的利益创造、分享机制不健全导致部分失地农民不能获得持续、稳定的收益。目前，缺少权威的土地价值评估机构对城乡结合部被征用土地进行准确、合理的价值评估，造成土地征用补偿价格与再开发后的出售价格相差甚远，百姓不满情绪强烈，矛盾不断升级。另外，征地拆迁补偿标准不统一，执行不规范，也是诱发矛盾与问题的根源之一。由于集体土地在征用时间、开发主体、开发项目类型等方面有很大不同，使得相邻土地上的人们获得的拆迁补偿和安置政策也有很大差异，同一地块，不同时间搬迁的居民获得的补偿标准不一样。有些人在得到居住安置一段时间后，因看到原迁出地新建房价格的持续走高或后搬迁居民获得更多的拆迁补偿等，出现反悔，回来追讨利益补偿。另外，违章建筑一般也能获得相应的拆迁补偿，更助长了违法建设的势头。

“目前土地补偿价格是按地段划分的，有几个专家说你五环之外的地就值这么多钱，就按这个价征，可开发商建成楼之后再卖出去，卖了多少钱，是征地的多少倍？凭什么拿我们的地给他们去赚钱？”

（对某典型村工作人员的访谈）

“早几年这一带人拆迁搬出去了，现在这个地方盖起了别墅，卖得非常贵，老百姓一看不愿意了，当年给那么点钱打发我们走了，现在他们赚这么多，又有人回来闹。”

（对某街道工作人员的访谈）

“相邻的几个村的地是由不同的单位征用的，有的是部队征的，有的是园区征的，也有开发商征的，补的价格差别很大。”

（对某镇工作人员的访谈）

3）居民生活保障制度有待完善

虽然近年城乡结合部的农村居民的社会保障水平得到了显著提高，农转居居民的社会保障政策也逐渐完善，但农民、农转居居民的社会保障水平仍然低于城镇居民，流动人口的社会保障更是几乎处于空白状态。前已论述，城乡结合部居民中无稳定就业现象非常普遍，他们收入较少，却又生活在城市之中，各项成本与开支较高，生活状况更加困窘。为了维持生活，许多人利用手中的资源和城市管理的漏洞，进行违章建设出租房屋或不法经营获得收入。据不完全统计，2007 年，海淀区共有侵占街道和宅基地加盖楼层的违法、违章建筑 50244 间，比 2005 年增加了 263%，主要分布在城乡结合部地区。

“国家不停地上调退休费，结果导致居民与转居农民之间退休金的差距越来越大……农龄不算工龄，转居人员的退休金很低……今年城镇居民退休工资平均每月 1580 元，本区农转居退休人员平均每月 800 多元。”

（对某街道工作人员的访谈）

“1993 年每人给了 2 万，就什么都不管了……我们这么大年龄了，上哪儿去就业，就靠租房子收入点。”

（对某典型村居民代表的访谈）

“农转居的人生活保障少，只有靠盖房，大家还在抱怨环境差，也希望彻底拆迁、改造。”

（对某街道居民代表的访谈）

## 3.4.3 规划因素

整体与专项规划缺失，政策制定与实施不力导致并加剧了城乡结合部发展的无序。

**1）形势预见与预防不足**

城乡结合部地区具有多元性、动态性、复杂性、矛盾性等特征，对促进城市持续健康发展和顺利推进城乡一体化进程意义重大，是需要重点关注、超前规划的地域。政府应该充分预见到其在发展、转型过程中遇到的问题，明确各方主体的利益需求，提前制定各种规划以及解决各种问题的政策措施，根据城市总体发展的需要重塑城乡结合部的社会、经济、文化、生态系统，为城乡结合部和谐地融入城市整体发展框架提供科学、有力的指导。事实上，这些方面做得还远远不够，城乡结合部人口规模、产业定位、土地开发、基础设施建设等方面均缺少整体部署。城乡结合部各基层管理组织与部门在处理具体问题时缺少权威依据，有些政策因部门之间沟通协调不足以及公众参与程度不够等使得实施效果不尽理想。

另外，长期以来，我国城乡基础设施和公共服务供给主要是依据户籍人口的规模与结构需求设定的，而城乡结合部地区规模庞大的外来人口大量占用本地基础设施与公共服务资源，供需矛盾日益突出。

**2）整体与专项规划缺失**

由于缺少整体与专项规划，城乡结合部的改造与开发过程既没有顺序，也没有重点，无序建设现象普遍。土地流转是城乡结合部的重点，也是诱发各种矛盾与问题的根源，但目前土地征用和开发基本上采取以项目为主导的方式，项目从自身需要出发征用土地，致使土地征用、拆迁和开发在空间上分布不连贯，城乡结合部不同的土地性质、权属和景观交错分布，给后续建设与管理带来极大麻烦。另外，开发商遇到拆迁、建设等困难的时候经常出现甩边开发现象，造成一些新建小区和项目周边遗留下一小片的农村或少数拒绝拆迁户，形成城中村等问题，进一步加剧了城乡结合部的矛盾。另外，由于缺少产业、基础设施和环境整治等专项规划，使原本就混乱、低级的城乡结合部产业、基础设施和环境卫生等更加恶化。

“修地铁拆几户、修路拆几户、南水北调工程拆几户，不统一。”

（对某街道工作人员的访谈）

“政府在城市环境改造方面应有投入，该花的钱必须得花，交给开发商会引发太多问题。”

（对某街道工作人员的访谈）

“土地归村里，土地变性比较严重，有的原定为商业用地，后变为高档别墅。”

（对某街道工作人员的访谈）

### 3.4.4 历史因素

城乡结合部相对复杂和混乱的发展态势除了上述各种因素的影响外，历史背景也是不容忽视的一个重要因素，需要在未来发展决策中予以考虑。

**1）居民素质、技能偏低**

城乡结合部是由原来的农村地区逐渐演变而来的，现在的大量转居人员都是原来村里的农民，虽然通过征地等途径，这些农民的身份发生了变化，但是受教育水平、成长环境等因素的影响，就业技能与竞争力不强，无论是政府、征地单位安置就业还是自谋职业，转居人员的就业选择余地均非常有限，因此安置面临较大困难。转居人员就业形势的不利又成为诱发利益分配纠纷、乱建违章建筑等问题的重要因素之一。

**2）集体资产与集体经济形成背景复杂**

在城乡结合部转型的过程中，集体资产处置和集体经济改造面临着较大困难。城乡结合部集体资产和集体经济的形成经过了较长的历史过程，一般需要追溯到五六十年前。因此，在集体资产处置中涉及诸如资产增值、老股金退赔、参与分配人员资格等问题时，存在许多争议与矛盾，导致有些村子的集体资产处置及后续工作长期被搁置。集体经济运营、管理的模式也由于受历史发展过程的影响，与现代经济之间存在一定差距，改造升级的难度很大。另外，城乡结合部地区还有少数的农业人口，为了落实对他们的管理，解决与保障其生存与生活问题，即便有些地区撤销了村委会等乡村行政组织，但其集体经济组织仍然需要承担相应的行政职能，反而加剧了政企不分的形势，同时也阻碍了集体经济发展与改革的步伐。

“有的村撤了，但职能还在；有的建了居委会，但干不了事……集体经济组织（农工商公司）承担着各种职能。”

（对某镇工作人员的访谈）

“我们有五星级酒店，但没有能力经营管理，就租出去。”

（对某村撤村后所建农工商公司领导的访谈）

**3）土地权属界定难**

城乡结合部土地权属的形成也经历了漫长的历史过程，尤其是农民宅基地的面积，不同时期不同机关对农民宅基地审批的标准与手续有所差异，有些证据因历时太久而难以收集，因此，土地，尤其是宅基地的权属界定非常困难，给土地拆迁补偿和清理违章建筑等带来了直接的麻烦。

“有些房屋有乡里的批示，没房产证，不规范，很难界定。”

（对某街道工作人员的访谈）

## 3.5 结论与讨论

21世纪是中国城市化快速发展的时期，也是中国城市内部空间转型剧烈的时期，而城乡结合部则是在快速城市化背景下受到冲击最大的城市内部空间类型。北京海淀区城乡结合部相对复杂，其发展特征及其转型过程中面临的问题与障碍具有一定的共性，形成机制也具有典型性和代表性。

本文通过对海淀区城乡结合部的实地调查，发现城乡结合部居民构成复杂、就业不稳定而且弱势群体集中，外来人口的乡镇集聚指向特征显著，土地产权复杂交错，土地流转存在较多矛盾，经济活动的表现形式和公共服务的供给主体都具有多元化特征，而且问题较多。

城乡结合部一方面长期受农村经济、社会发展模式的影响，其发展面临的传统制约因素较多；另一方面作为城市扩张与发展的主要空间载体，新兴发展要素不断出现，呈现出多元性、动态性、复杂性和矛盾性的特点。制度、规划与政策层面的缺位是目前我国城乡结合部转型与发展过程中普遍存在的障碍。城乡“二元”、交叉管理体制是导致与加剧城乡结合部诸多问题与矛盾的根源，体制改革与机制创新任务十分紧迫。集体土地流转是城乡结合部转型与发展的必要基础，关系到征地、拆迁、补偿、人员安置、集体资产处置、基础设施升级改造等一系列问题，必须尽快完善土地流转及相应的利益分配制度。城乡结合部居民中弱势群体偏多，就业、社保、改善居住环境等利益需求强烈，应加强政府在这些领域的政策与公共服务等的供给。外来人口的规模、结构、分布与生存状况对城乡结合部地区的发展产生非常重要的影响，应有效地将外来人口纳入城市管理和城乡结合部发展规划。

转型期中国大城市演化的异质化和破碎化等特点在城乡结合部的表现尤其突出。作为受快速城市化冲击最剧烈的地区，中国大城市城乡结合部的发展特征反映了中国城市内部空间转型在体制转型背景下所表现出的复杂性。实际上，城乡二元的交叉管理体制、土地资产权属的模糊、规划的缺失以及经济发展模式的约束可以视作是城乡结合部应对当前尚不健全的体制的一种“权宜之计”。从这个角度上讲，通过城乡结合部的研究，可以在一定程度上透射中国大城市体制转型过程中存在的问题。

## 参考文献

[1] Feng J, Wu F L, Logan J. 2008. From Homogenous to Heterogeneous: The Transformation of Beijing's Socio-spatial Structure [J]. Built Environment, 34 (4): 482-497.

[2] Gallent N. 2006. The Rural-Urban Fringe: A New Priority for Planning Policy [J]. Planning, Practice & Research, 21 (3): 383-393.

[3] Gu C L, Wang F H, Liu G L. 2005. The Structure of Social Space in Beijing in 1998: A Socialist City in Transition [J]. Urban Geography, 25 (2): 167-192.

[4] Hushak L J. 1975. The Urban Demand for Urban-Rural Fringe Land [J]. Land Economics, 51 (2): 112-123.

[5] Li Z G, Wu F L. 2008. Tenure-based Residential Segregation in Post-reform Chinese Cities: A Case Study of Shanghai [J]. Transactions of the Institute of British Geographers, 33 (3): 404-419.

[6] Lin G C S. 2007. Chinese Urbanism in Question: State, Society, and the Reproduction of Urban Spaces [J]. Urban Geography, 28: 7-29.

[7] Lin G C S. 2007. Reproducing Spaces of Chinese Urbanisation: New City-based and

Land-centred Urban Transformation [J]. Urban Studies, 44: 1827–1855.

[8] López E, Bocco G, Mendoza M, et al. 2001. Predicting Land-cover and Land-use Change in the Urban Fringe: A case in Morelia city, Mexico [J]. Landscape Urban Planning, 55 (4): 271–285.

[9] McMillen D P. 1989. A Empirical Model of Urban Fringe Land Use [J]. Land Economics, 65 (2): 138–145.

[10] Pryor R J. 1968. Defining the Rural-Urban Fringe [J]. Social Forces, 47 (2): 202–215.

[11] Wu F L, Phelps N. 2008. Creating Edge Cities with Chinese Characteristics: Transforming Global City-regions in Beijing and Shanghai [J]. Built Environment, 34 (4): 423–438.

[12] Zhou Y X, Ma L J C. 2003. China's Urbanization Levels: Reconstructing Comparable Time-series Data Based on the Fifth Population Census [J]. China Quarterly, (173): 184–204.

[13] Zhou Y X, Ma L J C. 2005. China's Urban Population Statistics: A Critical Evaluation [J]. Eurasian Geography and Economics, 46 (4): 272–289.

[14] 陈孟平 . 2006. 城乡结合部地区的制度安排、利益关系及调整 [J]. 城市问题, (9): 94–97.

[15] 郭爱请, 王辉 . 2007. 城乡结合部被征地农民利益保护研究 [J]. 安徽农业科学, 35 (4): 1196–1197.

[16] 何春阳, 史培军, 陈晋等 . 2001. 北京地区土地利用/覆盖变化研究 [J]. 地理研究, 20 (6): 679–689.

[17] 刘灵辉, 陈银蓉, 石伟伟 . 2007. 城乡结合部农地价格确定方法研究 [J]. 安徽农业科学, 35 (19): 5873–5874.

[18] 刘盛和 . 2002. 城市土地利用扩展的空间模式与动力机制 [J]. 地理科学进展, 21 (1): 43–50.

[19] 马贤磊, 曲福田 . 2006. 经济转型期土地征收增值收益形成机理及其分配 [J]. 中国土地科学, 20 (5): 3–12.

[20] 戚本超, 周达 . 2007. 北京城乡结合部的发展演变及启示 [J]. 城市问题, (1): 61–64.

[21] 任荣荣, 张红 . 2008. 城乡结合部界定方法研究 [J]. 城市问题, (4): 44–48.

[22] 魏书华 . 2002. 城乡结合部城市化与农村集体资产处置 [J]. 城市问题, (4): 66–69.

[23] 吴铮争, 宋金平, 王晓霞等 . 2008. 北京城市边缘区城市化过程与空间扩展 [J]. 地理研究, 27 (2): 285–294.

[24] 张勋宗, 陈思君 . 2007. 城乡结合部社区管理的几个切入点研究 [J]. 成都大学学报 (教育科学版), (8): 133–135.

# 4 北京"吧式"休闲场所的空间分布①

FOUR

## 4.1 引　言

城市内部空间结构一直是城市规划和城市研究中的重要课题（冯健，2004）。20 世纪 80 年代末期以来，有关中国城市内部各类要素的空间分布问题备受学者关注，取得了大量的研究成果，如对城市社会区的研究（许学强等，1989；Gu et al.，2005；冯健、周一星，2003），对城市产业的空间分布的研究（阎小培，1999；王缉慈等，1996；Ning、Yan，1995），对城市内部人口分布变化与郊区化的研究（周一星、孟延春，2000；Zhou、Ma，2000；Feng、Zhou，2005；彭震伟、路建普，2002）以及对城市商业布局及其空间结构的研究（宁越敏，1984；杨吾扬，1987、1994；阎小培等，2000；仵宗卿、戴学珍，2001；张文忠、李业锦，2005；胡志毅、张兆干，2002）等。

就北京城市商业的空间分布与空间结构而言，由于它与城市发展和城市规划关系密切，近年来很多学者从不同的角度对其进行了剖析。杨吾扬（1994）利用中心地的原理和方法，对北京市零售商业和服务业的形成机制、现状空间结构及未来发展方向进行了讨论，发现北京城市内部商业设施的空间分布符合克里斯泰勒的"正六边形"的空间模式。仵宗卿和戴学珍（2001）根据详细的商业活动单位统计资料，利用地理信息系统技术和层次聚类分析方法，划分并界定了北京市商业中心的等级，确定了各级商业中心的功能定位和相互关系，并指出了其空间发展格局。张文忠和李业锦（2005）对北京市商业空间现状和布局的空间特征进行了总结，归纳了综合性商业设施、大型超市、购物中心等不同商业业态的区位选择特征。总体而言，以往对北京商业空间分布的研究，偏重于对宏观的城市零售业网点以及城市主要商业业态空间格局的研究，对于同样属于城市商业和消费领域的各类休闲场所，尤其是"吧式"休闲场所的空间分布问题和空间格局没有给予足够的重视，相关研究较少。

改革开放以来，随着城市多元文化的发展，尤其是城市富裕阶层、白领阶层的大量兴起以及来华外籍人士的逐渐增多，具有特色的、专业化的休闲空间得到发展，如在北京的三里屯等使馆区和高档写字楼密集区以及环什刹海等高品质休闲地带发展起了大规模的酒吧和咖啡馆集中区，在北京一些高校集中区还发展起大量的以青年学生为主要消费对象的音乐酒吧，有中国传统特色的茶艺馆也在 20 世纪 90 年代中期以后大量出现。"吧"是城市中大量出现的一种休闲场所，北京作为中国文化最活跃的城市之一，也是各类"吧"最多的城市之一。对北

① 本文作者：俞晨曦。

京“吧式”休闲场所空间分布的研究，将有助于理解改革开放以来城市经济和多元文化发展对城市用地和城市空间变化的影响。实际上，近年国内社会学界、地理学界和规划界已开始关注城市休闲文化和休闲消费问题（曲蒙，2003；包亚明等，2001；尚嫣然，2005），本文拟以北京作为实证城市，以“吧式”休闲场所作为研究对象，对城市的休闲空间进行初步探讨。

## 4.2 数据采集与研究方法

城市中有各种类型的“吧”，本文选取数量最多、最具代表性的酒吧、咖啡馆和茶馆作为研究对象。基本数据来自美食网络互动平台——大众点评网① http：//www. dianping. com（检索时间为 2005 年 11 月）。在网站提供的搜索功能中，按“菜系”分别搜索茶室、咖啡厅和酒吧，进而得到各类店的地址、菜系和人均消费等信息。这些信息均由大众提供，并由大众打分，因此能代表消费者对这些场所的认知，有较好的代表性。共搜索出 279 家“吧式”休闲场所（包括 100 家茶室、100 家咖啡馆和 79 家酒吧），补充了未被搜索出的 28 家上岛咖啡馆和 20 家星巴克咖啡馆，一共 327 家“吧式”休闲场所。

在上述 100 家茶室中，有加盟连锁店——避风塘 12 家，有直营连锁店——仙踪林 14 家，其他茶室多为单店或小型连锁经营，一般提供较高端服务（如茶艺表演），人均消费较高。在 100 家咖啡馆中，有 16 家上岛咖啡，27 家星巴克咖啡，其他 57 家咖啡馆多为单店或者小规模连锁经营。上岛咖啡源于中国台湾，为加盟连锁店，在北京有 44 家分店，提供咖啡、茶、简餐等多种服务。星巴克咖啡为全球性咖啡连锁店，在全球的分店数将近 1 万家，在北京地区有 47 家分店。57 家单店咖啡馆，44 家上岛咖啡，47 家星巴克咖啡，总计 148 家咖啡馆。79 家酒吧没有大规模连锁经营现象，故作为一类。

研究方法如下：

首先利用地理信息系统（GIS）技术，以上述 100 家茶室，148 家咖啡馆，79 家酒吧，共计 327 家店的相关数据和北京地图为基础，建立一个地理信息系统，这个系统可以反映各类店的密度、相互关系等空间特征。再把北京的商圈结构和基础地价等要素叠加到此系统，用 ArcGIS 9. 0 的分区统计功能，来分析“吧”与各种影响因素的关系。通过分析各类型“吧式”休闲场所密集区的社会经济特征和人口结构特点，结合实地调查，来揭示这些“吧式”休闲场所密集区形成和发展的原因、消费人群的特点和文化特色等。

## 4.3 北京“吧式”休闲场所的总体分布特征

通过分析所有“吧式”休闲场所在北京的分布情况，发现它们在北京各城区分布的差异很大，各个商圈分布差异也较大，通过与 2002 年北京综合基础地价叠加，发现二级地价区内分布最多，进入五级地价区后数量急剧下降。

---

① 大众点评网，于 2003 年创立于上海，是一个新型社区网站，所有信息来自大众的推荐，努力构建城市消费经验和体验交流社区，已经在全国 22 个城市建立分支，已出版关于上海、北京和杭州等多本餐馆指南。

## 4.3.1 各区数量差距大，集聚现象明显

北京“吧式”休闲场所的空间分布存在明显的区域差异（图2-4-1、表2-4-1）。由图2-4-1可见，以东西长安街为界，北城数量远远多于南城。整个北京存在三个“吧式”休闲场所的密集区，包括：①东三环附近；②什刹海附近；③海淀高校区及中关村附近。各区县之间的差异也比较大，从东向西来看，朝阳区数量较多，东城区数量较少，再往西，海淀区、西城区的数量也较多。北京“吧式”休闲场所之所以存在聚集趋势，原因在于这类消费场所提供的产品大致相同，它们在有消费潜力的地方聚集，可以降低消费者的信息搜寻成本并吸引潜在消费，这一点在酒吧和咖啡店表现得特别突出。

就各个“吧式”休闲场所的密集区而言：

东三环附近是北京“吧式”休闲场所发展最早、数量最多的一个区域。该区的三里屯是北京酒吧的起源地，1989年出现第一家酒吧，此地集中了大量的使馆、涉外机构和外资企业，大量外国消费者的存在促使“吧”向这个区域聚集。后来，在工人体育馆、国贸附近、朝阳公园以及星巴路也形成了“吧”的聚集区，同样也是因为外国消费者的聚集以及中国高收入阶层对“吧式”休闲消费方式的接受。此密集区中的大山子，是北京著名的艺术家集聚地，为了满足艺术家的消费需求，出现了大量的酒吧和咖啡馆。

第二个密集区为老城区的什刹海一带。20世纪90年代末，这里出现了几家著名的酒吧，如蓝莲花、老祁的吧、老白的吧等。2003年“非典”以后，什刹海酒吧街得到了迅速发展。目前为止，在什刹海两岸已有近百家酒吧、咖啡馆，成为北京酒吧最密集的地方。

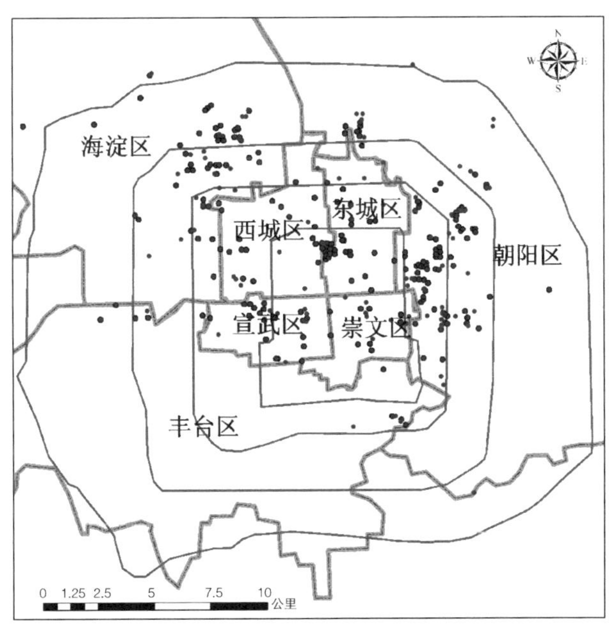


图2-4-1 北京“吧式”休闲场所的分区分布图

**北京“吧式”休闲交流场所分区分布统计** 表2-4-1

| | 酒吧 | 咖啡馆 | | | 茶馆 | 总计 |
|---|---|---|---|---|---|---|
| | | 星巴克咖啡 | 上岛咖啡 | 咖啡馆 | | |
| 朝阳区 | 37 | 19 | 17 | 13 | 24 | 110 |
| 海淀区 | 10 | 6 | 13 | 15 | 23 | 67 |

续表

| | 酒吧 | 咖啡馆 | | | 茶馆 | 总计 |
|---|---|---|---|---|---|---|
| | | 星巴克咖啡 | 上岛咖啡 | 咖啡馆 | | |
| 西城区 | 21 | 3 | 5 | 9 | 14 | 52 |
| 崇文区 | 3 | 8 | 0 | 13 | 6 | 30 |
| 东城区 | 5 | 1 | 3 | 2 | 12 | 23 |
| 宣武区 | 0 | 4 | 3 | 0 | 15 | 22 |
| 丰台区 | 3 | 1 | 3 | 4 | 5 | 16 |
| 其他 | 0 | 5 | 1 | 0 | 1 | 7 |

第三个密集区为海淀高校区。该地也是北京酒吧、咖啡馆的发源地之一。在北大东门、成府路、五道口、学院路、西直门等地曾经聚集了很多酒吧和咖啡馆，近年的道路改建和城市改造导致很多酒吧和咖啡馆迁址，聚集趋势有所减弱。

## 4.3.2 各商圈数量差距大

按照北京“吧式”休闲场所在各商圈中的分布来看（图 2-4-2、表 2-4-2），存在明显的不均衡现象。在东二环工体商圈、北展中关村商圈内各分布有近 60 家，而在人口稠密、建设时间较长的重要商圈西客站附近只有一家店。

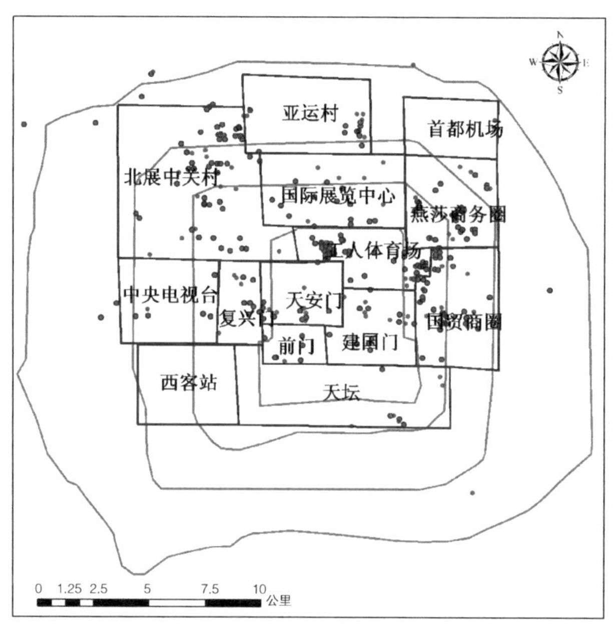


图 2-4-2 北京“吧式”休闲场所分布与商圈的关系

**北京“吧式”休闲场所在各商圈分布的统计** 表 2-4-2

| | 酒吧 | 咖啡馆 | | | 茶馆 | 总计 |
|---|---|---|---|---|---|---|
| | | 星巴克咖啡 | 上岛咖啡 | 单店咖啡馆 | | |
| 东二环工体 | 36 | 2 | 3 | 10 | 12 | 63 |
| 北展中关村 | 9 | 6 | 11 | 11 | 20 | 57 |

续表

| | 酒吧 | 咖啡馆 | | | 茶馆 | 总计 |
|---|---|---|---|---|---|---|
| | | 星巴克咖啡 | 上岛咖啡 | 单店咖啡馆 | | |
| 燕莎商务圈 | 16 | 5 | 3 | 4 | 6 | 34 |
| 建国门北京站 | 3 | 7 | 0 | 13 | 8 | 31 |
| 国贸商圈 | 6 | 9 | 4 | 3 | 6 | 28 |
| 国际展览中心 | 4 | 1 | 6 | 4 | 9 | 24 |
| 复兴门金融街西单 | 0 | 2 | 2 | 2 | 10 | 16 |
| 亚运村 | 0 | 2 | 2 | 2 | 9 | 15 |
| 天安门王府井 | 0 | 5 | 1 | 0 | 6 | 12 |
| 中央电视台 | 3 | 0 | 2 | 2 | 1 | 8 |
| 前门地区 | 0 | 0 | 4 | 0 | 4 | 8 |
| 天坛地区 | 1 | 2 | 1 | 0 | 2 | 6 |
| 首都机场 | 0 | 1 | 1 | 0 | 0 | 2 |
| 西客站 | 0 | 0 | 0 | 1 | 0 | 1 |

分析各个商圈的性质，如东二环工体、北展中关村都是收入较高或者高学历人群密度高的地方，而西客站是一个城市对外交通的窗口，是城市人流、货流密集的场所和批发、仓储功能发达的商圈，所以，尽管其人流量很高，但消费能力不高，本地消费以普通快速消费品为主，因此难以支撑起“吧式”休闲场所的发展。这从另一个侧面说明了“吧式”休闲交流空间在北京城内分布的不均匀，它的消费偏离大众平均水平较远。

## 4.3.3 二级地价区域内数量最多

前文分析中指出，“吧式”休闲场所消费水平较高。在与北京市 2002 年测量的综合基础地价叠加时发现，“吧式”休闲场所在二级地价区的范围内分布最多，在一级、三级、四级地价区内的分布少于二级，数量大致相当，而进入五级地价区后，数量大幅下降。

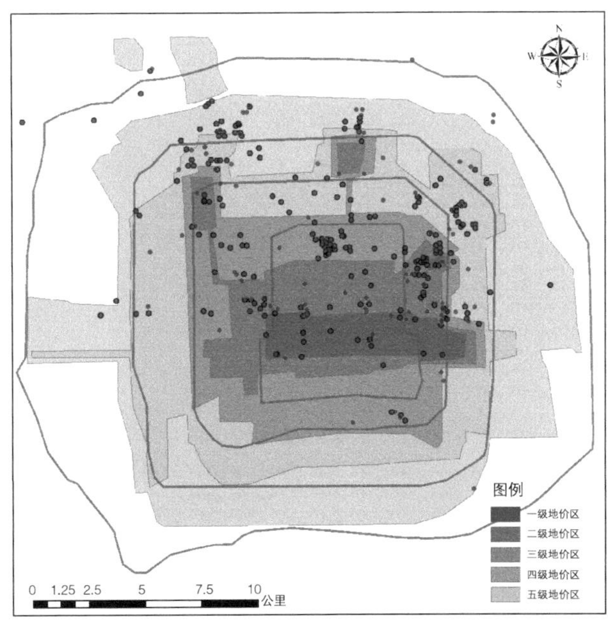


图 2-4-3 北京“吧式”休闲场所分布与各级地价的关系

一、二、三、四级地价区域是城市建成区，而五级地价区域一般为城乡结合部，在这些区域，对休闲消费的需求自然不高。在“吧”的开店投资中，最重要的部分是店面租金，而大部分“吧”又是单店经营，资金实力并不强，所以二级地价区域有合适的地价水平和足够的人流量，是这类休闲场所较为合适的区位选择。

## 4.4 北京各类型“吧式”休闲场所的空间分布特征

### 4.4.1 北京酒吧分布特征分析

酒吧分布的聚集趋势最为明显（图 2-4-4）。北京酒吧的分布存在两个密集区：一个是以三里屯为中心发展起来的东三环北路沿线酒吧密集区；另一个是北京老城什刹海沿岸酒吧密集区。在酒吧的分区数量中，朝阳区与西城区分别占了总数的 47%与 27%，上述两个酒吧密集区分别分布在这两个区中。与所有“吧式”休闲场所的总体分布特点相比，酒吧选择二级地价区位的特点更为突出，约有 55%的店分布在二级地价区域内。东二环工体与燕莎商务圈的酒吧数量也占全部酒吧的 46%与 21%。

北京酒吧的聚集度高的状况，与在消费群体聚集的地方发展能有效降低消费者的信息搜寻成本有关。北京酒吧的风格呈现多样化的特征，因为酒吧往往先把人们聚到一起，进而以兴趣而不是以阶级来发生分化（曲蒙，2003）。《北京酒吧地图》① 中介绍的 99 号钢琴吧是文艺界人士常去的，上下线酒吧一直放映同性恋电影，是一个同性恋酒吧，什刹海的老祁的吧、蓝莲花等也各有特色。酒吧街就是把需要酒吧消费的人汇集到一起，各家酒吧又用自己的特色，培养自己固定的消费人群。在北京机场高速路东南侧大山子地区有大量的酒吧聚集，该区内有 798 艺术工厂，聚集了来自全国各地的艺术家。艺术家本身对酒吧消费要求较高，加上近年来“798”越来越成为城市中的一个时尚之地，前往“798”参观游览的人对酒吧也有需求。在北京的其他地方也零散地有些酒吧分布，但不密集，这些酒吧大多在大学附近，学校师生是主力消费群体。

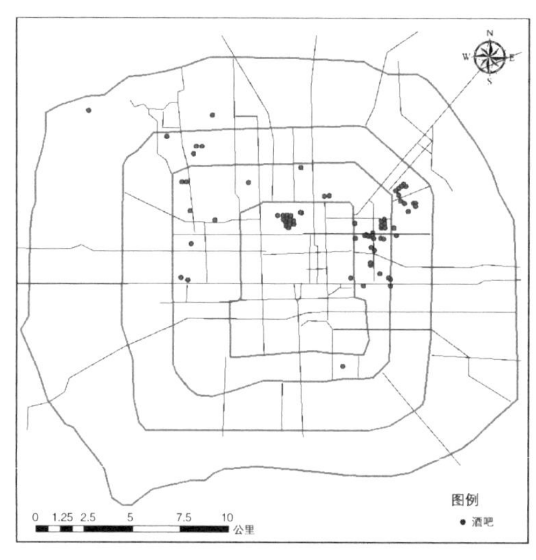


图 2-4-4 北京酒吧的空间分布图

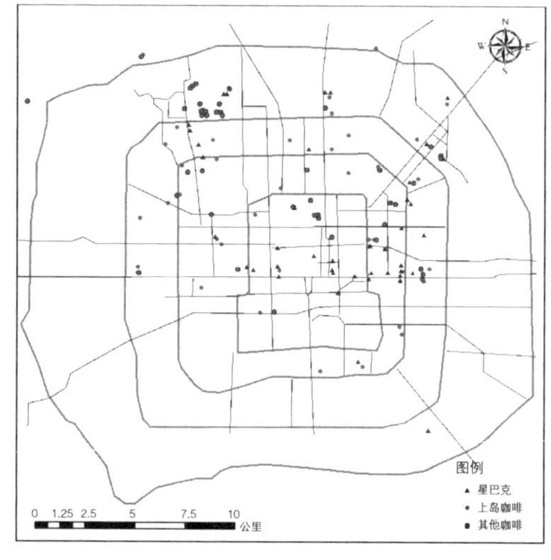


图 2-4-5 北京咖啡馆的空间分布图

① http：//www. eshanzi. com/php/show_ article. php3? id=2325，最后访问时间，2006-09-19。

## 4.4.2 北京咖啡馆分布特征分析

1）咖啡馆的总体分布特征分析

从北京咖啡馆的总体分布情况来看，在朝阳区分布最多，其次为海淀区（图2-4-5）。从地价的角度来看，一、二、三级地价区域内的数量逐渐减少，四级地价区域内数量突然上升，到五级地价区后数量突然下降。三级地价区比较特殊，在各种分析图中，三级地价区的“吧式”休闲场所数量往往是一个低谷，经过对该区域内用地现状的分析发现，该区域内住宅用地比重很大，分布有大量的单位大院，住房较为陈旧，在一定程度上解释了该区人群消费观念和位于四级地价区的城市新发展区人群消费观念的不同。从商圈角度分析，东二环工体、北展中关村、燕莎商务圈、建国门北京站、国贸商圈、国际展览中心这六个商圈咖啡馆的数量超过了10家，与酒吧的高度密集相比，咖啡店在各个商圈的分布要更为均匀一些。

咖啡店的总体分布格局是直营连锁（星巴克）、特许加盟（上岛咖啡）和单店（其他单店或小规模连锁经营）三类不同的决策综合作用的结果。已有研究表明，咖啡店选址会重点考虑三类地区，即：①城市商业街，包括步行街、大型超市、购物中心等；②大学校园、图书馆、体育馆、音乐厅等人群素质相对较高的地方；③城市大型居民生活社区、高档写字楼内（万松，2005）。实际上，北京的分析进一步证明了上述观点：一级地价区域大致相当于上述第一类地区，中关村及高校聚集区相当于第二类地区，朝阳区的CBD则属于第三类地区。

2）星巴克咖啡店分布特征分析

北京星巴克咖啡分布的集聚趋势不明显，但有其突出特点（图2-4-6）。从分区县来看，朝阳区星巴克店数最多，共21家，占北京地区的45%，其中办公楼店12家，商场店8家，这些都与北京市CBD在朝阳区有关。实际上，1999年中国内地第一家星巴克店就开在北京国贸中心。

从各级地价分布情况来看，星巴克店和咖啡店总体分布规律不同的是，它在一级地价区内分布最多，这是因为星巴克在北京的经销商美大星巴克公司与那些小规模连锁或单店相比，融资能力更强，所以星巴克可以在租金最高的地段开店。和咖啡店总体分布规律一样的是，三级地价区内店数较少。从各商圈分布来看，其特点就是在各个消费能力强的商圈内均有分布，最多的是北展中关村、燕莎商务圈、建国门北京站、国贸商圈、天安门王府井。

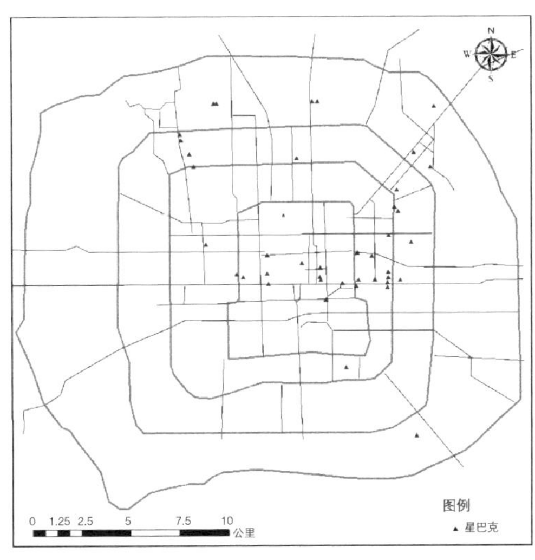


图2-4-6 北京星巴克咖啡馆空间分布图

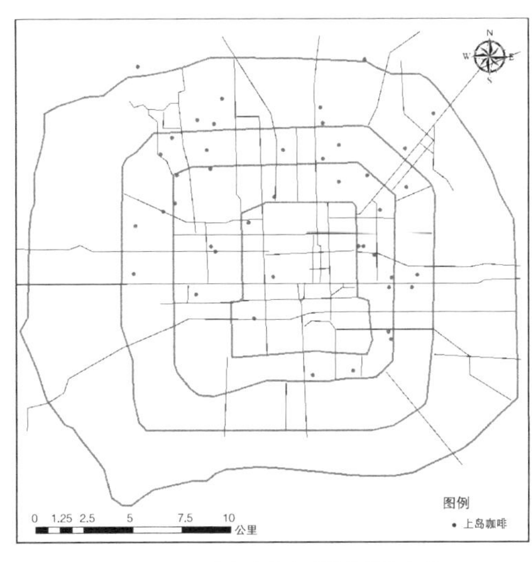


图2-4-7 北京上岛咖啡馆空间分布图

有趣的是，中外星巴克咖啡定位存在明显差异：美国星巴克咖啡的定位是“您的邻居”，而中国星巴克的市场战略是为白领阶层在上班或购物时提供的一个休息场所，中国的星巴克咖啡店总是在城市最繁华、最有消费能力的地段出现，它逐渐成为城市中时尚消费的代表场所。北京星巴克的上述空间分布特点显然与其定位密切相关。

**3）上岛咖啡店分布特征分析**

上岛咖啡店与星巴克咖啡店的分布特点明显不同（图 2-4-7）。上岛咖啡店的经营形式为特许加盟，即总店授权给加盟商（分店）经营权，并对分店进行统一设计，店址由加盟商自己选定。上岛咖啡店除了提供各种咖啡和茶等饮料外，还提供中、西式饭菜，它的功能介于咖啡馆与餐馆之间。

从分区县来看，朝阳区与海淀区的数量最多、数量也相近，其他各区数量较少，但也比较平均。从各级地价角度看，一、二、三、四级地价区域内，店数逐渐增加，到了五级地价区数量明显下降。从商圈角度看，除了北展中关村商圈内较多，其他各商圈内分布都较为均匀。

总体而言，上岛咖啡店分布与其他休闲场所不同，分散是其主要特征。从经营上看，特许加盟对加盟者来说区位选择余地更大；从提供服务上看，上岛咖啡店是中国餐馆与西方咖啡馆的结合，其用餐和咖啡相结合的经营模式使得一般居民更容易接受。上岛咖啡的这种特点使其更容易走入中国社会，如它已经在中国 20 多个城市开设了 800 多家分店。相比之下，面向白领阶层的星巴克咖啡店仅仅在上海、北京、广州、深圳等几个大城市中缓慢发展。

**4）其他咖啡店分布特征分析**

北京单店咖啡馆在 CBD 和中关村高校区内较为聚集，而且很多咖啡馆与酒吧相伴出现在城市中，其分布有如下特点：朝阳区、海淀区、西城区和崇文区内分布较多；一、二、四级地价区域内分布较多，三级地价区内数量明显下降；在东二环工体、北展中关村、建国门北京站地区分布较多（图 2-4-8）。这些咖啡店较为集中在几个区域中，但聚集程度比酒吧低。

综上所述，北京咖啡店的空间分布总体上呈现出集聚的特点。但星巴克咖啡店、上岛咖啡店和其他咖啡店的分布又各有特点，上岛咖啡店这种将休闲交流场所与餐饮相结合的“吧”更容易进入城市普通居民的生活。

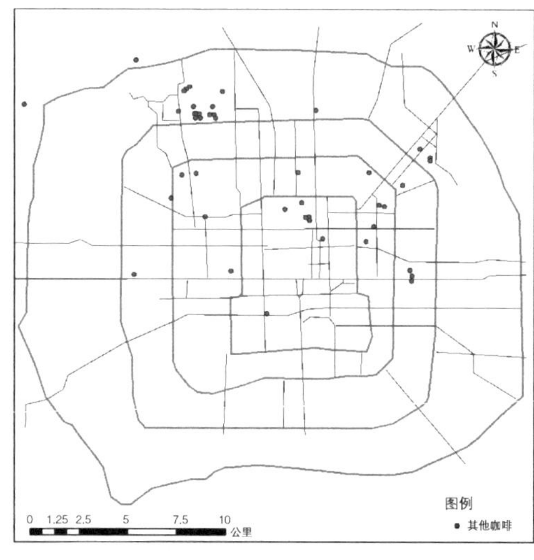


图 2-4-8　北京其他咖啡馆空间分布图

图 2-4-9　北京茶馆空间分布图

### 4.4.3 北京茶馆分布特征分析

与酒吧和咖啡馆不同的是，北京茶馆的分布具有分散的特点（图2-4-9）。分区来看，朝阳区、海淀区、西城区的数量较多。一、二、三、四级地价区域内数量较为平均，二级地价区域内最多。与咖啡馆在三级地价区域内数量锐减不一样，茶馆在三级地价区内数量很多，这种特点与三级地价地区作为北京较老居住区的状况相关，这些区域内居住的是较为传统的北京家庭，而茶馆这种传统文化在这些区域内的被接受程度较好，所以没有出现像咖啡馆那样在三级地价区域内数量“锐减”的情况。另外，茶馆在各个商圈的分布也较为均匀。

北京茶馆分布的分散特点与茶馆这种休闲场所是中国文化内生的产物有关。传统中国人就有去茶馆喝茶聊天的习惯，所以当茶馆在城市中重新得到发展的时候，其面临的阻力小，更容易形成分散的格局。

## 4.5 结论与讨论

酒吧作为夜间消费的代表场所之一，高度的聚集性让消费者容易寻找风格更适合自己的酒吧，因此，酒吧在城市中常常集聚分布，形成酒吧街，如北京的什刹海和三里屯、798艺术工厂、星吧路等。咖啡馆在城市中的分布较酒吧而言相对分散。就具体类型的咖啡馆而言，全球连锁的星巴克咖啡店选择城市中地价高、人流多的中心区；加盟连锁的上岛咖啡提供咖啡、茶、餐饮等多种服务，在城市中的分布较为分散；单店经营的咖啡馆一部分与酒吧相伴生，聚集度也较高。茶馆是最有中国文化传统的休闲场所，它们在城市中的分布是最为分散的，但是在城市经济活动强、消费能力强的地区分布也较多。

各种“吧式”休闲场所在城市中不同的集聚状态与对商家而言的城市空间的可进入性有关。这里的城市空间包含了人、文化、建筑和制度等各个因素综合作用下形成的空间。朝阳区各类“吧”的数量最多，与该区内有北京市的CBD和使馆区高度相关。这个区域内，集中了北京最多的白领和外国人，他们的消费能力高，对“吧”的需求很大，该区是“吧”最先进入和发展最好的区域。在海淀区，因为有高校聚集区及中关村科技园区，人群特点是知识水平高，该区有很多外国留学生，“吧”的聚集度相对也较高。北京老城可以常见到各类“吧”，与老城独特的建筑、文化传统以及众多知名旅游景点有关，老城对很多人都具有吸引力，空间的可进入性强。2003年“非典”以后迅速发展起来的什刹海沿岸酒吧街，便是在传统老城区中生长出来的。所有的“吧”都很难进入的区域是五级地价区域，这是因为该区是城市边缘部位，经济不活跃，人群消费能力低，“吧”的门槛人口低，空间可进入性低。三级地价区域较为特殊，该区内酒吧和多数咖啡馆的分布都很少，但是有中国特色的茶馆和上岛咖啡店就在该区内分布较多。三级地价区大部分分布在二、三环之间，开发建设较早，为单位大院集中地，这是城市中很成熟但不甚活跃的区域，对外来文化的阻力较大。

综上所述，城市空间对于“吧”的可进入性影响是：是否有潜在的消费需求，是否有消费能力，是否有在“吧”消费的习惯。对于一些较为成熟的传统社区，他们对某些与传统文化差别太大的事物接受程度较低，但是如果能加入他们熟悉的中国元素进去，他们也会接受这些“吧式”休闲场所，如茶馆和上岛咖啡。

无论是内生的还是外来的休闲场所，都是现代城市空间的重要组成部分。从某种意义上说，随着中国经济和社会的成功转型，城市的空间结构正变得更加“多中心化”。“单位大院”时代的休闲方式已经离市民远去时，新时期的城市规划和小区建设有必要更多地统筹考虑各种“吧式”休闲场所的规划建设。

## 参考文献

[1] Feng J, Zhou Y X. 2005. Suburbanization and the Changes of Urban Internal Spatial Structure in Hangzhou, China [J]. Urban Geography, 25: 107-136.

[2] Gu C L, Wang F H, Liu G L. 2005. The Structure of Social Space in Beijing in 1998: A Socialist City in Transition [J]. Urban Geography, 25, 167-192.

[3] Ning Y M, Yan Z M. 1995. The Changing Industrial and Spatial Structure in Shanghai [J]. Urban Geography, 16: 577-594.

[4] Zhou Y X, Ma L J C. 2000. Economic Restructuring and Suburbanization in China [J]. Urban Geography, 21: 205-236.

[5] 包亚明，王宏图，朱生坚等 . 2001. 上海酒吧——空间、消费与想象 [M]. 南京：江苏人民出版社 .

[6] 冯健，周一星 . 2003. 北京都市区社会空间结构及其演化（1982-2000）[J] . 地理研究，22（4）：465-483.

[7] 冯健 . 2004. 转型期中国城市内部空间重构 [M]. 北京：科学出版社 .

[8] 胡志毅，张兆干 . 2002. 城市饭店的空间布局分析——以南京市为例 [J]. 经济地理，22（1）：106-110.

[9] 霍华德・舒尔茨，多丽・琼斯・扬 . 2000. 星巴克咖啡王国传奇 [M]. 韩怀宗译 . 上海：上海人民出版 .

[10] 宁越敏 . 1984. 上海市区商业区位的探讨 [J]. 地理学报，39（2）：163-172.

[11] 彭震伟，路建普 . 2002. 上海城市人口布局优化研究，城市规划汇刊 [J].（2）：21-26.

[12] 曲蒙 . 2003. 午夜剧场：一个关于酒吧的符号学解释 [D]. 北京大学硕士学位论文 .

[13] 尚嫣然 . 2005. 中国大城市居民夜间消费行为研究 [D]. 北京大学硕士学位论文 .

[14] 万松 . 2005. 咖啡飘香，商机正浓——咖啡店投资分析 [J]. 投资北京，1（1）：44-47.

[15] 王缉慈，宋向辉，李光宇 . 1996. 北京中关村高新技术企业的集聚与扩散 [J]. 地理学报，51（6）：481-488.

[16] 仵宗卿，戴学珍 . 2001. 北京市商业中心的空间结构研究 [J]. 城市规划，25（10）：15-19.

[17] 许学强，胡华颖，叶嘉安 . 1989. 广州市社会空间结构的因子生态分析 [J]. 地理学报，44（4）：386-395.

[18] 阎小培，周春山，冷勇等 . 2000. 广州 CBD 的功能特征与空间结构 [J]. 地理学报，55（4）：475-486.

[19] 阎小培 . 1999. 信息产业与城市发展 [M]. 北京：科学出版社 .

[20] 杨吾扬 . 1987. 商业地理学——理论基础与中国商业地理 [M]. 兰州：甘肃人民出版社 .

[21] 杨吾扬. 1994. 北京市零售商业与服务业中心和网点的过去、现在和未来 [J]. 地理学报, 49 (1): 9-15.
[22] 张文忠, 李业锦. 2005. 北京市商业布局的新特征和趋势 [J]. 商业研究, (8): 170-172.
[23] 周一星, 孟延春. 2000. 北京的郊区化及其对策 [M]. 北京: 科学出版社.

# 5 20 世纪 90 年代以来北京住宅的空间发展[①]

FIVE

## 5.1 引　言

西方有关城市住房空间分布的研究主要包含于城市内部空间结构研究之中。西方城市居住空间的研究以芝加哥学派的城市生态学为代表，其中又以伯吉斯的同心圆模式和霍依特的扇形模式最为著名，这两种模式分别隐含了侵入—演替理论和住房过滤理论。同心圆模式是西方居住空间结构研究的基础，而扇形模式也是在其基础上通过对个别假设前提进行修正而建立起来的。对同心圆模式立论依据的修正逐渐发展出了社会区分析和因子生态研究方法。

中国大城市住宅发展很快，住房空间分布规律逐渐受到关注。中国学者研究住宅空间分布主要有以下几条途径：一是直接从地域空间结构研究居住用地，或由区位影响因素研究住宅区位（董昕，2001；吴启焰、任东明，1999）。二是通过居住人口及其空间行为研究城市社会空间结构和居住空间，强调具有相似社会经济特征的群体形成城市社会区（冯健，2004；吴启焰，2001；王兴中，2000；张庭伟，2001；郑静等，1995；许学强等，1989；虞蔚，1986），也有学者从人口迁居、分布变动的角度反映居住空间的演化（Feng & Zhou，2005；柴彦威等，2000；周一星等，2000；周春山、许学强，1996）以及通过社会极化来反映居住空间分异（顾朝林、C·克斯特洛德，1997a、b；吴启焰、崔功豪，1999）。三是借助土地经济学理论，通过讨论土地空间开发模式以及地价来研究住宅分布（宗跃光等，2002）。四是探讨居民住宅的区位选择、空间决策及其影响（柴彦威等，2002；张文忠、刘旺，2002；张文忠，2001；阎小培等，2001；柴彦威，1996）。五是借助郊区化理论，从人口或土地利用方面反映中国城市的居住郊区化现象（冯健、周一星，2002、2003；宗跃光等，2002；周一星、孟延春，2000、1997；Zhou、Ma，2000；周一星，1996）。

总体上看，使用人口统计数据和土地利用数据研究中国城市居住空间的较多，但着眼于住宅项目分布及其空间特征的并不多，对于住宅空间分布成因的研究比较欠缺。本文拟分析北京 20 世纪 90 年代以来新建住宅的空间分布特征及其形成原因，从住宅项目分布的角度反映郊区化的发展，以对以往文献进行补充。

---

① 本文作者：陈杨。

## 5.2 数据来源和住宅类型划分

本文使用的数据为2003年及以前的数据，因此，反映的是2003年及以前北京住宅分布的特征。数据来源如下：798个住宅项目的原始资料来自搜房网（http：//bj. soufun. com）和焦点房网（http：//house. focus. cn）统计的1994~2003年北京新建住宅项目；天朗房网（http：//www. bjfang. com）的住宅项目分类分布图，来自该网站的房地产调研分析系统中2000~2003年的北京地区房地产市场在售住宅楼盘项目全库（截至2003年6月21日）；房价分布的基础数据来源于新浪房地产网（http：//house. sina. com. cn）的“北京2001~2003年的新建住宅均价分布”（540个点）；表格统计数据来源于北京房地产网（http：//www. bjhouse. com）楼盘汇总的“北京1999~2003年新建住宅1378个项目”（截至2003年6月6日）；还有一些资料来自作者在2002年对北京市综合开发办公室的调研笔记。

中国住宅类型划分有不同标准：按使用类型可分为单元式住宅、公寓式住宅和花园式住宅（别墅）；按建筑结构可分为砖混住宅、框架结构住宅、钢混结构住宅、跃层式住宅和复式住宅；按照供给结构可分为市场价商品住宅、经济适用房和廉租房。根据北京住宅建设的实际情况，本文综合以上按使用类型和供给结构分类的结果将北京住宅分成经济适用房、普通商品房、公寓（内销公寓和外销公寓）和别墅，逐类讨论其空间分布特征。

## 5.3 建国后北京城市住宅发展历程

20世纪50年代，北京住宅建设布局紧凑，布局遵循“有利生产、方便生活、就近居住”的原则，住宅小区多与生产工作区配套建设，建设方式主要是集中成片建设，十年间规划建设了3万$m^2$的住宅区50多片（吴晟，1989）。从空间上来说，20世纪50~60年代北京的居住区主要集中在城区（图2-5-1）。

20世纪60~70年代，北京的住宅建设由于“文化大革命”而经历了一段停滞期。60年代末，在“见缝插针”、“填平补齐”的建设方针下，市区内零星地建设了一批标准低、质量差的简易楼，此时的无规划状态也给北京城市建设带来了极大混乱（北京市地方志编纂委员会，2005）。70年代末，北京市住宅开始实行统一建设、统一开发的政策。在空间上，70年代的居住区（小区）开始向近郊区挺进。

20世纪80年代，开始综合开发，推行城市建设体制改革，单位建房、分房，住宅小区建设开始，住宅区规模不断扩大，1978~1987年的十年间建设了10万$m^2$以上的住宅区近50个（吴晟，1989）。80年代的居住区主要集中在北部、东部地区的二环、三环附近，并扩展到三环以外，南部地区在二环附近，如潘家园、方庄、马家堡等（图2-5-2）。

20世纪90年代，开发集团总公司兴起，单位建房减少，商品房比重上升。如1991~2000年，在北京，中央单位建设住宅的比重由23.7%降至18.6%，地方单位建设住宅的比重由24.4%降至13.8%，而房地产开发住宅的比重由51.9%增至67.6%（冯健，2004）。1990年，危旧房改造也开始进行，1990~2000年，北京因旧城改造而导致的动迁户数约19万户。1992年以后，土地有偿使用制度的建立使房地产开发形成潮流，房地产市场快速发展，至2002年，

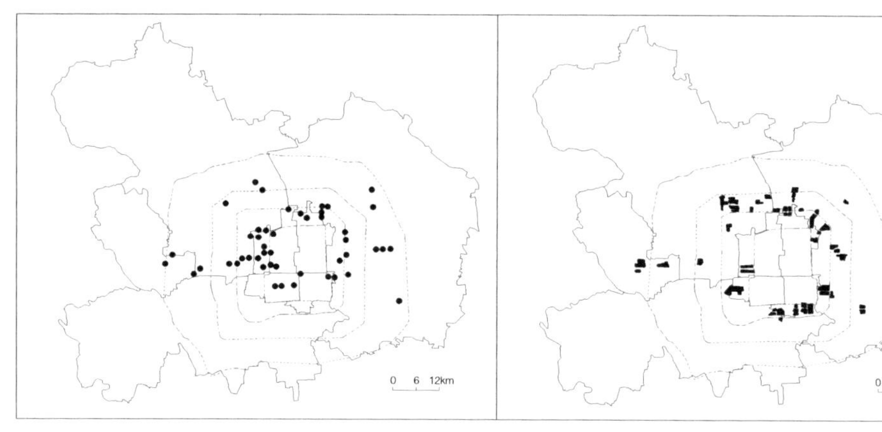


图 2-5-1 北京 20 世纪 50 年代新建住宅区分布图
资料来源：吴晟，1989.

图 2-5-2 北京 1978~1987 年间新建住宅区分布图
资料来源：吴晟，1989.

北京已有 3000 多家房地产开发商。1998 年，国家取消单位福利分房，此时商品房的开发和销售已经占主导地位，个人购房成为主体。从 1999 年开始，以回龙观、天通苑为代表的经济适用房成为北京住宅发展的新热点。90 年代以后的居住区（小区）继续向外拓展，大量建在三环至四环之间，四环至五环之间以及五环以外。

## 5.4 20 世纪 90 年代以来北京新建住宅分布特征

### 5.4.1 新建住宅的空间形态反映出住宅郊区化的发展趋势

从 1994~2003 年的北京城区新建住宅分布图（图 2-5-3）可以看出，90 年代以来北京新建住宅分布的最主要特征就是城区的空心化和建设项目向郊区的延伸。二环以内几乎没有新建住宅分布，而三环、四环和五环之间有大量新建住宅分布，更有不少项目随交通线延伸至五环以外。新建住宅分布由地铁 1 号线分成南北两部分，北部发展快，住宅点分布广泛，向东北、西北、正北以及顺地铁 1 号线向正西和正东方向延伸很远至五环以外，而南部发展比较弱，大部分被压缩在南三环以内，整体上呈现出北部扩展、东西伸长而南部被压扁的形态，像一个空心的“礼帽”的形状。

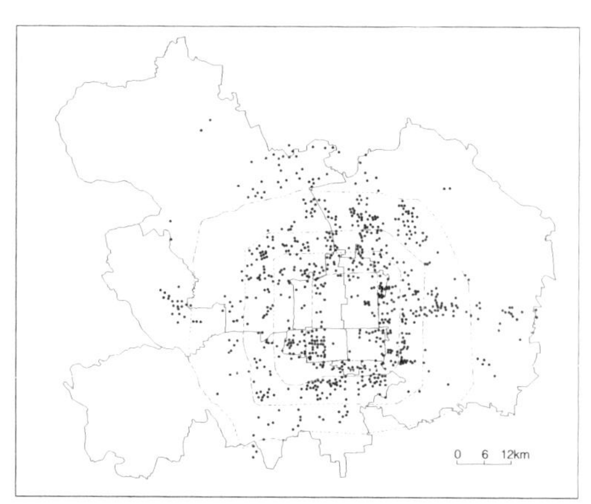


图 2-5-3 北京 1994~2003 年城区新建住宅分布图
资料来源：原始数据来自焦点房地产网和天朗房网；在梅凤雷提供的住宅点图上加以处理。

从时间上来看，北京住宅郊区化的趋势越来越明显。1994~1999 年，住宅建设已经蓬勃发展并向郊区扩展，但是超出四环以外的还是少数，而 1999~2003 年，住宅一方面在数量上大大发展，特别是 2000 年和 2001 年，另一方面新建住宅分布向郊区延伸很快，四环以外新增大量住宅，还有不少在五环以外，特别是昌平、大兴、通州和房山区等远郊区。

北京市的住宅面积与居住人口正在从城区向郊区外移，2000 年的第五次人口普查数据

也支持这一结果（冯健，2004）。从不同区县住宅面积比重来看，城区以外的住宅开发活动与日俱增。城区住宅面积占全市的比重由1949年的77.9%降到2000年的11.6%，而近郊区则由5.5%升至43.8%，远郊区县由16.6%升至44.6%。从比例增长上可以看出，近郊区的发展速度快于远郊区。

北京住宅郊区化趋势在近两年来更加明显。在1378个新建住宅样本中（北京房地产网“楼盘汇总”），三环以内的住宅只占23%，而三环以外占到了77%，特别是四环以外的占到了一半以上。别墅是比较特殊的住宅类型，几乎全部分布在四环以外；公寓和商住楼这样价位较高的住宅比较均匀地分布在地价较高的市区；而占样本大多数的普通住宅和经济适用房充分体现了北京住宅郊区化的趋势，三环以内的项目只占22.1%，三环以外的占77.9%，四环以外占了53.5%之多（表2-5-1、表2-5-2）。

**北京住宅数量分布表（按环线）（1999~2003年）** 表2-5-1

| | 二环以内 | 二环至三环 | 三环至四环 | 四环以外 | 总计 |
|---|---|---|---|---|---|
| 普通住宅 | 92 | 102 | 223 | 461 | 878 |
| 经济适用房 | 2 | 4 | 9 | 23 | 38 |
| 内销公寓 | 36 | 30 | 45 | 57 | 168 |
| 外销公寓 | 11 | 27 | 37 | 24 | 99 |
| 别墅 | 3 | 1 | 11 | 161 | 176 |
| 四合院 | 1 | 0 | 0 | 0 | 1 |
| 商住楼 | 6 | 2 | 6 | 4 | 18 |
| 合计 | 151 | 166 | 331 | 730 | 1378 |
| 比例 | 11.0% | 12.0% | 24.0% | 53.0% | 100.0% |

**北京新建别墅、公寓和经济适用房在各圈层的分布（1999~2003年）** 表2-5-2

| 不同地域 | 别墅 | 百分比 | 内销公寓 | 外销公寓 | 公寓合计 | 百分比 | 经济适用房 | 百分比 |
|---|---|---|---|---|---|---|---|---|
| 城区 | 1 | 1.0% | 11 | 3 | 54 | 20.2% | 2 | 5.3% |
| 近郊区 | 36 | 36.0% | 63 | 57 | 178 | 66.7% | 29 | 76.3% |
| 远郊区 | 63 | 63.0% | 0 | 0 | 35 | 13.1% | 7 | 18.4% |
| 总计 | 100 | 100.0% | 84 | 61 | 267 | 100.0% | 38 | 100.0% |

资料来源：北京房地产网。

## 5.4.2 各类住宅沿基础设施通道延伸并形成住宅扇面

在霍依特（Hoyt，1939）的扇形结构模型中，各类居住用地倾向于沿主要交通线路由市中心向郊区呈扇形发展。北京的新建住宅也呈现出沿交通线路延伸的格局。城区内住宅小区沿二环、三环、四环分布。三环以内由于住宅建设密集而分布均匀；四环以外，特别是发展较弱的南城，沿四环和五环分布就很明显，有明显的聚团。另外，向东北、向东、向南、向西北、向北等方向都有所延伸并形成住宅扇面。

向东北，沿机场高速公路聚团式分布，主要包括三元桥、望京、酒仙桥、望京新兴产业区等住宅区，形成明显的两个聚团，具体在三元桥以内的城区和位于东北四环和东北五环之间（四元桥和五元桥之间）的望京地区。向东，沿地铁1号线和京通快速路一线均匀分布，沿地铁

1 号线的住宅开发较早也比较密集，从四惠桥往东沿京通快速路沿线分布着通惠家园、远洋天地、都会华庭、兴隆家园等 20 多个住宅小区，规模大部分超过 30 万 $m^2$。向南，沿京开高速公路稀疏分布。向西北，沿京昌高速公路均匀分布，包括北沙滩、清河、小营、西三旗、西二旗、回龙观等住宅区。向北，亚运村—立汤路沿线紧密分布，包括亚北、北苑、丽水桥、天通苑等地区。

另外，沿城市铁路 13 号线，住宅项目均匀分布（图 2-5-4）。由于大部分楼盘建设在先而轻轨建设和通车在后，所以轻轨的站点安排顾及了原有居住聚团的布局，轻轨沿线的楼盘分布相对均匀。

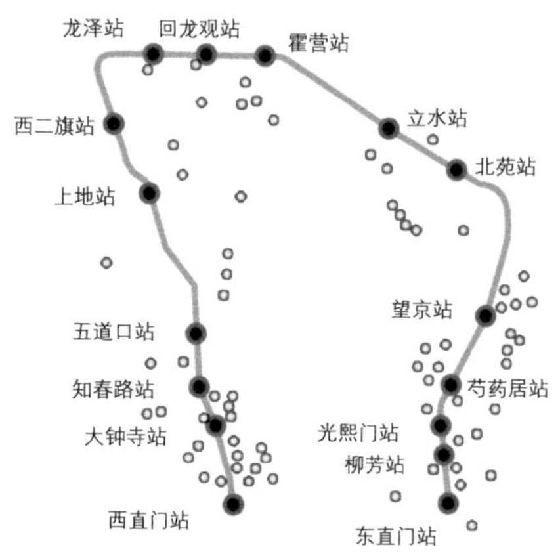


图 2-5-4　北京轻轨 13 号线沿线楼盘分布示意图
资料来源：新浪房地产网。

## 5.4.3　别墅、公寓和经济适用房的分布

别墅的空间分布受到环境、土地因素的影响，分散分布于四环、五环以外（图 2-5-5）。

别墅在 20 世纪 90 年代初期进入北京房地产市场，后来曾一度低迷。根据金建网 2000 年年底的资料统计，北京的存量别墅项目 80 个，主要分布在东北四环—顺义—机场路沿线的东北地区、亚北往昌平扩展带、海淀区及上地的京城北部地区，北部地区共有别墅项目 53 个，约占北京市别墅总数的 65%。在 8 个别墅分布区中（表 2-5-3），东北部地区别墅数量最多，优势在于该区的京顺路、首都机场高速公路，温榆河、潮白河以及紧邻东部中央商务区和使馆区。亚北—昌平地区分布也较多，优势在于其位于北京的“上风上水”之处——京密引水渠和八达岭高速公路。海淀—上地地区的别墅分布也较集中，优势在于中关村高科技园区位于本地区，人文环境良好。另外，通州、大兴、丰台等郊区因便利的交通条件，也有少量分布。

**北京存量别墅数量区域分布表（截至 2000 年）**　　　　表 2-5-3

| 分布区 | 机场路—顺义 | 亚北—昌平 | 海淀—上地 | 通州 | 市区 | 其他远郊 | 大兴、丰台 | 经济开发区 | 总计 |
|---|---|---|---|---|---|---|---|---|---|
| 别墅项目个数 | 25 | 16 | 12 | 12 | 4 | 5 | 4 | 2 | 80 |

2000 年以来，别墅市场开始活跃。据 2003 年数据，北京的别墅几乎全部分布在郊区，其中远郊区占到了 63%，而在远郊区中又特别集中于昌平、顺义、通州和大兴，即北部和东部地区。别墅本身的低密度、低容积率需要大量土地和优美清静的环境，使得地价相对低廉和远离都市的远郊区占据优势。相对北部来说，南部的分布向近郊压缩。别墅分布还具有从近郊区沿交通线深入远郊聚集区的特征，如北部沿机场高速公路到达聚集区顺义，沿立汤路和京昌高速公路到达聚集区昌平，沿京开高速公路到达聚集区大兴，沿京通快速路到达聚集区通州。

公寓集中在北部二环至五环之间的地域（图 2-5-5）。

据 2003 年的数据，公寓绝大部分位于城区和近郊区，近郊区占到 68.2%之多，远郊区占极少数。外销公寓比内销公寓更加集中地分布在近郊区，占到 74.7%。从环路分布情况来看：公

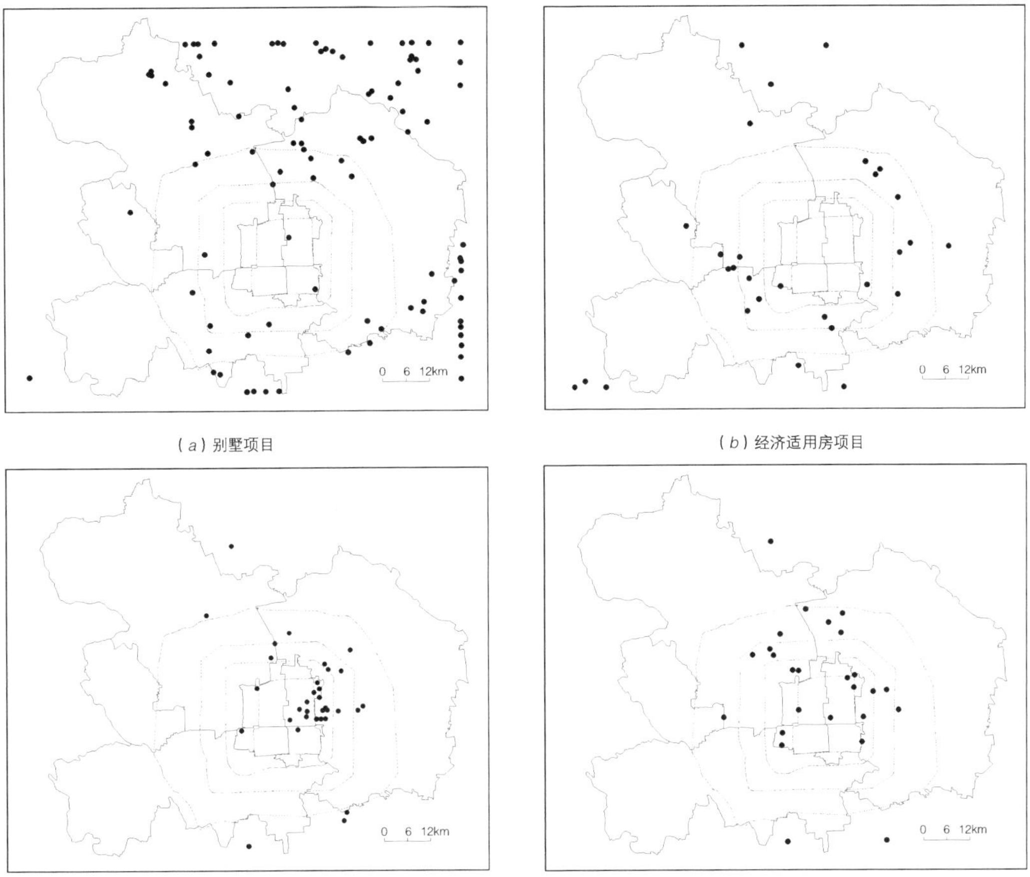

（a）别墅项目

（b）经济适用房项目

（c）外销公寓项目

（d）内销公寓项目

图 2-5-5　2000~2003 年北京市在售别墅、经济适用房和公寓项目分布图
资料来源：数据来自天朗房网。

寓分布比较均匀，集中于二环到五环之间的区域。外销公寓集中于东部二环到四环的区域，大体围绕 CBD 区域及其辐射区域。外销公寓市场由外资企业的办公人员的居住带动和形成，与国际、国内经济形势好坏密切相关，度过了亚洲金融风暴的低迷期，再加上加入 WTO，大量外资企业进驻商务区，使得围绕 CBD 的外销公寓，或者说高品质、高价位公寓更加繁荣。内销公寓选择地段比较平均，但也分布于地段较好、地价偏高的地区。总体上看，公寓的分布北部多南部少，南部限于三环以内，而北部三环到五环之间还有大量分布。

经济适用房，利用低廉地价和良好交通在郊区繁荣。

1998 年底，以回龙观、天通苑、建东苑等为代表的 19 个北京首批经济适用住房项目开始建设。截至 2002 年年底，北京正式列入经济适用住房的建设项目累计 39 个，其中 32 个对社会公开销售，7 个内部定向销售。北京住宅市场供给与需求存在结构性错位，面向中低收入阶层的经济适用房尽管开发总量稳定上升，但仍有供不应求之势。从空间分布上看，经济适用房大多聚集在四个近郊区且大多在四环以外。从分区来看，天通苑和回龙观在五环以外的昌平远郊形成了城北一个最大的居住区。城西最大经济适用住房项目长安新城，位于长安街南畔，东部紧邻西四环。东部的经济适用房沿京通快速路分布于东四环以外。翠城、西红门两个南城大型经济适用住房项目建设改变了过去北京经济适用住房南北失衡的局面。总体上看，经济适用房的分布区域在五环附近公共交通比较通畅的区域。

## 5.4.4 北京住房价格的空间分布

总体上看，高价住宅区和低价住宅区日益分化。

为了描述北京房价分布，制作北京房价分布等值线图。提取新浪房地产网的房价分布图的点坐标（2003 年数据），在 MATLAB 中线性插值后用 contourf 函数作出等高线分布图，再与北京底图叠加生成北京房价等值线图（图 2-5-6）。可以看出，北京房价分布大势为从市中心向郊区迅速降低，北部明显高于南部，东部高于西部，二环到三环之间有一个突出的隆起带。除了东北向机场路方向由于昂贵别墅特别是均价 3200 美元/$m^2$ 的银湖别墅的影响而产生了一个高凸起之外，高价房聚集区最明显的就是 CBD 区域，一方面由于高地价，另一方面也是因为存在高级公寓和写字楼配套商住房而抬升了房价。其他的高价区是东北三环、四环和北部的亚运村以及西北的中关村、上地地区。

高均价的别墅对房价分布影响很大。按 2003 年数据，北京市别墅的平均售价约为人民币 9580 元/$m^2$ 左右。市区内别墅平均售价在 3000 美元/$m^2$ 左右，其中最高价为东南二环旁的怡龙别墅开价为 4000 美元/$m^2$。除市区外，位于机场路顺义地区的别墅售价最高，均价在 1600 美元/$m^2$，约为人民币 13757 元/$m^2$。别墅售价超过人民币 1 万元/$m^2$ 的还有亚北至昌平、大兴和丰台地区。售价在人民币 3000～4000 元/$m^2$ 的分布在海淀—上地、通州地区。价位最低的是人民币 2000～3000 元/$m^2$ 的低档别墅（包括一些非法开发项目），分布在颐和园地区。从整体市场来看，售价在人民币 5000 元/$m^2$ 以下及高于 10000 元/$m^2$ 的别墅数量相等，共占 70%的份额。别墅售价最低的地区为远郊，约每平方米 3300 元左右。

考虑普通商品房，北京市二环以内的普通商品房每平方米售价在 7500～12000 元左右；三环以内在 7000 元左右，但是北三环、东三环、西三环在 7500 元以上；四环以内 5000 元左右，但是北四环不低于 6500 元；四环以外也需要 3500 元左右，亚运村一带在 5500 元左右。北京房

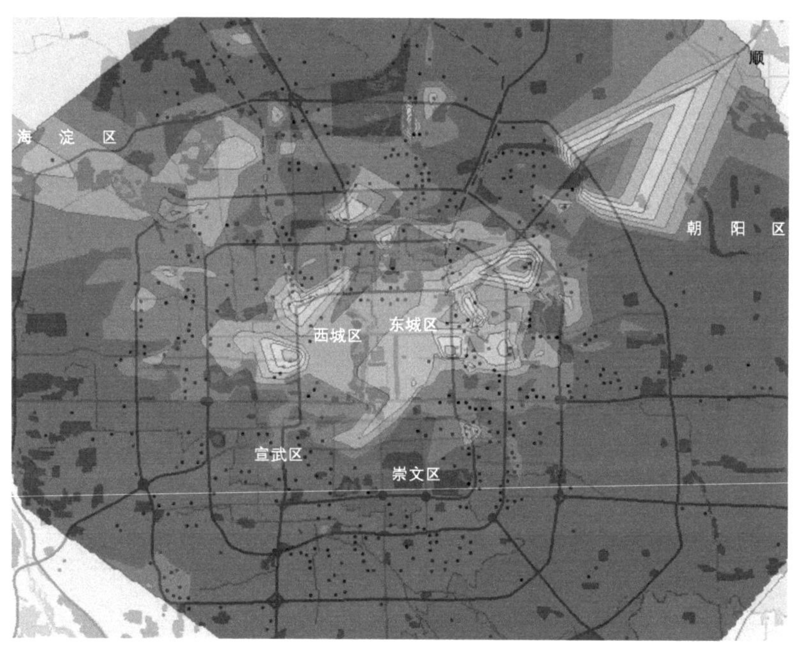


(a) 包含别墅在内

图 2-5-6　北京房价分布等值线图（2003 年）

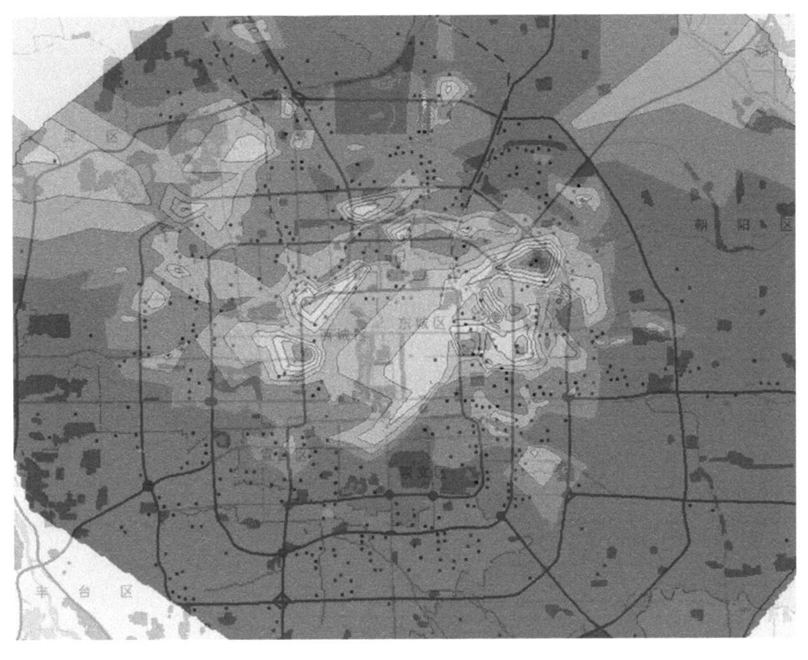


（b）剔除别墅以后

图 2-5-6　北京房价分布等值线图（2003 年）

价的总体趋势是，北部房价明显高于南部房价，东部 CBD 圈内的房价高出同一环内平均房价的 10%左右，中关村的房价高出四环平均房价的 20%左右（张文忠，2001）。

将房价分布图中的别墅类型去掉之后做等值线图，可以更加清晰地看出北京普通商品房房价与地价的密切关系（图 2-5-7）。北部大大高于南部，二环以内因为旧城保护规划控制等原因少有新建住宅，所以，从二环开始向外，房价逐渐降低，还可看出房价等值线随交通线的伸展。昌平区、朝阳区、丰台区、通州区成为北京四大低价住宅板块，一方面由于经济适用房等主要面向中低收入阶层的住房类型分布，另一方面是交通方便和郊区低廉的地价使得低价房有生存的空间。

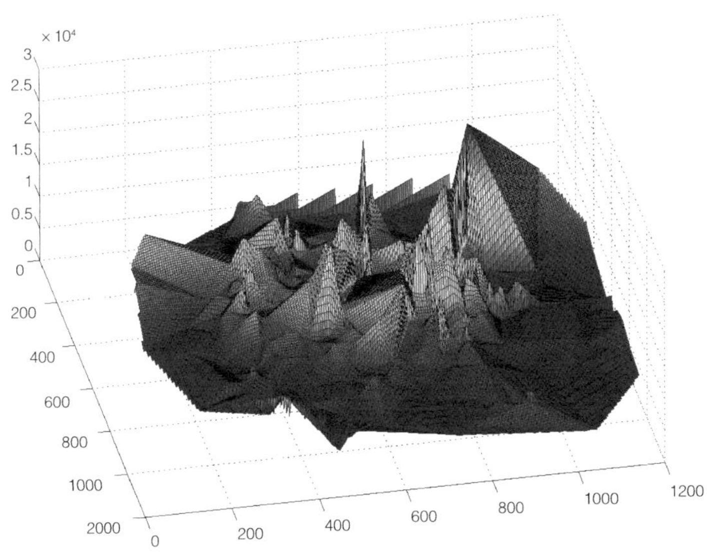


（a）包含别墅在内

图 2-5-7　北京房价分布空间模拟效果（2003 年）

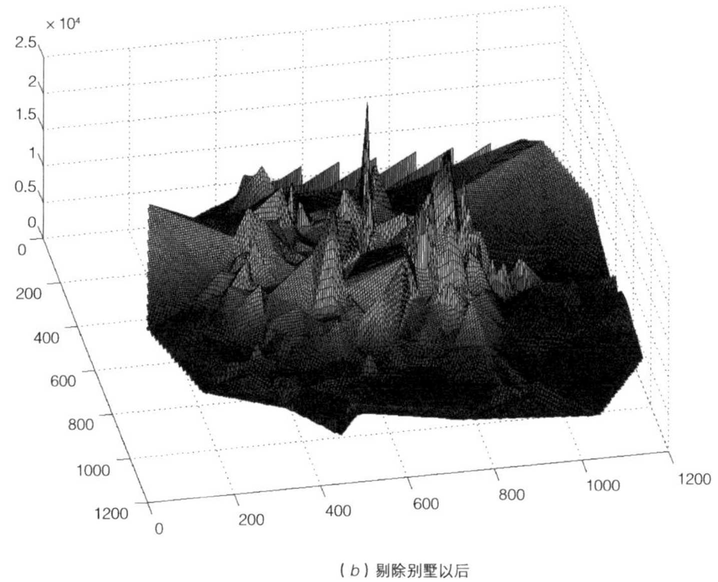


（b）剔除别墅以后

图 2-5-7 北京房价分布空间模拟效果（2003 年）

# 5.5 对北京住宅空间分布的解释

## 5.5.1 借用郊区化对中心区交通影响模型（曲大义等，2001）

曲大义等（2001）建立了一个居民选址模型来反映城市向郊区发展对中心区交通的影响。居民选择住址距市中区的距离主要受两个因素的影响，即房价和交通方便程度。房价中与区位紧密相关的是住宅小区所在区域的土地价格。根据城市区位论原理，从城市中心向外，城市土地价格逐步下降形成价格梯度。于是居民选择某区作为居住区的概率与距离的关系为（$d_i$ 为到市中心的距离，$k$ 和 $c$ 为常数）：

$$p_i \propto d_i^{k} / e^{cdi} \tag{2-5-1}$$

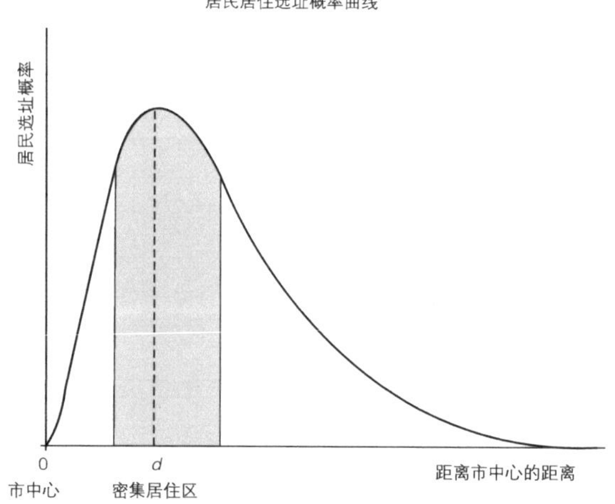


图 2-5-8 居民居住选址曲线图

资料来源：曲大义等，2001.

该模型的曲线见图 2-5-8。在我国市场经济条件下，居民收入水平不均衡且发生变动时，对于大多数居民而言，存在一个地价与土地效用综合作用下的最优选择，即一定收入水平的居民存在一个位于中心区和外围区之间的密集居住区，这在选址概率图上表现为峰值对应的区位（*d*）。

## 5.5.2 住宅的郊区化现象

学者们已经从人口空间变动的角度证明了北京居住郊区化始于 20 世纪 80 年代，盛于 90 年代（周一星、孟延春，2000；Zhou、Ma，2000；冯健等，2004）。显然，居住郊区化对住宅空间格局的形成起到了重要作用。周一星、孟延春（2000）强调了土地制度改革、住房制度、旧城改造、交通等基础设施建设以及规划政策等对郊区化的影响。

城市土地有偿使用制度的建立导致城市土地功能置换和城市土地利用结构的巨大变化，中心区土地（包括居住用地）置换为较高收益的功能，并随着开发强度的增大，地价不断升高。北京有约 20 万户居民居住在 610 万 $m^2$ 的危房区中，八成的危房分布在老城区。住房制度改革后，危旧房改造速度加快，大批居民搬出旧城区。一方面政府出台政策鼓励居民迁往郊区，另一方面，货币补偿带来的结果也是趋向于郊区，因为这一批居民收入水平相对比较低，收入水平线与土地效用线的交点偏右，即偏向地价低廉的郊区。政府通过政策和规划对旧城风貌进行保护，如二环内限高等限制了容积率，土地紧俏限制了开发商的投资规模。90 年代北京城市规划强调分散组团式布局的城市空间结构，引导旧城区常住人口逐步向外围组团疏散，使更多的人从市区搬到郊区居住。

道路交通等基础设施的发展也是郊区化发展的一个主导因素。20 世纪 80 年代以来，北京的城市基础设施特别是城市道路的投资修建，一方面使地价上升，另一方面影响了居民的出行效用曲线。在前述模型中，城市交通的良性发展使式（2-5-1）中的常数 c 变小，曲线右移，即各个收入阶层的密集居住区各自相应向郊区移动。

2003 年北京市房屋面积与土地面积之比为 2.83，中心城区的这一比例是全市平均水平的 38.4 倍。改革开放以来，本市建成的居住小区超过九成布局在四环路以内，造成城中心区及近郊区房屋密度过大，土地的稀缺造成土地价格和级差地租持续上涨，使房价居高不下。相关调查表明，在有购房意向的城镇居民中，希望购买经济适用房的超过七成，只能接受每平方米 3500 元以下价格的超过八成（王刘芳，2003）。经济的发展，可支配收入的提高以及房地产金融的发展还带来了高收入阶层的二次置业和新兴的年轻购房者，他们往往会选择环境优美、地价低廉、发展潜力较大的郊区住宅。小汽车的发展，使得新兴年轻购房者和高收入阶层的第二居所越来越趋向郊区。信息化社会的到来，互联网的普及，尤其是网上办公的发展也在一定程度上削弱了郊区在空间距离上的缺陷。

## 5.5.3 住宅分布与交通设施建设的关系

北京的住宅沿交通线布局是非常明显的特征。从前述模型来看，开始假设的城市中心区是交通条件最好和大部分出行的目的地，其他区域随距中心区距离的增大逐渐降低出行效用。城市基础设施，特别是交通线的建设在一定程度上改变了这个假设，沿交通线的区域成为新的出行效用升高带，这一点也可以通过通勤时间成本随着交通线建设而降低来解释——相当于拉近了与中心区的距离。新的基础设施建设区域成为目的地，中心区的目的性降低，沿线效用随之升高。通过对居民选址效用曲线的改变，基础设施特别是交通的投资建设使沿线地价上升并使居民倾向于在沿线选址。

在北京，市政设施特别是交通的建设对住宅分布有更加复杂的影响。如 2002 年 6 月，四环的全线贯通带来沿线地区房价的提升，改变了选择四环定居的人群（年轻白领居多）的居住观念，突破了地域对买房的束缚。四环的贯通，把建筑密度高、交通不畅、房价相对高的北部和东部的购买力分散，在一定程度上淡化了地段因素在买房者决策过程中的影响。北京房地产对新建交通线路尤其是轨道交通非常敏感，往往规划一出台沿线房价就开始有上涨趋势，如地铁八通线还没竣工，通州的住宅就已经卖火了。

轨道交通大大降低了客户的生活成本。地铁的兴建会导致沿线地区人群结构的变化，还会导致房地产沿地铁线呈条状的布局形态，引起地铁周边房价的普遍升值，进而影响到城市空间形态。

### 5.5.4 住宅的空间分异

从前述选址模型可以看出，收入水平的差异会导致密集居住区的分布差异，总体而言是高收入阶层靠近中心区，而低收入阶层偏向郊区。高收入阶层靠近城市中的高地价区域，而低收入阶层相应远离高地价区域。

先从地价分布来解释北京住宅空间分异。从自然条件上看，北部地区是“上风上水”。而南部工业用地较多，历史上就又破又杂，区域形象不佳。直到北部地区开发到一定程度，南城才开始好转，但北京人“宁要城北一张床，不要城南一套房”的观念已经存在很多年，形成北强南弱的分布格局。另外，政策也是地价分布的重要影响因素，因为它密切关系着交通等基础设施的投入。北部地价上升首先源于中关村的带动。西北部的中关村由于有高校和科研单位聚集的基础，抓住 1996 年政府批准加快建设中关村科技园区的机会，加快基础设施建设，地价不断上升。奥运概念更是让北城地价迅速上升。东城地价的升值源于燕莎商场和国贸大厦的建设，后来中央商务区规划得到批准，得天独厚的政策大大促进了东城商圈的蓬勃发展。

从居民的社会属性和住宅区位选择的关系来看，相同或相似属性的社会群体在住宅区位选择上具有类似性和趋同性，这是相似的收入水平和相似的效用曲线造成的。从历史上看，20 世纪 50 年代开始住宅开发时，北京就采取“就近居住”的原则，住宅小区多与生产工作区配套建设，造成相同职业的人群聚居。随着居民生活水平提高，住宅开发的蓬勃发展和成熟，社会阶层的分化，物业类型的分化，同样的社会群体在特定区位集中，一方面便于日常生活和文化交流，一方面有利于获得相关知识和信息，并且彼此有心理认同性。如回龙观接近海淀，有轻轨连接中关村，40%的购房居民为科技、文化和教育界的知识分子。

## 5.6 结　论

北京的住宅建设从 20 世纪 50 年代开始的就近生产工作区紧密布局，经过 60、70 年代的停滞和恢复，到 80 年代开始的综合开发，建设规模不断扩大，90 年代的土地有偿使用制度建立以及福利分房的取消，使房地产市场获得快速发展。90 年代以来，北京新建住宅的空间分布形态反映了愈演愈烈的住宅郊区化，因为新建住宅多分布在三环至五环之间，更有不少延伸至五环以外，而二环以内几乎没有新建住宅分布。以地铁 1 号线为界，北部发展快，住宅分布广泛，

但南部发展较弱，大部分被压缩在南三环以内。各类住宅沿基础设施通道成均匀或聚团式延伸。别墅、公寓、普通住宅和经济适用房由于其各自特点呈现不同的分布特征。从房价的空间分布上看，从市中心向郊区迅速降低，北部明显高于南部，东部高于西部，二环至三环之间有一个突出的隆起带，这种格局实际上是各种类型住宅区位分布规律综合作用的结果。

借用郊区化对中心区交通影响的居民选址模型来解释北京住宅空间发展。地价上升和交通发展带来了密集居住区向郊区的移动；基础设施特别是交通线的建设使沿线居民出行效用增大而使密集居住区趋向于沿线分布；收入水平的差异造成了不同阶层密集居住区的分离，是南北差异和居住空间分异的原因。总之，北京已经进入城市中心区居民向郊区新住宅区迁移的郊区化阶段，居住郊区化是城市发展的必然趋势，也是解决北京城市膨胀所带来的各种城市问题的方法，政府应该用政策手段鼓励住宅郊区化进程并促进其健康发展。

## 参考文献


[1] Arnott R. 1989. Housing Vacancies, Thin Markets, Idiosyncratic Tastes [J]. Journal of Real Estate Finance and Economics, 2 (1): 5-30.

[2] Feng J, Zhou Y X. 2005. Suburbanization and the Changes of Urban Internal Spatial Structure in Hangzhou, China [J]. Urban Geography, 25 (2): 107-136.

[3] Rosenthal S S, Helsley R W. 1994. Redevelopment and the Urban Land Price Gradient [J]. Journal of Urban Economics, 35 (2): 182-200.

[4] Wheaton W. 1977. Residential Decentralization, Land Rents, and the Benefits of Urban Transportation Investment [J]. American Economic Review, 67: 136-143.

[5] William W. 1998. Land Use and Density in Cities with Congestion [J]. Journal of Urban Economics, 43 (2): 258-272.

[6] Zhou Y X, Ma L J C. 2000. Economic Restructuring and Suburbanization in China [J]. Urban Geography, 21 (3): 205-236.

[7] 北京市地方志编纂委员会. 2005. 北京城市规划志（1949~2000年）[R].

[8] 柴彦威. 1996. 以单位为基础的中国城市内部生活空间结构——兰州市的实证研究 [J]. 地理研究, 15 (1): 30-38.

[9] 柴彦威，刘志林，李峥嵘等. 2002. 中国城市的时空间结构 [M]. 北京：北京大学出版社.

[10] 柴彦威，仟宗卿，胡智勇. 2000. 天津城市内部人口迁居特征及机制分析 [J]. 地理研究, 19 (4): 391-399.

[11] 董昕. 2001. 城市住宅区位及其影响因素分析 [J]. 城市规划, 25 (2): 33-39.

[12] 冯健. 2004. 转型期中国城市内部空间重构 [J]. 北京：科学出版社.

[13] 冯健，周一星. 2002. 杭州市人口的空间变动与郊区化研究 [J]. 城市规划, 26 (1): 58-65.

[14] 冯健，周一星. 2003. 1990年代北京市人口空间分布的最新变化 [J]. 城市规划, 27 (5): 55-63.

[15] 冯健，周一星，王晓光等. 2004. 1990年代北京郊区化的最新发展趋势及其对策 [J]. 城市规划, 28 (3): 13-29.

[16] 顾朝林，C·克斯特洛德. 1997a. 北京社会极化与空间分异研究 [J]. 地理学报, 52

(5)：385-393.
[17] 顾朝林，C・克斯特洛德. 1997b. 北京社会空间结构影响因素及其演化研究 [J]. 城市规划，21 (4)：12-15.
[18] 曲大义，王炜，王殿海等. 2001. 城市向郊区发展对中心区交通影响研究 [J]. 城市规划，25 (4)：37-39.
[19] 王刘芳. 2003. 市中心房子太密，九成居住区扎堆四环内 [N]. 北京日报，2003-4-14.
[20] 王兴中. 2000. 中国城市社会空间结构研究 [M]. 北京：科学出版社.
[21] 吴启焰. 2001. 大城市居住空间分异研究的理论与实践 [M]. 北京：科学出版社.
[22] 吴启焰，崔功豪. 1999. 南京市居住空间分异特征及其形成机制 [J]. 城市规划，23 (12)：23-35.
[23] 吴启焰，任东明. 1999. 改革开放以来我国城市地域结构演变与持续发展研究——以南京都市区为例 [J]. 地理科学，19 (2)：109-112.
[24] 吴晟. 1989. 成就、问题和启示——北京住宅建设四十年的回顾与展望 [J]. 城市规划，(5)：13-18.
[25] 许学强，胡华颖，叶嘉安. 1989. 广州市社会空间结构的因子生态分析 [J]. 地理学报，44 (4)：386-395.
[26] 阎小培，周春山，邓世文等. 2001. 广州市及周边地区商品房的开发与分布 [J]. 地理学报，56 (5)：570-580.
[27] 虞蔚. 1986. 城市社会空间结构的研究与规划 [J]. 城市规划，(6)：15-25.
[28] 张庭伟. 2001. 1990 年代中国城市空间结构的变化及其动力机制 [J]. 城市规划，25 (7)：7-14.
[29] 张文忠. 2001. 城市居民住宅区位选择的因子分析 [J]. 地理科学进展，20 (3)：268-275.
[30] 张文忠，刘旺. 2002. 北京市住宅区位空间特征研究 [J]. 城市规划，26 (12)：86-89.
[31] 郑静，许学强，陈浩光. 1995. 广州市社会空间的因子生态再分析 [J]. 地理研究，14 (2)：15-26.
[32] 周春山，许学强. 1996. 广州市人口变动地域类型特性研究 [J]. 经济地理，16 (2)：25-31.
[33] 周一星. 1996. 北京的郊区化及引发的思考 [J]. 地理科学，16 (3)：198-205.
[34] 周一星，孟延春. 1997. 沈阳的郊区化：兼论中西方郊区化的比较 [J]. 地理学报，52 (4)：289-299.
[35] 周一星，孟延春. 2000. 北京的郊区化及其对策 [M]. 北京：科学出版社.
[36] 周一星，王榕勋，李思名等. 2000. 北京千户新房迁居户问卷调查报告 [J]. 规划师，16 (3)：86-95.
[37] 宗跃光，张振世，陈红春等. 2002. 北京大都市土地开发的乘数效应和增长模式研究 [J]. 地理研究，21 (1)：89-96.
[38] 宗跃光，周尚意，张振世等. 2002. 北京城郊化空间特征与发展对策 [J]. 地理学报，57 (2)：135-142.

# 6 北京当代艺术家集聚地的演变特征与发展背景[①]



## 6.1 引　言

20 世纪 70 年代末，中国开始出现一些非官方艺术家和艺术团体，并开办与传统艺术相背离的小型展览，80 年代中后期掀起了一场全国性的艺术运动——“85 新潮”运动，期间国内 20 多个省份涌现出 80 多个艺术小组，艺术活动频出。此时，北京仍保持着作为官方艺术和学院艺术中心的传统地位，并未形成运动中心。1986 年起，地域性的、单个的实验艺术家团体开始相互接触，筹办联合展览和活动（巫鸿，2002），并于 1989 年在北京举办了影响极大并三次被关闭的中国现代艺术展。这时，艺术家开始大量进驻北京，于 80 年代末 90 年代初在圆明园福缘门村等地形成集聚。受多种因素影响，集聚地从一开始就处于不断的变动中，历经了多次迁移和重新组合。本文将从社会文化背景、政府管治、区位、艺术经营的社会网络等几方面分析北京当代艺术家集聚地（以下简称艺术村）形成与分布的规律及影响因素，并对比国内外艺术家集聚地的发展，结合实例，探讨如何将艺术家集聚地引入城市规划的考虑中。

## 6.2 国内外研究回顾

美国纽约的格林威治村（New York's Greenwich Village）是著名的国际艺术村，受到学者的充分关注，如：萨利·贝恩斯（2001）的《1963 年的格林威治村——先锋派表演和快乐的身体》，描述了 1963 年格林威治村的艺术活动和文化影响；彼埃德和波罗威治（1993）主编的《格林威治村，文化和反主流文化》（*Greenwich Village*, *Culture and Counterculture*），是一个研究格林威治村发展历史的论文集，介绍了格林威治村从 18 世纪末至 20 世纪 80 年代发展中的重要事件。

中国研究以访谈和记录为主。书籍有汪继芳的《20 世纪最后的浪漫——北京自由艺术家生活实录》，记述了圆明园画家村和东村早期艺术家的生活状况；赵铁林的《黑白宋庄——断代青年的艺术追求与人生自白》，通过图片展示和访谈，介绍宋庄部分艺术家的艺术生活状况；王强的《宋庄艺术家群落》，介绍宋庄艺术家的艺术生活状况；荣荣的《荣荣的东村》，以图片为主，

① 本文作者：常皓皓。

记录东村的艺术活动和生活状况；黄锐等主编的《北京 798》，以图片为主，介绍 798 艺术区的发展历史和主要机构。高氏兄弟主编的《艺术生态报告》和马保中《关于“上苑”艺术村的形成》中简述了上苑艺术村的形成和发展；杨卫的《徘徊在时代的边槛上》介绍了圆明园画家村发展的社会背景及影响，并附录圆明园画家村的发展历史；汪民安的《宋庄艺术家的存在方式》阐述了宋庄艺术家的生活状况和存在意义；张朝晖的《为什么是北京——关于艺术中心的问题》探讨了北京作为艺术中心地位的形成因素和发展趋势。此外还有众多新闻媒体的介绍和描述。2002 年广州三年展论文集《重新解读：中国实验艺术十年（1990~2000）》主要从中国当代艺术发展的角度展开综述。2000 年以来，网络成为传播当代艺术的重要媒介，美术同盟网、世界艺术网等进行了许多有价值的跟踪报道和理论介绍。

## 6.3 北京艺术家集聚地的发展背景

### 6.3.1 社会文化背景

改革开放以后，西方艺术文化思潮涌入，产生了宽松自由的创作环境。“85 新潮”运动更极大地促进了现代艺术的发展。艺术家受到国外现代艺术的影响，但更多地受到这种活跃的创作环境的影响，这种影响不一定是具体思想上的指导和启迪，而更多的是一种自由创作的模糊感觉，如：方力钧说：“我……上中专时刚十五六岁，就开始读黑格尔的《美学》……等我到 30 岁的时候把那些读书笔记拿出来，发现我一句都读不懂。所以，在‘85 新潮’的时候我们更多地受到的并不是我们自己的所谓‘85 新潮’的那些背景的东西”(刘淳，2003)。叶永青说：“在那个咸与维新的时代，我拼命地更新着自己的感念以跟上时代变革的步伐。消化不良和食而不化使我搞了许多不伦不类的作品……”并称“中国当代艺术始终是针对现实的，而且一直是以西方现代艺术和文化背景为重要的参照系”（刘淳，2003)。张晓刚说：“当时（注：1979 年）一看到印象派的东西简直不得了，太激动了，太过瘾了……开始琢磨是不是可以走现代艺术这条路”(刘淳，2003)。

僵化的艺术体制无法给艺术家足够的发展空间。一些艺术家得不到美术院校的分配名额而被迫另寻出路；也有很多美术院校不分配，艺术家找不到工作或想专心创作时，为避开周围经济、社会的影响，需要寻找一种新的环境来接纳这种新的生活方式和艺术创作。故 20 世纪 80 年代末出现了艺术家离开家乡，到大城市寻找发展机会的现象，这也伴随着中国的人口流动(如民工潮等）而不断发展。

20 世纪 80 年代的计划经济体制所带来的集体主义意识以及现代艺术本身对固有艺术概念的反叛，使得 80 年代中后期形成了共同创作倾向（这时并没有主题和理论支撑)，艺术家在政治和经济的边缘地带形成集聚。艺术家更愿意接近有一定艺术氛围的区域，不仅仅是艺术上的合作交流，还包括由此带来的经济上的相互扶助和市场联系、信息传递等。

### 6.3.2 北京的吸引力所在

艺术聚落在大城市边缘地带发展是世界上的普遍现象，纽约、伦敦、巴黎等大城市的边缘区都出现过艺术村落。而北京作为中国的首都、艺术和文化中心，有其独特的政治、社会、文化吸引力。

一系列自上而下的社会运动增强了北京在政治中的绝对统治地位，在20世纪80年代末90年代初，其知名度和影响力都是无以匹敌的，也吸引了大量不同的人进入，形成了多样的艺术文化氛围，便于艺术家进行各种自由创作、探索和尝试。

北京作为艺术、文化的中心，具有文化上的感召力。中央美术学院等众多著名美术院校的学生毕业后直接留在北京，成为艺术村的主要成员。作为首都，北京是对外文化交流的窗口，文化信息资源丰富，每年都举办众多大型、有影响力的艺术展览和交流活动。随着经济体制改革的深入，北京更显出了在文化上的吸引力和凝聚力，很多艺术家辞职、面临生活困境或期望一种创作环境时，首先想到的就是北京。如艺术家王广义认为“北京是中国政治和文化的中心，在那儿工作和生活，至少对我的事业会有好处”（刘淳，2003）；张晓刚则认为“北京有些东西是很有魅力的”（刘淳，2003）；任小林说“北京搞艺术的人实在太多了，做各种探索的、尝试各种风格的，这是全国任何一座城市都没有的”（刘淳，2003）；马六明说“今天终于来到这个被称为北京的城市，中国前卫艺术的中心”（汪继芳，1999）；左小祖咒说“在南方没有观众，北京有观众，也就是说北京有好的市场，虽然北京也不是很好，但它是中国惟一搞先锋艺术的地方”（汪继芳，1999）。

1989年，北京的中国美术馆举办了“89中国现代艺术展”，很多艺术家也是通过89大展了解了中国现代艺术的发展状况，使北京成为中国当代艺术的中心。这一时期，国外媒体开始密切关注中国当代艺术，北京开始进驻国外画廊，促进了艺术的市场化，也使中国当代艺术直接面向世界。

## 6.4 北京艺术家集聚地发展历史

北京艺术家集聚地出现于20世纪90年代。

最先发展的有圆明园画家村、东村。三里屯、后海也承担了新媒体艺术等部分艺术活动，但未形成集聚。宋庄、大山子艺术区（798厂）、上苑画家村都已形成规模并有一定的影响力。

圆明园艺术村位于圆明园南部的福缘门村，是中国第一个出现的艺术村。1984年就有诗人在此居住。1985~1988年，一些诗人、画家、摇滚乐手在此寄居，90年代初先后离开。1991~1995年是圆明园艺术村发展的主要时期，1991年，方力钧、田彬、丁方等画家在此租房创作；1992年，村里已经居住有100多位书画家。1995年10月开始，不许画家在此租房，画家们转移到宋庄、上苑等地。之后，村里陆续又来了一些画家，但没有形成规模。

东村位于北京朝阳区亮马河大山庄，主要发展时期为1993~1994年。最开始是有几位中央美院的进修生租房，而后形成规模。1994年6月，马六明被警察以没有暂住证为由抓去，东村就此解散。后来艺术家们以“东村艺术家”的名义创作了几次行为艺术，但此时他们已经不住在东村。2001年，随着北京市建设发展，东村被拆。

宋庄的艺术家集聚始于1994年。位于通州区的宋庄，一开始是著名批评家栗宪庭等人到这里居住，而后很多艺术家慕名而来。目前宋庄是聚集画家最多的艺术村。

上苑的艺术家集聚始于1995年。昌平上苑村距北京市区约20km，隶属于昌平区兴寿镇。20世纪90年代中期，汪建中、张松英夫妇最先入住，而后王华祥、邓平祥、崔宪基等人均在这里建房。艺术家主要为架上画家，有李天元、王华祥、申伟光等，也有摄影家、雕塑家、国画家、观念艺术家、批评家、诗人，此外还有不少收藏家、记者、教授、导演和实业家（马保中，2003）。至 2002 年，聚集了近 50 位艺术家，年龄在 30~50 岁之间。

大山子艺术区的艺术家集聚始于 2001 年。大山子艺术区位于朝阳区酒仙桥 2 号和 4 号院内，其前身是"718 联合厂"，又称华北无线电零部件厂，下分 718、798、706、707、797、751 厂和 11 研究所。总面积 116.19 万 $m^2$，建筑面积近 80 万 $m^2$，其中 798 厂面积最大，生产电子元器件。1957 年，筹建投产，采用当时世界最先进的建筑工艺和包豪斯建筑设计理念建造，曾被称为"计划经济第一厂"。这种建筑风格的厂房目前仅在中、德、美等国家有极少量存留（张杰，2004）。718、798、706、707、797 合并为北京七星华电科技集团有限责任公司，751 独立经营，11 所于 1960 年分出，现为华北光电技术研究所，这三家企业直属于电子工业部，是 798 艺术区的产权方。[①] 目前聚集有艺术家工作室、画廊、设计工作室、酒吧、书店等，形成了一个综合性的艺术社区，在国际上有很高声誉，现在有 70 多个机构，200 多人[②]。

## 6.5 北京艺术家集聚地的演变特征分析

从地理位置、人员结构、聚会场所等方面分析艺术区的演变特征。

### 6.5.1 地理位置变化

**1）几个艺术村均位于郊区，并出现由近郊向远郊发展的趋势**

圆明园、东村、宋庄、大山子艺术区（以下简称大山子）位于近郊区，上苑则位于远郊区（图 2-6-1）。其中，圆明园、东村租用民房；宋庄开始买地建房，以创造合适的空间；上苑则基本为买地建房；大山子是租用和改建废旧厂房。圆明园租房面积较小，一般仅有 $30m^2$。宋庄、上苑带院子面积能达 $600m^2$ 左右，大山子艺术空间也基本都是 $100m^2$ 以上，有些展览空间甚至达到 1000 多平方米。大空间方便创作，也便于开展活动。

艺术家在选择创作地点时，有几个共同的基本需求：①空间大；②地价便宜；③交通条件好。从这些因素来看，城市近郊区是艺术区最可能的诞生地。因为它是城市发展的边缘区域，基础设施条件好，与城区联系方便，同时地价便宜。如栗宪庭在谈到为什么选择宋庄时说："我们……发现就这个地方离北京比较近，而且……所有的村子中，小堡村的院子是最大的，几乎每个院子有一亩左右"（赵铁林，2003）。

随着经济条件的变化，成名艺术家有能力到远郊寻找宽敞清净的创作空间，固有的艺术区域对他们的吸引力减弱，网络的发展也使距离不再成为制约因素，因此艺术区出现向远郊甚至中小城市发展的趋势。这一趋势在上苑艺术村的形成中有所反映。上苑的很多艺术家是出于对清净生活环境的向往而集聚，他们的艺术创作较为成熟，经济宽裕并有私家车，有能力到较远的地方居住，工作地点也有较大选择余地。

**2）艺术区集聚初期均有核心人物带动**

圆明园、东村、宋庄形成初期都有几个核心人物。在这里，核心人物指的是在艺术区形成

---

① 《委托人大代表递交议案"798"艺术区能不能不拆》，http：//bbs.qianlong.com/viewthread.php? tid=539311

② 本文撰写于 2004 年，文中涉及的现状均为 2004 年，下同。

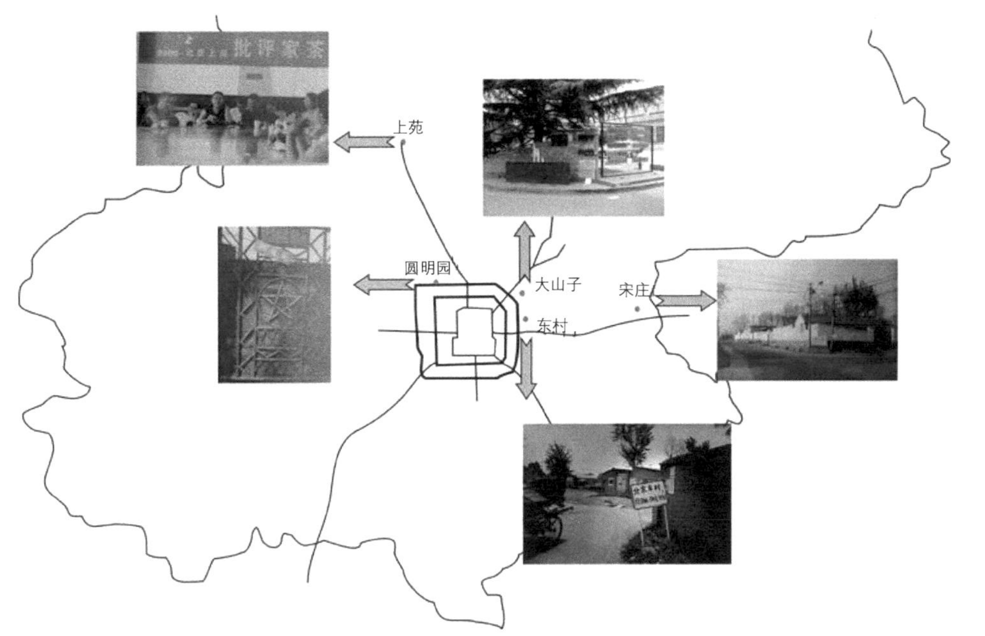


图 2-6-1　北京艺术家聚集地区位图

初期起重要带动作用、促使早期艺术家大批进驻的关键人物，他们有的是艺术家，有的是评论家，有的是书商，身份虽不同，却均有艺术圈内的广泛联系，是促使艺术家在村内由零散分布转向共同集聚的关键人物。这种核心人物的带动作用多限于艺术村发展的早期，初步形成艺术氛围后，艺术村作为一个整体，显示出特殊的吸引力和影响力，吸引大批艺术家慕名而来。

圆明园艺术村的形成过程中，画家方力钧、评论家栗宪庭是核心人物。栗宪庭系《中国美术报》主编，工作中与很多艺术家建立了联系，一些艺术家就是经他介绍与方力钧联系，到圆明园创作；而方力钧在圆明园租房后，同学、同乡艺术家通过他知道这里可以租房创作，也纷纷来此。圆明园中贵州画家较多，生活上也多有扶助，人称“贵州帮”，但总体而言，地域关系在艺术村的发展中影响并不大。东村形成中，核心人物是行为艺术家张洹和马六明，东村在行为艺术上的知名度也是他们共同创造的，吸引了朱冥、苍鑫等一批著名的行为艺术家，在艺术界产生了很大影响。798 厂形成时期的核心人物是隋建国和罗伯特，罗伯特经隋建国介绍，在 798 厂开办现代艺术书店，经常邀请艺术家来玩，艺术家们对这里的厂房产生了兴趣，纷纷迁来。宋庄最早由于栗宪庭等五人入住，吸引了大批艺术家前来。上苑艺术家中的核心人物不明显，因为成功艺术家有更大的选择余地，创作环境个性化，几乎不受地理位置的制约。

在艺术区形成早期，核心人物的作用非常突出，随着艺术区的发展成熟，单个人物的核心作用泯灭，让位于集体影响力。

**3）艺术村形成过程中特殊因素的演变**

艺术村形成早期有向文化中心靠拢和聚集的特殊倾向，后来，这种文化上的吸引力逐渐让位于环境吸引力。

艺术村形成早期，高校对艺术家有文化上的吸引力。如圆明园靠近北大、清华，东村和 798 厂靠近中央美院，都有主动趋近文化核心区的意识，与高校也有很多交流。如北大团委曾在 1992 年底邀请圆明园画家在三角地举办“90 年代现代艺术大展”，东村、798 厂附近美术院校的一些师生也成为艺术区的租户或常客。宋庄，最先到这里的艺术家是为了避开圆明园的喧闹嘈杂。这时，与文化中心的交流退居次要地位，对安静艺术环境的追求上升为主要需求。上苑依山傍水，环境优美，人口稀少，吸引艺术人士过来的首要因素是优美的环境。

**4）在近郊区存在居住创作分离现象，在远郊区则二者合一**

居住与创作分离的现象在圆明园艺术村已经出现，如艺术家 F 白天在圆明园创作，晚上回宾馆居住。宋庄的居住创作分离现象增多，有一些艺术家仅将所租房子作为工作室或聚会场所，如评论家 L 的院落就成为很多艺术家的落脚点，自己则很少居住。绝大部分艺术家，尤其是外省或年轻艺术家都是居住创作地点合一。

在大山子艺术区拥有工作室的艺术家基本上都另有居住地点。上苑艺术村的居住和创作地点则是合一的。一方面，距离城区较远，来回奔波不便；另一方面，上苑有足够的土地，能创建满足艺术家自身需要的空间。

## 6.5.2 人员结构变化

**1）成员为以中青年为主的、具有高文化水平的专业人士**

在艺术村居住的艺术家基本上均为美术专业出身的专业人士，文化程度和专业水平较高，以油画创作为主，也有少量做雕塑、写诗、摇滚及影视创作等。主体都是中青年，生于 20 世纪 50~70 年代。

圆明园艺术村居住的艺术家全部为中青年，多生于 20 世纪 60 年代，也有 50 年代和 70 年代出生的。东村、宋庄、798 厂情况也很相似，上苑艺术村的艺术家多生于 50 年代。

这一时期出生的人经历了政治、经济上的多种变革，而中年又是思维敏锐、精力充足的时期，对社会变革的感知正好在这一时期沉淀下来，推动创作的发展。如宋永红说：“‘文革’的结束是知青成熟的背景，西方现代主义思潮涌进、85 美术新潮成熟的北京，而我们这一代艺术家从出生就被抛到一个观念不断变化的社会中……”（刘淳，2003）喻红说：“我是 1966 年‘文革’时候出生、80 年代跟随着中国改革开放成长起来的一代人，这个时候正好是我的世界观和意识形态上的东西刚刚形成的时期，当时西方的各种思想以及各种主义也源源不断地涌进中国，因此，思想状态是非常混乱的，是一种很复杂、很无序的状态……”（刘淳，2003）

**2）艺术家以画家为主，相互之间有一定的交流合作**

集聚的艺术家多是画家，其他艺术门类的人员较少。

圆明园在 1993 年后也有诗人、作家入住，但大多水平不高，影响力不大，如在酒吧、诗歌厅里胡闹等，使艺术环境恶化。东村摇滚乐手左小祖咒参与行为艺术“为无名山增高一米”，这种合作建立在住地邻近、生活状况相似的基础上，一旦彼此改变，很快就解散。宋庄吸引了一些影视人员和摇滚乐手，画家和他们交流并不多。在上苑，画家和其他人员的来往也不多。大山子一开始就是综合艺术社区，最早建立工作室的是雕塑家 S 和舞蹈家 L，而后艺术家陆续建立工作室，酒吧画廊也经常邀请摇滚乐手到来活动，从而产生多方面影响力，但这些活动对文化的贡献，有待进一步研究。

**3）男女比例转向均衡**

早期艺术村聚集的多是男性，女性极少，后期艺术区中女性增多，性别比例较为平衡。圆明园艺术村的女性画家在汪继芳（1999）的书中被提到的仅有一位。东村女性艺术家也很少，汪继芳（1999）和刘淳（2003）的书中提到的仅有三位，在艺术区上的影响力不如其中的男性艺术家。宋庄女性增多，在小堡村从事艺术创作有四五位（赵铁林，2003）。上苑画家村中女性增多，如何成瑶等，也有许多是艺术家的妻子和喜欢山水的富裕女性，生活平静。798 厂的女性艺术家、雇员、画廊及设计室经理等占了一半左右，她们积极组织或参与艺术区的活动，成为艺术区中一个不可忽视的组成部分。艺术区的性别比例的平衡，可能会促使艺术区的发展趋向丰富和多元。

**4）较低的门槛导致鱼龙混杂现象和一定的负面影响**

艺术区除了房租（或地价）和政策限制，没有任何门槛，发展中均出现鱼龙混杂、良莠不齐的现象，但这种变化对艺术区的负面影响日益减少。

受鱼龙混杂现象影响最大的是圆明园艺术村，1993年，由于媒体宣传，圆明园名气迅速扩大，涌入大批追求功名、生活懒散的平庸人士，这些人身份不等，精神各异（除了很多画家之外，还有离婚者、精神失常者、混日子卖弄玄虚者，良莠不齐的行为艺术家和诗人）[①]，经常喝酒闹事，受到警方密切关注，并严重影响了部分艺术家的创作，如方力钧把自己反锁在屋子里画画（赵铁林，2003），一些专注创作的艺术家离开。宋庄的艺术生活相对比较平静，工作室被农家大院分散，即使有怪异行为，也不容易产生骚动，环境变化使很多到这里的圆明园艺术家开始转型，艺术作品也开始在国际上得到认同。上苑艺术村高昂的地价成为重要门槛，除了艺术家、评论家之外，也居住着一些富裕的中产阶级人士，他们对艺术的发展影响不大。大山子厂房的装修改造要一二十万，高昂的地价使很多年轻艺术家分散于798厂的周围，厂区内入驻了很多商业机构如商业画廊、餐厅酒吧等。

**5）不同的经济来源和经济状况使艺术家之间出现分化**

经济来源多样化，一些艺术家有较为稳定的经济收入，绝大多数仍十分贫困，艺术家出现明显的贫富分化，并形成了不同的圈子。

圆明园的艺术家脱离了单位体制，没有固定职业，为了生存、购买绘画原料和筹集展费，很多画家靠打零工如卖煎饼、装潢、做家教、卖行画等维持基本生活，有的靠亲友助济，与画商联系的渠道不多，偶然性很大，经济状况非常不稳定。1993年出现了代理商，但很多画家的生活并没有明显改善。这时候，多数是被生活所迫，出现了各种各样的赚钱方法。宋庄部分艺术家得到认可，作品行情好，经济富裕，生活有足够保障，但大多数艺术家还是在基本的生存线上挣扎，有的离婚或两地分居，即使不顾及家庭，生活压力也非常大，同时面临艺术上的激烈竞争。上苑艺术家多数在形成集聚之前就有了足够的经济收入，但竞争压力不大，可以开展多种交流活动。大山子的艺术机构负责人及雇员的收入多样化，除了经营艺术场所外还有很多其他收入来源，生活相对比较稳定，到艺术区更多是出于个人爱好。

由于经济收入和社会地位的巨大差异，艺术家内部出现贫富分化，并以地理位置、创作方向差异、经济状况、年龄分期为基础形成了不同的圈子。以地理位置划分的圈子最为普遍，如早期的“圆明园艺术家”、“东村艺术家”等，宋庄在2004年的展览“十成十”中也出现“宋庄艺术家”的集体称号，但这些称号并不能涵盖区域内的所有艺术家，不可能代表200多位画家的生活方式和艺术水平。以创作方向差异为基础的，如“行画家”与“当代艺术家”等，圈子内外也有交流，可能会导致艺术家转变创作方向。以经济状况不同为基础形成的圈子之间则多数界限分明，很少来往，因为：一方面，经济状况不好的艺术家受租金限制，很难到成功艺术家的居住地租房；另一方面，成功艺术家在国内外艺术界已经有广泛而丰富的联系，对新联系的建立不感冒，使新艺术家感到被排斥。一些年轻的艺术家希望在前辈艺术家基础上有所突破，这种突破部分建立在反叛的基础上，也难以形成稳定的联系。

---

① 海上，私人笔记中关于圆明园艺术家村的综述，http：//www. worldchineseart. com/yishuzhuanti/yishuzt/tbzt/tbzt_ 08_ 1. htm

## 6.5.3 聚会交流活动

1）聚会场所

艺术区的聚会场所有人缘好的画家的院落、小饭馆、酒吧、画廊等，随着时间推移，附近的餐厅酒吧成为主要的聚会交流场所。

所有艺术区都有几位艺术家的院落成为经常的聚会地点，这一点和格林威治村相似。从圆明园艺术村到 798 厂，聚会场所的数量和质量都大大提高，由圆明园、宋庄农家小院改造的小饭馆，变成了大山子 loft 式的特色酒吧。圆明园在 1993 年时有画廊、诗歌厅、酒吧，由居住在这里的艺术家开办，东村仅有几个小酒馆，饮食、卫生条件都很差。宋庄聚会场所主要是小饭馆，基本上都是勉强维持营业；上苑的聚会场所主要是艺术家的庭院和客厅，面积较大，方便展开多种活动。

2）聚会交流活动中骚动减少

圆明园聚会主要是吃喝、聊天、发泄，与贫困的状况和激动的情绪相关，绝少联系创作或推动艺术发展，并受到警察的密切关注。1993 年，王强在福缘门村西口开办了一个酒吧，以酒吧收入支持诗刊和某些艺术家的生活。由于自由放荡成为生活主导，酒吧成为个别艺术家发泄的场所，经常有人闹事，出现不必要的骚乱，成为同行上告的把柄和警察关注的对象。东村没有什么大的冲突。宋庄艺术家聚会活动很多也是生活而非艺术上的需要，但基本没有影响恶劣的骚乱活动出现。上苑和大山子聚会的交流主要是聊天。

3）杂志、书籍和录像作品出版状况

这里指的是艺术区内的人自己创办的艺术出版物。圆明园艺术村的王强于 1992 年出版了诗刊《大骚动》，并坚持做了 4 期。在转到宋庄后，王强又出版了《宋庄艺术家群落》一书。大山子艺术区形成初期，邱志杰等编了艺术杂志《新潮》，但遇到财务危机而停止。2004 年 4 月首次举办大山子艺术节，并出版了图书《798 厂》介绍大山子艺术区的发展状况，形成了一定的社会影响力。

## 6.5.4 艺术经营市场变化

在演变过程中，早期艺术区内出现画廊，但生命短暂，上苑和 798 厂的画廊和工作室开始承办各种重要的文化事件，同时受到商业因素的重大冲击。

画廊是展示画家作品，进行交流，接近画商、公众和评论家的重要活动空间。20 世纪 90 年代以前，北京无私人画廊，官方画廊对中国当代艺术持保留和观望态度，使展览成为困扰早期艺术家的重要问题。1993 年，圆明园有了第一家也是惟一一家画廊，由北京日月文化工作室与四川文化发展中心联办的“圆明园艺术家村作品陈列室”，但开幕当天便受到警方干预，影响力很小。很多画家依然愿意到圈内认可的其他展馆寻找机会，展览场所扩展到很多空间（宾馆、私人客厅），但观者寥寥。由于缺乏懂行的赞助商，赞助费用极不稳定，导致展览常常连续换了几个赞助人，一波三折，有时被迫取消。北京东郊十里堡艺术家仓库（艺术加油站）在 2001 年左右成为展示画家作品的重要场所，由于 2001 年北京的展览场所迅速发展，“仓库”难以与成熟的商业画廊竞争，不久便消失了。

798 厂建筑高大宽敞，非常适合展览。最早进驻的有 798 时态空间（图 2-6-2）、北京东京

图 2-6-2　798 时态空间（2004 年）

艺术工程，之后又有北京季节画廊、空白空间画廊、仁俱乐部、中国当代画廊、3818 库画廊相继进入。所有画廊完全对外开放，不收任何费用，展览艺术家一般是 20 世纪 60 年代出生的创作上较为成熟的艺术家。画廊基本上都是营利机构，充当代理人，进行艺术收藏和转卖。中国人开办的画廊由于市场的不完善，尚需举办大型的商品发布会以维持生存，如“798 时态空间”就与旁边的八十座联合举办了欧米茄表的发布会。

画廊的进驻、展览的开办加强了艺术区与社会的联系，成为艺术区对外交流、展示自我的窗口。国外的商业画廊成为艺术区展览空间的主体，中国画廊发展较为艰难。近几年，当代艺术市场发展较快，在商业化过程中，独立画廊的艺术先锋性潜移默化为中产阶级和小资的时尚性，画廊的妥协虽然是为了运营，却损害了当代艺术的激进和实验性质（这正是其吸引力和竞争力所在），有可能大大削弱展览空间的艺术生命力。年轻艺术家的创作仍然面临场地缺乏的问题。在当代艺术没有充分发展时，艺术市场大量介入，对艺术的影响已经受到很多批评家的关注。

## 6. 5. 5　管理体制变动

艺术村的发展过程也是与管理部门的协调过程。从圆明园的监控管治到上苑政府与艺术家合作，再到政府出面保护 798 艺术区，政府与艺术区的关系在磨合中不断改善，艺术区的合法性得到加强，然而却牺牲了部分先锋性。

**1）20 世纪 90 年代中期，警察和艺术家经常发生冲突**

在圆明园和东村的发展中尤其明显。圆明园常有便衣警察的身影。混得太火的画家成为警察盘查的对象，1993 年更不时出现拘留现象，1995 年进入画家村的外人也受到跟踪、盘查，同年，公安部门出台政策，不许画家在本地区租房居住，如果房主帮画家隐瞒，没收房主的租金收入并追加罚款。[①] 艺术家除了躲迁他处，没有采取其他任何合法手段保护自己，1995 年底就全部离开了。

---

① 海上，私人笔记中关于圆明园艺术家村的综述，http：//www. worldchineseart. com/yishuzhuanti/yishuzt/tbzt/tbzt_ 08_ 1. htm

东村的结束是由于警察以没有暂住证为由将马六明等人抓去，当晚，艺术家们就都吓跑了。虽然警察的干涉直接造成了东村的消失，但此前双方并没有打过任何交道，马六明也说：“我完全没有想到我做艺术也会被关到看守所里去”（刘淳，2003）。警察平时对东村艺术家的生活及艺术创作干扰很少，但一旦出事，就立刻导致艺术家逃离、村内艺术活动消失，这说明艺术家在警方面前缺乏足够的保护意识，尚未学会自我辩护和争取社会力量的支持，这也与国家流动人口政策不完善有关。看守所本来打算只关马六明一个月，由于舆论影响太大，又多关了一个月，而后将马六明当盲流遣送回家，从中可以看出警方、艺术家和社会舆论的微妙关系。在法律制度不完善、艺术创作混乱的时候，执法人员和艺术家存在很大误解，关系紧张得有点盲目，由于力量对比悬殊，警方的干预对艺术村的存留有决定作用。然而双方都忽略了社会舆论的巨大影响，以致艺术家不会借助舆论的力量辩白，而警方也尚未学会去应对舆论。

宋庄在 1994 年最先聚集的小堡村中有很多圆明园画家，警方的注意力曾一度转移到这里，后来小堡村禁止艺术家租房。后来的艺术家们都在周围的村庄聚集，没有出现大的矛盾冲突。

**2）随着社会文化的发展，政府逐渐意识到文化资源的重要性，开始与艺术区合作举办文化活动，提高地方的吸引力**

上苑艺术家与昌平政府合作，从 2000 年开始，举办一年一度的“上苑艺术家工作室开放展”，成为重要的文化事件。2002 年，昌平政府又和澳门地区联系，在澳门举办了“北京上苑画家村艺术家作品展”。政府的支持使平时最棘手的展览经费和场地问题顺利解决，而批评家则起到了艺术主持的作用，合作较为成功，并提高了上苑的吸引力及上苑画家在艺术界的整体影响。通州区领导也曾邀请艺术家座谈，认为宋庄艺术区是重要的文化资源。

**3）艺术区有所妥协后，受到政府的保护，在抗衡中发展**

这一关系的突出案例是 798 厂。798 厂的出租方七星集团给艺术区带来了诸多限制。2003 年有一年时间，不再将房子租给艺术家，许多知名的外国艺术机构的入驻均遭到拒绝，严重影响了艺术区的规模；不准在门外挂艺术区标识，不准出租车进入，为游人带来不便。2004 年 4 月艺术区举办“大山子艺术节”时（图 2-6-3），七星集团贴出告示称如果举办艺术节，集团有权力封闭艺术区，并到处挖沟，使得车辆难以进入。

这时朝阳区政府出面指派协管人员与物业保安联合执勤，保证了艺术节的顺利开展（丁凯，2004）。这一方面说明了朝阳政府对艺术区的重视，另一方面，艺术家已经能够利用多种力量如新闻媒体、国际舆论、人大代表提案[①]等来保护自己的空间，通过举办“再造 798”艺术展等活动，扩大社会影响力，推动规划的调整，而不是被动等待租约到期。

图 2-6-3　第一届北京大山子艺术节现场（2004 年）

政府的支持是 798 艺术区得以保留的关键。2004 年 3 月 19 日，十几位市政协委员来 798 厂视察，认为这里已成为三里屯和后海之后较为前卫的文化人聚点。2004 年，酒仙桥街道办事处、旅游局、文化局、公安局、市发改委等部门的相关负责人纷至沓来，市领导也曾进行私访。朝阳区一位领导在 2004 年以官方身份造访大山子

① 2004 年 2 月 18 日，在 798 居住的艺术家、人大代表李象群向北京人大提交了名为《保护一个老工业建筑遗产、保护一个正在发展中的新兴艺术区——718 联合厂》的议案（张杰，2004）。

艺术区，并三次与七星集团领导会面，协调二者的发展（丁凯，2004）。2004年，北京市领导决定保留大山子艺术区，形成了纪要文件。物业管理公司打破了早已冻结的租约，开始允许艺术家续租达3年（丁凯，2004）。

政府主动去关注、去保护一个自发形成的艺术区，这是前所未有的。政府意识到了艺术区在文化上的重要作用，艺术区的发展不会产生什么负面影响，不需要政府很大投资就能大大提高城市的文化知名度，在向国际化城市发展的进程中添上浓重的一笔。这是政府态度转变的关键，也是798艺术家向政府和媒体着重强调的所在，他们甚至强调建筑的包豪斯特征，而很少提及当代艺术的影响。为保留798厂，区内主要艺术家开了几次会，要求所有租户“自律”，严禁在社区内从事违反国家法规和带有暴力、色情内容的所谓艺术活动。这些措施保证了政府的支持，却损害了798艺术区的独立性和先锋性，因为现代艺术一向以反叛的姿态出现，没有政治上的自我审查和自我限制。

通过798厂的案例，可以很好地探讨艺术区和政府角色的变换（图2-6-4）。艺术区的保留是在干涉物业管理方七星集团的自主权利及艺术区自我调整妥协的基础上进行的，由于政府通过行政干涉来保护艺术区，艺术区就必须考虑到政府的态度和对艺术发展的接受程度，在某种程度上改变了自己的实验性质，目前进驻的更多是商业画廊、酒吧餐厅、设计公司，而非艺术家的工作室，商业化十分明显。按照正常发展趋势，艺术区商业化的结果是艺术空间的商业蜕变，如美国SOHO区地价上涨、商业涌入后，由原来先锋的艺术场地变为了中产阶级的时尚区域，实验艺术则转到了更为边缘的东村。政府以什么样的角色介入管理、进行宏观调控，艺术区如何进行自我定位，对艺术区的发展至关重要。比如大山子地区，电子产业已经发展到一定规模，房地产也开始升温，要保留老厂房，保证艺术区的发展，必须在协调好相关一系列问题的前提下，如保证退休工人的生活、物业方的收入，并综合考虑电子产业及房地产的发展，才可能为艺术区提供真正合法而充分的发展空间。

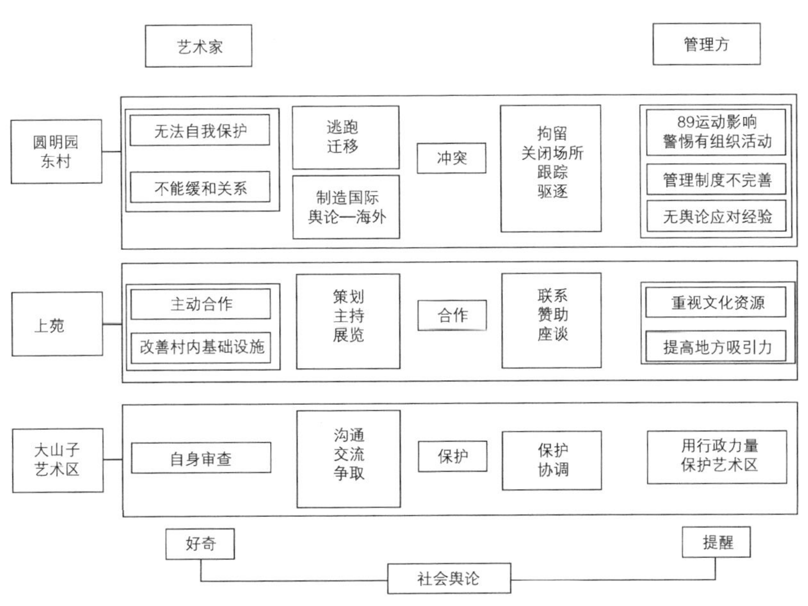


图2-6-4　艺术家和管理方关系变化示意图

# 6.6 国际艺术家集聚地对比及艺术村的规划意义

## 6.6.1 格林威治村与中国艺术村比较分析

世界艺术家集聚地多出现于大城市边缘，如巴比松画派位于距巴黎南郊约 50km 处的一个村落。这些集聚地中最为著名、发展也相对成熟的是美国格林威治村。它位于美国纽约西部，在纽约的发展建设中始终保持边缘的状态。它是著名的文化旅游地，是城市的特色区域和重要组分；它独立于美国主流文化而存在，各类移民未被城市文化所同化，到后期甚至发展成为纽约的时尚先锋。

格林威治村之所以发展成为艺术区，有以下两个主要原因：

首先，它位于城市边缘，受城市建设影响小（图 2-6-5）。

格林威治村曾居住过有钱人，但有几年由于瘟疫横行，市民纷纷涌入，迫使富人迁离。纽约在工业革命时拆建频繁，格林威治村由于位置偏僻、移民混杂，被排除在城市更新之外。村内地价便宜，远离市区的竞争环境，为艺术家所喜爱。艺术活动中心随着城市的发展建设而不断西移。20 世纪初，主要的艺术活动在第五大道，而后逐渐西移，1945 年到第八大道，1951 年到第九大道，1958 年到第十大道，而后艺术家开始分化，分散居住，1960 年，SOHO 成为主要艺术区，而 1980 年转向东村（图 2-6-6）。

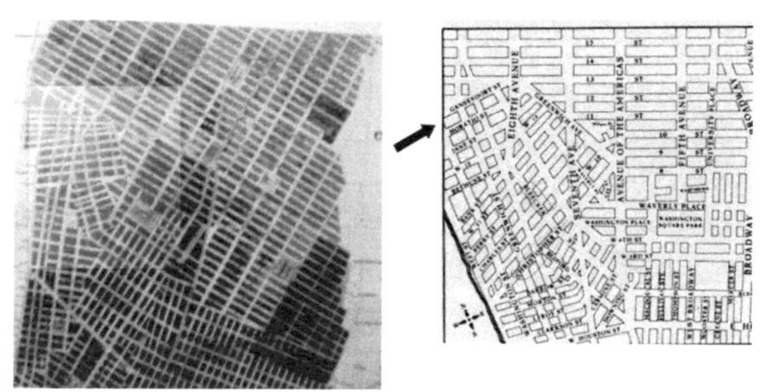


图 2-6-5　1963 年格林威治村区位图
资料来源：左图引自 Beard & Berlowitz（1993）；右图引自萨利 · 贝恩斯（2001）。

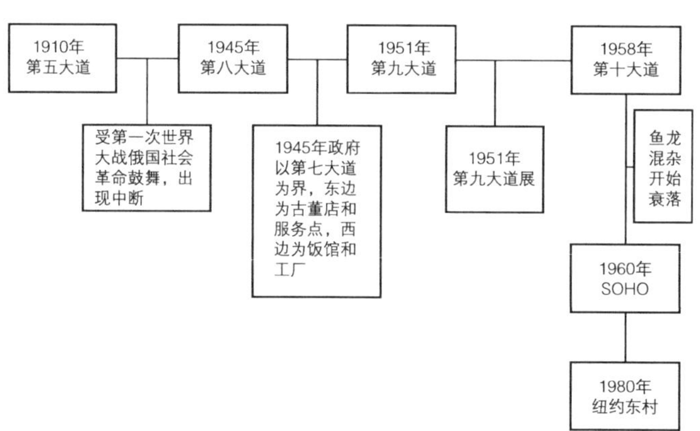


图 2-6-6　格林威治村艺术活动迁移

其次，异质文化的发展产生艺术上的持久吸引力。

19 世纪末格林威治村是贫民区，长期的移民和底层生活产生了非主流、反传统的文化精神，使格林威治村成为社会、政治、艺术和性的实验场所。村南聚居的意大利人对这里的文化生活产生了重大影响，吸引了许多年轻作家、画家、诗人。格林威治村成为同性恋运动的发源地。先锋艺术蓬勃发展时，甚至村内的贾德森教堂也成为重要的先锋戏剧、音乐的公演场所，并有教会管理人员出面维护先锋艺术。

相比格林威治村，北京艺术村既非移民集聚地，也与底层文化发展没有太大关系，更多受到城市建设、经济社会变革因素的影响。中国大城市没有历史形成的异质文化区域（历史形成的少数民族集聚区多被同化，外省移民村落难以形成文化现象），艺术村的出现是社会文化发展的必然，具体形成中却充满偶然和不确定，受到租金、地区管理政策、艺术市场发展等因素的长期困扰，其中任何一个都可能成为其存亡的关键因素，以致艺术村十分脆弱，初期的圆明园和北京东村生命短暂，即是如此，且至今没有一个艺术村在艺术发展中起了持续的、无可替代的重要作用，并能保持持久的生命力，成为相对独立的非主流文化区。艺术村虽重复出现，但少有建设性的发展，艺术上的影响力短暂。这也意味着，目前艺术村在推动艺术发展的演变中并不是不可缺少的重要角色，还可以被替代。

下面将格林威治村演变中的影响因素进行归纳，以参照比鉴：

（1）格林威治村的先锋人士多样，诗人、作家、艺术家、社会学家、激进政治家几乎同时入驻，他们在交流中相互影响，产生了丰富的艺术政治活动。

（2）艺术区早期，酒吧等交流场所非常重要，甚至直接影响创作地点的选择；后期，艺术市场化，使画廊成为艺术区格局变动的重要因素。

最早的聚会场所是在酒吧和工作室，几个酒吧成为固定地点，后来，艺术家也通过组建俱乐部来营造创作交流的空间。1879 年，随着艺术家的进驻，一条街上就出现十个酒吧。20 世纪初，形成了固定的聚会场所。1945 年，艺术区域随着酒吧餐厅的转移而转移到第七大道西边（也与城市商业区扩展、地价上涨有关）。20 世纪 60 年代后期，艺术活动转移到休斯敦大街南部（South of Houston，简称 SOHO），吸引了大批的商业画廊进驻。此时，美国国家艺术慈善机构和纽约州议会为艺术的非营利机构提供资金，促使一些艺术家开始经营画廊。画廊的商业作用不一定始终处于首位，但其展示和交流作用日益突出，逐渐取代了酒吧的展示作用。

（3）艺术家在村内举办多种交流活动，并承担了部分社会责任。后期招来了很多平庸的艺术家，艺术村相继衰落，成功艺术家转移到文化商业区。

20 世纪初，艺术家们创办了先锋杂志《群众》（The Masses）等，1948 年，艺术家学校举办讲座，向公众开放。讲座缓解了艺术家之间的冲突和误解，形成了社区意识。第八大道俱乐部在后期吸引了很多批评家、历史学家、馆长，但随着名气增大，艺术区进入了很多平庸人士，吸引力下降。1960 年，主要艺术家移到了市区，很少出现，新艺术家则觉得这里排外而不再过来。

原先聚集了众多优秀艺术家的第十大道开始衰落，最主要的原因是，对涌入这里的平庸艺术家没有限制，展览品位下降，无论是在第十大道展览，还是在第十大道居住都不能为艺术家带来更多声誉，也无法吸引游客或圈内人过来。东村吸引了一批年轻的艺术家，并成为新兴的艺术中心。20 世纪 80 年代，东村成功的艺术家转移到了条件优越的 SOHO 区，导致东村迅速衰落。

相比而言，北京的艺术家集聚地中多为画家，不同艺术门类之间虽合作举办艺术节等，但创作上的交流合作不多。艺术家们的文化态度不如格林威治村那么鲜明激进，而是有缓和与自我调节，在艺术区发展的初期，主要聚会场所是人缘较好的艺术家的院落，而后变成餐厅、酒吧，又有商业画廊的进驻、艺术家的分化。在圆明园、宋庄和大山子艺术区发展的早期，有艺术家创办的杂志、书籍或纪录片的短暂出现，这些都和格林威治村相似，但缺少高质量的交流活动及对新艺术的认同。

## 6.6.2 艺术家集聚地的规划意义

艺术家集聚地对周围产生了很多积极影响，如吸引了许多游客，并带动了地皮买卖，提高了知名度等。艺术家的创作活动对当地干扰很小，艺术家的进驻改善了原有场地的基础设施，如卫生条件、照明、采暖设施等，甚至改变了当地的建筑空间，如上苑农民的新建筑就仿照艺术家的形式建造，并注重塑造大的空间以便于出租，改变了村内的建筑风气，艺术家的展览活动也推动了当地文化产业的发展。

随着艺术经营机制的完善、评论标准的健全，艺术家向大城市集聚的趋势将进一步加强，在推动城市文化建设方面会起到更为积极的作用。南方一些城市已出现为这些艺术家创造的空间。

艺术家集聚地的顺利发展，需要政府、艺术家和艺术市场三方协作。如成立基金会，解决创作经费问题；政府在规划中考虑为艺术家提供廉价的大空间工作室，不干涉艺术发展；艺术市场的健全发展将推动中国当代艺术的成熟，促进画廊的进一步整合。

# 参考文献


[1] Beard R, Berlowitz L C. 1993. Greenwich Village, Culture and Counterculture [M]. New Brunswick, NJ: Rutgers University Press.

[2] 丁凯 . 2004. 北京大山子：地产要为艺术让步 [N]. 2004-11-4.

[3] 高氏兄弟 . 2002. 中国前卫艺术状况——关于中国前卫艺术的访谈 [M]. 南京：江苏人民出版社 .

[4] 高氏兄弟 . 2003. 艺术生态报告 [M]. 长沙：湖南美术出版社 .

[5] 刘淳 . 2003. 艺术 人生 新潮——与四十一位中国当代艺术家对话 [M]. 昆明：云南人民出版社 .

[6] 马保中 . 2003. 关于“上苑”艺术村的形成 [R]. 艺术生态报告 . 118.

[7] 萨利・贝恩斯 . 2001. 1963 年的格林尼治村——先锋派表演和快乐的身体 [M]. 华明等译 . 桂林：广西师范大学出版社 .

[8] 汪继芳 . 1999. 20 世纪最后的浪漫——北京自由艺术家生活实录 [M]. 哈尔滨：北方文艺出版社 .

[9] 巫鸿 . 2002. 重新解读：中国实验艺术十年（1990-2000）[M]. 澳门：澳门出版社 .

[10] 张杰 . 2004. 那片灰暗的厂房——见证北京 798 的前世今生 [N]. 青年时讯，2004-4-30.

[11] 赵铁林 . 2003. 黑白宋庄——断代青年的艺术追求与人生自白 [M] . 海口：海南出版社 .

TWO

# 7 清代北京河湖水系分布与休闲文化空间[①]

SEVEN

## 7.1 引 言

清朝是中国封建社会后期都城各项功能得到强化的时期。目前，对北京城市历史地理的研究基本解决了城市空间结构及其变迁，政治活动、商业活动、休闲活动、宗教活动的场所分布特征及其变迁，宣南士人文化区等问题。吴承忠（2004）对明清北京城市居民，包括皇室贵族、士大夫、平民百姓的休闲地理问题曾进行过系统的研究，重点探讨了明清北京的皇家狩猎地、行宫与皇家园林，风景游赏地、游览型寺庙、庙会、私家园林、休闲型市场、会馆、剧场、茶馆、酒楼等类型休闲地在明清两代今北京市域的空间分布特征及明清之际的变迁原因。

休闲地空间格局的形成和变迁常常是自然地理环境（休闲资源）、区位（交通、市场、住宅区）、城市性质和功能（消费性城市、人口构成、区域历史人群、城市空间结构、开放性和融合性）、民俗文化（休闲民俗、消费观念）、政治（政策、礼制、政务区和休闲区的迁移）等因素综合作用下的结果。临水休闲活动是人们户外休闲生活的重要内容。

河湖水系的分布决定了临水休闲空间的范围。不同的社会阶层由于身份、地位、价值取向的差异，对户外游憩地会有各自的选择，尤其是对休憩地环境、意境、文化底蕴等的追求。皇室贵族、士大夫、平民百姓分别选择不同的户外临水游憩地，同时在城市空间上表现出南北城、内外城以及城内外的差别。

本文从清代北京河湖水系分布入手，通过查阅历史文献，应用水平横剖（Horizontal Cross Section）的方法，试图研究河湖水系与休闲空间分布的关系、基于社会阶层的临水休闲空间、基于城市空间的临水休闲空间，旨在探讨清代北京城市临水休闲地的空间分布规律，分析各社会阶层临水休闲地与河湖水系分布的关系以及背后的社会、经济和文化根源。

## 7.2 现代北京河湖水系分布

北京有大小河流200多条，分属于五大水系（图2-7-1）。这些河流从西北流向东南，既塑造了北京小平原，又在历史上为北京的航运和灌溉作出了贡献。北京城和北京近郊河流主要有

① 本文作者：陈义勇。

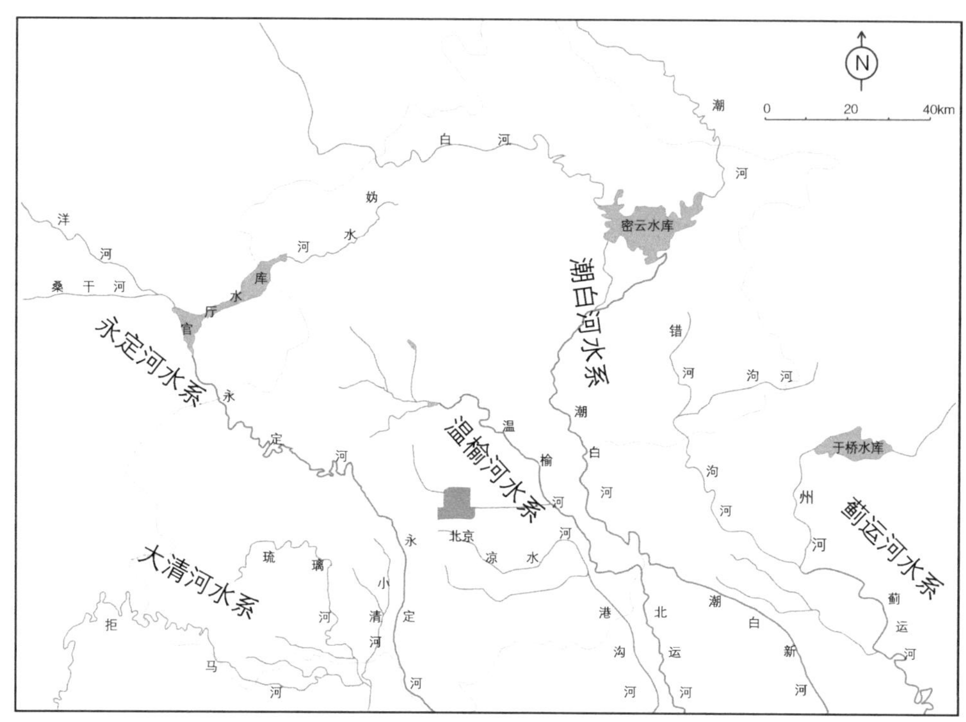


图 2-7-1 现代北京河湖水系分布图

长河、护城河、御河、金水河、通惠河、凉水河等。

历史上北京的湖泊众多，如著名的莲花池、延芳淀、金盏儿淀、西泡子、南泡子、昆明湖、积水潭与什刹海等。这些河流湖泊是北京城市赖以生存发展的水环境基础，也是历代臣民临水休闲娱乐场所，并为清代北京园林的建设打下了基础。

北京城附近还有众多的泉眼，最著名的是玉泉山周边的“万泉”，此外还在满井、南苑有诸多泉水分布。永定河的冲积扇属于复合式冲积扇，由于永定河多次迁移，形成了多极冲积扇。永定河的摆动范围很大，北至清河，南到河北省的大清河，形成了巨大的永定河复合冲积扇。冲积扇的扇顶部分，雨水下渗，在扇中和扇缘地下水位接近地表时，泉水出露地表，因此在冲积扇的边缘地带往往是人类的经济活动场所，居民点和农田大多分布在这些地方。

## 7.3 河湖水系与休闲生活空间

子曰：“仁者乐山，智者乐水。”亲近大自然，不离不弃，融为一体，正是儒家“天人合一”思想的一贯之道。山水给人们的某种启示、感悟或体验，或者说是人们赋给山水某种灵气。山水总是让人流连忘返，不仅因为美丽，更因为山水中已被赋予了文化的内涵。河流的景观以及河流所发生的各种现象对人的感官产生刺激，人们对这种刺激会产生感受和联想，通过各种文化载体所表现出来的作品和活动都可以称为水文化。我国的水文化大致包括了以下一些形式和内容：诗歌、碑刻、绘画、史记传说、民俗、信仰、祭祀、科学著作（袁志明，2005）。本文从北京历史上的主要游憩地分布来看休闲文化中的水文化。

《帝京景物略》一书中对都人户外四时游憩和休闲生活内容有生动的描述，如《灯市》一文记录元宵夜五花八门的彩灯烟火，《高粱桥》介绍民间艺人在桥头的各种杂耍技巧，《春场》叙述当时北京一年四季的民俗节日以及活动。从娱乐活动的内容看，主要是岁时节日进行的各项民俗活动，这些户外休闲生活主要可分为两类，其一是各种形式的节庆庙会，其二为各项临水娱乐活动。

从空间分布上看，这些休闲活动跟水系的分布结下了不解之缘，不论是庙会还是节庆活动，大都跟京城水系分布息息相关，许多寺庙分布在水系边或离水不远处，什刹海周边大量庙宇就是最明显的例子。各种岁时娱乐活动，更是与生俱来都分布于水边，以长河及高粱桥为例，据《帝京景物略》卷五记载："岁清明，桃柳当候，岸草遍矣。都人踏青高粱桥，舆者则褰，骑者则驰，蹇驱徒走，既有挈携，至则棚席幕青，毡地藉草，骄妓勤优，和剧争巧。"主要活动"厥有扒杆、筋斗、口到喇、筒子、马弹解数、烟火水嬉"，"多四方客未归者，祭扫日感念出游"，"是日游人以万计，簇地三四里"。

临水休闲活动是人民户外休闲生活的重要内容，从历代评出的燕京秀美景色——"燕京八景"可见一斑。乾隆皇帝钦定的"燕京八景"中，"琼岛春荫"、"太液秋波"、"卢沟晓月"、"玉泉趵突"共四个处于水边，占到一半；八景中与水系相关者还有"西山晴雪"和"蓟门烟树"两个。"临水"是构成秀美景点的一个重要因素，水的晶莹、波动、透明等给人们的娱乐增添了无限的情趣，北京城内外水系边的美景自然吸引了人们前来休闲。

清代北京临水休闲生活并非杂乱地分布在城内外各处水系，而是主要集中分布在城内金水河、玉河、后三海、护城河、长河、通惠河一带。玉河是元代通惠河在城内部分，由于明皇城的拓展，它不再通航。《宸垣识略》记载玉河"两岸俱植柳，垂荫水面，水绕沙堤，莺啼不断"，因玉河两岸的水系基础，它受到王公贵族建造私园时的青睐，由于在元代这里曾经是繁华的运河最北端，文人墨客也常来此凭吊缅怀。什刹海包括前海、后海、西海，《帝京景物略》描述什刹海"野水弥漫，一碧十顷，白莲红蓼，掩映秋光"，附近名园、寺庙、王府极多，这里是京城内可供普通百姓游玩的最大的水面，遂成为都人避暑胜地，自春末迄深秋，游人如织。长河连通西北郊园林和京城护城河水系，也成为都人游玩的常去之地。通惠河曾为元代极其繁华的大运河，因为明清供水不足，多积沙，虽不得通航，然两岸风景秀美，都人常沿河往东游乐休闲。

对于京城内外其他水系，都人也偶去游览，如永定河、凉水河、玉渊潭、满井等，不过没有前面这几处集中。从空间分布上来看，这些河流或景点处在郊区，离京城较远，在交通不方便的时代便限制了都人出行的脚步。这些景点在文化内涵上，也比不上城内和近郊区那么丰富多彩，庙宇和岁时节庆活动很少，因而人迹罕至。

更甚者，通过人工造园，开挖出巨大的水面，构建以水系为中心的园林休闲环境。众所周知，清代皇家在南郊和西北郊大建园林，利用国家的财富积累，在古河道的基础上，通过疏浚、整理水道系统，建造行宫和其他建筑，构成新的园林景观，颐和园、圆明园、南苑等园林就是典型的人工造园的范例，参见图 2-7-2。对于一般的达官贵人，他们则通过建造小范围的、小面积的园林来满足休闲生活的需要，许多王府中也建有花园。

吴承忠（2004）对清代北京风景地的类型和比重作过分析。他依照文渊阁《四库全书》和续修《四库全书》中的文集、清代笔记、地方志等资料，找出了清代北京风景地，并将其分为山景、水景、古迹、植物观赏地四类，并列表统计，现抄录如表 2-7-1。清代北京风景地构成中，水景游赏地的比重最高，占到了一半多，其次为山景观赏地，再次为古迹和植物观赏地。这充分体现了城市居民对水景的需求，对临水休闲生活的钟爱。而这种需求的直接结果便是各类水景资源的开发与利用。

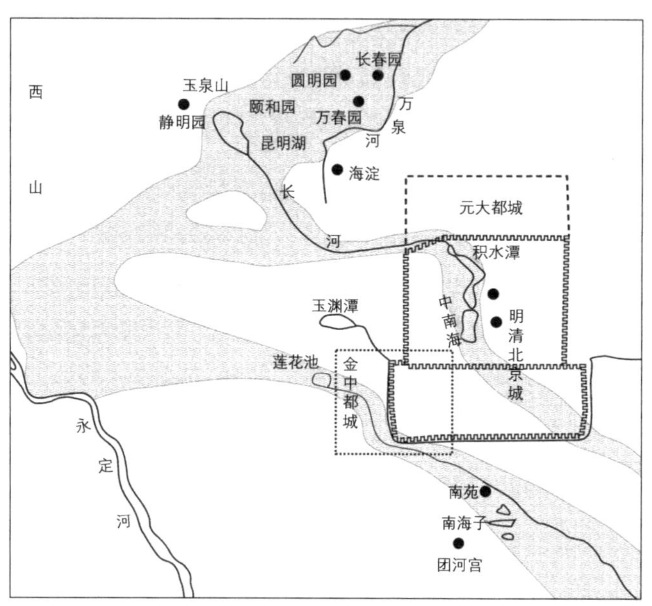


图 2-7-2　古河道与皇家园林分布

资料来源：根据侯仁之、唐晓峰（2000）清绘。

清代北京风景地类型表　　表 2-7-1

| 风景地类型 | 数量 | 比重 |
|---|---|---|
| 水景 | 33 | 52% |
| 山景 | 21 | 33% |
| 古迹 | 6 | 10% |
| 植物观赏地 | 3 | 5% |
| 总数 | 63 | 100% |

资料来源：在吴承忠（2004）的基础上整理。

## 7.4　清代北京各社会阶层的临水休闲生活

封建社会的重要特点之一就是森严的等级制度，不同等级之间由于身份、地位、价值取向的差异，老死不相往来。同样，在选择户外休闲地点时，物以类聚，人以群分，不同的社会阶层会选择到不同的地方休闲娱乐。“谈笑有鸿儒，往来无白丁”，聚道钓鱼台，畅论天下事，封建社会的文人就是以一种这样的心态去参与谈笑和休憩。在他们眼中，普通百姓没文化，不足以与他们畅谈天下事。吴长元在《宸垣识略》的撰写中也体现出了这种态度，如考证丹稜沜时认为“土人不知其名”，故会出现误传。

不同的社会阶层对户外游憩地也会有各自的追求，尤其是对休憩地环境、意境、文化底蕴等的要求。皇帝对游玩休憩地，要求规模宏大，建筑精美，功能齐全，精美静谧，不允许普通百姓靠近；官僚地主阶级往往利用其权势和财富，仿照皇家园林而建造私园，规模不大却十分精致；文人墨客和士大夫阶层更强调安静、追求意境，这种意境往往是其他社会阶层所欣赏和体会不到的，如同在什刹海边，文人墨客集于水关，“聚会吟咏，观水入城之势，听水流动之声”（胡玉远，1996），感而有作；对于普通百姓，与文人墨客完全相悖，尤喜喧哗人多之地，可以说极其追求热闹的场面，如《宸垣识略》卷十三记载普通百姓游草桥“都人士女竞喧奔”，同书卷十记载顺城门西河观洗象的情景则如是说，“两岸观者如堵”。

据此，从休闲人群的社会属性差异来看，大致可将清代社会阶层分为皇家、达官贵人、文人墨客、平民百姓四个等级，可以明显看出不同等级之间存在着身份、地位、价值取向的巨大差异。除上述四个阶层外，古籍中尚记载了少数商人、太监的临水休闲生活，按照此二者的特点和休憩地的分布，将他们归入了达官贵人阶层，他们的休憩地空间分布和达官贵人有相似之处。

就清代北京城内和城郊众多的水边休闲地来说，皇帝主要在北中南三海、西北郊园林和南苑游憩休闲，达官贵人会选择像白石庄、乐善园、陶然亭这样的地方休闲，士大夫阶层和一般的百姓也都会有特定的去向。下面通过前人的研究和古文献的记载，分社会阶级来讨论各个阶级户外临水休闲地的分布情况、分布规律、主要休闲内容以及背后的社会原因。

## 7.4.1 皇家

皇家园林在建筑上具皇权至上的规划思想，规模宏大，空间安排上严格遵循“前朝后寝”思想。此外，为了体现皇家气派，往往是雕梁画栋，金碧辉煌，雍容华贵，具浓郁的宫廷色彩，充分表现出古代帝王纵情享乐的自私主义。再者，皇家能够利用政治上和经济上的特权把大片山水风景据为己有，因此，多数皇家园林都具有真山真水的地貌，形成风景绝美的天然山水画卷。

皇家园林作为帝王的离宫别院，供休息、游玩之用，有的还有处理政务的功能。清代皇帝户外游憩活动集中在皇家园林，这些园林主要包括故宫御花园、皇城太液池、五园三山、南苑、承德避暑山庄。现存的皇家园林中，具盛名的有故宫御花园、颐和园、避暑山庄等，分别代表了皇城内禁苑、近郊宫苑和远离京城的离宫三种类型，都具有很高的艺术水平。

《宸垣识略》一书对清代北京城皇家游憩地有全面的阐述。本文为突出强调游憩地，特地查阅乾隆诗作，找出其中北京城的部分，对照诗中所描写的景点和娱乐活动，结合《宸垣识略》的记载，制成了清代皇家临水游憩地分布图（图2-7-3）。

从空间上来看，作为皇家休憩地的皇家园林具有如下几个特征：

（1）规模浩大、面积广阔、建设恢宏、金碧辉煌，尽显帝王气派，如清代的清漪园占地近300hm$^2$，南苑围墙内面积比当时北京城还大。

（2）功能齐全。皇家园林集处理政务、受贺、看戏、居住、园游、祈祷以及观赏、狩猎于一体，这在空间上要求园林规模浩大，各种设施齐全，能够供皇帝及其左右长时间居住和生活。

（3）多分布在水源充足、造园基础较好的地段。皇城中太液池是在古高梁河水系的残迹上，经过金元明清四朝的经营而形成的大型园林。西北郊诸园则以号称天下第一泉的玉泉山水源为基础兴建。南苑水草丰富，由于地处冲积扇扇沿，由泉水发育形成若干大小湖泊，构成造园基础。玉渊潭也是西郊一处水源基础较好的前朝园林。《明一统志》载：“玉渊潭在府西，元时郡人丁氏故池，柳堤环抱，景气萧爽，沙禽水鸟多翔集其间，为游赏佳丽之所，元人游此，庚和极一时之盛。”清乾隆三十八年浚治成湖，以受香山新开引河上水，又在下口建闸，俾资蓄泄湖水，合引河水由三里河达阜成门之护城河，东部建有行宫。可见，玉渊潭在清朝作为皇家园林，是在元明已有园林的基础上改建的，充分利用了已有水系基础。

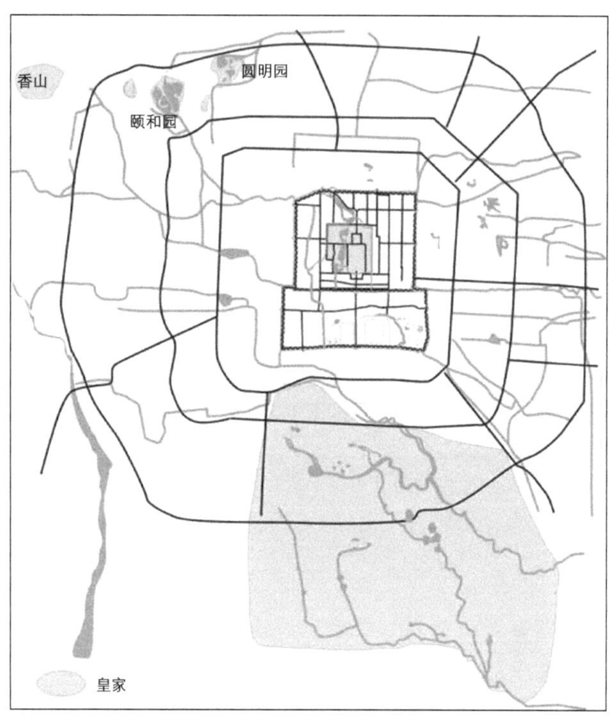


图 2-7-3　清代北京皇家临水休憩地分布

## 7.4.2　达官贵人

达官也即大官，达官贵人指地位高的大官和出身侯门、身价显赫的人。据《清通鉴》记载，由于清朝皇室为满族人，入关定鼎后即驱逐内城汉人于外城（南城），令城内“汉官及商民等，尽徙南城居住”。这样造成了内、外城截然不同的居民身份构成，内城主要居住满人和蒙古人，汉人中达官府邸只能分布在外城或城外。同时规定，汉人可出入内城，但不得夜宿，而旗人领奉，不事生产，皆分配内城原明代遗留下来的宅院居住，这种民族隔离政策对清朝社会产生了巨大影响。达官贵人的游憩地因而也出现了巨大的差别，本文分成王府、汉人达官宅园、西北郊达官贵人宅园、达官贵人其他游憩地进行分析。

王府内的私园是皇室达官权贵主要的休憩地。王公贵族凭借权势大修王府，也大建私家园林。王府在空间上的分布特点，体现出了王公贵族的游憩地分布。王府是封建社会等级最高的贵族府邸，其建设有严格的定制，大部分王府都建有花园。根据《宸垣识略》和《京师五城坊巷胡同志》中关于王府的记载，参考《北京城市历史地理》的相关内容，制成了清代王府分布图。该书中认为清代王府建造所依靠的房屋基础，是占地比较宽广的明朝仓厂之地或现成的比较宽大的宅院。本文认为，王府的分布与水系的分布有着惊人的相关性，王府主要集中分布在三大地块：什刹海周边、金水河两岸、御河两岸（表 2-7-2）。这无疑和水环境适合造园、景色秀美、适于休憩有着密切的关系。

**清代北京内城王府空间分布**　　表 2-7-2

| 地块 | 王府数量 | 占总数百分比 |
|---|---|---|
| 什刹海周边 | 13 | 35.1% |
| 金水河及支流两岸 | 8 | 21.6% |

续表

| 地块 | 王府数量 | 占总数百分比 |
| --- | --- | --- |
| 御河两岸 | 10 | 27.0% |
| 其他 | 6 | 16.2% |
| 总计 | 37 | 100.0% |

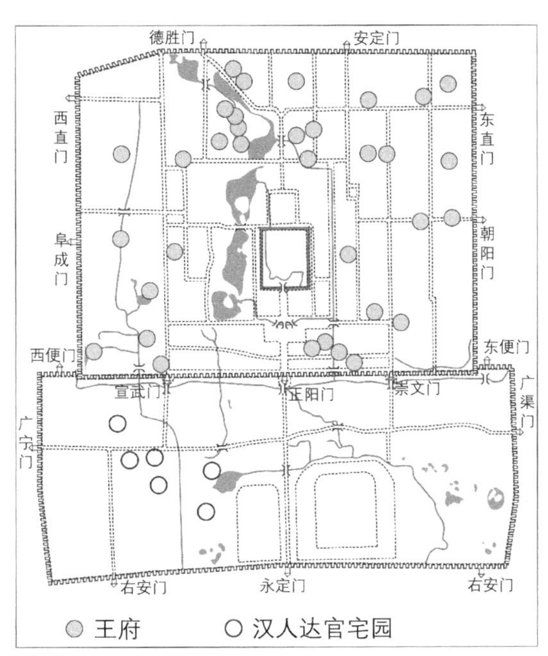


图 2-7-4 清北京城内王府、汉人达官宅院分布图
资料来源：王府分布参照侯仁之、唐晓峰（2000）。

由于清朝特殊的民族政策，汉人达官的宅院只能分布在内城以外。《宸垣识略》记载的汉人达官宅院和私园较少，将外城私宅落实到城市空间上，如图 2-7-4。类似地，可以发现汉人宅院也主要分布在水系边，利用水环境基础造园。值得注意的是，清中后期由于流经这里的减水河干涸，天然水环境消失后，这一带的园林也走向衰落。如据《宸垣识略》卷十记载，怡园"今亭馆已圮，其地析为民居矣"，祝家园"在先农坛西，左都御史祝氏别业，今无考"，寄园"在菜市口西南教子胡同，今仅存老屋数间，树木甚古"。

北京西北郊有着天然的水环境基础，不仅被皇家所青睐，也为达官贵人所钟爱。每逢岁时节庆，达官贵人举家前往西北郊休闲游憩。另一方面，这里靠近皇家园林，方便随时接受皇帝召见，许多达官贵人在西北郊也建有私家园宅，其中有一部分更是由皇帝直接赐予。本文根据《北京西郊宅园记》一书所描写的园林（焦雄，1996），制成了北京西北郊私家园林分布图（图 2-7-5）。由此可以看出，西北郊私家园林在空间分布上的几个特点：和皇家园林相比，私家宅园规模较小，面积在数亩到数十亩；多依托天然水系，达官贵人在造园时选择临近

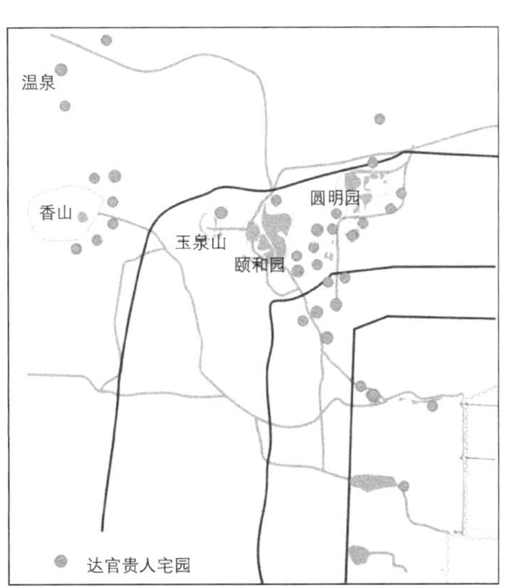


图 2-7-5 清代北京西北郊私家园林分布

天然水系的地段，如长河、三山五园、玉渊潭等；临近皇家园林，也便于被皇帝召见。

达官贵人在私园外还有一些零散分布的临水休憩地。如有时达官受皇帝召见，偶可于皇城内太液池、琼华岛、玉蝀桥、紫禁城护城河等处游玩娱乐，这也从他们所留下的诗作中窥见一斑。此外，据《宸垣识略》卷五，内城的御河桥等地也留有达官游玩的记录。有趣的是，贵人也参与一些岁时习俗活动，据《宸垣识略》卷八："每岁六月六日，中贵人用仪仗鼓吹导引，洗马于德胜桥之湖上，三伏皆然。崇祯时洗马于积水潭，导以红仗，中有数头，锦帕覆之。最后独角青牛至，诸马莫敢先焉。"卷十四："顺承门西河，年例初伏洗象，导以红棍，鸣鼓下，鸣锣起，有官以隶其事，两岸观者如堵。"从空间上看，达官权贵零散游憩地的分布主要是两大块：一是皇城内的某些不为一般人所接近的点，只有达官权贵才能进入；另外是京城内城景色异常秀美的地段，如洗象和洗马活动，中贵和达官其实是活动的主体。

## 7.4.3 文人墨客（士大夫）

文人墨客亦为清代北京城的一个重要社会阶级。与其他各社会阶层相比，士大夫不同的文化理念、相异的品味、独特的意境，使得他们的临水休闲地也区别于其他社会阶层。士大夫阶层多为知识分子，往往在游览时留下诗作，因而较容易识别出他们的游憩地。据《宸垣识略》、《日下旧闻考》、《帝京景物略》等中摘录的明代文人墨客诗作，吴承忠（2004）制成明代文人士大夫游览风景地诗作统计表，一定程度上可以反映出文人士大夫阶层游览地的分布。本文从中摘录出临水的景点，制成了表 2-7-3。清代士人游览范围与明代相比，除玉泉山、香山、西湖等变成皇家园林外，其他游览地美景依旧，变化不大。

表中诗作数量和景点对应起来，一定程度上反映出士大夫阶层光顾这些景点的频率。玉泉山与西湖属于明代文人去得最多的几个景点，到了清代由于备受皇家垂青，被改建为皇家园林。其他的士大夫诗作较多的景点为水关、水尽头、卢沟桥、丹稜沜、高粱桥等（图 2-7-6）。水关当属人迹罕至之地，却受士大夫阶层青睐。此外，文人墨客在桥边作品极多，往往过桥时观流水滔滔而有所感。文人墨客游览地在空间分布上具有如下几个特征：

明代文人士大夫临水游览风景地诗作统计表　　表 2-7-3

| 景点 | 诗作数 | 景点 | 诗作数 |
|---|---|---|---|
| 什刹海（银锭桥、德胜桥、海子桥） | 8 | 西湖（翁山泊）* | 31 |
| 黑龙潭 | 5 | 海淀及丹稜沜 | 21 |
| 水关 | 68 | 玉泉山 * | 77 |
| 水尽头 | 19 | 高粱桥 | 22 |
| 泡子河 | 11 | 钓鱼台 | 5 |
| 金鱼池 | 2 | 草桥 | 6 |
| 卢沟桥 | 17 | 西直门外长河 | 5 |
| 满井 | 5 | 大石桥 | 3 |
| 三忠祠、通惠河 | 9 | 陶然亭 | 6 |
| 玉河桥 | 3 | 青龙桥 | 3 |

资料来源：在吴承忠（2004）的基础上整理。

*清代，玉泉山、西湖这两个临水胜景为皇家独有，不再是士大夫游览地。

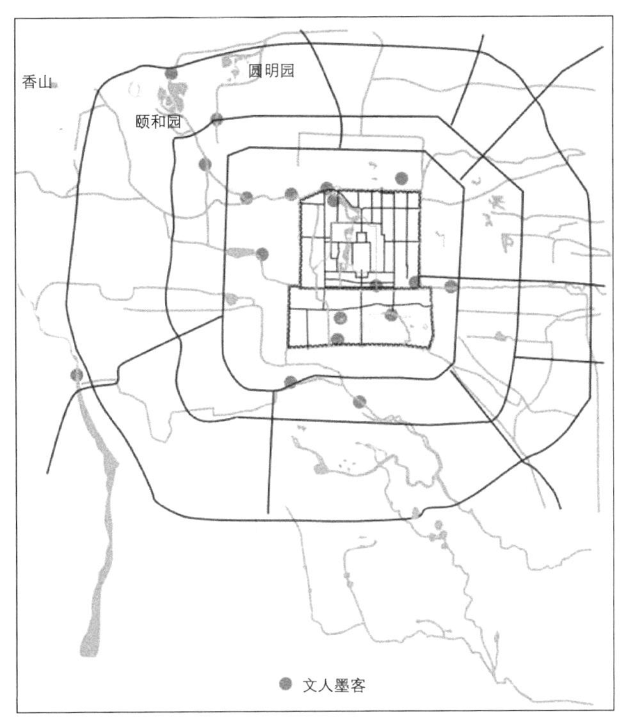


图 2-7-6　清代北京文人墨客临水休憩地分布图

（1）许多游憩地地处城内偏僻处，人迹罕至，这和文人墨客追求安静的意境有关，如《宸垣识略》卷五描述泡子河一带，“城内自德胜河外，惟此二三里间无车尘市嚣，惜无命驾着尔”。

（2）多去废弃园林，虽断瓦残垣，古木森森，却别有一番情趣，他们在此开怀畅饮，怀古论今。陶然亭、野凫潭、黑龙潭一带废弃园林极多，也是文人墨客常去之地，据说康有为、谭嗣同等就是在这里策划维新变法的。

（3）有一些很独特的爱好，特别是江南文人，喜欢去水乡环境，每每看到稻田便有所感。西北郊长河两岸有大面积的水稻田，这是他们常来的重要原因之一。据《宸垣识略》卷八，城内龙华寺“寺门有稻田千顷，南客数过玩之”。

（4）喜欢去城郊，离城较远，但景观秀美，水流不息。这里也与他们追求安静的环境、希望远离车尘市嚣有关。

## 7.4.4　平民百姓

平民百姓是京城总人数最多的社会阶级，但是在封建社会，他们生活在社会的最底层，处于被压迫、被奴役的地位，平时用来休闲的时间也极少，只是到了岁时节庆日，他们才会出去游玩休闲。从他们的休闲活动来看，主要包括近郊踏青、游二闸、文艺欣赏、观庙会、观洗马洗象、游满井、节日的其他民俗。都人爱瞧热闹，所以，这些活动的参与人数都是极多的，如《长安客话》描述平民百姓游高粱桥的情景，“岁清明日，都人踏青游者以万计”，“四方来观，肩摩毂击，浃旬乃已，盖若狂云”。

根据《帝京景物略》、《宸垣识略》等书的记载，综合《燕都说故》、《老北京人的生活》、《北京城市历史地理》等书研究，绘制清代北京普通百姓临水休闲地空间分布图（图 2-7-7）。普通百姓休憩地具有如下几个特征：

（1）时空分布高度集中。从时间上看，主要集中在岁时节庆日，重要民俗日，如上中下三元、清明、端午、三伏等节庆日；从空间上看，则主要集中在什刹海、高梁桥、护城河、大通桥等少数地点。

（2）平民百姓处于社会最底层，不具备自己修建私家园林的条件，只能去都城内外的风景秀丽处进行游憩，因此，他们的休憩地分布局限于现有水系的分布，他们不可能自己花钱改造现有水系布局。

（3）休闲活动形式比较固定，品位不高。和其他阶层饮酒吟诗相比，普通百姓的娱乐活动很普通，如踏青、观洗象、游满井等。如《帝京景物略》卷二载："二十八日，东岳仁圣帝诞，倾城趋齐化门，鼓乐旗幢为祝，观者夹路。四月一日至十八日，倾城趋马驹桥，幡乐之盛，一如岳庙，碧霞元君诞也。七月十五日夜于水次放灯，曰放河灯，最盛水关，次泡子河也。"卷五记载，高粱桥"都人踏青游者以万计"。

（4）活动范围小，多为城内或近郊。在交通不发达的年代，脚程限制了人们的活动范围，普通百姓无力在郊外建私家园林，他们必须当日返回住处，因而活动范围集中在城内或近郊。如高粱桥在西直门外半里，满井在安定门外东行五里，大通桥在东便门外二里。同时由于受到闲暇时间、消费能力的限制，普通百姓阶层的休闲地只是在离家近的风景点。

（5）平民百姓的风景游览地都在文人士大夫的游览范围中。平民百姓聚集活动的临水游憩地，由于人气十足、内容丰富，久而久之被认为具有深厚的文化内涵，加上本身的风景秀丽，而同样备受士大夫阶层的青睐。

总之，清代北京平民百姓的临水风景游览地仅限于城内和近郊，都在文人士大夫的游览范围中，游览地点数目要少于士大夫阶层。他们的游览活动相对而言较为固定，游览内容比较集中，主要是饮酒听歌、欣赏文艺演出、参加竞技活动，这些活动以感官的愉悦和享受为主。此外，百姓出游往往规模庞大，因此十分喧闹，这是由他们的经济和政治地位、文化水平差异、

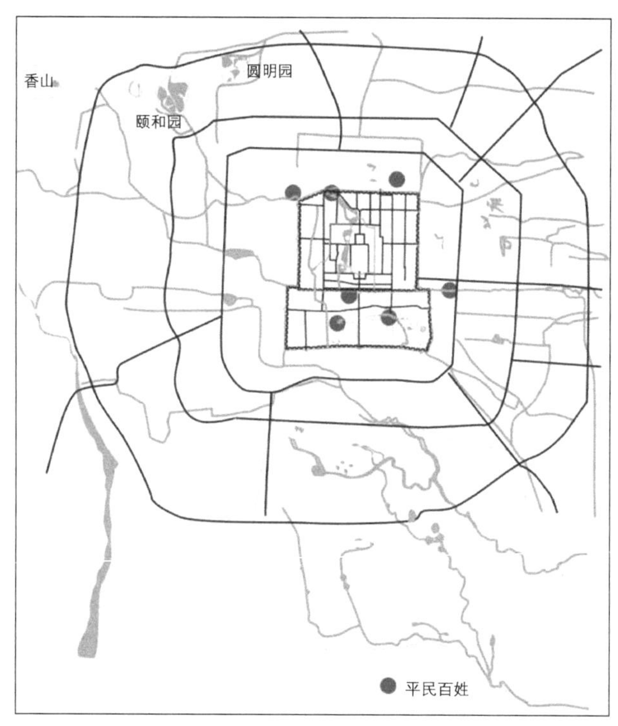


图 2-7-7　清代北京平民百姓临水休憩地分布

审美能力等因素综合作用的必然结果。

## 7.4.5 临水休憩地的阶级特点

各社会阶层有着截然不同的休闲活动类型和休闲地，由此可以更加深刻地认识基于休憩地的社会分层原因，认识清代各社会阶层的休闲生活情况，可以概括整个社会临水休闲地分布的特点（图 2-7-8）。

**1）旅游资源高度集中**

为方便比较各社会阶层对临水游憩地的占有情况，尤其是其中私有成分的比例，统计本节所分析的各社会阶层休闲地的景点数，制成表 2-7-4。对于几个社会阶层共同参与的游憩活动和重叠的游憩地，分别进行统计。

**清代北京分社会阶层临水休憩地数量统计表　　表 2-7-4**

| 社会阶层 | 景点数 | 所占比例 | 其中专有数 | 专有比例 |
|---|---|---|---|---|
| 皇家 | 7 | 7% | 7 | 100% |
| 达官贵人 | 67 | 68% | 62 | 91% |
| 文人墨客 | 18 | 18% | 3 | 13% |
| 平民百姓 | 7 | 7% | 0 | 0 |
| 总计 | 99 | 100% | 72 | — |

园林作为一种旅游资源，是精神生活资料，对园林的占有可视为对社会财富的拥有。由上表可以看出，皇家和达官贵人这两个阶层总人数很少，但所占有的临水休憩地比例达到 75%。而社会的大多数——文人墨客和平民百姓两个阶层的景点加起来才占到 25%，他们只是占有很少一部分临水游憩地。但另一方面，从专有比例来看，皇家和达官贵人的游憩地绝大多数为专有，而文人墨客很少，平民百姓则为 0，这也反映了临水游憩地在分布上的重要特点：社会财富高度集中。

**2）某些游览活动的多阶层性**

虽然清代社会阶层分化严重，但是对于一些很经典的活动、很精致的景点，会同时受到多个社会阶层的青睐，因而会有多个阶层共同参与。如历代传诵的燕京八景，皇家垂青，王公贵族青睐，文人墨客欣赏，普通都人也喜欢。什刹海的美景，未尝不是好几个社会阶层都来捧场：王府的建造，寺庙的兴盛，文人墨客也常过来看看。洗象和洗马活动都有贵人、官僚、文人参与，当然看客更要占主角了。

同时也要注意到，即使多阶层共同参与的活动，还是存在社会差异。如欣赏卢沟晓月的美景，乾隆是在“千军万马”的前呼后拥下来此欣赏，而平民百姓则要在凌晨，冒着严寒，冷冷清清地过来。受各社会阶层深爱的冰嬉，也会在不同的地段进行：皇家阅冰嬉，“每岁十二月于西苑三海阅冰嬉，所以习武行赏。御前侍卫率八旗兵对，奔驰迅捷如飞，张公挟矢，分树五色旗，以为次第”（华孟阳、张洪杰，2000）。王公贵族于各自私家园林内，普通百姓则常在护城河水系的冰面上进行娱乐。据《宸垣识略》卷十记载，洗马活动“中贵人用仪仗鼓吹导引，洗马于德胜桥之湖上，三伏皆然”。虽有中贵人参与，但他们扮演的是与观众不同的角色。

**3）一些游憩地的游览者阶层变化**

随着时间的推移、水系的变化以及社会的变迁，有些临水旅游景点的游览者社会地位也在

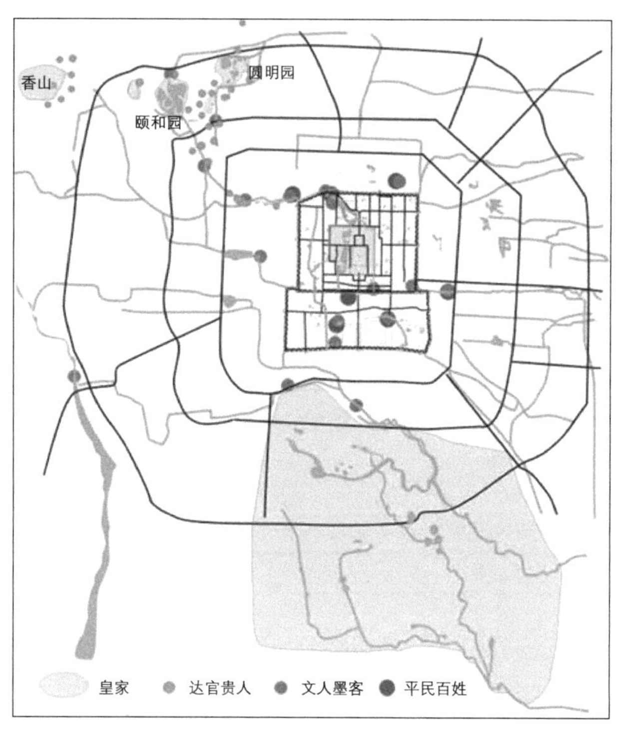


图 2-7-8 清代北京各社会阶层临水休憩地分布

发生变迁，这种现象在明清之际变化尤其明显，最突出的是众多前朝的私家园林到了清朝为皇家所占有。如从清华园到畅春园，从翁山泊到昆明湖，从玉泉山到静明园，都是从元明以来的都人游幸之所变成了清代皇家园林。这种社会阶层的变化，是由封建社会本身的制度所决定，统治阶级占有社会财富以及对社会财富的支配权，所以他们选择了许多风景秀美的休闲地，加以改造，变为皇家专有休闲地。

此外，满人达官贵族的私园多属内务府管辖，而汉人达官的私家宅园需要自己筹备银两维护和建设，因此，往往随着达官的离任，园林也开始废弃，如据《宸垣识略》卷十记载，怡园"今亭馆已圮，其地析为民居矣"，寄园"在菜市口西南教子胡同，今仅存老屋数间，树木甚古"，祝家园"在先农坛西，左都御史祝氏别业，今无考"。而这些废弃的园林，却恰恰成了文人墨客喜欢光顾之所。陶然亭"今士大夫恒于此宴集焉"，文人名士多至此游玩并赋诗作文，陶然亭乃声名远扬。

## 7.4.6 临水游憩区的划分

休闲地高密度分布的区域称为休闲区。参照吴承忠（2004）对游憩区的划法，本文认为，清代北京城内和近郊形成了 9 处临水休闲区，它们以河湖水系为基础，融合着休闲文化，空间上多呈现出带状结构（图 2-7-9）。

内城形成四处临水休闲区，即皇城休闲风景区、什刹海园林区、王府井御河桥王府园林区、赵登禹河沿岸园林区，均为皇家或达官权贵休闲区，多依靠原有水环境基础进行大规模人工改造，且在皇室财力支持下世代留传。休闲者身份比较单一，专有程度高。外城仅形成陶然亭野凫潭园林区这一处休闲区，属于汉族达官权贵、文人墨客临水休闲之所，利用原有水系基础简单改造而成，缺乏强大财力支撑而常有更迭。

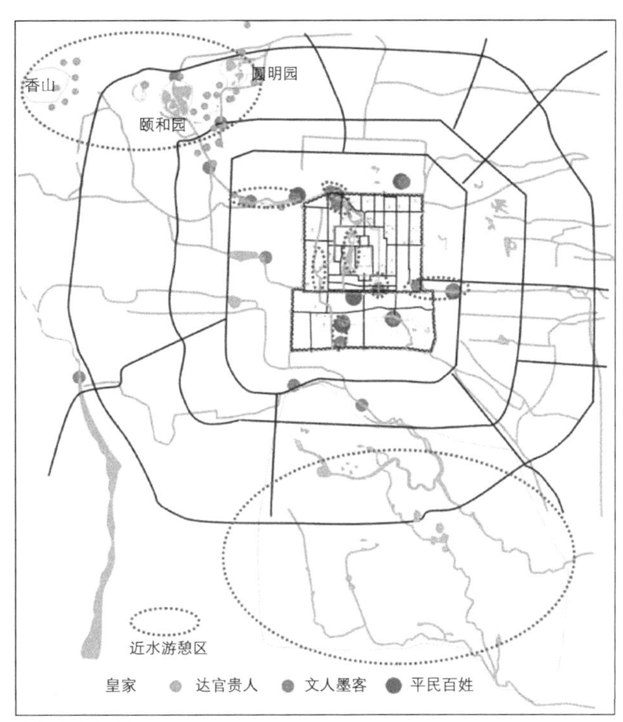


图 2-7-9　清代北京临水休憩区划分

城市近郊有两处临水休闲区，即长河—高梁桥—德胜桥休闲区、通惠河—三忠祠二闸泛舟段游憩区。游览者构成比较复杂，以文人墨客和平民百姓为主，偶也包括达官和皇室，处于城外但又离城不远，是在城市水利工程基础上形成的。

远郊区有两处临水休闲区，即西北郊三山五园—海淀游憩区、南苑皇家游憩区，以原有水环境为基础，进行适度改造，在皇室的支持下进行。休憩区范围大，人口密度小，水系基础最好。

## 7.5　对临水休闲资源保护与开发的启示

对待历史文化，我们不仅要保护可见的物质文化，同时也需要保护一些重要的非物质文化。昔日供皇家、王公贵族休闲娱乐的一些名胜古迹保存下来了，因为它们具有建筑或者说是物质文化上的价值，但是对于曾经是文人墨客、京城子民的临水娱乐休闲场所的保护和开发不够，尤其是其曾经的休闲娱乐方式。

北京现在正在大力发展休闲产业，而如何科学布局北京的临水休闲设施，应借鉴古代北京形成的分布特点与布局经验，尤其要将现有遗存的古代休闲设施纳入到休闲产业的布局与规划中来。因此，研究清代以至当前北京休闲活动场所的空间分布特点及其变迁具有重要的现实参考价值。如何保护利用桥梁、驳岸、园亭等遗址，参照古代的规划建设思想进行合理布局，是在城市规划中应当重点研究的问题。

妥善保护临水休闲文化景观和服务场所。北京现在遗存的清代临水休闲文化景观和有关设施，如行宫、皇家园林、狩猎地、风景游览地、园林、王府、庙会、戏园等为数不少。但是，由于对它们的历史和应用价值重视不够，导致不少遗存在快速的旧城改造中消失。现存者也有一些因缺乏保护和维修面临消失的厄运。

挖掘并恢复部分传统临水休闲活动。清代，北京民间四时均有各种各样的体育、游戏、竞技类娱乐项目，多分布在园林水系之畔，其中有不少在 20 世纪因为环境变化而销声匿迹。挖掘并恢复其中一些有特色的项目对开展社区健身、精神文明建设，发展休闲、旅游产业，弘扬民族文化都有积极作用。这些休闲活动项目在一些典籍中有详细记载，是历代人民传颂下来的宝贵遗产，也是北京人民的宝贵财富，像洗马、洗象等多社会阶层共同参与的娱乐活动，放花灯、郊外踏青等各种岁时习俗，完全可以进行挖掘和恢复。随着对北京古代休闲文化研究的深入，日后必将挖掘出更多健康的传统休闲项目服务于北京市民的休闲生活。

促进北京临水休闲和旅游产业的健康持续发展，对于北京在建立国际性现代化大都市环境下弘扬优秀而富特色的传统休闲文化，树立独特的城市文化标志，建设小康社会的先进休闲文化和休闲文化产业，提升市民的精神境界都有着重要的应用价值。

致谢：本文在写作过程中，除了得到冯健老师的指导以外，还得到邓辉老师的指导和帮助，在此向两位老师致以真诚的谢意！

## 参考文献

[1] 侯仁之，唐晓峰 . 2000. 北京城市历史地理［M］. 北京：北京燕山出版社 .
[2] 胡玉远 . 1992. 燕都说故［M］. 北京：北京燕山出版社 .
[3] 华孟阳，张洪杰 . 2000. 老北京人的生活［M］. 济南：山东画报出版社 .
[4] 焦雄 . 1996. 北京西郊宅园记［M］. 北京：北京燕山出版社 .
[5]［明］刘侗，于奕正 . 1983. 帝京景物略［M］. 北京：北京古籍出版社 .
[6]［明］蒋一葵 . 1980. 长安客话［M］. 北京：北京古籍出版社 .
[7]［清］吴长元 . 1983. 宸垣识略［M］. 北京古籍出版社 .
[8] 吴承忠 . 2004. 明清北京休闲地理研究［D］. 北京大学博士论文 .
[9] 袁志明 . 2005. 水文化的理论探讨［J］. 水利发展研究，(5)：60-62.
[10] 章开沅 . 2000. 清通鉴（卷一）［M］. 长沙：岳麓书社 .

# 8 北京城市老年人日常活动的时空特征[①]

EIGHT

## 8.1 问题的提出

人口老龄化是指老年人口占总人口的比重不断增加的过程，是现代人口再生产过程中一种普遍的人口现象。根据联合国人口统计的标准，通常把65岁及以上人口占总人口比重超过7%，或60岁及以上人口占总人口比重超过10%的指标作为进入老年型社会的标准。“五普”资料显示，北京市60岁及以上人口占总人口比重为14.98%，在中国仅次于上海，老龄化的年龄结构已十分明显。

老龄化及其相关问题受到各国普遍关注，老年人口的活动成为老年学研究的前沿问题。行为地理学对城市老年人日常活动的研究主要集中在对其出行活动的研究上，关注的是老年人对各种活动点（如社会活动点、休闲活动点以及私事活动点）重复访问和出行活动（Basu，1979；Moss、Lawton，1982；Golant，1992），同时也着眼于各种包括老年人在内的劣势人群（如失业者、单亲家庭等）在不同城市结构之下的日常出行活动（Hiltmer、Smith，1974；Guy，1984），其重点放在老年人对城市中多种主要服务的可达性上。时间地理学方法体系是在20世纪60年代后期由哈格斯特朗倡导提出的，并由日本人文地理学者引入到老年人的外出活动及居住地迁移等的研究中（中钵奈津子，1998；田原裕子、岩垂雅子，1998）。

在国内，围绕老龄化问题的相关研究起步较晚，人文地理学在对中国城市居民具体类型的生活活动研究中发现，老年人群体在购物、休闲等日常生活活动的行为特征和空间特征上表现出特殊性（李峥嵘、柴彦威，2000），老年人日常活动类型以休闲、购物、私事为主（柴彦威，刘璇，2002）。另外，也有学者从老年人群体行为活动出发，研究其出行活动的领域性、时域性和地域性等问题（万邦伟，1994）。

老年人退休以后有更多的闲暇时间，研究老年人日常活动的特征以及影响机制，理论意义在于可以将中国城市老年人在特有的生活习惯、经济状况和价值观下的日常活动特征与西方国家作对比，同时，为改善老年人生活环境、提高老年人日常活动质量的政策制定提供参考依据，而且对城市公共设施的规划建设具有指导意义。

① 本文作者：张纯。

## 8.2　研究方法

以行为地理学对老年人活动的研究范式为基础，同时引入时间地理学的分析方法，辅助以基于问卷调查的定量分析和基于个人访谈资料的质性研究，采用宏观与微观相融合、空间视角与非空间视角相结合的方法对中国城市老年人日常活动进行研究。调查在北京三个居住区内进行，调查时间为2004年3月至12月，共发放问卷113份，问卷有效率为88.5%，从总样本中选取10个有代表性的样本作详细的个案访谈（表2-8-1、表2-8-2）。

调查社区概况　　表2-8-1

| | 东晓市街区 | 同仁园小区 | 恩济里小区 |
|---|---|---|---|
| 空间分布 | 旧城中心区 | 近郊区 | 近郊区 |
| 建设时间 | 新中国成立前 | 20世纪90年代 | 20世纪80年代 |
| 住宅类型 | 大杂院式平房 | 六层板楼 | 多高层混合 |
| 公共设施 | 齐全 | 周边环境较差 | 稍差 |
| 居民属性 | 低收入，老龄化严重 | 双职工和中层干部居多 | 干部和原住农民，贫富分化 |

被调查老年人的个人属性　　表2-8-2

| 性别 | 年龄 | 收入 | 教育程度 | 家庭结构 | 在业情况 |
|---|---|---|---|---|---|
| | 60~65岁 18% | 低收入者 9% | 本科及以上 14% | 三代 41.8% | |
| 男 55% | 66~70岁 40% | 中等收入者 42% | 大专 7% | 两代（子辈）14.5% | 继续工作 22% |
| | 71~75岁 20% | 中高收入者 27% | 高中、中专 17% | 隔代（孙辈）3.6% | |
| | 76~80岁 17% | 高收入者 22% | 初中 13% | 夫妇二人 23.6% | |
| 女 45% | 80以上 5% | | 小学 26% | 独居 7.2% | 退休在家 78% |
| | | | 小学以下 23% | | |

## 8.3　北京市老年人日常活动的时空特征分析

### 8.3.1　老年人日常活动以生活必需类型和室内类型为主

调查发现，老年人日常活动类型以生活必需类（包括工作、日常生活用品选购、医疗、储蓄和办领各种手续等）最多（54.4%），日常休闲类（37.2%）次之，而高级休闲类较少（8.4%）。[①] 可以看出，绝大部分老年人出行活动的等级不高，方式和内容不丰富。除购物外，老年人的出行活动花费少（需要花费的出行仅占7.2%），表现出老年人经济状况偏低、消费观念崇尚节俭的特点。

将活动项目根据需要外出进行的程度排列（图2-8-1），可以发现室内活动的总体参与率较

① 按照马斯洛的需要层次论，将老年人的出行分为生活必需类、日常休闲类、非常规的高级休闲类三种，分别满足生理需要、交往需要和更高层次的自我实现需要。

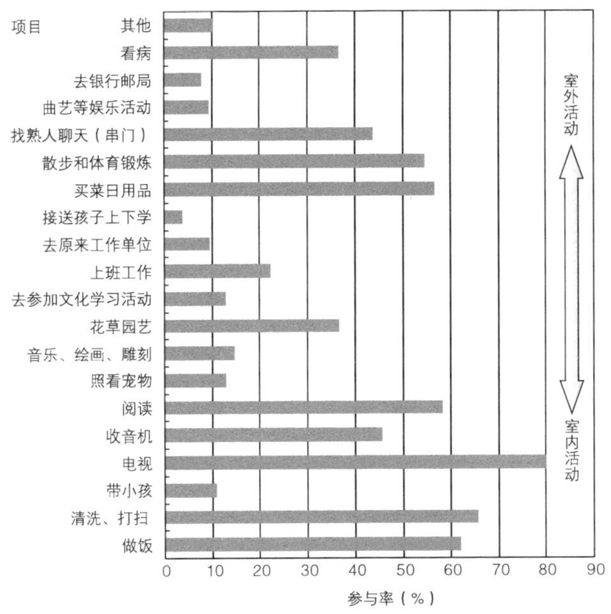


图 2-8-1 老年人日常行为类型

高，借助传媒的休闲和家务活动两方面尤其明显。在室外活动中，休闲类比例最高（45.5%），其次为私事（27.7%），再次为购物（21.3%），工作和家务分别仅占 3.4%和 2.1%。[①] 在所有休闲活动中，在家中看电视仍是老年人的首选；而室外活动中，散步和体育锻炼参与率最高，其次为串门聊天。

本研究重点强调了“无目的”的消极消遣活动这一老年人独有的休闲方式，因为在老年人出行中随意闲逛（不是以健身为目的）、坐下晒太阳、看别人的活动、发呆遐想等占有相当大的比例（26.7%），它与“独自活动”有明显区别。过多的消极消遣活动会损害老人的心理健康，每天有 3 小时以上消极消遣的老年人中 78.5%是独居或夫妇二人家庭，52.8%感到孤独。由于在衰老过程中，老年人对周围环境的兴趣降低，所以失去了主动参加某项活动的积极性，同时因为退休和子女离家而导致的失落感，使老年人的大量时间在空虚中度过。

## 8.3.2 老年人外出体育锻炼类和购物活动的频率较高

调查发现，老年人平均每天外出 2.48 次，活动总时间为 3.31 小时。其中活动的时间长、活动半径大的老年人，活动种类更趋于多样化、高层次化，群体活动的参与率也高。在所有外出活动中，散步和体育锻炼的持续时间长、频率高，占有重要地位，是老年人外出活动的主要目的。购物活动的频率较高，但每天持续时间短，与西方相比，“次多量少”的分散特点更突出，如多伦多的老年人平均每天购物出行的次数只有 0.13（Golant，1992）。休闲娱乐活动的频率较高，但时间偏少，可以看出老年人休闲娱乐生活并不丰富（表 2-8-3）。老年人由于绝大部分都已退休，日常活动受工作日、休息日的影响不大，以周为尺度的生活节奏不明显。身体状况基本稳定的老年人习惯以月为周期定期到医院检查、开药或到药店买药。

---

① 参照活动日志调查（Activity Survey）中时间利用特征的基本分类方法，老年日常活动项目可归为五大类：家务（H）、购物（S）、休闲（R）、私事（P）、工作（W）。

老年人的日活动频率与周活动频率　表 2-8-3

| 日出行活动 | 时间（h） | 周出行活动 | 频率（次数） |
|---|---|---|---|
| 散步和体育锻炼 | 1.56 | 体育锻炼 | 7.9 |
| 买菜日用品 | 0.17 | 娱乐活动 | 5.1 |
| 交流、娱乐活动 | 0.05 | 购物 | 5.6 |
| 其他 | 1.53 | 看病 | 0.35 |

## 8.3.3　老年人的日常活动范围主要在小区内部，出行方式以步行为主

调查显示，老年人日常活动半径的中位数为 500m，活动范围在小区内的比例最高，组团级次之①，所以在规划老年人设施时，要重视以居住小区和组团等为基层单元的指标。活动范围大的老年人活动内容更丰富，群体活动更多。

老年人出行方式的移动能力②和利用频率对日常活动半径的影响最大。脚踏车（包括自行车和三轮车）灵活便捷，使用它的老年人活动半径最大；可支配的机动车移动能力最高，但使用频率低，没有使老年人活动半径大幅提高；而公共交通方式的作用介于两者之间（图 2-8-2）。我国老年人对私家车的实际支配能力普遍较低，北京市内轨道交通还欠发达，多数老年人只选择步行出行方式，生理条件限制了老年人的移动能力和对城市公共设施的可达性。

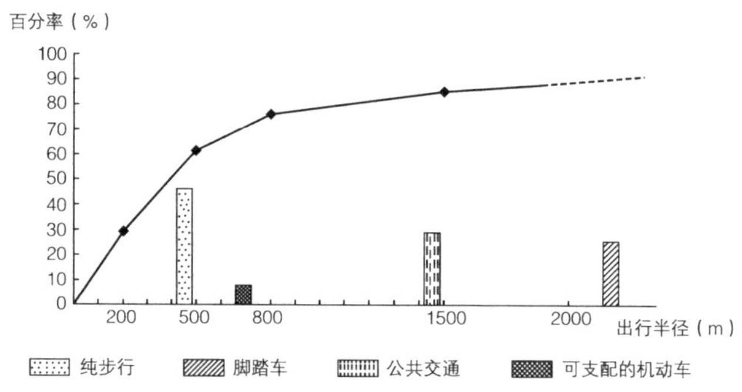


图 2-8-2　活动半径的累积百分率分布与各种出行方式的平均活动半径的差异

## 8.3.4　老年人日常活动节奏的规律和分类

### 1）共同特征和规律性

参照生活时间常见的分类方法（柴彦威，2002），根据老年人日常活动的特点，将其生活时间分为为六大类：家务（H）、购物（S）、休闲娱乐（R）、工作（W）、私事（P），睡觉或小憩（L）。在此基础上，又将休闲娱乐中的消极消遣和家庭娱乐活动单独突出出来。活动具体内容用数字表示，从而可以反映出老年人日常活动节奏的规律（图 2-8-3）。

根据老年人的日常活动节奏图可以总结出总体的时空规律（图 2-8-4）：

---

① 城市规划中，常按照社区中公共设施的服务半径，采用居住区—居住小区—居住组团三级分类体系。

② 一般认为，在移动能力方面，可支配的私人机动车最高，公共交通次之，脚踏车再次，步行最低。

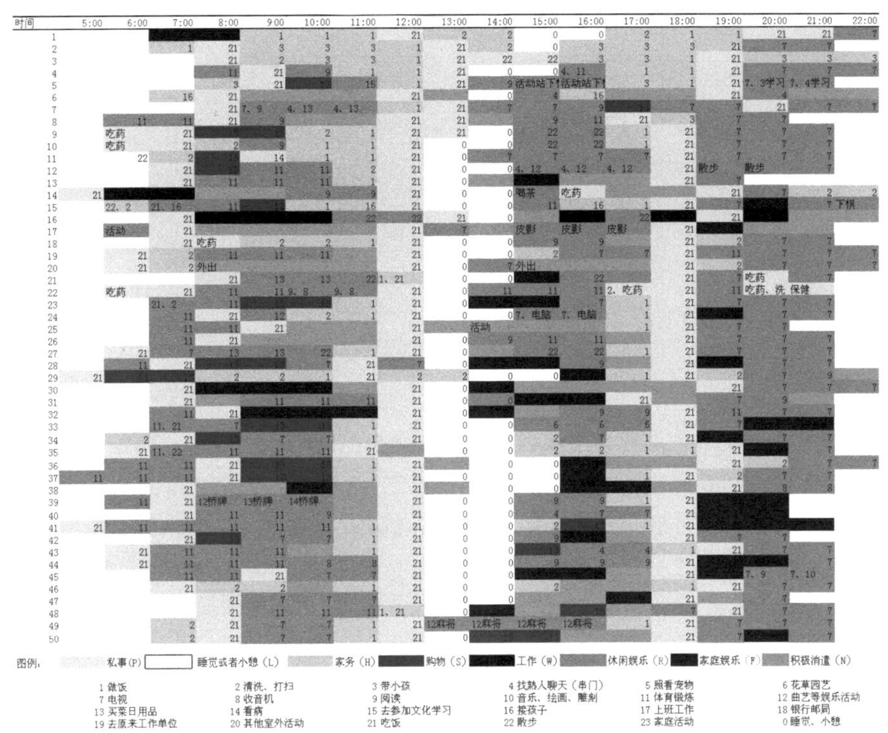


图 2-8-3　老年人的日常活动的节奏

（1）生活节奏的规律性强，起床就寝和三餐的时间十分集中，并有午睡习惯。这可能是退休前传统计划经济和单位制度影响下的生活方式和作息习惯的延续，尽管退休后时间充裕，大部分老年人还是保持着退休前考勤工作严格规范的作息习惯。

（2）休闲娱乐明显分为上午、下午和晚间三个时段进行。上午的外出性休闲娱乐内容最丰富，持续时间更长（约 5 小时），活动半径也更广；下午的活动持续时间较短（大约 3 小时），因为下午的午睡和老年人对准备晚饭任务的重视，使得老年人近距离的群体性活动增多。老年人在晚间以居家休闲方式为主，很少外出参与都市中的夜生活，主要是因为多数老人很珍惜晚间与家人共度的时间而减少外出休闲娱乐。

（3）老年人的购物活动集中在上午，持续时间不长，花费少，购物的目的性不明确，同时常伴随着休闲活动进行。欧美一些研究显示，老年人购物出行有尽量避开主流人群高峰时段的倾向，对此，城市生态学理论将其解释为老龄“生态位”的分化：老年人作为城市中的弱势群体，在稀缺资源竞争方面处于劣势，只有避开公共资源竞争激烈的时段，才能达到一定的效用与福利水平（Smith，1985）。另外，老年人购物出行时间集中在上午，在周末比工作日的购物时间提前，可能与北京“早市”比较繁荣等地方性因素有关。

（4）家务是老年人出行活动的主要约束因素。老年人进行家务劳动的情况非常普遍，63% 的老年人每天进行家务劳动两个小时以上，集中在午饭前和晚饭前后，客观上降低了老年人出行活动和与外界交流的机会。但是，有 84% 的老人对这种家庭关系没有负面评价，并认为家务成为继工作后另一个能实现自我价值的活动，在一定程度上减轻了空虚感。老年人进行家务劳动时，往往与休闲娱乐活动结合进行，如编织活动或边洗衣服边听广播。

（5）老年人休闲娱乐活动的主要制约因素不是工作，而是家务劳动和日常生理活动（吃饭、睡眠等），这与年轻人不同。老年人休闲活动的时间与家务、日常生理活动的时间总是此消彼长，尤其对于老年女性而言，其休闲娱乐活动的结束往往与家务的增加有关。

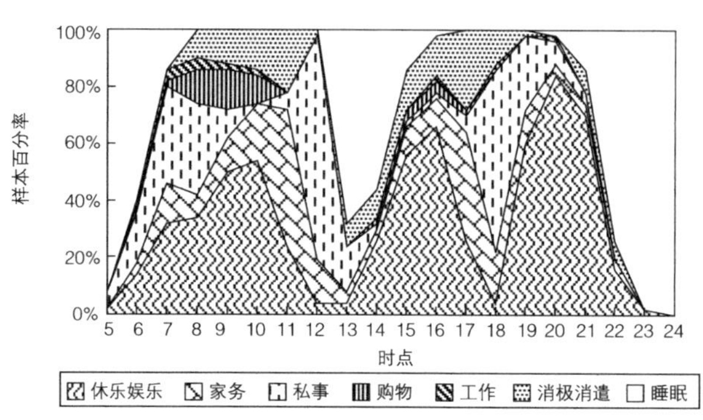


图 2-8-4　老年人的日常活动节奏规律

（6）除购物和锻炼外，纯粹为了休闲娱乐活动而出行的老年人很少。调查发现，老年人在进入高龄期之后，有明确目的的出行的频率和活动半径也随之降低，城市公共设施的功能在高龄群体中发挥的作用越来越弱。老年人平均每天接送孩子、看病、工作、交费办手续等目的性很强的外出活动时间仅 7.2 分钟。

**2）个体的差异性**

除了上述一般规律和总体特征之外，老年人日常活动还存在着个体的差异。根据老年人的出行行为特征，可以将老年群体分为家务捆绑型、孤单寂寞型和活动丰富型。在此分别选取典型样本进行案例分析（表 2-8-4、图 2-8-5）。

**访谈样本的属性**　　**表 2-8-4**

| 类型 | 样本 | 年龄 | 性别 | 收入水平 | 家庭成员 | 住址 |
|---|---|---|---|---|---|---|
| 家务捆绑型 | A | 63 | 女 | 中高收入 | 配偶、儿子、儿媳和孙子 | 恩济里小区 |
| 孤独寂寞型 | B | 74 | 男 | 低收入 | 独居 | 恩济里小区 |
| 活动丰富型 | C | 70 | 男 | 中等收入 | 配偶、孙女 | 崇文区东晓市 |

（1）家务捆绑型

家务捆绑型老人受到家庭成员、时间等因素的约束，外出活动少，内容上只限于生活必需的出行，旅途中顺便进行少量休闲活动，没有单纯休闲娱乐目的的出行，以女性居多。老人 A 日常主要活动是承担全家的家务、照看两岁的孙子，全天没有出行，休闲娱乐活动只有晚上与家人一起看电视的 1.5 小时，充当着“家庭保姆”的角色。但老人对现在的生活很满足，感觉

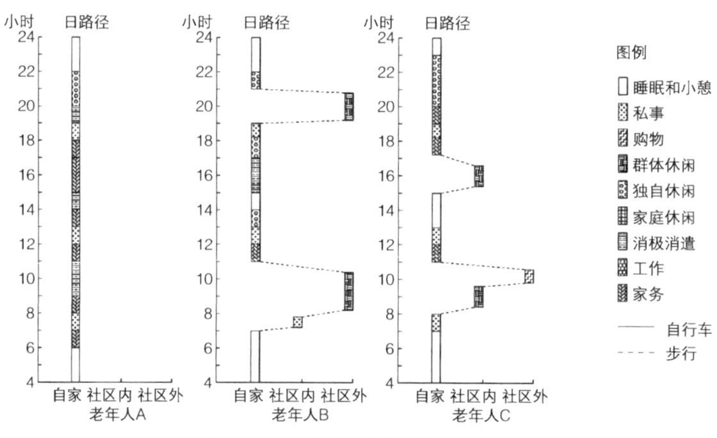


图 2-8-5　典型样本的日常活动路径

儿女都很忙，自己应当分担家务，照看孙子使她乐此不疲。

（2）孤独寂寞型

孤独寂寞型老人外出总时间长，但多为近域、独自的活动，内容单一，缺乏与社会的交往。老人 B 除三餐外，积极的休闲活动只有独自早锻炼、中午听评书和晚上看电视等活动，每天共有 7 个小时的时间处于消极休闲中，如在家附近闲逛、聊天和晒太阳。他身体尚好，但心理上感到孤独寂寞。他喜欢看别人活动，也希望参与群体性的休闲，但由于收入水平和文化程度较低，受到一定的歧视和排斥。同时，他希望能与家人居住在一起或常有往来，但儿女经济境况也不好，给老人经济供养不多而疏于联系，实际上老人并不十分在意经济上的供给。

（3）活动丰富型

活动丰富型老人活动范围广，外出时间长、频率高，群聚活动丰富。老人 C 清早常去传统小吃店享用早餐，随后到天坛公园参加群体锻炼，之后顺便到早市买菜。回来后，在老伴做饭时，自己负责整理屋子。午休后再次外出，找老朋友下棋、打牌，晚饭后外出散步，回家后督促孙女做功课，同时看电视。老人只承担少量的家务，为休闲提供了充裕的空余时间。通过群体活动，老人保持广泛的社交，交往圈以邻里街坊为主，从而使老人感觉生活很充实，对未来保持着积极乐观的态度。

## 8.4 北京老年人时空活动的影响因素分析

### 8.4.1 社会经济属性对老年人日常活动的影响

**1）年龄因素**

不同年龄的老年人，生理衰老程度和社会角色的差别都很大，日常活动的特征也不尽相同。因此，有必要将老年人划分为以下三个亚类：青—老年人（不大于 65 岁），中—老年人（66～75 岁），老—老年人（不小于 76 岁）。[①] 从活动内容来看，体育锻炼和散步的参与率在各年龄段老年人中都最高，棋牌曲艺等群体性娱乐活动则是青—老年人参与最多，购物活动则随着年龄增加而明显减少，而出行买药、就医活动基本不受年龄的影响。

从时空特征上看，青—老年人的活动半径较大，每天外出活动的总时间长，出行交通方式以自行车居多。随着年龄的增加，老年人的日常活动范围缩小，而外出总时间呈先降低后升高的“U”形变化特点（图 2-8-6），这可能是因为，随着年龄的增加，老年人逐渐从家务活动中分离出来，拥有更多可自由支配的时间，从而使得外出总时间延长。但由于移动能力的限制，大部分老年人在近域活动。

**2）性别因素**

从活动内容来看，男性参加群体性活动较多，社交活动相对丰富，而女性家务劳动和购物的时间较长（表 2-8-5）。这与西方关于家庭中性别角色的分工研究结果相似，男性在退休前外出工作，而女性则居家主持家务，这种影响一直延续到退休之后（Pratt and Hanson，1988）。

性别差异对于老年人日常活动时空特征的影响主要体现在男性的日出行总时间、活动半径都明显高于女性。由于男性老年人较少从事家务劳动，出行率最高的时段从 7 点一直

① Golant（1992）以 75 岁为界线，将老年人划分为青—老年人和老—老年人。

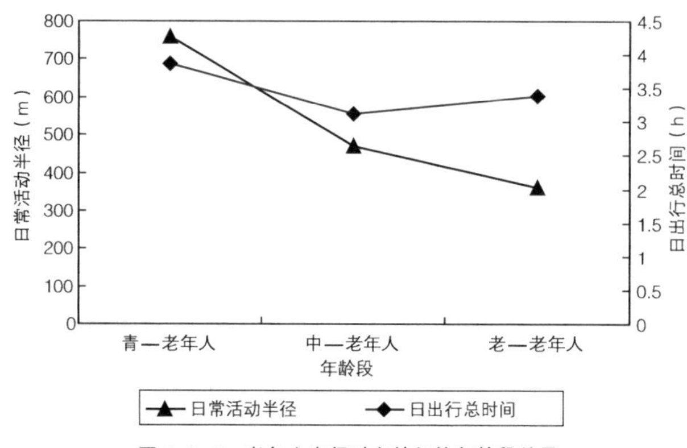

图 2-8-6 老年人出行时空特征的年龄段差异

延至 11 点，而女性老年人到 10 点就要归家准备午饭而结束出行。另外，访谈中发现，以前工作地较远的男性退休后的活动半径也相对较大，与日本学者对东京的研究结果相似（仙田裕子，1992）。

**老年人日常活动的性别差异** **表 2-8-5**

| | 日常活动半径（m） | 日外出总时间（h） | 清洗打扫参与率 | 做饭参与率 |
|---|---|---|---|---|
| 男性 | 785 | 3.58 | 88% | 80% |
| 女性 | 157 | 3.04 | 48% | 48% |

### 3）收入水平与教育程度

不难理解，居民的收入水平和教育程度之间有一定的相关性，在此仅分析收入因素的影响。从活动内容上看，各项家务劳动的参与率随收入水平的增加而递减（图 2-8-7）。高层次的文娱活动（音美、曲艺、棋牌和文化学习活动等）的参与率总体上随收入的提高而增加，这一点与西方的结论相同（Guy，1984）。但低收入（33.3%）老年人对高层次的文娱活动的参与率高于中等收入老年人（26.1%）的水平，可能是因为他们的空闲时间总量充裕，参加的活动属于不需要高额的花费的种类。聊天串门活动的参与率也在总体上随收入提高而增加，但高收入（51.7%）低于中高收入老年人（30.8%）的水平，推测是因为社会交往总体上随着收入提高而增多，但高收入老年人的社会交往受到的约束较大，又有所降低。

从日常活动的时空特征来看，各收入水平的老年人的总外出时间差异不明显，都在 3.3~3.4小时，但随收入提高，日常活动的半径增加，交通方式更多样化（图 2-8-8），移动能力明显增强，表现出与欧美国家相似的结论（Guy，1984）。可能是因为随收入提

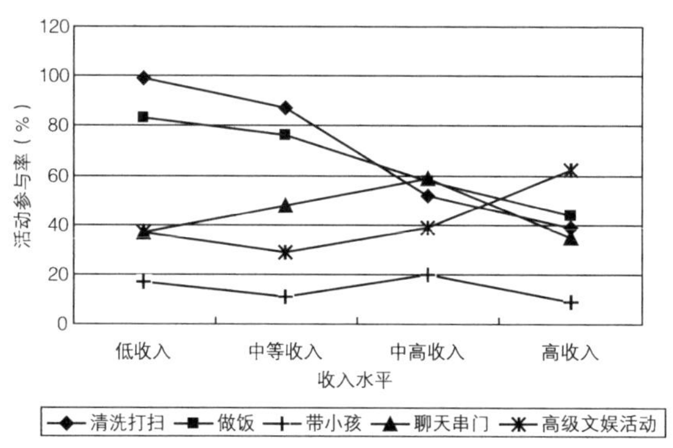

图 2-8-7 老年人活动参与率的收入差异

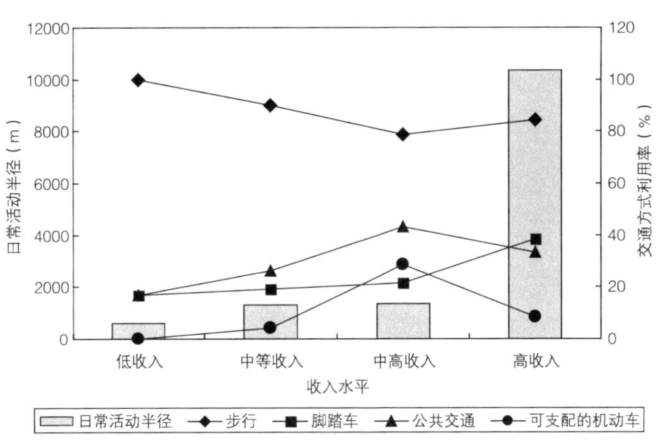


图 2-8-8　出行交通方式的收入差异

高，影响交通方式选择的首要因素由花费转为了便捷和舒适程度，所以公共交通的利用率有先增多后降低的“U”形变化趋势。

4）家庭结构

欧美国家对三代和隔代家庭中老年人的日常活动特征研究较少。本研究发现，隔代家庭的老年人日常活动范围最大，夫妇二人家庭的次之，可能是因为远距离出行由子女代替进行的关系。两代（子辈）家庭和三代家庭中的老年人外出总时间长，可能与子女分担一部分家务而老年人空闲时间较多有关。隔代家庭或独居的老年人家务劳动累计（清洗打扫、做饭、洗衣）参与率较高，并且在 10~12 点和 16~18 点两个时间段被家务所“捆绑”，外出率低。独居老年人的日常活动范围小、时间短，可能与需要自己操持家务有关，他们外出时更倾向寻求陪同，如朋友和邻居等，而避免独行（表 2-8-6）。

老年人日常活动的家庭结构差异　　表 2-8-6

| | 日常活动半径（m） | 日外出总时间（h） | 外出陪同率（%） | 三项家务劳动累积参与率（%） |
|---|---|---|---|---|
| 三代 | 574 | 3. 63 | 30. 4 | 139. 1 |
| 两代（子辈） | 336 | 3. 7 | 40 | 137. 5 |
| 两代（孙辈） | 768 | 2. 5 | 0 | 250 |
| 夫妇二人 | 644 | 3. 28 | 15. 4 | 92. 3 |
| 独居 | 235 | 2. 62 | 75 | 175 |

丧偶或与配偶分居的老年人出行时间高一些（3. 54 小时），但日常活动半径仅为平均水平的 45. 6%，具有长时间、近域活动的特点。大多数老年人虽然夫妇共同生活（74. 5%），但二人出行活动的差异性较大，一起外出的时间仅为 0. 37 小时，共同休闲出行的时间更少，反映了夫妇兴趣爱好上存在差异，偏好独自行动，而不能形成“老来伴”。

## 8. 4. 2　老年人时空活动综合机制分析

老年人的日常活动特征是由个人属性特征、福利政策、生活环境三个方面相互影响、共同

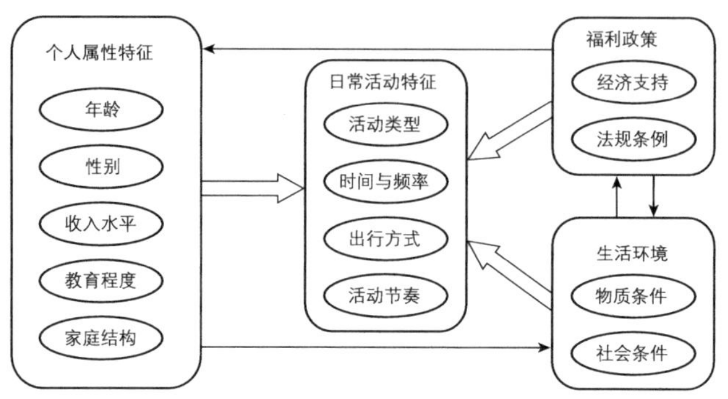


图 2-8-9　老年人时空活动综合机制

作用的结果（图 2-8-9）。其中，福利政策的作用属于宏观层面，可以直接对日常活动产生影响，如公园、公交车等公共设施对特定老年群体的免费条例，也可以通过改变个人属性特征（如最低生活保障制度，提高收入水平）和生活环境（如改善社区休闲硬件设施）间接地作用于老年人的日常活动。

生活环境属于中观层面，是老年人各种日常活动的外部供给条件。它与个人属性，尤其是社会属性密切相关，同时又受到福利政策的影响。生活环境包括社区公共设施等"硬件环境"和社会交往联系等"软件环境"，其中，物质条件包括公共设施和体育设施的可利用情况，周边绿化环境的优美程度，休憩场所和公共交通的供给情况等，社会条件包括社区组织和原来单位的老年活动，自发的邻里交往，与亲戚朋友的联络情况等。

个人属性特征属于微观层面，是老年人各种日常活动内在需求的动机条件。老年人作为作用的主体，不仅可以对生活环境做出基于个人属性的选择，并且可以根据个人属性进行能动的改变。个人属性包括身体状况、心理状况、性格特征、可以自由支配的时间、经济收入、消费习惯、同住的家庭成员状况等特征。其中，年龄因素主要影响日常活动半径，性别差异在日常活动半径、家务参与率两方面突出体现，收入和教育的影响作用相似，主要表现在活动内容、日常活动半径和出行交通方式上，家庭结构的影响不是简单的线性关系，而是呈现出复杂的综合作用。

个人属性特征、福利政策、生活环境三个方面是相互联系的互动关系，日常活动的动机根源于个人属性特征，又离不开政策和环境条件的影响，同时，政策和环境条件是针对大多数老年人的需要而不断完善的，并且为老年人日常生活的丰富和多样化、高层次化，生活质量和移动能力的提高提供支持和保障。

## 8.5　个案研究

老年人日常时空活动的研究，不仅需要在总体上把握一般性与规律性，还需要在微观个体层面上分析日常时空活动的多样性与特殊性。采用日常路径（Daily Path）分析法，可以分析老年人活动的时空特征、出行的各种约束因素和家庭成员活动的相互影响。典型的案例显示了一对退休老年夫妇迁居前后，自然属性特征相对固定而社会属性、生活环境同时改变的情况下，日常路径的变化（图 2-8-10）。

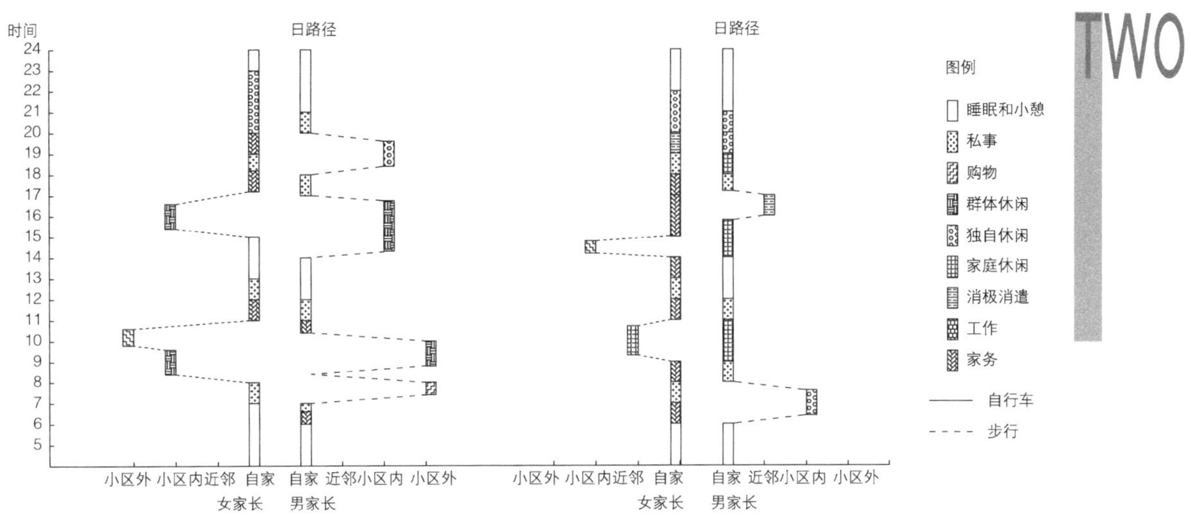


图 2-8-10　某老年夫妇迁居前后的日常活动路径

注：左图为迁居前，右图为迁居后。

## 8.5.1　访谈对象概况

访谈对象的详细情况见表 2-8-7 和表 2-8-8。

访谈对象的属性特征和生活环境在迁居前后的差异　　表 2-8-7

| | 空间位置 | 住宅类型 | 家庭结构 |
|---|---|---|---|
| 迁居前 | 城市中心区 | 大杂院的平房 | 夫妇二人 |
| 迁居后 | 城市近郊 | 小区的塔楼 | 三代 |

访谈对象的属性特征的性别差异　　表 2-8-8

| | 年龄 | 教育程度 | 月收入 | 迁居前职业 | 迁居职业 |
|---|---|---|---|---|---|
| 男家长 | 70 | 初中 | 800 元 | 退休后兼职会计 | 退休 |
| 女家长 | 68 | 高小 | 1200 元 | 退休 | 退休 |

## 8.5.2　性别视角：家庭角色分工的差异

女家长具有居家内向型的特征。无论迁居前后，女家长的日常活动范围和日外出时间都小于男家长，几乎承担全部家务劳动，总计达 4~7 个小时，缺乏可自由支配的休闲时间，群体性休闲活动少。出行行为包括上午的购物和伴随性的闲逛，本质上从属于家务劳动的范畴。唯一的休闲活动是晚饭后与女性邻居聊天，其社交活动范围非常小。

男家长具有休闲外向型的特征，不做家务，休闲时间较长，出行交通方式多样，为较广的活动范围提供了条件。出行活动主要以休闲娱乐类为主，既包括打拳、棋牌等带有社交性质的群体活动，也包括散步等个人活动。

夫妇二人的共同活动只有三餐和晚饭后看电视，没有共同的兴趣点，但夫妻关系融洽。

### 8.5.3 时间视角：迁居前后日常活动特征的变化

男家长在迁居前保持范围广泛的社交，迁居后由于与一起锻炼的群体失去联系，外出的时间明显减少，群体性休闲娱乐减少，独自散步和消极消遣活动增加。因为迁居后生活环境的治安较差，自行车被盗，使他放弃了以自行车作为交通方式，活动范围相应缩小。由于联系不便，他辞退了兼职工作，更减少了社会联系和出行机会。

女家长迁居后对周围环境不熟悉，出行时间和频率明显减少，但由于公共设施不健全，出行半径反而增加。出行中的休闲活动明显减少，只剩下必要的购物出行；社交活动基本停止，消极消遣、独自休闲的时间明显增加。居家的休闲类型基本不变，还是看电视、看报纸，同时要照顾孙子，督促其做功课，家务时间增多。由于迁居后附近没有传统豆汁店，她放弃了外出买早点的习惯。

迁居后两位老人的外出时间、活动范围都有所改变，群体性的社会交往减少，消极消遣时间增加。但与孙子一起居住后，家庭交往增多，免去了牵挂之苦，老年人的生活有了新的聚焦点。

### 8.5.4 个案小结

从总体上看，女家长承担家务，为男家长的休闲娱乐活动创造了条件。城市中心区的居住氛围“软环境”较好：邻里气氛融洽，传统商业模式人气兴旺，老年人的非正式群体活动组织发达。由于对环境的熟识，老年人的活动圈和社交范围都较大。老年人也可以在购物与非购物的逛街中找到乐趣，尤其是老年女性。近郊区的居住设施“硬环境”较好：新建小区的建筑条件、日照、通风、室内外设施、相应级别的绿地配置良好，但是门户封闭，邻里隔阂，与外界的交往不多，新型业态的商业使老年人不适应。在陌生的环境中，老年人认知兴趣和水平下降，活动圈和社交范围都较小。家庭结构和生活环境改变的综合作用使主要的休闲活动由社会型转为居家型，家庭成员之间的交流变得更为重要。

## 8.6 结　论

综上所述，老年人日常活动的内容相对单一，以生活必需型和室内型为主，出行频率和出行时间都以锻炼活动最高，购物、休闲出行都有“多次少量”的特点，日常活动主要在居住小区和组团内部进行，出行方式以步行为主，选择脚踏车的老年人活动范围最广。老年人日常活动节奏的规律性很强，家务是休闲娱乐活动的主要制约，依据日常活动路径的特征，可将老年人分为家务捆绑型、孤独寂寞型和活动丰富型三类。

福利政策、生活环境和个人属性特征三方面相互联系，分别从宏观、中观和微观三个层面作用于老年人的日常活动，个人属性特征中的不同因素对日常活动的影响也不尽相同。

基于老年人日常活动的特征和影响机制，应该有针对性地采取措施改善老年人的日常生活环境并提高其日常活动质量。具体建议包括：树立尊重老年人的社会风尚，提高老年人的收入水平，增进家庭内部交流；创造宜人的休闲场所，为老年人的群体性社交活动提供条件，避免体育文娱设施过度商业化；强化社区末端的小区级和组团级老年人保障服务体系与公共休闲文娱设施的作用；根据老年人的生理特点，提供安全、便捷、老年人优先的公共交通，提高其移动能力，保证城市功能在高龄群体的正常发挥；采用现代化手段将老年人从繁重的家务劳动中解脱出来，使其拥有更多可以自由支配的时间。



## 参考文献


[1] Basu R. 1979. The Effects of Aging on the Mobility of the Low-income Elderly: A Case Study [J]. E. Lakes Geogr. , 4: 17-25.

[2] Golant S. 1992. Housing America's Elderly: Many Possibilities/ Few Chioces [M]. Beverly Hills, CA: Sage.

[3] Guy C. 1984. The Food and Greocery Shopping Behavior of Disadvantaged Consumers: Some Results for the Cardiff Consumer Panel, Trans [J]. Inst. Br. Geogr. New Ser. , 528-548.

[4] Hiltmer J, Smith B W. 1974. Interurban Residential Location of the Elderly [J], Journal of Geography, 73 (4): 23-33.

[5] Moss M S, Lawton M P. 1982. Time Budgets of Older People: A Window on Four Lifestyles [J]. J. Geront. , 37: 115-123.

[6] Pratt G, Hanson S. 1988. Gender, Class, and Space [J]. Environment and Planning D: Society and Space, 6 (1): 15-36.

[7] Smith G C. 1985. Shopping Perceptions of the Inner City Elderly [J]. Geoforum, 16: 133-146.

[8] 柴彦威，刘志林，李峥嵘等 . 2002. 中国城市的时空间结构 [J]. 北京：北京大学出版社 .

[9] 柴彦威，刘璇 . 2002. 城市老龄化问题研究的时间地理学框架与展望 [J]. 地域研究与开发，21 (3): 55-59.

[10] 李峥嵘，柴彦威 . 2000. 大连市民通勤特征研究 [J]. 人文地理，15 (6): 67-71.

[11] 田原裕子，岩垂雅子 . 1998. 老年人居住地移动研究动向与迁移展望 [R]，东京大学人文地理学研究，13.

[12] 万邦伟 . 1994. 老年人行为活动特征之研究 [J]. 新建筑 . (4): 23-25.

[13] 仙田裕子 . 1992. 高龄者的生活空间 [D]. 东京大学修士学位论文 .

[14] 中钵奈津子 . 1998. 京都市老年人的外出活动 [J]. 人文地理 (日文), (3): 50-52.

# 9 北京肯德基的空间分布与区位决策[①]

NINE

## 9.1 引 言

自 1994 年快餐业被国家列为“八五”计划后，这项新兴产业在中国的消费市场中悄然兴起，之后又以 20%的递增量占领了市场。随着人们生活水平的提高和生活节奏的加快，对快餐的需求也日益增多。在这一前景广阔的市场中，处于绝对优势的不是中国品牌，而是肯德基。AC 尼尔森公司在 30 个中国城市展开调查，共发出问卷 16677 份，结果显示，肯德基已经成为中国人最喜爱的品牌。[②] 在北京的街头经常可以见到肯德基，红底白字的醒目招牌，洁净的落地玻璃窗，穿着整齐而有礼貌的工作人员，构成城市中特有的景观。

肯德基在中国的发展是全球化的产物，作为一种外来文化，肯德基在中国城市中的分布反映了一种全球性质的品牌在本土化过程中与当地城市要素融合的方式。从微区位视角分析，可以看到肯德基在具体选址时城市中人本要素的作用。

近年来，地理学界对城市场所的研究有所发展。从研究的公共场所类型讲，主要是近些年新兴起的城市人群多种行为活动场所，如快餐连锁店的选址，咖啡馆和邻里区等，从行为主义视角对场所本身及由场所所引发的场所感和场所精神等方面进行研究，注重在知识经济与信息革命影响下，对城市公共场所选址要素与各要素组合的研究以及对城市公共场所社会文化特征的研究。

受此启发，本文从地理学的角度出发，分别从城市范围和街区范围寻找肯德基作为外来餐饮业在中国城市内部的空间分布规律，并探讨人本要素在餐饮业选址中的影响。

## 9.2 数据与方法

本文以北京城八区（包括东城区、西城区、崇文区、宣武区、海淀区、丰台区、朝阳区、石景山区）所分布的肯德基作为研究对象，把每个肯德基店抽象成点，从其在地图上的位置来分析其分布规律。

肯德基位置资料的获取依赖网络工具。使用百度地图搜索，搜查出北京城八区每一家肯德

① 本文作者：姜文锦。

② http://www.hiyoo.cn/yp/view/18134/（搜索日期 2007/12/6）

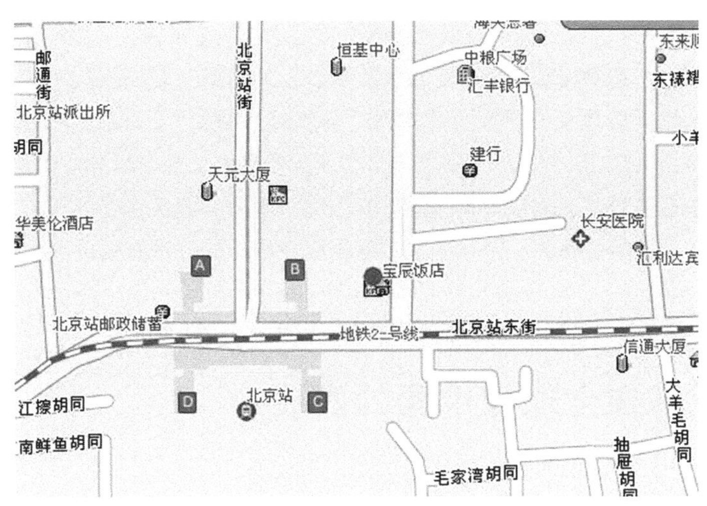


图 2-9-1　百度地图搜索截照

基较为精确的位置（图 2-9-1），然后使用 Adobe Photoshop CS 将其标在北京地图上，最后得到北京市的肯德基分布图。

除面上的分布以外，选取肯德基中关村海淀硅谷店、肯德基苏州街店、肯德基中关村家乐福店、肯德基第三极店作为研究案例，从微观的尺度对其区位选择进行分析。

城市范围内的肯德基区位研究采用“道路—圈层—分区”的思路开展统计分析。道路是整个城市的骨架，决定了城市布局，故注重分析重要交通线旁肯德基的分布；被环路分成不同圈层是北京城市空间结构的重要特征，故作为从宏观上分析肯德基分布的第二种因素；按照行政意义上的分区统计各个区的肯德基数量，结合统计数据，解释影响肯德基分布的因素。街区范围内的肯德基区位研究利用现场调查获得的照片、区位图等信息，结合微区位理论，从可视性、易接近性、区域展示性和易操作性等角度研究所选案例。

## 9.3　文献综述

目前尚无专门针对肯德基区位的研究文献，有关的文献实际上涉及两大方面：一方面是从经济学、市场学和管理学角度对肯德基所开展的相关研究；另一方面是微区位的研究，可为本文提供研究方法的启迪。

肯德基在中国的发展引起了学者的注意。关于肯德基的研究较多，但基本上都是从经济学、管理学、市场营销学的角度进行，如从消费者的角度来研究肯德基在中国和美国的差异（郑丹，2005），从市场营销角度研究肯德基及其在中国的市场战略（徐媛，2001），从经济学角度分析肯德基给中国带来的影响（北京大学中国经济研究中心产业组织课题组，2002），对肯德基的经营策略进行研究（曹伟东，2004）。

国外对微区位的研究兴起于 20 世纪后期。地理学家哈特向从历史演替的角度对大都市零售业结构进行了探讨。塞尔范尼奇从零售区位的特点、道路、交通、停车场等方面对零售业区位进行了更微观的探讨（Salvaneschi，1996）。米兰尼费对餐馆、饭店和快餐店的微区位规律进行了系统深入的研究（Melaniphy，1992）。总的趋势是，从文化、休闲、娱乐场所微区位的研究渐渐转入对娱乐商业中心的非理性场所社会空间区位的研究（孙鹏、王兴中，2002a、b；王兴中等，2004）。受国外区位论的影响以及我国城市经济的快速发展，我国学者对城市区位理论也进行了深入的探讨，如对城市零售商业和服务中心区位的研究（杨吾扬，1994），对城市商业中心地结构和中心地等级体系的研究（仵宗卿、柴彦威，1999、2000），对城市内部商业布局的划分（许学强等，2002），对城市居民住宅区位及其选择因子的分析等（董昕，2001）。国内对微区位论的研究起步较晚，发展时间很短，介入的学者少，而且多专注于宏观层面，尤其集中在商业的空间结构和等级体系，总体上看，理论研究缺乏，还没有形成完整的体系（王兴中等，2004）。

## 9.4 肯德基在全球与中国的发展

### 9.4.1 肯德基的全球化过程

肯德基是一个全球性品牌，其起源可以追溯到哈兰德・山德士，在将近50岁时，他发明了一种基于高压烹制与11种调味料相混合的神奇鸡肉配方，烹制的炸鸡很受欢迎。1956年，新的洲际高速公路穿越了山德士开设的餐馆，于是他决定通过特许他人使用这种神奇秘方来营利。就这样，山德士以连锁经营的方式搭建了肯德基的分销体系，同时以特许经营的手段进行大范围扩展。

1977年，肯德基被百事集团收购。20世纪90年代末，百事集团与可口可乐的竞争日趋激烈，百事将多元化战略调整为专业化战略，在1997年组成百胜餐饮集团，肯德基成为该集团下属五大快餐品牌之一，从此以后，肯德基得以独立运营，并以迅猛的速度发展起来。

### 9.4.2 肯德基在中国的迅速发展

飞速发展的中国成为肯德基的一个目标市场，第一家肯德基于1987年在北京前门开设，效益良好，此后开店数量不断增多，所在城市从北京逐渐向其他城市扩展，1992年全国餐厅总数为10家，到1995年，发展到了71家。1996年，肯德基在中国的第100家店在北京成立。2004年，肯德基在中国的第1000家餐厅开业，这意味着肯德基的足迹遍布中国除西藏以外的所有省份200多个大中小城市，意味着它的开店量比老对手麦当劳几乎多了一倍，在中国快餐市场，无论是开店数量还是营业额，肯德基都以绝对优势居首。

## 9.5 肯德基在北京的空间分布特征

### 9.5.1 肯德基在交通沿线的分布

**1）交通沿线分布特征**

道路作为城市空间结构的骨架，每天承担了大量的过往人流。在肯德基选址过程中，把道路作为重要因素加以考虑。北京的环线，重要的东西向和南北向干道，交叉形成网络状结构，它们与肯德基的分布有密切关系。

首先，来看在环线上的分布（图2-9-2*a*）。二环沿线的肯德基有9家，三环沿线有11家，

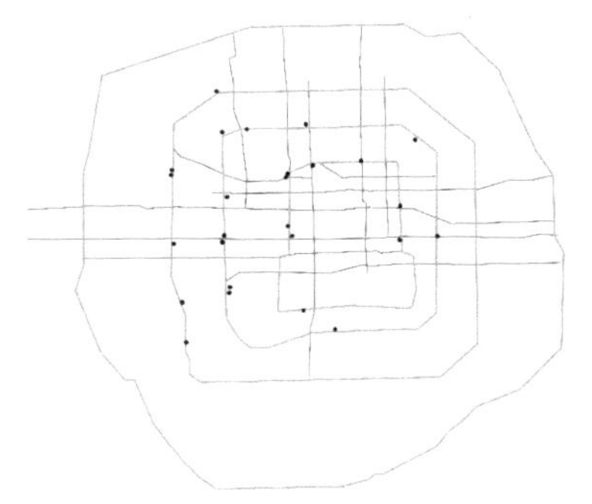

（a）环线上的分布

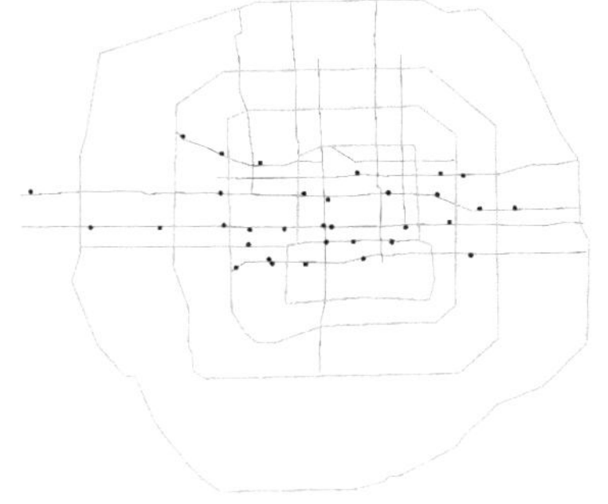

（b）东西干道上的分布

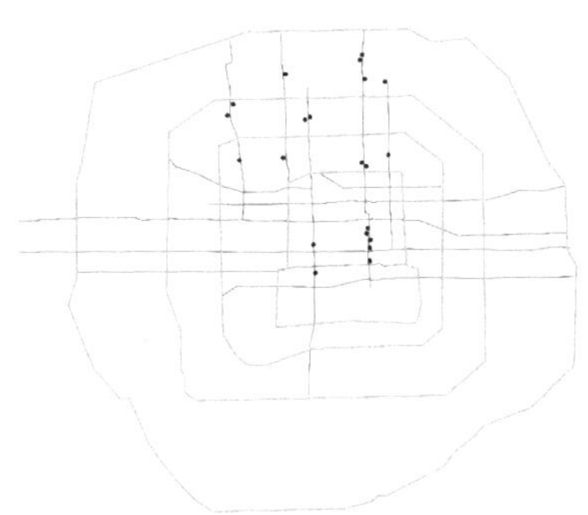

（c）南北干道上的分布

图 2-9-2　肯德基在北京各种交通线上的分布

四环沿线有 6 家，五环沿线尚无分布，环线上共分布有 26 家肯德基，占到总数的 19%。总体来看，环线上的分布较为稀疏，有明显的不均衡，北部多于南部，西部多于东部。

其次，来看东西向和南北向干道上的分布。东西向选择了 6 条东西跨越较大的城市主干道，南北向选择了 5 条城市重要干道。东西向干道上分布的肯德基店共有 33 家，占到总数的 24.1%，东西向干道上肯德基分布较均匀，以位于中间的两条横向干道分布最多并向两侧减少。南北向干道上共分布了 21 家肯德基，占到总数的 15.3%，以穿越王府井的纵向干道分布最多，两侧均较少，但大多集中在城北（表 2-9-1）。

北京沿主要东西干道和南北干道上的肯德基分布统计　　表 2-9-1

| | 线路（从西向东） | 沿线肯德基店数 | 百分比 |
|---|---|---|---|
| 东西向干道 | 板井路—东直门外大街 | 3 个 | 2.2% |
| | 车公庄西路—朝阳公园南路 | 3 个 | 2.2% |
| | 阜石路—朝阳路 | 8 个 | 5.8% |
| | 石景山路—建国路 | 9 个 | 6.6% |
| | 莲花池西路—崇文门东大街 | 4 个 | 2.9% |
| | 广安路—广渠路 | 6 个 | 4.4% |
| | 合计 | 33 个 | 24.1% |
| | 线路（从北到南） | 沿线肯德基店数 | 百分比 |
| 南北向干道 | 中关村北大街—中关村南大街 | 3 个 | 2.2% |
| | 学清路—西直门大街 | 2 个 | 1.5% |
| | 志新东路—马家堡西路 | 4 个 | 2.9% |
| | 安立路—王府井大街 | 10 个 | 7.3% |
| | 志新东路—朝阳门南小街 | 2 个 | 1.5% |
| | 合计 | 21 个 | 15.3% |

2）交通综合分析

由上述分析可见，北京主要交通线（包括环线、6 条南北向干道和 5 条东西向干道）上的肯德基共有 80 家，占到市区肯德基总数的 58.4%，说明道路是肯德基的重要载体。《雅典宪章》里提出城市的四大功能是居住、工作、游憩、交通，其中交通具有联系居住、工作和游憩的功能，而且贯穿于人们的每日生活。作为交通功能的载体，道路成为影响肯德基分布的重要因素。对比环线和直线道路可以发现，环线上的店密度小于直线上的店密度。环线的主要功能是机动车流动，故其上店数较少，而且大多分布在环线与其他路的交口处，而横纵线作为城市主干道，同时具有生活和交通的功能，每天运载大量非机动车和行人，并容纳了各种用途的建筑，所以店数较多。

因此，肯德基进入城市，道路是一个重要的影响因素。道路等级越高，人流量越大，肯德基越容易进入，道路载体能为肯德基带来一定的稳定性，即当肯德基所在的具体建筑或者小区发生变更时，道路仍能为肯德基带来人流消费。

## 9.5.2 环线之间肯德基的分布

北京市方格—环形—放射式的道路结构使北京形成了特有的“摊大饼”结构，从北京市基准地价图中可以看出，两级地价的分界线往往是环线。本部分利用环线将北京市区分为二环之内，二环到三环之间，三环到四环之间，四环到五环之间，五环之外五个部分，来分析肯德基的宏观分布（图 2-9-3）。

1）环线之间分布特征

二环之内肯德基共有 32 家，占市区总数的 23.4%，较为密集且分布不均衡，最中心出现空白，东部、西部、南部各有密集带。中心空白地区主要是政治地带，集中了天安门、人民大会堂、毛主席纪念堂、故宫博物院等严肃场所，尽管这片地区每天有极大的人流，但肯德基却并没有出现在这里。东、西、南部三个肯德基密集地带分别是王府井地区、西单地区和前门地区，作为北京城区的三大商圈，这里云集了大量的商场、写字楼，很多知名企业进驻这里，肯德基在这里不仅有大量的工作白领作为消费群体的“固定人口”，还有各大商场所带来的“流动人口”。肯德基餐厅的分布多紧邻商场或在商场之中，借用了商场吸引来的客流。

二环到三环之间共有 39 家，整体上看，西部多于东部，北部多于南部。从局部来看，分布又相对均衡。这个圈层没有像王府井那样的大的商业密集带，而是相对分散地分布着如首都体育馆、动物园、复兴商业城等具有一定人流量的场所，另外还有一些较高级的社区。相应的，肯德基也没有形成像二环以内那样明显的密集带，而是相对分散地分布在人流量较大的场所。

三环到四环之间共有 37 家，与二环至三环之间类似，但分布的差异更加明显，西部明显多于东部，北部明显多于南部，在西北部中关村地区、北部奥运村一带出现密集区。中关村地区拥有数码大厦、发展科技大厦、理工大厦等甲级写字楼，当代、双安等大商场以及北大、清华、人大等 20 余所高校，这里高速度、快节奏的生活以及时尚前卫的先锋文化，都为肯德基的驻扎提供了基础。北部的奥运村商圈因 2008 年奥运会的缘故，建设速度较快，不仅容纳了大量大厦作为写字楼，也成为地产商投资的热点，高级社区吸引了人口的流入，活跃的经济发展势头以及不断扩大的市场使这里成为肯德基集中的区域。

四环到五环之间的肯德基数目与前几个圈层相比有所减少，只有 22 家，大多分布在北部，而且这片地区仍然属于奥运村的辐射范围。西、东、南方向只有零星几处分布，多是依托商场、

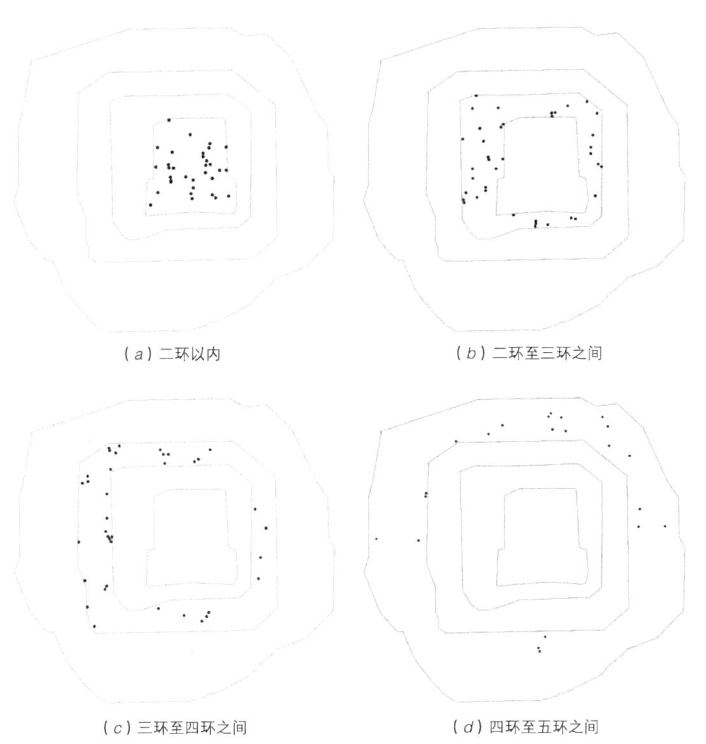

(a) 二环以内　(b) 二环至三环之间

(c) 三环至四环之间　(d) 四环至五环之间

图 2-9-3　肯德基在北京环线之间的分布

社区而存在。

五环以外肯德基的数量相当少，只有 7 家。

2）环线分布综合分析

总体而言，肯德基的圈层分布具有以下特点：从分布密度上看，中心城区向四周递减，最里层和最外层相差悬殊；从区域差异来看，北城多于南城，西城多于东城；各圈层分布都不均衡，出现或大或小、或明显或不不明显的密集带，但圈层内部这种现象越向外围越不明显（表 2-9-2）。

肯德基更容易布局在城市中活跃繁忙的或生活化的地区。肯德基密集度高的地带基本上都是大商圈，如王府井商圈、西单商圈、中关村商圈等，这些商圈为肯德基提供了两种顾客——"固定型"和"流动型"。写字楼的白领、大学里的学生都算"固定人口"，他们中的一部分人往往是某家肯德基消费的常客。而商场、购物中心、超市等带来的则是"流动人口"，人们购物之后的劳累在肯德基里得到了缓解。肯德基既为商圈提供服务，也利用了商圈的人口。

肯德基圈层分布统计　表 2-9-2

| 圈层 | 肯德基数目 | 占总数的比例 | 地块面积 | 肯德基密度 |
|---|---|---|---|---|
| 二环以内 | 32 | 23.4% | 67.4 | 0.47 |
| 二环与三环之间 | 39 | 28.5% | 102.3 | 0.38 |
| 三环与四环之间 | 37 | 27.0% | 154.5 | 0.24 |
| 四环与五环之间 | 22 | 16.1% | 307.2 | 0.07 |
| 五环以外 | 7 | 5.1% | 736.9 | 0.01 |

如北大西南门和中关村家乐福地下超市的两家肯德基店。在北大西南门的肯德基店，学生占有很大比重，大家在这里聊天、自习，而家乐福店的顾客则多是前来购物，暂时在这里吃饭休息，很少有人久留。在访谈一位北大学生时，他提到，在肯德基基本都是以和朋友聊天为目

的，这里比较安静且消费低，可以坐很长时间。一些咖啡店要么位置远，要么消费高，正规的饭店营业时间局限性大，可见肯德基的选址临近校园为它赢得了顾客，较好的环境和长时间的营业也是大学生光顾肯德基的原因。

而在一些政治地带，如天安门、人民大会堂、毛主席纪念堂、故宫博物院等场所，尽管每天有极大的人流，但肯德基却并没有出现在这里，与它属于外来文化有直接的关系。肯德基作为一种西式快餐，进入中国后尽管已经采取了一系列本土化策略以在保持自己风格的前提下迎合中国人的消费和餐饮特点，但它所代表的毕竟是一种外来文化。在北京城最核心的地段，最体现中国历史和中国特色的地区，肯德基倘若进入，不仅要承担一定的风险，因为全国各地前来参观的人群并非其目标顾客，还要付出巨大的经济成本，因为中心地区地价过于高昂。

## 9.5.3 分区的分布特征

**1）店数量特征**

从绝对数量来看，北京城八区各区店数相差悬殊，海淀区拥有的肯德基最多，有 36 家店，石景山的只有 2 家店，相差 18 倍。若按数量级区分，可以将之分为四个等级：第一等级海淀区、丰台区、朝阳区的数量最多，都在 25 家以上；第二等级为东城区和西城区，都为 15 家；第三等级崇文区和宣武区，店数为 7~8 家；第四等级为石景山区，只有 2 家（图 2-9-4*a*）。

**2）店密度特征**

将各区的店数除以面积可以看出肯德基在各区的密集度，从店密度特征来看，8 个区可分为两组，高密度组包括东城区、西城区、崇文区、宣武区，密度都在 0.3 家/$km^2$ 以上，低密度组包括朝阳区、丰台区、石景山区、海淀区，密度都在 0.1 家/$km^2$ 以下，其中石景山最低（图2-9-4*b*）。

对比店密度与店数量两个图可以发现，数量多的区密度不一定大。中心四个城区尽管绝对数量相对较少，但是由于面积小，在密度图中就成为密度最高的地区了；而海淀区、朝阳区、丰台区作为近郊区在绝对数量上占有优势，但它们的面积大且地区发展不均衡，大片远离中心

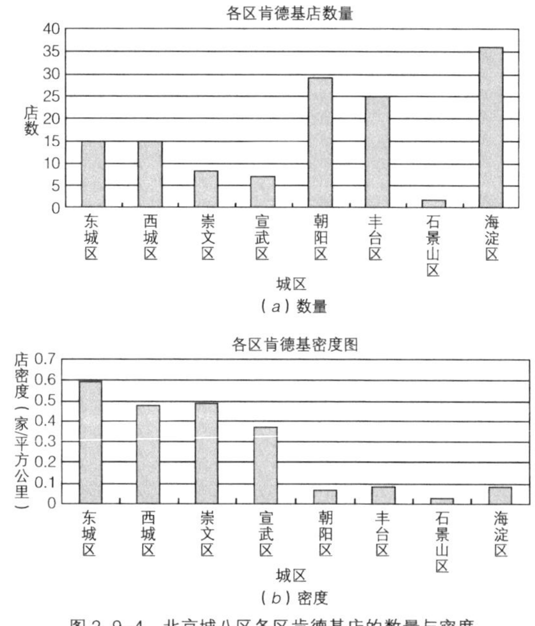


（*a*）数量

（*b*）密度

图 2-9-4　北京城八区各区肯德基店的数量与密度

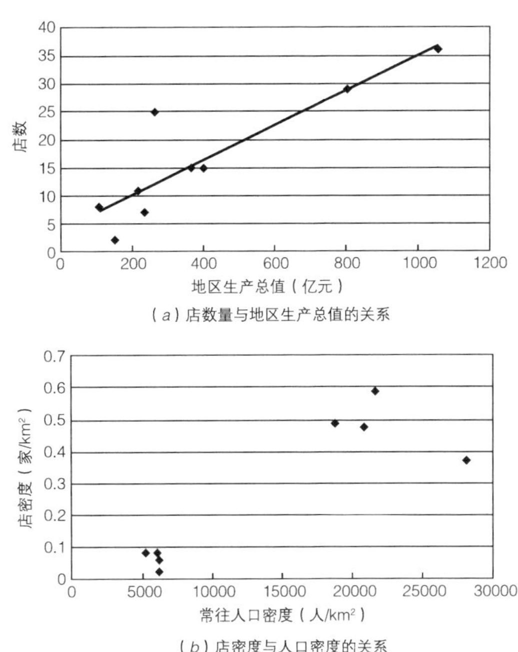


（*a*）店数量与地区生产总值的关系

（*b*）店密度与人口密度的关系

图 2-9-5　北京城八区肯德基密度与经济产值和人口密度的关系

城区的地域肯德基分布极少或根本没有，因而整个区的平均密度低。总之，肯德基的分布密度呈现由城区中心向周边减少的趋势。

3）综合分析

城市是一个多要素组成的复杂空间，肯德基店作为一系列点分布在其中，依附了城市的某些性质。对北京城八区而言，由于各区特点不同，肯德基的分布也不同，把各区的地区生产总值与肯德基店数在同一坐标中表示出来，得到了一个近似线性的关系（图 2-9-5*a*）。可以看出，把区作为一个整体来看，地区生产总值越高的地区，肯德基店数越多。这说明，肯德基更倾向存在于城市中经济活跃的地区。

人口密度与店密度的图就没有明显的相关性了（图 2-9-5*b*）。从大的尺度来看，8 个区可以分为两组，左下角的组人口密度低，店密度也低，右上角的组人口密度较大，店密度也较大。在每个组内，店密度和人口密度也无明显的相关性。这说明，人口分布虽然对肯德基的分布产生一定的影响，但人口密度这一概念过大，肯德基关注的是其消费群体，是某种群体的密度，因此在以总人口密度进行分析时相关性不大。

总之，肯德基在城市内的分布具有不均衡性，而且这种不均衡性与城市本身的不均衡相对应。经济活跃、商业繁华、人流大且更能接受外来文化的地区更容易出现肯德基。肯德基依附城市骨架交通线的现象明显。

## 9.6　北京肯德基微区位分析

在研究肯德基的微区位特征与区位决策时，把研究对象缩小到街区层次，选取 4 家肯德基店，运用微区位理论进行分析，探讨人本要素在餐饮业区位决策中的意义。选取的 4 家肯德基店分别是：海淀硅谷店、苏州街店、中关村家乐福店以及第三极店。

餐饮业选址最主要的目的是利润，利润来自顾客。对成功的餐饮业区位来说，要以顾客为本。顾客的可视性、易接近性、区域展示性以及操作便利性，都是在餐饮业选址中需要考虑的因素，而且它们紧密相关、缺一不可。某一因素的缺失，会使一个其他方面都很优秀的区位难以形成良好的餐饮场所。

## 9.6.1 案例分析

**1）案例 1：肯德基海淀硅谷店**

该店位于苏州街，北京大学西南门外，区位如图 2-9-6 所示。照片为北京大学西南门外所能见到的景观。可以看出，肯德基店的可视性良好。该店的目标顾客群体是北京大学学生和海淀硅谷的人流，位于出校门就能看见的地方，虽然有道路绿化带的遮蔽，但红底白字的招牌非常醒目，可以吸引人们的目光。可接近性良好，苏州街道路中间被绿化带阻隔，在此处设有一个横穿路，肯德基就位于横穿路旁边，方便道路对面的人进入。另外，该店旁边就是海淀区派出所的一个值班点，安全性良好。

图 2-9-6　肯德基海淀硅谷店的区位和景观

**2）案例 2：肯德基苏州街店**

该店也位于苏州街，与海淀硅谷店相差大约 500m，位于苏州街东侧，从其区位图可以看出（图 2-9-7），该店同样位于横穿路的旁边，无论是可视性还是可接近性都很好。同时，该区位利用了餐饮的集聚效应。肯德基店旁边有必胜客、永和大王、味多美等餐饮，在路对面有蜀味浓、永安肥牛等餐馆，由于这几处餐饮食品风格不同，顾客群体有差别，集聚可以增加效益。

图 2-9-7　肯德基苏州街店的区位和景观

**3）案例 3：肯德基中关村家乐福店**

该店位于中关村家乐福超市地下一层，从区位图可以看出（图 2-9-8），在超市的两个主要入口所在的主路上，肯德基位于一系列店的边缘，使进入超市的人们能够最先看到，具有良好的可视性。可接近性也良好。由于该店依附家乐福，来这里购物的人群是肯德基的主要顾客来源，可体现其便利性，既利用了超市的顾客，又为购物人群提供餐饮的方便，与超市互惠互利。

图 2-9-8　肯德基中关村家乐福店的区位和景观

4）案例 4：肯德基第三极店

第三极是中关村新建休闲书城，集文化消费、娱乐消费、餐饮消费为一体。该店区位良好，位于第三极入口旁边，可接近性良好（图 2-9-9）。一楼面积很小，是一个进入平台，该店主要位于二楼，由于面积较大，获得了较大的临街空间，使该店的广告蔓延较长，获得良好的可视性。该店前为北四环路，车流人流较多，从而获得了良好的区域展示性。

图 2-9-9　肯德基第三极店区位及照片

## 9.6.2　肯德基区位决策要素分析

1）可视性和易接近性

获得最大的可视性是把店布局在一个让尽可能远的顾客能够看到它的区位，同时也应该使顾客很容易接近它，即在两个方向上都有醒目的入口。

首先，远角成为最佳的区位条件，远角就是主要道路和次要道路交叉的拐角处，并且两条路上都有可以进入该店的入口以及两条路的中间没有用隔离带分开，那么，这个区位就具有非常强的可视性。远角区位有三种亚区位型。图 2-9-10*a* 表示了一个可接近性趋于最大化的区位，所有四条路上都没有任何障碍。由于样本个数所限，虽然所选案例中没有远角区位，但其优势无可置疑，是理想的区位。

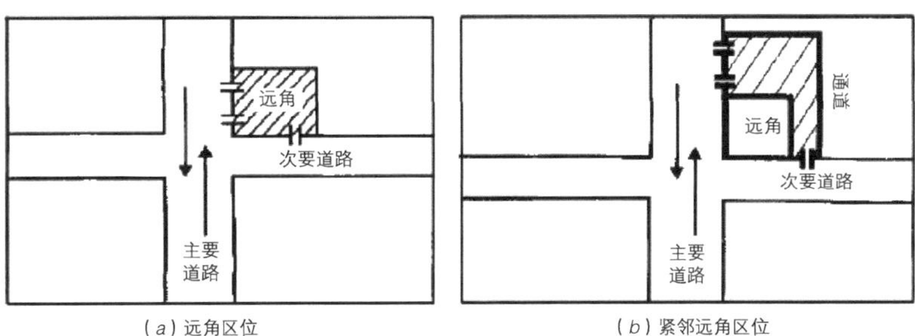


（*a*）远角区位　　（*b*）紧邻远角区位

图 2-9-10　肯德基的理想区位

另外，靠近远角的地方也是较好的区位。第二个最佳区位是紧邻远角，面临主要道路，并位于远角区位的后面，有通道可以通向次要道路的地方。如图 2-9-10*b* 所示，次要道路上附加的出入口实际上已成为该店的一种标志，增加了该店的可视性。本文所选的肯德基案例均为这种区位的变体，即丁字形道路的交叉处。

2）区域展示性

从顾客的空间感知角度出发，区位对顾客的区域展示性是最主要的因素之一。一般情况下，最佳的区域展示性位于交通量很大的路上。这种路的特点包括：比邻里路宽；承载着很大的交通量，并且同许多社区和居民点相连；在路的两边都有商业活动，而且路本身建造得相当好；周围房地产价格比较高。

从区域展示性角度出发，首先，根据交通类型和顾客需要的不同，街道的一边对餐饮店来说会更为重要。例如供应晚餐的餐馆，人们在回家的路上都愿意惠顾，因此该类型的店最好建立在回家的路上。同样，供应早餐的快餐食品店，最好位于顾客上班方向的一边。肯德基海淀硅谷店就选在了北京大学西南门的马路对面，实地考察发现，这家肯德基的主要顾客是学生，因此在北大西南门的马路对面仅从顾客角度考虑不是最理想的，但它在现实条件下是最佳的，因为这条马路存在横穿路，而且马路的东侧为北大围墙和资源宾馆，已没有可租用的空间。

其次，根据商业活动的冷热程度选择区位。人们总是趋向于商业活动比较繁荣的地区。另外，气候对区位选择也会产生一定的影响。在北方气候条件下，餐饮店都趋向于建在街道的阳面，这样做是为了避免冬天人行道过于阴冷。相反，在南方，业主喜欢把店建在街道的阴面以避免炎热与刺目的阳光。

3）操作便利性和易接近性

顾客操作便利性的核心是餐饮业所提供的食品应该让顾客感到方便。餐饮店应该尽可能让顾客方便，有时候，对顾客来说，方便性甚至比食品的价格更为重要。良好的方便性可以掩盖店面的许多不足，可以把一个并不理想的地点转换成一个切实可行的餐饮业区位。

## 9.7 结　论

肯德基所进入的城市空间，反映出全球化品牌在本土化过程中会选择最具接受力的场所。肯德基的分布既受到推力，即企业本身的扩张作用，又受到拉力，即城市本身需求的影响。所以，肯德基在城市中的进入性可概括为最能接受它、最需要消费它的场所。肯德基在选址过程中就从最能接受它的人群的聚集地入手，避开接受性不强的地区。肯德基出现的场所大多数是大商场、社区、大学、熙攘的马路等，这些地方往往人流活跃、经济发达，人们既具有一定的消费能力，又有一定的文化背景来接受肯德基。

肯德基在北京城市内部的分布，表明餐饮店多选建在目前经济保持快速增长的地区。从微观的街区尺度来看肯德基的选址，能够发现其布局对区域人本条件的重视，要么在有固定消费群体的地区选址，要么在流动人口多的地区选址。选定区域后，具体到街区的选择则充分从顾客的角度考虑，强调良好的可视性以使顾客容易看到，强调易接近性以方便顾客进入。餐饮业的利润源自顾客，因此，重视人本因素的微区位规律和决策是空间具有生产性的一个重要反映。

# 参考文献

[1] Capel H. 1996. Institutionalization of Geography and Strategies of Change [A]. In: J Agnew, D N Livingstone and A Rogers (Eds.). Human Geography: An Essential Anthology [C]. Oxford: Blackwell Publishers Inc., 66-94.

[2] Brown L R. 2001. Eco-economy: Building an Economy for the Earth [M]. New York: W W Norton.

[3] Featherstone M. 2007. Consumer Culture and Postmodernism (Second edition) [M]. London: Sage.

[4] Melaniphy J C. 1992. Restaurant and Fast Food Site Selection [M]. John Wiley & Sons, Inc.

[5] Moscove B J, Fletcher R G. 2001. The New Century: Lessons Learned from Singapore's Shopping Sector During the 1990's [J]. Regional Science, 35, 501-522.

[6] Salvaneschi L. 1996. Location, Location, Location: How to Select the Best Site for Your Business [M]. Madison, WI: Entrepreneur Press.

[7] Tomlinson J. 1999. Globalization and Culture [M]. Cambridge: Polity Press.

[8] 北大纵横管理咨询公司. 2001. 肯德基的中国市场战略 [J]. 中国物资流通, (7): 24-26.

[9] 白光润. 2004. 微区位研究的新思维 [J]. 人文地理, (10): 85-88.

[10] 北京大学中国经济研究中心产业组织课题组. 2002. 肯德基对中国经济的影响 [R].

[11] 曹嵘, 白光润. 2003. 交通影响下的城市零售商业微区位探悉 [J]. 经济地理, (3): 247-250.

[12] 曹伟东. 2004. 肯德基的差异化竞争战略及其启示 [J]. 企业经济, (7): 57-59.

[13] 陈广. 2004. 肯德基攻略 [M]. 北京: 企业管理出版社.

[14] 韩彦. 2004. 北京都市空间中的麦当劳现象研究 [D]. 北京大学硕士学位论文.

[15] 孙鹏, 王兴中. 2002a. 西方国家社区环境中零售业微区位论的一些规律（一）[J]. 人文地理, (4): 63-66.

[16] 孙鹏, 王兴中. 2002b. 西方国家社区环境中零售业微区位论的一些规律（二）[J]. 人文地理, (6): 22-25.

[17] 董昕. 2001. 城市住宅区位及其影响因素分析 [J]. 城市规划, (2): 35-36.

[18] 王兴中, 秦瑞英, 何小东等. 2004. 城市内部生活场所的微区位研究进展 [J]. 地理学报, (10): 125-130.

[19] 仵宗卿, 柴彦威. 2000. 论城市商业活动空间结构研究的几个问题 [J]. 经济地理, 20 (1): 115-120.

[20] 仵宗卿, 柴彦威. 1999. 商业活动与城市商业空间结构研究 [J]. 地理学与国土研究, 15 (3): 20-24

[21] 许学强, 周素红等. 2002. 广州市大型零售商店布局分析 [J]. 城市规划, 26 (7): 23-28.

[22] 杨吾扬 . 1994. 北京市零售商业与服务业中心和网点的过去，现在和未来 [J]. 地理学报，49 (1)：9-15.
[23] 杨新刚，叶小群 . 2005. 城市空间分异探讨 [J]. 规划师，(3)：68-71.
[24] 张文忠，李业锦 . 2008. 北京市商业布局的新特征和趋势 [J]. 商业研究，(8)：170-172.
[25] 郑丹 . 2005. 中美消费者消费行为比较研究：以肯德基 (KFC) 为例 [J]. 市场与人口，11 (6)：73-77.

# 10 城市居民购物出行等级结构及其演变——以北京为例[①]

TEN

## 10.1 引　言

传统上对商业空间的研究多侧重于物质层面，对商业设施规模等级及其空间结构的探讨比较多，而对微观消费主体的研究则相对较少。近年来，随着北京城市化水平的加快，城市发展迅速，城市空间结构正经历着前所未有的变化，多中心结构日趋明朗。在这种背景下，近年北京市商业空间结构发生了较大变化：中心城区的零售业发展速度较郊区零售业发展速度减慢，郊区商业网点迅速发展，形成了木樨园、海淀和马甸等重要商业中心；商业网点空间布局的变化与交通线和居住郊区化有较强的关联性；新型商业业态——大型连锁超市营业额的增长速度较快，增速远远高于传统的西单、王府井等百货商场，且这些大型连锁超市往往选址在近郊区和居民购买能力较强的居住区附近。

在空间结构变化的同时，居民购物出行行为的等级结构体系也出现了转变。伴随着北京城市郊区化的发展，中心城区居民不断外迁，不同收入群体居民在空间聚居上也产生了一定的分异，拥有第二住宅的居民的数量也在不断攀升。居民购物出行在整体符合高等级商品远距离购物、低等级商品近距离购物的前提下，不同收入阶层人群和不同居住地点人群的购物出行等级结构呈现出不同的演变趋势。

在梳理城市居民购物出行等级结构研究理论的基础上，运用 2005 年和 2006 年对北京市居民开展的数百份问卷调查的数据，探讨北京市居民购物出行等级结构的特征，并讨论不同类型人群购物出行等级结构的演变规律，以对城市规划和建设有所启示。

## 10.2 城市居民购物出行等级结构及其演变

### 10.2.1 城市商业的中心地等级结构体系

克里斯泰勒（Christaller）的中心地理论在一些基本假设下，强调自由竞争和门槛半径，进而

① 本文作者：陈秀欣。

确定了经济活动的市场区范围。基于长时期的周期性农业市场服务中心的演化，一个地区会形成一套中心地等级体系，同一等级的中心地有同样大小的服务范围，也称市场区。市场区的范围是正六边形的。整个中心地及其市场区是由一级套一级的网络相互嵌套形成的，中心地的服务职能与中心地的等级相关，这样就形成了具有等级性的中心地结构。廖什（Lösch）通过将生产区位和市场区位相结合发现不同层次中心地之间存在互补性，同一层次的中心地功能未必相同。

中心地等级体系可以较为完善地解释城市商业空间结构，因此它是商业空间研究的基本理论。后来的学者不断对中心地等级体系模型进行改进，这些模型的基本结论是城市内会存在不同等级的中心地，且高等级中心地的数量要少于低等级中心地，中心地等级越高，提供的服务越多。在引入消费者购买频率、购买量和供给者的商品存量、销售周转次数和交通的方向性后，城市空间变为非对称城市空间，高级中心地不在中央集中，而是呈点状或带状分布（Haggett，1983）。与此同时，交通手段、人口密度、消费水平等变化引起的差异也会打破中心地理论中固定不变的 $K$ 值中心地系统，商业中心地的等级会有升级和降级过程（Berry & Parr，1988）。由于城市内部不同地区同一商品或服务的门槛范围存在差异，同一商品或服务在不同地区具有不同的中心等级和市场区范围，同一等级的中心地也非均衡分布（张文忠、李业锦，2005）。将消费者需求考虑进去会发现，区域内同类职能的中心地在人口密度高的地方密布，在人口密度低的地方则比较稀疏（Rushton，1972）。

## 10.2.2 居民购物出行等级结构

仵宗卿等在中心地理论基础上建立了购物出行空间等级结构模式（仵宗卿等，2001），将不同类型商品购物出行距离的长短关系转换为市场等级关系。研究发现，低等级商品的购买在低等级购物地进行，高等级商品的购买在高等级购物地进行，符合中心地等级体系，不同等级的商品购物地等级在不同原则下也是不同的。从天津的情况来看（仵宗卿等，2001），以市场原则为例，购物出行距离最远的西装外衣类商品属于最高级中心地提供的商品，家用电器类商品则介于 1、2 级中心地之间，衬衣袜子类居于 3 级中心地，日常用品类商品则是 4、5 级中心地的服务功能之一，购物出行距离最短的蔬菜食品类商品则出现在最低级的第 6 级中心地。不同的收入阶层由于偿付能力和出行能力不同，其购物行为在空间等级结构上会反映出一定的差异。一般来讲，高收入和中低收入阶层的购物出行空间等级结构匀称、完整，各等级商品购物地等级相差匀称；中高收入阶层则为中间集中型，中等等级商品的购物地等级差距小，相对集中；低收入阶层为两极分化型，高等级商品购物出行等级向下收缩与中等等级商品相对集中，部分中等等级商品又与低等级商品购物出行空间等级相对集中（仵宗卿等，2001）。

## 10.2.3 居民购物出行空间等级结构演变

随着城市内部社会阶层的空间分化，城市内部商业中心地等级结构在不同阶层的居住区之间出现了不同的演变过程。在高收入居住区，变化不大，中心地的数目与等级相对稳定；在低收入居住区，商业中心地的服务范围和等级结构都发生了很大变化，同等级次级中心地的服务指向更加单一，等级偏低；中等收入居住区的次级中心地的变化依高收入居住区和低收入居住区商业中心地的变化而发生对应的变化（Davies，1972、1976）。

随着城市发展，工业和人口向郊区转移，购物需求发生显著变化。随着郊区购物中心的完善，人们不再愿意前往市级商业中心购买商品，而是习惯在居住地附近购买。在 20 世纪 60 年代的美国，全国范围内普遍出现零售业由 CBD 转向郊区的趋势，中心市的百货商店纷纷倒闭，服务对象也变成那些不便到郊区购物的中下阶层顾客。日本从 1960 年以来，消费者的购物指向随购买商品等级的不同而出现差异，低等级商品指向本地，高等级商品指向大都市，大都市通勤者的中间等级商品也指向大都市。但是，田边裕的研究表明（柴彦威等，2000），原先郊区的都心通勤者是都心商业购物者的一部分，商业郊区化的结果使得他们在郊区购买高档品、专门品的消费行为增多，购物空间指向由过去的都心指向分化为都心指向与郊区指向。

## 10.3 对北京的调查及数据获取

### 10.3.1 问卷调查与数据获取

在国家自然科学基金的资助下，对北京市居民购物行为开展了问卷调查，具体包括对消费者购物出行距离、购物地点、网上购物行为以及消费者对目前北京市交通状况和商业设施布局状况的评价等内容。2005 年 11 月至 2006 年 4 月，选取家乐福中关村店、金源购物中心、家乐福马连道店、北辰购物中心、西单购物中心、玉渊潭公园进行调查。调查地点的选取力求涵盖几种主要的商业业态，选取玉渊潭公园则是希望能覆盖更广泛的消费群体。共随机发放问卷 530 份，回收问卷 511 份，回收率为 96.4%，有效问卷 491 份，有效率为 96.1%。

### 10.3.2 被调查者的基本属性分析

本次问卷调查的群体基本涵盖了北京市各个年龄段、学历和阶层的人群，可以体现北京市居民购物的整体情况。在反映不同收入层次的居民方面，低收入样本比例偏低，这与低收入人群购物出行机会相对较少的特点有关，同时也与本项调查发放问卷的地点选择有一定关系，但总体上不影响分析结论。

从年龄特征来看，样本中以中青年为主，其中 25~34 岁人数最多，所占比例为 31.4%，其次是 45~54 岁的群体，所占比例为 23.6%，被调查者中老年人样本数量较少，55~64 岁的群体比例为 6.4%，65 岁以上的群体比例为 2.4%，24 岁以下和 35~44 岁的群体比例分别为 17.6% 和 18.6%。这主要是由于问卷是针对购物者随机发放的，而现实生活中中青年人是购物的主体，老年人或由于身体状况或由于子女代劳，出行的次数并不多。

从性别情况来看，男性占 36.3%，女性占 63.7%，这基本符合中国目前居民购物出行的性别比例。从中国目前的实际情况来看，女性仍然充当家庭购物的主体。其次，女性本身喜好购物、逛街，所以购物出行次数较多，所占购物人数的比例也就较大。

从被调查者的收入情况来看，月收入处于 2000~10000 元的人数较多，其中月收入 2000~4000 元的比例为 35.2%，4000~10000 元的比例为 34.4%。高收入和低收入的人群比例均不大，其中月收入大于 10000 元的比例为 9.3%，小于 1000 元的比例为 5.4%，1000~2000 元的人员比例为 15.7%。

被调查者的文化程度普遍偏高，其中学历为硕士以上的人群所占比例为 11.6%，大学本专科人群所占比例为 58.3%，是被调查者的主体，高中和中专、初中、小学和其他人员比例分别为 22.2%、6.1%、1.8%。这主要是由于北京市近年来居民教育水平的普遍提高，结合年龄情况来看，低学历的人群多数是年龄较大的中老年人，而青年人的文化程度普遍较高。

由于调查地点选取的缘故，样本中近郊区的人群比例较大，占被调查者的 66.0%，中心城区居民占被调查者的比例为 25.2%，远郊区居民占 8.8%。但中心城区和近郊区中各区比例不尽一致。从实际情况来看，由于北京城市的发展，中心城区居民大量外迁，近郊区居民人数逐渐增多，样本比例也同时受这一情况的影响。

### 10.3.3 分析方法

运用仵宗卿等（2001）在中心地理论基础上建立的购物出行空间等级结构模式，对北京市居民购物出行空间等级结构情况进行研究。由于本次调查的商品不是连续的商品谱，按照仵宗卿等建立的模式，对中心地理论的等级结构进行扩展、拉伸，允许非整数等级出现，本文取 0.5 为步长（即 500m 为一个等级）。

克里斯泰勒市场区系列用以下公式表示：

$$N_i = k^{i-1} \quad (2-10-1)$$

式中，$k$=3，4，7，分别表示市场、交通和行政管理原则；$i$=1，1.5，2，2.5…为市场区等级；$N_i$ 表示市场区范围，在数值上可以理解为对应市场区等级 $i$ 下的中心地数量。根据上式计算得出扩展中心地系列（表 2-10-1）。

**中心地理论扩展市场区系列（步长为 0.5）　　表 2-10-1**

| 等级（$i$） | 1 | 1.5 | 2 | 2.5 | 3 | 3.5 | 4 | 4.5 | 5 | 5.5 | 6 |
|---|---|---|---|---|---|---|---|---|---|---|---|
| $N_i$（$K$=3） | 1.00 | 1.73 | 3.00 | 5.2 | 9.00 | 15.59 | 27.00 | 46.77 | 81.00 | 140.30 | 243.00 |
| $N_i$（$K$=4） | 1.00 | 2.00 | 4.00 | 8.00 | 16.00 | 32.00 | 64.00 | 128.00 | 256.00 | 512.00 | 1024.00 |
| $N_i$（$K$=7） | 1.00 | 2.65 | 7.00 | 18.52 | 49.00 | 129.64 | 343.00 | 907.49 | 2401.00 | 6352.45 | 16807.00 |

资料来源：仵宗卿等，2001。

同一市场范围内市场区相对等级关系 $n_i$ 为：

$$n_i = R_{max}^2 / R_i^2 \qquad i=1，2，3\cdots m \quad (2-10-2)$$

$R_{max}=2/3R$①，将北京市城八区半径 $R$=20.88km 代入，得 $R_{max}$ 为 13.92km。

## 10.4 北京市居民购物出行的等级结构特征

### 10.4.1 北京市居民购物出行等级结构

将北京市居民购物出行的空间距离转化为等级结构（表 2-10-2、图 2-10-1），其特点包括：①居民购物出行的等级结构符合中心地等级体系，即不同等级商品倾向于在不同等级的中

① 将北京城八区抽象为一个圆形区域，设其半径为 $R$，假设北京城八区人口均匀分布，密度为 $P$，把全市所有人到达市中心的平均距离作为整个市场的半径，则 $R_{max}=(\int_0^R 2\pi r^2 P dr)/\pi R^2 P=\frac{2}{3}R$，详见仵宗卿等（2001）。

心地购买，且高等级商品在高等级地购买，低等级商品在低等级地购买；②在不同原则下（市场、交通、行政管理原则），同一商品的购物地等级多为不同，且市场原则的等级最低，行政管理原则最高；③家用电器作为中高等级商品的象征性意义下降，与普通服装在同一等级地购买。

**北京市居民购物出行等级结构** 表 2-10-2

| | 蔬菜食品 | 日常用品 | 普通服装 | 家用电器 | 高档服装 |
|---|---|---|---|---|---|
| 出行距离（km） | 1.085 | 1.459 | 4.210 | 5.175 | 6.430 |
| 相对等级关系（$n_i$） | 164.636 | 91.001 | 10.932 | 7.235 | 4.687 |
| 等级（$i$） | (5.5/4.5/3.5) | (5/4/3.5) | (3/2.5/2) | (3/2.5/2) | (2.5/2/1.5) |

注：( ) 内分别表示与市场、交通、行政管理原则相对应的关系等级。

将北京市情况与天津市对比发现，天津市居民购物出行等级跨越度较大，即高等级商品的购物地等级高于北京市，而低等级商品的购物地等级则低于北京市。造成这一结果的原因可能是北京市地域范围较大，商业设施相对较为健全，居民购买高等级商品不用舟车劳顿到市中心，如北京市的重要商业中心包括西单、王府井、前门、朝外大街、木樨园、翠微（公主坟）、马甸、双榆树（张文忠、李业锦，2005），而天津市商业离心化现象还不十分明显，居民对家电等高等级商品的购物活动一般集中在最高中心地——市中心，副市级或大型区域级商业中心还没有最终形成（仵宗卿等，2001）。同时由于北京市居民消费水平提高和消费时尚的变化，大型超市较为发达，许多居民都选择在超市购买蔬菜食品和日常用品，这要比在农贸市场购买出行距离稍远。

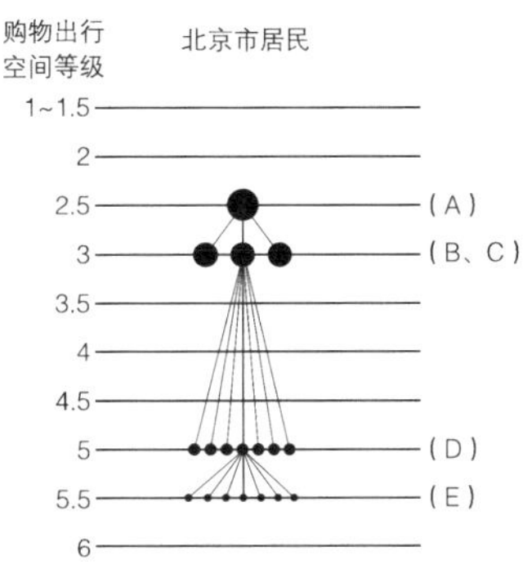


图 2-10-1 北京市居民购物出行等级结构示意图（市场原则）
A—高档服装；B—家用电器；C—普通服装；D—日常用品；E—蔬菜食品

## 10.4.2 性别对购物出行等级结构的影响

西方大量女性主义研究已经证明，由于性别差异的存在，城市居民在活动空间上存在显著的差异（Rosenbloom，1978；Law，1999）。从调查结果来看，男性和女性购买低等级商品的购物地等级没有什么差别，但是女性购买普通服装、家用电器和高档服装的购物地等级都要低于男性（表 2-10-3、图 2-10-2）。

**北京市男性和女性居民购物出行等级结构比较** 表 2-10-3

| | | 蔬菜食品 | 日常用品 | 普通服装 | 家用电器 | 高档服装 |
|---|---|---|---|---|---|---|
| 男性 | 出行距离（km） | 1.292 | 1.531 | 5.740 | 6.708 | 8.520 |
| | 相对等级关系（$n_i$） | 116.024 | 82.691 | 5.880 | 4.306 | 2.669 |
| | 等级（$i$） | (5.5/4.5/3.5) | (5/4/3) | (2.5/2/2) | (2.5/2/1.5) | (2/1.5/1.5) |
| 女性 | 出行距离（km） | 1.106 | 1.445 | 4.098 | 4.849 | 6.284 |
| | 相对等级关系（$n_i$） | 158.512 | 92.822 | 11.540 | 8.240 | 4.907 |
| | 等级（$i$） | (5.5/4.5/3.5) | (5/4/3.5) | (3/2.5/2) | (3/2.5/2) | (2.5/2/2) |

注：( ) 内分别表示与市场、交通、行政管理原则相对应的关系等级。

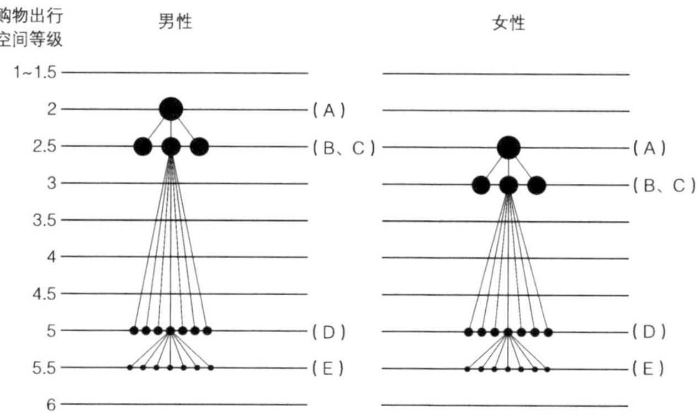


图 2-10-2 北京市男性和女性购物出行等级结构比较示意图（市场原则）
A—高档服装；B—家用电器；C—普通服装；D—日常用品；E—蔬菜食品

造成这一结果的原因之一是经济因素。西方女性主义地理学研究发现，尽管大量女性进入劳动力市场，但她们的经济收入仍然低于男性居民，并且通常女性成员对家庭中的汽车没有使用机会而必须选择公共交通，从而大大降低了她们的移动性，使得女性居民的通勤时间和通勤距离都比男性居民短，她们在城市中的活动空间大大小于男性（Hanson、Johnston，1985）。另一原因是社会属性。女性一般是家庭购物主体，而“勤俭持家”又为当代社会所尊崇，所以女性选择的购物地点一般是物美价廉之处。拿服装来说，女性既注重服装的样式又注重价格，所以，商业街的小店经常成为她们的选择。男性购物则讲求实效，购买服装的目的性较强，所以，在经济条件允许的情况下一般直奔大型商场进行选择。毫无疑问，商业街比大型综合商场的等级要低。

### 10.4.3 小　结

综上所述，北京居民购物出行的等级结构符合中心地理论的等级体系，高等级商品在高等级购物地购买，低等级商品在低等级购物地购买，只不过商品对应购物地的具体等级会有所不同。随着家电卖场的兴起，家用电器的购物出行等级明显下降，从某种意义来说，其已经不能很好地代表高等级商品了。大型购物超市的兴盛，又使得部分居民购买低等级商品蔬菜食品和日常用品的购物地等级偏高。性别不同，购物出行等级结构亦不同，一般来讲，男性拥有较强的经济实力，购买中、高等级商品的购物地等级较女性要高。

## 10.5 北京市居民购物出行等级结构演变

### 10.5.1 不同收入人群购物出行空间等级结构演变

根据具体的收入情况，按照一定的原则对购物群体进行分类。分类原则如下：家庭平均月收入大于 4000 元的为高收入阶层，介于 1000~4000 元之间的为中等收入阶层，小于 1000 元的为低收入阶层（冯健，2004）。进而，分别计算出高收入阶层、中等收入阶层和低收入阶层的空间出行等级（表 2-10-4）。以市场原则为例，对不同收入阶层购物出行的空间等级结构的演变进行分析。

北京市不同收入阶层的购物出行空间等级演变　　表 2-10-4

| 出行空间半径和等级 | | 蔬菜食品 | 日常用品 | 普通服装 | 家用电器 | 高档服装 |
|---|---|---|---|---|---|---|
| 高收入现在 | $n_i$ | 160.648 | 74.727 | 9.900 | 5.031 | 4.554 |
| | 等级（$i$） | (5.5/4.5/3.5) | (5/4/3) | (3/2.5/2) | (2.5/2/2) | (2.5/2/1.5) |
| 高收入10年前 | $n_i$ | 111.345 | 55.722 | 9.297 | 3.834 | 3.980 |
| | 等级（$i$） | (5.5/4.5/3.5) | (4.5/4/3) | (3/2.5/2) | (2/2/1.5) | (2/2/1.5) |
| 中收入现在 | $n_i$ | 175.201 | 109.737 | 11.711 | 9.719 | 4.727 |
| | 等级（$i$） | (5.5/4.5/3.5) | (5/4.5/3.5) | (3/2.5/2) | (3/2.5/2) | (2.5/2/1.5) |
| 中收入10年前 | $n_i$ | 98.900 | 73.943 | 10.493 | 4.601 | 4.084 |
| | 等级（$i$） | (5/4.5/3.5) | (5/4/3) | (3/2.5/2) | (2.5/2/1.5) | (2/2/1.5) |
| 低收入现在 | $n_i$ | 117.098 | 90.510 | 11.798 | 18.022 | — |
| | 等级（$i$） | (5.5/4.5/3.5) | (5/4/3.5) | (3/2.5/2) | (3.5/3/2.5) | — |
| 低收入10年前 | $n_i$ | 158.439 | 91.787 | 8.431 | 5.031 | — |
| | 等级（$i$） | (5.5/4.5/3.5) | (5/4/3.5) | (3/2.5/2) | (2.5/2/2) | — |

注：( ) 内分别表示与市场、交通、行政管理原则相对应的关系等级。

1）高收入阶层购物出行等级结构演变

高收入阶层近10年的购物出行空间等级结构演变有如下特点：①除了普通服装、蔬菜食品的购买地等级没有变化外，高档服装、家用电器、日常用品的购物地等级均降低半个等级；②不同等级商品的购买地等级层次仍然分明，但高、中等级商品与低等级商品的购买地等级间距拉大，且高、中等级商品购买地相对接近；③从整体上看，购物的空间等级体系略有收缩，而且存在重心向低等级地下移的态势（图2-10-3）。其实，从等级的绝对数值上看，高收入阶层蔬菜食品的购物出行等级在10年来有降低的趋势，尽管两个调查年份都最接近5.5的等级，但10年前低于5.5而目前高于5.5。

2）中等收入阶层购物出行等级结构演变

中等收入阶层购物出行的空间等级结构发生了如下演变：高等级商品——高档服装、家用电器和低等级商品——蔬菜食品的购物地等级均降低了0.5个等级，而普通服装和日常用品的购物地等级没有变化，直观表现为两极向下延伸（图2-10-4）。

3）低收入阶层购物出行等级结构演变

在调查中，很多低收入阶层反映，很少购买高档服装，故对于低收入阶层，该项没有进行统计，其购物出行空间等级结构的演变特点如下：第一，高等级商品——家用电器的购买地等级降低，且低于普通服装的购买地等级，低等级商品——蔬菜食品的购买地等级尽管都最接近5.5的等级，但从等级绝对数值上看，10年前大于5.5而目前小于5.5，因此它略有提高的趋势，普通服装和日常用品的购买地等级没有变化，整体表现为中心地等级体系的收缩；第二，附带购物成为新的趋势，因为高、中等级商品趋向于在同一等级地购买，低等级商品似乎也存在类似趋势（图2-10-5）。

对比不同收入阶层居民购物出行等级结构演变发现：首先，高、中收入阶层尤其是高收入阶层的购物空间范围较广，等级幅度跨越较大。原因在于，经济承受能力越大，购买不同等级商品的购物地点选择的视野会更宽广。其次，高、中收入阶层购物地等级的下降趋势比较明显，这与北京城市内部的贫富空间分异现象有关，随着郊区富人区和中产阶层居住区的崛起以及郊区商业设施的不断完善（冯健等，2004），居民购物已经不再需要长途跋涉到中心城区，购物的便利性导致等级结构的下降。另外，低收入阶层购物范围似乎有所缩小，趋向于在同一等级地购买不同商品，表明低收入阶层的生活条件没有得到较大的改善，购物空间较小。

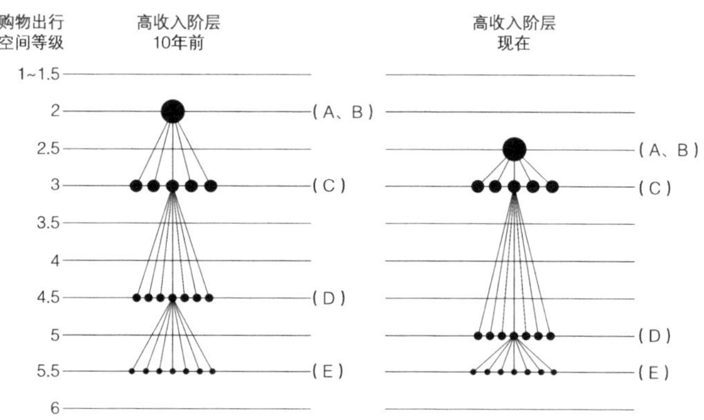


图 2-10-3　北京市高收入阶层购物出行空间等级结构演变示意图（市场原则）
A—高档服装；B—家用电器；C—普通服装；D—日常用品；E—蔬菜食品

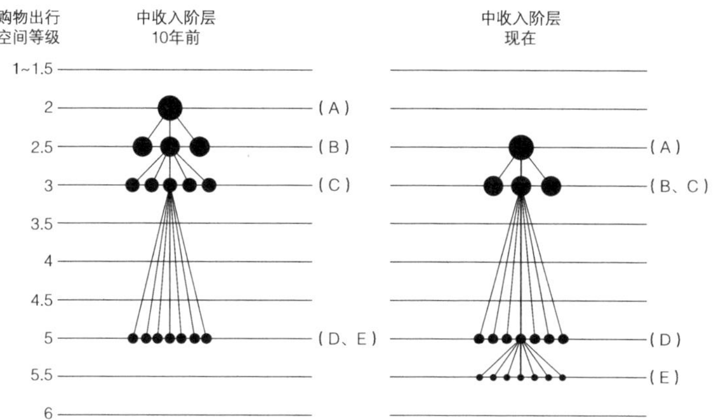


图 2-10-4　北京市中等收入阶层购物出行空间等级结构演变（市场原则）
A—高档服装；B—家用电器；C—普通服装；D—日常用品；E—蔬菜食品

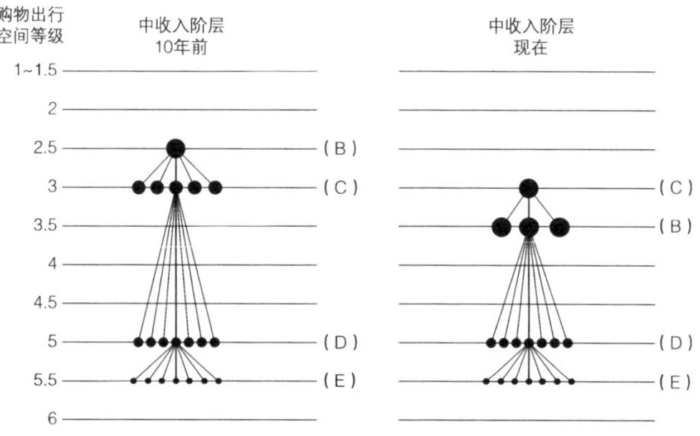


图 2-10-5　北京市低收入阶层购物出行空间等级结构演变（市场原则）
B—家用电器；C—普通服装；D—日常用品；E—蔬菜食品

## 10.5.2 不同居住地人群购物出行空间等级结构演变

被调查的购物人群基本上来自中心城区和近郊区，因此可按“中心城区”和“近郊区”两类不同的居住地对原数据库进行分类，得到两个子数据库，进而统计和计算出不同居住地购物人群各自的出行空间等级（表2-10-5）。以市场原则为例，对不同居住地点人群购物出行的空间等级结构演变进行分析。

北京市不同居住地点的购物出行空间等级演变　　表2-10-5

| 出行空间半径和等级 | | 蔬菜食品 | 日常用品 | 普通服装 | 家用电器 | 高档服装 |
|---|---|---|---|---|---|---|
| 中心城区现在 | $n_i$ | 204.270 | 108.037 | 13.917 | 10.928 | 5.521 |
| | 等级（$i$） | (6/5/3.5) | (5/4.5/3.5) | (3.5/3/2.5) | (3/2.5/2) | (2.5/2/2) |
| 中心城区10年前 | $n_i$ | 157.511 | 107.191 | 14.150 | 8.202 | 4.884 |
| | 等级（$i$） | (5.5/4.5/3.5) | (5/4.5/3.5) | (3.5/3/2.5) | (3/2.5/2) | (2.5/2/2) |
| 近郊区现在 | $n_i$ | 148.015 | 82.877 | 10.946 | 6.261 | 4.651 |
| | 等级（$i$） | (5.5/4.5/3.5) | (5/4/3) | (3/2.5/2) | (2.5/2.5/2) | (2.5/2/1.5) |
| 近郊区10年前 | $n_i$ | 91.655 | 56.117 | 8.632 | 3.647 | 3.877 |
| | 等级（$i$） | (5/4/3.5) | (4.5/4/3) | (3/2.5/2) | (2/2/1.5) | (2/2/1.5) |

注：( ) 内分别表示与市场、交通、行政管理原则相对应的关系等级。
资料来源：冯健等，2007。

根据得出的数据，中心城区居民购物空间等级结构基本上没有太大变化，只是蔬菜食品的购买地等级略微下降了0.5个等级（图2-10-6）。近郊区则出现居民购物地等级重心下移型演变，除了普通服装外，高档服装、家用电器、日常用品、蔬菜食品的购物地等级均下降0.5个等级，整体呈现重心下移的趋势（冯健等，2007）。对比来看，10年前后中心城区的居民的购买地等级体系略微拉伸，空间活动范围扩大，而近郊区居民的空间活动范围却保持不变。

## 10.5.3 居民购物出行等级结构演变的影响机制

影响居民购物出行等级结构演变的因素主要包括以下两大方面：

第一，北京市商业网络体系不断完善，促使居民购物出行等级结构产生演变。北京市零售贸易网点的分布从城市中心区向边缘区扩展，商业中心的等级体系趋于完善，基本形成了市级商业中心、区级商业中心、社区级商业中心等覆盖全市的商业网络体系，居民购物出行的便利性得到大幅度提高，多数商品呈现购物出行等级下降的趋势，而且随着郊区化的发展，近郊区商业网点不断得到完善。三环路周边商业设施发展最快，已经出现许多市级和区级大型商业中心，尤其是北部和东部居住区商业发展完善，如北三环的马甸，此外还有四环路外的亚运村商业中心、海淀的中关村商业中心等。由于中心城区原有的商业设施已经比较齐全，居民购物出行等级体系变化不大；而近郊区近年来区域性综合购物商场和大型购物超市数量逐渐增多，给居民购物带来了很大的便利，购物地等级相应降低，改变了原有的购物空间。

第二，新兴商业业态的兴盛和老商业业态的衰落共同促使居民购物出行等级结构产生变化。

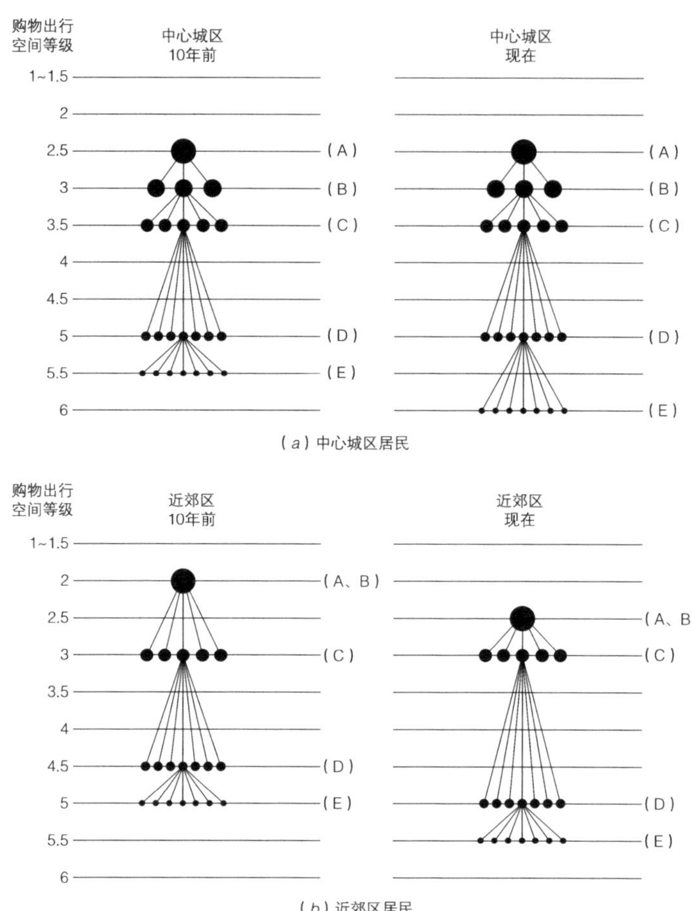


图 2-10-6　北京中心城区及近郊区居民购物出行空间等级结构演变示意图（市场原则）
A—高档服装；B—家用电器；C—普通服装；D—日常用品；E—蔬菜食品
资料来源：冯健等，2007。

近年来，新兴商业业态——超市、便利店、仓储式商场等快速发展，以物品齐全、种类繁多、交通便利备受消费者青睐。由于其布点密度较大，极大地减小了居民购买低等级商品的购物出行距离。家电卖场的兴盛，供给的增多，使得家用电器的购买普遍较以前变得容易，不同收入阶层人群的家用电器的购买地等级均降低。老的商业业态如农贸市场的数量不断减少，对低收入阶层的影响最大，由于其购买能力不强，故只能去农贸市场购买低等级商品，无形中增加了购物出行的距离。

## 10.5.4　小　结

整体上看，近年来北京市商业设施不断完善，新兴商业业态——大型超市和家电卖场的发展，使居民购物出行变得更为便利，购物出行地等级向低的方向演变。其中，家用电器已经不能成为高等级商品的代表，而是向中等等级商品演变。不同阶层由于经济承受能力不同，所以购物空间呈现不同的演变趋势，低收入阶层的购物空间有缩小之势。高中收入阶层和近郊区居民在近郊商业设施完善的过程中得到的便利最大，购物地等级下降趋势相对明显。

## 10.6　对北京城市商业发展和布局的启示

### 10.6.1　城市商业设施布局强调“人性化”，适当从性别需求差异的角度进行考虑

性别不同将构成城市居民购物行为空间上的差异。男性有较强的经济实力，反映在空间上往往是购物出行距离较远，等级结构较高；女性却是家庭购物的主体，对家庭日常用品购买的承担比例较高。女性喜好逛街，且购物时喜欢货比三家，男性则讲求效率。这样，男女性别的差异就导致了其对商业设施需求的不同。因此，对于区域性和社区级的购物中心，应该多考虑女性的购物需求，考虑多配置一些超市、商业街。考虑到女性的视觉疲劳和身体承受能力，综合购物商场的单层楼面面积不宜过大，且周边同样类型的综合商场数量以2~4个为宜，单层楼面面积过大和商场数量较多都将造成土地、资金的浪费。

### 10.6.2　对低收入阶层的购物设施布局而言，规划应考虑采取针对性措施

社会公平问题越来越成为关注的焦点，低收入阶层的生活问题应引起足够的重视。低收入群体由于经济承受能力有限，往往选择等级较低的购物场所。目前，北京市低收入阶层主要居住在老城改造区和近郊北部的回龙观、清河地区，而这些地区的日常购物设施还不够完善，低收入阶层购物较为不便。有关资料显示，在家庭设备、用品及服务方面，低收入阶层的支出比例为50%左右，中等收入阶层为10%左右，高收入阶层为15%左右；在娱乐、教育、文化的消费支出中，低收入阶层的支出比重为10%左右，中收入阶层为15%，高收入阶层为20%。① 因此，规划应为低收入阶层聚集的地区多配置一些日常购物设施，购物设施的档次要符合低收入阶层的经济承受能力，避免出现发达国家城市贫民区衰落、混乱的景象。

### 10.6.3　充分考虑北京城市未来发展方向，合理地在郊区、中心城区布置商业设施

中心城区的商业设施已经趋于饱和，且随着北京城市的发展，居住郊区化的趋势越来越明显（冯健等，2004；Feng et al.，2008），应适当增加近郊区商业设施的数量和等级，控制中心城区新建商业设施的规模。目前，三环路周边已经形成许多市级和区级大型商业中心，但从目前的趋势来看三环路和四环路周边地区仍将是北京最具有商业发展潜力的地带，如亚运村、望京、西三旗、北太平庄、五道口等地区商业需求极为旺盛。因此，建议规划部门进行合理的商业需求预测，在此基础上配置适当规模、等级的商业设施。结合国外发达城市的经验，近郊区适合布置大型超市、仓储式购物中心，为居民集中购物提供方便。在郊区布置大型购物设施时应考虑布置在交通便利之处，同时为迎合驱车购物的潮流，应配置适当数量的停车位。

---

① http：//www.jrstats.gov.cn/ReadNews.asp? NewsID=503。

### 10.6.4 居民购物出行整体上符合中心地等级体系，城市规划应对其给予重视

早在1981年，森川洋便利用设施等指标测算和划分日本城市的商业中心地等级体系结构，同时使用城市居民购物调查资料，以购物依存率的大小划分出不同层次的商圈结构，通过对照两个方面所形成的商业中心地等级体系，得出城市内部的商业中心也呈现克里斯泰勒型构造的结论（森川洋，1981；张文忠、李业锦，2005）。通过我国学者的研究（仵宗卿等，2001；冯健等，2007）以及本文调查，均显示出居民的购物出行符合中心地等级体系。这对于有些学者以中心地理论假设条件与现实不符为由而推断出“城市地理是一个伪科学或次科学”的说法（赵燕菁，2001）进行了有力的反击。与物理学中许多著名的定律推导类似，地理学理论的得出往往需要预先假设一定的理想条件，尽管这些理想条件在现实中未必存在，但起到了突出主导因素而排除次要因素干扰的作用。可以说，中心地理论是对现实的一种抽象，它符合居民购物的空间规律，对城市商业设施规划也有一定的指导意义（杨吾扬，1994；宁越敏，1984）。因此，在商业设施规划布局中应充分考虑中心地理论的现实意义和指导作用。

## 参考文献


[1] Berry J L, Parr J B. 1988. Market Centers and Retail Location: Theory and Application [M]. New Jersey: Prentice Hall.

[2] Davies R L. 1972. Structural Models of Retail Distribution: Analogies with Settlement and Land-use Theories [Z]. Transactions of the Institute of British Geographers, 57: 59-82.

[3] Davies R L. 1976. Marketing Geography: With Special Reference to Retailing [M]. London: Methuen.

[4] Feng J, Zhou Y X, Wu F L. 2008. New Trends of Suburbanization in Beijing since 1990: From Government-led to Market-oriented [J]. Regional Studies, 42 (1): 83-99.

[5] Haggett P. 1983. Geography: A Modern Synthesis (Revised Third Edition) [M]. New York: Harper& Row Publishers, Inc.

[6] Hanson S, Johnston I. 1985. Gender Differences in Work-trip Length: Explanation and Implications [J]. Urban Geography, 6 (3): 193-219.

[7] Law R. 1999. Beyond Women and Transport: Towards New Geographies of Gender and Daily Mobility [J]. Progress in Human Geography, 23 (4): 567-588.

[8] Rosenbloom S. 1978. The Need for Study of Women Travel Issues [J]. Transportation, 7: 50-347.

[9] Rushton G. 1972. Map Transformations of Point Patterns: Central Palce Patterns in Areas of Variable Population Density [J]. Papers and Proceedings of Regional Science Associations, 28: 111-129.

[10] 柴彦威，李峥嵘，刘志林等. 2000. 时间地理学研究现状与展望 [J]. 人文地理，15 (6): 54-59.

[11] 冯健 . 2004. 转型期中国城市内部空间重构 [M]. 北京：科学出版社 .

[12] 冯健，周一星，王晓光等 . 2004. 1990 年代北京郊区化的最新发展趋势 [J]. 城市规划，28 (3)：13-29.

[13] 冯健，陈秀欣，兰宗敏 . 2007. 北京市居民购物行为空间结构演变 [J]. 地理学报，62 (10)：1083-1096.

[14] 宁越敏 . 1984. 上海市区商业区位的探讨 [J]. 地理学报，39 (2)：163-172.

[15] 森川洋 . 1981. 广岛城市内部中心地系统 [J]. 人文地理 (日文)，(2)：97-117.

[16] 仵宗卿，柴彦威，戴学珍等 . 2001. 购物出行空间的等级结构研究——以天津市为例 [J]. 地理科学，20 (4)：480-488.

[17] 杨吾扬 . 1994. 北京市零售商业与服务业中心和网点的过去、现在和未来 [J]. 地理学报，49 (1)：9-15.

[18] 张文忠，李业锦 . 2005. 北京市商业布局的新特征和趋势 [J]. 商业研究，(8)：170-172.

[19] 赵燕菁 . 2001. 探索新的范型：概念规划的理论与方法 [J]. 城市规划，25 (3)：37-51.

城市社会的空间视角

The Theory of City

City and Culture

# 下篇　教学研究实践 II

# 微观城市社会空间研究

# 1 中关村高校周边居住区的社会空间[①]

ONE

## 1.1 引　言

城市社会空间一直是城市社会地理学的重要研究课题。对于宏观的城市社会空间结构及各种概念模型的研究在20世纪取得了较大进展，这类研究一般使用因子生态的研究方法，描述宏观层次的城市社会区空间分布的类型、结构及影响因子（Lo，2005），进而在减少现实世界复杂性和突出实际状况或过程最重要的要素和特征的前提下，以一种抽象的、理想而简单的思维方式概括城市社会空间结构模型（Pacione，2001a、b），这类研究对于理解和诠释城市土地利用结构和居住空间结构发挥了重要作用。

随着经济和文化全球化的发展，在积累的后福特主义体制、灵活的劳动用工制度以及生产者服务业获得大发展的背景下，全球城市正在不断呈现出越来越细分化的社会空间（Friedmann、Wolff，1982；Sassen，1991；Wu、Li，2005）。实际上，当前发达国家的城市已进入一个新的发展阶段，在这个阶段，根本性的经济转型积聚了足够的动力，与此同时，人口、文化、政治和技术的变化以及无线通信水平的提高为疏散传统的城市空间并楔入各种各样的新城市空间提供了可能性，结果是，居住分异和社会空间隔离以更为复杂的方式得以表现，城市空间变得更加破碎化（Fragmented）（Knox、Pinch，2000；Keil，1994；Virilio，1991）。在这种前提下，从微观的视角切入，揭示各类城市社会空间的特征及其产生机制具有的重要意义。近年，国内关于城市社会空间的实证研究不断有成果发表，如对北京（Gu et al.，2005；冯健、周一星，2003；冯健，2004；Feng et al.，2007、2008；冯健、周一星，2008）、上海（李志刚、吴缚龙，2006；宣国富等，2006；Li、Wu，2008）、广州（周春山等，2006）、西安（王兴中等，2000）、南昌（吴俊莲等，2005）等城市的研究，但多是关于宏观的城市社会空间结构和社会空间分异的研究。最近的一项针对广州黑人聚居区的研究（李志刚等，2008），属于微观层面的城市社会空间研究。总体而言，对于中国城市社会空间的研究，宏观层次居多，微观层次偏少。

北京的中关村地区，作为中国"硅谷"所在地和国内最早引入高科技民营经济发展机制的地区，改革开放后的近30年来，在其发展取得巨大成就的同时也一直饱受争议（凌志军，2007）。中关村与诸多高等院校和科研院所紧临以及高度市场化的特点使得这一地区成为一种十分复杂的社会空间。中关村的发展蕴涵了功能和社会空间的复杂化过程：这一地区从单纯的教

① 本文作者：冯健、王永海。

育科研功能向科工贸一体化发展的同时，其社会空间也从纯粹的单位社区逐渐演变为在高校和社会双重力量作用下各种类型居民分布混杂的复杂型空间。可以说，探讨中关村高校周边居住区这一复杂社区的城市社会空间特征，对于开展和推动转型期中国城市社会空间微观层次的研究具有重要意义。本文拟在微观层次的城市社会空间研究方面做一些探索。

## 1.2 研究方法与调查地区

本文拟采用以“深度访谈”为主的调查方法开展研究。深度访谈法是西方社会科学“质性研究”（Qualitative Research）中最重要的一种调查方式。质性研究是以研究者本人作为研究工具，在自然情境下采用多种资料收集方法对社会现象进行整体性探究，使用归纳法分析资料和形成理论，通过与研究对象互动对其行为和意义建构获得解释性理解的一种活动（陈向明，1996、2000）。质性研究中所使用的深度访谈方法，是一种研究性交谈，是研究者通过有目的的提问的方式，从被研究者那里收集、建构第一手资料并作为观点证据的研究方法（陈向明，2000）。质性研究和深度访谈方法，在西方人文地理学研究中已得到广泛应用（Kitchin、Tate，2000），而且我们注意到，运用这种方法研究中国人文地理现象的论文曾经在西方很多著名的英文杂志上发表（Fan、Huang，1998；Fan，2003）。

相比之下，深度访谈方法在国内人文地理界应用尚不多见，国内地理刊物上发表的相关论文更是鲜见，但在国内社会学界此方法已得到一定程度的应用。质性研究和深度访谈方法的核心要领是研究者要意识到自己与被研究者之间是一种“主体间性”的关系，研究不仅仅是一种意义的表现，而且是一种意义的创造，研究不只是对一个固定不变的“客观事实”的了解，而且还是一个研究双方彼此互动、相互构成、共同理解的过程（Maxwell，2005）。

由于中关村高校周边居住区范围较大而且模糊，为保证访谈调查的可操作性和针对性，本文将调查范围锁定在北京大学周边的若干居住区（中关园、蔚秀园、承泽园等），它们和中关村的电子商城距离较近，详细的区位关系见图 3-1-1。研究目标是，通过对北京大学周边居住区

图 3-1-1 调查地区的区位关系示意图

的田野调查和深度访谈，来透视中关村高校周边居住区的一般社会空间特征。调查时间为2006年3月至6月。接受访谈调查的对象包括原住居民、外来人口以及社区管理人员，每次访谈时间持续30到90分钟不等，针对一些关键对象则开展多次访谈。除了访谈以外，也辅以其他途径的数据资料。

## 1.3 社区演化特征

改革开放以后，中关村高校周边居住区社会空间的形成，大致经历了三个阶段（表3-1-1）。

### 1.3.1 初步形成期的"同质性特征"（20世纪80年代）

从20世纪50年代开始，位于北京上风向的西北部就被确定为科研文教机关的集中地区，经过60年代和70年代的发展，"西北郊文教区"已经基本形成（姚士谋，1998），而80年代以后的两次规划则进一步促进了文教区和中关村高新技术产业的发展（冯健，2004）。中关村第一家具有民营高科技性质的企业创建于1980年（凌志军，2007）。实际上也只有在20世纪80年代初期以后，中关村及其附近高校地区才相互作用，这一地区的社会构成才逐渐变得复杂。在这一阶段，已经有外来人口在中关村高校周边居住区租房居住，但由于当时外来人口数量不多（按人口普查数据计算的北京外来人口，1982年为17万人，1990年为60万人），加之尚没有进行住房制度改革，城市居民罕有私房，所以只有极少数人从事私下租房活动。总体而言，此阶段中关村高校周边居住区的社会构成还不太复杂，社会空间还带有明显的同质性特征。

中关村高校周边居住区社会空间的发展过程　　表3-1-1

| 发展阶段 | 中关村发展特征 | 社区居民构成特点 | 社会背景和相关制度、政策 |
|---|---|---|---|
| 初步形成期（20世纪80年代） | "村"→"电子一条街"→范围更大的"北京高新技术产业开发试验区" | 高校原住居民占绝对优势；外来务工人口数量不多；极少数居民从事私下租房活动 | 计划经济时代；学校或其他单位福利分房；外出打工尚未普遍；未形成城市出租房屋市场 |
| 快速发展期（20世纪90年代） | "北京高新技术产业开发试验区"→"中关村科技园区"，"一区五园"；"科学城"、"电子城"→中国IT行业的中心 | 外来务工、经商人口快速增长并形成规模；部分原住民开始出租房屋，社区的外来住民逐渐增多；有白领阶层和外地考生为谋生和考研而租房的现象 | 计划经济向市场经济转型时期；城市住房制度改革，房屋产权改革，房地产市场形成，房屋出租市场化及其管理制度；户籍管理制度改革，外来人口管理和相关政策温和化 |
| 稳定发展期（2000年以来） | "一区五园"→"一区九园"；"中国制造"→"中国创新"，"世界新技术中转站"，"研发中心" | 外来人口的数量继续增长；本社区外来人口的结构有所改变；考研人员数量迅速增加，其他类型外来人口有外迁现象 | 大学毕业生激增，就业形势严峻，高校周边考研大军形成；大学校园周边环境整治加强，房屋出租市场火爆，提高了居住此地的生存成本 |

### 1.3.2 快速发展期：异质化特征逐渐增强（20世纪90年代）

在20世纪90年代，中关村获得了快速发展，形成了典型的"科学城"、"电子城"，成为中国IT行业的中心，在空间范围上扩张到"一区五园"。中关村的发展使其成为北京西北部地区最著名的就业中心之一，吸引了大量前来"淘金"的来自全国各地的外来人口。这一时期，由于户籍管理制度逐渐宽松，整个北京的外来人口增长十分迅速，如按第五次人口普查数据，

2000 年北京市外来人口为 257 万人，比 1990 年增加了 3 倍多。大量的外来人口需要就地解决居住问题。正好又赶上了 1998 年的住房制度改革，福利分房制度取消，中关村高校周边社区的居民纷纷购买了其所居住的原属单位的住宅，获得了长期的使用权，有的还获得了产权。一部分原住居民开始把他们的房屋出租给外来人口，包括务工、经商的外来人员，外来无房的白领和为考研而长住北京的学生。租房市场的形成为这种行为提供了保证，从而使得这些社区外来住民逐渐增多，社区的异质化特征逐渐增强。

### 1.3.3 稳定发展期：突出的异质性特征（2000 年以来）

进入 21 世纪以后，中关村进一步扩张为“一区九园”，中关村地区不断建设，尽管中关村仍然无法完全超越“全球新技术中转站”的角色，但其研发功能在不断强化，已经把“创新”作为发展目标。中关村继续吸引着大量的外来人员。这一时期，北京的外来人口也在持续增长，按北京市统计局数据，2005 年全市暂住人口已达 357 万（北京市统计局，2006）。除数量的增长以外，与一般城市社区不同的是，中关村高校周边居住区外来人口的结构正在发生变化：越来越多的考研学生向这里集聚，白领阶层也有所增多，而部分其他外来人口则选择迁移到社区以外地区。这种情况和整个社会背景有关：由于大学毕业生的激增和就业形势严峻，高校周边“考研大军”形成，如 2001~2005 年，全国报考研究生的人数从 46 万上升到 117 万，2005 年，报考北大、清华的人数超过 3 万人；与此同时，大学校园周边环境整治加强和政府对盗版等非法行为的打击力度加大，限制了以卖盗版软件和黄色光盘为生的非正规就业的外来人口在此集聚。另外，高校周边房屋出租市场异常火爆，如近年北大校园周边的一居室的租金价格约 1500~2000元/月，大大提高了生存成本，使部分外来人口迁移至别处。整体而言，这一阶段中关村高校周边居住区居民的构成更加复杂化，社会空间具有突出的异质性特征。

## 1.4 社区的社会空间特征

### 1.4.1 居民构成与社会阶层特征

**1）社区居民构成特征**

在计划经济时代，中关村高校周边居住区的居民构成相对简单：绝大部分居民是大学教职工及其家属（如北大的蔚秀园和中关园）以及少数社会住户（如海淀街小区），经过 20 世纪 80~90年代的发展，目前这类社区居民构成发生巨大分异，越来越复杂化（表 3-1-2）。

*“中关园小区基本上还都是北大的教职工（在住），但是外面来的也不少，一些老师不在这里住，就把房子租出去，租房子的学生居多，其他的也有，周围上班的也挺多。”*

*（对中关园某居民的访谈）*

*“（海淀街小区）什么人都有，上班的、学生、考研的、卖光盘的，有钱就能进来。”*

*（对海淀街小区某老年居民的访谈）*

分异的原因大致包括以下方面：首先，住房制度改革以及房地产市场发展，使相当一部分原住居民拥有两处或多处房产，为本社区房屋出租和原住居民外迁创造了条件；其次，大量外来人口涌入，使得社区外来居民比例不断增大，有的甚至超过原住民，而外来居民内部各色人等都有，成为新的社会阶层来源。另外，职工子女继承房产会使原住居民内部发生阶层分化，使社区居民结构进一步复杂化。

**中关村高校周边居住区的居民及其居住特征** 表 3-1-2

| 社区居民 | | | 居住特征 |
|---|---|---|---|
| 原住居民 | 单位小区原居民 | 高校教职工 | 在高校单位小区中处于主导地位，部分由于拥有其他房产而外迁 |
| | | 高校教职工子弟 | 原居民的一部分，普遍与父母住在一起，或已继承房产而独立居住 |
| | 其他小区原居民 | 其他小区居民 | 其他小区中的原居民，原住居民的一部分 |
| | | 已经外迁，但小区中仍有房产的居民 | 原住居民中的相当一部分，获得高房租 |
| 外来居民 | 外来务工人员 | 白领 | 在中关村上班，从事管理或电子产品销售工作 |
| | | 蓝领 | 在附近的平房区居住，在居住区或者周围工作 |
| | | 非正规就业人口 | 没有正式职业的人群，如在街面上发传单、卖盗版光盘或非法碟片 |
| | 考研学生 | | 没有收入，或者靠兼职有少量收入，在高校听课，准备研究生考试 |

**2）社区居民收入水平差异**

中关村高校周边居住区属于中等偏上收入地区，仅部分外来人口没有收入或收入较低。社区中高校教师、职工是居民主体，这部分居民收入较高、经济实力较强；其他原住居民生活也都有保障。

“北大的老师收入高啊，就是后勤上的，就是退休了不做事情，一个月都有两三千。”

（对蔚秀园某河南籍外来务工人员的访谈）

“今年73岁了，退休十几年了，每个月北大都给3000多元养老金。看病就去校医院，公费报销。”

（对蔚秀园某居民的访谈）

高校教职工子弟因为家庭背景，一般都会有稳定的职业和经济来源。

“女儿、女婿都和我挤在这里住，女儿高中毕业，在学校图书馆工作，女婿在外面和别人合伙开公司。”

（对蔚秀园某居民的访谈）

已经外迁但在小区中仍有房产的居民一般都具有较强的经济实力，能够在条件更好的小区买到房子，至少能付得起首付，而本社区住房则可以用来出租并赚取房租。

多数外来人口收入较低，经济实力较弱且没有社会保障。仅少数白领经济水平较高，大多数蓝领收入水平、经济实力有限，非正式就业人口没有稳定收入。考研学生一般没有收入，多依靠积蓄或家庭供给生活费，支付能力相对有限，对租房价格较敏感，对居住条件不太挑剔，所以在高校周边小区常有为外来考研学生准备的多人间床铺出租。外来人口受制于户籍制度，无社会保障可言，他们仍把老家的土地作为基本保障。

“……一个月3000元的工资，就是累啊……”

（对租住在蔚秀园的某IT公司职员的访谈）

“我是1994年春节后来到北京的，以后都是修自行车，每天天亮了就出来，天黑了回去，一个月能落个七八百元。”

（对承泽园某修车师傅的访谈）

“……总比家里种地强，过一天算一天，哪天不让待了，就回老家种地……”

（对中关园某卖碟片妇女的访谈）

3）社区居民文化水平差异

原住居民中的高校教职工普遍具有本科或本科以上学历，都具有一定的职称，其家属子女文化水平也相对较高。部分拆迁户、安置户的文化水平较低，但数量较少。原住居民基本上属于高文化素质的人群，其生活方式、行为方式与外来人口形成明显差别。

“很容易看出谁是老师，谁是学生，谁是在周围打工的。感觉明显不一样嘛。”

（对承泽园某居民的访谈）

外来人口中除了学生和少量在中关村工作的白领阶层以外，其余的务工人员文化水平普遍较低。由于大多数外来人口在社区中处于较低的文化层次，其行为举止和生活方式对社区原住居民的影响力很小，而原住居民对外来人口的影响作用更明显一些。

“当时家里穷，我是老大，底下四个弟弟、妹妹，初中毕业就没再念书了，我爸当时在铁路上工作，地里的活都指望我。后来就到北京打工……我儿子不争气，高中读完没考上大学，就出来和我一起打工。”

（对蔚秀园某临时工的访谈）

外来人口中的考研学生来高校周边社区租房，是因为在这里居住会为其到高校听课提供方便，他们表现出了提升文化素质的强烈愿望。在中关村地区上班的白领阶层也有一定的提升自身素质的愿望。

“我高中毕业就出来工作了，没找到什么好的工作，喜欢玩电脑，平时就喜欢看看这方面的书，后来攒了点钱上了一次 IT 方面的培训班，现在这个公司还不错，压力挺大的，还需要不断学习。”

（对租住在蔚秀园的某 IT 公司职员的访谈）

外来人口中的蓝领阶层则表现出“能够维持现状就很不错”的想法，没有强烈的进取意愿。他们一般认为目前的工作比在老家务农好得多，但由于不具备特殊的劳动技能，普遍感到在北京谋生较难，因而对未来提升文化素质没有太多打算。

“……我们这辈子是没有什么指望了，没读下书，将来就指望孩子了……”

（对中关园某外来妇女的访谈）

## 1.4.2 流动性特征

社会流动是指社会实体内某一群体或个人改变所属社会群体或地位分配的能力。社会流动在社会关系范围内可分为水平流动和垂直流动两种方式。结合中国国情以及中关村高校周边居住区居民的阶层构成特点，水平流动发生标志选取职业、工作地和居住地；当居民的社会阶层发生变化时，认为其发生了垂直流动。用以上标准来衡量，可以发现中关村高校周边居住区居民整个群体的流动性较强，表现出以水平流动为主、垂直流动较少的特征。

1）社区居民整体流动性特征

在中关村高校周边居住区，原住居民和外来人口都具有较强的流动性，而外来人口的流动性更强。

对高校教职工而言，随着职称、职务的升迁，学校会安排面积更大的住房，往往会搬到另外的单位小区。其他小区的居民因购买了市场房也会搬走，并将房子出租以获取较高租金。

外来人口中的务工人员，大都以较高频率更换职业和工作地，以获取更高的收入，居住地也经常更换；考研学生则具有“季节性迁移”的特点，每年暑假期间逐渐在高校周边集聚，9月底基本稳定下来，多在研究生入学考试过后离开。

“2001年来到北京，先是接手了我哥在中海市场旁边的一个卖饭的窗口，一年前搬到了这边，这边房租便宜些。这里两个房间加厨房总共2000元的房租，中海市场那边光一个窗口一个月就4000元。主要是太累了，一天不停点，这边轻闲些。”

（对北大南门外某小吃店老板的访谈）

**2）社区居民内部流动性特征**

在高校周边居住区，原住居民和外来人口的社会流动主要表现为水平流动，而垂直流动很少。水平流动相对比较容易，垂直流动则需要跨越社会阶层之间的障碍。

高校教职工的居住标准一般按照职称、职务进行安排。受时代因素制约，在一个高校单位小区内，户型种类往往有限，居室面积也往往接近，所以，职称、职务的改变，容易导致居住地点的变化。

“我在‘文革’前就已参加工作，居住地点变化多次。先在北大22号楼（筒子楼）约$10m^2$的房间住了6年，在走廊中做饭；后来职称提升了，又分到蔚秀园的一个两居室；升了教授后，又分到了燕北园的一个三居室；住房制度改革后，1999年又迁到了位于蓝旗营的北大教授小区。”

（对蓝旗营小区某居民的访谈）

外来人口的流动性比原住居民更强一些。外来人口中的务工人员为谋生来到北京，对其在北京的居住地和工作地没有太多的感情因素，如果工作条件发生了变化或在别处寻到更好的谋生方式，一般都会离开现居住地。

“在北京待了10年了，换了好几个地方，大概2001年的时候，我搬到这里。那些地方不让做了，只能换地方。”

（对承泽园门口某修车师傅的访谈）

中关村高校周边居住区的流动性特征绝大多数都属于水平的流动性，而属于阶层之间变化的垂直流动性案例很少，但也并非没有，访谈案例中只有一例属于这种情况。

“我1999年就来到了北京，在北大的一个复印室打工，每月收入不足八百元。一直干了六七年。后来认识了一位在中关村海龙电子市场工作的朋友，便接受他的建议来海龙一家公司干，现在收入提高了五六倍。”

（对租住在中关园的海龙大厦某公司职员的访谈）

这一案例实际上是外来人口的蓝领阶层转变为白领阶层的垂直流动，发生这种转变的蓝领阶层应该具备相当的技术水平和文化水平，这种几率显然较小。由于高校教职工群体相对稳定，外来人口的白领、蓝领阶层几乎不可能进入高校教职工阶层，考研学生有一定的机会，但也需要长久的时间成本和学历的提高过程，而且还要面临激烈的竞争。

## 1.4.3 社会网络特征

中关村高校周边居住区的居民表现出了较强的流动性，他们之间的关系往往仅以租房关系维持，难以产生稳定的社会联系。居民之间的社会网络比较松散，社会阶层之间社会网络联系较弱，阶层内部社会网络联系相对较强。

**1）社区阶层之间的社会网络联系特征**

原住居民与外来人口之间一般不存在牢靠的社会联系。外来人口与原住居民之间的社会阶层、成长背景差异巨大以及外来人口所面临的工作、学习的压力比较大等原因导致社会阶层之间的交流很少。原住居民与外来人口之间的关系往往以租房关系维持，而且租期一般都很短，房租一般是按月或者季度上交，更难产生稳定的社会联系。

“在小区里面除了房东，谁都不认识。每次都是进了小区的大门直接到房间，出去的时候就是直接出去，不认识周围的人。只是在有事情的时候才打电话把房东叫过来。”

（对租住在蔚秀园的某考研学生的访谈）

“除了每个月房东来收房租以及给居委会交管理费以外，和小区其他居民没什么联系，做生意很忙，人家也没功夫和咱打交道。”

（对北大南门外某小吃店老板的访谈）

**2）社区阶层内部的社会网络联系特征**

外来务工人员的社会网络往往是其来源地社会关系的一个局部向中关村或北京的转移。由于存在与其他社会阶层交流和交往的困难，共同进京的外来务工人员之间往往保持比较密切的社会联系，而且这种网络联系是其原来村落或乡镇的社会关系网络向城市的转移，进而形成一种生活共同体。这在其他学者的相关研究中也有类似发现，如北京浙江村的“老乡圈”或“老乡帮”（项飚，2000）以及大城市中来自于同一地区的保姆之间往往保持密切的社会联系。他们的联系超越了其所居住的社区甚至中关村地域的界限，换言之，这种移植来的原有社会网络的作用已经超越了社区和空间距离的约束，是非正式制度对城市社会网络的作用（李培林，2004）。

“现在雇了一个厨师，是一个村的……在肖家河有个侄子也做这个……周围的店面都认识，没什么交往。”

（对北大南门外某小吃店老板的访谈）

考研学生的社会网络主要是以前的同学和一起准备考试的研友。

“……有一些同学毕业后到搜狐、雅虎工作，离得不远，有机会就聚聚……认识了一些同样在北大准备考试的朋友……因为考研方向一样，或者是老乡，或者是大学同学一起过来的，都可能一起租房子住，毕竟熟悉的人住在一起觉得比较安全、方便。”

（对租住在海淀街小区的某考研学生的访谈）

## 1.4.4 社会空间结构特征

**1）社区社会空间结构形成的区域背景**

改革开放前，中关村地区已经是中国智力资源最为密集的区域；改革开放 30 年来，中关村的高技术企业依托北大、清华、中科院等高校和科研机构，已经实现从单纯的教育科研功能向科工贸一体化功能的转变。中关村的迅速发展也带来这一地区空间结构的演化。

(1) 中关村地区空间结构由以往的高校科研机构点缀于周边农村地区基质的简单结构，转变为高校科研机构、商务办公区及其各种附属设施组成的复杂结构。中关村地区的社会空间存在和发展的基底发生了改变，以商贸办公区替代了原本的农村基质。

(2) 中关村地区居民数量迅速增长的同时，居民构成也发生了变化。随着对职工子女继承房产的承认，高校社区居民内部发生了阶层分化；农村居民被搬迁到别处；外来人口已经占到很大比例，在某些居住区甚至超过原住居民。农村的消失使中关村彻底转化成为高度城市化的社会空间，外来人口使原本纯粹的单位社区不复存在，而且部分区位优越的居住区内已有商业、办公等公共设施，更导致社会空间的复杂化。

(3) 中关村高校周边居住区的社会空间具有典型的现代社会空间的特征，其居民来自全国各地，有着完全不同的社会和文化背景，是一个由“自然—文化双重差异”组成的社会，传统社会的血缘、地缘关系主体已经演化为现代社区的“契约关系”主体。

**2）社区的社会空间结构模型及其特征**

中关村高校周边居住区的社会空间结构（图 3-1-2）既不是单纯的大学城模式，也不是纯粹的科技产业园模式，但二者的功能实体在空间上对中关村高校周边居住区产生了影响。具体特征包括：

(1) 居住区围绕高校科研机构和商贸办公区构成双核心结构。单位小区环绕高校科研机构分布；其他小区填充了中关村其他地域空间，临近商贸办公区部分使用性质发生变化；极少量残留的城中村存在于角落位置。

(2) 社会阶层空间分布特征。单位小区和其他小区都仍有部分原住居民在此处居住，前者的原住居民更多一些。越接近商贸办公区，外来人口比例越大；商贸办公区邻近区域，居民几乎全部为外来人口。外来务工人员中的白领，随着距商贸办公区距离的增加而减少；蓝领受支

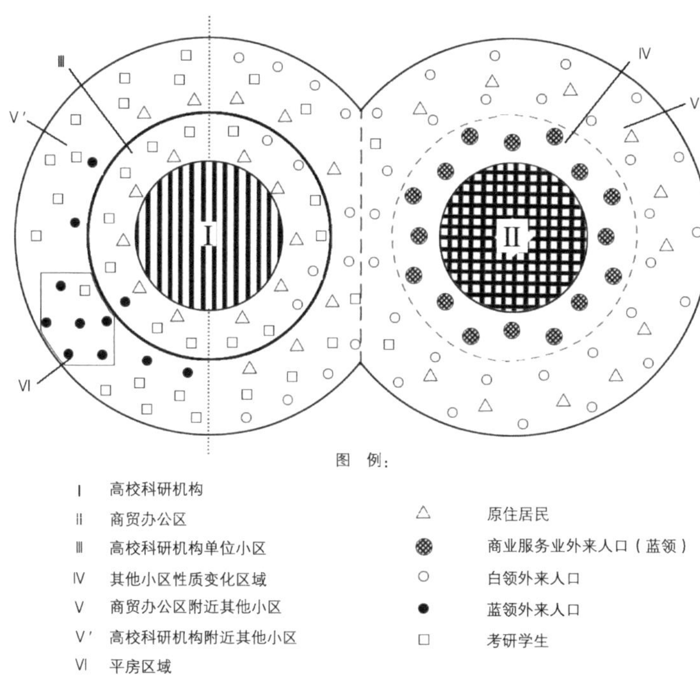


图 3-1-2　中关村高校周边居住区社会空间结构模型

付能力的限制，在偏僻的平房区有集中分布，而在单位小区有零散分布；考研学生主要分布在邻接高校科研机构的单位小区及部分其他小区，少量学生在平房区租房。

总体而言，中关村高校周边居住区的空间结构呈现出在高校和社会双重力量的作用下，各类型居民分布既混合又有序的复杂形式。

3）社会空间结构模型的普遍意义

针对中关村高校周边居住区所构建的社会空间结构模型，对揭示其他地区的高校周边居住区社会空间特征也具有一定的参考和借鉴意义。在其他地区的高校周边居住区的社会空间结构中，高校或科研机构仍然构成空间结构的一个核心，而社会力量或者城市规划构建的其他类型功能实体，如科技园、商业中心等，则构成另外的一个核心。在这种结构中，高校周边居住区的居民构成和居住特征一般都要面对来自高校和社会（或市场）双重力量的作用，从而形成相对复杂的空间结构。

## 1.5 社区社会空间形成机制分析

在中关村高校周边居住区复杂社会空间的形成过程中，各个层次因素起着不同的作用，可以从宏观、中观和微观三个层次构建其机制模式。

### 1.5.1 宏观层次的机制分析

1）政策因素

不断变化的各种管理制度是复杂社会空间形成的制度基础。房屋管理制度，包括房屋产权改革、允许私人租房和二手房流通等制度安排以及户籍管理制度不断放宽和流动人口管理制度的温和化，造成城市外来人口的大幅度增长，进而影响城市社会空间。如对居住在蔚秀园的某外来务工人员的访谈，进一步证明了流动人口管理制度变迁的作用。

“暂住证分A、B、C三类，我在这里时间长了，有正式工作，给发的A证，C证发给临时来北京的人……现在基本上不查证了，查了也只是让补办一张，做个登记，不会再像以前那样……”

（对蔚秀园某外来务工人员的访谈）

2）经济因素

地区间经济发展水平差别的增大是城市外来人口产生的重要推拉力量，也是中关村高校周边地区复杂社会空间产生的经济基础。北京与周边地区之间的经济发展水平差别有进一步增大的趋势，推动了流动人口向北京的集聚。

3）教育因素

考研人数迅速增加使中关村地区流动人口的构成有很大改变。以往外来人口以务工人员为主，而近年考研人数的迅速增加使中关村地区外来人口构成中增加了很多没有正式职业却具有大专或本科学历的高学历人员。

### 1.5.2 中观层次的机制分析

20世纪90年代后期，北京房地产市场已具有一定规模，中关村高校周边居住区部分原住居民有足够的经济条件和支付能力通过房地产市场获得更好的居住条件，这部分居民搬出高校周边居住区后所空出的房子为外来人口的进入以及复杂社会空间的形成提供了物质基础条件。

城市规划作为城市政府干预空间的主要手段，对城市社会空间的演化和形成起着控制和引导的作用。如不同于以往城市规划对中关村地区文教区这一单一功能的定位，在 2004 年的北京城市规划中，中关村地区已具有高新技术产业基地和文教区两种功能定位，功能定位的改变必然带来更深层次的社会空间变化。

中关村经济的发展是促使中关村地区空间结构和社会空间发生改变的直接力量。经济发展改变了中关村地区社区以高校等教育科研机构为单一核心的空间结构，使中关村地区社区形成教育科研机构和商贸办公区的双核心空间结构，并且提供了各种就业机会，吸引了各层次人群，从而形成了中关村地区复杂的社会空间。

## 1.5.3 微观层次的机制分析

1）居民的收入水平与房租

收入水平与房租价格决定高校周边居住区内社会阶层构成和社会空间结构的大体形态。外来人口收入水平的不同，导致显著的空间分异和有序化的空间结构。

白领收入一般超过 3000 元/月，有负担较高房租的能力，一般住楼房，居住条件较好；蓝领收入较低，通常不会超过 1500 元/月，他们往往选择住平房，房租较低，居住条件相对较差。承泽园及其附近基本上是平房，一室的租金约 300~500 元/月。蔚秀园、中关园和海淀街小区的建筑形态基本上为楼房，一室的租金水平是 800~1000 元/月，若月收入没达到 2000 元以上，就会负担较重。因此，房租和支付能力就决定了居住的区位。

“……一个月 3000 元的工资……这里租房太贵了，我租的是二室一厅里的大间，也就 $10m^2$ 左右，租金每月 1000 元，是中关村附近比较便宜的……远处有更便宜的，回龙观的房子有 500 元每月的，太远，不方便……”

（对租住在蔚秀园的某白领的访谈）

考研学生由于没有收入，生活主要靠家庭供给或者自己的积蓄，因此支付能力有限。在北大周边居住区里有很多为考研学生准备的四人间、六人间的床位出租，月租金 300~400 元/床位，比平房区要高，但因离学校较近而比较方便，故多数考研学生会选择租住这里。

2）居民的社会联系

在中关村高校周边居住区，阶层间社会网络联系较弱，阶层内社会网络联系较强。前者增强了社区的流动性，而后者在一定程度上增加了居民对居住区的认同感，增强了社会空间的稳定性。中关村高校周边居住区的原住居民很多都是因为原来的老街坊在附近而不愿搬走，而且因为习惯了生活环境，对居住区有认同感，原住居民里没有搬走的老人也比较多。

“原来在这儿住的很多人都走了，我不走，好多老街坊、老哥们都在这里。年龄大了，就觉得和他们在一起挺好的。”

（对海淀街小区某居民的访谈）

“老了，没别的事情做，大家凑在一起说说话，活动活动挺好的……纯粹是图个乐子。”

（对海淀街小区某居民的访谈）

很多外来务工人员经老乡介绍来北京寻找工作。到北京后，老乡间也经常走动，为的是维系感情，交流信息。外来人口在一个地方居住、工作，与周围人的关系网络建立后，没有特殊的原因，一般不愿意搬迁。

“在这里挺好，和周围人都熟悉了，人家觉得我修车修得不错，下回坏了也愿意过来让我修……没什么变动，我自己不打算走……”

（对承泽园某修车师傅的访谈）

考研学生在初来北京时，往往让北京的亲戚、朋友或同学帮忙寻找住处，随意性比较大。但是随着对周边情况的逐步熟悉，考研学生之间的联系网络逐渐增强，他们常常聚居在一起，有利于学习和准备考试。

“去年7月份毕业后来到北京，准备考北大的研究生，当时住在亲戚家，比较远。今年觉得再打扰亲戚就不是很合适，而且住得离学校近一些也方便，各种信息也比较多，就搬到海淀街小区住。已经在北大待了快一年了，现在和一个老乡，还有另外两个考研的住四人间。”

（对租住在蔚秀园的某考研学生的访谈）

## 1.5.4 综合机制模式

在宏观、中观和微观三种不同层次机制的作用下，中关村高校周边居住区原有的社会空间解体并形成了新的复杂社会空间。上述三个层次的机制因素，在许多情况下交织在一起，并形成综合性的网络机制模式（图3-1-3），正是这种综合网络机制推动了中关村高校周边居住区社会空间的迅速变化。

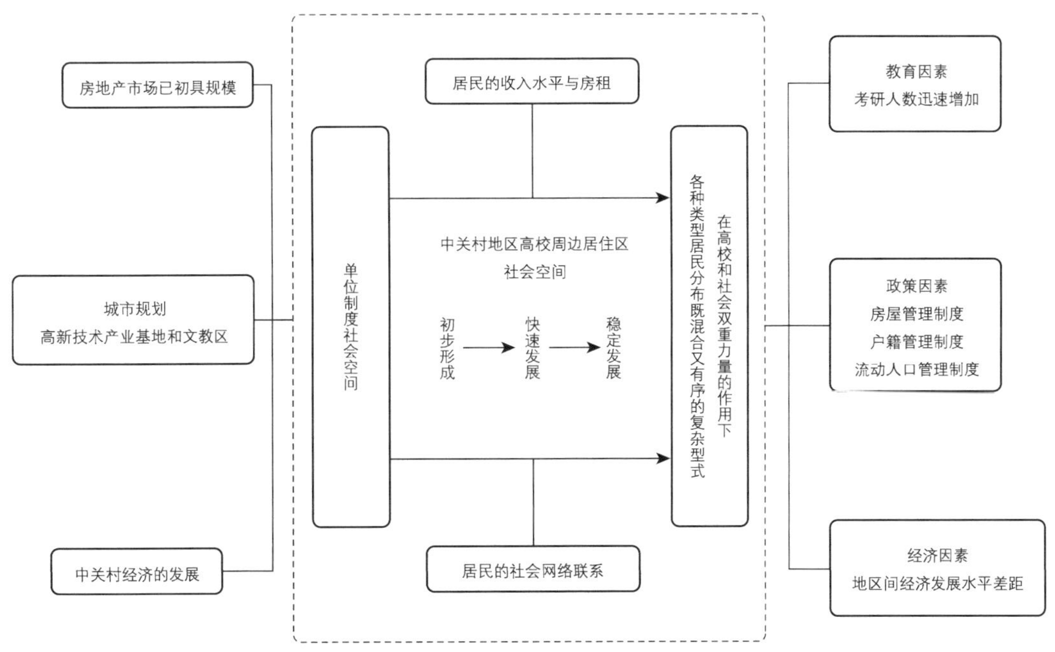


图3-1-3　中关村高校周边居住区社会空间形成的综合机制模式

# 1.6 结论与讨论

本文运用西方的质性研究和城市社会地理学的深度访谈方法，结合中关村与北大周边居住区的实例，对转型期中国城市微观层次社会空间的特征及其形成机制进行探讨性的研究。

改革开放以来，中关村高校周边居住区社会空间的发展经历了 20 世纪 80 年代的初步形成期、90 年代的快速发展期和新世纪以来的稳定发展期，社会空间则由典型的同质性特征到异质化特征逐渐增强，再发展到具有突出的异质性特征的状态。

相关制度的变迁和各类外来人口的涌入使中关村高校周边居住区的居民构成发生了巨大变化：居民的构成不断复杂化，社会阶层分异显著，不同阶层对经济和文化资源的占有存在巨大差异。根据居民更换职业、工作地、居住地的频率以及阶层间的社会演替特点，可以判断，中关村高校周边居住区居民的整体流动性较强，且以水平流动为主，阶层间的垂直流动性较少。社区的社会流动性既表现出“阶层分隔”的特点，又表现出“局部移植”的特点，前者反映了各社会阶层之间的社会网络联系较弱，后者反映了阶层内部的社会网络联系相对密切。随着中关村地区由以往的高校科研机构点缀于周边农村地区的基质的简单结构转变为高校科研机构、商务办公区及其各种附属设施组成的复杂结构以及由传统社会的血缘、地缘关系主体演化为现代社区的“契约关系”主体为标志的高度城市化的空间和典型的现代社会空间，中关村高校周边居住区的社会空间结构逐渐呈现出在高校和社会双重力量的作用下，各类型居民分布既混合又有序的复杂结构型式。

在针对中关村高校周边居住区这一微观城市社会空间的研究中，值得进一步讨论的是社区的流动性、社会网络特征和社区空间成熟度的关系。中关村社区研究所带来的启示是，在市场的强烈冲击下，一个成熟的社区未必就是流动性差的社区和具有紧密社会网络联系的社区。相反，对中关村周边社区而言，社区的流动性越强，社会网络就会越松散，而社区的社会空间却越成熟，当然，这是对社区的整体特征而言，并不排除在局部形成紧密的社会网络。

中关村高校周边居住区居民的整体流动性较强，社区的社会网络较为松散，而居民间比较松散的社会网络又进一步促进社会流动性的增加。因为，居民相互间联系较少，对居住区没有太多的感情寄托，离开居住区会相对容易。另外，着眼于局部形态，阶层内密切的社会网络联系在一定程度上增加了社会空间的稳定性（图 3-1-4）。总之，在市场经济体制下，中关村高校周边居住区外来人口与原住居民共同构建了一种具有高流动性的、松散的社会网络等特征的新型社会空间，这种社会空间适应了各种影响因素的变化，其各种特征相对稳定，社会空间具有一定的成熟性。

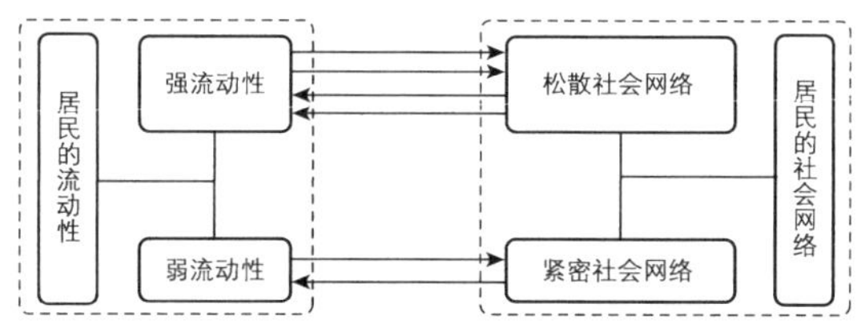


图 3-1-4　居民流动性与社会网络的关系

# 参考文献

[1] Fan C C. 2003. Rural-urban Migration and Gender Division of Labor in Transitional China [J]. International Journal of Urban and Regional Research, 27 (1): 24–47.

[2] Fan C C, Huang Y Q. 1998. Waves of Rural Brides: Female Marriage Migration in China [J]. Annals of the Association of American Geographers, 82 (2): 227–251.

[3] Feng J, Zhou Y X, Logan J, Wu F L. 2007. The Restructuring of Beijing's Social Space [J]. Eurasian Geography and Economics, 48 (5): 509–542.

[4] Feng J, Zhou Y X, Wu F L. 2008. New Trends of Suburbanization in Beijing since 1990: From Government-led to Market-oriented [J]. Regional Studies, 42, (1): 83–99.

[5] Friedmann J, Wolff G. 1982. World City Formation: An Agenda for Research and Action [J]. International Journal of Urban and Regional Research, 6 (3): 309–344.

[6] Gu C L, Wang F H, Liu G L. 2005. The Structure of Social Space in Beijing in 1998: A Socialist City in Transition [J]. Urban Geography, 25 (2): 167–192.

[7] Keil R. 1994. Global Sprawl: Urban form after Fordism [J], Environment and Planning D: Society and Space, 12 (2): 131–136.

[8] Kitchin R, Tate N J. 2000. Conducting Research into Human Geography: Theory, Methodology and Practice [M]. Pearson Education.

[9] Knox P, Pinch S. 2000. Urban Social Geography: An Introduction (Fourth edition) [M]. Englewood Cliffs, NJ: Prentice Hall.

[10] Li Z G, Wu F L. 2008. Tenure-based Residential Segregation in Post-reform Chinese Cities: A Case Study of Shanghai [J]. Transactions of the Institute of British Geographers, 33 (3): 404–419.

[11] Lo C P. 2005. Decentralization and Population: Contradictory Trends in Hong Kong's Postcolonial Social Landscape [J]. Urban Geography, 26 (1): 36–60.

[12] Maxwell J A. 2005. Qualitative Research Design: An Interactive Approach (2nd edition) [M]. Sage Publications, Inc.

[13] Pacione M. 2001a. Models of Urban Land Use Structure in Cities of the Developed World [J]. Geography, 86 (2): 97–119.

[14] Pacione M. 2001b. The Internal Structure of Cities in the Third World [J]. Geography, 86 (3): 189–209.

[15] Sassen S. 1991. The Global City [M]. Princeton, NJ: Princeton University Press.

[16] Virilio P. 1991. Lost Dimension [M]. New York: Semiote (e) .

[17] Wu F, Li Z G. 2005. Sociospatial Differentiation: Processes and Spaces in Subdistricts of Shanghai [J]. Urban Geography, 26 (2): 137–166.

[18] 北京市统计局 . 2006. 北京统计年鉴 2006 [M]. 北京: 中国统计出版社 .

[19] 陈向明 . 1996. 社会科学中的定性研究方法 [J]. 中国社会科学, (6): 93–102.

[20] 陈向明 . 2000. 质的研究方法与社会科学研究 [M]. 北京: 教育科学出版社 .

[21] 冯健 . 2004. 转型期中国城市内部空间重构 [M]. 北京：科学出版社 .

[22] 冯健，周一星 . 2003. 北京都市区社会空间结构及其演化（1982-2000）[J]. 地理研究，22（4）：465-483.

[23] 冯健，周一星 . 2008. 转型期北京社会空间分异重构 [J]. 地理学报，63（8）：1-16.

[24] 李培林 . 2004. 村落的终结：羊城村的故事 [M]. 北京：商务印书馆 .

[25] 李志刚，吴缚龙 . 2006. 转型期上海社会空间分异研究 [J]. 地理学报，61（2）：199-211.

[26] 李志刚，薛德升，Lyons M，Brown A. 2008. 广州小北路黑人聚居区社会空间分析 [J]，地理学报，63（2）：207-218.

[27] 凌志军 . 2007. 中国的新革命：1980~2006 年，从中关村到中国社会 [M]. 北京：新华出版社 .

[28] 王兴中等 . 2000. 中国城市社会空间结构研究 [M]. 北京：科学出版社 .

[29] 吴俊莲，顾朝林，黄瑛等 . 2005. 南昌城市社会区研究——基于第五次人口普查数据的分析 [J]. 地理研究，24（4）：611-619.

[30] 宣国富，徐建刚，赵静 . 2006. 上海市中心城社会区分析 [J]. 地理研究，25（3）：526-538.

[31] 姚士谋 . 1998. 中国大都市的空间扩展 [M]. 合肥：中国科学技术大学出版社 .

[32] 周春山，刘洋，朱红 . 2006. 转型时期广州市社会区分析 [J]. 地理学报，61（10）：1046-1056.

[33] 项飚 . 2000. 跨越边界的社区：北京“浙江村”的生活史 [M]. 北京：生活・读书・新知三联书店 .

# 2 北京女性健身房使用的女性主义视角研究①

## 2.1 引　言

女性主义发源于欧美地区，至今已有一个多世纪的历史。它作为一种哲学观点与社会实践，强调女性与男性的公平，女性的赋权等。直到 20 世纪 60 年代末期，随着当代妇女解放运动兴起，考虑到女性一直很难走入社会休闲空间，女性主义开始关注女性休闲问题。

不同的女性主义对女性休闲的意义有不同说明。自由女性主义观点认为：休闲运动上的平等，意味着女性在选择休闲活动上有与男性平等的权力，应通过教育，提高女性的觉悟来达到公平。马克思主义的女性主义观点认为：女性缺少休闲运动是由于社会压迫所致，阶级差别对休闲运动有重大影响。当代女性主义观点认为：应关注如何增加女性的自主选择与享受休闲的权力，让女性选择要从事的活动，建立自身形象（亨德森，1996）。总之，女性休闲主义认为，女性不是被动适应以男性为出发点构建的休闲空间，而是要有满足女性群体特点的活动空间，以此构筑更完善的性构社会机制。

中国女性研究始于婚姻家庭研究，但并不是以女性为专门的研究主体，而是从社会学角度入手。目前，中国女性社会学的研究有了长足发展，已经进入现代经济、社会文化变革条件下女性生活状况和发展前景的研究。其中，女性就业的性别隔离、职业女性的角色冲突、家庭角色冲突与女性家庭地位、农村劳动力转移与农业劳动力的女性化现象、城市外来女性民工的社会地位与生存状况以及宏观社会制度变迁（例如单位制变迁）对女性生活状况的影响等成为女性社会学对中国女性问题研究关注的焦点（刘志林，2002；Fan，2003；柴彦威等，2003）。

但是，在中国的女性研究中，女性休闲研究几乎是空白。女性对于休闲活动的态度，一方面反映出女性对自身价值的认识，另一方面也反映出整个社会的文明程度。相关统计资料显示，随着中国经济的发展和人民生活水平的提高，女性闲暇时间得以增加，中国城市女职工的闲暇自由时间平均每天为 3.25 小时，但休闲运动尚未变成主流。有关调查显示，中国女性参与休闲体育运动的人口比例随年龄的增长呈现上升趋势。其从事休闲运动的动机主要表现为“促进健康”、“调节精神”，其次是“娱乐身心”和“保持良好体形”。而中国女性参与休闲活动的目的、方式和影响因素等与西方女性也存在一定的差别（袁继芳，2005）。

本文试图在西方女性主义视角的大背景下，对中国女性日常生活行为中的休闲活动特点进行研究，以期引起学术界对中国女性休闲活动研究的重视，达到整个社会对女性的生活行为习

① 本文作者：徐静思。

惯与心理需求的进一步关注，构建更加和谐的社会。

## 2.2 研究方法与调查

本研究采用定量统计与质性研究相结合的方式。

### 2.2.1 质性研究（Qualitative Research）

质性研究是以研究者本人作为研究工具，在自然情景下采用各种资料收集方法对社会现象进行整体性探究，使用归纳法分析资料和形成理论，通过与研究对象互动对其行为和意义建构获得解释性理解的一种活动（陈向明，2000）。质性研究的一般过程为：确定研究现象，陈述研究目的，提出问题，了解研究背景，构建概念框架，抽样，分析研究关系，进入研究现场，收集材料，分析材料，作结论，建立理论，检验效度，讨论推广度和道德问题，撰写研究报告等。每个环节彼此重叠、相互渗透、循环往复（陈向明，2004）。

### 2.2.2 选择质性研究方法的理由

由于社会影响因素在女性群体上的作用较为复杂，造成女性个体的差异性大。大样本的数据统计在分析宏观社会层面的性别差异时具有较大优势，能充分反映出群体间的特征区别。而当深入到微观个体层面时，就显得不够细致，数据比较并不能反映女性个体本质上的差异。所以，选择质性研究作为对定量统计分析的补充扩展，起到充分挖掘引起女性健身活动差异的内部生理、心理及外部影响机制的作用，形成比较完整而客观的影响因素体系。

### 2.2.3 统计数据与访谈资料的收集

本研究的统计数据来自1997~2003年消费行为与生活形态年鉴（IMI）中北京部分的调查（市场信息研究所，1998-2003），数据的基本情况概括见表3-2-1。

访谈资料来自2005年10月至12月研究者对北京市海淀区与朝阳区的三家健身俱乐部中健身女性、指导教练及经营者共22人的访谈。个案访谈时间平均为20分钟，最长的个案访谈时间为41分钟（表3-2-2）。除对两位管理人员的问题有差异外，对20位女性健身者的提问基本一致，但会随着被访谈者的谈话内容调整问题顺序，并加入对特殊个案的特殊提问。在交谈中，研究者不对回答加以诱导和限制，让被访者充分表达个人观点，并且按被访者原话记录，保证访谈材料的可信性，在对比分析时也全部引用原始材料。

北京市被调查居民的性别特征（单位：人，括号内为百分比） 表3-2-1

| 年龄 | 1997~1998年IMI | 2000年IMI | 2001年IMI | 2002~2003年IMI |
|---|---|---|---|---|
| 女性 | 302（50.3） | 270（49.4） | 540（52.0） | 476（49.6） |
| 男性 | 298（49.7） | 277（50.6） | 499（48.0） | 483（50.4） |
| 合计 | 600（100） | 547（100） | 1039（100） | 959（100） |

资料来源：IMI（创研）市场信息研究所，1997-2002.

被访北京市女性健身者的基本情况（单位：人） 表 3-2-2

| 属性 | | 人数 |
|---|---|---|
| 职业属性 | 外出工作 | 16 |
| | 家庭主妇 | 4 |
| 自然属性 | 青年 | 11 |
| | 中年 | 8 |
| | 老年 | 1 |
| 家庭属性 | 已婚 | 17 |
| | 未婚 | 3 |

## 2.3 自身属性与女性健身活动

通过上述年鉴资料与健身房的实际访谈可以看到，参与健身房运动的北京女性具有很大的个体差异，年龄分布较为分散，职业构成较为复杂。

### 2.3.1 青年女性是健身活动的主体

按照中国国家统计局对女性人口年龄的分段定义，14~34 岁属于青年，35~54 岁属于中年，55 岁及以上属于老年。在参与健身活动的女性中，青年女性占有绝对优势（表 3-2-3）。

在 1997~1998 年的数据中，青年女性占所有参加健身活动女性的 58.0%，远超过另外两个年龄段女性所占的比例。而 2000 年，这个比例保持在 50%，仍占有绝对的优势。在 2001 年时，青年女性所占比例维持在 50.9%，而中年女性占 43.4%，老年仅为青年女性比例的 1/10 左右。从 2002~2003 年的统计中看到，中年女性参加健身房活动的比例有所下降，而青年女性仍占 47.6%的比例，多于中年女性 11%，成为健身女性中的生力军，老年人的参与情况有所改善，提高了十余个百分点。

由于健身活动对参与者身体素质和条件都有一定的要求，而在相应的体育运动科学调查中显示，女性在经历了发育、性成熟等生理阶段后，会出现体力下降的情况，如果不能坚持体育锻炼，容易导致活动量减少带来的体重增加，进而反应变得迟缓，这将进一步带来锻炼量的减少，由此形成一个恶性循环。所以，生理条件的制约将会随着女性年龄的增长为其设置更多的障碍，从而带来参与活动人数的逐渐衰减。

北京市不同年龄层女性对健身房的实际使用情况（单位：%） 表 3-2-3

| 年龄 | 1997~1998 年 IMI | 2000 年 IMI | 2001 年 IMI | 2002~2003 年 IMI |
|---|---|---|---|---|
| 16~24 岁 | 27.2 | 21.9 | 20.8 | 20.4 |
| 25~34 岁 | 30.8 | 28.1 | 30.1 | 27.2 |
| 35~44 岁 | 27.2 | 26.0 | 30.3 | 22.8 |
| 45~54 岁 | — | 15.6 | 13.1 | 13.7 |
| 55~60 岁 | — | 8.3 | 5.7 | 15.9 |

资料来源：IMI（创研）市场信息研究所，1997-2002.

### 2.3.2 各年龄段中参与健身活动的女性所占比例基本一致

以2000年和2001年统计数据为例，2000年北京地区16~24岁年龄层的女性中，实际参与健身活动的女性占总数的19.8%，而25~34岁、35~44岁、45~54岁、55~60岁各年龄层分别为18.2%、20.8%、18.1%、19.5%。相差最多的两个年龄段35~44岁和45~54岁之间，仅有2.7%的差距。而在2001年中，实际参与活动的女性均占各自年龄层的10%左右，只有在45~54岁年龄层中降低较多，为2.6%（表3-2-4）。在每个年龄层中，参与健身房活动的女性占女性总数的比例是一定的。由于这个比例并不受年龄层的变动而改变，那么与时间相关的影响因素，诸如政策变化、生活环境的改善等将不能给这个现象一个很好的解释。研究者将关注女性自身人生历程的重要环节带来的相关影响，并在下面的探讨中详细论述。

通过被调查者对是否希望在未来一年参加健身活动的选择，可以看到，各年龄层的女性均对未来参加健身活动具有较高的期望值。尤其表现在16~24岁的年轻女性身上，她们中有接近实际参与人数两倍的人（2000年比值为1.64，而2001年为2.83）希望在未来一年加入到活动中去。可见，女性对健身房活动的实际参与程度与期望程度并没有达到匹配，即健身房仍拥有大量的潜在女性需求者。相比于看电视、到高级餐馆就餐等已经达到需求饱和状态的日常活动，健身房活动仍对女性具有强大的吸引力。

**北京市不同年龄层女性对健身房的实际使用与期望参与的情况（单位：%）** **表3-2-4**

| 年龄 | 2000年IMI | | 2001年IMI | |
|---|---|---|---|---|
| | 实际参与 | 未来期望 | 实际参与 | 未来期望 |
| 16~24岁 | 19.8 | 32.5 | 10.2 | 28.9 |
| 25~34岁 | 18.2 | 24.0 | 11.0 | 20.7 |
| 35~44岁 | 20.8 | 21.7 | 10.3 | 14.7 |
| 45~54岁 | 18.1 | 21.4 | 7.4 | 14.6 |
| 55~60岁 | 19.5 | 11.1 | 8.1 | 27.3 |

资料来源：IMI（创研）市场信息研究所，1997-2002.

### 2.3.3 没有固定工作日程安排的女性更倾向于参加健身房活动

从表3-2-3可以看到，参加健身活动的多数女性，处于25~44岁这个年龄段。在中国，处于这个年龄段的女性仍是家庭中生活收入的重要来源之一，由2003年中国劳动统计年鉴数据（国家统计局人口和社会科技统计司，2003）可以反映出，城镇中参加工作的该年龄段女性占参加工作女性总数的71.6%。

而通过对参与健身房活动的女性进行访谈，可以了解到，能够灵活安排个人时间，工作时间弹性大的女性更倾向于参加健身活动，并且这样的女性对参加项目的选择态度是积极的，即能主动地去挑选活动种类，甚至是更为高级的需求，例如对健身课程教练的选择。一位经营自家餐馆的40岁女性谈道：

“我丈夫负责主要的经营工作，我也没什么固定的事情，所以来这里的时间比较自由，有喜欢的课就来。一周参加 4~5 次活动，主要是晚上来这里。我选择活动主要看老师是不是好，老师好，我就来上。”

这样的女性对健身房提供活动的自由性感受最为充分，所以，随着自主性的提升，女性健身者参加活动的频率也相应较高，而将自己的健身活动安排在固定工作时间以外的女性，则只能服从于健身活动提供方的安排。为满足个人喜好，只能通过牺牲参与机会来实现。一位从事投资管理的 33 岁参与者介绍道：

“我是每周日来，而且只参加瑜伽课。其他的课节奏太快，我不喜欢，所以平时赶不上瑜伽课时就不来健身房。”

同时，由于固定工作的强度大、时间长，更容易让女性受身体疲劳状况、天气情况等因素影响，放弃健身活动。一位从事人力资源工作的女性讲述说：

“我基本都是周末来，平时比较紧。六点半下班后，七点能吃完饭出发来这里，八点赶到。有时觉得太累，就不过来，还有天气不好的时候，也不想参加活动。”

## 2.3.4 参与健身房活动的女性大多数属于中高等收入阶层

通过对访谈者的基本资料归纳，可以看到，能够参加健身房活动的女性，收入水平多属于同年龄层女性中的中高等阶层。其中 30 岁以下年龄层的被访者的平均月收入为 3000 元，30 岁以上的被访者平均月收入更是达到 12000 元，最高收入者月薪为 40000 元，而最低收入者是一位 30 岁的女职员，为 2000 元/月。在访谈者中有四位是无个人收入的家庭主妇，她们也均表示丈夫的收入是可以满足较高生活质量的家庭开销的。

健身房在现阶段的中国仍属于高档消费场所，而对于处在一般城市家庭的女性若想步入其中，就必须拥有足够的资金保障。收入上的独立与充足成为保证女性参与健身活动的先决条件。在 2001 年颁布的《中国女性发展纲要》中，同样对女性参与社会劳动的报酬水平作以规定：国家对女性劳动收入的关注，保障妇女享有与男子平等参与资本、技术等生产要素的分配权力。保障多元化分配形式中的男女同工同酬，同工种、同类别从业人员中女性工资与男性工资相同。缩小男女收入差距。在传统意义上，占用女性工作以外大部分时间的家务劳动是没有价值回报的。女性会由于其劳动没有带来家庭经济收入的货币形式增长而感到愧疚和不安，从而减少对外出活动的参与。而当女性的收入得到提高，不仅能给家庭带来相应的经济贡献，女性对个人活动的渴望与参与也将相应增强。

## 2.3.5 女性倾向于选择距离日常固定生活空间较近的健身场所

女性的日常生活场所较为集中，最主要的场所分布在居住地与工作地周边地区。从图 3-2-1 可以看到，北京市健身房的分布有三类集中区域。第一类为健身房与办公场所紧接，主要体现在西北部的中关村核心区附近，其影响范围内有五家健身房存在，且规模都较大，设施先进；而另一处集中在西城区，也是北京市的经济核心，区域内集中了金融办公机构。第二类是与居住区紧接的健身房，这样的健身房往往布置在大型居住小区的内部，或作为一个居住区的边界，充分体现距离影响对设施分布的空间限定性。而第三类为与体育场馆紧接的健身房，其体现了商业组织的规模效应。

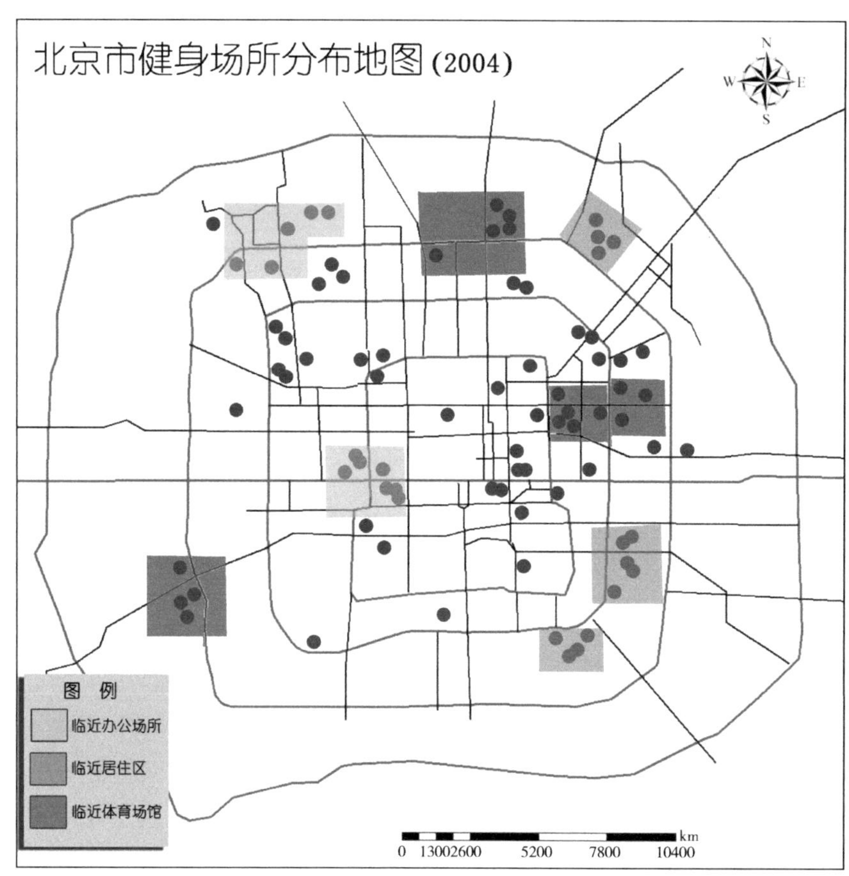


图 3-2-1 2004 年北京市健身场所分布图

从访谈内容，同样可以总结出，女性对于健身房的选择是接近于其中一类场所。一位工作于健身房的健身顾问介绍道：

“来我们这里的多是周边工作的白领女性，从下午六点半以后到九点，陆续都会有下班的人过来。”

围绕“家”来选择活动场所则是更为主要的方式，这样不仅满足活动的便捷性，而且对于处于性构社会中弱势地位的女性，将带来更大的安全感，避免了对独自外出的恐惧感。一位 45 岁的从事保险行业的女性介绍说：

“我锻炼的地方离我家 1500 米左右，如果是一个人就骑自行车去。在那儿能碰见很多自己周围的邻居。”

一位与父母一起居住的 28 岁单身女性回忆说：

“我从前回家时，会觉得不安全。特别是冬天，父母就会出来接我。”

在与一位已 38 岁但仍参加搏击操这项激烈运动的女性交流时，她谈起：

“我喜欢搏击操的原因是，它的一部分动作可以起到防身的作用，女性毕竟还是多会些保护自己的本领比较好。”

可见，在中国城市中，女性安全问题应该引起社会关注。女性作为暴力行为中的弱势方，对于威胁的反抗能力是十分有限的。世界上报案率、破案率最低的犯罪类型——强奸罪的受害

方几乎都是女性，且其对女性带来的打击和侵犯是终身性的。在国内相关的政策中，法律保障也作为与女性紧密相关的六大影响方面被单独规定出来：健全和完善促进男女平等的法律法规；开展维护妇女权益法律法规的宣传教育；保护妇女的人身权利，禁止针对妇女的一切形式的暴力；维护妇女与男子平等的财产权利；保护妇女合法的控告权、申诉权及在诉讼中的各项权益；为妇女提供法律援助。

### 2.3.6 选择节奏较缓、富有趣味性的运动项目的女性比例较大

在谈论到健身女性的兴趣偏好时，可以发现，“节奏较缓”、“静些的活动”成为经常被提及的字眼，很大一部分女性认为节奏舒缓的活动更适合自己，而“缺乏趣味性”、“太枯燥”则成为大多数女性拒绝跑步机运动、器械运动的理由。对于活动项目的选择上，瑜伽（Yoga）和普拉提（Pilates）成为几乎所有女性必定会参加的活动。一个女性健身者对瑜伽课的描述为：

“参加瑜伽的人最多，50 多人的厅，经常挤满。”

另一家健身房中心的教练也介绍道：

“我们这里有三间用来开展操课的训练房，尤其可以保证有瑜伽课时，即使人多，屋子里也不会过于拥挤。”

对于节奏缓慢的项目的偏好，一方面体现女性自身素质的限制，同时也是长久以来社会期望下女性优雅矜持形象的缩影，与 19 世纪西方社会中维多利亚式理想具有相似特征。这样的认同是否需要修正，如何改变，将由未来女性主义发展方向来决定，而现在，女性仍在遵循其传统社会角色的情况下进行着尝试与突破。

### 2.3.7 拥有年轻时锻炼经历的女性更容易走进健身房

影响女性参与健身活动的因素不仅在于收入，通过访谈可以总结出，年轻时的锻炼经历，尤其是参加工作前的经历对女性今后健身态度的影响显著。在步入拥有稳定工作的人生阶段前，女性多拥有充足的个人时间，并且尝试欲望、好奇心都较强。如果在这个阶段建立了对体育运动的爱好，并且愿意坚持，则即使在承担了繁重的工作任务后，仍会将健身活动纳入自己的生活日程。一位 35 岁有 5~6 年健身经历的女性训练者回忆道：

“我年轻时就喜欢运动，所以虽然这里的项目活动量都很大，很辛苦，但自己觉得特别舒服，能坚持到现在。”

与此同时，运动经历不仅会影响女性是否选择参加健身活动，还会强烈影响到女性参加何种类型的运动。譬如，年轻时接触过芭蕾训练的女性会更倾向于参加形体、拉丁舞等对于姿态和体形的训练；而从前经常从事球类活动的女性会倾向于选择健身操、踏板操，甚至是搏击这样的跳跃性、节奏感强的活动。一位 38 岁与朋友一起参加锻炼的女性介绍说：

“我年轻时就参加各种体育活动，如打球、跳舞、跑步。现在也是什么都愿意尝试，这里的活动，包括瑜伽、跑步、普拉提、健身操、游泳、单车、有氧搏击操，我都参加过。而我的这位朋友就只喜欢静些的活动，她以前没我那么喜欢运动。”

当年轻时养成了一定的活动习惯类型，即使今后有参加其他活动类型的期望时，也很难很

快适应。一位曾经一直参加瑜伽训练的女性解释说：

“我知道长期进行静些的活动，无助于对心肺功能的锻炼。我尝试着参加节奏性强的活动，想改变自己从前好静的运动结构，但因为这样的活动需要很好的体力，需要毅力，所以我要尝试并坚持。”

由于女性对于其生活习惯具有较大的行为惯性，即可以将年轻时养成的生活习惯保持到成家，甚至退休等几次人生历程转折后，同时要将延续已久的爱好行为改正也是比较困难的事情。所以，对女性幼年、青少年时代的教育和培养便显得格外重要。由于中国传统封建的古旧思想束缚，很多偏远地区的女童被认为是家庭负担，她们被剥夺了接受教育、接触外部社会的权力；在城市中，女孩也往往被认为是柔弱、无反抗能力的个体。这造成了女性在幼年便少有机会凭借自己的体力和意志，到外界参与竞争对抗性活动，从而在今后的人生历程中即使面临类似的竞争活动，也不倾向于尝试。

国家对女性权益保障的一贯重视，包括：保障女童接受九年义务教育，要保证小学适龄女童的净入学率达到99%左右，基本杜绝小学适龄女童失学，初中女童毛入学率达到95%左右，相应的高中阶段教育，女性毛入学率达到75%左右，高等教育女性毛入学率达到15%左右，提高成人妇女识字率，提高妇女的终身教育水平，妇女平均受教育年限达到发展中国家的先进水平等目标，纷纷为女性未来权力的发挥与发展奠定了良好的基础。

## 2.3.8 心理上的优越感使女性更倾向于坚持健身活动

每一位女性都期望能够从繁重的工作任务、家庭劳作中解脱出来，进行针对自己容貌、形体的塑造活动，维持积极高涨的生活热情。拥有这样权利的女性毕竟只是少数，对于参与健身房活动的女性，她们便是拥有这样一个“第三空间”的幸运儿。这里所定义的“第三空间”概念，指专属于女性，区别于工作单位、家庭两大女性生活主体空间的空间。“第三空间”为女性提供的环境不必考虑女性的社会、家庭压力，完全以满足自我需求为目的。

健身房在女性意向中的定位正符合了以上的要求，可以抛弃女性被社会定义的各种责任主体，单纯追求个人期望。虽然女性的个人期望部分出自于社会要求，如女性要拥有较好的身材，保持优雅的姿态风度等，但这里考虑到：在前两种主体空间内，女性对社会期望没有主动选择权，只能被动遵守；而在健身房中，女性可以主动选择是否遵从一定的社会期望，如果女性感到矜持沉静的态度将无法满足其发泄调整自己的欲望时，她们可以选择参加激烈、奔放、张扬的健身项目。

能够走入健身房的女性，具有独立自主选择权的心理优越感。一位45岁的女性参与者很自信地介绍说：

“据我了解，爱好运动的人是不超过7%的，而我就是那种特别喜欢运动的人。活动的时候，其他的事情，包括工作上的和生活上的，都可以不考虑。并且在这里总可以找到与你身份相当的人聊天，像找到了寄托一样。”

另一位32岁的女性很开心地解释自己的情况：

“我来这里主要是希望得到身心放松，平时缺乏锻炼，怕自己处于亚健康状态，而且来这里能很放松地参加活动。你看，我身材很不好，是偏胖型的，所以来这里也是希望自己的身材能更好些。很多人都有一样的目的，锻炼起来就很自然，我自己也非常开心满意。”

针对女性的社会心理学研究显示，女性获得满足感的方式较男性有所不同，女性更倾向于将自己的情况与其他个体进行比较，如果较其他个体具有优势，那么她不会特别在意自己的绝对条件，而是通过比较的过程得到内心的满足感，男性则不倾向于与他人相比较。在健身房中建立起的心理优势将对女性参与健身活动起到积极的推动作用。

## 2.4 家庭作用与女性健身活动

### 2.4.1 空巢与离巢家庭类型中的女性更倾向于参加健身活动

空巢家庭指没有子女的两口之家。在健身房中，这类家庭女性的典型代表是 30 岁以下的已婚、无子女的在职者。她们倾向于在一天工作结束后进行健身活动，目的是锻炼身体、保持身材、缓解工作压力。一位 29 岁已婚但没有孩子的年轻锻炼者描述说：

“我的家庭压力很小，工作压力大。来这里就希望身体结实些，有承受力。”

而另一位 28 岁的年轻母亲，因照看孩子而辞去工作，又进一步补充道：

“以前下班后就能过来，那时主要目的就是为了放松、健身。现在每次来都要带宝宝过来，主要目的也是带她来活动活动。”

离巢家庭指儿女具有独立生活能力而离开家庭的两口之家。在健身房中，这类家庭中女性的典型代表是 45 岁以上的已婚女性。放下照顾孩子的重担后，女性倾向于通过健身活动与外界进行沟通。一位 49 岁从事财务工作的母亲讲述道：

“我的孩子上大学了，而且是住校。我丈夫因经常出差，一般不在家，都是我一个人。为了消磨时间，我就会过来锻炼。”

具有以上两种特征的女性，参加活动的频率较高，集中为每周 4~5 次，每次约 2 个小时的活动时间。而对于家庭中有子女需要照顾的女性，她们的活动频率将缩短至每周 2 次，甚至更少，而且参与时间也会减少到 1 小时左右。

在家庭中，母亲对于子女的照顾往往极为全面，在女性步入生育后的历程中，她的生活重心将转移到子女身上。以这个历程为转折点，男性与女性的生活态度将产生很大的区别，女性将感受到极大的生活责任感，一位健身女性将每日与孩子进行交流纳入日程，可见对孩子倾注的关怀与责任将一定程度上决定女性的生活态度与质量。如果降低对子女的要求标准，那么，她们将拥有更为自由宽松的生活环境，一位将一对双胞胎男孩送到老家抚养的女性解释道：

“我把孩子送回老家进行教育，由奶奶照顾，我每周打电话和他们交流，我对他们的要求不高，所以就没什么压力。”

### 2.4.2 丈夫的积极态度将增大女性参与健身活动的机会

尽管中国当代城市女性对自己生活的安排拥有很大的自主权，但她们仍更倾向于使自身活动与外界各方利益协调到最佳状态，即满足心理学中关心别人的伦理。而丈夫作为对女性影响最大的客体，他们的态度将起到至关重要的作用。绝大多数参与健身房活动的女性，其丈夫抱有积极鼓励的态度，并且会出现丈夫建议其参加的现象。

一位 29 岁与丈夫生活在北京，而孩子在老家念书的女性药师介绍：

“我是和丈夫一起逛超市时看到健身房宣传的，他建议我参加。而他自己因为太忙，忙得都发福了，要不他也很希望来。他希望我能保持好身材。”

而一位 45 岁的三口之家的丈夫形容说：

“我很鼓励她参加锻炼，这样她在外面就可以得到发泄、放松的机会。”

在社会发展的现阶段，女性在家庭中所扮演的角色已不再是提供家务劳动的服务客体，她们的精神态度将强烈影响家庭生活氛围。在全国近年来的社会统计调查中，性别差异导致的家庭满意度差别都被单独提问进行评价。

通过 1998~2003 年北京市居民对家庭中男女扮演角色的性别差异的态度评价的结果，可以看出，以五点量表的满意度水平来计分，分别是问题四的满意度最高，其次是问题一、问题二、问题三（表 3-2-5）。这四个问题中问题一与四分别单独谈到了女性与男性各自在家庭中的角色要求，而问题二与三则都是将男女角色进行比较，即单独角色评价的赞成度均高于对比角色的赞成度。

**北京市民对家庭中男女差异的态度评价** 表 3-2-5

| | 1998~1999 年 IMI | | 2000 年 IMI | | 2001 年 IMI | | 2002~2003 年 IMI | |
|---|---|---|---|---|---|---|---|---|
| | 均值 | 样本量 | 均值 | 样本量 | 均值 | 样本量 | 均值 | 样本量 |
| 女人的主要任务是给家人一个快乐的家 | 3.72 | 991 | 3.69 | 1012 | 3.68 | 1036 | 3.91 | 1011 |
| 男人应比女人能干 | 3.62 | 991 | 3.62 | 1012 | 3.52 | 1036 | 3.87 | 1010 |
| 我可以接受女方比男方学历高的婚姻观念 | 3.59 | 990 | 3.55 | 1010 | 3.58 | 1041 | 3.7 | 1009 |
| 男性也应该做家务 | 4.25 | 990 | 4.29 | 1008 | 4.17 | 1041 | 4.1 | 1010 |

资料来源：IMI（创研）市场信息研究所，1997-2002.

这些问题中，主要与女性健身相关的是问题一，可以看到，女性能给予家庭以欢乐得到了很大程度的认同，并且认为这是女性的主要任务。所以，女性在家庭中扮演一个可以提供快乐、消除家庭烦恼的角色，对提高家庭满意度起到很大作用。而健身房运动正可以很好地切合女性在家庭以外排除生活烦恼的需求。一位 38 岁的三口之家的妻子兼母亲谈道：

“无论人有多乐观，总会有烦恼的，都需要排解。我不能在工作场所表露出来，也不希望带回到家中，就在健身房参加很激烈的活动，可以喊呀、叫呀，可以很放肆地发泄。我丈夫也认为我的脾气变好了很多。”

男性参加家务劳动，也从客观上为女性参加健身活动提供了更大的可能性，这成为促使女性走出家庭的强大推力，而上述对女性的期望成为实现女性走出家庭的重要拉力。在这样的推拉作用下，女性将有更大的热情与积极性参与到健身活动中。

可见在中国家庭中，丈夫与妻子的二元家庭结构已经基本确定，夫妻双方在对家庭环境的构建上并不存在明显的任务轻重之分，双方的态度满意度都将强烈影响到家庭的稳定祥和。而随着中国社会对女性作用的强调，女性的家庭作用更是得到了强调与认可，性别差异在家庭这个层面得到重视。如果女性在家庭中的作用得到认可与保障，将对女性社会地位的改善带来极大帮助。

### 2.4.3 参与健身活动的女性对家庭健身活动起到积极的督促作用

家庭中女性对健身活动的热衷与参与，可督促家庭中其他成员健身活动的开展与坚持。健身房活动虽然在人的日常生活行为中被定义为休闲活动，但是，由于健身项目的艰苦性、持久性，即使充分了解其中的裨益，参与活动的人数也很有限。从表 3-2-6 可以看到，只有约为10%的北京市民参加健身房活动。所以，家庭中女性以其对家庭的重大责任感，可以很好地督促家庭其他成员参与健身活动。

一位 38 岁在家中兼扮妻子与母亲角色的女性解释说：

“我在从前带儿子学习游泳时了解到健身房活动，在这里锻炼很有效率，所以在儿子的活动结束后，我却很好地坚持下来了，我要经常督促丈夫和儿子过来训练。”

北京市居民参与健身房活动的情况（单位:%）　　表 3-2-6

| | 1997~1998 年 IMI | 2000 年 IMI | 2001 年 IMI | 2002~2003 年 IMI |
|---|---|---|---|---|
| 比例 | 8.8 | 19.8 | 11.7 | 11.9 |

资料来源：IMI（创研）市场信息研究所，1997-2002.

## 2.5 社会因素与女性健身活动

### 2.5.1 女性更倾向于通过公共媒介获取健身信息

这里将表 3-2-7 中的前三种途径：相关杂志和报道、口头传播、广告归纳为公共媒介，而后面三种：尝试经历、消费经历、消费欲望归纳为体验经历。可以看到，女性更倾向于通过公共媒介来获取有关健身房活动的信息，其中以口头传播、广告宣传这两种为代表性方式。各年的统计数据均表明，女性通过这两种方式获取信息的比例大于男性。从 1998~2003 年，通过口头传播的女性比例分别比男性高 3.3%、1.4%、2.5%、0.1%；而广告宣传的比例差异为1.1%、2.6%、2.9%、1.2%。

男性更习惯于通过体验经历的方式来获取健身活动信息。由统计数据显示，1998~2003 年(除 2000 年外)，有分别高于女性比例 0.7%、2.1%、2.2%的男性更愿意选择尝试健身活动的新类型。而在对健身活动过去曾经投资或未来也愿意投资的人数比例上，男性也同样占到优势地位。可见男性与女性对健身信息的获取途径存在差异，女性倾向于掌握公共媒介带来的信息，而男性更偏重于通过到健身房体验来了解信息。

北京市居民对健身信息获取途径的性别差异（单位:%）　　表 3-2-7

| | 1997~1998 年 IMI | | 2000 年 IMI | | 2001 年 IMI | | 2002~2003 年 IMI | |
|---|---|---|---|---|---|---|---|---|
| | 男性 | 女性 | 男性 | 女性 | 男性 | 女性 | 男性 | 女性 |
| 阅读有关的杂志和专门报道 | 24.5 | 20.0 | 23.9 | 25.3 | 17.7 | 15.5 | 23.4 | 24.7 |
| 相互口头传播信息 | 13.3 | 16.6 | 15.2 | 16.6 | 9.2 | 11.7 | 14.1 | 14.2 |
| 经常看这种服务的广告 | 14.9 | 16.0 | 15.2 | 17.8 | 9.4 | 12.3 | 14.6 | 15.8 |

续表

| | 1997~1998 年 IMI | | 2000 年 IMI | | 2001 年 IMI | | 2002~2003 年 IMI | |
|---|---|---|---|---|---|---|---|---|
| | 男性 | 女性 | 男性 | 女性 | 男性 | 女性 | 男性 | 女性 |
| 尝试这种服务的新类型 | 9.0 | 8.3 | 15.0 | 18.4 | 14.6 | 12.5 | 18.2 | 16.0 |
| 过去在这种服务上花了不少钱 | 10.4 | 6.7 | 14.6 | 12.8 | 10.0 | 8.8 | 8.8 | 8.5 |
| 今后愿意在这方面花钱 | 39.8 | 35.6 | 42.7 | 40.3 | 36.9 | 33.3 | 29.9 | 29.4 |
| 不关注这方面的信息 | 38.4 | 41.8 | 35.8 | 35.5 | 35.0 | 39.1 | 35.9 | 38.5 |

资料来源：IMI（创研）市场信息研究所，1997-2002.

## 2.5.2 社会角色对女性参与健身房活动的影响

社会结构的一种分类方法是通过性别分类，即认为社会是性构的，分别由男性与女性构成，社会提供的物质空间是可被两性共同分享、使用的。但实际上，由于男性在社会角色的扮演中占据了更主导的指挥者地位，参与社会构建工作，实施设计、建筑的工作主体多为男性。所以，很自然地，很多项目的服务目的多考虑男性应用要求，忽略了女性的特殊情况。在女性主义研究视角下，这样的差异将成为研究的突破口。将女性作为一个需求整体，通过社会对这个群体的定义、看法、要求，考虑适合女性使用的社会空间将成为问题的核心。

相关统计表明，相比于男性而言，女性实际参加比例体现出整体小、个别群体大的特点；而相比于男性，女性期望参与比例体现出整体大、个别群体影响显著的特点（表 3-2-8）。

首先，除 2000 年以外，1997~2003 年的统计数据可以说明，男性中一直有保持在 10%以上的人参加健身房活动，而女性的比例则维持在 10%以下。男性与女性的比例差距分别为 3.1%、0.9%、4.0%、5.3%，不考虑 2000 年的变化，可以看到比例的差距在逐渐拉大。而在 35~44 岁这个年龄段却呈现出与整体比例相反的特点，35~44 岁年龄段的女性各年份参与健身房活动的人数比例均大于男性，分别高出 4.1%、2.5%、2.5%。其他年龄层均保持了与整体相似的男性多于女性的共性，可见，女性与男性相比，确实存在着整体相似、内部差异的特点。

其次，对于谈到是否希望在未来一年参与健身房活动时，女性在各年龄段均表现出比男性更强烈的期望。对比只有 10%左右的男性与女性的实际参与者，有大约 20%的男性与女性期望未来参与，是实际情况人数的两倍之多。同时，女性比男性期望比例高，而差距在不断缩小，分别是 2.4%、2.1%、0.3%、0.1%。

**男性和女性健身房使用者分别占男性和女性样本的比例（单位：%）　表 3-2-8**

| | 实际参与 | | | | 未来期望 | | | | | |
|---|---|---|---|---|---|---|---|---|---|---|
| | 所有样本 | | 35~44 岁年龄段 | | 所有样本 | | 16~24 岁年龄段 | | 25~60 岁年龄段 | |
| | 男性 | 女性 | 男性 | 女性 | 男性 | 女性 | 男性 | 女性 | 男性 | 女性 |
| 1997~1998 年 IMI | 10.4 | 7.3 | 9.5 | 13.6 | 16.8 | 19.2 | — | — | — | — |
| 1998~1999 年 IMI | — | — | — | — | 23.4 | 25.5 | — | — | — | — |
| 2000 年 IMI | 20.2 | 19.3 | 18.3 | 20.8 | 24.9 | 25.2 | 19.5 | 32.5 | 103.1 | 73.2 |
| 2001 年 IMI | 13.8 | 9.8 | 7.8 | 10.3 | 20.7 | 20.8 | 17.6 | 28.9 | 94.3 | 77.3 |
| 2003~2003 年 IMI | 14.5 | 9.2 | — | — | — | — | — | — | — | — |

资料来源：IMI（创研）市场信息研究所，1997-2002.

同样，在整体体现着女高于男的比例特点下，仍存在着内部不同年龄段的差异。这个差异首先体现在远高于平均值的16~24岁年龄段的女性。该年龄段女性体现出远大于同年龄段男性的热情与期望，2000年与2001年的数据显示，这样的差距分别达到13.0%与11.3%，是平均差距的5~6倍。而对于25岁以上的男性与女性来讲，却出现了男性的期望值高于女性的期望值。所以，通过比较可以看到，造成女性对健身房使用的希望高于男性的主要因素是，年轻女性表现出的显著的高期望值，其远高于男性的比例值甚至影响到女性整体与男性整体的比例关系（表3-2-8）。



## 2.6 讨论与结论

通过对女性主义研究的总述，可以看到，女性作为社会中一个亚群体却存在更高的研究难度，因为其个体差异性大，影响作用因素复杂而分散。但考虑到这个群体处于国家建设的宏观背景下，伴随着大型制度、政策的改革，势必将产生一套对女性行为的影响机制。

近20年来，中国政府先后制定和颁布的《妇女权益保障法》、《女职工劳动保护规定》、《关于女职工禁忌劳动范围的规定》和《女职工保健工作规定》等十多部法律法规，实现了女性的工作结构合理和工作收入提高，为女性构筑私人活动空间提供了经济保障。

单位制度的变迁近十年来一直深刻影响着城市居民的生活，在一定程度上也促进健身房活动的推广。当城市居民离开传统大院而迁居到陌生的大型公共居住小区后，强烈的陌生感给外出休闲活动带来阻碍，于是，社会有必要为其提供较为安全、封闭的社区空间。居住小区用一个无形或有形的边界将其影响范围划定，内部以步行交通为主，既保证了辐射距离的合理性，又满足了环境空间的安全性，将健身中心设置在其中，无疑很好地满足了居民，特别是女性居民的出行特征。

在未来中国快速发展的形势下，中国女性的休闲状况必将产生更为复杂的变化。首先可以预见的是，随着市场经济的发展，人民生活水平的提高，将有更多的女性有能力走入健身场所。而女性对活动种类的选择将突破传统的项目限制，发展出更多适合女性生理、心理需求的项目，与之相伴随的休闲服务经营设施，将不断完善女性的休闲空间，为全社会女性生活空间的构建提供强有力的支持。

## 参考文献

[1] Fan C C. 2003. Rural-urban Migration and Gender Division of Labor in Transitional China [J]. International Journal of Urban and Regional Research, 3: 24-47.

[2] Fan C C, Huang Y Q. 1998. Waves of Rural Brides: Female Marriage Migration in China [J]. Annals of the Association of American Geographers, 88 (2): 27-251.

[3] 柴彦威，温桂兰，刘志林. 2003. 中国城市女性居民行为空间研究的女性主义视角 [J]. 人文地理，18 (8): 1-4.

[4] 陈向明. 2000. 质的研究方法与社会科学研究 [M]. 北京：教育科学出版社.

[5] 陈向明. 2004. 旅居者和“外国人”——留美中国学生跨文化人际交往研究 [M]. 北京：

教育科学出版社 .

[6] 高小贤 . 1994. 中国现代化与农村妇女地位变迁 [A]. 见：李小江，朱虹，董秀玉 . 性别与中国 [C]. 北京：生活·读书·新知三联书店，110-127.

[7] 国家统计局人口和社会科技统计司 . 2003. 中国劳动统计年鉴 2003. 北京：中国统计出版社 .

[8] 亨德森 K A. 1996. 女性休闲——女性主义的视角 [M]. 昆明：云南人民出版社 .

[9] IMI (创研) 市场信息研究所 . 1997-2002. 消费行为与生活形态年鉴 (1997-2003 年) [M]. 北京：中国物价出版社 .

[10] 揭爱花 . 2001. 单位制与城市女性发展 [J]. 浙江社会科学，(1) ：94 -99.

[11] 刘志林 . 2002. 中国城市女性居民生活活动的社会地理学研究 [D]. 北京大学硕士学位论文 .

[12] 陆建民 . 2001. 社会转型期上海职业女性群体的分化与流动 [J]. 妇女研究丛论，(4)：23-28.

[13] 徐学亮，武中哲 . 2001. “单位制” 变革与女性就业保障 [J]. 山东师范大学学报 (人文社会科学版)，(5)：103-105.

[14] 尹旦萍 . 2004. 西方女性主义思潮的产生及流派 [J]. 湖北成人教育学报，10 (1)：37-40.

[15] 袁继芳 . 2005. 女性主义视角下的休闲运动 [J]. 四川体育科学，6 (2)：89-91.

THREE

# 3 酒吧街经营模式的形成与演变——以北京什刹海环湖酒吧街为例①

THREE

## 3.1 引　言

随着中国逐渐融入经济全球化以及自身市场经济的发展，城市内不同形式的商业特色街不断涌现，不管是自发形成的还是规划建设的，都对城市的空间结构、社会关系、经济发展、文化和消费行为等产生一定的影响。酒吧街在各种商业街中很具代表性，因为除了经济属性以外，它还具有显著的文化和社会特征。酒吧特有的多重属性，使得研究可以从多种视角展开。

从经济地理或区位论角度来看，酒吧街是典型的集聚现象。贸易理论和经济地理模型对产业地理集中的形成机制进行了解释（Ohlin，1933；Krugman，1980），认为自然优势、劳动力、规模经济、交通成本等是产业集聚的重要原因。新经济地理模型更是认为，运输成本和规模经济的权衡是现代产业集聚产生的根本原因，但最初的集聚是历史偶然的结果（Krugman，1991）。制造业与商业差异较大，不能简单地用产业地理集中的理论来解释酒吧街等商业街的形成模式，且这些理论只考虑了可以量化的纯经济因素，对文化、制度等因素并没有涉及。

有学者以上海酒吧为研究对象，从消费和社会文化的角度，试图在现代化、全球化的背景中理解上海都市空间的演变，从消费的角度阐释当代上海复杂的社会文化现实，指出上海酒吧经历了外来文化注入、目标客户是非本地的消费群体、逐渐本地化，3 个与地域性知识重建过程联系在一起的阶段（包亚明等，2001）。其进一步研究还指出，WTO 作为一种外部推力，最终促成了全球化、消费主义与当代中国日常生活的链接（包亚明，2004）。此类研究十分注重全球化、消费行为以及文化对都市空间的影响，但并不强调微观尺度的空间分布特征及形成机制。

本文则在综合考虑经济、文化和制度等因素的前提下，试图对酒吧在空间上集中形成“酒吧街”这一经营模式进行解释，关注的问题是酒吧街为什么会出现？是怎样形成的？其发展演变过程有什么规律？为什么会有这样的演变过程？

---

① 本文作者：谢秀珍。

## 3.2 基本思路及研究方法

### 3.2.1 基本概念

本文所指的酒吧是指这样一种经营方式：有专门的装饰和空间、灯光设计，经营范围以酒为主，可以包含咖啡、一般饮料及适当食物（零食、西餐或中餐），且有一定的营造某种主题的氛围。酒吧可以分为“闹吧”和“静吧”两大类。满足以下至少一点的都属于“闹吧”：①有舞池可以跳舞；②音乐节奏较快，尤其是音量很大（影响人与人之间正常的交流）；③允许许多人一起参与某项活动（如看球、讨论甚至赌博游戏等）的俱乐部。其余的都归为“静吧”。“静吧”可以有现场表演，如调酒表演、歌曲演唱等，但在节奏和音量上有一定的限制，不影响人与人之间正常的交流。

酒吧街则是指这样一种商业经营模式：一定数量独立经营的酒吧在空间上集中分布，沿街（道路）形成一定的规模，具有较广泛的影响（服务范围是整个城市或城市中的较大区域）。

### 3.2.2 研究思路与研究方法

在相关学术文献较少的前提下，首先搜集大量关于酒吧和酒吧街的资料，在对其有一定了解和实地感受的基础上，提出关于酒吧街经营模式的形成机制和演变特征相应的解释框架，进而选择具有典型意义的北京什刹海环湖酒吧街进行案例研究，通过对其形成机制和演变特征的调查研究，对该解释框架进行检验和完善，得出结论。

由于相关数据很难获取且难以量化，同时，研究季节在冬季，人流量相对较小，不能通过大量的问卷或调查获得信息，所以，在案例研究中，主要采用面对面的访谈法。因为本文综合了经济、文化等因素讨论酒吧街，访谈的方法有利于获取更为丰富的信息。

在具体调查过程中，访谈了包括酒吧经营者、服务生、酒吧消费者、周围居民、相关规划管理人员在内约40人，平均每人访谈时间为15分钟。其中，由于条件限制，酒吧消费者、酒吧经营者、相关规划管理人员的访谈数量有限（各有3~5人），但都具有一定的代表性。被访谈者提供的信息或观点是论述相关问题的依据。

## 3.3 理论框架

### 3.3.1 假设前提

直接涉及酒吧的人群可以分为经营者和消费者两类，理解酒吧街这一经营模式也应该从商业行为和消费行为两方面同时进行。在对酒吧街经营模式的现象进行解释之前，首先明确以下假设前提，作为进一步阐述的基础：

（1）所有酒吧经营者不管是出于何种目的（兴趣爱好、结交朋友或纯粹追求经济利益等），选址时都会选择综合考虑后认为最佳的区位。

(2) 对某一特定区域而言，喜欢酒吧消费方式并经常去酒吧消费的消费者数量在一定时期内相对稳定，且对具体的酒吧消费者而言，其消费目的和喜好在一定时期内也相对稳定。临时的或外来的消费者，如旅游地区的游客可能例外。

(3) 消费者首次去酒吧消费，往往会征求有经验的人的意见或通过朋友、媒体论坛等的介绍，并且，去了之后如果喜欢，很可能以后会经常光顾。

(4) 酒吧之间存在差异，消费者的消费偏好也存在差异。每个消费者往往集中在某一类或某几家酒吧消费。同时，消费者也会因为种种原因和途径不断发现新的酒吧（相对具体的某位消费者而言，酒吧数量总是足够多的），并会与之前的酒吧进行比较，如果更好，可能会转变经常光顾的对象，即酒吧有部分消费者是相对稳定的，但是可能变化。

(5) 酒吧经营者在自己认为有威胁或竞争时，往往会采取自己认为最有效的竞争措施以维持酒吧的良好经营。

(6) 酒吧之间属于自由竞争，但因为可能涉及社会管理、法律、伦理、文化等，政府、行会等部门和组织可能会介入，并对酒吧的总体经营产生一定的影响。

## 3.3.2 酒吧街经营模式形成机制

**1) 第一家酒吧的出现**

酒吧首先是一种商业行为，完全没有任何经济目的的酒吧经营者是不存在的，即使有个别情况，也不属于本文的讨论范围。但酒吧的经营目的可能还含有非经济的方面，这主要取决于酒吧经营者的个人喜好。所以，某一家酒吧的出现可能是纯粹商业目的的结果，也可能是其他因素的产物，具有一定的偶然性。

同时，从更广泛的经济社会背景来看，具备以下条件的消费者逐渐增多是导致酒吧这种消费形式逐渐出现的原因和条件：有一定的收入、有较充足的时间、有某种心理或精神需求（如需要放松、交流或崇尚西方文化及消费方式等）。

首先，酒吧消费成本较普通餐饮成本要高，这就要求消费者有较高的支付能力。随着我国的改革开放及经济发展，人们的收入水平不断增长，有此消费能力的人群必然不断扩大。

其次，消费者都是理性的，为同样的饮品愿意付出更高的成本，说明这部分人在具备一定消费能力的同时，还有其他方面的需求。随着全球化进程及社会不断发展，人们在心理、精神、文化、交流等方面多元化的需求都给酒吧这种消费形式提供了巨大的发展空间。同时，消费者还必须有足够的时间，才可能到酒吧参与时间较长的消费形式。

所以，有较高收入，有较充足的自由时间，且需要放松、交流或崇尚西方文化及消费方式的人才是经常去酒吧的消费者。其他的人可能成为酒吧偶尔的消费者，但很少是常客。当然，这部分偶尔的消费者很可能在数量上远远大于经常的酒吧消费者，所以在对酒吧的利润贡献上不能小视。

只有当市场需求大到一定规模时，酒吧才可能从最初的几家逐渐增长，进而形成酒吧街。所以，经济社会发展导致偏好酒吧消费模式的消费者数量迅速增长，既是第一家酒吧出现的宏观背景，也是酒吧街经营模式形成的必要条件。

**2) 酒吧街的形成**

如果第一家酒吧经营状况很好，且有足够的市场需求，在市场作用下，第二家酒吧就会很快出现。在区位上，由于第一家良好的经营状况产生一定的“坐标效应”，这个区位对消费者更有吸引力，所以，第二家自然会选择尽可能靠近第一家的位置。但紧邻第一家的位置不一定有可用的空间，即使有租金也会较高，所以第二家往往会选择临近第一家但有一定距离的位置，逐渐树立新的坐标。

如果第二家仍然经营得很好，那么自然会有第三家、第四家……从而形成一定的规模。这里称之为“连带效应”。

当数量达到一定规模时，在空间上会呈现一种总体上比较集中但具体两个之间相隔一定距离的点状分布。这个时候称之为“酒吧街雏形”。

随着规模的不断扩大，良好经营显示出来的巨大商业利润，使得更多的纯商业目的的酒吧不断涌现，即使租金等成本很高，高额利润预期使得新的酒吧在空间上会将以前两家之间的空隙逐渐填满，并最终形成紧密排列的，具有一定规模的酒吧街经营模式。

当然，以上的分析有一个暗含的假设，就是有足够的拓展空间，如果受到客观的空间限制，这种模式也很难形成，或者需要更高的成本。

综上所述，酒吧街经营模式的形成机制可以由图 3-3-1 表示。

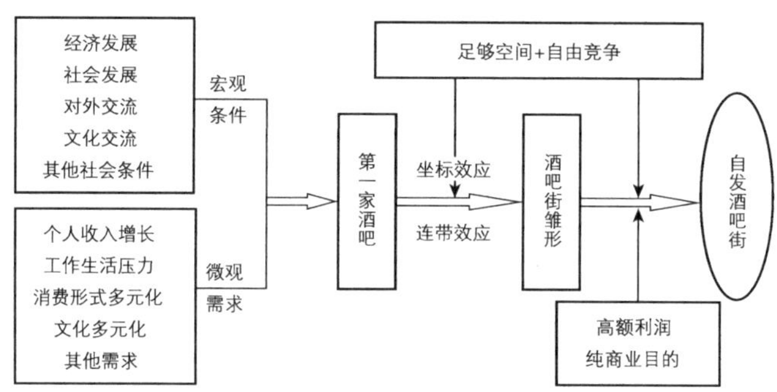


图 3-3-1　自发形成的酒吧街形成机制解释

以上的模型只能适用于自发形成的酒吧街。规划打造的酒吧街，往往是在自发形成的酒吧街取得成功后的模仿，只需要相对较短的时间，且在规划阶段便设计好空间布局。自发形成的酒吧街经营模式存在巨大的不确定性，需要长期的市场检验。对于规划的酒吧街则相对简单，形成周期也较短，主要形成机制可以由图 3-3-2 解释。

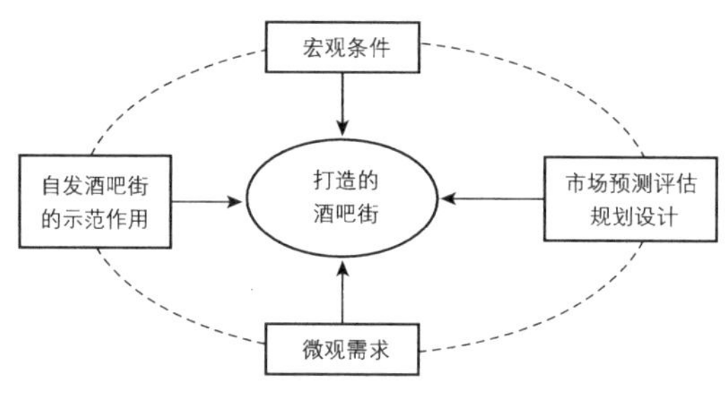


图 3-3-2　规划打造的酒吧街形成机制解释

## 3.3.3　酒吧街经营模式演变特征

随着酒吧街的逐步成型和规模的扩大，酒吧之间的竞争将不断变得激烈。由基本的假设，对某一特定区域而言，酒吧有部分消费者是相对稳定的，但是可能变化。这样，如果在较短的时间内同时增加大量的酒吧，由于总体需求量相对稳定，必然会引起各个酒吧之间的竞争，但对有着大量常客的酒吧影响则相对较小。

酒吧经营者在自己认为有威胁或竞争时，往往会采取自己认为最有效的措施以维持酒吧的良好经营。但不同的经营者会采取不同的措施。

在一个区域率先出现的少数几家酒吧往往因为具有明显的风格和特点以及大量的固定客源，一般很少会感觉到有明显的威胁与竞争，而这些先出现并经营较好的酒吧经营者往往具有除了商业目的以外的其他目的，这部分经营者由于有自己的兴趣爱好和文化品位，往往使自己的酒吧保持独特的风格并吸引一群较为固定的消费者，一般很少有明显的竞争压力。如果有，经营者往往会在自身的风格和主题上多下功夫，以自身更大的特色吸引消费者。

对于后来逐渐增多的以纯商业目的进入的酒吧而言，从其设计、装修、组织形式甚至到酒水、音乐的选择等都很可能相互模仿，使得相互间大同小异，缺乏自身显著的特点和风格。这些酒吧往往是最早面临市场竞争的，其经营者针对竞争采取的措施往往首先是降价，或增加其服务形式，如增加乐队表演、频繁组织活动、更新装饰、改变风格等。

价格的下降常会引起更大的商业竞争，使得利润空间越来越小，对所有酒吧都会不利。这时，那些为了保护酒吧盈利空间的人或组织，如行会等可能会介入，限制可能出现的价格战局面。这样，价格上彼此间很难有过大的差异，而对于经营本来就面临威胁的酒吧而言，高成本的方式往往会很难被采用，于是，那些低成本的不正当经营手段将很可能出现。这样，政府或管理部门自然会介入，部分可能会被关闭、取缔。结果是，酒吧街规模又变小，经过市场竞争仍然存留下来的酒吧数量已经不多，并且有其他酒吧的经验教训，所以，在相对较小的市场竞争下，会保持自己的经营特色和风格，酒吧的经营总体上才算进入较为正常成熟的阶段。

值得强调的是，在进入这样的正常阶段后，由于酒吧的数量已经相对酒吧街顶峰时期的数量减少了许多，在空间分布上也可能类似于酒吧街雏形阶段，总体上有一定的集中，但呈现两两间有一定距离的点状分布。

根据以上对酒吧街演变特征的分析，可以将酒吧街的发展分为萌芽、雏形、快速增长、高度发育、衰退几个阶段。具体的特征如表 3-3-1 所示。

**自发形成酒吧街经营模式演变阶段特征　　表 3-3-1**

| | 数量（规模） | 空间分布 | 个体差异 | 竞争程度 | 政府或行会的介入程度 |
|---|---|---|---|---|---|
| 萌芽 | 极少 | 唯一或少数坐标 | 很大 | 很小 | 很小 |
| 雏形 | 较少 | 较为集中，但个体间仍有一定距离，点状分布 | 较大 | 较小 | 很小 |
| 快速增长 | 不断增多 | 不断填充两两间的空间，连接成线，不断向外扩张 | 部分开始趋同 | 逐渐增大，但不明显 | 较小 |
| 高度发育 | 很多 | 沿街道紧密排列，空间利用程度高 | 大部分趋同类似 | 十分剧烈 | 较大 |
| 衰退 | 较少 | 类似雏形阶段，点状分布 | 较大 | 较小 | 较小 |

显然，以上的分析主要是针对自发形成的酒吧街，对于规划打造的酒吧街，演变的阶段性相对简单一些。由于有政府或开发商的统一规划布局，加上有一定的商业预测评估，所以在规模和空间分布上相对较为稳定，行业规范性相对会更好一些。但是，这样的酒吧街最直接的问题是，各家酒吧一起同时面对市场的竞争和检验。由于它缺乏自发形成的酒吧街开始时那样的

坐标效应，加上酒吧消费者很难在较短的时间内大规模转移，所以打造的酒吧街往往会有一段时间的市场适应期，但其最终的经营状况更多还是取决于规划设计的合理程度。

下面将以北京什刹海环湖酒吧街为具体案例进行详细分析，以检验上述解释。

## 3.4 案例研究

### 3.4.1 北京酒吧概况

2004 年，北京有将近三四百家酒吧散布于城市各处，其中有四条酒吧街。第一条是三里屯，从 1989 年第一家酒吧的出现到现在已经有十多年的发展历程了，属于典型的自发形成的酒吧街。由于这里靠近众多使馆区——北京市最早的酒吧消费者主要是外籍人士，随后消费者范围不断扩大，三里屯的规模也不断扩大。但正如前面分析所说，三里屯在进入激烈竞争阶段后，不但酒吧的特色逐渐趋同，而且出现了大量违法经营的现象。所以，三里屯正面临着拆除和整顿，最后的状况将很大程度上取决于政府的态度和行为（郦毅等，2001）。

三里屯的衰退，给什刹海很大的机会，加上 2003 年“SARS”的影响，人们需要充足的户外空间，促成了什刹海环湖酒吧街的迅速形成。什刹海环湖酒吧街的火热景象，直接促使了北京另外两条酒吧街的出现，元大都遗址公园酒吧街和星吧路酒吧街，且这两条街都属于规划打造的模式，2004 年夏天先后开始营业，在环境选择上很大程度上受到什刹海酒吧街的影响，都强调周围开敞的空间和水域。但就目前的报道来看，这两条街的人气还远远不够（薛易、桑瑞严，2004）。①

其他的酒吧多分布在高校附近、文化人聚集地、商务金融集中区域或者旅游景点，如北京大学和清华大学附近的成府路、北京外国语大学和民族学院等附近的魏公村、中央戏剧学院附近的锣鼓巷胡同、艺术家集聚地大山子、朝阳公园附近、香山等。这些地方虽有少量的集聚，但由于其消费群体相对有限，规模不是太大，没有形成本文意义上的酒吧街经营模式。②

### 3.4.2 案例选择

选择什刹海作为研究案例，有如下原因：①什刹海环湖酒吧街是继三里屯之后典型的自发形成的酒吧街；②什刹海环湖酒吧街是近几年迅速发展起来的，具有典型的时代气息；③由于什刹海地区是北京市历史文化保护区，所以在酒吧街刚形成不久，政府和相关管理部门就直接介入，可以更好地理解政府在酒吧街经营中的角色；④由于什刹海酒吧街还在不断发展变化，可以用先前的解释和分析对什刹海酒吧街的未来做一个预测，在接下来的演变中加以验证，从而检验本文对酒吧街的理论框架在实际中的解释性。

什刹海历史文化旅游风景区位于北京内城的西北隅，包括前海、后海、西海三个水域及邻近地区，与被称为“前三海”的北海、中海、南海相对应，俗称“后三海”，面积 146.7hm$^2$（北京什刹海研究会，1993）。元大都时，什刹海是漕运码头，大运河的北端终点；明清时期，成了风景胜地，许多皇宫贵族常游玩于此地，同时也是黎民百姓游憩和消夏的常去之处。以前，

---

① 北京大都酒吧街国庆开街，http://www.yipu.com.cn 2004-10-9

② 北京酒吧比拼：什刹海细节销魂，三里屯声色浮华．华夏时报，2004-10-22 http://news.QQ.com

前海南沿一带的荷花市场十分繁荣，清末开始衰落，历经战乱，直到新中国建立后才又开始疏通重建，但由于“文革”的耽误，直到20世纪80年代才对这里进行了历史文化保护区规划和旅游规划。这里作为旅游景点，免费开放，近年来旅游业发展迅速，外国游客占很大比重。2003年春夏逐渐形成的环湖酒吧街对什刹海的发展和演变产生了重大影响（侯仁之，1994；张必忠，1999）。

什刹海地区总体规划对于具体区域有不同的定位。前海是热闹的活动区，后海是安静的休闲区，西海为垂钓区（李源石、陈占海，1995）。本文所调查的什刹海环湖酒吧街主要是指前海北沿—银锭桥—后海南沿—后海西沿—后海北沿—烟袋斜街一线环湖形成的酒吧街。由于西海为垂钓区，且与后海之间由较宽的道路隔开，所以不在讨论之列。另外，前海南沿荷花坊一带也基本上是酒吧或餐吧，但其发展模式与环湖酒吧街不同，所以环湖酒吧街不包括荷花坊等。

## 3.4.3 环湖酒吧街的形成

什刹海环湖酒吧街主要发展形成于2003年春夏（“SARS”期间），但自2000年起，这里已经逐渐出现了少量的酒吧。所以，要讨论环湖酒吧街的形成原因，首先应该说明最开始的酒吧出现的原因。

**1）萌芽——老白的吧**

严格地说，什刹海最早的酒吧应该是蓝莲花，据资料显示，这里可以放电影，“经常聚集着各色精神贵族和文化人”[①]，所以蓝莲花也是一个与文化人相关的酒吧，与另外出现最早的老白的吧相似。同时，蓝莲花的位置偏于南面，没有太多空间可以扩展，与现在的酒吧街有一定的距离，所以这里着重讨论现在依然存在的老白的吧。

老白的吧是坐落于什刹海最早的酒吧之一，位于银锭桥边上京城著名老店烤肉季的东边，没有招牌，没有名字，拉三轮的师傅向客人介绍什刹海景点时称其为“无名酒吧”，也称“老白的吧”、“白枫酒吧”，2000年开始营业，其经营者是一文化人士。这里有较为固定的消费者，且影响很大，生活在北京的外国人、文化人是这里的常客。这里是北京艺术活动的宣传场所之一，相关的海报、广告等经过主人允许可以在这里宣传，消费者可以免费获取。整个酒吧的选址、装修等都是经营者自己设计的，外观看起来与周围的民居没有什么不同，与什刹海的环境融为一体。选择在这里开酒吧，更多的是出于对什刹海的喜欢，同时可以提供一个方便的结交艺术圈、文化圈内朋友和相互交流的场所。

“最熟悉的什刹海，是水、湖气、鼓楼轮廓、北京市民、提笼架鸟、三轮板爷、叫卖声、晴天鸽群飞翔、外国游客、冬日湖面溜冰者、糖葫芦……”

（老白的吧经理）

经营者对这里最强调的是什刹海的韵味。从经理的描述中，可以看出选择什刹海边上开文化氛围浓厚的酒吧的原因。而来这里的客人也往往认同这样的环境。

“最早是一个搞摄影的朋友带我来的。那是一个冬日的下午，阳光暖洋洋地透过窗户打在身上，一杯香浓的咖啡，一份平静的心情，打发一个惬意的下午。湖面冰雪还没融化，远处滑冰

① 绿茶．关于后海酒吧的碎片．Ynet 论坛

的人群正畅快地施展着他们的舞姿，一个老头搬个小凳子坐在冰上，敲个小洞洞在钓鱼，一个下午也没见他把鱼从水里钓上来，但他就这么一直坐着，我也这么远远地一直看着他。”

（绿茶在《关于后海酒吧的碎片》中对老白的吧的描述）

从老白的吧可以看出，什刹海第一家酒吧的出现，除了良好的市场前景和可能的商业利益之外，更多地在于经营者对什刹海环境的认同以及营造一个艺术文化休闲的交流空间的需求。其实，2000 年北京的酒吧数量已经不少，三里屯酒吧街的发展也已经有近 10 年的历程。什刹海酒吧的出现，不是为了纯粹的商业利益。

**2）雏形——老祁的吧、胡同写意等相继出现**

继老白的吧出现不久（2001 年前后），什刹海银锭桥附近又出现了几家酒吧，较早的有老祁的吧（佛吧 Buddha）、胡同写意等。这几家酒吧以银锭桥为中心，散布在前海沿岸，互不干扰。①

这几家酒吧有一个共同点，就是经营者其人或其主要的朋友都是与艺术相关的人士。佛吧的经营者有一群玩音乐的朋友，每周末到他的吧里聚会，算是给客人现场演出；胡同写意更像是一个画廊，里面定期、不定期地举办一些画展。

这期间，还陆续出现了桥吧、后海酒吧等几家酒吧，不到十家酒吧散布在银锭桥周围。这时候，酒吧的经营者已经不全部是文化人了，如桥吧的经营者就是当地的居民，用自家的房产经营酒吧，但在周围氛围的影响下，桥吧仍然是在发掘自身的特点，用什刹海边上民居的特有感觉吸引着消费者。

自什刹海第一家酒吧出现之后，确实起到了很好的坐标效应，接连几家的良好经营，也形成了很好的连带效应，经过一两年的发展，在银锭桥附近，有了一定的酒吧街雏形。

**3）大量酒吧的出现**

2003 年以前，不到十家的酒吧散布在银锭桥周围，这些主要是文化人经营的酒吧，有很好的人气，但就整个北京市的酒吧消费而言，主要的消费者还集中在三里屯，并且三里屯的规模足够满足京城相当比例的酒吧消费者的需求。所以，什刹海还处于比较宁静的状态。但是，自 2003 年春夏之后，北京酒吧消费的焦点突然从三里屯转向什刹海。这样的转移意味着有相当数量的消费者从三里屯转向什刹海，这有几方面的原因。首先，三里屯经过十多年的发展，在形成规模很大的酒吧街之后，由于商业竞争的不断激化，逐渐地出现了许多不好的现象，直接影响了部分的消费者的选择。

“三里屯北街毗邻北京最大的使馆区，老外是北街酒吧固定的客人。北街的酒吧比较密集，从南到北，不长的街道上聚集着几十家酒吧，门口紧挨着门口，都是灯红酒绿，都是欢歌笑语……北街酒吧火了之后，总是有各种奇怪的人站在街边问：先生，小姐要不要，或者是像打仗似的死扯着你往酒吧里走，或者像地摊上的叫卖，吓得老外和一些艺术青年四散奔逃。北街真正成了伪白领和旅游者的领地。”②

其次，什刹海几家酒吧的经营状况都非常好，商业盈利潜力很大。有资料指出，在什刹海开一家酒吧的基本投资：面积 30~40m$^2$；租金 10 万元/年；装修 2 万~3 万元，包括木质桌椅、陶器工艺品、蜡染扎染桌布和装饰画、绿色植物（这个价格，使得酒吧的品位不能完全表现出来）；水电费、员工工资及日常支出 6000~10000 元/月；盈利期，持续经营三个月；房租，一

① 老祁的吧．何求论坛，http：//www. heqiu. com

② Loen. 北京到底有多少家酒吧，http：//www. 98street. com

般按季支付；开张总投资，8 万 ~9 万元（吴婧，2003）。如果一家酒吧的名声和品位在外的话，一天的流水能够到数千元，据一些酒吧经营者透露，如果经营得好，一年能挣几万到几十万元不等（杜晨等，2003）。巨大的商业空间吸引着众多的商家，只要一有时机就会出现新的酒吧。

最后，最直接的触发原因是“非典”（SARS）。因为非典的影响，当时北京大部分人处于休假阶段。同时，由于在空气不流通的室内很容易感染病菌，所以人们都需要户外的开敞空间，需要新鲜空气，而这些酒吧坐落在有着开阔水域的什刹海，具备天然的条件。合适的条件和消费者强大的需求，直接促成了什刹海酒吧数量不断增多的事实。

经过 2003 年的夏天，什刹海沿岸，尤其是后海南沿一段，酒吧一家挨着一家，数量达数十家，空间分布上连点成线，酒吧街已经形成。

4）小结

从什刹海环湖酒吧街的形成过程可以看出，在一定的社会文化发展背景下，一定消费者的需求以及酒店经营者个人的选择偏好，促成了什刹海第一家酒吧的出现。而显著的坐标效应和连带效应，使得一定数量的酒吧不断在第一家周围聚集，逐渐形成酒吧街的雏形。在巨大的商业潜力之下，由于“非典”这一突发事件的影响，直接导致什刹海酒吧街的迅速形成。这与上文提出的自发的酒吧街的形成机制基本吻合。

## 3.4.4 环湖酒吧街的发展演变

虽然从什刹海第一家酒吧的出现到本文调查时还不到 5 年时间，什刹海环湖酒吧街从开始的萌芽到当前的巨大规模，已经经历了萌芽、酒吧街雏形、迅速发展扩大形成酒吧街、政府的严格限制几个阶段（图 3-3-3）。

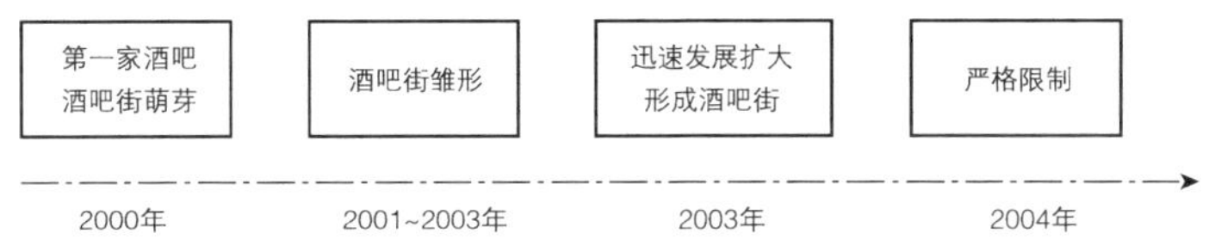


图 3-3-3　什刹海环湖酒吧街经历的几个阶段

在这几个阶段中，什刹海酒吧的数量逐渐增多，酒吧之间的风格从开始具有很大的差异性逐渐走向趋同。

“荷花坊一带的几家，其规模非常大，且有专业的设计，在装潢方面都很有特色，但后海这一带新开的酒吧基本上都差不多了。你仔细看看，各家酒吧里面挂着的木窗、雕刻、轻纱什么的，都是大同小异，因为这一带新开酒吧的装修基本都是一个包工头在做，就那么些想法，也没有什么专业的设计。”

（某酒吧店员）

“主要是经营者叫我们怎么做就怎么做，当然也包括店主的一些想法，但装饰材料什么的基本都是全部包给经营者处理。自己设计装修的酒吧也有，但是很少。”

（一正在装修的工人）

以上的情形说明什刹海酒吧街的发展演变基本符合前文提出的观点，但主要集中在发展阶段、数量规模和风格上，在空间分布、酒吧街形成后酒吧间的竞争、政府的介入等方面究竟怎样呢？下面分别论述。

### 1）空间分布

表 3-3-2 反映了 2004 年 12 月什刹海环湖酒吧的分布概况，图 3-3-4 则反映了什刹海酒吧空间分布的演变过程。最开始的几家，老白的吧、蓝莲花、老祁的吧、桥吧、胡同写意等基本上是围绕银锭桥呈点状分布的。

2003 年酒吧街迅速形成之后，将银锭桥周围的空间全部塞满，并向后海南沿不断发展，同时也有一些酒吧直接扩展到更远的地方，如后海西沿、烟袋斜街等（郑南等，2004）。这一阶段，尤其是在后海南沿，沿湖的线状分布已经很明显。

**2004 年 12 月什刹海酒吧概况** 表 3-3-2

| 开店时间 | 地段 | 酒吧名称或数量 |
|---|---|---|
| SARS 之前 | 前海东元 3 号（烤肉季东） | 老白的吧（也称无名酒吧，2000 年开业，是第一家） |
| | 银锭桥 | 佛吧（也称 Buddha、老祁的吧）、桥吧 |
| | 前海北沿 | 蓝莲花（2004 年时的左岸） |
| | 后海南沿 | 胡同写意 |
| SARS 之后 | 前海荷花坊 | 欲望都市等 9 家 |
| | 前海西街 | 七十年代、浮游（for you café） |
| | 前海北沿 | 左岸等 9 家 |
| | 银锭桥 | 银锭缘等 5 家 |
| | 后海南沿 | 潮泷阁等 23 家 |
| | 后海西沿 | Zone 等 9 家 |
| | 后海北沿 | 海月轩等 11 家 |
| | 烟袋斜街 | 秀场等 18 家 |

注：此表根据 2004 年 12 月作者实地调查所得资料整理。

图 3-3-4 整体反映的是 2004 年 12 月什刹海酒吧分布状况，此时规模已经达到近 90 家（表 3-3-2），沿湖的线状分布已十分明显，甚至在西岸、烟袋斜街等地也已经是十分紧密的线状分布。空间上已经达到基本饱和的状态。

从以上阶段可以看出，什刹海酒吧街的空间发展呈现出开始的分散点状分布到后来的逐渐连点成线并不断向外扩展的特点，与前文的分析基本一致。

### 2）竞争状况

酒吧数量的增多，必定会导致一定的商业竞争，但是对于不同的酒吧而言，程度不同。

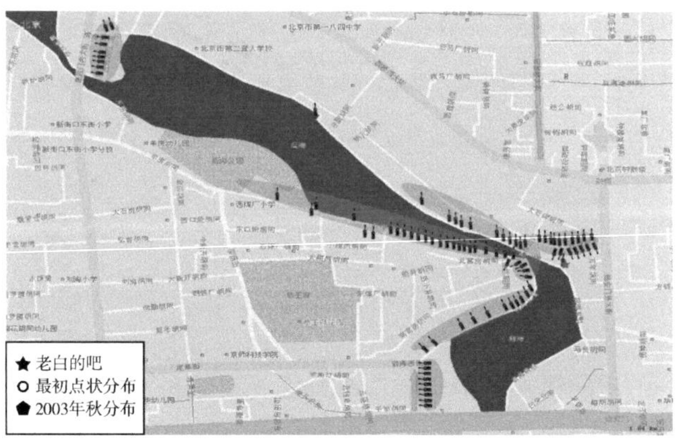


图 3-3-4 什刹海酒吧空间分布演变

就什刹海而言，最有特色的酒吧似乎从来就不担心经营问题。老白的吧生意红火，还在背后开了越南菜馆；老祁的吧不断地开新店，现在已经有 5 家了；桥吧规模也在不断扩大；蓝莲花改名为左岸后由一著名音乐人经营，并将其音乐工厂也搬到附近，自然也不缺顾客光临；西沿开的最早的 Zone 酒吧也是在西边生意最好的一家，有一些文化名人经常光顾。

“我们这的回头客太多，主要是文化人居多，生活在北京的外国人也是这里的常客。其他酒吧兴起之后，我们的经营没有什么影响，我们还是我们那样。”

（老白的吧的店员）

“我们家是在西沿开的最早的，生意也最火。其他几家开起来后基本没有对我们产生影响。先开的可以选好位置，后海一带肯定是有生意的，但不一定很火。关键还是看经营者自己的经营吧，酒吧的氛围很重要。”

（Zone 的服务生）

当然，这里面也有区别，如老祁的佛吧有 5 个分店，每个店是不同的，其中一些也随大流，可以随便进，有演出，热热闹闹的，也有个别店仍然保留自己以前的经营特色，保留客人喜欢的留言板。显然，扩大店面主要是为了挣钱了。不远的桥吧则是在酒吧街不断扩大的时候，不断增加空间，后院、楼阁、天台、包房，能增的都增了，希望以更舒畅的环境留住并吸引更多的客人。

“增多之后当然有影响啦，顾客的选择余地多了嘛，店里人多空间不够的时候，人家进来转转也就换地方了。所以就重新装修了，换漂亮的沙发，灯光也弄好些，添加现场演唱等形式。不过我们提供整条街的快餐。”

（桥吧服务生）

在更多的酒吧之间，竞争显得更为明显。在这个过程当中，自律协会起了一定的作用（朱鹰，2003）。2003 年下半年，二十多家酒吧形成了自律协会，强调在什刹海要经营文化，要以“静吧”为主，拒绝“闹吧”。实际上，更大的作用是防止恶性竞争，所有会员必须承诺定价与其他会员一致，后来逐渐发展成为今天的什刹海商会。这是与政府沟通的渠道，更是防止恶性竞争的一种手段，说明在竞争面前，价格降低等很可能是常用的手段。事实上，虽然没有明显的价格竞争，但通过对各个酒吧在网上的宣传资料可以看出，有 1/3 以上的酒吧通过打折、赠送、抽奖等形式变相降低价格，同时，虽然开始都承诺“静吧”的经营方式，但随着冬天淡季的到来和众多酒吧的竞争，有现场乐队演唱表演的酒吧越来越多。在具体的竞争面前，商家还是更多地从自身的经营效益出发，通过各种手段提高自己的利润。

当然，什刹海酒吧之间的竞争才刚刚开始，未来会发展成怎样，主要看政府介入的力度，这会在一定程度上直接起到维持什刹海酒吧街的健康形象和文化特质的作用。但是按照上文的分析，本文认为什刹海酒吧街最终会走向衰退阶段，如果有一直坚持自己经营特色的酒吧存在，那么这样的少数酒吧将最终以点状分布在什刹海沿岸。当然，这需要更长的时间来检验。

“什刹海酒吧街比三里屯好，主要是人文气氛、治安较好，‘最古老的职业现象’远比三里屯少。对环湖酒吧街的未来经营比较乐观，因为已经由无序逐步走向有序。”

（老白的吧的经理）

“三里屯比较乱，缺乏管理，不像现在的后海，很静，所以，后海不到两年就可以超过三里屯。但是未来会怎样很难讲，酒吧越开越多，竞争不断增大，且随着更多的在三里屯消费的人转向这边，一些不好的现象肯定会随之而来，这种现象很难杜绝的。未来的后海，很可能以闹吧为主，但具体怎样还是不清楚。”

（三人行酒吧服务员）

“后海现在的密度不算太大，竞争还比较适中，且对附近居民影响不是很大。三里屯则较乱，消费者会像什刹海流动，可能像三里屯那样发展下去。不过我们的计划是倾向长期经营的，要突出特色，可以避免政策要求造成的成本增加。”

（桃之夭夭服务生）

3）政府角色

一般的酒吧街，在出现一定问题的时候，政府等管理部门会直接介入，如三里屯。而什刹海地区由于是历史文化保护区，它的发展变化受到很多人的关注，所以，相关管理部门的介入相对较早。在2003年的什刹海论坛上，众多学者已经开始关注酒吧街的经营，同时对什刹海未来的定位为：突出四大定位，即将风貌定位于北京历史街区，将生态定位于中央湿地，将产业定位于中央休憩区，将形象定位于北京“巴黎左岸”（侯艳，2003）。

这肯定了酒吧街这一经营模式，但也明确指出要加大管理，健康引导其发展。政府对其的管理主要体现在严格的审批和装饰里面的统一审核以及周边交通的规划组织等方面。

“自去年年底（即2003年底，笔者注）开始已经停止了新酒吧的审批，现在什刹海酒吧街的规模已经近百家，并且我们对酒吧的装修有严格的规划预审，强调突出中国传统文化。同时在基础设施的规划上做进一步的努力，力求引导其健康发展。”

（什刹海风景区管理处规划方面负责人）

虽然有报道显示现在酒吧街经营的纳税状况不是很好，但是酒吧街毕竟是商业活力的一大体现，在市场经济条件下，政府不可能将一条自发形成的酒吧街完全否定，但是由于处在历史文化保护区，涉及许多敏感问题，自然会进行相关管理。比如，对酒吧街规模的严格控制，将直接影响酒吧之间的竞争程度，在一定的规模下，竞争会相对缓和一些，也没有通过更多渠道提高收益的必要，所以有利于酒吧街的健康性。

本文认为，虽然什刹海酒吧街受到政策的影响非常大，并且政府的管理自然会最大程度地保持现在的文化氛围和经营特色，但是酒吧街最终还是商业市场的产物，它永远逃不掉商业竞争。政府的管理很可能是将一些发展阶段向后延迟，或者说，政府的作用更多的是在文化、伦理、法律等标准下进行评价和调整，而酒吧街经营模式的未来最终还是由市场的竞争规则决定。

4）小结

什刹海环湖酒吧街在发展阶段、酒吧之间的差异性以及空间分布上与上文的理论框架基本吻合。由于政府的介入，使得什刹海酒吧街有一些自己的发展特点，但最终是由市场竞争决定其是衰退，还是由政府管理引导其继续发展，则只能有待于时间和事实的检验。

## 3.5 结论与讨论

酒吧的出现是全球化、社会经济发展的产物，既是商业现象，也是文化现象。酒吧街的出现则更大程度上是商业化的结果。

自发形成的酒吧街往往由一两家酒吧的良好经营形成坐标效应，连带其他酒吧逐渐发展，形成一定规模后，更多纯商业目的的酒吧在这里集中，逐渐形成紧密排列的具有相当规模的酒吧街。自发形成的酒吧街的成功，往往导致规划设计的酒吧街的出现。自发的酒吧街在自由竞争的情况下往往经过萌芽、雏形、快速发展、高度发育、衰退几个阶段。理想的或成熟的酒吧经营应是有一定规模的点状分布的经营模式。虽然酒吧街的出现以及竞争直接促进酒吧街的发展演变，但政府对酒吧街的态度和管理，十分重要。酒吧街将会在政府的管理与市场的竞争中发展演变。

以上是对酒吧街经营模式形成机制和发展演变过程的初步探讨，并对什刹海酒吧街进行了案例研究和讨论。从切入角度看，主要是以社会发展的宏观环境为基本出发点，从商业和消费行为的角度同时进行分析的。因为同时涉及了多种因素，对每一因素的讨论则显得不够深入，还需要进一步的工作。如政府的角色问题，本文没有更深入的阐述，但在酒吧街的经营模式中，政府的态度显得很重要，两者的关系需要进一步研究。在案例研究方面，缺乏对北京其他酒吧街的全面细致的关注以及全国其他城市的案例，所以，在验证解释的一般化程度上还有待进一步的工作。另外，酒吧街与其他的商业特色街之间的关系，是否有其共同点和相同演变阶段等，需要更多的工作。如果有一个关于商业街经营的一般化解释理论，将有助于更好地理解城市在不同阶段的经济社会发展特点及空间演变。

## 参考文献


[1] Krugman P. 1980. Scale Economies, Product Differentiation and the Pattern of Trade [J]. American Economic Review, 70: 950-959.

[2] Krugman P. 1991. Geography and Trade [M]. Cambrige: MIT Press.

[3] Ohlin B. 1933. Interregional and International Trade [M]. Cambridge: Harvard University Press.

[4] 包亚明 . 2004. 游荡者的权力：消费社会与都市文化研究 [M]. 北京：中国人民大学出版社 .

[5] 包亚明等 . 2001. 上海酒吧——空间，消费与想像 [M]. 南京：江苏人民出版社 .

[6] 北京什刹海研究会 . 1993. 京华胜地什刹海 [M]. 北京：北京出版社 .

[7] 杜晨，卜昌伟，王健等 . 2003. 京城惟一的野景区什刹海要不要建酒吧街 [N]? 北京娱乐信报，2003-6-8.

[8] 侯仁之 . 1994. 什刹海在北京城市建设中的古往今来 [J]. 旅游，(7)：10-11.

[9] 侯艳 . 2003. 什刹海不再发展新酒吧，将建成北京“巴黎左岸”[N]. 京华时报，2003-9-27.

[10] 李源石，陈占海 . 1995. 京华胜地什刹海的规划建设 [J]. 北京规划建设，(4)：35-37.

[11] 郦毅，范萍，谢语 . 2001. 三里屯“把杯伤留给自己” [N]. 三联生活周刊 (2001/01/20) .

[12] 吴婧 . 2003. 在什刹海租房开酒吧之全攻略 . 北京现代商报 [J]，2003-4-18.

[13] 薛易，桑瑞严 . 2004. 北京酒吧街“暗战”开锣 [N]. 华夏时报，2004-10-22.

[14] 张必忠 . 1999. 什刹海的历史变迁 [J]. 北京社会科学，(1)：97-104.

[15] 郑南等 . 2004. 杯中的海——什刹海酒吧风情 [M]. 华文出版社 .

[16] 朱鹰 . 2003. 什刹海拒绝吵闹音乐，二十一家酒吧成立自律协会 [J]. 北京青年报，2003-8-14.

# 4 城市空间的“第三极”——休闲式书城的特色与形成背景①

## 4.1 引　言

着眼于文化认知的角度，城市空间具有表意性、符号性和社会价值整体取向性。如曼哈顿的世贸大厦与周边环境构成的空间关系，体现的是西方文化的财富与商品经济关系的价值取向；埃及的金字塔与周边环境构成的空间关系，体现的是传统王权的至高无上；上海外滩所构成的空间关系则是典型的殖民历史文化的写照（张鸿雁，2005）。从近年来大量涌现的针对大型购物中心的相关研究可以看出，有关城市空间的研究越来越关注特定的场所，试图挖掘混合空间利用背后深刻的符号象征的影响。

城市社会地理学强调，城市的空间与场所是为满足人们的日常生活行为建立的，是人们日常生活行为得以实施的地域复合体。城市空间在满足人们日常生活的各类场所的基础上出现了由分散到聚合的演变过程，与此同时，各类场所的功能也实现了地域整合（Leckie、Hopkins，2002）。传统的文化场所尝试着进行革新，通过与其他休闲、娱乐场所的融合、重构，增加吸引力，提高其经济效益。

国内对消费文化的研究大多数还停留在社会学意义上的理论分析层面，将消费文化与城市空间相结合的研究为数不多。连连（2003）将城市空间的文化意义归结为结构化的存在和文化诉求的展示场所两方面，提出了大众消费时代的城市空间文化负载着现代人的权力、欲望、梦想、体验和情感并且在全球化进程中不断变幻各种形象的观点。叶中强（2006）结合近代上海市民消费文化的演变过程，探讨了城市、时间和人的互动机制，认为资本主义文化消费侵袭的空间策略是“现代性”的体验。包亚明（2006）以“新天地”休闲娱乐城模式在全国范围的复制和扩张为切入点，认为全球化的时尚消费元素已经成为城市新空间生产的主导力量，原因在于，城市精英阶层的空间需求被放大。

在当今中国社会，消费文化已经成为了控制城市空间生产的一种有力手段，尤其是经济的转轨和人文精神的重建使得文化产业有了前所未有的生机。作为市场经济的一个组成部分，图书行业正面临着转型和变革，民营资本开始涉足图书市场，休闲式书城应运而生。目前为止，还没有专门针对书城这种新兴文化休闲空间的实证研究及其形成机制的探讨。本文是一次尝试，

① 本文作者：邹倩。

旨在对这种新型场所的形成背景提出概念模型，并探讨经济全球化和市场竞争对城市空间场所建构的影响。

## 4.2 研究思路、方法及研究对象

### 4.2.1 研究思路与研究方法

确定研究对象和研究目的，搜集有关文本资料，在对其有一定了解的基础上进行实地考察和访谈，在调研资料整合的基础上，提炼和阐述自己的解释理论。最后，得出结论，并对相关问题进行讨论。

本文采用搜集文本资料、实地观察和访谈调查三种定性研究方法相结合的研究方式。

采用的文本材料有报刊采访、网络新闻以及一些论坛评论，能在较短时间内搜集到丰富的信息并且能够较全面、细致地了解研究对象的各种情况。

实地调查采用不完全参与式观察，即研究者以半客半主的身份参与到被观察人群中去，并对这个群体的正常活动进行观察，在搜集第一手资料的同时能获得直接的、具体的、生动的感性认识。

访谈调查初期采取的是探索式访谈，即对于完全陌生的情况，没有固定的提纲以按照明确的思路进行提问，主要靠研究者随机应变的探索来把握问题。后期，在梳理出一定框架的基础上，采取半结构式访谈，即事先列出要探讨的问题，但在访谈中仍然保持一种开放的方式，围绕与研究对象密切相关的问题进行提问。访谈调查是一个互动的交流过程，易于进行深入研究和讨论。

### 4.2.2 研究对象

“第三极”是北京首家文化主题商场，坐落于北京高等教育的核心区——海淀区，紧邻北四环，与北京大学隔路相望（图 3-4-1）。“第三极”书局是“第三极”文化主题商场的自营主力店，位于第五至八层，分设为时尚馆、人文馆、科教馆、生活馆，每一楼层依据所经营图书类别的不同而独具风格。总面积近 2 万 $m^2$，是一个拥有超过 30 万种图书、5 万种音像产品的全品种书店。除了售书这个主力业态，地下一层至地上三层经营餐饮和各种百货精品店等，八层以上准备开展教育、健身、旅游与商务等业务。[①]

“第三极”于 2006 年 / 月 15 日正式开业。营业以来，尽管质疑声音不断，但是其安静、舒适的环境明显受到白领阶层的青睐，得到与时俱进、具有前瞻性人士的认可。

本文把“第三极”文化主题商场定义为休闲式书城。虽然其董事长欧阳旭想把“第三极”作为文化创意产业的孵化器来打造，但是根据多次实地考察的结果，笔者仍然认为其内部的小企业主要以盈利为目的，仅有一些服装店、工艺品店、首饰店等开门迎客，只是集聚共同利用环境而已，暂时并不符合创意企业的要求。而且，“第三极”与北京市其他创意产业基地，比如“798”，是不能相提并论的，性质不同，但是与其他书城相比，“第三极”书城却独具特色。

---

① 第三极书局主页 http：//www. d3j. com. cn/website/aboutus. htm

图 3-4-1 “第三极”书城周边环境示意图
资料来源：新浪房地产（http：//bj. house. sina. com. cn/exhibit/2214. shtml）

## 4.3 休闲式书城特色分析

通过实地考察和访谈资料，归纳出休闲式书城具有以下六大特色。

### 4.3.1 选址特色

“第三极”书城在成熟的书店聚集区选址，潜在风险小。这里交通便捷，客流量大，消费能力强。

道路状况方面，“第三极”拥有四面环路的优越地理位置：北临城市主干道北四环路，能瞬间切入城市快速主干道；向东紧邻彩和坊路，是由海淀桥通往中关村西区的必经之路；向西紧邻苏州街，可直达三、四、五环路，进入京城腹地；南接海淀大街，直达中关村西区核心。四面环绕着 28 条公交线路，距最近的地铁 4 号线、10 号线车站步行不足五分钟，距首都机场 25km。其便捷的交通为企业营造了蓬勃商机（图 3-4-2）。

商业消费结构方面，本区域集中了中关村图书大厦、海淀图书城、新华书店、外文书店等多家国营和民营的书店，具有图书消费的历史优势。“第三极”东面是中关村西区新建的商务核心区，周围还有多所高校和大面积的中高档住宅区和商务办公区，附近工作、生活的人群文化程度、教育程度及消费能力的平均水平属于北京各城区最高的。根据“第三极”内部调研资料，其消费覆盖范围在半径 2km 内，拥有包括北大、清华等 78 所高校的 30 万名在校生，237 所科研机构的 40 万职工及家属，近 15 万在中关村西部地区工作的白领人士以及近 100 万周边住宅的居民带动的新海淀居民等在内的 200 多万人口都将成为第三极潜在的客流来源。这里确实是一个成熟的文化商圈。

访谈辅证如下：

“这个位置交通比较便利，周围大学比较多，并且周围正在发展成为一个购物中心，流动客

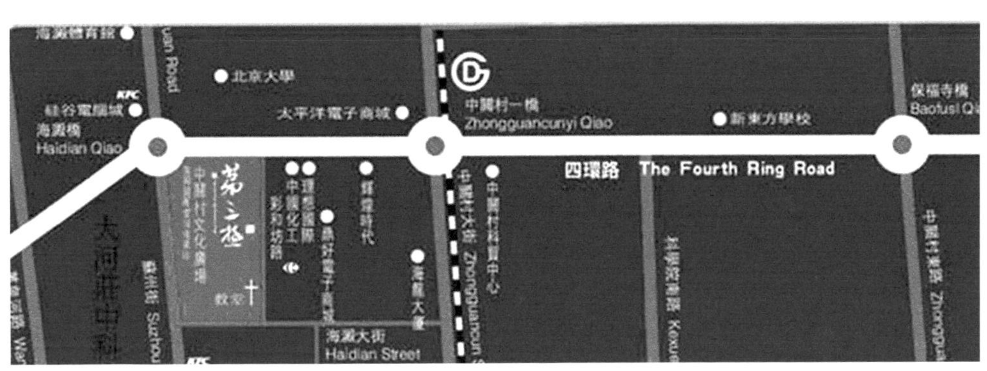


图 3-4-2 “第三极”书城区位图
资料来源：中国写字楼中心（http：//www. cnoffice. net/office/1176534448. html）

源也比较多。”

（北大学生）

“中关村是科技、教育、文化中心，对图书需求很大，这里的市场并未饱和，以这种形式出现也是独一家。”

（房地产白领）

“第三极出现在这里不就是中国人扎堆的想法吗，这周围都是卖书的。”

（附近居民）

## 4. 3. 2 定位特色

在特定的读者群中进行市场定位和消费群体分流。如果没有一种适合不断变化的市场需求的定位，没有一种新颖和超前的理念，将很难在和同行的竞争中取得优势。“第三极”书城自己经过统计调研，认定的核心服务对象是 20 万西区白领精英和数十万中产阶级消费群体，重点覆盖对象是科研精英和高校在校生，明显青睐中高收入阶层，与力求面面俱到的大书店有所不同（图 3-4-3）。

访谈辅证：

“之所以选择在这里推出国内首家大型文化主题商场，是因为自己对这里有深刻而独特的理解。这里是北大、清华等名校云集的高校区，是中国思想的策源地；这里有国内知识水平和文化消费最为旺盛的 IT 白领。”

（“第三极”董事长欧阳旭）

“来这里的主要还是白领阶层吧，既有一定的消费能力，也有一定的空闲时间，能够在第三极较长时间地逗留。”

（报社编辑）

“这是我比较喜欢的一家书店，虽然有很多书是不全的，但是也能淘到一些好东西，比较喜欢他们家还有卖漫画的地方，大人小孩都一起看漫画挺有意思的，服务员态度非常好，各种活动也比较多，软件也很全，不像西单什么的乱七八糟的，还提供了小推车，比较适合年轻人来逛，这里适合的是用轻松的心情购书。”

（大众点评网）

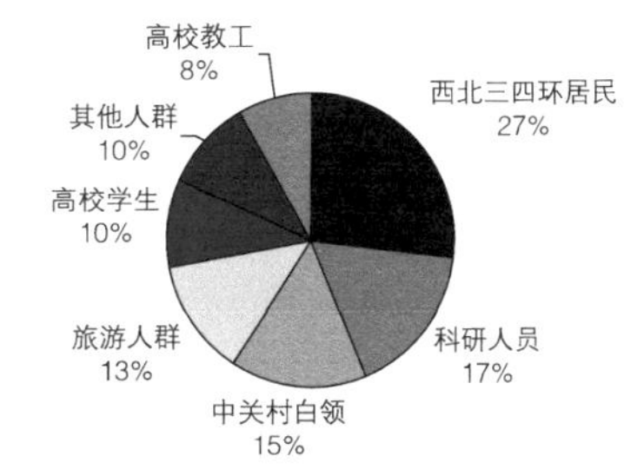


图 3-4-3 “第三极”书局消费群体比例
资料来源：根据“第三极”市场调研资料绘制。

## 4.3.3 经营特色

以“传承阅读，创新零售”为经营理念，注重服务质量和环境营造，力求给消费者带来“知识性消费与文化性休闲”的感受。消费者在传统的以销售图书为唯一目的的书店里体会不到的咖啡、茶、音乐、躺椅、购书包、马扎、针线包、老花镜、轮椅、担架、育婴室、亲子乐园、讲座、论坛、明星见面会、影视直播间、公共艺术展等，在“第三极”书城都能找到。

卖场内有合理的导引系统，有人性化的提示。灯箱上是海报招贴展和前卫艺术家的平面作品，不定期举办的图书展将展出设计最特别、装帧最精美的图书。书局的墙壁上满是由艺术家绘制的书局卡通形象人物“空空”的涂鸦，专门留出来的那面涂鸦墙则是供小朋友们疯狂一下的空间。作为公共艺术展的一部分前卫艺术家的平面作品将出现在书局灯箱和预先设置好的多媒体墙上。此外，从很多细节处都能感受到商家的用心，比如墙上写有“抄书有理，提供纸笔”的标幅，大量提供的摇椅和马扎随处可供读者坐下细读，给人以温馨感觉的灯光和轻松舒适的背景音乐，还有儿童游乐场所给携带小孩前来购书的家长提供便利。在内外环境的设计上，“第三极”书城明显具有精致化与风格化的走向，注重利用空间的设计彰显出整体的格调与品味，呈现出一股不喧哗、较浓厚的人文气息。

访谈辅证：

“这里环境气氛很好，还有藤椅和马扎供读者休息或看书。书种类很多，覆盖范围广，跟国外很像。”

（房地产白领）

“第三极的环境比较宽敞，休息椅也比较多，又有背景音乐，氛围不错，所以第三极更适合阅读消遣。创新之处应该就是建立了一种理念，抛弃了单纯的书店定位，而把书店同时定位成一个都市人休闲娱乐的场所。把阅读变得轻松化了。”

（报社编辑）

“第三极可以比作标新立异的中关村文化打造出的时尚书店，不过很高兴这片地区因为第三极和中关村图书大厦的出现增添了很多人文气息。”

（IT人士）

“有种第三极情结了。书还算全吧，虽说多是一些市面上流行的书，专业的冷僻的书显然不是来这样的地方淘的，但如果为满足自己逛书店的欲望，第三极还是不错的，闲庭信步，没有太明确的目标，遇有心仪的就买下，主要是长年打折，不会很心疼钱，累了就找一处落地玻璃窗，很随意地席地而坐，看书也好，看景也好，心情都会不错。有音量适度的音乐，有不太嘈杂的讲话声，更让人放松。”

（大众点评网）

## 4.3.4 布局特色

借鉴国外书店的经验，书城内部按20几个专卖店进行分类经营，以消费行为对图书进行分类。五层时尚馆以中关村地区年轻人为主力诉求对象，主营品种为音像、期刊和畅销书，目的为拉动客流、满足快速消费；六层人文馆以社会科学师生、学者为主力消费对象，主营各专业学术研究资料；七层科教馆以自然科学师生、研究人员、西区高科技人群为目标客户，主营名

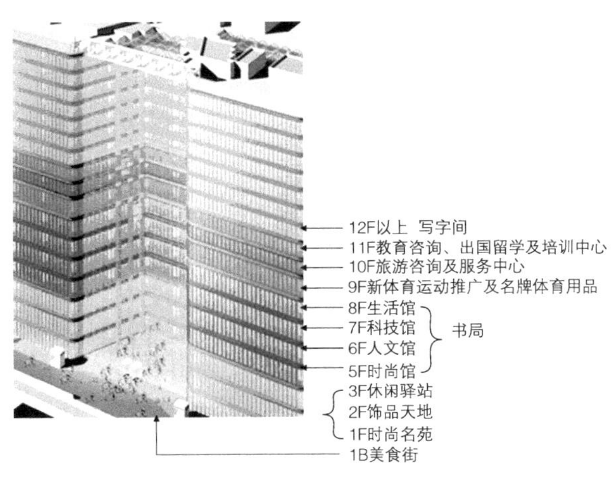


图 3-4-4 “第三极”规划格局示意图
资料来源：根据“第三极”楼盘信息绘制。

著导读、教育考试和多媒体、数码科技类书籍；八层生活馆以家庭及其成员为目标客户，汇集少儿、生活、运动、礼仪、收藏等内容，注重引导全新的生活与消费新概念（图 3-4-4）。[①] 这种分类方式与传统书店按照“图书馆学科分类”进行的书籍摆放大相径庭，购书者感到不适应，很多人都觉得杂乱无章。笔者认为，应该辩证看待这种分类方式的优缺点以及消费者的批评意见，对新事物的适应和接受毕竟有个过程。

“第三极”采取加盟店与自营店相结合的模式，间接引导消费者在买书之余去购物，促成了大量的随机性消费。五至八层的书局是“第三极”的核心部分，但是该楼盘同时经营多种业态，地下一层至三层经营餐饮和各种百货精品店等，八层以上准备开展教育、健身、旅游与商务等业务。这种利用租位收入降低运营成本的“以租养书”方式，使得书城的整体经营利润得到了一定程度的保障。另一方面，经过统一规划的各个区域与书城的图书销售相得益彰，更加凸显书城时尚的整体格调。

访谈辅证：

“楼下的精品店体现了一站式服务的定位。”

（北大学生）

“楼下的小店只是整体运作的一部分。”

（自由职业者）

“部分小店提供了洽谈生意的场所，还不错啊。八层以上，现在没建好，不好评价。还是挺期待的。”

（房地产白领）

## 4.3.5 定价特色

卖书注重通过折扣吸引价格敏感者，很多人都是因为“第三极”与中关村图书大厦的“折扣 PK 战”前来买书的。而底层精品店则注重市场细分，采用高低定价策略。笔者通过对这些店铺的实地考察，发现大部分店的商品都可分成两类：一部分标有“打折”字样，折扣率都很高，

---

① “第三极”书局将现世界读书日，http：//www.cppinfo.com/ZhongGuoXS/ZLM_index.aspx?key=588

主要是针对学生，是通过降价扩大市场容量的策略；另一部分价位较高，但是低于外界同等质量产品的价位，猜测可能是由于租金方面的优惠导致的，这样会对中底层白领（主要是女士）有很大的吸引力，产生所谓的回头客。此外，随着各种活动的举办，新顾客群的光顾也有助于提升这些精品店的知名度。

访谈辅证：

“我们的价位不算高，对于学生可能不能一下子拿出上百的钱，但是那些白领什么的都说我们这里便宜。学生嘛，可以看看我们搞特价的这些，都二三十元的。”

（二楼水晶饰品店主）

“这个楼单看外表跟个写字楼似的，要是不看广告谁知道这里面卖啥的……但是生意也能做，我们都靠回头客，这几个月已经有不少会员了，都知道跟外面同样质量的比便宜不少，白领们识货。”

（二楼银饰店店主）

### 4.3.6 营销特色

与一般的书店不同，“第三极”书城特别注重市场营销。除了广告特别响亮，高频率的活动也很快扩大了其知名度和影响力。书店成为发布文化活动信息或者开展文化活动的理想场所，讲座、论坛、签售、首发、见面会、票务代理、培训等纷纷成为书店吸引客流或增加收入的方式，成为一个城市文化的集散地（李松，2006）。基本上每月都有两到三次活动，知名度比较高的有作家签售书籍，明星新专辑发布会，各种学术讲座等各类活动，吸引了大批人群。

访谈辅证：

“前几天谢霆锋来了，一下子来了好多人。搞个活动，人就比较多。经常一搞活动就能多来些顾客，我们也能有回头客。”

（二楼某精品店店主）

“由广告介绍而来，算是慕名而来吧”

（房地产白领）

“看报纸介绍，专门打车过来的。”

（律师）

“第三极的讲座、签售活动挺多的，也许就会看见自己喜欢的明星。所以我没事就来看看。”

（北大学生）

“从诗人裸体事件，到七折风波，感觉商家是炒作高手。不过中关村地区的确应该有一家这样的书店出来。”

（大众点评网）

## 4.4 休闲式书城形成背景分析

### 4.4.1 宏观层面

近年来，随着中国社会生产力的发展，一方面，物质财富极大丰富，人们的经济收入增加，另一方面，闲暇时间增多了。同时，由于教育水平的提高，人们开始注重生活质量的提高，寻求闲暇时的精神享受成为一种社会目标，文化消费正面临着前所未有的发展机遇。作为新的经济增长点和构建社会的人文精神力量，休闲文化产业在拉动消费增长的同时也在满足着人们不断变化的精神层面需求，对于物质文明和精神文明建设都具有重要意义。中国休闲文化产业仍处于起步阶段，孕育着强大的市场潜力，有待进一步培育和激活。此外，近年来开发商一直主导着城市空间疾速变迁，房地产市场的兴盛，使一些有超前观念的企业家将二者结合起来，涉足商业地产，使商业资本的文化品牌优势与地产资本的物业和资本实力相互支持，在主营品牌项目的基础上配合经营差异化的专卖店，形成强大的聚客能力。休闲式书城就是其中的一种形式。

## 4.4.2 微观层面

城市空间显示的对共同文化的认同，将不同的人们联系在一起进行相互交流和影响，其具有的象征性意义，犹如一种信念或一套社会习俗，使活动中的个体或群体，能将自身的知识、价值观、心理感知等附加或投射其上，获得一种情感及意义的满足和表达。从这个意义上看，“第三极”书城的消费群体具备某些共性。

由于消费能力及需求的变化，现代消费者行为模式正在发生重要的转变，呈现出一定的特征。归纳为以下4个方面：

(1) 消费需求转变：从追求物质消费向追求精神消费和服务性消费转变。即从需求型转变为享受型消费，对生活必需品的支出比重逐渐降低，用于文化和娱乐类商品的消费比重一直是提高的。

(2) 消费观念转变：从单纯地只看价格和产品质量向注重服务品质、购物环境、地点便利程度、品牌形象、诚信声誉、主流顾客群与身份匹配转变。关注流行趋势，认同商品的附加价值能体现阶层区分的象征意义，追求优雅的购物环境实际上也就是一种追求社会身份认同感的体现。

(3) 消费阶层转变：消费者的需求层次随社会地位的改变在不断上升，注重时尚消费、文化消费、品位消费的中产阶层和小资阶层对社会经济发展，尤其是消费趋势与消费文化产生了越来越大的影响。

(4) 消费行为转变：表现为追求效率和便利程度。随着消费水平的提高和生活节奏的加快，人们希望在有限闲暇时间内完成购物、休闲娱乐、餐饮甚至教育等一系列功能。

从经营商的角度看，能提出“知识性消费与文化性休闲”的理念，肯定与自身的文化理想有关。在对外宣传上，经营商希望把“第三极”所在的中关村文化广场打造成哈佛广场、诚品书局、蓬皮杜艺术中心，成为所在城市的文化地标（王琦，2005）。当然作为商家，利润最大化是首要问题。“第三极”的经营商在营销策略上一方面采取特色化定位，通过迎合主流消费阶层的需要来抢占市场；另一方面在定价上采取市场细分，实行高档中价、中档低价的薄利多销策略，来吸引价格敏感者。因为“第三极”的经营商以前经营过报刊、茶馆、酒吧、旅游等多种业态[①]，这次以文化商人的姿态进驻图书行业，可以称之为“外行民营”，所以自然地把零售业体系和服务意识移植到了对大书城的经营上（徐尚青，2004），使消费者能体验到不同于普通书

① 欧阳旭 玩儿出来的老板，http：//finance. sina. com. cn/manage/cfrw/20060404/15292473310. shtml

店的人性化服务。此外，经营商在成熟的商圈选址，然后利用租位的出租收入降低运营成本，都是为了降低和分散风险。经营商精心打造图书大卖场，并采取多种营销渠道扩大知名度，实际上也是在追求一种综合影响力。

在市场竞争广泛存在的条件下，消费者和经营商之间存在着双向互动的关系。同质产品的大规模供给，使购买主导权开始转移到消费者的手中，不能从顾客的角度出发考虑问题、不能使顾客满意的企业，注定要被消费者所遗弃，即所谓“适者生存”的道理。因此，由卖方市场向买方市场转变已成为必然趋势，这就意味着在现代消费行为中，产品和服务处于被选择的地位。消费不再是单纯的需求购买，而是主动去搜寻最有价值的产品和服务。经营商则相应的要对市场进行调查，了解和把握消费者的真实需求和满意度，让消费者充分享受其产品和服务所带来的消费体验，进而愿意为该产品和服务进行支付，固定、长期的客户都是建立在满意消费的基础上而再次光顾的。

市场营销策略实际上就是在适应不断变化的消费者行为。比如，人们对购买商品的效率需求与日俱增，希望一次性地在同一地点买到所有需要的商品的愿望越来越强烈。而经营商为了迎合现代社会高效率、快节奏的需求，发展出了“一站式购物”的模式。企业同时经营多种业态，在让消费者满意的同时又取得了经济效益，双方实际上是互惠的。

在经济全球化的背景下，西方的技术、管理制度、文化产品和价值观念渗透到中国社会，深刻地影响着人们的价值观念和生活方式，促使消费观念和营销理念从传统向现代转变，从而影响和改变着城市空间的构建，更强调场所的高效利用、综合服务功能的提升以及现代性购物体验的营造，这种演化趋势使城市发展的凝聚力更加集中，城市的综合发展动力也更加强劲。大量管理手段和技术效果的运用，为消费者带来了诸多娱乐性、观赏性和知识性的体验，潜移默化地影响着现代消费者的价值观和审美情趣，实现了全球性的文化心理空间的移植。“第三极”的董事长想仿效哈佛广场、诚品书局、蓬皮杜艺术中心，将“第三极”打造成为所在城市的文化地标，显然是受到这种超越国界、超越社会制度、超越意识形态的文化和价值观念的影响。

以上诸多因素交互作用，导致“第三极”这种以文化为主题的混合式商业休闲空间应运而生。

综上所述，“第三极”书城的宏观和微观形成背景可以由图 3-4-5、图 3-4-6 进行解释。

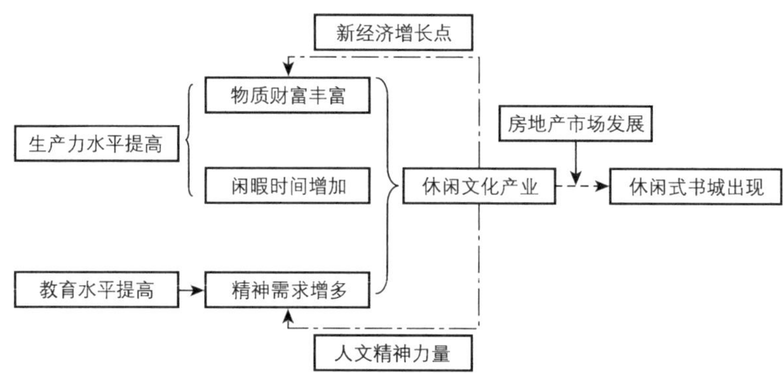


图 3-4-5　休闲式书城宏观层面形成背景

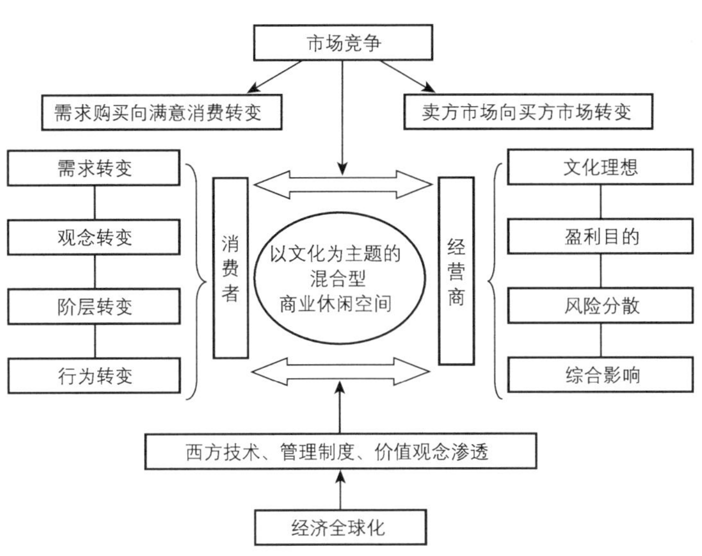


图 3-4-6　休闲式书城微观层面形成背景

## 4.5 结　论

随着人们生活水准的日益提高，城市消费文化在空间建构中扮演着越来越重要的角色，它使消费场所变成为人们闲暇娱乐、进行审美以及提升生活品位的空间。

休闲式书城的出现是社会经济发展、教育水平提高以及房地产市场兴起的结果，是市场竞争条件下消费者和经营商双向选择的产物，是在经济全球化背景下西方价值观念和制度渗透的体现。这种新型城市场所的出现有其深刻的社会、经济和文化背景。同时，它的出现又对城市空间的构建产生了影响。通过不同功能空间的组接，“第三极”书城为消费者提供了一个庞大、精致、休闲的消费环境和自主性的购物空间，使消费者恍若置身于一个与外界截然不同的环境，在创造实体空间的同时又生产了相应的文化心理空间，已经具备了符号象征意义。这也符合“第三极”书城当初取名的寓意：如果把政治和经济比作构建社会的第一极和第二极，那么文化则是第三极。

“第三极”书城秉承“来第三极的人，不仅仅是买书的人，他们首先是文化的消费者”的理念。在这种理念的驱动下，“第三极”书城已经把消费者拉向工作与居家之外的“第三空间”。

## 参考文献

[1] Leckie G J，Hopkins J. 2002. The Public Place of Central Libraries：Finding from Toronto and Vancouver [J]. Library quarterly，72 (3)：326–362.

[2] 包亚明 . 2003. 现代性与空间的生产 [M]. 上海：上海教育出版社 .

[3] 包亚明 . 2006. 消费文化与城市空间的生产 [J]. 学术月刊，(5)：11–13.

[4] 连连 . 2003. 试析大众消费时代城市空间的文化意义 [J]. 浙江社会科学，(3)：145–149.

[5] 李松 . 2006. 创新书店与创意城市——以第三极书局为例 [J]. 出版发行研究， (10)：

52-54.

[6] 王琦 . 2005. 闯入商业地产的“异类”[J]. 中国企业家，(15)：80-81.

[7] 徐尚青 . 2004. 民营书店的生存之道：以两大书城经营策略的比较为例 [J]. 编辑学刊，(4)：24-28.

[8] 叶中强 . 2006. 近代上海市民文化消费空间的形成及其社会功能 [J]. 上海财经大学学报，8 (4)：18-25.

[9] 张鸿雁 . 2005. 城市空间的社会与“城市文化资本论”——城市公共空间市民属性研究 [J]. 城市问题，(5)：2-8.

THREE

# 5 转型期城中村社会分层和社会空间模式——北京海淀区六郎庄案例[①]

## 5.1 引言

当代中国社会的市场转型过程与城市的快速扩张相始终。当这种扩张与既有的乡村聚落相遇时，便逐渐形成一种独特的城市空间格局。研究者通常将那些位于城市规划区范围或城乡结合部内，被城市建成区用地包围或半包围的，没有或仅有少量农用地的村落，称为“城中村”(周新宏，2007)。

在时空尺度上考量，城中村虽然不乏国际先例（Ware，1963），但所定义的城中村通常被认为是中国市场转型与城镇化过程中的特殊过渡性产物，其产生具有不可避免性，而走向消失或终结也是其必然结局（李培林，2004)。这种观点既在理论上得到论证，又在现实中存在。对于普通民众而言，城中村往往是令人生畏的社会角落，其终结的命运似乎也合情合理。然而，这一终结过程的代价之巨常令城市政策制定者望而生畏（城中村问题课题组，2003；李俊夫，2004)。在纯粹以货币衡量的经济成本之外，消灭城中村所带来的一系列社会代价，更增加了事情的复杂性（蓝宇蕴，2005)。

事实上，城中村作为一种空间聚落，其独特之处在于兼有城市和乡村两者的特点，并进而内生出两者皆不具备的典型特征。这些特征体现在自然环境、空间肌理、人地关系、社会构成等诸方面，已经形成一种新型的文化景观，其内涵并非简单的“脏乱差”可以形容，其价值更不应仅通过简单的表象加以评判（刘玉亭、吴缚龙，2006；北京城区角落问题调查课题组朝阳、海淀小组，2005)。一切针对城中村的举措，皆应以对其特征的把握为前提。而在更大尺度上，研究城中村对理解转型期中国城市化进程具有重要意义。

本研究立足于以上观点，试图综合社会学与地理学的视角，以社会分层研究的方法探索作为一种社会形态的城中村的空间结构模式。具体论题包括：考察“城中村”作为一种社会空间，其内部决定社会分层之因素；这些因素在空间中的分布状态；在此基础上，探讨城中村内部空间结构的一般模式。

① 本文作者：许立言。

## 5.2 研究方法与实证研究地区

### 5.2.1 方法论与技术路线

本研究采用人本主义的研究方法。作为一种带有哲学意味的方法论，人本主义方法在社会学与地理学中具有广泛的应用与影响（冯健，2004；Knox，2005）。

社会学家马克斯・韦伯倡导理解社会学，所提出之过程—事件分析途径，即为人本主义思想在社会研究方法上的应用。它的基本要点包括：理解也是一种解释，所理解之物则为事件的行动逻辑；在社会语境下考察事件，展现微观互动，而非宏观的制度因素等，有时（如在小尺度情况下）能够比一般的数量方法更加精确地探明事件本质。地理学研究中，段义孚等学者提出了类似方法。

在本研究中，试图应用上述方法，以自身的观察体验及现场访谈所得的实证资料为主要途径，尝试通过理解探究问题。

试图通过如下技术路线实现本研究的目标：

首先，基于调研访谈所获得的实证材料，运用社会学中的社会分层分析方法，识别城中村社会各阶层情况。在社会分层分析中，采用按构成社会的多因素（人口、居住、经济、政治、文化、社交等）分别对城中村进行考察的方法，得到较完整的社会分层图样。其次，通过研究上述各种社会因素在城中村内部分布的差异性，得到不同视角下的社会空间分异图样。再次，将上述视角下社会空间图样叠加，得到较为全面的城中村社会空间模式。最后，将城中村纳入转型期中国城市社会环境的大背景下，应用既有理论并借助实证研究的发现，尝试解释这种模式得以形成的机制。

### 5.2.2 实地访谈

本研究实证资料的获得主要采用访谈方式，并以观察体验辅之。访谈自 2005 年 7 月下旬开始，采用随机抽样，至 2005 年 12 月初告一段落；累计访谈 20 余人，累计访谈时间约 50 小时，整理访谈记录约 3 万字，田野日记约 25000 字。

就具体方法而言，起初采用无结构式的深度访谈，以生活史探究为主要手段，不预设问题与前提，意在发现社会生活中方方面面的问题。在访谈量积累到一定程度后，则改用半结构式访谈方法，即通过对既有资料的整理，梳理出某些常被提及因而具有一定普遍性的问题，作为重点设问方向。

### 5.2.3 实证研究地区

本研究选取北京市海淀区的著名城中村六郎庄为主要实证地区，另有同在海淀区的大有庄和骚子营为辅助研究对象。

六郎庄地处颐和园东南墙外，属海淀区的海淀乡管辖，建成区面积约 $50hm^2$，现有原住居民约 5000 人，外来人口约 20000 人（图 3-5-1）。该村原名牛栏庄，传统盛产京西稻。1995

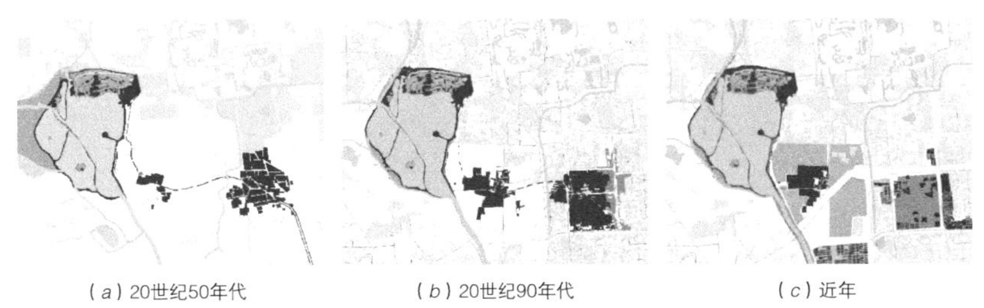

(a) 20世纪50年代　　(b) 20世纪90年代　　(c) 近年

图 3-5-1　北京市城中村六郎庄建成区变迁图
资料来源：引自张蕾等 2005 年 IFLA 设计竞赛参赛作品《栖木》。
注：上述各图中，左边深色区域为六郎庄，右边深色区域为海淀乡—中关村商业区。

年，建设北京西北绿化隔离带的万柳工程启动，村属田地被征，部分改建为高尔夫球场。村民户口冻结，整个村落成为待拆迁地区，但因为种种原因，拆迁至今尚未实施。同时，中关村的快速发展将六郎庄囊括，后者遂成为城中村。对六郎庄的调查以访谈为主。

同属海淀区的大有庄与骚子营作为辅助研究对象，以观察体验为主，并借鉴了同一时期（2005 年 11 月）的类似研究所获得的社会调研资料。①

## 5.3　社会阶层分析

在了解城中村居民构成的基础上，以多纬度观察方法，对居民社会分层属性逐一进行分析。经典的社会学方法强调资源占有对社会分层的决定性影响，本研究也采用这一框架。具体的观察纬度，经典分析常选取经济资源、政治资源、文化资源与社会资源四个方面，后来又将声望资源、公民资源与人力资源三个因素纳入（李春玲，2005）。

显而易见，对于尺度有限的城中村而言，上述各种资源的分异未必都会有明显体现。然而，在未进行研究之前，并不能确定何种资源占据突出或决定性地位，故本研究拟全面考察上述七个方面，研究城中村社会成员及其相互间的社会关系与生存网络，从而探究城中村社会分层情况。

### 5.3.1　城中村的居民结构

一般而言，传统村落的居民结构比较简单：绝大部分的原住村民加少量特殊人物，就构成了一幅完整的居民结构图景。然而，在城中村中，这种简单的均一结构发生了巨大分异。正如一位六郎庄老村民所言：

“六郎庄这个小社会呀，现在跟以前是大不一样了。过去，这里的人成分很单一，就是农民、工人，还有极少数特殊人物，比如画家田世光。现在不同了，干什么的没有啊？农民，工人，半工半农的，做生意的，搞科研的，干部，兵，卖淫的，偷东西的，什么都有。”

分异的原因大致在于两个方面。其一，大量流动人口的涌入，从根本上改变了城中村居民的构成。在典型的城中村里，外来人口所占比例往往超过原住民数倍，而这些外来人口内部同样鱼龙混杂，彼此差异巨大，都成为新社会阶层的来源。其二，在外部环境的推动下，村落原

① 作者参与了北京大学景观设计研究院的颐和园东北片区城市改造设计项目。

住村民的内部同样发生着阶层分化，使居民结构进一步复杂化。详细的居民构成结构，见表3-5-1。

**城中村的居民构成表　　表 3-5-1**

| 居民构成 | | 描　述 |
|---|---|---|
| 本地村民 | 权力精英 | 在村落变为城中村的过程中，原村落权力精英的地位被大大加强 |
| | 一般村民 | 原村民之一部分，继续保持了村民的户籍 |
| | 已转居的村民 | 原村民之另一部分，已经将户籍转为城市居民 |
| | 已外迁但在村中留有房产的村民 | 原村民之一小部分 |
| 外来人口 | 白领（村外就业） | 在城中村中居住，就业于附近的城市中心，如中关村的高科技企业，从事白领工作 |
| | 蓝领（村内就业） | 在城中村中居住，并在村中谋生，村中几乎全部商业、服务业从业人员皆来自这一人群 |
| | 蓝领（村外就业） | 在城中村中居住，而在村外谋生，往往就是在另一个附近的城中村中从事类似于上栏情况的职业，亦有在城内工作者 |
| | 失业者 | 外来人口中的失业人员 |

## 5.3.2　按经济资源的社会分层

按经典的社会学定义，对经济资源的占有指社会成员拥有土地、农场、工厂、企业、专业性事务所、流动资产、劳动力等的状况。针对城中村的社会现实，可从各部分人群的经济实力、经济来源、职业性质、就业失业情况等角度研究。

总体而言，城中村属于中低收入地区，其主要的本地经济活动有房屋出租、地方商业与其他工作（植树等），另有一部分原住民在村外拥有工作。值得一提的是，在所有经济来源中，并没有农业收入一项，而后者似乎本应是“村庄”的主要收入来源。原因在于，典型的城中村，由于城市扩展的张力，多数已经失去了全部或绝大部分耕地，农业收入也就无从谈起。

城市扩张同时导致了地价与房价的上涨，失去土地的村民多靠出租房屋补贴家用。由于房价持续高涨，出于经济利益的驱动，村民往往在宅基地上私自加建房屋，用以出租谋利。久而久之，房屋出租成为村民的主要财源。一位村民这样描述六郎庄的租房经济：

“六郎庄的人都是靠外地人租房活着呢，地被征走之后，每人每月补偿款平均才两三百块钱，没有办法，只能租房啊……村里80%的人家以租房为主要收入来源吧……”

本地经济的另一部分组成为村集体的产业，提供的利益包括就业机会与年终利润分红等。从根本上讲，这部分产业仍然是租房经济的一种形式，因为城中村村民往往不适应现代社会的工作，劳动技能很低，自己并不能很好地经营，村集体产业常以出租土地给外人经营而村集体收取租金的形式获得地租利润。在集体经济利益的分配上，原住民之间尚有村、居之别，村民可以享受分红等额外收入，已经转为居民户口的则没有这部分利益。

除此之外，部分村民另有本职工作，但此类人甚少。有时，地租利润丰厚到允许“地主”丝毫不从事劳动而仍能有可观收入，在南方珠三角一带，一类被称作“二世祖”的人由此产生。

外地移民则大致分为两类。一类为蓝领劳动者，在村内或村外（往往也是附近的城中村）工作，此类人成为地方商业的主要从业人员，收入往往微薄，仅能维持温饱而已。另一类人在村外工作，多为中关村的初级白领或“准白领”（如销售人员等），收入有别，但一般也不太高。

此外，部分流动人口甚至处于失业状态，或从事某种地下经济活动（非法经济活动等），位于经济资源占有的底层。

一般而言，外地人与本地原住民相比，经济地位一般较低，个别收入稍高的，心态也与村民有别。如一位在村中从事美发业的年轻外地人对研究者说：

“我做的是社会最底层的工作……”

事实上，他的职业与收入，在城中村的外来人口中远非最差，这种自我定位，折射出城中村外来人口的经济地位，事实上处于较低的水平。归根结底，城中村之所以吸引大量外地人口，无非因为其房价（比城区）相对低廉，易于谋生而已。

## 5.3.3 按政治资源的社会分层

根据拥有家庭权威（如家长、族长）、工作场所权威（如经理）、政党和社会权威（如立法者）、领袖权威等的状况，度量社会成员对政治资源的占有情况。

城中村中的政治权力分层，同样可以划为本地原住民与外来人口两大阵营。总的来说，前者的权力要大很多，而后者则具有某种潜在的影响力。

村中的一切管理权力归于村委会与居委会，而前者因掌握土地与财权，权力又大得多。虽然掌握权力的是组织，但在实际情况中，实权往往把握在个人手中；村委会主任更是集党、政、经大权于一身，如六郎庄的村党支部书记，即按惯例兼任万柳工程总指挥。因此，占有权力的个人（村委会成员与领导）往往同时也在经济上具有强势。这部分人成为一个新的精英阶层，成为村人羡慕的对象。一位六郎庄老人曾愤愤不平地说：

“一个村委会，科级单位都不够，那房子盖得跟故宫似的……”

传统村落中常见的另一套权力体系——宗族权力，在北方城中村中的表现常常不甚明显，例如六郎庄无大姓以及缺乏对全村事务具有支配力的大族势力。在南方，宗族权力的体现略显强盛，但总体上也在衰落。

由于村委会至少在形式上由代表选举产生，故一般村民对村事有参政权。居民对居委会事务亦然。但人们一般对村/居委会并不满意：

“居委会和村委会的领导，现在是居民和村民代表选出来的，大概 30 个人出一个代表吧，以后是要改成直接选举的……村委会他们不管正事，不能为村民解决实事……”

似乎有理由认为，城中村中权力体系的基础并不牢靠，部分迹象显示，这套体系正在解体与重构中。外地移民的迁入，使整个事态更加复杂化。

从形式上看，外地移民在村中处于彻底的无权地位，对于事关村庄发展的一切问题没有任何话语权，遑论实质的影响。然而，他们似乎并不以此为意，因为对村事务本质上不关心：

“我跟村委会、居委会也很少打交道，他们只管收些费用。”

就现状而言，移民之间尚未出现权力等级的分化，与职业“优劣”挂钩的社会地位高低并未反映到其对村庄施加影响的能力上。另外，由于移民中缺乏有力的社会团体纽带，移民社会内部权力体系也呈混沌状态。

然而，由于外地移民是原住民的衣食父母，他们的去留与态度关系到村庄的生死存亡，故他们拥有的是潜在的影响力。随着外地人融入程度的加深，当社会权力分配开始明显关乎他们的切身利益时，这种潜力也许会释放出来，与前述的重构力汇合，决定村庄未来的权力分配。

## 5.3.4 按文化资源的社会分层

文化资源包括具有高消费行为、“良好的”行为举止、有品味的生活方式等状况。在城中村的原住民与外地人之间，这也许是分异最为明显的社会资源之一。

中国的很多村落动辄有数百年乃至千年以上的历史，这是文脉传承的结果。深厚的传统文化构成了村中主要的文化资源，如六郎庄的京西稻文化、五虎棍文化等。然而在今天，这些文化遗产多处于苟延残喘的状态。村里老人谈到五虎棍时说：

“本来五虎棍到处都有，但是本地受过皇封，号称‘天下第一棍’，所以才特别……我小的时候经常看五虎棍表演，当时很盛行，逢年过节大家都要耍，据说还到北大表演过……现在嘛，不再盛行了，青年人也不关心，很遗憾……村民之间也常有议论，特别是曾练过五虎棍的老人，但是并不向上反映，因为领导不理，只管经济、钱的事儿……”

传统文化已丧失，现代文化又未能跟进。如今，原住民从干部到一般村民，文化程度都不高。这一点官方也不得不承认。六郎庄居委会主任无可奈何地说：

“本地人文化素质、教育程度不高……但民风淳朴。一般重视吃，对吃特别讲究，只要有关吃的节日，本村人都过得不亦乐乎。”

虽然语近诙谐，遗憾与羞愧之心可以窥见。同时，虽然村庄早已开放，处于城市中心，且村人与移民杂居，但现代流行文化仍然基本上未渗入原有村落社会。当地人的态度常常是这样的：

“……谁跟那些外地人掺和呀……”

村中的年轻人有的外出，而留下者会受到外地移民的影响。外地移民中，蓝领阶层文化普遍较低，与原住民常常无异甚至更低，白领阶层则较高。事实上，后者的行为举止与生活方式往往成为前者及村中原住民之年青一代羡慕与效仿的对象，引领着村中的文化走势。

由于白领移民群体本身的异质性，其引领的文化走势方向也不尽相同，因此随其载体（人）的分布常在村中形成多个文化的吸引点。这些走势与方向，彼此不可以论高下，只是同时存在而已，这也是现代社会文化多元的一种反映（胡莹，2002）。

## 5.3.5 按社会资源的社会分层

社会资源，指拥有高层社会网络和社会关系及进入各类协会、俱乐部和工会的资格等状况。

城中村中原住民的社会网络，多少还保持有传统的乡土社会特点。然而，由于市场经济发展的冲力，又由于物质空间改变所带来的物理隔离，其社区内的关系纽带在持续放松。

原住民与移民之间，一般不存在牢固坚强的社会纽带，二者在社会生态中所处的生态位不同，基本上没有利益动力驱使其主动建立社会关系。二者之间的关系往往仅以租房关系维持，由于平均租期一般很短（不超过两年），难以产生牢固的融洽关系，其具体关系往往视具体情况而定，并受到当事双方性格的极大影响，很难给出一般的模式。以下两种对立的态度在城中村中共存：

"哎，也没什么交往，咱们和他们有什么可聊的啊……"

"外地人好啊，欢迎他们来……我自己能控制房客的质量……这些年轻人也不容易，而且他们有文化呀……"

与本地原住民相比，外地移民之间的社会关系往往不局限于城中村的界限，而是渗入其所依托的城市母体，且常以地域、血缘、友谊、经济、相邻等关系维系。所有这些关系常常都是由其在迁出地的社会关系网移植而来，是其在家乡社会关系网碎片的移植。一位外地店主的话具有代表性：

"平时，每个月不只两三次，我也会去找老乡走动一下，吃顿饭聊聊天什么的……亲戚更是常走动了……周围几个店的人，我都认识。再远一些的店，里面的人我就不认识了，最多点点头之类。"

与前几种资源分配不同的是，在城中村社会资源的分配中看不到明显的垂直分层，而种种社会关系碎片的水平交织，构成了整个社会网络。从某个角度说，这种现象本身可能也反映出城中村的社会关系网络尚未成熟，或许仍将经历一个时期的演化才能达到比较平衡的状态。

### 5.3.6　按声望资源的社会分层

以下三个分析角度，并不属于经典社会分层分析的内容，而更常被应用于西方现代社会阶层分析之中。在中国的城中村中，这些资源分配的差异有时同样有所体现，其内涵则往往与西方的标准定义有所不同。

声望资源，指拥有良好的声誉和名望、受人尊敬以及种族的纯洁度和宗教信仰的虔诚度等状况。在中国城中村中，很少有种族和宗教方面的价值分异，于是声誉与名望即成为声望资源的主要体现。

在城中村社会中，包括原住民与移民在内的绝大部分居民，精神世界普遍空虚。又由于社会关系网的碎裂，权力多来源于制度与经济力量，而非克里斯玛型的权威。各个居民阶层，在声望上皆具有各自的弱点，如村干部的清廉与否受人怀疑，移民中之致富者因其外地人身份而受鄙视。故声望资源的分布较为平均，罕有具备十分突出社会声望的阶层或个人。极个别杰出人物的存在并不足以改变这种状况，何况这种人并不总会出现。

"名人？以前有个画家田世光，现在死了……嗯，哪有什么名人……"

村人的这种认识，反映了声望资源分配平均化的状况。在这一点上，它与社会资源的分配具有某种相似之处。

### 5.3.7　按公民资源的社会分层

公民资源同样是一个现代概念，指享有财产权、契约权、公民权、选举权或各种国民福利以及集会、结社和言论自由等的状况，是现代民权意识兴起后逐渐引起重视的资源。对城中村而言，公民资源的这一特点就基本决定了它不会有十分明显的体现，毕竟，转型期中国的总体民权实际状况也在改善之中。因此，在此只分析公民权力中在城中村中体现相对明显的社会福利一项指标。

社会福利的享有，在城中村中最显著的标尺是户籍。一个人的落户状况基本决定了其享有的公民权利与公民资源，而落户状况与政治权力密切相关，故公民资源的空间分布状况类似于政治资源的分布。

原住民中的村民享有种种集体福利，而已转为居民者则代之以国家福利，但后者时常不如前者现实且到位。一位居民抱怨道：

“所谓‘居民解决三险’，只是说具有了入三险的资格（以前连资格也没有），保险费还要自己交。有人入了，也有人不入。不入有经济原因，也有认识原因，就是不想入，觉得是几十年之后的事……”

虽然如此，原住民享有的福利资源仍要好于移民。外地移民受限于户籍制度，基本无社会保障可言。然而，外地移民中的白领阶层在履行诸如契约、言论等公民权利时远较本地人积极，这一点又与文化资源息息相关。

### 5.3.8 按人力资源的社会分层

人力资源同样是一个新兴概念，指拥有专业技术、专门技能、学历文凭、资格证书以及工作方面的资历和在职培训经历等的状况。由于人力资源往往与文化挂钩，故其空间分布状况往往与文化资源类似。本地原住民一般劳动技能较差，也并未表现出对提升自身人力资源的强烈愿望。外地移民则不然，他们中的白领阶层更在孜孜不倦地努力提升自身素质。一位大学刚毕业、在北京打工并在六郎庄租房居住而供职于中关村一家电子公司的年轻人介绍道：

“我的工作时间是上午九点到下午五点。下班后，因为业务的关系，我常去附近的海淀图书城看书，自学一下电子方面的东西。大学期间学的不是这个，本专业也是理论性的为多，现在要补上，工作需要的一些知识还是要自己摸索……十一假期的前三天，第一天我自己去了天安门，第二天，大哥大嫂来了，陪他们逛了两天，剩下的这几天就一直在学习……”

值得一提的是，外地人中的蓝领阶层也经常体现出强烈的进取意愿，前文那位自命工作在“社会最底层”的美发店员工在谈到将来的计划时憧憬地说：

“希望找个有声誉的学校，例如沙宣，来进修。这样的学校非常贵，一周就要八九千，而且入学也需要考试，不是随便就可以进入的。进修的时间很短，不会超过一个月，但其证书特别权威，在北京，如果执有沙宣的证书，可以在任意一家顶级的美发店无需试用直接工作……嗯，总是要去进修的……”

在这一点上，移民与类似劳动力素质的原住民不同，大概与两类人面临的压力差别有关，毕竟，前者的生存压力要远大于后者。

## 5.4 社会阶层空间分布

上文讨论了城中村的社会阶层划分，在此基础上，进一步探究各社会阶层的分布，即可将社会与地域结合，得出各个视角的城中村空间结构模式。

社会空间其实是一种抽象的概念，其得以存在的依托是真实世界中的物质空间。因此，在开始分角度地讨论之前，给出城中村的物理空间骨架是必要的。随后，将居民的分布以及各个角度的社会因素附着于实体空间之上，即可描述其各自的空间分异。应该注意的是，社会阶层实际上未必都具有明显的空间分异性：抽象上存在截然差别的阶层，空间分布上可能并无明显分异，反之亦然（Lefebvre，1991）。在下文的分析中，将着重以这一点对上文七种资源因素作出详细取舍。

## 5.4.1 城中村的空间骨架

与居民构成类似，传统村落的空间构成同样简单明了。相比之下，城中村的空间结构则复杂得多（图 3-5-2）。

在城市吞并城中村农田的过程中，村落建成区往往会“突击”增大，自占一部分农田为宅基地，以便免于被征，保留土地作为今后的生活资本，故有“扩展的建成区”一项（李志民、宇文娜，2007）。其余部分较为明显，不再赘述。

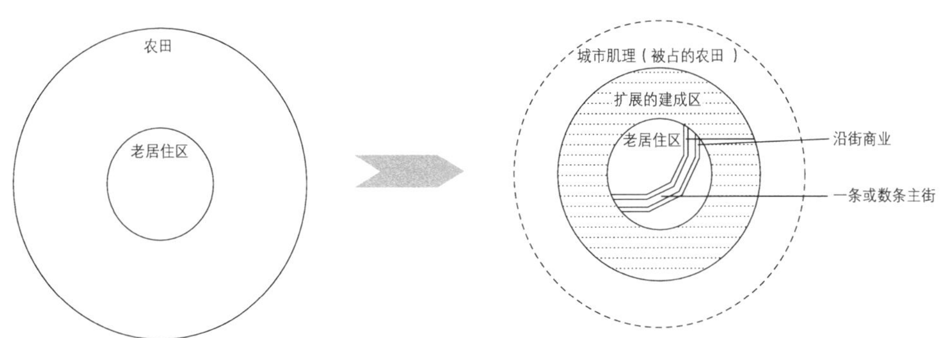


图 3-5-2　传统村落与现代城中村的空间骨架
注：左为传统村落结构，右为城中村结构。

## 5.4.2 城中村的居住空间分布

城中村的居住空间分布模式，可称为圈层—斑块结构。其中，本地原住民—外地移民构成了大致的圈层结构，而各细分社会阶层的聚居倾向则构成了大圈层中的小斑块，如图 3-5-3 所示。各圈层/斑块的居民构成则如表 3-5-2 所示。

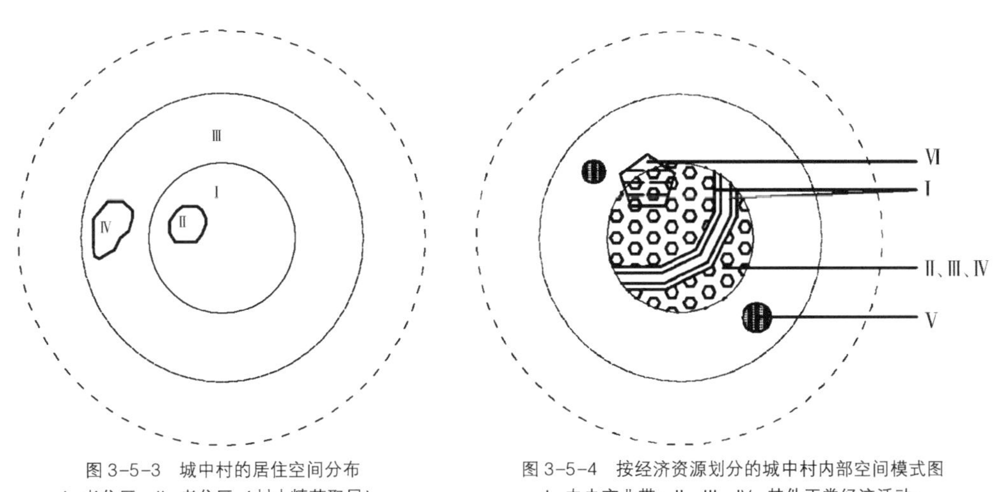


图 3-5-3　城中村的居住空间分布
Ⅰ. 老住区；Ⅱ. 老住区（村中精英聚居）；
Ⅲ. 扩展公寓区；Ⅳ. 混乱的边角地区

图 3-5-4　按经济资源划分的城中村内部空间模式图
Ⅰ. 中央商业带；Ⅱ、Ⅲ、Ⅳ. 其他正常经济活动；
Ⅴ. 地下经济活动；Ⅵ. 衰落的工业

城中村居住空间各部分的居民构成表　　表 3-5-2

| 地区 | 原住民 | | | | 移民 | | | |
|---|---|---|---|---|---|---|---|---|
| | 上层村民 | 一般村民 | 村改居 | 已外迁的房主 | 白领 | 村外就业蓝领 | 村内就业蓝领 | 失业者 |
| Ⅰ | o | + | + | o | + | o | + | – |
| Ⅱ | + | o | o | o | – | – | – | – |
| Ⅲ | – | – | – | – | + | + | + | o |
| Ⅳ | – | – | – | – | – | o | o | + |

注：“-” 代表 “无”；“+” 代表 “有”；“o” 代表 “有但数量很少”。

## 5. 4. 3　按经济资源划分的城中村内部空间

按经济资源划分的城中村内部空间，可称为主干—枝蔓结构。经济活动的核心以村中主街（主要的对外联系通道兼内部交流界面）为主干，沿分支街道蔓延到城中村内部，在不同的分区，所从事的主要经济活动亦不相同。如图 3-5-4 与表 3-5-3 所示。

城中村经济空间各部分的活动构成表　　表 3-5-3

| 地区 | 地方商服 | 对外商服 | 房屋经营性租赁 | 房屋居住性租赁 | 村中工作 | 村外工作 | 地下经济 |
|---|---|---|---|---|---|---|---|
| Ⅰ | + | + | + | – | – | – | – |
| Ⅱ | o | – | o | + | o | + | o |
| Ⅲ | o | – | o | + | o | + | o |
| Ⅳ | o | – | o | + | o | + | o |
| Ⅴ | – | – | – | o | – | – | + |
| Ⅵ | – | o | o | – | – | – | o |

注：“-” 代表 “无”；“+” 代表 “有”；“o” 代表 “有但数量很少”。

## 5. 4. 4　按政治资源划分的城中村内部空间

按政治资源划分的城中村内部空间呈现出十分规则的同心圆结构，导致分布差异的主要因素仍然是原住民/移民以及原住民内部的进一步分化（图 3-5-5、表 3-5-4）。

## 5. 4. 5　按文化资源划分的城中村内部空间

按文化资源划分的城中村内部空间呈现同心圆—岛状结构。消亡中的传统文化与生长中的新生文化共同构成了文化贫乏背景下的孤岛。值得注意的是，在动态的时间尺度上，这两类岛屿的前途截然相反（图 3-5-6、表 3-5-5）。

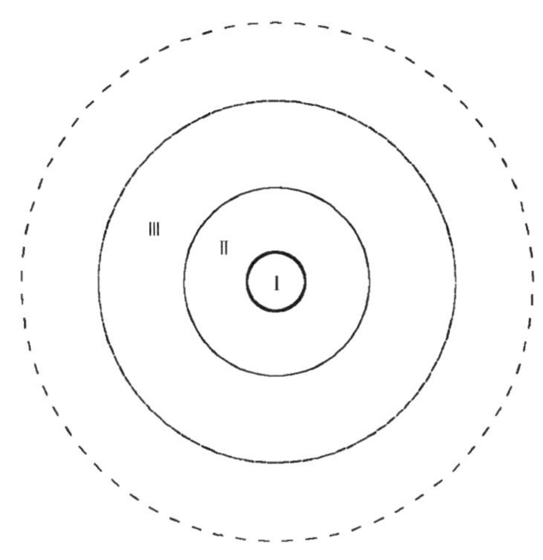


图 3–5–5　按政治资源划分的城中村内部空间模式图
Ⅰ. 权力核心区；Ⅱ. 权力边缘区；Ⅲ. 权力空白区

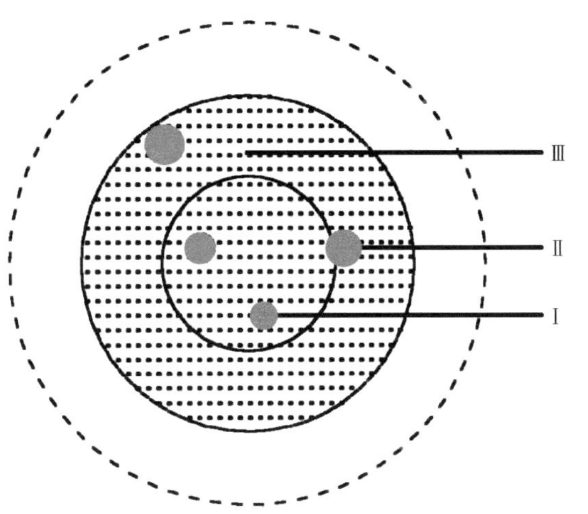


图 3–5–6　按文化资源划分的城中村内部空间模式图
Ⅰ. 消亡中的传统文化区；Ⅱ. 生长中的各种新兴文化区；
Ⅲ. 文化贫乏区

城中村政治空间各部分的活动构成表　　表 3–5–4

| 地区 | 决策 | 参政 | 无权 |
|---|---|---|---|
| Ⅰ | + | – | – |
| Ⅱ | – | + | – |
| Ⅲ | – | – | + |

注："–" 代表 "无"；"+" 代表 "有"；"o" 代表 "有但数量很少"。

城中村文化空间各部分的活动构成表　　表 3–5–5

| 地区 | 传统文化 | 现代文化 | 文化贫乏 |
|---|---|---|---|
| Ⅰ | + | – | – |
| Ⅱ | – | + | – |
| Ⅲ | – | – | + |

注："–" 代表 "无"；"+" 代表 "有"；"o" 代表 "有但数量很少"。

## 5. 4. 6　按社会资源划分的城中村内部空间

按社会资源划分的城中村内部空间呈现一种碎片拼缀结构，构成各部分的碎片即为城中村中原住民的固有纽带与外地移民从各自来源地带来的社会关系网片断（图 3–5–7）。

## 5. 4. 7　按声望资源划分的城中村内部空间

如上文所述，按声望资源划分的城中村内部空间呈现一种匀质结构，如图 3–5–8 所示。

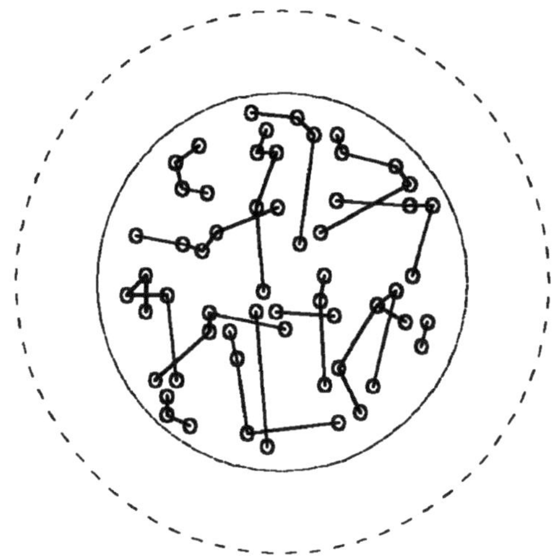

图 3-5-7　按社会资源划分的城中村内部空间模式图

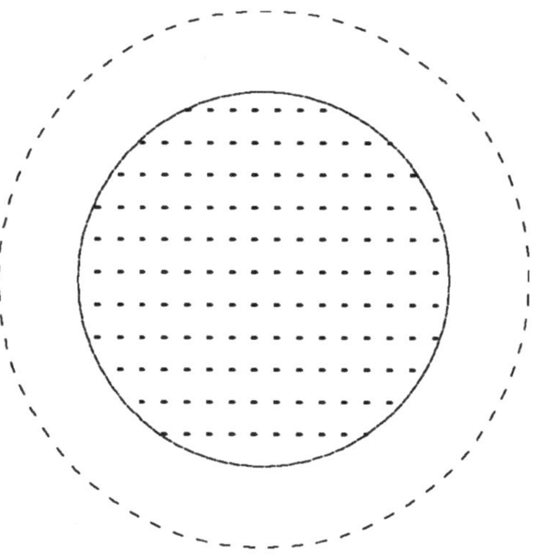

图 3-5-8　按声望资源划分的城中村内部空间模式图

## 5.4.8　按公民资源划分的城中村内部空间

如上文所述，按公民资源划分的城中村内部空间因常与政治资源挂钩，故呈现一种类似于后者的同心圆结构，如图 3-5-9 及表 3-5-6 所示。

## 5.4.9　按人力资源划分的城中村内部空间

如上文所述，按人力资源划分的城中村内部空间因常与文化资源挂钩，故呈现一种类似于后者的同心圆—岛状结构，如图 3-5-10 及表 3-5-7 所示。

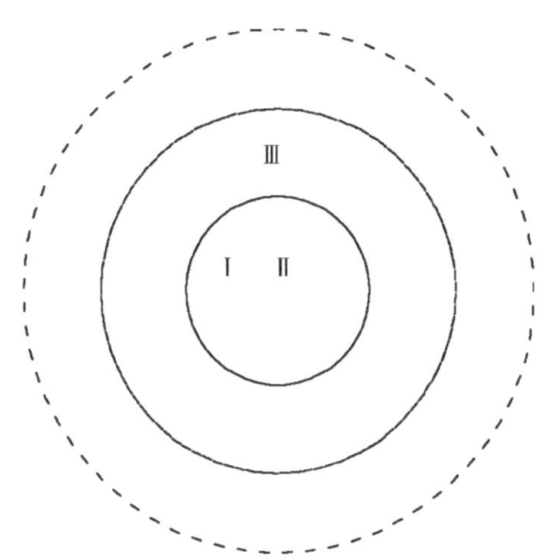


图 3-5-9　按公民资源划分的城中村内部空间模式图
I. 国有社会保障区；II. 集体社会保障区；
III. 无社会保障区

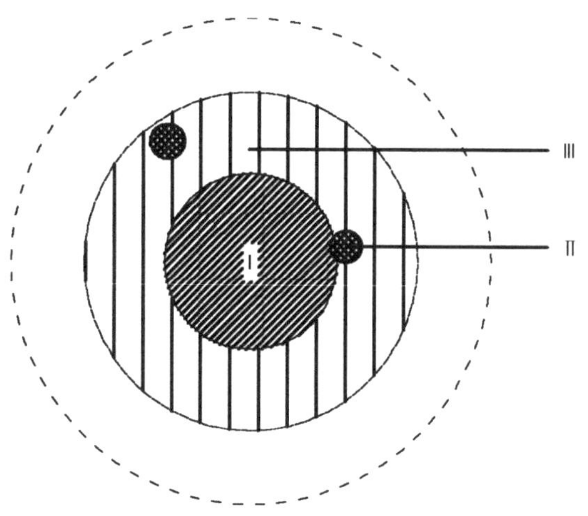


图 3-5-10　按人力资源划分的城中村内部空间模式图
I. 人力资源缺乏区；II. 较高等人力资源区；
III. 较低等人力资源区

城中村公民资源空间各部分的活动构成表　　表 3-5-6

| 地区 | 居民权利 | 村民权利 | 无社会保障 |
| --- | --- | --- | --- |
| Ⅰ | + | - | - |
| Ⅱ | - | + | - |
| Ⅲ | - | - | + |

注："-"代表"无"；"+"代表"有"；"o"代表"有但数量很少"。

城中村人力资源空间各部分的活动构成表　　表 3-5-7

| 地区 | 传统技能 | 现代高技能 | 现代一般技能 |
| --- | --- | --- | --- |
| Ⅰ | + | - | - |
| Ⅱ | - | + | - |
| Ⅲ | - | - | + |

注："-"代表"无"；"+"代表"有"；"o"代表"有但数量很少"。

## 5.5　结论与讨论

将各支配性社会因素的空间分布状况叠加，即可得到较为全面的社会空间模式图景。因此，在上述七方面讨论的基础上，综合人口、物质空间的结构，可以给出城中村的综合社会空间模型（图 3-5-11、图 3-5-12）。

图 3-5-12 显示了综合的城中村社会空间结构模型。其中：

I. 老村落建成区：建筑密度大，原有农村肌理被破坏；一般村民、居民与部分外地移民房客混居。

I'. 老建成区中的精英聚居区：原有肌理保存，建筑密度低，品质高。村中权势者所居，此类人掌握村中大部分权力，经济上也往往占有强势。

II. 扩展建成区（原为村属田地）：以集体公寓为主，外地移民聚居，发生多样性的文化。

III. 村中主街，最开放的交流界面。

IV. 中央商业带，商服多为移民开业。

V. 破败的厂房等，常为地下经济发生地。

VI. 高素质移民聚居处的文化中心。

VII. 孑遗的、消亡中的传统文化中心。

VIII. 由移植碎片构成的村中社会网络。

IX. 被城市扩张侵占的（本属于村庄田地的）村庄土地。

通过以上分析可以看出，在城中村社会空间中，占据主导与支配性地位的仍是传统社会阶层划分的四个决定要素：经济、政治、文化和社会资源。而表征现代社会特点的要素或者体现并不明显，或者仅在某一方面依附于传统要素而存在。另外，城市与农村、本地与外地的特征都在各个方面有所体现。因此，总的来说，城中村社会空间介于传统与现代之间，城市与农村之间，地方与全局之间，属于一种典型的过渡性空间形态。

由于其过渡性，加之在上文各因素的分析中所显示的，许多社会空间的组成因素自身也处于未成熟或平衡状态，联系中国正处于社会转型期的大背景，可以预见的是，上面总结的城中村社会空间形态模型可能会随着时间轴的前进而有所变化。这种变化，在社会发展状态不发生大

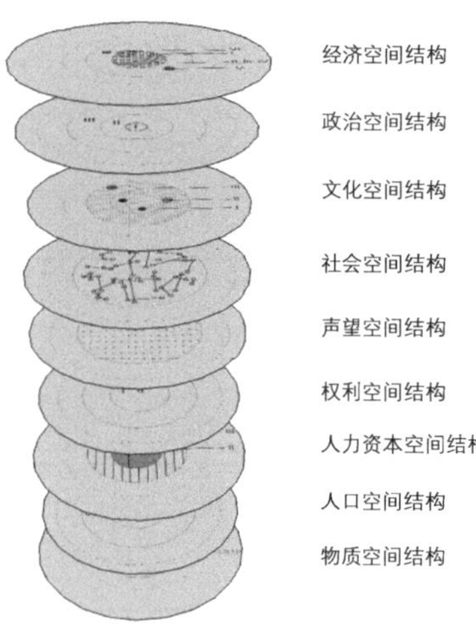


图 3-5-11　叠加状态的城中村社会构成模式

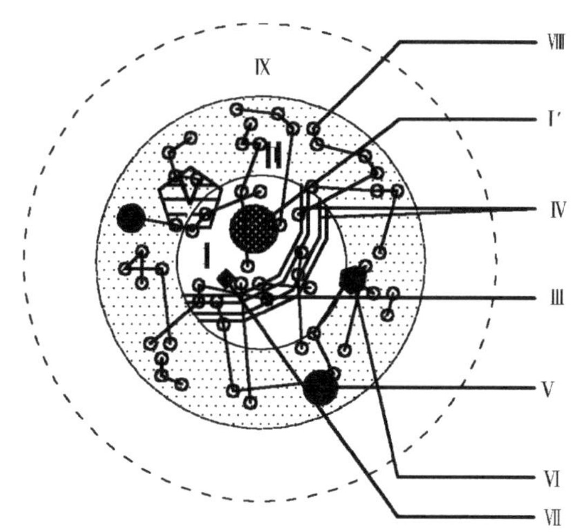


图 3-5-12　城中村综合社会空间结构模型

改变的条件下，几乎是一定会发生的。

城中村的空间被大量外地流动人口所占据，故城中村存在的意义首先在于其吸纳了大量的流动人口。城中村为流动人口提供了很好的聚落条件，使其形成在城市中大分散小聚居的格局，这对于城市社会的稳定、城市整体的有序发展都是大有裨益的。

城中村社会空间的另一个重要意义在于它解决了一部分未能跟进社会劳动技能要求发展者（部分原住民）的生计问题，从而同样提供了社会稳定性。在转型期的过渡性社会，这一点是至关重要的。

最后，城中村作为一种独具特色的社会形态的存在，为社会多样性的发展也作出了相应的贡献。

关于城中村的形成机制，有待于专门的后续研究。由六郎庄的案例可以肯定的影响因素包括：市场转型期社会资源与产品的双轨制（水平市场、垂直权力）分配，中国的法律与土地使用制度，外部城市发展，移民，传统社会网络的力量，“拆迁”等行政指导因素与利益主体（村民）的博弈等。

# 参考文献

[1] Lefebvre H. 1991. Translated by Donald N S. The Production of Space. Blackwell. Oxford.

[2] Ware C F. 1963. Greenwich Village 1920–1930. Berkeley：University of California Press.

[3] 保罗·诺克斯，史蒂文·平奇 . 2005. 城市社会地理学导论［M］. 柴彦威，张景秋等译 . 北京：商务印书馆 .

[4] 北京城区角落问题调查课题组朝阳、海淀小组 . 2005. 城市“角落”—成因分析及对策 . 北京规划建设，(3)：13–16.

[5] 城中村问题课题组 . 2003. “城中村”改制与改造的若干问题 . 南方经济，(4)：27–29.

[6] 冯健 . 2004. 转型期中国城市内部空间重构 . 北京：科学出版社 .

[7] 胡莹 . 2002. “城中村”的文化冲融—以广州市石牌村为例 . 城市问题，(2)：42–44.

[8] 蓝宇蕴 . 2005. 都市里的村庄 . 北京：生活・读书・新知三联书店 .
[9] 李春玲 . 2005. 断裂与碎片：当代中国社会阶层分化实证分析 . 北京：社会科学文献出版社 .
[10] 李俊夫 . 2004. 城中村的改造 . 北京：科学出版社 .
[11] 李培林 . 2004. 村落的终结 . 北京：商务印书馆 .
[12] 李志民，宇文娜 . 2007. “城中村”居住形态的变迁及成因分析 . 西安建筑科技大学学报(自然科学版)，(1)：118-122.
[13] 刘玉亭，吴缚龙，何深静等 . 2006. 转型期城市低收入邻里的类型、特征和产生机制：以南京市为例 . 地理研究，(6)：1073-1082.
[14] 周新宏 . 2007. “城中村”研究综述 . 开放导报，(1)：42-44.

# 6 韩国留学生社区的社会网络结构及其演变——对北京五道口韩国留学生社区的调查①

SIX

## 6.1 引 言

20 世纪 70 年代以后，西方国家地理学的研究逐渐完成了社会—文化转型的过程，社会和文化成为现代地理学研究的重点视角。西方学者通过野外调查方法对异质性社区开展研究的案例很多，如美国社会学家怀特（1991）的《街角社会：一个意大利人贫民区的社会结构》，提出种族贫民窟的问题不在于它没有组织而在于它本身的社会组织未能与周围社会结构融为一体。再如，对唐人街的研究，发现唐人街是在非中国环境中社会和经济活动的中心（Kung，1962）。20 世纪末，中国学者也开始重视对异质性社区的调查研究，最典型的是对北京浙江村的调查，结果表明，聚居区是开放的，问题不在聚居区本身而在社区和外界的联系方式上，应该调整原有的城市社会管理体制，让不同社区按其原有基础，更好地和各自对应的城市社会体系接轨（项飚，2000）。

随着中国社会进入转型期，社会群体经历了明显的分化和重组，在城市空间上也表现出了居住形态和社区的多样化和复杂化特点。大量异质性社区的涌现不仅改变了城市的生活空间，还带来了新的文化冲击，新的生活方式和价值观丰富了城市文化的多样性，进而又加速了城市文化的转型过程。

随着中韩贸易和文化的频繁交流，韩国来华留学生数量剧增。相关数据表明，来华韩国留学生的人数一直处于高速增长状态，韩国 4700 万人口中有 30 万人在学习汉语，全国 200 多所大学、120 多所中学已开设汉语课程，此外还有各类进行汉语教学的营利性教育服务机构逾 100 所。就北京而言，韩国留学生的集聚，已形成典型的异质性社区，如五道口、望京成为韩国留学生的集中居住区。

外国留学生聚居区是很好的城市社会地理学论题，但从地理学视角开展研究的并不多见。本文拟以北京五道口地区作为调查地区，从城市社会地理学的角度来论述韩国留学生聚居区产生的过程、社区的社会网络结构特征以及社区发展的动力机制，为认识城市异质性社区提供一个有趣的样本。

---

① 本文作者：丁文静。

## 6.2 研究区和研究方法

### 6.2.1 中国的韩国留学生

根据国家留学基金管理委员会发布的《2004 年全国来华留学生数据统计摘要》，在中国的韩国留学生人数达到 43617 人，位居各国来华留学生人数的第一位，其中北京、上海是接收韩国留学生最多的地区。在众多接收留学生的大学中，接收留学生人数最多的大学是北京语言大学，其次是复旦大学和北京大学。

2003 年接收留学生人数前十位的大学　　表 3-6-1

| 序号 | 学校名称 | 人数 | 占来华总数（%） |
|---|---|---|---|
| 1 | 北京语言大学 | 9883 | 8.92 |
| 2 | 复旦大学 | 4634 | 4.18 |
| 3 | 北京大学 | 4590 | 4.14 |
| 4 | 上海交通大学 | 4005 | 3.61 |
| 5 | 北京师范大学 | 3689 | 3.33 |
| 6 | 清华大学 | 2842 | 2.56 |
| 7 | 华东师范大学 | 2346 | 2.12 |
| 8 | 南开大学 | 1912 | 1.72 |
| 9 | 同济大学 | 1842 | 1.66 |
| 10 | 浙江大学 | 1792 | 1.62 |

资料来源：国家留学基金管理委员会，2004。

据同年数据，北京语言大学、北京大学和清华大学接收的留学生总数占来华总数的 15.62%，在全国范围内占有相当大的比重。其中，韩国留学生又占主要地位，而且三所大学地理临近，在这三所大学附近形成的韩国留学生社区规模比较大，具有一定的代表性。

### 6.2.2 五道口韩国留学生社区

**1）地理边界**

对“五道口韩国留学生社区”范围进行界定。通过与住在各个小区的韩国人交谈和对小区的观察，将住有较多韩国留学生并与五道口社区联系较为紧密的小区归入这个社区。这些社区包括北京语言大学附近的东王庄小区、基建四小区、二纺机小区、东升园、非常宿舍，清华大学附近的西王庄小区、华清嘉园以及北京大学附近的燕东园、中关园小区。

**2）人群分布特征**

就五道口韩国留学生社区里的韩国留学生而言，按照在中国停留时间的长短，这个群体内部存在较大差异。国家留学基金管理委员会 2004 年发布的详细统计说明，2003 年来华韩国留学生中，非学历生的人数要远远多于学历生。博士研究生、硕士研究生、本科生和专科生四种学历生的总人数为 9614 人，高级进修生、普通进修生、短期培训生的总人数为 19718 人，韩国是唯一一个非学历生人数高于学历生人数的国家。学历生的就学时间都在三年以上，非学历生

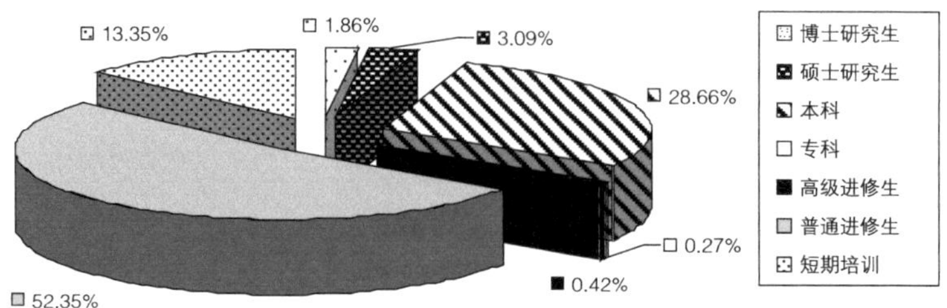


图 3-6-1　2003 年来华韩国留学生分类统计图

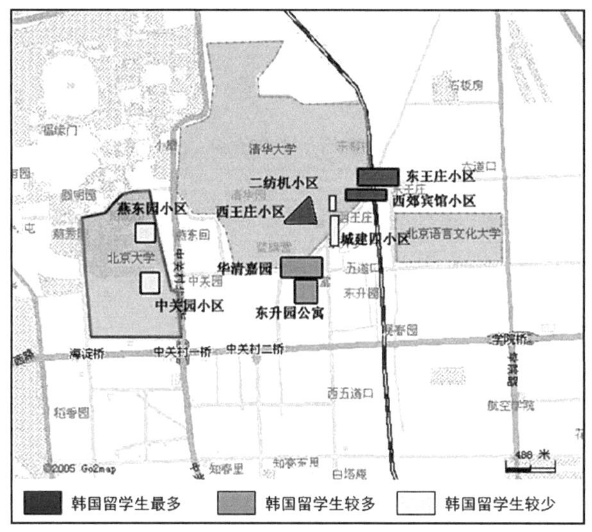


图 3-6-2　五道口韩国留学生社区人口分布示意图

的就学时间都在两年以下。这种非学历生占 2/3 以上的留学生组成的群体，人口流动和更新都非常快，是一个不稳定且内部不易建立紧密社会关系的社会群体。

韩国留学生在这个社区的分布也是不均匀的，有明显的集中分布区。根据留学生居住密度大小的不同，将五道口附近的小区分为三种类型：北京外国语大学附近的东王庄、西王庄小区和西郊宾馆小区是密集分布区，华清嘉园、东升园是中度密集分布区，其他的小区是普通分布区。

社区内出现这种分布状况和各个学校的招生人数以及小区内留学生身份的不同有着密切关系。北京语言大学是中国唯一一所以对来华留学生进行汉语和中华文化教育为主要任务的国际型大学，是中国从事对外汉语教学与研究的中心和基地。北京语言大学在全国范围内也是招收外国留学生最多的大学，学生就近择居，因而在北语附近的小区居住的韩国人最多，密度最大。在韩国留学生未考入大学之前都会在中国上语言预科班或者补习班，据许多留学生说，西王庄小区开有许多不错的预科班，那里居住了许多还在上预科的学生。其他大学招收韩国留学生相对北京语言大学少，因而附近小区居住的韩国留学生也较少。

## 6.2.3　研究方法

本文采用的主要研究方法包括个案访谈法和文献研究法。

1）个案访谈法

笔者于 2005 年对五道口韩国留学生进行调查。主要采用深度访谈的方式，先后与 17 位韩国留学生进行访谈，每位时间大约为 40 分钟。访谈内容围绕其社会关系和社会网络特点，同时涉及在中国的求学历程、居住搬迁历史、日常消费倾向、宗教信仰、搬迁意向以及毕业后的打算等方面的问题。

**2）文献研究法**

韩国留学生社区在众多的社区研究中还未有涉及，因此与该社区相关的资料只能从头开始在实际中查找获取。但是学术界对异质性社区的研究已经取得很多成果，积累下来的理论基础比较雄厚。对其他异质性社区研究论文及书籍进行阅读，吸收其成熟的研究方法和先进的理念，如著名的《街角社会：一个意大利人贫民区的社会结构》、《唐人街》以及《跨越边界的社区》等著作，给笔者带来很多启发。

## 6.3 五道口韩国留学生社区演变过程

在五道口的韩国留学生越来越多。韩国留学生社区逐渐形成的过程主要经历了三个阶段的演变（图 3-6-3）。

### 6.3.1 萌芽期（1992~1998 年）

这个阶段，来北京的韩国留学生不太多，分散居住在五道口附近的小区里面。

1992 年以前，学习中文及其相关专业的韩国留学生多在中国台湾留学。1992 年，中韩两国建立大使级外交关系以后，学习中文相关专业的韩国留学生从台湾转向大陆，中韩两国的学生交流逐渐增多，来中国的留学生也逐渐增多。

在五道口住下来的第一个韩国留学生无据可考，到底从什么时候开始五道口变成了韩国留学生的聚居地也无从可知，但从在五道口居住时间较长或是对五道口比较了解的人口中得知，从 1998 年开始，五道口的韩国人就已经很多了。因此，本文在社区发展阶段划分中将 1998 年作为一个分界线，在此之前，都视为社区发展的萌芽期。

留学生的居住有两种选择：一种是在学校宿舍居住，另一种是在附近的居民区租房子。由于中国的留学生宿舍条件要低于韩国的宿舍水平，另外，学校也没有足够多的宿舍，所以一部分韩国留学生选择在校外租房。韩国留学生期望有一个较好的生活环境和小区质量，那时，五道口的小区建设较新，小区管理比较成型，且距离各大学较近，正好成为韩国留学生居住的首选。在这个萌芽阶段，韩国留学生的居住地零散分布在五道口附近的小区内。

### 6.3.2 快速发展期（1998~2000 年）

在这个发展阶段，五道口韩国留学生社区人口快速增长，在五道口附近的小区开始形成聚居区，零星出现韩式餐馆。

1998 年之后，五道口的韩国留学生人数快速增长，导致这种结果有多方面的原因。家庭对孩子高等教育的重视程度逐渐升高，但是国内的教育机会有限，无法在韩国上大学的学生希望从其他途径获得受高等教育的机会。在这个阶段，韩国媒体对中国的正面宣传较多，国门的开放、经济的发展、教育的进步等都吸引了许多韩国学生。此外，中国的教育费用与韩国相比较便宜，教育质量比较优秀，许多韩国学生便来到中国获取接受高等教育的机会。另一方面，一些取得大学学位，想在中国进一步深造的韩国大学生也陆陆续续地来到中国。

在这一阶段，韩国留学生数量急剧增加，留学生对房屋的需求量也急剧增加，学校宿舍很有限，房屋供不应求，五道口的房价也上涨较多。

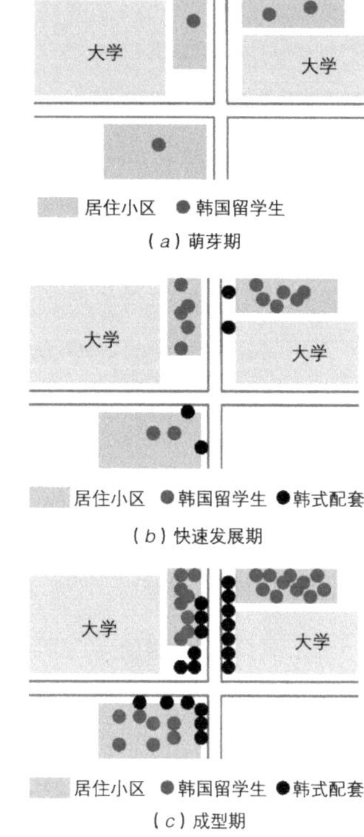

图 3-6-3　五道口韩国留学生聚居区的演变过程

### 6.3.3　成型期（2000 年以来）

在五道口韩国留学生社区成型期这个阶段，韩国留学生的人数仍然继续增长，聚居区附近出现大量专门为韩国留学生服务的各种基础设施，韩国留学生这类特殊人群的内部交流逐渐加强，转化成为真正意义上的社区。

2000 年以后，韩国经济开始衰落，全国经济都呈现出一种不景气的状况，公司对员工能力的苛求以及国内失业率的持续增长，导致了较高的就业压力。另外，韩国将对中国市场的开发作为经济发展的主要战略，各个公司在与中国的经济贸易中对国内汉语人才的需求量逐渐增长，汉语成为许多韩国人就业的一个砝码。

五道口韩国留学生社区在这一阶段发生了感官上的具体变化。由于韩国人的生活习惯不同于中国人，在饮食、娱乐等方面都有不同于中国人的需求。一些商家迎合了这种新的市场需求，在五道口小区周边纷纷开设韩国特色的餐馆、超市、发廊和各种娱乐场所，使得这些小区具有独特的特点（即韩国特色），五道口附近的居民也都称其为“韩国街”。社区基础设施的不断完善，是韩国留学生社区真正成型的标志。

在五道口韩国留学生社区的成型期阶段，社区发展曾出现一次不小的波动。2003 年上半年，非典型性肺炎的扩散使得北京城蒙上了一层恐怖的面纱，几乎所有的韩国留学生都买了机票直接回家，社区发展也呈现出一种停滞甚至倒退的景象。

“非典”过去之后，北京城依旧具有往昔的独特吸引力，中断学业的韩国留学生陆续回到中国，五道口韩国留学生的数量又回到以前持续增长的状态。五道口的房租也和韩国留学生的数量一样，只涨不降，在中国人眼中韩国人是“富人”的认知更加速了房价的上涨。

## 6.4　韩国留学生社区的社会网络结构特征

在五道口这个韩国留学生社区里面，留学生们之间如何进行彼此的交往，如何进行自己的生活，是什么样的组织和集体让他们在这个陌生的国度寻找自己民族的安慰，这一部分内容将会解答这一系列关于一个民族在另一个国家留学生活的问题。

### 6.4.1　韩国式的基础设施建起社区网络结构的物质构架

五道口韩国留学生社区的韩国式基础设施是韩国留学生消费频率最高的交流场所，这些设施为社区社会结构的形成提供了物质构架。

在东王庄小区西边沿街，分布着各式各样的韩式餐馆。到了傍晚，在这条路上，成群的韩国留学生在路边或停留，或走动。他们是这些韩式餐馆的主要消费群体，晚上也是活动聚会的最佳时间。

在东王庄小区边上这些韩式餐馆里面，很少见到中国客人，绝大多数都是韩国人。路边的酒吧里面，从白天到晚上，客人都络绎不绝。韩国留学生对这附近的餐馆的依赖程度很高。

“我的朋友年纪都比较大，不太适应中国菜，中国菜比较油，只要是我们一起出去吃饭，我们都会去五道口附近的韩国餐馆吃饭。”

（2005 年 4 月 5 日对韩国留学生 A 的访谈）

不仅仅是年纪比较大的留学生，许多年轻的留学生也对韩国菜有着独特的感情。此外，还有许多年轻的韩国留学生来到中国生活几年，从来没有尝试过中国菜。

“我和朋友出去吃饭和玩的时候不会刻意去挑韩国餐馆，中国餐馆也有很多挺好吃的，但是我们总是不由自主地会经常去那里。”

（2005 年 4 月 29 日对韩国留学生 B 的访谈）

“我有同学来北京四年从来没有吃过中国菜，他们从来没去过北大的食堂，也没去过中国的餐馆，他们平时在宿舍都会叫韩国菜的外卖，还经常和朋友一起出去吃。”

（2005 年 4 月 19 日对韩国留学生 C 的访谈）

除了饮食，美发、日常用品的消费，绝大多数韩国人都有消费韩国产品的倾向。这和韩国留学生对中国产品质量不满意有关。对于日用品的消费，他们各有各的说法，但是归根结底，韩国商品和韩国牌子的商品是最优的选择。

“北京好多理发店看起来都不干净，我不敢去，我还是喜欢去韩国人开的理发店，有安全感。”

（2005 年 3 月 28 日对韩国留学生 D 的访谈）

“我的大部分日用品都是从韩国带来的，我用的盐也是。韩国的盐和中国的不一样，我习惯了自己国家的东西……如果我买中国的产品，我也会买在中国产的韩国牌子的产品，因为我觉得中国的牌子质量不好。”

（2005 年 4 月 19 日对韩国留学生 C 的访谈）

“我不是特意去买韩国的牌子或是韩国的产品，我用过中国的产品，质量确实不如韩国的牌子好。”

（2005 年 4 月 29 日对韩国留学生 B 的访谈）

对于韩国超市的评价，众多人的说法比较一致，虽然比较贵，但仍会去买东西。

“附近韩国超市的东西特别贵，因为要交关税，比在韩国贵好多。在我想吃的时候，我偶尔也会去买一些韩国的零食。不过，我经常去买的只有泡菜。”

（2005 年 4 月 3 日对韩国留学生 E 的访谈）

饮食、日用品、美发等方面的消费，无论是住在东王庄附近的韩国留学生，还是住在北大附近的留学生，东王庄小区外的沿街店面都是他们最经常去的地方。韩国式的基础设施为韩国留学生提供了按照本民族习惯生活的可能，为他们提供了互相交流的平台，通过这个纽带，他们的生活被联系在一起。

## 6.4.2 宗教是社区网络结构联系最紧密的组织

韩式基础设施是韩国留学生生活的纽带，宗教则是他们心灵交互、递增认同感的纽带。宗教组织也是社区内部联系最紧密的组织。在韩国，基督教、天主教、佛教是信仰人数最多的宗教，基督教近几年甚为昌盛。在本研究所访谈的留学生中，信仰基督教的人数也最多。

由于中国政府规定外籍人员禁止向中国人传教，所以韩国人在中国的宗教组织带有一定的封闭性，这也促进了韩国人之间的认同感和归属感。

"每周我都会去21世纪大饭店做礼拜，那里的大厅分成两部分，一边是欧美人，一边是韩国人。我们这边都用韩语传教、做祷告。"

(2005年3月28日对韩国留学生D的访谈)

"每次复活节，我们都会在楼下发鸡蛋，但是我们不能发给中国人，只能发给韩国人。因为向中国人传教是违法的。"

(2005年4月29日对韩国留学生B的访谈)

此外，基督教还在教徒内部形成许多互助和学习小组，如果谁需要帮助，教会组织就会出面帮忙解决一些问题，这无疑更进一步加深了教徒之间的社会联系。

"我的一个信基督教的同学，她的书很多都不是自己买的，都是教会的师兄师姐用完之后送给她的。"

(2005年4月19日对韩国留学生C的访谈)

"我们在北大的信基督教的韩国人组成学习小组，每周都有一定的时间在一起学习圣经和其他的宗教书本。"

(2005年4月29日对韩国留学生B的访谈)

对于韩国留学生来说，宗教不仅仅具有宗教意义，它还通过组织各种社会活动为在北京的留学生创造出一种比较有归属感的氛围，通过这些社会活动，韩国留学生们能够感受到"集体"的作用。

"我信仰基督教，每周都会到望京去做礼拜……教堂的教父组织了一个足球队，很多人一起踢足球，还会参加一些比赛。"

(2005年4月29日对韩国留学生B的访谈)

"和许多韩国人一起踢足球，是一件很高兴的事情。我参加了两个足球队，一个是留学生自己组织的，一个是教堂教会组织的，我们每周都有活动。留学生自己组织的那个足球队每年还有比赛，和其他国家的球队比赛。"

(2005年3月28日对韩国留学生D的访谈)

## 6.4.3 "网络社区"对韩国留学生社区的社会网络结构形成起着主导作用

上网是韩国留学生除了学习生活以外花费时间最多的活动，互联网络社区更是他们交朋友、获取信息的重要途径。在韩国留学生中，互联网络和现实生活的社会关系互相转换，现实中社会交往密切的留学生群体的社会关系往往是在网络社区中就已经形成的，互联网的虚拟社区对于现实社区社会网络结构的形成起着主导作用。

所有的韩国留学生都自豪地告诉笔者，韩国人的上网率在全世界是最高的。当问起韩国留学生们如何获取关于国内的消息以及北京的各种消息时，所有人的第一个答案都是网络，通过报纸和杂志获取消息的人很少。不管是新闻，还是和生活相关的信息，他们都能够从网络中得到。

“我要是看韩国的消息，我经常会去 http：//www. daum. net，那是韩国最大的网站之一。我也会经常去中国大使馆和外交部的网站看一看，如果我要买二手的东西，我会去 http：//www. ebay. com 上面看看……”

（2005 年 3 月 28 日对韩国留学生 D 的访谈）

韩语网站上比较有名的网络社区有几个，最受欢迎的是 daum 网站的网络社区，上面有若干个专门为在北京的韩国留学生开设的专区，图 3-6-4 是其中最大的一个北京韩国留学生的网络社区的网页截图。左侧橙色区就是各讨论区的划区分类，可以为韩国留学生所用的有 11 个大区，分区具体项目如下：

●北京留学生聚会　无限大 contents
- ◆北京留学生聚会通告
- ◆北京留学生聚会登记申请
- ◆北京留学生聚会聊天室

●北京留学生聚会 问答区（Q&A）
- ◆回答你渴望的问题（Q&A）
- ◆关于学校（Q&A）
- ◆关于签证（Q&A）

●留学生活情报
- ◆准备留学
- ◆关于 HSK 的交换情报
- ◆现在中国是……
- ◆北京生活日记
- ◆介绍北京语言大学
- ◆北京城内好玩的地方
- ◆现在北京情报市场
- ◆中国留学，一起去吧

●北京留学生市场
- ◆找工作 招聘
- ◆找工作 应聘
- ◆打工/辅导/其他
- ◆购物指南
- ◆房屋租赁
- ◆Home Stay

●北京留学生聚会经营人资料
- ◆经营者资料

●北京留学生聚会　频道
- ◆北京留学生聚会　最热闹
- ◆北京留学生聚会　114
- ◆北京留学生聚会　找人
- ◆北京留学生聚会　祝福中
- ◆北京留学生聚会　小组房间
- ◆北京留学生聚会　个人网络空间地址
- ◆北京留学生聚会　秘密日记

●地区问答区
- ◆天津
- ◆上海
- ◆沈阳

●资料小窝
- ◆资料小窝
- ◆会员照片
- ◆商品照片
- ◆报导资料
- ◆媒体报导资料

●和睦聚会
- ◆父母聚会
- ◆工作的人聚会
- ◆五道口聚会
- ◆望京聚会
- ◆足球聚会
- ◆数码相机聚会
- ◆美食家聚会

◆高级经理资料

●北京留学生聚会　4 幅画卡通

◆4 幅画卡通

●北京留学生聚会　便条纸

◆便条纸

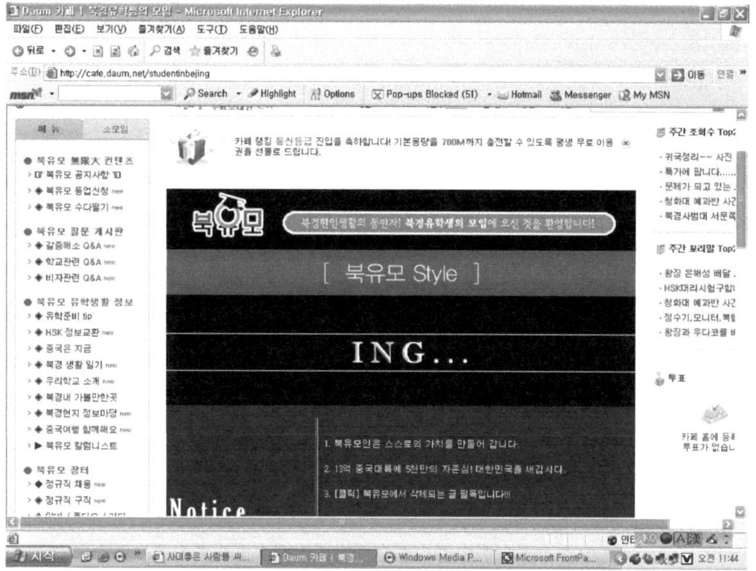


图 3-6-4　韩语网络社区网页截图

这些分类包括了留学生学习生活的全部，从学校情况介绍、签证、汉语考试，到北京的生活、北京消费游玩的地方，从北京留学生就业、彼此之间二手商品的交易、房屋租赁信息交流，到各种人群和地区的聚会，每天都有大量的留学生发布和浏览各种信息。

“我们把这些网上讨论问题的地方叫做 café，就像是在咖啡厅里和自己的朋友聊天。”

（2005 年 3 月 28 对韩国留学生 D 的访谈）

这些 café 的主题，是可以根据大家喜好而不断开设的，就像我们的论坛或者 BBS。每个留学生的喜好不一样，每个人都会有一些固定的 café 经常访问。经常去同一个 café 的人彼此之间都很熟悉，这更增加了相同爱好者的集体归属感。

“那样的 café 什么方面的都有，比如 20 世纪 80 年代出生的人就可以在一起组建一个，70 年代出生的可以建另外一个。上面还会发布许多消息，有房子的消息、卖二手商品的消息。你要是想知道什么事情，就可以到那里去问，很多人都会告诉你……我经常去一个叫做‘美食家聚会’的 café，除了讨论之外，我们还经常到北京各个地方吃好吃的东西，很有意思。”

（2005 年 4 月 3 日对韩国留学生 E 的朋友访谈）

当问及“在北京最让你有归属感的集体”时，韩国留学生 D 说他和朋友一起讨论国内事情的时候最有归属感。这些互联网络社区已经成为韩国留学生社会交往最重要的平台，当 café 里的人们对于讨论的问题有极强的一致认同感时，他们就会觉得自己找到了组织，找到了归宿，这是一种心理归属感的表现。

### 6.4.4 韩文报纸和杂志为韩国留学生社区提供与外界信息传递的介质

在唐人街这种发展时间长又非常成熟的异质性社区里，内部人员都会有用以交流和发布消息的报纸和杂志，这些报纸和杂志是唐人街自己组织发行的，是专门为唐人街的华人服务的。在五道口韩国留学生社区里面，网络已经取代了这些报纸作为信息传递的媒介。社区里确实有很多种报纸和杂志，但是它们的内容大部分都是广告宣传，只能作为外界向韩国留学生社区内部传递信息的介质。

“这些韩文报纸都是在餐馆里面免费看的，可以带走，但绝大多数是一些广告，杂志里面全部是广告，有房子的广告，也有餐馆、医院、洗浴中心、化妆品等的广告。我觉得办得不好，广告太多，其实我也不太经常看，只有去餐馆吃饭的时候才会看看。”

（2005 年 3 月 28 日对韩国留学生 D 的访谈）

这些报纸和杂志都针对韩国人这个消费群体，发布许多他们可能用得着的商品广告。这些报纸和杂志只是韩国人群体外部对韩国人的一种推销策略，对于社区内部的交流和认同感并没有起到什么作用。这些消费信息的发布，对于五道口韩国留学生社区的发展或许会有一些推动作用，比如居住地的扩展、消费场所的扩大，这些作用本文暂时还无法证实。但是，韩文报纸和杂志为韩国留学生与外界的联系提供了一个通道，是社区与外部联系的一种方式。

## 6.5 韩国留学生社区演变的影响因素和综合作用机制

韩国留学生社区从稀疏的分布到目前的集中分布、消费设施完备、韩国街式的社区，经过了一个发展演变的过程，在这个演变过程中，众多因素都起着不同的作用，下面将讨论众多因素中最重要的方面以及这些因素如何相互作用并引发社区的发展。

### 6.5.1 五道口韩国留学生社区演变的影响因素

影响五道口韩国留学生社区演变的因素是各种各样的，本文把这些影响因素分为两类，即宏观因素和微观因素。

1）宏观因素

宏观因素主要是属于国际大环境和国家发展的各种因素，它们决定着来中国的韩国留学生数量的多少，决定着五道口韩国留学生社区的总体发展趋势和阶段性。其中影响力最大的主要有 4 个方面的因素，具体包括中韩关系、韩国国情、中国国情和两国高等教育状况。

（1）中韩关系

中韩关系的紧密程度与韩国留学生的数量呈正相关。中韩建立大使级外交关系以来，来中国留学的韩国留学生数量不断增加。近年来经济上与中国的合作关系也日益紧密，这更加速了中韩的交流，来中国留学的人数持续上涨。

（2）韩国国情

韩国国内的情况直接影响着高等教育的重要性和专业人才的需求方向。从 21 世纪初开始，韩国经济开始衰落，呈现出全面不景气的状态。由此产生巨大的就业压力，国内就业竞争加强，高等教育的重要性逐渐显现出来。为缓解这种经济不景气状况，韩国各企业开始全面抢占中国市场，韩国企业对汉语人才的需求大幅度提升，这抬升了汉语在韩国学生心中的地位。为了得到高等学历或者为了学习汉语，更多的韩国人来到中国求学。

（3）中国国情

对于韩国留学生来说，中国国内的状况是能否在中国正常生活学习的关键，也是影响北京的韩国留学生人数的关键因素。2003 年北京非典型性肺炎传染状况严重，在北京无法继续正常生活，并且时刻有生命危险，这极大降低了韩国留学生在中国的安全感，当时几乎所有的留学生都直接回家了。

（4）中韩两国高等教育状况

无论是哪个国家，显而易见，并非所有的人都可以上大学，每个国家的大学数量都是有限的，有资格上大学的人数也是有限的。韩国国内民众对高等教育非常重视，而且离韩国很近的中国高等教育价格很低，教育质量也不错，对于留学生的门槛很低，这一推一拉两个因素的力量促使很多在韩国无法上大学的学生来到中国得到受高等教育的机会。

**2）微观因素**

微观因素是五道口韩国留学生社区演变的内部影响因素，它们决定了社区的地理范围、社区的人口分布与集聚情况以及社区的内部结构特征。微观因素主要分为以下几个方面：

（1）地理位置的接近性

作为一个大学生，自己的居住地离学校的远近是一个非常重要的问题。显而易见，学校附近的小区会是学生租房子的最佳选择。在离学校很近的小区居住，既可以在居住地享受自己的私人空间，又容易获取学校设施使用的方便和廉价。首先，上课要走的路程较短，通勤时间不长；其次，自习室、图书馆等教学设施利用的可能性会比较高，可以经常去图书馆看书；再次，学生食堂的价格比外面的餐馆便宜，自己做饭费时费力，离学校近可以方便就餐；最后，校内消息获取及时，经常去学校和同学见面，会获取许多关于学校的消息，不至于脱离学校大环境。地理位置的接近性是学生最关注的方面，也是学生选择租房的首要考虑条件。

（2）小区的居住质量

对于韩国留学生来说，小区的质量在其选择居住地的时候起着决定性的作用，对小区的质量选择造成了五道口地区各小区韩国留学生居住不均匀的状况。例如在与东王庄小区隔一条马路的城建四小区和二纺机小区，年代较久，房屋较旧，居住的韩国人数量和密度远远小于东王庄小区。而华清嘉园则是另外一种情况，与城建四小区和二纺机小区相比，到北京语言大学的距离较远，但是那里依然住着许多北语的韩国留学生，在对小区质量的高要求下，地理位置已经不是那么重要了。

“我是女人，我觉得小区最重要的是安全。如果小区没有安全感，我不会住在那里。以前我是住学生宿舍的，但是房子太小，太挤了，而且没有空调，没有浴室，一层楼有一个浴室，太不方便了。所以我才搬出来住，我和我妹妹住在一起，还不错。”

（2005 年 4 月 3 日对韩国留学生 E 的朋友访谈）

“在韩国，不是每个学生都可以住宿舍，学校的宿舍数量有限，家离学校很远的学生才可以住宿舍。韩国大学的宿舍条件比中国的好，也很干净。如果没法住宿舍家又离得远，就在学校附近租房子，韩国的房子也比北京的好。”

（2005 年 4 月 3 日对韩国留学生 E 的访谈）

在这种房屋质量选择下，新建成的小区和装修较好的房屋往往最受欢迎，许多房东迎合韩国留学生的要求，纷纷将房屋进行装修，购置新家具，将房屋专门出租赚钱。

(3) 房子的价格

房子的价格是韩国留学生选择住房的一个控制性因素，对于他们来说，房子的价格决不是可以无限制升高的。在中国老百姓眼里，韩国留学生是“富人”，他们对于房子有很高的支付能力，他们是不会嫌贵的，但是事实却并不像想象中那样。每当问起房租的价格时，韩国留学生们总是露出无奈的表情。

“北京的房子真是太贵了！房东说家具是宜家买来的，很贵，所以房租也要升高。这个价格在韩国，都可以租到比这个好很多的房子……其实我也找过周围的房子，稍微便宜一点的房子一般很差，屋子很破，也不干净，小区不好，感觉不安全。”

(2005 年 4 月 3 日对韩国留学生 E 的访谈)

韩国留学生认为东西可以贵，但是要物有所值。当房屋价格在能够忍受的范围之内，韩国留学生们都会选择合适的地点和较好质量的小区来租房，但是房租一旦超过个人的承受范围，他们就一定会寻找更便宜的住处。

“我一开始在非常公寓住，房租很贵，房东还不错。后来因为非典回家了，再回来的时候住在东升园公寓，后来搬回了学校住宿舍。北京的房租很贵，住宿舍虽然有点挤，但是比较便宜，也很安全。”

(2005 年 4 月 11 日对韩国留学生 F 的访谈)

“我在北京上高中，我原来住在东王庄小区，时间长了觉得房租有点贵，现在搬到青年公寓这边，设施差不多，但是便宜一些。”

(2005 年 4 月 16 日对韩国留学生 G 的访谈)

房屋价格和小区居住质量是两个交互影响韩国留学生选择住房的因素。当价格在个人承受范围之内，小区居住质量是选择住房最重要的因素；当价格超过个人承受范围，他们便会转换居住地，寻找更合适的住处。

(4) 信息传递方式

在韩国留学生选择居住地的时候，信息获取方式有时候起着至关重要的作用。对于他们来说，租房信息的来源，主要有三种途径：租房中介公司、网络和同学朋友。

在对北京较不熟悉、没有什么朋友的时候，要想获取房源信息，租房中介应该是比较合适的选择。不仅找到房子的速度快，事务处理起来也比较方便。

“找房子，我会找中介。因为中介在签约的时候作为证人，之后如果出现什么问题，中介可以帮忙解决。但是后来出现问题的时候，中介总是帮房东说话，我也没办法。以后都不找中介找房子了。”

(2005 年 4 月 11 日对韩国留学生 F 的访谈)

“我认识的不少人都被中介骗过，我也被骗过。我以前找一个中介找房子，他说要交 600 元钱押金，找到合适的房子就会马上通知我。可是那个公司很久都没有通知我，我打电话过去没有人接，去找他们的时候公司已经不在了。”

(2005 年 4 月 19 日对韩国留学生 C 的访谈)

北京许多中介公司对客户的欺骗行为导致韩国留学生对中介的不信任，租房中介这条房屋信息来源现在很少再被人使用。现在，韩文网站是他们获取房屋消息的最主要途径。

"我的房子就是在网上看到的，有一个韩国人要回国，房子就空下来，问谁要租，我就租下来了。"

（2005 年 3 月 28 日对韩国留学生 D 的访谈）

这种例子比比皆是，这种信息传递方式深受韩国留学生信赖，但有关房东、房子本身的消息还没有得到快速传播。

"我有一些同学被房东骗过，就是走的时候，房东说有东西坏了，必须赔偿，押金不能还给他……我有朋友说想把不好的房东的名字和地址发到网上，但是后来嫌麻烦，就没有做。"

（2005 年 4 月 5 日对韩国留学生 A 的访谈）

网络使得信息传递迅速，但是信息的质量影响着信息获取者的使用效果。房间是存在的，但是房东的为人，出租房子的人是否是房东等问题都是不确定的，房子信息的安全性没有保障。在房子信息方面，同学、朋友是最安全的途径。

"我现在住在华清嘉园，房子是我的师姐介绍给我住的。房子很好，师姐住我旁边的房间，房东也很好。如果我们需要什么家具，就买了把购物条给她就行，她会帮我们付钱。"

（2005 年 4 月 25 日对韩国留学生 H 的访谈）

这种朋友、同学介绍的房子满意度是最高的，但是并不是所有人都能从自己的朋友和同学中获得这些消息，这个消息来源对于寻找房子只能起到辅助作用。

（5）社会关系的密切程度

亲密的社会关系是一些韩国留学生选择居住地的决定性因素。当一个人和其他人已经建立了比较密切的社会关系，比如关系很好的朋友、为人很好的房东等，他们就会对这些人有一种依依不舍的感情，他们不愿意离开这些让他们信任的人。

"我在北大上课，我住在东王庄小区，比较远，但是我不会搬家，因为我的好朋友都住在那里，我想和他们住得近一点。"

（2005 年 4 月 5 日对韩国留学生 A 的访谈）

"我不会搬家，虽然住的地方离学校比较远，但同屋和房东都很好，我住的很高兴，我愿意和她们住在一起。"

（2005 年 4 月 25 日对韩国留学生 H 的访谈）

密切的社会关系能够为生活在这个社区中的韩国留学生创造独特的归属感，身边有信任的人住在一起是一件欣慰的事情，社会关系对于住房选择反倒成为一些人的决定性因素。

## 6.5.2 五道口韩国留学生社区演变影响因素的作用机制

1）宏观因素作用机制

（1）中韩关系的改变是五道口韩国留学生社区形成的政治背景

在韩国，汉学一直是比较受重视的研究方向，1992 年之前，也有许多学生学习汉语相关专业，历史、书法、汉语等都是学习人数比较多的专业，那时要是出国留学，韩国人基本上都去台湾地区。1992 年，中韩建立大使级外交关系，韩国承认只有一个中国，和台湾地区的政治关系便变得很薄弱。学习汉语相关专业的留学生纷纷来到大陆学习，这些人成为韩国留学生社区的奠基人。

(2) 中韩两国国情是促进五道口韩国留学生社区发展的推拉两股力量

韩国国内的就业压力和对汉语人才的大量需求是韩国学生到中国留学的巨大推动力。1997 年亚洲经济危机过后，韩国经济一直处于低速发展期，许多大公司为了经济效益大量裁员，就业压力越来越大，高素质人才竞争愈演愈烈。无法在韩国国内上大学的学生开始寻求海外求学道路。韩国教育人力资源部 2003 年 12 月 15 日发布的调查统计数字表明，韩国海外留学生的人数已经达到了 159903 人。同时，韩国开始不断向中国这个大市场扩张，韩国公司对汉语人才的需求量与日俱增，汉语考试已被正式列为韩国外语高考科目，许多青年学生更是把中国作为出国留学的首选。据了解，在韩国中央政府机构，近 500 名公务员正在学习汉语。

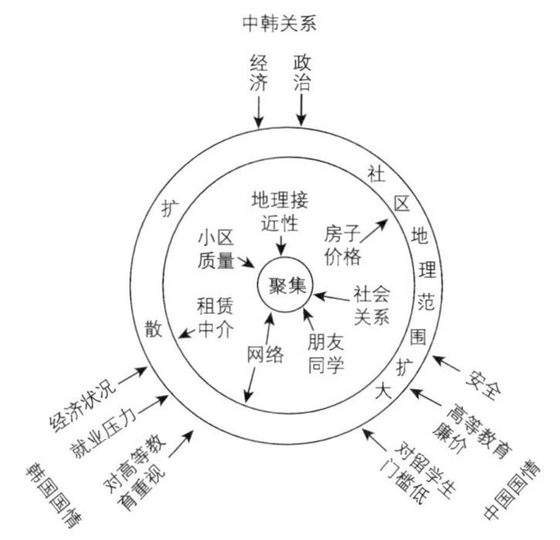

图 3-6-5　韩国留学生社区演变影响因素的综合作用机制图

中国国内政治局势稳定，经济发展迅速，教育费用的低廉和优质是韩国学生到中国留学的巨大吸引力。中国国家局势的稳定给留学生提供了安全的留学生活环境，教育水平的提升给留学生提供了教育质量的保证。此外，与发达国家相比，中国的教育费用是比较低的，这三方面的综合作用成为吸引韩国留学生到中国留学的巨大力量。

中韩两国的经济、政治、教育状况的综合作用形成两股相互强化的力量，这一推一拉两股力量促使来中国留学的韩国留学生日益增多。社区的发展与人数的变化和发展时间密切相关，两股力量正是通过使韩国留学生人数增加来促进五道口韩国留学生社区的形成和发展。

2) 微观因素作用机制

(1) 地理位置接近性、小区质量和房子价格决定社区内部结构大体状态

在地理学的研究中，地理位置总是最重要的影响因素，然而在对五道口韩国留学生社区内部结构的研究中，地理接近性只是韩国留学生房子选择的大背景。他们对住房的地理选择在一个较大的范围之中，只要是不超出这个地理范围的房子都可能会被留学生选中。他们中的大部分人对房子离学校的远近不是那么苛求，只要在自己能够承受的范围内都行。

小区质量和房子价格是影响留学生住房选择的两个相互作用的因素，其中，小区质量的重要性要高于房子价格。在对社区内部结构的影响作用中，小区质量是一个会引发留学生聚居、社区集聚的因素，而房子价格则是一个会引发留学生分散居住、社区扩散的因素。由于中韩两国的收入差异，韩国留学生可以承受较高的房租价格，所以对质量的要求会比较高，在正常价格范围以内，质量越好的房子会越受留学生欢迎。在西郊宾馆附近的小区，由于小区质量的不同造成明显的韩国留学生居住密度的差异。当由于留学生聚居使得房屋价格上涨到无法接受的程度时，韩国留学生就会陆续搬出该小区寻找自己满意的房子。

(2) 信息传递方式是改变社区内部结构的关键

信息有不同的传递方式，韩国留学生也有不同的信息获取方式，当留学生对某种信息获取方式有所偏爱的时候，那种方式就成为决定社区结构的关键因素。在韩国留学生心目中，由于种种欺骗行为，他们对中介的信任度非常低，中介也只在初来北京的韩国留学生中有部分市场。韩文网页和朋友同学的可信度要远远高于房屋中介，这两种方式在目前来说是韩国留学生最偏爱的房源获取方式。

不同的信息获取方式会引起不同的社区内部结构。从房子所处地理位置来讲，中介公司介绍的房源覆盖的地理范围比较大，选择范围也比较宽，韩国留学生的住房范围会随着选择范围的扩大而扩大，租赁中介是一个促使韩国留学生社区扩散的因素。韩文网页和朋友、同学介绍是会导致类似结果的房源获取方式，在韩文网页上发布信息的绝大多数都是韩国留学生，介绍房子的朋友、同学也绝大多数是韩国留学生，他们各自生活在某一个小区里面，只对自己的小区有所了解，介绍的房子也都是自己居住小区的房子，或是自己居住过的房子，这两种信息传递方式会导致韩国留学生的聚居和社区内部的集聚。

正是由于韩国留学生对于网络和朋友、同学有更多的信任，这两种房源获取途径成为现在韩国留学生找房子的最优选择途径，所以，现在的五道口韩国留学生社区呈现出一种集聚的状态。

(3) 密切的社会关系加深了五道口韩国留学生社区的集聚程度

当韩国留学生之间形成密切的社会关系的时候，这种社会关系会促进社区的集聚。密切的社会关系增加了彼此之间的信任感，朋友之间对更多交流机会的需求使得关系要好的韩国留学生们倾向于居住得比较近，这样能够增强心理上的安全感，减弱在异乡的孤独感。

## 6.6 结论与讨论

五道口韩国留学生聚居区区别于其他异质性社区的一个最大特点是，由于很多留学生的学习时间短暂，致使社区人口流动频繁，这种状态直接导致了较为松散的社会网络结构。尽管韩国留学生社区缺乏联系紧密的自发的民间组织，但值得指出的是，韩式基础设施和宗教部分承担了组织载体的作用。前者不仅为社区社会结构的形成提供物质构架，也是韩国留学生日常生活的重要载体，而后者是韩国留学生心灵交互、递增认同感的纽带，成为社区内部联系最紧密的组织。

有必要强调的是，作为信息化社会的产物，互联网络对韩国留学生社区的社会网络结构的形成起到主导作用，因为除了宗教几乎所有的社会活动都由互联网来主导。在韩国留学生中，互联网络和现实生活的社会关系互相转换，互联网的虚拟社区对于现实社区社会网络结构的形成起着主导作用。网络社区根据兴趣爱好将人群进行群体性的划分，群体内部之间交流紧密，这种网络中的关系可以转化为现实中的社会关系。

随着时间的推移，韩国留学生在空间上的集聚会不断加强，但这种集聚并不是出于民族自觉性和认同感，完全以聚居为目的而产生的社区，这与唐人街和浙江村等移民性质的社区有很大区别。从某种意义上讲，韩国留学生社区的形成是一种对住房选择的结果，相同的学生身份、相同的民族、相同的消费习惯、相同的对高质量生活的追求……这些都是导致韩国留学生具有相似住房选择条件的原因，也是导致其聚居的根本原因。

类似五道口韩国留学生聚居区这样的异质性社区的形成完全是自发的，它有自己的运作模式和社会结构。因此，在处理异质性社区问题的时候，要先去了解社区，了解社区中的人，了解社区中人与人之间的社会关系。其实，韩国留学生社区的存在与发展对城市文化是一种贡献，因为它增加了文化的多样性，比之于人为制造出的“俄罗斯文化街”、“日本街”等都更具有活力、更具有真实生活性。

# 参考文献

[1] Kung S W. 1962. Chinese In American Life [M]. Washington: University of Washington Press.

[2] 爱德华·W·苏贾 . 1994. 后现代地理学：重申批判社会理论中的空间 [M]. 王文斌译 . 北京：商务印书馆 .

[3] 广田康生 . 2005. 移民和社会 [M]. 北京：商务印书馆 .

[4] 国家留学基金管理委员会 . 2002-2004. 2002、2003、2004 年全国来华留学生统计 [R].

[5] 李洁瑾，黄荣贵，冯艾 . 2007. 城市社区异质性与邻里社会资本研究 [J]. 复旦学报（社会科学版），(5)：67-73.

[6] 李强，肖林 . 2006. 城市基层社会结构的复杂性与社区多种类型的居住形态 [R]. 北京市社区公共服务信息网 .

[7] 李王鸣，李玮 . 2007. 城市郊区异质社区规划策略探索——以衢州市双港新村为例 [J]. 规划师，23 (5)：13-15.

[8] 李志刚，吴缚龙，卢汉龙 . 2004. 当代我国大都市的社会空间分异——对上海三个社区的实证研究 [J]. 城市规划 . 28 (6)：60-67.

[9] 穆易 . 2003. 北京"村落" [J]. 中国经济快讯，(45)：8-14.

[10] 王春光 . 1995. 社会流动和社会重构：京城"浙江村"研究 [M]. 杭州：浙江人民出版社 .

[11] 王兴中 . 2004. 社会地理学社会—文化转型的内涵与研究前沿方向 [J]. 人文地理，19 (1)：2-8.

[12] 威廉·富特·怀特 . 1991. 街角社会：一个意大利人贫民区的社会结构 [M]. 黄育馥译 . 北京：商务印书馆 .

[13] 夏建中 . 2000. 现代西方城市社区研究的主要方法与理论 [J]. 燕山大学学报（哲学社会科学版），1 (2)：1-6.

[14] 项飙 . 1998. 社区何为——对北京流动人口聚居区的研究 [J]. 社会学研究， (6)：56-64.

[15] 项飙 . 2000. 跨越边界的社区：北京"浙江村"的生活史 [M]. 北京：生活·读书·新知三联书店 .

[16] 谢觉民 . 1990. 人文地理学 [M]. 北京：科学出版社 .

[17] 徐琪，莱瑞·赖恩，邓福贞 . 2004. 社区社会学 [M]. 北京：中国社会出版社 .

[18] 徐新 . 1995. 哈尔滨历史上的犹太人 [J]. 辽宁师范大学学报（社科版），(1)：80-84.

# 7 大学校园半虚拟社区的互动——以北京大学未名 BBS 为例[①]

SEVEN

## 7.1 引 言

信息化是当今世界发展的主要趋势之一，而互联网则是这种趋势的重要象征和载体。随着互联网的快速普及，世界正在进入一个数字化和信息化时代（陈述彭，2001；郑度，2002；顾朝林等，2002）。人类社会在形式和结构上发生了根本性的变化，社区的含义不再局限于空间或精神，借助计算机而形成的虚拟社区的出现，使人们可以通过电子设备进行远距离的沟通和交流，在虚拟平台中构建各种社会关系，形成新的社会网络。虚拟社区成为 21 世纪社区研究的前沿课题。

非空间社区的研究从引入社会学理论开始，现在已经被越来越多的社会地理学者所接受（孙峰华，2002）。对非空间社区的研究，主要集中在社区互动与认同感，社区种族和民族结构系统以及宗教社区结构方面（蔡建明等，1992；孙峰华，1990、1994；方明、王颖，1991；林耀华，1990；郭少棠，1998）。作为一个前沿课题，虚拟社区的研究目前还没有形成完整的理论体系与技术方法，已有的研究主要包括：①虚拟社区的概念和内涵研究，主要从其不同于经验社区的特点来界定，如信息的可储存和再现性、同时可及性、匿名性、开放性等（郑中玉、何明升，2004）。新的信息技术是虚拟社区的物质基础，能够获得身份的互动和社会联系是虚拟社区形成的条件（刘瑛、杨伯溆，2003）。②虚拟社区的互动结构研究，涉及非面对面以及借某种技术媒体为中介的互动问题。在互动过程中，因发帖者、帖子内容的不同会产生“焦点互动”和“非焦点互动”等基本形式，并表现为具体的、多样化的角色关系和互动模式（白淑英、何明升，2003）。③虚拟社区中的权威与规则研究，有学者认为，虚拟社区中也存在权威，但有自身的特点，即互为主体性、沟通性和解放性（陈劲松，2001）。人们在虚拟社区中也要服从规则，因为存在“个人的道德观”、“同侪的评价”和“对规则本身的尊重”等方面的约束（郭茂灿，2004）。甚至有学者提出，选举、弹劾与仲裁构成了一套网络政治，它受到来自真实世界的约束（龚洪训，2001）。

以上研究多是针对使用者完全匿名的虚拟社区，但是在现实生活中，还存在一些使用者并不是完全匿名的网络社区，即所谓的“半虚拟社区”，使用者具有共同的地域基础，或是在现实社会中存在着千丝万缕的联系。国外学者对于这一类虚拟社区讨论较多（Rheingold，2000；

① 本文作者：彭思圆。

Wenger，1999；Morahan-Martin、Schumacher，2000），而目前国内的相关研究还很少。这样的社区互动有什么新特点？本文以北京大学未名 BBS 为依托，通过对互动三要素（互动者、互动方式、互动关系）的研究来回答这个问题。

## 7.2 基本概念、数据获取与研究方法

### 7.2.1 半虚拟社区的概念

最早定义社区的社会学家之一是美国学者罗伯特·帕克，他认为社区的基本特征是："一定地域有组织的人口，多少完全根植于它所占领的土地；个人生活在互相依赖的关系里……" 乔治·希拉里（Hillery，1955）总结了社会学文献中不少于 94 个不同的社区定义，发现其中有 69 个包含共同的三个要素，即一定的地域范围、共同纽带和社会交往。随着信息技术的发展，互联网成为新的交流工具，人与人之间的互动不一定要面对面交流，地域范围的限制减少。

以校园网为代表的半虚拟社区兼具现实社区和虚拟社区的双重特点：一方面，它具有一定的地域基础，生活在共同的地域范围中的互动者通过局域网交流，建立共同的纽带和特定的社会关系；另一方面，它的物质基础是信息技术，具有虚拟社区的开放性、共享性和随意性等特点，通过互联网络实现生活或活动。

简单地说，半虚拟社区就是生活在一定地域范围的人或是在现实中具有某种密切社会关系的人，以不完全匿名的方式通过互联网平台实现交流与互动，建构与现实生活中有差异的角色和社会关系。

### 7.2.2 数据获取

本研究以北京大学未名 BBS（以下简称北大未名 BBS）为依托。北大未名 BBS 于 1999 年 12 月 21 日进入测试期，12 月 24 日产生第一个账号，现共设置 BBS 系统、北京大学、乡情校谊、学术研讨、电脑网络、人文艺术、休闲娱乐、知性感性、三角地、体育修身、社团群体、组织机构、课程特区、未名新区、校务特区、俱乐部共 16 个分类讨论区，每个讨论区又包括 50～100个相关版面，每天平均到站人数约 3 万人。北大未名 BBS 已成为北大学生交流和发布相关信息的最重要的场所。

### 7.2.3 研究方法

**1）使用社会关系矩阵法来测量半虚拟社区的角色构成和互动特征**

社会关系矩阵法就是列出互动者的矩阵图，将互动关系以数字形式标示在图上，这是本次研究的主要方法。调查时间为 2005 年 10 月 3 日至 10 月 5 日。调查的范围是"北京大学——环境学院[①]版"、"体育修身——足球版"和"三角地——三角地版"。下面就以环境学院版为例进行具体说明。

---

① 北京大学环境学院，2007 年调整为北京大学城市与环境学院和北京大学环境科学与工程学院。

环境学院在这三天中总共到访人数为 4455 人，其中 87 人发表文章。具体的研究方法如下：第一步，给每位参加讨论（包括发帖与回帖）的用户用 1~87 编号；第二步，建立一个 87×87 的矩阵（表 3-7-1），横行表示发帖者，纵行表示回帖者；第三步，将每一份帖子中反映出的讨论关系用坐标表示，如 3 号发表文章，就在坐标点（3，3）一栏加 1，如 3 号给 4 号回帖，那么坐标点（3，4）一栏数字加 1；第四步，统计出每一个参与互动者发帖、回帖的数量：对角线上的数字为对应编号发表文章的数量，某一行数字之和为该行对应编号回复帖子的总数，某一列数字之和为该列对应编号被回复的帖子数，由此分析出不同互动者的行为方式；第五步，根据矩阵的数量关系分析 BBS 的互动类型和特点。

半虚拟社区中互动关系矩阵示意　　表 3-7-1

| 编号 | 1 | 2 | 3 | 4 | 5 | 6 | 7 | 8 | 9 | 10 |
|---|---|---|---|---|---|---|---|---|---|---|
| 1 | 5 | 8 | 14 | 1 |  | 2 |  | 4 |  |  |
| 2 | 14 |  | 1 |  |  | 1 |  |  |  |  |
| 3 | 12 |  |  |  |  |  |  |  |  |  |
| 4 | 1 |  |  |  |  |  |  |  |  |  |
| 5 | 1 |  |  |  |  |  |  |  |  |  |
| 6 | 1 |  |  |  |  | 1 |  |  |  |  |
| 7 |  |  |  |  |  |  | 1 |  |  |  |
| 8 | 3 |  |  |  |  |  |  | 2 |  |  |
| 9 | 2 | 1 | 1 |  |  | 1 |  | 2 |  |  |
| 10 |  |  |  |  |  |  |  | 1 |  |  |

注：节选自环境学院版（2005 年 10 月 3 日 ~5 日）。

2）访谈法与问卷调查法

根据互动关系矩阵表中反映出的角色差异，选择了 8 个比较有代表性的互动者进行面对面访谈。每位访谈时间约一个小时，内容主要包括：互动方式，互动心理，与其他互动者的关系，虚拟社区与现实生活的联系和影响。

在关系矩阵分析和面对面访谈的基础上，针对需要进一步研究的问题发放了调查问卷，采用网上和现实生活中发放相结合的方式。问卷的内容包括互动角色、互动方式、虚拟社区对现实生活的影响以及个人信息四个部分。本次研究在“北京大学——环境学院版”、“三角地——三角地版”、“体育修身——足球版”上共发放问卷 300 份，回收 114 份，其中有效问卷为 106 份（表 3-7-2）。

有效问卷基本情况统计　　表 3-7-2

|  | 统计类别 | 有效回收数 | 所占比例 |
|---|---|---|---|
| 版面 | 环境学院版 | 44 | 42.31% |
|  | 三角地版 | 31 | 29.81% |
|  | 足球版 | 29 | 27.88% |
| 性别 | 男 | 59 | 56.73% |
|  | 女 | 45 | 43.27% |
| 学历 | 本科 | 74 | 71.15% |
|  | 研究生 | 19 | 18.27% |
|  | 博士 | 9 | 8.65% |
|  | 其他 | 2 | 1.92% |

## 7.3 半虚拟社区的互动者角色构成

角色是互动方式中的核心，它将个人行为与整个虚拟社区连接起来。特纳认为，行动者建构角色，并在与他人的交往中告知对方自己在扮演何种角色。人们就是在这种假定的基础上行动着。由于半虚拟社区的开放性、自主性特点，人们在互动中可以选择不同的交流方式：提出供大家讨论的话题，发表自己的见解，或者间接参与互动，从而扮演不同的角色。下面就根据统计矩阵表现出来的互动行为，将 87 位互动者分为四种角色类型。

### 7.3.1 话题发起者

一种情况是直接发表文章，吸引其他互动者参与讨论，例如发布课程信息、寻求帮助、发表对校园事件的评论。在矩阵表统计的 87 位互动者中，共有 30 位发表了 39 条话题。另外一种是发帖者在回复过程中又另起话题，虽然帖子被掩藏在别人的主帖中，但只要引起了新的话题，吸引大家讨论，也扮演了话题发起者的角色。

### 7.3.2 话题参与者

在回复的帖子中，只有个别会引出新的话题，其余大部分都是围绕着主帖展开讨论，这些参与讨论的互动者就扮演了话题参与者的角色。在 BBS 中还有一种极端的情况：一篇主帖下有大量“re”或“赞”的帖子。例如一篇题为“庆祝 riri 进入十佳复赛”的帖子下就有 14 篇内容为“re”的回复，虽然这些互动者没有提出自己的观点，但也表达了自己对于主帖内容或者主帖者的支持和赞同，达到了发表意见或情感交流的目的。

### 7.3.3 信息浏览者

在调查的 3 天时间内，总共有 4455 人到访环境学院版，但其中只有 87 人发帖，也就是说大部分的人扮演了旁观者的角色，他们没有直接参与互动，但通过浏览信息的方式，发帖者的观点也会对他们产生影响，因此他们与发帖者之间建立了一种间接互动的关系（图 3-7-1）。

### 7.3.4 监督控制者

在虚拟和半虚拟社区中也存在着人们依据站规而进行的选举、弹劾与仲裁现象，也会有来自真实世界的约束，如政府对 BBS 规则的干涉等。监督控制者主要是指在半虚拟社区中担任一定职务的人，如站务、版务、版主等，他们会监督参与该版的互动者，在他们的行为偏离社区规则时予以警告和惩罚。

需要注意的是，以上的角色分类并没有严格的界限，正是由于虚拟社区的开放性与自主性，人们可以自由选择愿意扮演的互动角色。在访谈中了解到，很多人在不同版面上的角色差异很大，在环境学院版上认识的人多，所以喜欢发帖子，直接进行交流，而在三角地、美丽市场等

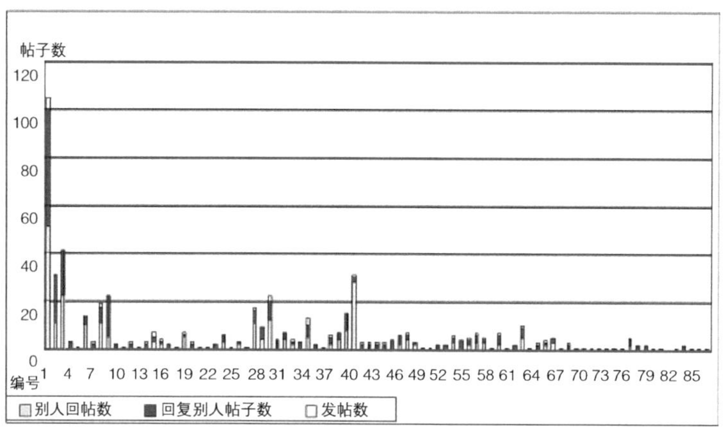


图 3-7-1　环境学院版 2005 年 10 月 3 日~5 日互动关系示意图
注：横坐标编号为使用者，纵坐标为帖子数。

版面上，主要是看看信息，几乎不回帖子，更不会发表话题。可见人们会根据对社区的认同程度选择不同的角色。

## 7.4　半虚拟社区的互动方式

在现实社会中，一个互动关系的形成过程是“互动者—互动对象”，其中互动者是互动关系的始发者，而互动对象是被选择者（白淑英、何明升，2003）。但在 BBS 中，话题的发起者很多时候只是为了发布某些信息，并不需要特定的人回复，只有这个话题被选择了，才会建立互动关系。同时，话题的参与者可以在众多的话题中选择自己感兴趣的话题参与讨论，是一种主动选择的过程。因此，在半虚拟社区中，现实社会中互动的简单的主被动关系不再成立，取而代之的是更加开放的交流空间。

以此为基础，BBS 互动的具体方式也存在与现实社会不同的特点，可以将互动的模式抽象出来。半虚拟社区互动的特点可以从以下三个方面进行说明。

### 7.4.1　直接互动与间接互动

互动者 A 在版上发起一个感兴趣的话题，其他互动者参与讨论，这就构成了一个直接互动（图 3-7-2）。它可以同步发生，也可能存在发生时滞，也就是威廉·J·米切尔提出的“异步交往”。例如一篇题为“祝回家的 xdjm 一路平安！”的文章发出后，一天以后有人回复，这时话题的发起者已经不在线上，但这种时滞并不影响两者直接互动的本质。

间接互动是虚拟社区更为普遍的一种互动情况，大部分人并不直接回帖，也就是上文提到的信息浏览者（图 3-7-3）。需要注意的是，间接互动虽然在形式上没有显露，但它的互动强度并不一定比直接互动低。一位女同学在访谈中谈到：

“我每次打开电脑都习惯性地看看 BBS，主要是想了解这段时间的新鲜事。我都是只看不回，但是如果看到什么好玩的事，我也可能会发信聊几句，如果是认识的下次见到他就会问几句，（因此）认识了不少人。”

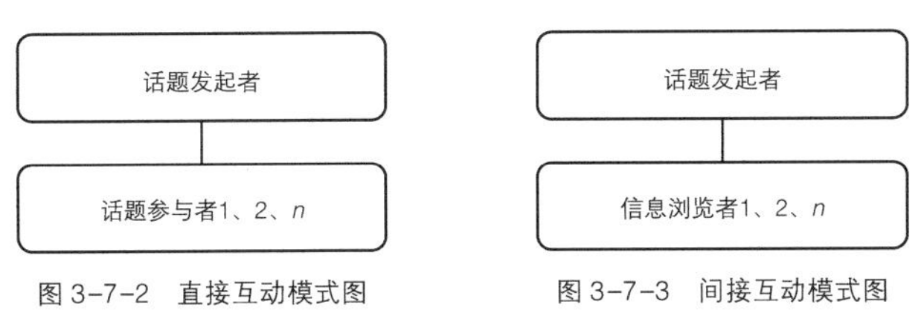


图 3-7-2　直接互动模式图　　图 3-7-3　间接互动模式图

大量的信息浏览者虽然在当时没有直接参与互动，但这些消息会对他们和发帖者的关系产生影响。

## 7.4.2　单向互动与多向互动

单向互动的过程是“互动者—互动对象”（图 3-7-4），这种情况通常出现在祝福性的帖子中。例如“祝 VWEI 16 号生日快乐”的主贴下共有 27 人回复，很多人用“re”或“赞”等表示支持鼓励，相互之间没有进行交流。虽然单向互动的过程与现实生活中面对面的互动相似，但有着本质的区别。现实生活中互动双方是主动与被动的关系，而虚拟社区中话题发起者只是表达自己的想法和感情，没有要求和特定的人互动，而话题参与者也可以选择自己感兴趣的话题，处于主动者的位置。

在半虚拟社区中，多向互动比单向互动更为普遍。现实社会人们之间的交流大多都是即时的，一段时间以后就不能再参与讨论，而在 BBS 上，人们互动的结果以文章的形式保留下来，人们可以对任何自己感兴趣的话题发表意见，而且不用在乎发帖者的真实身份。话题的发起者和参与者以及话题参与者之间都进行了直接的交流，版面作为公共空间而存在（图 3-7-5）。

图 3-7-4　单向互动模式图　　图 3-7-5　多向互动模式图

## 7.4.3　多级互动

话题参与者在回复的过程中又产生了新的话题，构成新一级的互动，互动者的角色界限消失，有时原来的话题发起者也会参与其中，构成循环交叉的互动局面（图 3-7-6）。多级互动的帖子因话题丰富，参与者众多，常成为版上的热门帖子。

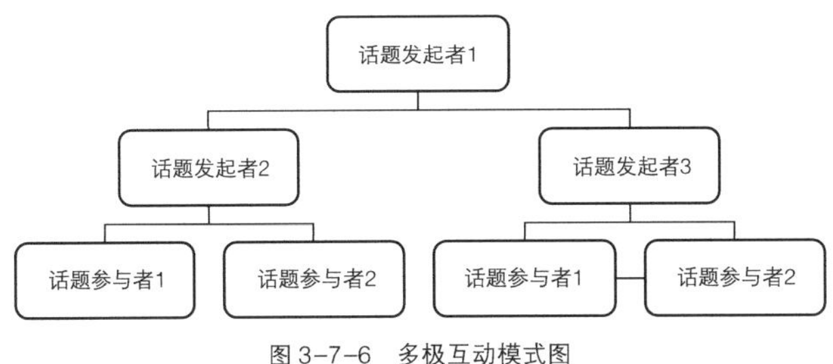


图 3-7-6　多级互动模式图

## 7.5 半虚拟社区的互动关系

半虚拟社区中的互动者扮演不同的角色，通过相应的互动方式，其结果是建立某种互动关系。上文中已经提到半虚拟社区兼具现实社区和虚拟社区的双重特点，一方面它具有一定的地域基础，另一方面，它具有虚拟社区的开放性、共享性和随意性等特点，这种双重特性是半虚拟社区最本质的特征。这种特征反映到互动关系上就是现实性与虚拟性的交织（Morahan-Martin、Schumacher，2000）。

### 7.5.1 半虚拟社区未完全消除现实生活中的身份特征

在北大未名 BBS 上，人们可以通过注册 ID 获得一个互动的身份，要求提供个人相关资料，包括学校、院系、住址等，这些资料都是严格保密的，人们可以按照兴趣构建与现实生活完全不同的身份。因此，人际交往是建立在数字信息的交流基础上，不再具有日常社会交往的可触摸性和可感的时空位置，只是存在着一种功能上的现实性。

但是，由于半虚拟社区的地域性，网民在心理层面上并不能消除现实中的身份特征（图 3-7-7）。首先，为了便于管理，网关根据实际住址给每个网民都附上 IP 地址，互动者可以根据文章中显示的 IP 推断发帖者的楼层，从而得到性别、年级等信息。其次，尽管注册时的登记资料可能不真实，但是 ID 的固定性，使得网民们的每一条言论都会给自己在网上的形象添砖加瓦。社区中的其他用户会根据 ID 和言论来判断主体的院系、性别、相貌、性格爱好，并最终形成关于这个人的虚拟印象。在 BBS 上经常发生“用马甲灌水”但仍然被识破身份的事。最后，附带的一些其他信息如个人说明档、个人文集、昵称、签名档和现实生活中的交往也会对身份的识别提供帮助。

还有一种被称作“马甲”的现象可以说明身份的真实性。被调查的 106 位互动者中，有 104 位都不止有一个 ID，特别是当矛盾冲突发生时，很可能用“马甲”去解决问题。在某种程度上，“马甲”是虚拟中的虚拟，也就是说，人们在 BBS 上仍然不能完全隐藏真实身份，它从侧面反应了互动者在半虚拟社区中对隐私的需求。

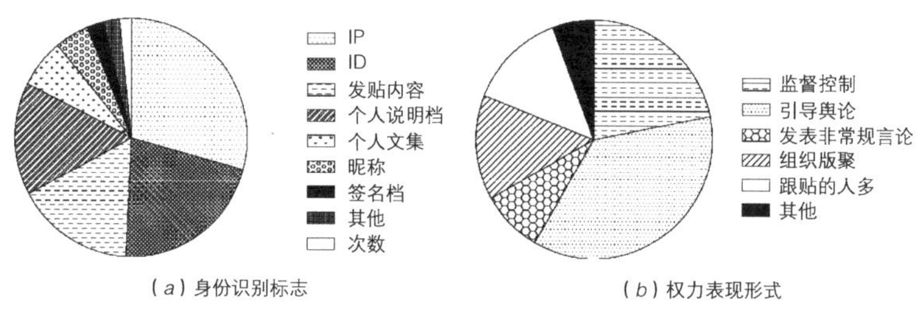

（a）身份识别标志　　（b）权力表现形式

图 3-7-7　半虚拟社区中身份识别标志与权力表现形式

### 7.5.2 在半虚拟社区中也存在权力

权力是不顾他人反对也能坚持执行自己的意志的能力或机会，在社区研究中，权力更多地是被看做决定社区事务和参与决策的机会。经验社会的权力可以分为因个人而形成和因组织而

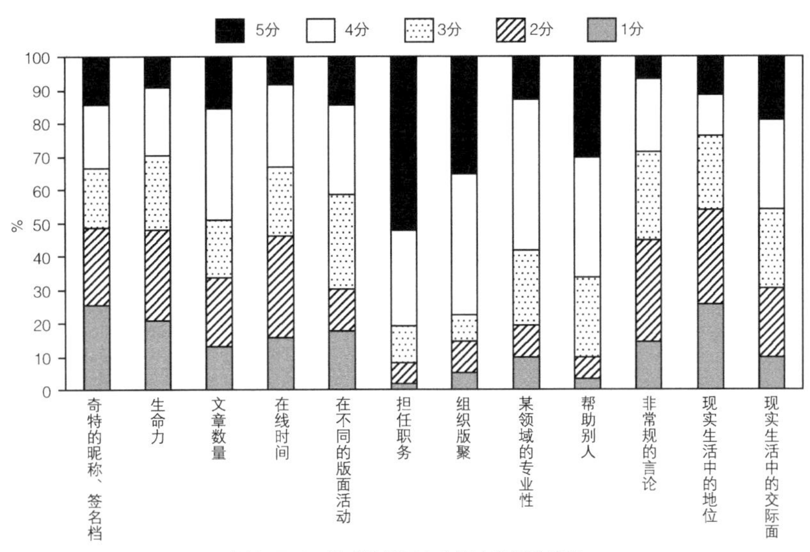


图 3-7-8　半虚拟社区中的权力来源分析图

注：从 1 分到 5 分，1 分表示没有可能，5 分表示最有可能。

形成的。前者主要指个人魅力、拥有让人羡慕的特质等，后者主要指组织正式的规则制度监督者拥有的权力。半虚拟社区中，权力也大致可以分为这两种，但同时由于互联网媒介的互为主体性，它还有一些不同于经验社区的特点。

**1）半虚拟社区中权力的表现形式**

半虚拟社区中的权力首先体现在对舆论的引导控制上。网络社会交往给信息的传播提供了几乎无障碍的通道，交互性的互动方式使报社、电视台等现实社会中的舆论把关作用减小。其次，半虚拟社区中的权力也体现在对他人帖子的监督控制上，这种监督可能是版面管理人员强行删除帖子、封 ID 等，也可能只是对某些不道德的行为指责评价，促使其他人遵守社区规范。另外，组织版聚活动能将虚拟社区与现实生活结合起来，这种组织能力和号召力也是权力的体现。

**2）威望和权力的主要来源**

图 3-7-8 统计了 104 位被调查者对半虚拟社区中权力来源的认识，分数越高的行为就越可能产生权力和威望。从图上我们可以看出，担任正式的职务仍然是最重要的权力来源，例如担任版主、版务等，这种权力属于组织权力。同样，人们也会通过投票、考核等方式竞争版面职务，其热烈程度甚至不亚于现实生活中对组织权力的角逐。另外，帮助别人也是一种重要的权力来源，这就与现实生活中的个人权力相似，来自于品格、性格等个人因素。从上面的分析可以看出，半虚拟社区中的权力来源和现实生活没有本质上的差别。

## 7.5.3　虚拟程度差异造成的互动行为差别

半虚拟社区的社会关系具有现实和虚拟的双重属性，那么不同的虚拟程度会对互动者的行为造成什么样的影响呢?

本研究选取了北大未名 BBS 的“三角地版”和“环境学院版”两个具有代表性的版面。环境学院版上的互动者绝大多数是环境学院里的学生和老师，学习生活联系最近，彼此之间的熟悉程度也高；而三角地作为一个公共版面，它的地域基础是全校各个院系，互动的虚拟程度高（图 3-7-9）。然后，选择三天内两个版面的 176 位互动者，通过社会关系矩阵法分析版面之间的互动差异（表 3-7-3、表 3-7-4）。

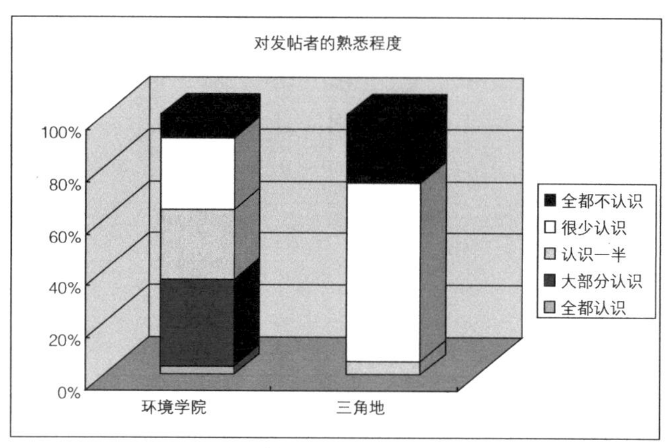


（a）互动者对发帖者的熟悉程度比较

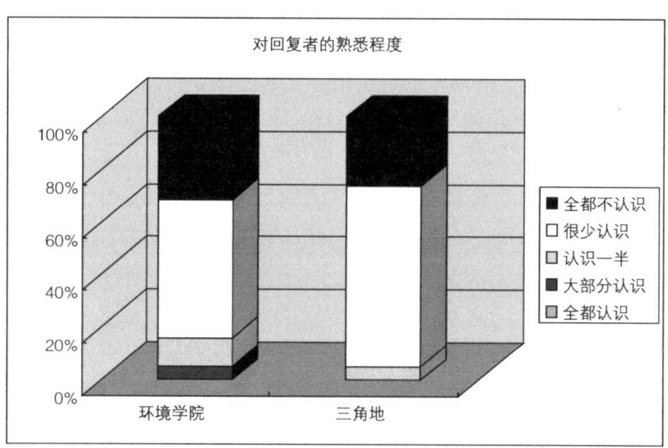


（b）互动者对回复者的熟悉程度比较

图 3-7-9　发帖者、互动者与回复者之间熟悉程度的比较

**环境学院版互动关系矩阵表（节选 20 位互动者）**　　表 3-7-3

| | 1 | 2 | 3 | 4 | 5 | 6 | 7 | 8 | 9 | 10 | 11 | 12 | 13 | 14 | 15 | 16 | 17 | 18 | 19 | 20 |
|---|---|---|---|---|---|---|---|---|---|---|---|---|---|---|---|---|---|---|---|---|
| 1 | 5 | 8 | 14 | 1 | | 2 | | 4 | | | | | | | | | | | | |
| 2 | 14 | | 1 | | | 1 | | | | | | | | | | | | | | |
| 3 | 12 | | | | | | | | | | | | | | | | | | | |
| 4 | 1 | | | | | | | | | | | | | | | | | | | |
| 5 | 1 | | | | | | | | | | | | | | | | | | | |
| 6 | 1 | | | | | 1 | | | | | | | | | | | | | | |
| 7 | | | | | | | 1 | | | | | | | | | | | | | |
| 8 | 3 | | | | | | | 2 | | | | | | | | | | | | |
| 9 | 2 | 1 | 1 | | | 1 | | 2 | | | | | | | 1 | | | | 1 | |
| 10 | | | | | | | | 1 | | | | | | | | | | | | |
| 11 | | | | | | | | 1 | | | | | | | | | | | | |
| 12 | | | | | | | | | | | | 1 | | | | | | | | |
| 13 | | | | | | | | 1 | | | | | | | | | | | | |
| 14 | | | | | | | | | | | | | | 1 | | | | | | |
| 15 | | | | | | | | | | | | | | | 2 | | | | | |
| 16 | | | | | | | | | | | | | | | | 1 | | | | |

续表

| | 1 | 2 | 3 | 4 | 5 | 6 | 7 | 8 | 9 | 10 | 11 | 12 | 13 | 14 | 15 | 16 | 17 | 18 | 19 | 20 |
|---|---|---|---|---|---|---|---|---|---|---|---|---|---|---|---|---|---|---|---|---|
| 17 | | | | | | | | | | | | | | | | 1 | | | | |
| 18 | | | | | | | | | | | | | | | | | 1 | | | |
| 19 | | | | | | | | | | | | | | | | | | | 1 | |
| 20 | | | | | | | | | | | | | | | | | | | | 1 |

三角地版互动关系矩阵表（节选20位互动者）　　表3-7-4

| | 1 | 2 | 3 | 4 | 5 | 6 | 7 | 8 | 9 | 10 | 11 | 12 | 13 | 14 | 15 | 16 | 17 | 18 | 19 | 20 |
|---|---|---|---|---|---|---|---|---|---|---|---|---|---|---|---|---|---|---|---|---|
| 1 | 1 | | | | | | | | | | | | | | | | | | | |
| 2 | 1 | | | | | | | | | | | | | | | | | | | |
| 3 | 1 | | | | | | | | | | | | | | | | | | | |
| 4 | 1 | | | | | | | | | | | | | | | | | | | |
| 5 | | | | | 1 | | | | | | | | 1 | 2 | | | | | | |
| 6 | | | | | 2 | | | 3 | 1 | | | | | | | | | | | |
| 7 | | | | | 1 | | | | | | | | | | | | | | | |
| 8 | | | | | | 3 | | | | | | | | | | | | | | |
| 9 | | | | | | 1 | | | | | | | 1 | | | | | | | |
| 10 | | | | | | | | 1 | | | | | | | | | | | | |
| 11 | | | | | | | | | 1 | | | | | | | | | | | |
| 12 | | | | | 1 | | | | | | | | | | | | | | | |
| 13 | | | | | | | | | 1 | | | | | | | | | | | |
| 14 | | | | | 2 | | | | | | | | | | 1 | | | | | |
| 15 | | | | | 2 | | | | | | | | | | | | | | | |
| 16 | | | | | 1 | | | | | | | | | | | | | | | |
| 17 | | | | | 1 | | | | | | | | | | | | | | | |
| 18 | | | | | 1 | | | | | | | | | | | | | | | |
| 19 | | | | | 1 | | | | | | | | | | | | | | | |
| 20 | | | | | 1 | | | | | | | | | | | | | | | |

首先，就互动形式而言，环境学院版上两两互动较多，而且互动双方都很关心对方的真实身份，常常出现带有真实姓名的帖子如“今天看到了＊＊师兄”、“原来你是＊＊”。虚拟社区成为现实交往的延伸，在BBS上聊得来的朋友大部分在现实生活中也是熟悉的人，互动者会通过虚拟世界的互动扩大和加深现实生活中的人际关系。而三角地互动就是典型的“对事不对人”，互动关系更加复杂，很难在两个特定的人之间建立固定联系，人们只是针对自己感兴趣的话题发表意见，而不会在意这个话题是谁提出来的，除了个别经常发帖者被称作“大水车”外，大部分互动者彼此都不认识，

其次，就互动时间来看，三角地的互动有明显的时段性。在话题刚发出的1~2个小时内，参与讨论的人多，而且互动关系复杂。但初期时间过去后，就进入了一种单向互动的局面（表3-7-4）,不同的参与者针对一个话题发表意见，但是相互之间交流很少。这种现象在一定程度上反映了虚拟互动的缺陷，当信息量过大时，非面对面的互动效果就会降低。

最后，就互动内容来看，相对于环境学院版，三角地的文章在表达观点时容易夸大感情，

观点也更加极端，甚至引起冲突。例如一篇题为“关于十佳教师”的帖子在环境学院版上的回复者都表示支持文中观点，但转到三角地后议论纷纷，甚至有人发表激烈的批评意见。

## 7.6 结　论

以校园 BBS 为代表的半虚拟社区可以说是介于现实社区和虚拟社区之间的一种过渡型社区，它由生活在一定地域范围的人通过互联网平台实现交流与互动，建构与现实生活中有差异的角色和社会关系。因此，对于半虚拟社区互动要素特征的研究有助于了解虚拟社区与现实社区的差异和联系。

本文以北京大学未名 BBS 为例，采用社会关系矩阵法和问卷法分析了半虚拟社区的互动特点。研究发现，半虚拟社区互动首先是角色之间的互动，包括话题发起者、话题参与者、信息浏览者和监督控制者。由于网络互动的开放性，这些角色的分类并没有严格的界限。互动者可以自由选择扮演的角色和互动方式，包括间接互动、多极互动。互动者通过某种互动方式最终是要确定一定的互动关系，而半虚拟社区的互动关系是虚拟性和现实性的交织（图 3-7-10）。因为在半虚拟社区中仍然存在身份和权力的差异，并且不同的虚拟程度还会对人们的互动行为造成影响。这些发现对于虚拟社区的分类和管理具有指导作用。

最后必须指出的是，本文只是针对北京大学未名 BBS 的个案研究，具有大学校园虚拟社区的特色，其他类型的虚拟社区是否具有以上互动规律还有待进一步讨论。同时，“监督控制者”是虚拟社区的一个重要角色，但由于本文数据有限，没有深入探讨监督控制者对互动行为的影响。

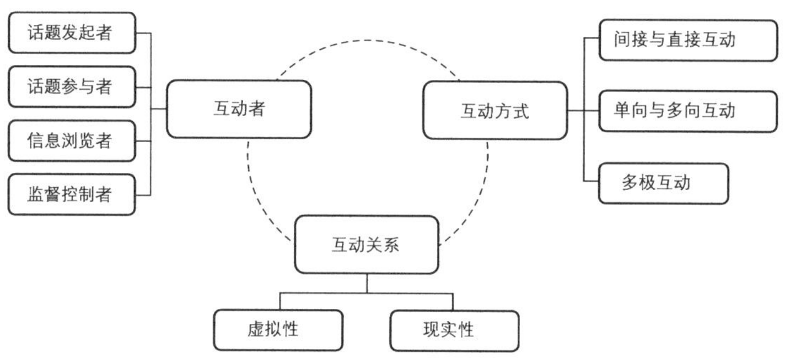


图 3-7-10　半虚拟社区互动三要素的特点

## 参考文献

[1] Morahan-Martin J, Schumacher P. 2000. Incidence and Correlates of Pathological Internet Use among College Students [J]. Computers in Human Behavior, 16: 13-29.

[2] Rheingold H. 2000. The Virtual Community: Homesteading on the Electronic Frontier [M]. Cambridge: MIT Press.

[3] Wenger E. 1999. Communities of Practice: Learning, Meaning, and Identity [M]. Cambridge: Cambridge University Press.

[4] 白淑英，何明升 . 2003. BBS 互动的结构和过程 [J]. 社会学研究，(5)：8-18.

[5] 陈劲松 . 2001. 现实社会中的虚拟社区的权威达成 [J]. 社会科学研究，(4)：113-116.

[6] 蔡建明等 . 1992. 现代地理科学 [M]. 重庆：重庆出版社，225-229.

[7] 陈述彭 . 2001. 地理科学的信息化与现代化 [J]. 地理科学，21 (3)：193-197.

[8] 方明，王颖 . 1991. 观察社会的视角——社区新论 [M]. 北京：知识出版社，163-166.

[9] 龚洪训 . 2001. 虚拟世界的真实表述——以北京大学一塌糊涂 BBS 为例 [D]. 北京大学硕士学位论文 .

[10] 顾朝林，段学军，于涛方等 . 2002. 论“数字城市”及其三维再现关键技术 [J]. 地理研究，21 (1)：14-241.

[11] 郭茂灿 . 2004. 虚拟社区中的规则及其服从——以天涯社区为例 [J]. 社会学研究，(2)：103-111.

[12] 郭少棠 . 1998. 民族国家与国际秩序 [M]. 北京：首都师范大学出版社，226-275.

[13] 林耀华 . 1990. 民族学通论 [M]. 北京：中央民族学院出版社，56-58.

[14] 刘瑛，杨伯溆 . 2003. 互联网与虚拟社区 [J]. 社会学研究，(5)：1-7.

[15] 秦言 . 1998. 知识经济时代 [M]. 天津：天津人民出版社，227-235.

[16] 孙峰华 . 1990. 关于人文地理学中社区的几个基本问题 [J]. 人文地理，5 (2)：67-70.

[17] 孙峰华 . 1994. 社区问题的内涵和特性及其研究意义 [J]. 齐鲁学刊，(5)：163-169.

[18] 孙峰华 . 2002. 21 世纪的社区地理学 [J]. 人文地理，17 (5)：73-77.

[19] 郑度 . 2002. 21 世纪人地关系研究前瞻 [J]. 地理研究，21 (1) ：9-13.

[20] 郑中玉，何明升 . 2004. “网络社会”的概念解析 [J]. 社会学研究，(1)：13-21.

# 8 社区网对邻里交往的影响[①] ——以望京网为例

EIGHT

## 8.1 引　言

近十来年，互联网产业在中国得到迅速发展，2008 年 6 月中国网民数量达到 2.53 亿，网民规模跃居世界第一位（中国互联网络信息中心，2008）。信息化已深入到各行各业，也包括城市的基本组成单位——社区。社区信息化强调运用互联网络技术构筑社区政务、管理和服务以及小区和家庭生活等各方面的信息应用平台和通道（刘杰，2005）。全国社区信息化建设在 2001 年全面启动。除了带有电子政务性质的官方社区信息网外，非官方的社区网也广泛存在并成为社区信息化的主流力量。非官方社区网包括三种类型：由居民自建的、自己维护的网站或者论坛；开发商或物业管理公司建立并维护的网站；物业管理公司与网络公司共建的社区网站。

社区信息化不仅仅是一个技术问题，它同时也反映了当前中国深刻的社会转型问题，因为它涉及基本的社会安排、社会框架以及阶层结构的重构（沈原，2006）。社区网在潜移默化中影响和改变着民众的日常生活方式和思维方式，其所处的生活、交往和社会情境也面临变化。社区信息化涉及新的社会分层方式问题，因为信息化导致新的社会交往网络，社会距离与空间距离不再一致，信息流传递过程中出现新的不平等（Urry，1996）。原本指代信息通信技术利用差距问题的“数字鸿沟”，已涉及社会结构问题（黄少华、翟本瑞，2006）。毋庸置疑的是，全球化和互联网的发展会部分消解空间的重要性（Castells，2000），在这种背景下，以互联网为载体的虚拟社区中交往的信赖感、隐私等问题受到学者的关注（Joshua，2009）。

邻里是指在地域上相互靠近，结合了友好往来和亲戚朋友关系而逐步形成守望相助、共同生活的群体（宣兆凯，2000），邻里交往的强弱直接关系着城市社区的凝聚力。从空间规划与交往的关系以及从社会、历史的大背景变化来看待社区邻里的交往都是国外社区研究的重要方向（程玉申、周敏，1998）。国内学者多结合转型期这个特殊时期，在住房商品化、高层住宅增多等背景下研究邻里关系的发展（薛丰丰，2004；杜宏武、郭谦，2006；马静等，2007；董慧娟，2008）。

---

① 本文作者：项怡之。

在信息化时代的背景下，居民的网络交往行为出现很多新的特点（张文杰、姜素兰，1998；聂沉香，2008）。可以推断，社区网的发展对邻里关系及邻里的社会结构已经产生巨大的影响，目前这方面的研究较少。本文拟以北京望京地区的社区网为例，探讨社区网对邻里关系的影响，填补这方面的研究空白。



## 8.2 调查研究对象

本文的社区网概念是指由相关公司商业运营或者业主自发组织，为某个特定的居住区人群服务，提供社区相关信息和住户交流平台的网站。

目前北京地区主要有五道口社区网、万泉庄社区网、万柳社区网、上地论坛、家住天通苑、望京网、亦庄生活网等40余家，其共同目标是为本社区网民提供便民服务和生活咨询。这些网站具有虚拟性与地域性相结合的特点，即与实体社区的差异在于它依托于网络运行的虚拟性，与虚拟社区（如天涯等网站）的不同在于它有地域上的排他性。

社区网的组织结构具有层次性。它们向上集合到一种更大地域单元的社区网导航网站，如面向北京地区的社区门户网、北京社区联盟，满足跨地区的信息需求和生活资讯的需求。它们向下则设有各个小区的业主论坛，服务范围为各个具体的小区，如澳洲康都、宝星园等。社区网的组织按地域尺度从大到小，形成树状结构，和实际中的行政组织相似，但较为松散，各级社区网之间既可以是独立域名，也可以是二级域名的关系。社区网的服务范围与实际生活中的行政边界也不一定一致（图3-8-1）。

图3-8-1 社区网的组织结构和服务范围

在北京市的众多社区网中，笔者选择望京网及其所服务的望京地区人群作为调查研究对象。

望京地区现有居民约30万人，容纳了近20个社区，是北京城郊著名的高密度新居住区。居民以受过高等教育的白领阶层为主流居住人群，还有城市化过程中回迁的农民、高校学生、离退休老人和一定数量的自由职业者。从年龄结构上看，中年已婚生育夫妇占较大比重。另外，还有相当一部分韩国人和朝鲜人。[①] 所包含的物业类型有普通商品房，也有经济适用房，以高层住宅为主。

望京网是目前北京地区社区网中的佼佼者，访问量位于北京地区社区网的前三位。根据Alexa第三方统计网站的资料[②]，2008年12月6日至12月13日一周内，日均访问量为9600IP、58560PV，即平均一天访问一个站点的IP数量为9600，页面一共被访问58560次。网站内容比较丰富，包括新闻、论坛、博客等栏目，其中论坛是社区网用户主要的交流地点。

① 通过调查了解到，这部分韩国人和朝鲜人的交往活动多通过教会组织，因此不在本次抽样调查人群中。

② http：//alexa. chinaz. com

## 8.3 研究思路和方法

本文的研究思路是：从网络和社区两方面对社区居民进行筛选，使其分为社区网用户和非社区网用户，其中社区网用户的属性特点决定了他们对网上交往的需求和实际网上交往的内容。网上交流的内容将可能导向两个方向（图 3-8-2）。一是停留在网友虚拟的交往上，最终回到网络这个虚拟空间，即路径 1。在这个封闭路径中，社区被排除在外，说明它只是促成网络虚拟交往的一个诱因，提供了触发作用。二是走向建立邻里关系方向，最终落实到实体社区内的交往，即路径 2。在这个封闭路径中，网络被排除在外，网络将仅成为一种邻里交往的工具。所以，最终的研究目的可以简化为：找出社区网交往的主流方向所依托的路径（路径 1 或路径 2）以及形成这条路径的现实原因。在这个过程中，社区网用户特征、网上交流内容和建立邻里关系的可行途径是三个关键点，因此，本研究将主要对这三方面作重点的统计和分析。

本文采用的研究方法是以实地的调查问卷和网络问卷为主，辅以网络调查、第三方统计资料和访谈。

2008 年 11 月 30 日，在望京地区的社区公园——北小河公园发放实地问卷 100 份，有效回收 97 份，发放对象为在公园里休憩的社区住户。12 月 4 日至 11 日，经望京网管理方同意，在望京网论坛上发放网络问卷 28 份，有效回收 28 份，发放对象为望京网的用户，采取自愿填写表单并提交回馈的方式。10 月 25 日，与社区门户网管理员通过 QQ 进行网络访谈。在发放实地问卷的同时，还对部分居民进行了访谈。在此期间，浏览和摘录了望京网论坛上的有关帖子，查阅了第三方网站的相关统计资料。实地问卷样本的几项主要属性结构如表 3-8-1 所示：

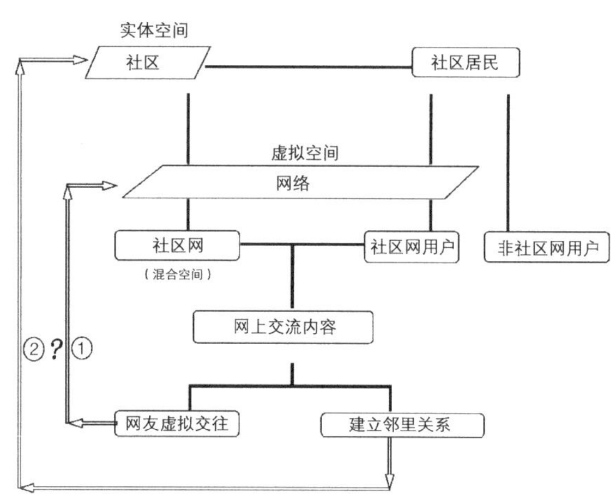


图 3-8-2　本文的研究思路

文中将使用：①实地问卷的全部样本，探讨受社区网影响的人群的主要特征，并以网络问卷的结果作为旁证；②实地问卷中使用社区网的和网络问卷的全体人群与实地问卷中不使用社区网的群体作对比，探讨这两类人群邻里交往的差异；③实地问卷中使用社区网的样本和网络问卷全部样本之和，研究社区网用户现实和虚拟交往的特点和差异；④以网络调查的结果为基础，探索通过社区网建立邻里关系的几种纽带。

望京地区实地问卷样本主要属性　　表 3-8-1

| 属性 | 样本数 | 所占百分比 | 属性 | 样本数 | 所占百分比 |
|---|---|---|---|---|---|
| 性别 | | | 年龄 | | |
| 男 | 43 | 49.4% | 18 岁以下 | 9 | 9.3% |
| 女 | 44 | 50.6% | 18~29 岁 | 15 | 15.5% |
| 学历 | | | 30~39 岁 | 58 | 59.8% |
| 初中及以下 | 9 | 9.8% | 40~49 岁 | 3 | 3.1% |
| 高中 | 18 | 19.6% | 50~59 岁 | 5 | 5.2% |
| 大学 | 49 | 53.3% | 60 岁以上 | 7 | 7.2% |
| 研究生及以上 | 16 | 17.4% | 月收入 | | |
| 家庭结构 | | | 10000 元以上 | 12 | 13.5% |
| 一人居住 | 12 | 15.4% | 4000~10000 元 | 37 | 41.6% |
| 夫妻二人居住 | 19 | 24.4% | 2000~4000 元 | 17 | 19.1% |
| 夫妻二人与未婚子女居住 | 18 | 23.1% | 1000~2000 元 | 11 | 12.4% |
| 夫妻与父母及未婚子女居住 | 19 | 24.4% | 500~1000 | 5 | 5.6% |
| 其他 | 10 | 12.8% | 500 以下 | 7 | 7.9% |

## 8.4　社区网用户群体特征

社区网用户是受社区网影响较大的群体。研究表明，生活稳定、收入在中上水平并且已开始组建家庭的中青年白领阶层是这个群体的特征。

### 8.4.1　以中青年为主的年龄结构特征

根据实地问卷的统计结果，在年龄上，受社区网影响较大的群体集中在 18~29 岁和 30~39 岁，分别有 30.7%和 69%的比例选择“平时常上社区网”，15.4%和 10.9%的比例表示“听说过但不上”，剩余 53.9%和 20.0%则“不知道社区网”。至于 18 岁以下及 40 岁以上年龄段使用社区网的比例则接近于 0。考虑到实地问卷抽样的年龄分布并不平均，采用网络问卷辅助分析，也印证了这个结论：填写网络问卷的群体即为使用社区网的人，其中 18~29 岁年龄段为 14 人，30~39 岁年龄段 13 人，40~49 年龄段只有 1 人，其余年龄段则均为 0。

首先，这呼应了中国互联网的发展历史。中国的公众互联网兴起于 20 世纪 90 年代中后期，这群人当年正好处于高等教育的求学期间，更易接受新事物和掌握新技术，因而能融入网络化社会，成为第一代网民。而年纪更大的人，对网络的依赖性不但没那么强，甚至还带着排斥。其中有一位 50 岁上下的男性居民接受访谈时说道：

“什么上网，我跟你说，我这个人从来不上网，我也讨厌网络，看都不看！我拒绝一切和网络有关的东西！”

可见，被访者充满着一种对互联网深恶痛绝的情感。

其次，与人群本身的社会化程度有关。就接触网络的时间和受到的影响而言，18 岁以下的群体可以说是完全生长在信息化社会的一代人，但几乎没有使用社区网的。因为他们的社会化程度不高，生活基本上局限于学校和家庭小圈内，对社区的归属感还不强，对网络的使用兴趣点更多在网络游戏等方面。

### 8.4.2 以中上水平为主的收入特征

社区网用户的月收入集中在 2000 元以上，并且从 2000 元到 1 万元以上分布平均，都为 50%~60%。2000 元以下收入的人群上社区网的比例非常少。从学历上看，大学学历以上的人群中，上社区网的比例为 58%，而高中及以下人群就只有 28%。

这两项结果能够互相照应，通常学历与收入呈正相关，说明受社区网影响较大的人群主要为中高收入的高素质人群。这在网络问卷中也得到了验证，问卷中 78.6%的答案为月收入在 2000 元以上，96.4%为大学以上学历。

收入较高的人群有改善生活的需求，譬如平时到社区周边下馆子，到附近电影院看电影，组织社区内的体育活动等。社区网在这些方面能够提供丰富有效的信息和组织途径。

### 8.4.3 以生活稳定、开始组建家庭者为主

在家庭结构方面，独自一人居住上社区网的人数比例较少，只占 18%，而夫妻二人居住，夫妻二人与未婚子女同住，夫妻与父母及未婚子女同住，则分别占 50%、65%、47%。另外，购房居住的人群中使用社区网的占 54%，租房的只占 20%。

两项结果都表明了这群人因为生活稳定、流动性小，对社区的归属感更强，因而更关注自己的居住环境，更关心社区的建设，如物业管理方面，也更乐于参与社区网上的联络和社区自治活动。

### 8.4.4 以白领阶层为主

白领阶层，作为脑力工作者，对社区网的关注与其工作时使用电脑的频繁程度具有一致性。问卷中，工作时需频繁使用电脑的人上社区网的概率是 54.5%，而工作时不需频繁使用电脑的人上社区网的概率只有 26.7%。这说明，工作时使用电脑为居民上社区网提供了可能性，即需要具备一定的电脑技能。

同时，这也为上社区网提供了时间上的可能性。分析网络问卷，28 个人工作时全部需要频繁使用电脑，并且其网络问卷的提交时间一般集中于上午和下午的上班时间。这说明了上班时间是此群体上社区网的主要时间。

至于在其他方面，如性别、购房前与邻居是否认识、入住时间早晚，社区网用户没有表现出显著的特点。

总之，生活稳定，收入在中上水平并且已开始组建家庭的中青年白领阶层是社区网用户的主要群体。一方面，这个结论为望京网较高的浏览 IP 量和 PV 量提供了经济学角度的解释：由于望京地区的住户正好满足了社区网用户的大部分特征，使得它拥有较大的市场需求；另一方面，这个结论既是使用网络能力和社区关心程度两个指标的筛选结果，也是形成社区网上的交往和行为特征的主要原因。

# 8.5 社区网上的交流内容

## 8.5.1 主要话题

从调查结果来看，社区网用户在实际生活和社区网中关心和交流的话题是有差异的，各自所占比重见图 3-8-3。

第一，从社区网本身的角度看，用户关注度最高的是实用生活信息，其次是谈论和解决物业管理问题，组织参加文体活动，再次为团购和二手商品买卖，打发时间，交流对社会问题的看法和个人生活、情感交流则居于最末。

可见，社区网用户首先将网络作为信息的载体。这些信息包括商场的购物打折信息，医疗服务，购房租房信息，子女教育等生活实用信息。网络发布信息具有快捷性、及时性、传播性广等特点，在这方面比实际生活中的交流更具有优势。

其次是网络的互动性。包括文体活动的组织和商业交易以及物业管理的维权。在社区网上组织文体活动主要有两个步骤：一是主办人发帖，公布活动的时间地点等有关事宜；二是参与者跟帖报名。二手交易一般有“出售帖”和“求购帖”两类，买家和卖家根据帖子各取所需，回帖联络并约定交易地点。物业管理因为关系到社区居民的权益，并且这种权益具有一致性，所以，在社区网上发帖成立业委会或者开展维权活动往往能起到一呼百应的效果。

第二，从实际中和网上的交往行为的对比来看，在网上交流生活实用信息、团购、二手商品买卖和组织文体活动方面的比例要高于实际生活中的比例，这说明社区网的上述网络特性得到了一定的体现。社区网上注重公共性、实用性和真实性信息，使用的目的性很强。

值得注意的是，社区网网民更倾向于在现实中而不是在网络上发表对社会问题的看法和进行个人生活、情感方面的交流。根据通常对网络交往的认知，网络交往的言论自由、匿名性的特点促使网民们更喜欢随心所欲地发表自己的真实见解，畅谈和解剖自己的内心世界，这在一般的网络虚拟社区中有所证实，但在社区网上却存在较大的差异性，甚至得到了完全相反的结论。谈论社会问题少，与社区网用户上网的闲暇时间较少（工作时忙里偷闲）、没有丰富的知识储备、缺乏高水平论战的乐趣有关。由于用户固定，同在一个社区的网友之间真实性高，也不太好随便涉及个人信息。

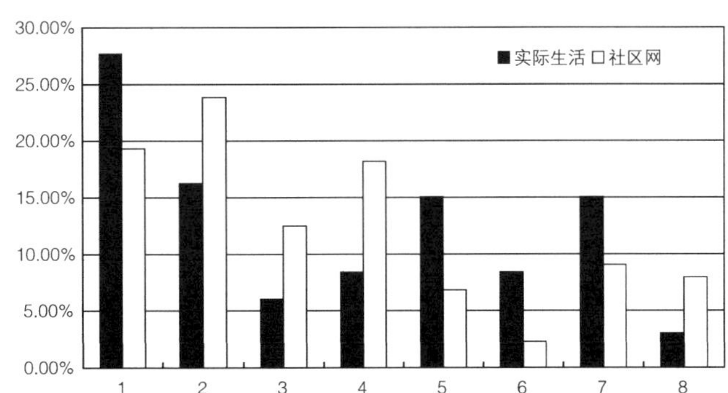


图 3-8-3 社区网用户在实际生活和社区网上交流的各项话题比重
1—谈论解决物业管理问题；2—交流实用生活信息（购物打折、医院医疗等）；
3—参与团购、二手商品买卖；4—组织参加文体活动；5—交流对社会问题的看法；
6—个人生活、情感交流；7—随便聊聊打发时间；8—其他

总而言之，社区网网上的交流更关注实用性和公共性信息，而对相对私人性的个人生活和情感交流比较淡漠，用户主要是将网络作为一种实体生活的拓展工具加以利用，而非一种与真实世界并行的虚拟空间。这也说明了社区网这类网络的特点——真实性要高于虚拟性，而这种真实性最终要归结为很强的地域性。因为网络用户们同时又是邻里，在地域上的接近产生了很多相似的需求（如物业管理、社区生活信息），同时也提供了真实交往的可能（如文体活动、商品交易）。地域性在缩短网友空间距离的同时，也增加了个人隐私泄露的可能性，这也是社区网用户出于本能的自我保护而较少在网络上涉及私人性话题的原因之一。

对于上述观点再做进一步的探讨。

问卷统计“认识的社区网民人数”和“知道社区网民的真实身份”两项结果分别详见表3-8-2。

**社区网民的网上人际交往情况　　表3-8-2**

| | 5个以下 | 5~10个 | 10~20个 | 20~30个 | 30个以上 |
|---|---|---|---|---|---|
| 认识多少社区网民 | 30 | 12 | 10 | 4 | 4 |
| 知道多少社区网民的真实身份 | 42 | 9 | 5 | 2 | 2 |

计算其平均数[①]可得，社区网用户中人均认识社区网民6个（$A$），人均知道社区网民真实身份为3.25个（$B$），$B/A$=0.54，即在所有认识的网民中有一半以上是知道其真实身份的，这个数值在网络这个虚拟世界中应该是非常高的，其隐私泄露的风险更大，进一步解释了社区网上个人交往相对淡漠的特点，因为社区网的真实性较一般网站要强得多。

## 8.5.2　使用服务的变化

一部分较为资深的社区网用户，在使用社区网的过程中，主要内容有所变化。

“起初到处都看看，现在基本上只去育儿版块。”

（女，30~39岁，月收入2000~4000元，私营个体企业主，2001年入住）

这位估计是年轻妈妈，开始时只是四处逛逛，后来便加入“太阳花亲子俱乐部”，固定参加某个板块的活动，目的性、稳定性更强。

“一开始了解租房信息，现在关注社区活动信息。”

（男，18~29岁，月收入4000~10000元，事业单位工作人员，2008年入住）

“刚开始只是想推广自己的生意。后来和大家相聚，非常开心，就开始组织活动。目前，上社区网成了我每天的第一件事。”

（女，30~39岁，月收入500元以下，个体经营者，2002年入住）

这两位被访者的情况都说明最初上社区网只是解决自己的居住或者生意问题，后来逐渐参与到形形色色的社区活动中去。

“开始只为参加活动，后来交了很多朋友，我们就在望京网上经常交流”。

（女，18~29岁，月收入4000~10000元，事业单位工作人员，2008年入住）

“一开始只是想找找附近的游泳馆，后来我发现会在社区网上认识很多好朋友。现在上社区

① 计算方法：以每一组段最低数作为全组代表数，按每组选择人数加权平均。

网已经是我每天必做的一件事了。”

（女，18~29 岁，月收入 2000~4000 元，私企职员，拆迁安置 2000 年入住）

“刚开始是想多认识朋友参加活动，现在关注物业问题。目前有一定的社区社交圈子，经常上社区网。”

（女，18~29 岁，月收入 4000~10000 元，企业管理人员，2001 年入住）

这几位受访者的情况表明，通过社区活动和社区网的交流，逐渐形成现实中的友谊和社交圈子。

这些用户在使用社区网的过程中，主要体现了从各处闲逛到固定板块的更为稳定的交流，从被动接受信息到主动组织活动，从满足自身生活需求到社交需求和被人尊重的需求（比如通过组织活动获得他人认可），从虚拟到真实的变化。从心理学角度来看，部分符合马斯洛的需求层次理论，即按生理需求、安全需求、社交需求、尊重需求和自我实现需求从下自上形成金字塔，当下一层的需求被满足后，才会触发上一层的需求。

## 8.6 从虚拟到现实邻里关系的建立

### 8.6.1 居民群体的重组

社区网对居民的重组主要是基于个人的兴趣点，表现为论坛上成立的形形色色的社团和俱乐部。从网络调查的结果统计，网友的答案中，参加的网络社团 30 个，其中 25 个答案都是兴趣类社团，如羽毛球、乒乓球、驴友、棋友、旱鸭子、新摄会等，其余少量为亲子俱乐部、交友等。

这表明社区网是以个人兴趣为基础，达到居民“人以群分”的目的。而传统社区中，依据以往国内外的研究，人们总是倾向于与自己具备相同或类似背景的人（如年龄、性别、受教育程度、职业等）形成亚群体，如老年人更愿意与同年龄段、同阶层的人士交往，具有较明显的群体性特征。在单位大院式的社区中，人们则是按照职业、工作部门结成群体。

社区网打破了传统的居民组构形式。兴趣相较于年龄、性别等表面要素，是人比较深层次的特质，其被发现相对困难。社区网的重组主要得益于网络信息传达的高效性，减少了搜寻其他人兴趣和爱好的成本，使得社区网网友能轻而易举地从现实中挖掘出有相同兴趣的人群，从而打破年龄和身份背景的隔阂。

这种形式的重组更加纯粹和直接，共同的爱好是唯一的标准，进出自由，成员间也很少有涉及个人利害的纠纷，交谈时更有共同话题，在社团活动中，能够得到身心两方面的愉悦收获。

### 8.6.2 建立邻里关系的主要纽带

目前，在望京网上，通过社区网建立邻里关系的渠道有以下几种可行的表现形式。网络在这个过程中体现了其信息传播快捷、及时、广泛和参与性强的特点，有扩大信息量和交往圈的作用。

**1）文体活动**

社区网促进邻里交往最重要的一个方面便是形形色色的文体活动。由于当前家庭规模缩小，

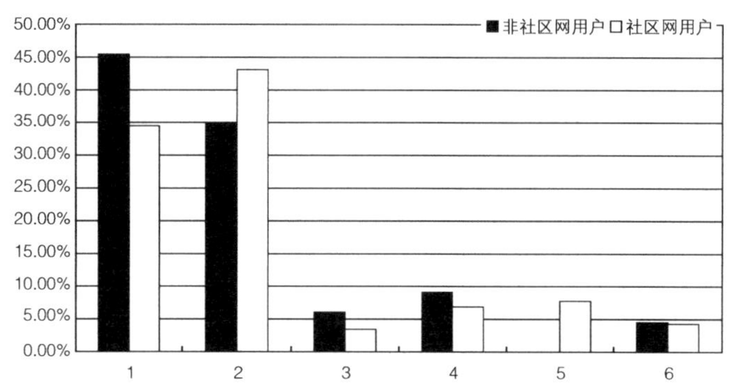


图 3-8-4　邻里交往通常发生的空间对比

1—楼梯、电梯、走廊、车库；2—小区花园、社区公园、公共健身场所；

3—活动室、棋牌室等；4—社区会所；5—餐馆、超市、美容院等商业场所；6—其他

同事的居住地分散，业余时间通过血缘、工作等关系建立起来的联系减弱，而邻里间空间距离较近，有共同参与集体活动的优势，但苦于社会背景的差异，彼此之间往往了解不多。

社区网相当于一个开放的世界，起到打开各家紧闭的"门户"，将社区居民结合起来的作用，有意组织各项活动的网友便可以在社区网上发布公告，公开地招募有共同爱好的居民参加活动，也可以以站内信的方式，通知比较要好的网友参加。

以下便是摘自 2008 年 12 月 11 日望京网社区活动栏目的部分公告①：

*12 月 13 日（周六）老年活动中心游泳*

*12 月 13 日周六 15~17 时羽毛球活动（混双）*

*12 月 12 日周五 20~22 时羽毛球活动*

*2008 年 12 月 14 日（周日）滑冰活动*

从问卷调查来看，对于上网的原因，有"为锻炼，为了给家人一个好的生活环境"、"想多参加一些娱乐活动"、"找找游泳的地方"、"找附近不用自己组织的方便的羽毛球活动"的诉求。而在网友组织的活动中，许多网友得以一睹邻里的"真面孔"，加强了相互之间的邻里交往。同时，频繁地参加社区文体活动也给社区空间规划带来了启示。

从这个结果来看，社区网用户与非社区网用户的邻里交往空间差异不是很大，总体上看，社区网用户的交往空间更为分散，更为广泛。二者都集中在楼梯、走廊以及花园、公园等，其中，非社区网用户更集中于楼梯、走廊等空间，而社区网居民偏爱公共活动场所（图 3-8-4）。这也部分得益于社区网在组织社区文体活动方面所占有的优势。

**2）亲子活动**

由于社区网用户中刚结婚生子的人群占有很大比重，加上当前中国人对教育愈加重视，这群人便由一个共同的话题——孩子联系到了一起。

"亲子小屋"是望京网上较为活跃的一个网络社团。年轻父母加入这个圈子后，可以在此获取亲子活动的信息以及自发组织各种育儿班，邀请邻居参加。

以 2008 年 12 月 10 日发布在论坛上的帖子"妈妈们组织的亲子班（大班）专用贴（12 月 13、14 号，家长需准备材料）"② 为例，帖子中详细地介绍了活动的地点、时间，并附有参加者的报名表和各种准备事项。

---

① 摘自 2008 年 12 月 11 日望京网（http：//www. wangjing. cn）首页社区活动栏目。

② http：//bbs. wangjing. cn/viewthread. php? tid＝103240

亲子活动的地点往往是在某个住户的家里，父母们所需携带的是一些如剪刀、胶水、彩纸等做手工的小道具，参加的对象没有特定限制，只遵从先到先得，人满为止的原则。

这种活动以孩子为中心，建立起陌生的年轻父母之间的邻里关系。网络作为一个理想的平台，及时地传达了充分的信息，并加以公示，让每一个网友都有参加活动的机会。

**3）维权行动**

维权行动，如物业问题等是业主们共同关心的问题所在。社区网能够广泛联络业主，从而结成物业维权的统一战线。

根据问卷调查，南湖西园变电站的维权行动是目前居民们在社区网上关注的焦点，此事具体为业主起诉小区周围的变电站违法规划问题。网友们面对这个共同的目标，表现得非常热心。在问卷中，唯一一个使用社区网的离退休老人，其上网原因就是关注变电站问题。社区网网友能够发挥自己不同的专长的优势，包括提供各项诉讼文件、财务报告、文字记录、影音资料等。在整个维权行动中，社区邻里因为共同利益而形成了一个有凝聚力的集体。

**4）商业交易**

私营小店、团购或二手商品的交易，通过网上发帖了解出售和求购信息。

居民对某些商品有共同需求，组织团购既为居民们带来了便利，也有大量采购价格上的优惠。网络在了解居民的具体偏好、需求等方面起到了信息汇总的作用，而组织团购的人如果做得出色，往往能得到网民的信任和爱戴。

另外，居民有时也希望能进行二手商品的交换。望京网论坛的“二手市场”栏目便是专供各位社区居民进行此项活动的。交易的物品多种多样，包括衣物、手表、香水、电脑桌甚至圣诞帽、情侣号码等。买家和卖家并不固定，此次你是买家他是卖家，或许几天后就角色互易。

一个在望京开小饰品店的店主讲述了他的“社区网营销策略”。①

—发现您认识的社区网友较多，你们之间一般是通过什么途径认识的呢？

—上网。

—网下有交流吗？

—有一些。

—对于您的这些网友，他们是如何转变为您现实中的朋友的？应该有一定的原因吧？否则大家应该不会想到和网友见面，了解他的真实情况的吧？

—大家都是望京的，不像QQ上的网友啊。我在望京开店的，他们路过看见就来了，然后一说是望京网的谁谁就认识了。

—那他们都是著名的ID了？

—嗯。

—他们先知道您的ID，知道您在望京开店，所以来买东西的时候就主动自报家门了？

—Yes。

—您的ID想必也是非常有名的了？

—还凑合吧，整天在望京网站出现，经常回帖子。

—都回求购的贴？

—不是，一般都是闲聊。

—哦，所以大家就看眼熟了。

---

① 摘录自2008年12月16日晚网络访谈。

—Yes。

—那您一般一天有多少时间是在望京网上的呢?

—只要一闲下来就上去看看，看看有没有我感兴趣的帖子和事。

总结这个案例，先通过整天在望京网出现，经常回帖子混熟ID，然后在开店过程中，“我在望京开店的，他们路过看见就来了，然后一说是望京网的谁谁就认识了”，完成从ID到真人的映射。“大家都是望京的，不像QQ上的网友啊”，地域上的归属感能增强相互间的信赖。

交易发生在社区内，可以节省运输成本，熟悉的ID能增加信赖感。经常进行物品交易的同时，网友们能够相互见面，进而在交易往来中密切邻里之间的关系。

5）互助关怀

社区网对邻里关系的影响还体现在互助关怀上。

第一，提供了安全防卫的信息，类似于对街道眼（Jacobs，2006）的扩展。社区居民自发监督并发布信息，扩大了整个社区的监督范围。

例如2008年12月4日，一居民在社区网上发布望京旺角、望京新城等地有人贩子出没的消息。12月12日，一居民在网上发帖说自己乘公车时瞧见的骗子偷手机的招数，提醒邻里注意人身安全及财产安全。

第二，邻里互助，奉献爱心。一位网友在问卷回馈中说他曾上社区网“为一个白血病孩子募捐”。另外，望京网成立有一个“肝豆”爱心救援小组，帮助一个患肝症的孩子。孩子的叔叔曾发帖“感谢望京朋友”，回帖目前达到66页，983个回帖①，写满了社区居民的祝福和他们所提供的各种帮助。

第三，通过志愿者活动组织社区居民共献爱心。望京网中有一个“望京志愿者”组织，曾组织“5·12地震捐款”、“6月1日去燕郊给孤残儿童过节”、“大兴区希望之家关爱孤儿”、“健群儿童表演班优惠及公益活动”等活动。参加志愿活动的成员都是望京地区的住户，他们因为为社区服务，为社区以外的人群奉献爱心，从而建立起了邻里之间密切的关系，营造了一种温暖和谐的社区氛围。

## 8.6.3 社区网用户邻里交往的总体情况

问卷中，对比社区网用户与非社区网用户，以所知道的社区居民的姓名（称呼）与从事工作两项度量实际邻里交往的总体情况，结果见图3-8-5。

两项对比都表明，社区网用户在邻里交往中总体情况相对比较平均。而非社区网用户在交往极少（5个以下）和极多项（30个以上）中所占的比例相对社区网用户都较大，社区网用户的邻里交往趋向于中等情况。

计算二者的平均值②，平均每个社区网用户至少认识6.4个社区居民，平均每个非社区网居民至少认识5.5个，平均每个社区网用户至少知道4.3个社区居民的工作，平均每个非社区网用户至少知道3.4个社区居民的工作（图3-8-6）。这也说明，就总体交往情况看，正如大部分（76.7%）社区网用户所认为的，社区网确实促进了邻里间面对面的交往。

社区网用户对自己的邻里交往平均打分为3.43分（总分为5分），76.7%的人希望认识更

① http://bbs.wangjing.cn/thread-64999-1-1.html

② 计算方法：以每一组段最低数作为标准。

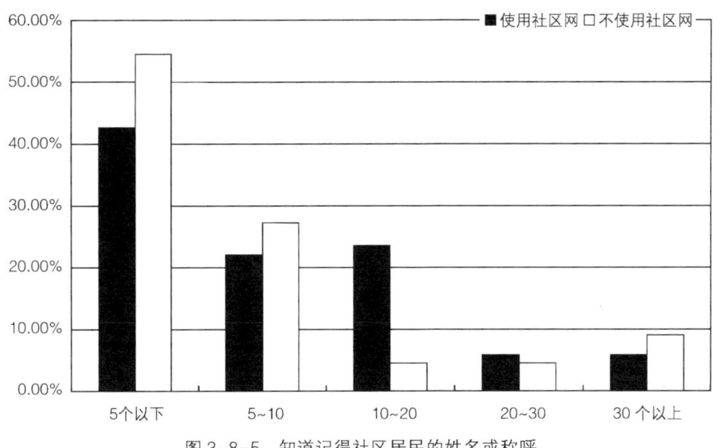


图 3-8-5　知道记得社区居民的姓名或称呼

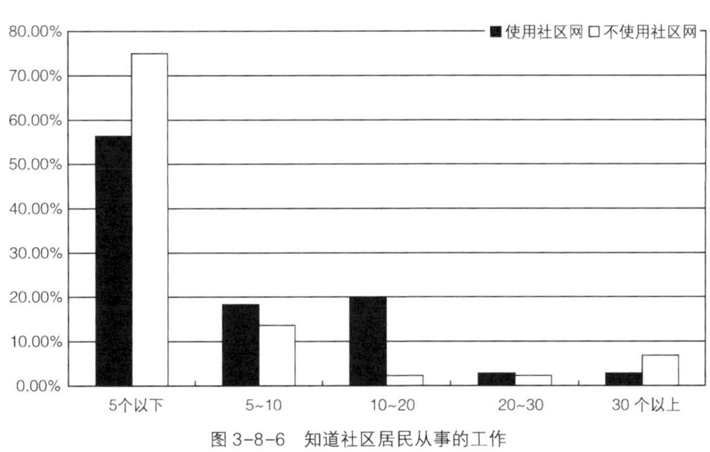


图 3-8-6　知道社区居民从事的工作

多的社区居民；非社区用户对自己邻里交往平均打分为 3.07 分，83.3%的人希望认识更多的社区居民。可见，在主观认知方面，社区网的用户满意度更高，对认识新居民的需求也更少。

## 8.7　结论与讨论

根据上述研究结果，从整个社区网对邻里交往的影响来看，路径 2 是主流，即社区网上的交往促成实体社区内的邻里交往，网络在此过程中作为一个工具而存在，其具体影响详见图 3-8-7。

从使用者的属性来讲，他们相对稳定地居住于同一个地域，有共同的利益和关心的话题，并在社区内追求更高的生活质量。拥有电脑技能和上网条件提供了使用互联网的机会。他们是社区网上长期的、固定化的使用者。社区网作为商业运行机构，首要考虑市场需求，因此，潜在使用者的属性特征决定了社区网上提供的信息和交流的内容，即为他们最关心的实用生活信息、物业管理问题、组织文体活动和商品买卖，并且这些行为都具有真实目的性。

由于社区网上的交流注重实用性，与真实生活息息相关，所以离不开实体社区的支持和邻里间的交往。因而，在种种由网络发起的活动中，社区网用户能逐渐建立真实的邻里关系。随着时间的增长，既有社区网用户主动组织活动的行为增多，热衷于依托网络满足实际生活需要、

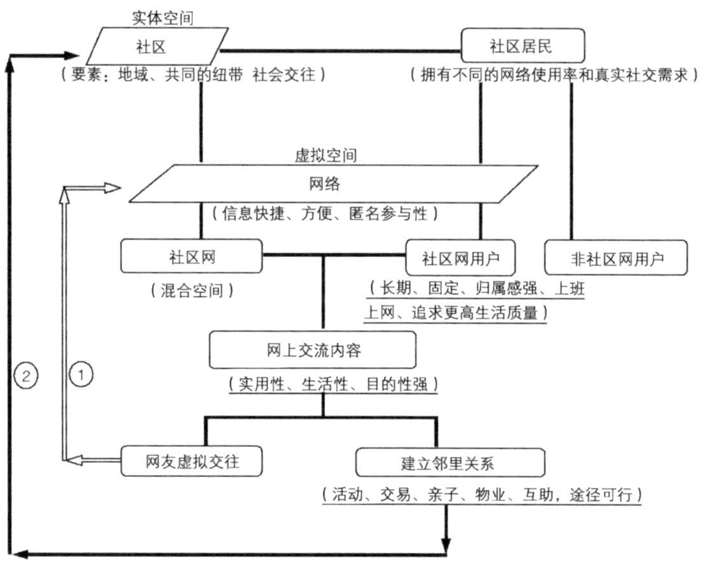


图 3-8-7 社区网对邻里关系的影响示意图

社交需要进而被人尊重的需要。这时，一定规模的走向真实的社区网反过来对新使用者也加以选择。既有群体所形成的这种网络氛围，要求新进入者也必须同样遵守，才能长期融入这个网络。通过这一过程，社区网走向真实化，促进邻里间面对面的交流。

根据对社区网的研究可见，在一种真实事物与网络相结合进行所谓的“信息化”的过程中，究竟谁占主导，谁退居其次，取决于这种真实事物的可替代性和最初使用群体真实目的性的强弱。网络是虚拟的但不总是虚幻的，在真实需求逐渐增大的时候，网络最终将走向真实。

网络空间形成的起点既可以是网络工具提供的空间，也可以是真实的空间。社区网就是以真实社区为起点，为了真实沟通的方便，再形成的网络空间。因而人们的目的性需求从来就非常强，最终凭借网络这种沟通功能的优势，增进了真实世界中面对面的交流。网络在社区网中主要体现了作为工具的职能。通过社区网实现的活动，都是现实社区中业已存在的交往，它们借助于网络而变得更加便捷和有效率，从而获得自身发展。

致谢：俞苗苗和邓婧同学参与了调查，北京大学校长基金“第四维邻里空间与邻里交往——网上小区对邻里交往的影响研究”予以资助，谨致谢忱。

## 参考文献

[1] Castells M. 2000. The Rise of the Network Society [M]. Oxford: Blackwell Publishers.

[2] Joshua F, Elham N. 2009. Internet Social Network Communities: Risk Taking, Trust, and Privacy Concerns [J]. Computers in Human Behavior, 25 (1): 153-160.

[3] Urry J. 1996. Sociology of Time and Space. In: S T Bryan (eds.). The Blackwell Companion to Social Theory [M]. Oxford: Blackwell, 369-395.

[4] 杜宏武，郭谦 . 2006. 社区重构视野下的邻里交往——对珠江三角洲若干住区的调查分析 . 中国园林，(5): 43-46.

[5] 程玉申，周敏 . 1998. 国外有关城市社区的研究述评 [J]. 社会学研究，(4): 54-61.

[6] 董慧娟 . 2008. 现代城市住宅区的邻里交往 [J]. 社科纵横，23 (3)：68-70.

[7] 黄少华，翟本瑞 . 2006. 网络社会学：学科定位与议题 [M]. 北京：中国社会科学出版社 .

[8] 刘杰 . 2005. 社区信息化理论与实务 [M]. 北京：清华大学出版社 .

[9] 马静，施维克，李志民 . 2007. 城市住区邻里交往衰落的社会历史根源 [J]. 城市问题，(3)：46-51.

[10] 聂沉香 . 2008. 论社会交往形式的变迁——网络交往的特征 [J]. 辽宁行政学院学报，10 (5):197-198.

[11] 沈原 . 2006. 社会转型与工人阶级的再形成 [J]. 社会学研究，(2)：13-36.

[12] 宣兆凯 . 2000. 新编社会学概论 [M]. 北京：中国人事出版社 .

[13] 薛丰丰 . 2004. 城市社区邻里交往研究 [J]. 建筑学报，(4)：26-28.

[14] 雅各布斯 . 2006. 美国大城市的死与生 (纪念版) [M]. 南京，译林出版社 .

[15] 张文杰，姜素兰 . 1998. 论网络交往行为的新特点 [J]. 自然辩证法研究，14 (10)：43-46.

[16] 中国互联网络信息中心 (CNNIC) . 2008. 第 22 次中国互联网络发展状况统计报告 [R].

# 9 大学校园意象空间
## ——以北京大学为例①

NINE

## 9.1 引　言

城市意象概念始于林奇，他认为每个人在自己的环境中形成了对城市的局部印象，叠加后则对城市的整体印象形成共识。他创造性地将人的主观感受纳入城市空间的研究，提出城市意象的五大要素，即道路、边界、区域、节点和标志物。他认为不同元素不是独立存在于人们的意识中，而是互相重叠、互相贯通，区域与节点构建在一起，并由边界来界定，被路径所渗透，而地标就闪耀在其中。要素在城市意象中的分布、可识别程度和空间组合结构等形成了城市意象空间的特点（凯文·林奇，2001）。

在林奇之后，国外许多学者都曾从不同的角度和层面继续对城市意象进行了深入的研究。如：针对罗马的不同阶级对罗马进行的城市意象研究（Francescato、Mebane，1973）；对城市居民感知草图类型的研究（Appleyard，1970）；对城市居民感知阶段的研究（Golledge，1997）；还有对中国广州的实证研究（Lee、Schmidt，1986）。国内城市意象研究主要包括：李郁和许学强（1993）对广州城市意象空间结构及其受市民属性影响的研究；顾朝林和宋国臣（2001a、b、c）在对北京市意象空间的调查中提出城市结构性意象主要是客观环境对人的意象的影响；冯健（2003、2005）通过对北京市民的调查，分析了居民空间感知的基本类型、构成要素和发展阶段以及各种差异性特征，并根据地物出现频率，概括了北京城市意象空间结构；李雪铭和李建宏（2006）对大连市微观空间情景和宏观空间结构意象进行研究，并分析了年龄、性别、学历等属性对个人辨认照片数目及意象范围的影响。

前人的研究基本上都集中在城市尺度的意象空间研究上。校园可以看做是城市空间的一个局部，是一种微观尺度的城市空间，有其独特性（Dober，2000）。本文首次将意象调查方法引入校园空间研究，根据306份感知地图及相应统计数据，重点研究校园空间感知的构成要素、基本类型、发展阶段和意象空间结构，还对比了城市和校园两种不同尺度的意象空间，并从单位制度角度进行解释。

---

① 本文作者：颜燕。

## 9.2 调查方法

2006年10~11月期间，以北京大学的学生为对象，进行校园意象空间问卷调查，共计发放调查问卷370份，回收343份，有效问卷306份。具体调查方法是采用教室发放和宿舍发放相结合的方式，到教室内请自习的学生填写或者到宿舍内请同学填写。

问卷要求学生“以地图的形式画出印象中的北大校园空间”，同时填写个人信息。强调以地图的形式，是因为在预调查中发现一些同学错误地理解题意，在问卷中只画出北大标志，这不能反映空间意象，偏离了研究目的。对306份有效问卷进行分析，建立数据库，判断大学生校园空间感知地图的类型、亚类型、构成要素以及所处的发展阶段等。根据典型地物出现的频率，画出北京大学校园意象空间地图。结合前人对城市意象空间的实证研究，比较分析校园意象空间与城市意象空间构成要素和感知类型的差别。

## 9.3 校园空间构成要素及差异性分析

### 9.3.1 按林奇的要素分类

林奇将感知空间构成要素分为五类，即道路、边界、区域、节点和标志物。

道路是观察者移动的路线，是城市环境中的主导要素。特定的道路可以通过许多种方法变成重要的意象特征。经常穿行的道路具有最强的影响力，主要的交通线是关键的意象特征。另外，人们习惯去了解道路的起点和终点，起点和终点都清晰并且知名的道路具有更强的可识别性（沈益人，2004）。这一点在本研究中有深刻体现。在所有出现的道路中，作为南门通道、连接一系列重要标志物并且知名度较高的五四路出现的概率最大（42.0%），其次是连接东门和图书馆的东门路（20.3%），再其次是生活区经常穿行的宿舍南路和博实路，均为10.5%。意象中少数几条重要的道路，只要它们之间有牢固的联系，就可能忽略其中细小的不规则，形成简单结构，这一点将在下文的意象结构地图中看到。

边界是两种类型空间之间的分隔，常以岸线、铁路、城墙表现出来，边界的连续性和可见性十分关键。在本研究中，边界主要体现为校园的围墙，通过连续可见的实体将校园内外分隔开来。但是，强大的边界也并非无法穿越，许多边界是凝聚的缝合线而不是隔离的屏障，而校门就很好地体现了这种作用。

区域是观察者能够想象进入的相对大一些的范围，具有一些普遍特征。决定区域物质特征的是其主题的连续性，它可能包括多种多样的组成部分，比如纹理、空间、形式、细部、标志、建筑形式、使用、功能、居民、围护程度、地形等。在本研究中，区域的范围主要是以功能来界定，通过各个部分功能的差异，最终形成教学区、生活区、风景区、办公区等区域。

节点是观察者可进入的战略性集点，如典型的道路连接点或具备某些特征的集中点。位于连接点的元素由于其位置的特殊性，自然而然地被假设具有了特殊的重要性。强大的物质形式对识别一个节点并非绝对必要，然而一旦空间有了形态，其带给人的印象会更加深刻难忘。在本研究中，三角地首先具有空间上的形态，是学生上课必经之地，其次，三角地作为北大学术和社团活动中心，是北大精神文化的聚集地，因此三角地是校园内的标志性节点。

标识物是人们观察形体环境的参考点，如著名建筑物、大商场、自然风景点等，给人们以标记印象。标志物在人们的记忆中有可能独立存在，也有可能是一组节点，它们之间通过重复而相互强化，并根据前后关系进行识别（徐苗，2003；余薇，2003）。在本研究中，各种标识物之间相互联系，通过相对位置关系形成了固定格局。

从所有统计的样本来看，标志物出现的概率最大，达 31.5%，这一点和城市空间感知类似，道路、边界、区域和节点的概率比较接近，均在 17%左右。

## 9.3.2 按实际要素分类

按照校园构成的实际要素分类，可以分为住宿生活、运动休闲、教学实验、公共空间、风景旅游、生活服务和行政办公等几类。住宿生活、教学实验、公共空间和风景旅游所占的比重最大，并且差别不大，均在 18%以上；其次是运动休闲，达 15.5%；生活服务和行政办公出现的概率偏小，分别为 6.1%和 3.8%。

住宿生活、教学实验以及公共活动空间与学生的生活密切相关，因此出现的概率比较大。而行政办公和学生的学习生活比较远，生活服务虽然与学生生活密切相关，但校内超市等服务机构数量和规模都很小，影响了同学的认知。

## 9.3.3 感知地图构成要素的差异性分析

在女生的感知地图中，道路和标志物出现的概率相对较大；在男生的感知地图中，边界出现的概率相对较大。在社会科学专业学生的地图中，道路和节点出现的比重相对较大；在自然科学专业学生的感知地图中，区域出现的概率偏大。在研究生中，节点出现的概率偏大；在本科生中，区域出现的概率偏大。家庭月收入越高，道路和区域出现的比重越大，标志物和边界的比重相对减少。大学生的感知地图中，道路出现的比重相对较大。成绩、性格和来校时间影响不显著（表 3-9-1）。

对于按照实际要素进行的分类，各个影响因素的差异性均不显著。

北京大学感知地图的构成要素及差异性分析　　表 3-9-1

| 样本类型 | | | 道路 | 边界 | 区域 | 节点 | 标志物 |
|---|---|---|---|---|---|---|---|
| 总计 | | 样本数（个） | 150 | 165 | 151 | 135 | 277 |
| | | 比重（%） | 17.1% | 18.8% | 17.2% | 15.4% | 31.5% |
| 性别 | 男生 | 样本数（个） | 75 | 103 | 83 | 74 | 149 |
| | | 比重（%） | 15.5% | 21.3% | 17.1% | 15.3% | 30.8% |
| | 女生 | 样本数（个） | 73 | 59 | 66 | 59 | 125 |
| | | 比重（%） | 19.1% | 15.4% | 17.3% | 15.4% | 32.7% |
| 专业 | 自然科学 | 样本数（个） | 83 | 100 | 97 | 77 | 165 |
| | | 比重（%） | 15.9% | 19.2% | 18.6% | 14.8% | 31.6% |
| | 社会科学 | 样本数（个） | 66 | 63 | 53 | 58 | 110 |
| | | 比重（%） | 18.9% | 18.0% | 15.1% | 16.6% | 31.4% |

续表

| 样本类型 | | | 道路 | 边界 | 区域 | 节点 | 标志物 |
|---|---|---|---|---|---|---|---|
| 学历 | 本科生 | 样本数（个） | 132 | 144 | 136 | 116 | 244 |
| | | 比重（%） | 17.1% | 18.7% | 17.6% | 15.0% | 31.6% |
| | 研究生 | 样本数（个） | 18 | 20 | 14 | 17 | 30 |
| | | 比重（%） | 18.2% | 20.2% | 14.1% | 17.2% | 30.3% |
| 成绩 | 上游 | 样本数（个） | 73 | 77 | 72 | 64 | 125 |
| | | 比重（%） | 17.8% | 18.7% | 17.5% | 15.6% | 30.4% |
| | 中游 | 样本数（个） | 42 | 45 | 46 | 44 | 83 |
| | | 比重（%） | 16.2% | 17.3% | 17.7% | 16.9% | 31.9% |
| | 下游 | 样本数（个） | 25 | 29 | 26 | 20 | 49 |
| | | 比重（%） | 16.8% | 19.5% | 17.4% | 13.4% | 32.9% |
| 性格 | 偏内向 | 样本数（个） | 80 | 84 | 69 | 68 | 135 |
| | | 比重（%） | 18.3% | 19.3% | 15.8% | 15.6% | 31.0% |
| | 偏外向 | 样本数（个） | 68 | 78 | 79 | 65 | 139 |
| | | 比重（%） | 15.9% | 18.2% | 18.4% | 15.2% | 32.4% |
| 家庭月收入 | 1000元以下 | 样本数（个） | 22 | 25 | 21 | 25 | 45 |
| | | 比重（%） | 15.9% | 18.1% | 15.2% | 18.1% | 32.6% |
| | 1000~5000元 | 样本数（个） | 94 | 108 | 94 | 82 | 174 |
| | | 比重（%） | 17.0% | 19.6% | 17.0% | 14.9% | 31.5% |
| | 5000元以上 | 样本数（个） | 29 | 25 | 30 | 26 | 44 |
| | | 比重（%） | 18.8% | 16.2% | 19.5% | 16.9% | 28.6% |
| 家庭所在地 | 大城市 | 样本数（个） | 42 | 37 | 44 | 34 | 75 |
| | | 比重（%） | 18.1% | 15.9% | 19.0% | 14.7% | 32.3% |
| | 中小城市 | 样本数（个） | 89 | 104 | 83 | 79 | 157 |
| | | 比重（%） | 17.4% | 20.3% | 16.2% | 15.4% | 30.7% |
| | 农村 | 样本数（个） | 19 | 24 | 23 | 22 | 44 |
| | | 比重（%） | 14.4% | 18.2% | 17.4% | 16.7% | 33.3% |

## 9.4 校园空间感知类型及差异性分析

### 9.4.1 校园空间感知的基本类型

北京大学学生所绘制的感知地图类型与Appleyard等人的研究基本相同。在冯健对北京（2003、2005）的研究和Lee、Schmidt（1986）对广州的研究中，亚类型中的“格局型”没有出现，而这一类型在校园感知空间中比较突出。另一方面，序列型地图中的“线型”在校园感知地图中没有出现。

校园空间感知地图分为两类，即序列型和空间型。序列型又分为4个亚类：段型、链型、支型和网型：

（1）在段型感知地图（图3-9-1*a*）中，调查者勾画出了生活中比较熟悉或者具有特殊意义的道路，依托道路向两侧发展出一定地域区段。主要的地域区段包括宿舍通往食堂的道路区段，宿舍通往教室的道路区段和标志性道路区段（如五四路及其两侧的建筑）。段型感知地图占总样本的8.1%。

（2）在链型感知地图（图3-9-1*b*）中，调查者通过几条互相连接的道路，组合成印象中的感知空间，其中标志物以点状分布在道路上。链型感知地图占总样本的2.6%。

（3）在支型感知地图（图3-9-1*c*）中，调查者以一条主要道路为主轴，依托该道路发展出若干条支路，并描绘周围的建筑环境。在所有感知地图中，出现的最主要的轴线是五四路。支型感知地图占总样本的5.8%。

（4）在网型感知地图（图3-9-1*d*），不同的道路组成了比较完整的网状交通系统，周围的建筑实体嵌套于道路中。网型感知地图占总样本的4.9%。

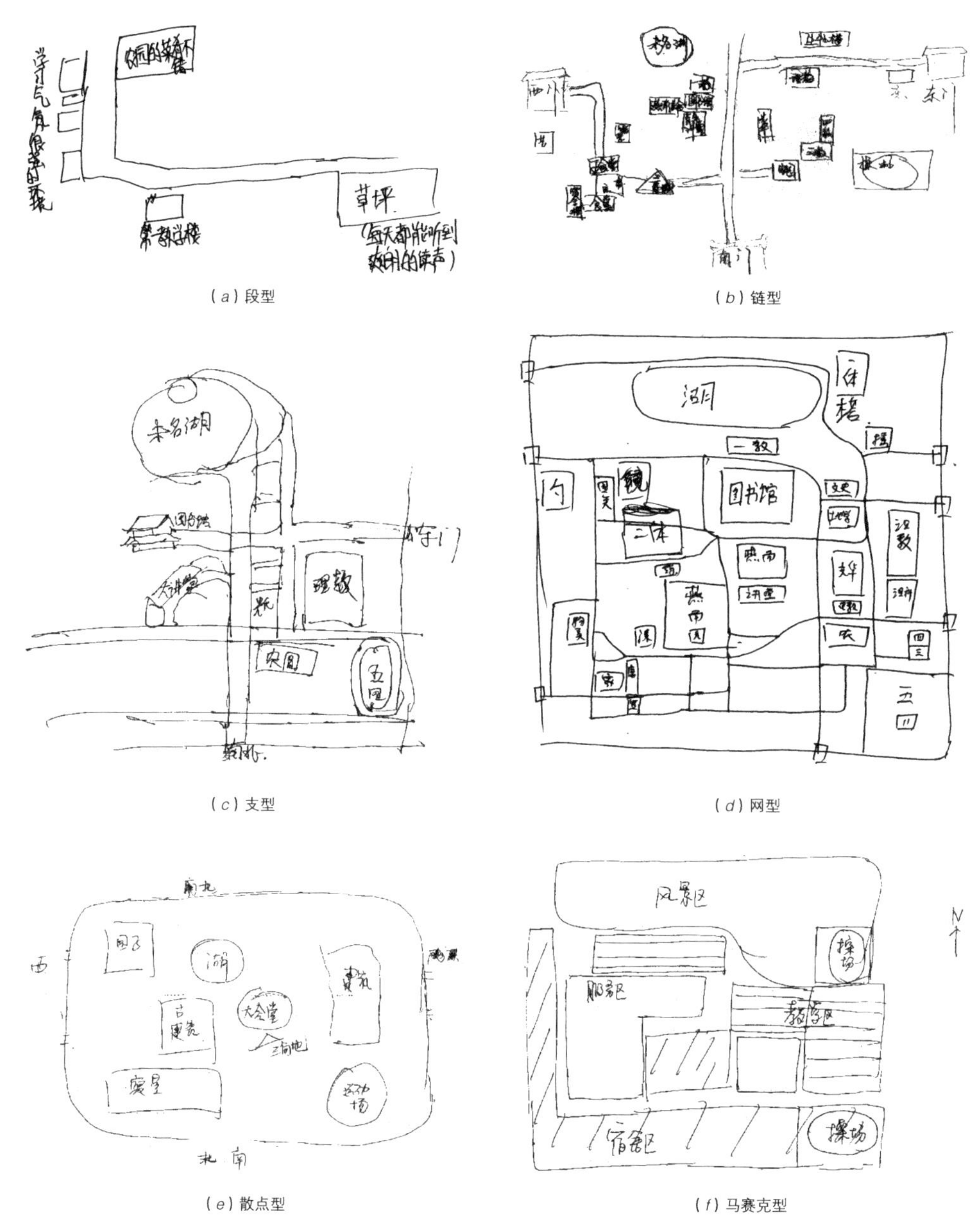


（*a*）段型　（*b*）链型

（*c*）支型　（*d*）网型

（*e*）散点型　（*f*）马赛克型

图3-9-1　北京大学校园空间感知地图的类型

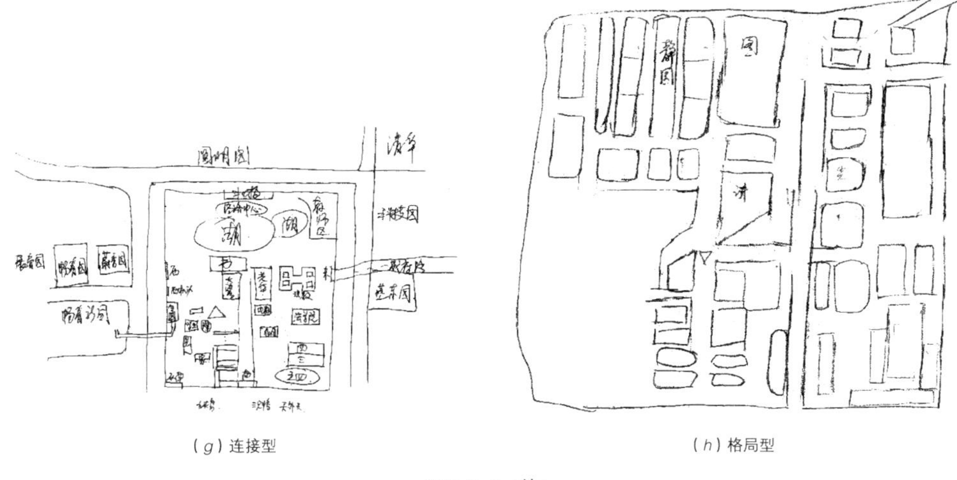

（*g*）连接型

（*h*）格局型

图 3-9-1（续）

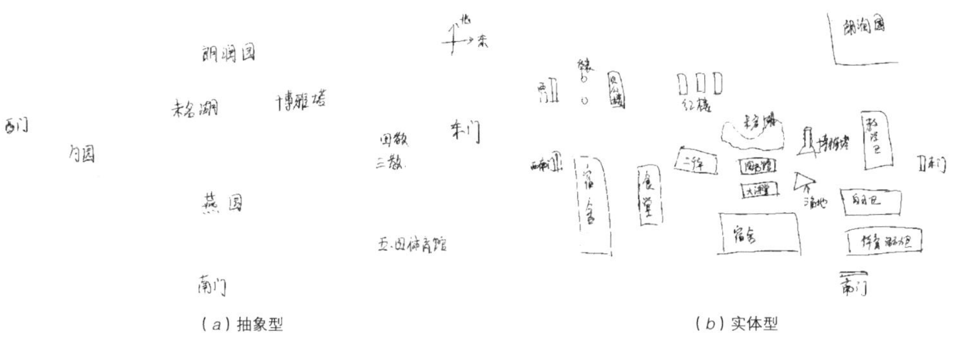


（*a*）抽象型

（*b*）实体型

图 3-9-2　北京大学校园散点型感知地图的亚类型

空间型也分为 4 个亚类：散点型、马赛克型、连接型和格局型：

（1）散点型感知地图占总样本的 31.4%。与冯健对北京市的研究相同，校园空间感知散点型也有四种亚类型：①区域—单点型；②有区无点型；③区域—多点型；④多点无区型（冯健，2004、2005）。与前人研究不同的是，校园空间感知中散点出现的形态不同，具体存在两种形态：①抽象型（图 3-9-2*a*），调查者仅以文字或者实点形式描述标志物的大体位置；②实体型（图 3-9-2*b*、图 3-9-1*e*），调查者通过具体描绘标志物的形状、大小和边界来刻画标志物，形成空间概念。

（2）马赛克型感知地图是调查者通过对空间的感知，划分出不同区域，拼合在一起，因此，马赛克型感知地图是区域型感知地图。在总样本中，其所占比重达到 10.7%。由于调查者所划分的功能区域不同，马赛克型感知地图也不尽相同，生活区、教学区、风景旅游区是出现最多的功能分区。

（3）连接型感知地图是指空间的片断与片断间存在着有效连接，该类型占总样本的 9.7%。

（4）格局型感知地图是通过标志物体量、形态和相对位置的围合形成较高级别的感知类型，在总样本中占 26.9%。从范围来讲，格局型感知地图可以分为整体型和局部型（图 3-9-3*a*、*b*）；从道路来看，可以分为无道路型、建筑围合道路型和道路围合建筑型（图 3-9-3*c*、*d*、*e*）。

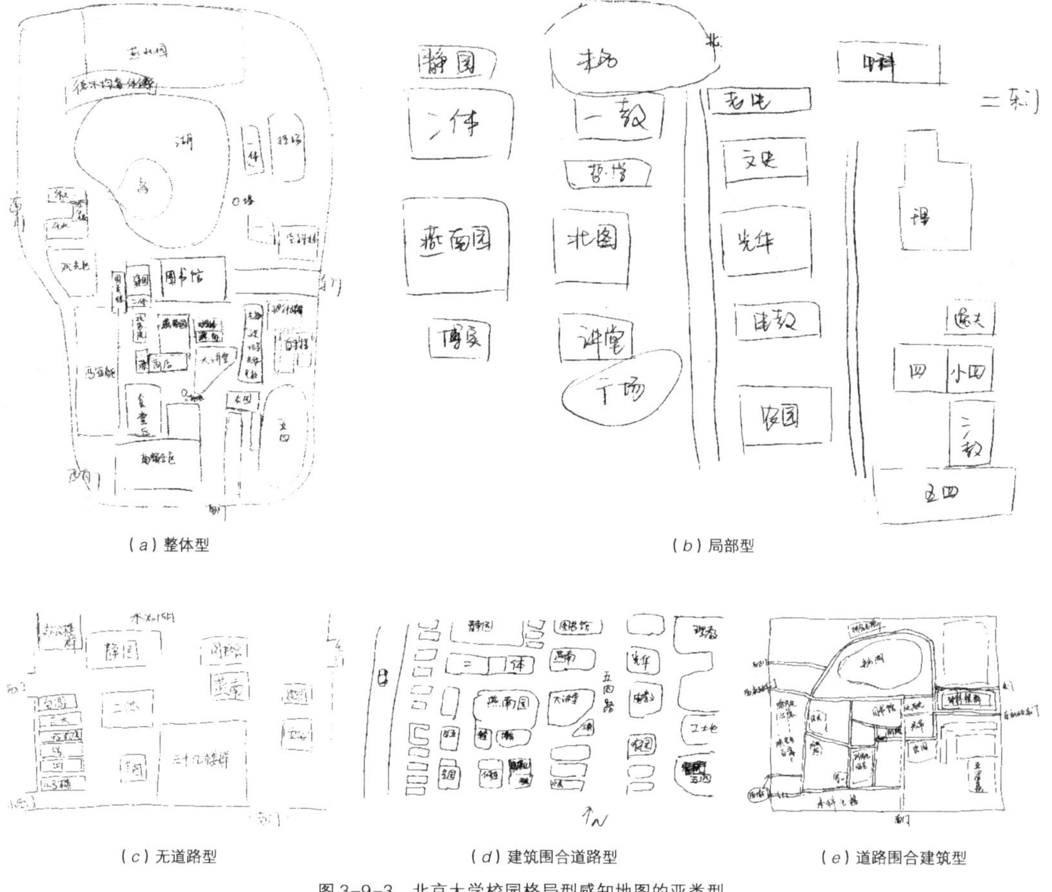


（a）整体型　（b）局部型

（c）无道路型　（d）建筑围合道路型　（e）道路围合建筑型

图 3-9-3　北京大学校园格局型感知地图的亚类型

## 9.4.2　校园空间感知类型的差异分析

从所有统计样本来看，空间型感知地图总共 243 个样本，占样本总数的 78.6%，序列型感知地图 66 个，占样本总数的 21.4%（表 3-9-2）。

对于不同性别的学生，女生序列型感知地图比重偏高，男生空间型偏高；对于不同专业的学生，社会科学的学生序列型感知地图比重偏高，自然科学的空间型偏高；对于不同学历的学生，研究生序列型感知地图比重偏高，本科生空间型偏高；对于不同家庭月收入的学生，月收入越高，序列型感知地图比重越大。按家庭所在地，中小城市序列型感知地图比重最大，其次是大城市，最后是农村。来校园的时间越长，序列型感知地图比重越大；年龄越大，序列型感知地图比重越大；成绩和性格影响不显著。

北京大学校园感知地图的类型及差异特征　表 3-9-2

| 样本类型 | | | 序列型 | | | | | 空间型 | | | | | |
|---|---|---|---|---|---|---|---|---|---|---|---|---|---|
| | | | 段 | 链 | 支/环 | 网 | 小计 | 散点 | 马赛克 | 格局 | 连接 | 小计 | 合计 |
| 总计 | | 样本数 | 25 | 8 | 18 | 15 | 66 | 97 | 33 | 83 | 30 | 243 | 309 |
| | | 比重 | 8.1% | 2.6% | 5.8% | 4.9% | 21.4% | 31.4% | 10.7% | 26.9% | 9.7% | 78.6% | 100.0% |
| 性别 | 男生 | 样本数 | 7 | 4 | 10 | 10 | 31 | 56 | 22 | 44 | 19 | 141 | 172 |
| | | 比重 | 4.1% | 2.3% | 5.8% | 5.8% | 18.0% | 32.6% | 12.8% | 25.6% | 11.0% | 82.0% | 100.0% |

续表

| 样本类型 | | | 序列型 | | | | | 空间型 | | | | | |
|---|---|---|---|---|---|---|---|---|---|---|---|---|---|
| | | | 段 | 链 | 支/环 | 网 | 小计 | 散点 | 马赛克 | 格局 | 连接 | 小计 | 合计 |
| 性别 | 女生 | 样本数 | 16 | 4 | 8 | 5 | 33 | 40 | 11 | 39 | 11 | 101 | 134 |
| | | 比重 | 11.9% | 3.0% | 6.0% | 3.7% | 24.6% | 29.9% | 8.2% | 29.1% | 8.2% | 75.4% | 100.0% |
| 专业 | 自然科学 | 样本数 | 13 | 4 | 10 | 9 | 36 | 60 | 21 | 50 | 16 | 147 | 183 |
| | | 比重 | 7.1% | 2.2% | 5.5% | 4.9% | 19.7% | 32.8% | 11.5% | 27.3% | 8.7% | 80.3% | 100.0% |
| | 社会科学 | 样本数 | 12 | 4 | 8 | 6 | 30 | 36 | 11 | 33 | 14 | 94 | 124 |
| | | 比重 | 9.7% | 3.2% | 6.5% | 4.8% | 24.2% | 29.0% | 8.9% | 26.6% | 11.3% | 75.8% | 100.0% |
| 学历 | 本科生 | 样本数 | 22 | 5 | 16 | 14 | 57 | 85 | 30 | 74 | 27 | 216 | 273 |
| | | 比重 | 8.1% | 1.8% | 5.9% | 5.1% | 20.9% | 31.1% | 11.0% | 27.1% | 9.9% | 79.1% | 100.0% |
| | 研究生 | 样本数 | 3 | 3 | 2 | 1 | 9 | 12 | 2 | 6 | 3 | 23 | 32 |
| | | 比重 | 9.4% | 9.4% | 6.3% | 3.1% | 28.1% | 37.5% | 6.3% | 18.8% | 9.4% | 71.9% | 100.0% |
| 成绩 | 上游 | 样本数 | 13 | 5 | 7 | 7 | 32 | 44 | 17 | 40 | 10 | 111 | 143 |
| | | 比重 | 9.1% | 3.5% | 4.9% | 4.9% | 22.4% | 30.8% | 11.9% | 28.0% | 7.0% | 77.6% | 100.0% |
| | 中游 | 样本数 | 9 | 1 | 6 | 4 | 20 | 25 | 9 | 28 | 9 | 71 | 91 |
| | | 比重 | 9.9% | 1.1% | 6.6% | 4.4% | 22.0% | 27.5% | 9.9% | 30.8% | 9.9% | 78.0% | 100.0% |
| | 下游 | 样本数 | 3 | 2 | 5 | 3 | 13 | 20 | 6 | 10 | 6 | 42 | 55 |
| | | 比重 | 5.5% | 3.6% | 9.1% | 5.5% | 23.6% | 36.4% | 10.9% | 18.2% | 10.9% | 76.4% | 100.0% |
| 家庭月收入 | 1000以下 | 样本数 | 2 | 0 | 3 | 2 | 7 | 20 | 3 | 11 | 6 | 40 | 47 |
| | | 比重 | 4.3% | 0.0% | 6.4% | 4.3% | 14.9% | 42.6% | 6.4% | 23.4% | 12.8% | 85.1% | 100.0% |
| | 1000至5000 | 样本数 | 17 | 6 | 11 | 10 | 44 | 62 | 21 | 55 | 15 | 153 | 197 |
| | | 比重 | 8.6% | 3.0% | 5.6% | 5.1% | 22.3% | 31.5% | 10.7% | 27.9% | 7.6% | 77.7% | 100.0% |
| | 5000以上 | 样本数 | 5 | 1 | 4 | 3 | 13 | 10 | 7 | 12 | 8 | 37 | 50 |
| | | 比重 | 10.0% | 2.0% | 8.0% | 6.0% | 26.0% | 20.0% | 14.0% | 24.0% | 16.0% | 74.0% | 100.0% |
| 家庭所在地 | 大城市 | 样本数 | 6 | 1 | 4 | 4 | 15 | 28 | 9 | 21 | 9 | 67 | 82 |
| | | 比重 | 7.3% | 1.2% | 4.9% | 4.9% | 18.3% | 34.1% | 11.0% | 25.6% | 11.0% | 81.7% | 100.0% |
| | 中小城市 | 样本数 | 18 | 6 | 12 | 9 | 45 | 50 | 19 | 51 | 13 | 133 | 178 |
| | | 比重 | 10.1% | 3.4% | 6.7% | 5.1% | 25.3% | 28.1% | 10.7% | 28.7% | 7.3% | 74.7% | 100.0% |
| | 农村 | 样本数 | 1 | 1 | 2 | 2 | 6 | 19 | 5 | 10 | 8 | 42 | 48 |
| | | 比重 | 2.1% | 2.1% | 4.2% | 4.2% | 12.5% | 39.6% | 10.4% | 20.8% | 16.7% | 87.5% | 100.0% |
| 来校时间 | 第1年 | 样本数 | 6 | 1 | 5 | 5 | 17 | 31 | 10 | 24 | 7 | 72 | 89 |
| | | 比重 | 6.7% | 1.1% | 5.6% | 5.6% | 19.1% | 34.8% | 11.2% | 27.0% | 7.9% | 80.9% | 100.0% |
| | 第2年 | 样本数 | 5 | 2 | 3 | 5 | 15 | 31 | 7 | 33 | 11 | 82 | 97 |
| | | 比重 | 5.2% | 2.1% | 3.1% | 5.2% | 15.5% | 32.0% | 7.2% | 34.0% | 11.3% | 84.5% | 100.0% |
| | 第3年 | 样本数 | 7 | 1 | 6 | 3 | 17 | 21 | 8 | 15 | 7 | 51 | 68 |
| | | 比重 | 10.3% | 1.5% | 8.8% | 4.4% | 25.0% | 30.9% | 11.8% | 22.1% | 10.3% | 75.0% | 100.0% |
| | 第4年及以上 | 样本数 | 7 | 4 | 2 | 2 | 15 | 14 | 7 | 11 | 5 | 37 | 52 |
| | | 比重 | 13.5% | 7.7% | 3.8% | 3.8% | 28.8% | 26.9% | 13.5% | 21.2% | 9.6% | 71.2% | 100.0% |

## 9.4.3 不同级别的感知地图所占比重及差异性分析

从所有统计样本来看，低等级感知地图所占比重为 39.5%，高等级感知地图所占比重为 60.5%（表 3-9-3）。总体来看，校园空间感知地图级别相对偏高。

对于不同的性别，男生高级别感知地图的比重大于女生；对于不同的学历，本科生高级感知类型多于研究生；对于不同的成绩，成绩高的感知类型级别偏高；对于不同的性格，内向的感知类型级别偏高；对于不同的家庭月收入，月收入越高的感知级别比重越高；对于来校时间，第二年感知类型级别偏高，其他年份感知类型级别相当；对于不同的年龄，年龄越低，感知类型级别越高。

北京大学校园不同级别的感知地图所占比重及其差异性特征　　表 3-9-3

| | 样本类型 | 低等级 | 高等级 |
|---|---|---|---|
| | 总计 | 39.5% | 60.5% |
| 性别 | 男生 | 36.6% | 63.4% |
| | 女生 | 41.8% | 58.2% |
| 专业 | 自然科学 | 39.9% | 60.1% |
| | 社会科学 | 38.7% | 61.3% |
| 学历 | 本科生 | 39.2% | 60.8% |
| | 研究生 | 46.9% | 53.1% |
| 成绩 | 上游 | 39.9% | 60.1% |
| | 中游 | 37.4% | 62.6% |
| | 下游 | 41.8% | 58.2% |
| 性格 | 偏内向 | 37.4% | 62.6% |
| | 偏外向 | 43.0% | 57.0% |
| 家庭月收入 | 1000 元以下 | 46.8% | 53.2% |
| | 1000~5000 元 | 40.1% | 59.9% |
| | 5000 元以上 | 30.0% | 70.0% |
| 家庭所在地 | 大城市 | 41.5% | 58.5% |
| | 中小城市 | 38.2% | 61.8% |
| | 农村 | 41.7% | 58.3% |
| 来校时间 | 第 1 年 | 41.6% | 58.4% |
| | 第 2 年 | 37.1% | 62.9% |
| | 第 3 年 | 41.2% | 58.8% |
| | 第 4 年及以上 | 40.4% | 59.6% |
| 年龄 | 20 岁以下 | 33.6% | 66.4% |
| | 20~22 岁 | 39.3% | 60.7% |
| | 23 及以上 | 49.1% | 50.9% |

## 9.5 校园空间感知阶段分析

西方学者认为，居民对城市空间的感知地图，随着时间的推移以不同的速度发生变化，随着与节点、路径和区域连通程度的变化而发展。居民感知地图的发展分为三个阶段：①连接发展阶段；②邻里描绘阶段；③等级秩序阶段（Golledge、Stimson，1997）。冯健（2004、2005）在研究中对上述三阶段模式进行了归类：第一阶段是比较简单的联系，对联系路径旁的设施略有描述；第二阶段，相对复杂，对邻里的描绘较为详细，形成局部区域；第三类最为复杂，道路、节点等形成等级秩序。

可见，城市空间感知阶段是按由“简单认知”到“复杂认知”的顺序发展的。对所获得的306份感知地图进行归类，也可以得到下列三个发展阶段：①比较简单，校园范围内最显著和熟悉的标志物；②相对复杂，较为丰富的标志物通过道路或相对位置相互联系，形成一个或若干个局部区域；③最为复杂，完整连贯的道路网系统将极其丰富的标志物联系起来，形成等级秩序（图3-9-4）。

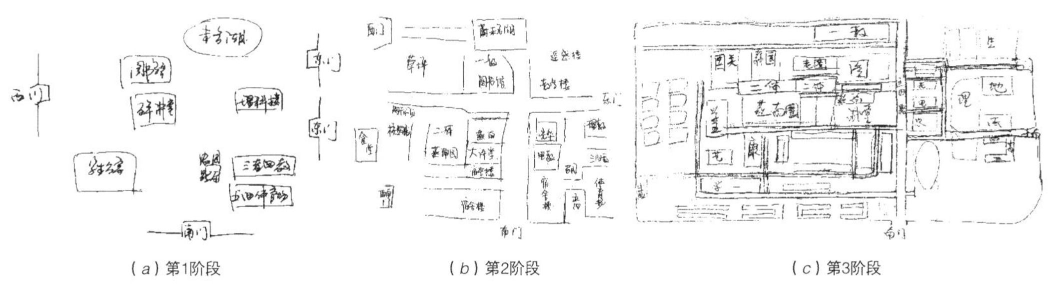

（a）第1阶段　　（b）第2阶段　　（c）第3阶段

图3-9-4　校园空间感知地图的发展阶段

## 9.6 北京大学校园空间意象地图

对所得的306份问卷进行统计分析，得到北京大学的意象结构空间地图，可以分为两大类：宏观型和微观型。宏观地图根据建筑物的功能和集聚程度，对北京大学进行功能分区，主要划分为住宿生活区、教学区、风景区和办公区等几个区域。微观地图主要以典型地物出现，根据典型地物出现的频率，将地图分为频率大于50%、大于30%和大于10%三种类型。

由图3-9-5可以看出，出现频率最多的是未名湖（75.4%），其次是图书馆（68.2%），再次是理科教学楼（62.6%）、五四体育场（61.6%）和百周年讲堂（59.7%），其中尤其值得注意的是南门（68.5%）、东门（68.2%）和西门（57.0%）均达到了50%以上。频率范围在30%~50%之间的地物有第三教学楼（44.6%）、第四教学楼（41.3%）、三角地（42.3%）、五四路（42.0%）、农园餐厅（38.0%）和西南门（33.4%）；频率范围在10%~30%的有博雅塔（28.2%）、一教（27.9%）、电教（23.0%）、二体（25.2%）、光华学院（24.9%）、静园草坪（24.6%）、勺园（22.3%）、学一食堂（21.3%）、东机动门（21.0%）、东门路（20.3%）、康博思食堂（18.4%）、燕南园（17.7%）、艺园食堂（10.2%）、学五食堂（17.4%）、生物楼（14.1%）、文史楼（12.8%）、国关大楼（11.1%）、朗润园（10.8%）、

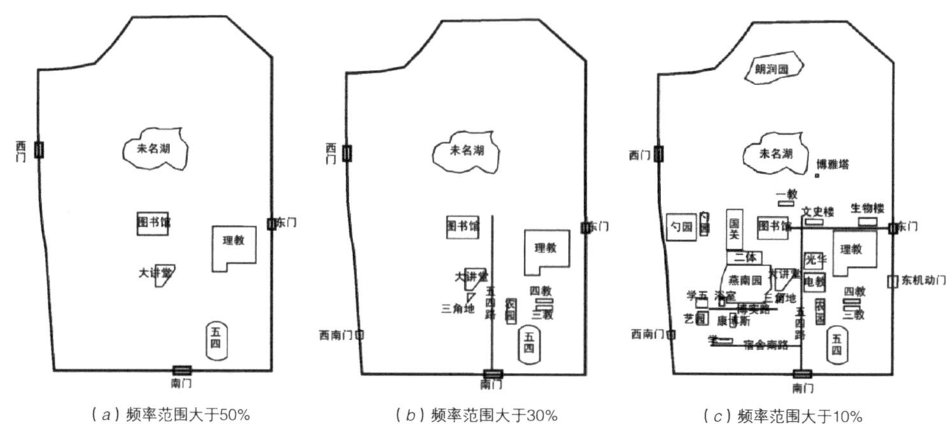


图 3-9-5　北京大学意象空间结构

浴室（10.5%）、博实路（10.5%）、宿舍南路（10.5%）。

从上述地物的出现频率可以透视北京大学意象地图的特点：①以五四路和东门路为骨架，贯穿宿舍南路和博实路，将生活区、教学区、运动区、公共开放区和风景区联系起来；②以空间为主导，通过标志物的相对位置和大小，拼合出校园空间格局。

## 9.7　城市与校园意象空间对比分析

由于国内学术界对于城市空间感知的研究还处于起步阶段，实证研究尤为缺乏，在前人所有关于城市空间感知的研究中，只有冯健（2003、2005）的研究给出了具体数据，因此，下面的对比分析将围绕冯健的研究数据和本文的数据展开。

### 9.7.1　空间意象构成要素的对比

在北京大学学生所绘制的306份感知地图中，地图的构成要素没有超出林奇所提出的五种要素，即道路、边界、区域、节点和标志物。这与前人对于城市的研究结果相同，但是每种要素出现的比重相差很大（表3-9-4）。

城市与校园感知空间构成要素的对比　　表 3-9-4

| 样本类型 | | 道路 | 边界 | 区域 | 节点 | 标志物 |
|---|---|---|---|---|---|---|
| 城市意象空间 | 样本数（个） | 244 | 103 | 105 | 38 | 273 |
| | 比重（%） | 32 | 13.5 | 13.7 | 5 | 35.8 |
| 校园意象空间 | 样本数（个） | 150 | 165 | 151 | 135 | 277 |
| | 比重（%） | 17.1 | 18.8 | 17.2 | 15.4 | 31.5 |

资料来源：城市意象数据来自冯健（2004、2005）。

在校园空间感知地图中，边界、区域和节点出现的概率相对较大，在城市空间感知地图中，道路和标志物出现的概率要大一些。究其原因，校园与城市相比尺度较小，道路系统不突出，学生活动路径和区域一般比较固定，因此在校园感知地图中，道路的出现比较少。相对于城市来讲，校园的边界更加突出，尤其是传统校园围墙的存在，进一步划分出校园的范围。同时，校园相对于城市，功能更少并且相对集中，在小尺度内，不同功能区更容易被感知，这些都造成了校园感知地图中边界和区域出现的概率偏大。三角地作为北大学术和社团活动中心，又处于学生上课必经之地，在学生心目中占有不可取代的地位，三角地这样的标志性节点的存在，使校园空间感知中节点的比重偏高。

### 9.7.2 空间感知类型的对比

在北京大学学生所绘制的306份感知地图中，感知地图的类型没有超出西方学者对地图的分类（Appleyard，1970），即序列型（段、链、支/环、网）和空间型（散点、马赛克、连接、格局）。与北京市感知地图的类型相比，没有线型和单体型，但是出现了格局型（表3-9-5）。

城市与校园感知地图的类型对比　　表3-9-5

| 样本类型 | | 序列型 | | | | | | 空间型 | | | | |
|---|---|---|---|---|---|---|---|---|---|---|---|---|
| | | 线 | 段 | 链 | 支/环 | 网 | 小计 | 散点 | 马赛克 | 格局 | 连接 | 小计 |
| 城市 | 样本数 | 52 | 93 | 11 | 51 | 29 | 236 | 23 | 23 | 0 | 5 | 51 |
| | 比重（%） | 16.1 | 28.8 | 3.4 | 15.8 | 9 | 73.1 | 7.10 | 7.1 | 0 | 1.6 | 15.8 |
| 校园 | 样本数 | 0 | 25 | 8 | 18 | 15 | 66 | 97 | 33 | 83 | 30 | 243 |
| | 比重（%） | 0 | 8.1 | 2.6 | 5.8 | 4.9 | 21.4 | 31.4 | 10.7 | 26.9 | 9.7 | 78.6 |

资料来源：城市意象数据来自冯健（2004、2005）。

城市与校园不同级别的感知地图所占比重对比　　表3-9-6

| 样本类型 | 低等级 | 高等级 |
|---|---|---|
| 城市意象空间 | 52.00% | 36.90% |
| 校园意象空间 | 39.50% | 60.50% |

资料来源：城市意象数据来自冯健（2004、2005）。

从感知地图的类型来看，城市空间感知地图以序列型为主，校园空间感知地图以空间型为主；从不同级别的感知地图所占的比重来看，城市感知地图的级别相对偏低，校园感知地图的级别相对偏高（表3-9-6）。城市道路系统结构完整，层次清晰，是连接住宅和办公地点的重要途径，随着私家车的发展，城市居民对道路的认知被强化。校园交通系统不明显，道路等级比较低，建筑相对于道路体量偏大，对校园学生的影响也较强。

## 9.8 结论与讨论：单位制度对城市意象的影响

单位，是指给城市居民提供各种就业机会的社会组织与机构，包括各企事业单位以及有关政府和公共机关等（柴彦威，2000）。根据职能，可以把单位分成不同的类型，有工业类单位、行政类单位、文教类单位、商业类单位、基础设施类单位等（李汉林，1993）。随着单位制度的改革，很多工业类单位解体，而以北京大学为代表的高等院校却相对完整地保存下来了。

对于大学校园意象地图而言，单位制度对其特点的形成产生了重要影响。

首先是单位综合性功能的影响。单位除了完成主要功能外，还提供住宅和其他一些福利设施。在传统的计划经济时代，一个单位就是一个小社会（揭爱花，2000）。以北京大学为例，在完成教育职能的同时，还提供了居住设施（学生公寓及为其服务的水、电、气）、生活设施（食堂、超市、澡堂）和文化卫生设施（电影院、运动场、医院），涵盖了学生日常生活的各个方面。这使单位成为了现代城市中一个个分散封闭的社会单元，“大而全，小而全”成为单位的鲜明写照（安德鲁·沃尔德，1991）。在所收集的问卷中，单位的“综合性”特征明显有所表现。绝大多数问卷都包含教学楼、宿舍、食堂、超市、讲堂等，涉及到教育、居住、生活、文化、卫生等多种功能。其中，尤以教学设施出现的频率最高，反映了北京大学作为教育单位的主要功能。

其次是单位封闭、半封闭性的影响。由于单位具有比较齐全的功能，人们的基本需求在其中均能得到满足，可以做到“足不出单位”，而且单位往往都建有围墙，客观上阻碍了人们之间的交流，使单位内部成为相对封闭的空间（艾大宾等，2001）。在对北京大学的调查中，单位的“封闭性”也得到体现。最主要的表现就是边界非常清晰，校园围墙和校门的出现频率很高，围墙反映了传统校园空间对人们的约束，而校门则体现了人们对于校园内外交往的需求。

## 参考文献

[1] Appleyard D. 1970. Styles and Methods of Structuring a City [J]. Environment and Behavior, 2: 100-107.

[2] Dober R P. 2000. Campus Landscape: Function, Forms, Features [M]. New York: John Wiley & Sons, Inc.

[3] Francescato D, Mebane W. 1973. How Citizens View Two Great Cities: Milan and Rome. In: R. Downs and D. Stea (eds). Image and Environment: Cognitive Mapping and Spatial Behavior [M]. Chicago: Aldine, 131-147.

[4] Golledge R and Stimson R. 1997. Spatial Behavior: A Geographic Perspective [M]. London: The Guilford Press.

[5] Lee Y and Schmidt C G. 1986. Urban Spatial Cognition: A Case Study of Guangzhou, China [J]. Urban Geography, 7: 397-412.

[6] 艾大宾，王力. 2001. 我国城市社会空间结构特征及其演变趋势 [J]. 人文地理，16（2）: 7-11.

[7] 安德鲁·沃尔德. 1991. 关于中国城市中工作单位制度的经济社会学研究 [J]. 国外社会学，(5): 26-32.

[8] 柴彦威. 1996. 以单位为基础的中国城市内部生活空间结构——兰州市的实证研究 [J]. 地理研究，15（1）: 30-38.

[9] 冯健. 2004. 转型期中国城市内部空间重构 [M]. 北京：科学出版社.

[10] 冯健. 2005. 北京城市居民的空间感知与意象空间结构 [J]. 地理科学，25（2）: 142-154.

[11] 顾朝林，宋国臣. 2001a. 北京城市意向空间及构成要素研究 [J]. 地理学报，56（1）: 64-74.

[12] 顾朝林，宋国臣. 2001b. 城市意象研究及其在城市规划中的应用 [J]. 城市规划，25（3）: 70-77.

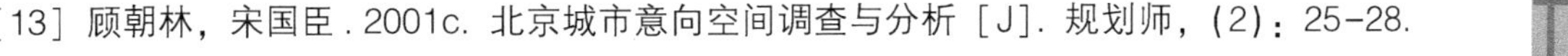

[13] 顾朝林，宋国臣 . 2001c. 北京城市意向空间调查与分析 [J]. 规划师，(2)：25-28.

[14] 揭爱花 . 2000. 一种特殊的社会生活空间 [J]. 浙江大学学报（人文社会科学版），30 (5)：76-83.

[15] 李汉林 . 1993. 中国单位现象与城市社区的整合机制 [J]. 社会学研究，(5)：23-32.

[16] 李雪铭，李建宏 . 2006. 大连城市空间意象分析 [J]. 地理学报，61 (8)：809-817.

[17] 李郁，许学强 . 1993. 广州市城市意向空间分析 [J]. 人文地理，8 (3)：27-35.

[18] 凯文・林奇著 . 2001. 城市意象 [M]. 方益萍，何晓军译 . 北京：华夏出版社 .

[19] 沈益人 . 2004. 城市特色与城市意象 [J]. 城市问题，(3)：8-11.

[20] 徐苗 . 2003. 城市意象的秩序与意义 [J]. 规划师，19 (4)：48-53.

[21] 余薇 . 2003. 城市意象与现代城市发展 [J]. 城镇形象与建筑设计，(7)：44-45.

# 10 基于老年人通勤的城市交通研究——以北京蓝旗营社区为例[①]

TEN

## 10.1 引　言

20 世纪中后期，地理学开始介入老年问题的研究，内容涉及老年人的地理分布、迁居、与环境的关系、福利的空间多样性等方面（刘璇，2003）。研究方法综合了地理学、社会学和心理学而呈现多学科融合的趋势，研究范式也越来越多元化，以应对老年问题的复杂性。由于中国进入老龄化社会相对较晚，从 20 世纪 80 年代开始，老龄化问题才逐渐引起国内学术界的关注。从研究内容和视角来看，已有的相关研究主要集中在老年人生活质量和生活满意度，养老及社会支持网络以及老年人生活活动空间研究等方面。

老龄化已成为当前中国一个重要的社会问题，尤其是在城市。目前中国大部分地区都已进入“老年型社会”。随着生活水平的提高，平均预期寿命还在不断延长。根据相关预测，2025 年中国人均预期寿命将提高到 75 岁，再加上计划生育政策所带来的生育率持续下降，更加快了中国人口老龄化的速度，中国将成为世界上老龄化问题最突出的国家之一（刘建峰，2005）。在城市化快速发展的背景下，不断增加的城市人口密度所带来的交通需求也在急速增加，导致城市交通堵塞、通勤路线长，老年人出行更为不便。如 1992~1995 年期间，死于交通事故的老年人占年平均死亡总数的 11.5%，老年人交通事故死亡人数占死亡总人数的比例要比老年人占总人口数的比例高出 3%~7%（李文权，2005）。值得强调的是，国外的人口老龄化是一个连续过程，而中国则在很短的时间内实现了老龄化速度的飞跃，必然会产生大量的问题。

本文拟以特定社区为案例，通过研究老年人各种通勤行为及导致其行为发生的原因，从社会地理学和城市规划的角度出发，探究基于老年人通勤的城市交通策略。

## 10.2 案例社区调查

在选取案例的过程中考虑到 3 个方面的因素：①地段交通比较密集；②老年人比例较大；③周围服务设施可能对通勤造成影响——主要是对通勤距离和通勤频率的影响。兼顾以上三个

① 本文作者：陈霄。

方面，本研究选取了位于正在快速发展的中关村地区的蓝旗营小区。

蓝旗营小区位于蓝旗营中心地段，南临成府路，背靠清华大学，内部与清华大学连通。小区对面即公交车站，公交服务比较完善，靠近天桥，过马路方便，离五道口地铁站约一站路。周围服务设施比较齐全，超市、菜市场皆在步行范围内，另外，周围医院有三所，皆在车行15分钟内。

蓝旗营小区是著名的北京大学和清华大学的教授居住区。区内老年人比例比较高，约占60%，多为高校退休职工、退休教授，受教育程度较高，其通勤行为素质也比较高。老年人日常生活很丰富，虽然他们中的大多数都已退休，但仍在以各种各样的形式从事与退休以前工作相关的工作，只是工作时间和在日常生活中的重要程度有所变化。子女大多为中高等收入人群，因此物质生活无忧，在交通方面经常有子女开车接送，代替了很多公共交通。

## 10.3 老年人通勤行为特征分析

### 10.3.1 老年人通勤行为的一般特征

1）出行总量少

年龄越大，出行次数特别是非弹性出行次数越低，活动范围缩小，出行距离相应缩短。

“平常就待着，不愿意出去，孩子们倒是出去玩，我们不愿意去，公园都不愿意去，一把年纪了，身体不行，腿又不好。”

2）出行目的是生活需要而非生存需要

由与谋生相关的出行转为满足个人或家庭基本生活需要和精神、心理要求而采取的出行。

“我们每天早上都是三两个女同志一起去超市买东西，其实也不一定是想要买什么东西，就是去转转，路上走走，看到觉得有意思的东西就买回来。”

3）具有时域性

出行多集中在白天而非高峰时间。清晨6时至7时，上午9时至11时以及下午2时至5时是出行相对较多的3个时段。此外，在不同季节和气候条件下，老年人的出行时间安排还会有所差异。

4）男女分异

一般情况下，家庭中的男性老年人身体较好，通勤范围较广，频率较高。从通勤方式上看，女性老年人多倾向于步行、公交车和计程车，而男性老年人在短途交通时多选择以自行车代步，而且承受公共交通拥挤等不舒适的环境的能力较女性老年人强。因此，老年人通勤行为显示出非常明显的男女分异。

### 10.3.2 老年通勤行为的类型

通过实地调查，影响老年人通勤行为的最重要的因素是工作与否以及工作占正常生活的比例，据此将老年人分为三类：居家型，半工作型和全职工作型。

1）居家型

指退休后不参与任何工作的老年人。他们拥有完全自由和充裕的时间，也因此失去了很多与人交往的机会，除了日常的购物、休闲行为之外，没有其他可能的出行目的。考虑到老年人对购物、休闲的要求很低，因此这种类型老年人的通勤行为最少。

2）半工作型

一定程度上在外任职，但上班时间和工作内容不固定，并且很大程度上可由自己安排选择，只有在参加特定的大型活动时才会涉及赶时间、准时的问题。与前一种类型相比，该类型老年人时间的自由程度有所减小，但生活相对丰富。由于社会对自身的需要，该类型老年人在社会认同感上强于前者，在生活以及通勤的需求程度上也高于前者。

3）全职工作型

该类型的老年人除了年龄和工作经验与年轻人有区别之外，其他如通勤时间、通勤方式等都与年轻人类似。不过，老年人的作息时间可以相对宽松，因此还是具有较低程度的自由时间。这种老年人的比例很小，一方面，要求老年人身体健康，否则无法承担工作，另一方面，也要求老年人对工作仍然充满热情。不过，从另一个角度来看，该类型老年人由于融入一个单位或组织之中，因此集体活动更多，尤其是在假期时，这一点对通勤行为有显著影响。

## 10.3.3 老年人通勤的时空特征

1）居家型

生活比较单调和有规律，休闲娱乐是户外活动最重要的组成部分，其次是购物（图3-10-1）。在家的时间很多，但户外活动与在家的时间基本持平，如果某一天去距居住地较远的地方购物或买药等，回家之后就不再出外，以调节外出的劳累。通勤方式以步行和骑自行车为主，通勤距离较短。

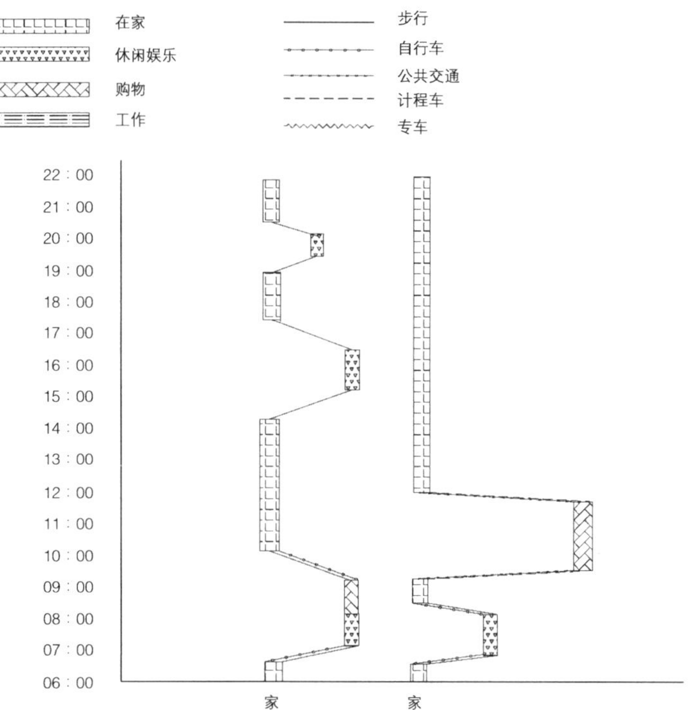


图3-10-1 居家型老年人活动空间

注：由于老年人时间充裕，出行目的非常明显，因此，图中所示为老年人由于有不同的目的而有不同的通勤行为，且都并入一张图中，以便比较。购物包括求医问药。专车包括单位接送和子女接送。另外，在两个目的地之间有可能存在不同的交通方式。下同。

2）半工作型

生活丰富多样，且时间安排自由，不受工作约束，属于三种老年人中通勤行为合理配置程度最高的一种（图3-10-2）。一周中的大多数情况是以图中左边第一种方式度过一天，与居家型老年人的时间安排几乎完全相同；而在一周中某几天（2~3天）是以第二种方式度过，即需要去单位所在地工作，但时间自由，可根据自己的意愿决定；最后一种方式出现相对较少，通勤距离较长，外出时间也较长，通勤方式多为专车接送，目的地是出差或开会地点，工作完毕之后，可以在路上停留，与工作伙伴进行一些娱乐活动。

3）全职工作型

工作时间固定，且占整个生活的很大比重，周一至周五每天必须到单位上班（图3-10-3）。由于老年人通勤的生活性，其选择的工作地点一般离居住地不会太远，可以步行、骑自行车到达，也有坐公交车的。周末时多待在家中，像居家型老年人一样早晨锻炼、购物，偶尔晚上会有单位组织聚餐等活动，带来相对应的出行，通勤方式多为计程车，也可能有公共交通。节假日一般单位会组织外出，专车接送，通勤距离较远，以调节单调的上班生活。

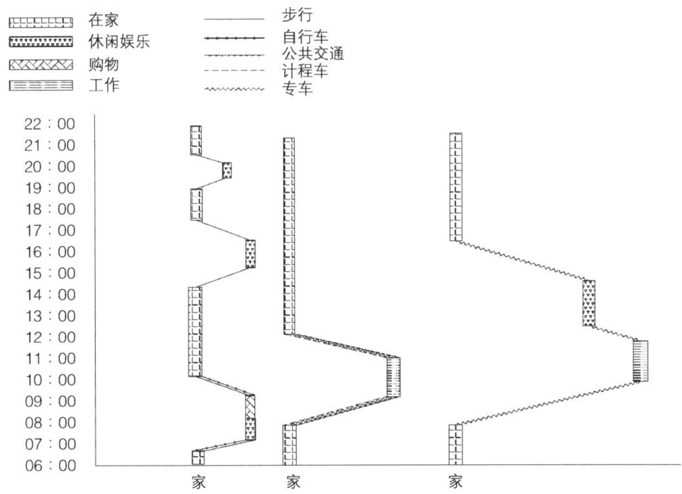


图3-10-2　半工作型老年人活动空间

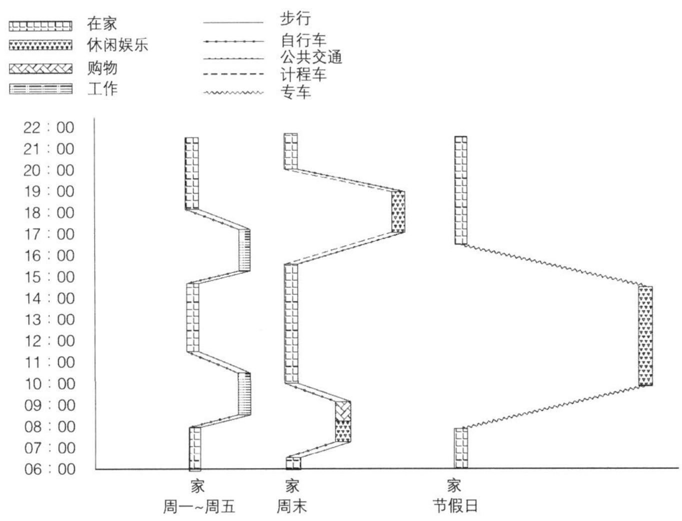


图3-10-3　全职工作型老年人活动空间

## 10.3.4 具体出行目的对老年人通勤行为的影响

由前述分析可知，虽然工作程度不同的老年人通勤行为的频率、方式以及距离长短都不一样，但他们出行的目的无外乎购物、休闲和工作。

1）购物行为对通勤造成的影响

老年人的购物主要是购买日常生活用品，如每周几次的买菜和购买日用品，换季节时买一些衣服以及为满足其精神需求而买书。

买菜、买日用品以及买书很大程度上与休闲和锻炼行为结合在一起。他们中的很多人，尤其是女性基本每天早上都结伴去旁边的超市——这个时候通勤本身成为目的，超市对于他们来说就只是一个衡量锻炼时间和距离长短的坐标。此外，超市的存在还增加了锻炼的乐趣。但就买菜来说，他们一般就在照澜苑以及蓝润超市、首航超市，去西苑早市的很少。而依托于购物的这种锻炼式出行，其频率跟身体状况直接相关，身体好的频率较高，从 2 次/周到 5 次/周。通勤方式的差异较明显，一般而言，女性都是步行，男性多以自行车代步。

在他们对衣服的要求中，保暖、实用占很大比例，因此，只有在特定季节才可能有需求。需求产生之后，有子女在北京的老年人可能会等子女驾车陪同自己去，购物之余，往往会在外就餐，此时购物已经演化为一种家庭聚会的方式；而子女不在北京的老年人比较多的是直接去自己常去的商店，购买之后就直接回家，一般不再逗留。当然，仍保留有一定逛街热情的女性老年人也有，但其比例有限。男性老年人普遍不喜欢出外购物。

“一般情况下不怎么买衣服，除非有需要。比如现在冬天到了，我腿容易凉，所以寻思着要买条厚点的毛裤，然后就去了，到了之后随便看看，觉得质量比较好，还挺保暖的话就试试，穿着觉得可以就买回来了，从来不多逛，逛着也累。”

另外，买书以及跟看书相关的通勤行为对他们来说十分必要，看书的内容往往是自己所属专业的最新动向，即使对于已经退休很长时间的老年人也是如此，这也体现了老年人通勤目的的生活性。

“我没事就喜欢去万圣书园看看书，而且也挺近的。不过，像我们这把年纪了，看书从来不看小说，就看看自己专业相关的书，了解一下最近的发展，虽说退休了看了也没用了，可是干了这么多年的事情，不看看反而不习惯了。”

2）休闲行为对老年人通勤的影响

总的来说，老年人的休闲行为因职业而异。工作中与人接触多的老年人休闲行为就可能较多，如单位组织节假日出行等，距离可长可短，最近的是北京郊区，远的是全国各地。

“我们平时休闲也就是散散步，在这儿这么多年了，也没什么好旅游的……‘五一’、‘十一’的时候更不会出去了，人太多了。”

（居家型老年人）

“我工作的单位经常节假日组织活动，一般都是早上专车把我们送到郊区，在那儿大伙儿一起打打牌啊，吃吃饭啊，享受一下新鲜空气，然后到下午或者晚上的时候就回来。”

（有工作的老年人）

“暑假的时候学校组织出去旅游……中国的省份都没几个没去过的了。”

（有工作的老年人）

值得一提的是，对于老年人来说，通勤行为本身就是休闲行为，同时也是一种锻炼方式。老年人由于生理上的退化，已经无法承受一些大幅度的运动，比如一个女性老年人提到，她在60多岁的时候还打太极拳，但到70多的时候顶多能做做健身操。同时，走路（即散步）成了锻炼的很重要的方式，慢速而连续的步行就可以达到活动筋骨的目的，此时，通勤成为一种生活状态。

**3）工作对老年人通勤的影响**

有工作的老年人倾向于有更加固定的即非弹性的出行时间以及方式。

此外，前面也提到，由工作所带来的附属休闲行为也对老年人通勤产生了非常重要的影响。

## 10.4 影响老年人通勤行为的因素分析

### 10.4.1 职业

从前述老年人类型可以看出，居家、半工作、全职工作的老年人通勤行为有很大差异。

居家型老年人通勤行为相对最少而且都是生活型通勤，即非谋生性质的出行，而是为满足个人或家庭的基本生活需要和精神、心理要求而采取的出行，活动范围多限制在居住地周围3~4km范围内。半工作型的老年人生活相对丰富，工作与晚年休闲生活两不误，并且由于工作并不繁忙，从属的单位又经常有集体活动，增加了这一部分人群的通勤行为，通勤范围较广，可延伸至整个北京市（包括郊区）。全职工作型的老年人通勤行为表面上都是生存型出行，但实际上并非只为满足物质上的需求，在很大程度上是老年人实现自我价值、充实老年生活的一种方式，由于全职工作，他们的出行十分频繁，每天或每几天往来于居住地与工作地之间。另外，由于多从属教育行业，在外工作（如开会）的机会非常多，因此他们的出行甚至比一般年轻人还多，通勤范围已经不限于北京市——但这里只研究他们的短途通勤，因此距离上不做讨论——频率比第二种更高。

### 10.4.2 身体状况

老年人因年轻时生活的差异，身体状况也千差万别。

身体差的老年人除了最基本的锻炼之外，基本上不在外逗留。行动迟缓、视力下降等各种生理上的限制使得他们不愿意也不敢有其他方式、其他目的的通勤。

“平常就待着，不愿意出去，孩子们倒是出去玩，我们不愿意去，公园都不愿意去，一把年纪了，身体不行，腿又不好，比如他们去香山吧，他们爬山，我们又爬不动，去了也是在下面等着，没意思，还不如不去。”

正常身体状况的老年人多多少少患有一些疾病，如关节炎、糖尿病、呼吸道疾病等，这些老年人还有能力单独出行，只不过速度比年轻人稍慢，但这不足以限制他们进行自己需要的通勤行为。

身体状况良好的老年人比例较小，而且多为男性，他们的行动丝毫不受各种交通元素带来的不便的影响，而且老年人时间比较充裕，他们基本上可以没有时间安排，没有距离长短限制，在交通工具可达范围内任意出行。

## 10.4.3 收入

退休前的工作性质决定了该小区老年人收入普遍较高，但分异也较明显，从每月 2000 元到 10000 元不等，但月收入基本由工作与否以及工作程度所决定。不同收入水平的老年人所倾向于选择的交通工具不同。从价格上来看，收入较低的老年人较可能选择公共交通（公交车与地铁），收入较高的老年人往往更容易选择乘计程车（在这里，计程车不计入公共交通，因为从单位使用者个数的角度来讲已经不具有公共交通的性质了）。

“我们一个月退休金也就两千多块钱，不过我们都退休了，什么都不干，又不像别人一把年纪了还挣钱，也知足了，别人出门打的，我们坐公交车也挺好的。”

不过有一点不能忽视的是，现在一些商店及超市发展了“门对门”的交通体系，使得老年人跟购物行为相关的通勤行为变得方便很多，这对高收入和一般收入水平的老年人来说都是一样的。

“买东西一般是我女儿开车送我们去，但是有的时候她不在北京，我们就坐超市开到院子里面的大巴去买东西，方便得很。”

## 10.4.4 子女居住地及收入情况

有子女在北京的老年人往往在日常生活中会较多受到照顾，例如购物方面可以由子女代劳。另外，他们会更倾向于以户外活动或者休闲购物的方式与子孙相聚，这导致他们的通勤范围扩大，通勤频率提高。

再者，子女收入较高的可能拥有私家车，因此很多需要出行的时候可以由子女驾车送去，不会涉及到公共交通的问题，安全系数也大大提高。

“一般有什么大东西要买的时候就等孩子回来了开车送我去，或者直接由他们买了给我带回来，省得我折腾，反正也不要求好看，能穿就行。”

## 10.4.5 年龄

虽然老年人是一个所谓的“弱势群体”，但其实这个群体中由于年龄造成的个体差异还是非常明显的。老年作为人生命中的最后一个阶段，生理衰落的速度比年轻的时候快得多，60~65 岁，66~70 岁，71~75 岁，76~80 岁，基本每五年是一个年龄段，随着年龄的增加，老年人出外活动的需求越来越小，对大城市交通的适应能力越来越差，甚至锻炼的方式、锻炼的地点、时间长短都有很大不同，因此通勤也随着年龄的增加越来越少。

“早十年（60 岁的时候）我还有时候出去玩一下，现在也不想了，也去不动了，在家待着挺好。”

# 10.5 老年人对交通的空间认知

## 10.5.1 对北京交通状况的整体感知

城市化的快速推进带来了城市结构与城市生活节奏的巨大改变，90%的老年人对北京交通的直观印象是乱、堵、挤，他们中有人对北京的交通作出了精辟的评价：

“咱们市长说了，首都就是首堵，交通就是太堵，弄得都不知道什么时候出去，比如你九点钟在城里有会吧，要是你八点钟出去，那九点准到不了，七点出去吧，到了在那儿坐半天。”

对于部分老年人尤其是女性老年人来说，城市结构的巨大变化让他们在室外缺乏安全感，出行的时间和范围都受到很大限制。

“不敢出去……现在都改了，出去连街都不知道是哪儿，都盖楼房了，有时候清华里面远点的地方都不知道是哪儿。”

## 10.5.2 安全意识

上海市对老年人交通安全知、信、行情况的抽样调查结果显示，50%的老年人在最近30天内乘车时有过车未停稳就上下车的情况，近30%乱穿马路，约1/5的人闯红灯，能完全了解步行和骑车规则的不足60%（李延红、郭常义，2003）。这反映了中国老年人出行中存在着盲目自信、不懂防范和侥幸的心理。

然而在本研究中，社区中老年人的安全意识较好，对各种交通法规常识的认识不低于年轻人，而且他们也很清楚各个交通标志代表什么，因此，从安全意识上说，他们并不具有弱势。

但是，就像年轻人一样，在认识上没有问题并不代表其行为也完全没有问题。有研究表明，尽管其认知与其相应的信念及态度表现出了一致性，但认知与其相应的行为却不相一致。尽管他们的态度很积极，但却盲目自信，有认为没那么容易会发生在自己身上的侥幸心理，不懂防范，我行我素（李延红、郭常义，2003）。不过，老年人在听力和视觉减退、对事物反应迟钝、步履迟缓、行走犹豫的情况下，如何保持“盲目自信”？对于这个问题，本文进行了详细调查。为探究其认知与行为不一致的原因，对老年人的采访中涉及到这样一道题：“如果现在道路交叉口的指示牌显示红灯，但是路上没有一辆车，你是否会过马路？”他们都知道红灯的时候不能过马路，但是问及这个问题的时候，回答就不尽相同了。

答案1：会过。导致这个答案的心理因素包括两种：①认为自己可以过得去就要过，正如很多年轻人闯红灯时候的想法；②担心绿灯的时间不足以让行动迟缓的自己安全到达对面，因此虽然是红灯，但既然没车就尽量先走，以免绿灯结束的时候被困在马路中央——这种想法占很大比例。

“人多不敢过，像这么宽（5m左右）的马路吧，还得看着没车了才敢走……红灯但是没车的时候，有的时候走，因为什么呢？有的地方亮绿灯的时间不够你走过去的，所以有的时候瞅着差不多就开始走，到绿灯亮完了差不多走过去了。”

答案 2：不会过。导致这一回答的心理因素包括以下两种：①时间充裕，即使因为红灯多等一会儿也不会耽误其他的事情，在路上还能多享受一下户外的生活；②不敢过，如果发生交通事故，在交通法规里，闯红灯而导致的伤亡不是汽车司机的责任，最终是追究自己的法律责任，因此宁愿多等一会儿，也不冒险。

“不敢过，年轻人趁这个时间就跑过去了，我们启动慢，中间过程也慢，要是现在来个车，被撞还白撞了，清华那两个教授不是被撞了吗？可惜得很，前几天还在一起聊天来着，这样被撞了都怪不得别人……每次过的时候都得注意着点，看见红灯差不多了得赶紧走，最快速度走过去也快不到哪儿去啊，所以，北京这个绿灯的时间设置得很有问题……要是问我的意见的话我就想把绿灯的时间设长一点儿。”

## 10.5.3 对各种道路元素的认知

1）天桥

老年人少有身体完全没有疾病的，而且其中的很大一部分，尤其是女性，都患有腿疾，因此步行缓慢，并且腿部活动范围十分有限，对于年轻人来说仅仅是麻烦而已的天桥对他们来说几乎成了不可逾越的鸿沟。

天桥整体的高度对他们来说并不是问题，他们时间充裕，可以忍受慢慢上楼梯。但是，天桥每一层的高度对他们来说非常重要，一般的 8～12cm 的踏步，他们走的时候是有困难的：第一种情况是腿迈不上去；第二种情况是上楼梯的活动引起呼吸系统的强烈反应；还有是雨天天桥上潮湿，为防滑，他们需要扶着旁边的扶手上楼梯，但由于天桥两边一般是自行车道，所以无法得到帮助。

“……很难受，上一层就喘口气，再上一层就再喘口气，走到那头儿在那儿站几分钟，再走一步喘口气走下去。”

“那天桥真修得有问题，下雨天，下雪天就积水，你们年轻人不怕，我们老了怕滑啊！”

“天桥没有扶的，旁边倒是有可以扶的地方，可是那中间还隔着推自行车的那条道儿，你要扶的话还得把身子斜着，多难受啊……有的地方有缓坡的条桥，不过少，一般都是那种一级一级的，别看你们年轻人上着容易，我看都有人一步上几个台阶的，我们腿不行，那台阶太高了，脚迈不上去，要是缓点儿就好了。”

总的来说，老年人一般会尽量避免过天桥，碰到只有过天桥和过马路两种选择的时候，他们倾向于过天桥，因为过天桥虽然活动量大，但是安全系数高。

“虽然不比在地上走好，但起码它安全啊！”

2）公交车

是否选择公交车这种交通方式跟经济情况有很大关系。经济情况较好的老年人出门坐计程车的比较多，只有在距离不是很长并且不是交通高峰的时候才会选择坐公交车。另外，他们为了避免坐到拥挤的公交车，会倾向于选择人少的车，比如空调车。

“一个人不敢去……坐车挤，挤得有的时候全是老人就没人让坐，就得站着。”

“坐公交车我都不挑上下班时间坐，而且都挑那种 7、8 开头的空调车，那种车人少，车上空气稍微好点。”

“出去玩，不赶时间的时候坐。”

经济条件一般的老年人坐公交车的可能性更大，而且会对这种廉价又方便的交通方式抱有好感。

“去清华校医院太远了，你别看直线距离就这么点，走过去太远，坐公交车到西门再走进去又很远，还不如直接坐到北医三院，那么远的距离就一块钱就行了，我上了车什么都不用管，到站下了就是医院了，这多方便呀！”

值得注意的是，很多老年人提到了一种公交性质的专车，即由购物中心等开设的定时专门接送老年人的大巴，起点是老年人集中居住的小区或者大学等，终点是该购物中心或商店，该种交通方式集公共交通的便宜与的士的快捷于一身，深受老年人欢迎。

“我出去买东西都不坐公交车，清华西门每天早上有车把你接到卖东西的地方，9点开车，你在那边逛会儿，两个小时之内把要买的东西都买好了就去等车，11点的时候就有车再把你接回来。”

3）地铁

老年人认为，地铁的缺点包括两个方面：首先是拥挤。地铁作为一种快速交通，在北京这样一个生活节奏很快的大城市中很有市场，因此人比较多，常常站的人比坐的人多，这显然是老年人不喜欢的。

“地铁挤啊，我坐过几次，特别多人，所以后来我都不怎么愿意坐，还不如打的呢！”

其次是可达性差。由于地铁的本质是地下交通，要进入地铁十分辛苦，高而长的台阶让很多老年人望而却步。此外，在地铁站之间转站的时候必须先到地上再到地下，如此连贯而又长距离的“爬山式”运动是很多老年人无法忍受的。

“地铁那大台阶很不习惯，一溜儿下去又上来走得人直喘气。”

“中间换乘的那段路太长了，走半天，所以我后来就不从五道口走了，直接打的到西直门，再坐那边的地铁。”

老年人所认可的地铁的优点是准时。

“还行，挺方便的，比公交车好多了，起码它准时啊，不会耽误事。”

无法否认的是，地铁确实比公交车、计程车等地上交通准时得多，这一点是其他几种交通方式完全无法做到的。优点虽然存在，却少有老年人能够享受到这一点，这要求老年人的身体素质像年轻人一样，而这显然是几率极小的。

## 10.6 基于老年人通勤的城市交通思考

### 10.6.1 步行系统

1）交叉口

中国现行的交叉口交通控制信号大多是针对机动车通行设置的，设置行人专用信号极少。很多老年人即使在信号初期甚至信号还没变绿的时候就开始过街，也往往是刚走到人行横道中间时，机动车绿灯信号便切换成红灯信号，老年人容易被阻于毫无保障的过街横道上，从而导

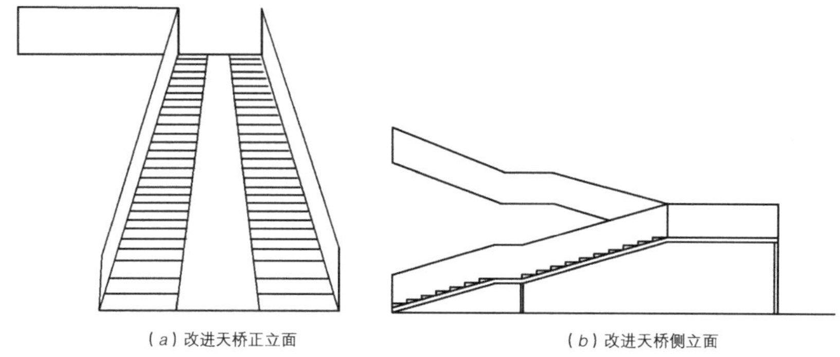

（a）改进天桥正立面　　（b）改进天桥侧立面

图 3-10-4　基于老年人特点而对天桥改进的建议

致老年人发生交通事故。因此，很多老年人并不害怕过很宽的马路，而是害怕过绿灯时间很短的马路（冯树民、吴阅辛，2004）。因此，在繁忙路口和宽度较大路口设置的人行指示灯应带有倒计时显示装置，以提高行人，特别是行动迟缓的老年人过街的安全感（卢柯、潘海啸，2001）。

2）天桥

天桥是为减少交通密集地区的行人过街障碍而存在的，其优点是安全，无交通事故之患，缺点是距离长。对于老年人来说，还有另外几个缺点：①坡陡，不能用中青年人的生理情况去衡量天桥坡度的合理性；②易滑，是天桥铺地材质选取不当、排水系统效率不高造成的；③扶手的空置，扶手与人行踏步之间被车行坡道所阻隔，相当于空置。

基于以上考虑，可以将天桥形制稍加改变，成为适合老年人通行的设施（图 3-10-4）。

改进天桥与一般天桥的区别有以下两点：①车行道改到中间，既不影响推车的人通过天桥过马路，也不影响老年人使用旁边的扶手；②通过多级天桥增加其长度，减小坡度和每一个台阶的高度，甚至可以直接设置成缓坡，辅以防滑带。

## 10.6.2　公共交通系统

城市老年人的交通可达性基本上取决于公共交通的设施水平和服务水平。特别是面对近年来出现的郊区化趋势，提高公交线网密度、车站覆盖率和发车频率，努力增加地铁、轻轨等高质素公共运输方式的线路条数和里程，都是十分必要的（卢柯、潘海啸，2001）。

此外，公交车系统可以引进部分大型超市和商场的做法，开辟老年人专线，可以一周 1~2 次的频率于非交通高峰期间运行，路线由不同地区老年人的购物需求决定，定时发车、定时返程，为老年人购物出行制造方便。

交通系统须做到无障碍设施的系统化、体系化，要点、线、面结合，最终目标应达到“门到门”的服务，即从家门到目的地整个过程的无障碍。

## 10.6.3　快速交通系统的改善

考虑到老年人的特点，建议从四个方面改善快速交通系统：①设置老年人专用车厢；②对电梯的考虑，增加上下双向电梯；③上下楼梯，由于快速交通决定地铁无法省去这一段长距离的“爬山式”交通，因此，只能从改善的角度进行考虑，比较容易实现的做法是，在未来修地铁站时将楼梯台阶的高度减小，并且增加缓冲平台；④换乘车站之间的连接，考虑换乘车站从地下连通，节省步行距离。

### 10.6.4 交通所服务的各种生活设施

通勤的目的是达到目的地，因此，对通勤行为和城市交通的思考不能不考虑城市其他设施的分布，本文强调从微观上考虑具体服务设施与居住区以及交通之间的分布关系。老年人需求量较大的是以下几种服务性质的设施：

(1) 购物。老年人居住区附近应分布有中小型购物场所，能满足老年人日常生活基本需求；大型的购物场所应具有便捷的甚至是直达的交通。

(2) 休憩。休憩场所应分布在老年人居住区步行范围内，而且有值得在其中逗留的自然风景或者商业吸引，在步行范围以外的休憩场所应有便利的交通。

(3) 求医问药。

此外，服务设施不仅要交通便利，还要与交通站点相隔较近，减少步行距离。

“我们不喜欢去家乐福，家乐福在公交车站和下一站中间，坐到哪一站下都不好，去的时候不带什么东西还好，出来的时候大包小包的还走那么远太费劲了，就那会儿功夫我都打的回来了。”

## 10.7 老年人的“乌托邦”

老年人的“乌托邦”是由微观层面的交通思考进入宏观层面的理想居住世界的探索，试图将影响通勤行为的各个方面进行组合，得到理想国一般的城市结构（图3-10-5）。

首先是集中型的居住形态。老年人集中居住，有助于政府及建设单位在社区附近设置相关交通要素，如道路交叉口处等地方按照老年人的标准设置适合于老年人的交叉口信号灯时间、天桥形态、公交便乘系统等基础设施。同时，也能够促进老年人之间的交流，丰富他们的精神生活。

其次是发散型的交通系统。从老年人聚居的社区到各主要服务性设施集中地区应该有直线型的交通，即中途不需要换乘。即使时间较长也可以接受，但应尽量减少老年人为得到服务而增加的额外通勤距离，如地铁之间换乘时的步行和上下楼梯等。

再次是专车接送的大型购物设施。避免老年人因交通困扰而减少购物机会，为老年人提供适宜的购物环境以及方便的来回程交通。

最后是交通便捷的医院。老年人体质虚弱，各种疾病常伴身边，交通便捷不仅在急救时非常重要，而且由于老年人经常需要求医问药，因此也为与之相关的日常通勤行为提供方便。

另外，还有点状分布的休憩场所和步行范围内的中小型购物设施。这两点是考虑到老年人通勤行为与锻炼行为相互渗透的特点，这样的安排不仅会增加老年人锻炼的意愿，而且从商家的角度考虑也会增加利润。

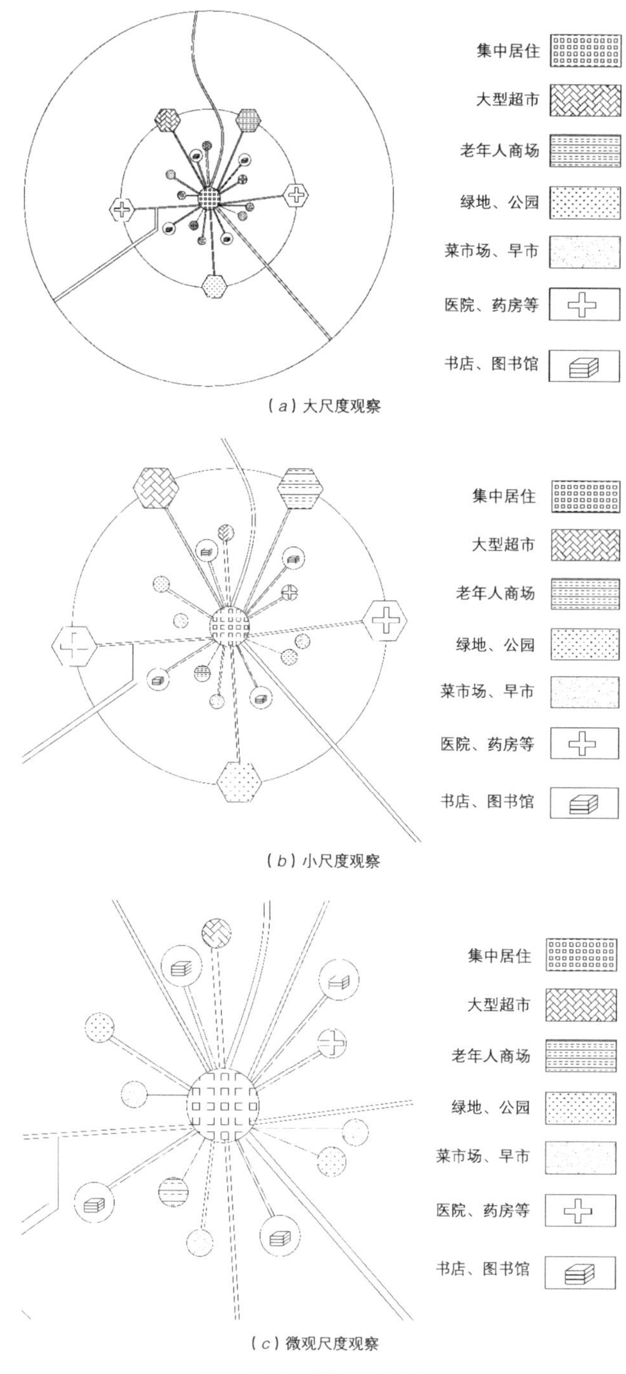


（a）大尺度观察

（b）小尺度观察

（c）微观尺度观察

图 3-10-5　老年人的乌托邦

# 参考文献

[1] 冯树民，吴阅辛 . 2004. 信号交叉口行人过街速度分析 [J]，哈尔滨工业大学学报，36 (1)：76-78.

[2] 李文权 . 2005. 中国老年人交通事故分析及预防对策 [J]，5 (5)：22-24，40.

[3] 李延红，郭常义等 . 2003. 上海市老年人交通安全意识的调查研究 [J]. 环境与职业医学，20 (1)：34-37.
[4] 刘建峰 . 2005. 浅谈中国人口老龄化与可持续发展 [J]. 陇东学院学报，13 (3)：56-59.
[5] 刘璇 . 2003. 中国城市老年人日常活动空间研究 [D]. 北京大学硕士学位论文 .
[6] 卢柯，潘海啸 . 2001. 城市步行交通的发展——英国、德国和美国城市步行环境的改善措施 [J]. 城市交通，6：39-43.

城市社会的空间视角

The Theory of City

Urban Space

附：全国城市规划专业社会调查报告一等奖作品（2007年）

# 北京四合院地区老年居民交往活动的空间特征调查报告——以交道口地区为例[①]

【摘要】

本次调查以北京四合院地区老年人为对象，调查其交往活动的空间分布特征及其影响因素。调查表明，北京四合院地区老年居民的日常交往正在减退，且就空间而言，交往活动对于地区外部空间的依赖性较大，这与四合院地区空间、规划和管理的缺陷有关。其中，建筑密度过高、绿化匮乏是硬件缺陷，而交通管制不足、交往空间规划不合理是软件缺陷。针对这些问题，本文从空间、设施及日常管理方面提出了合理的改良建议。

【关键词】

北京四合院地区；老年居民；交往活动；空间特征

【正文】

## 1　研究背景

### 1.1　理论背景

四合院历来是学术界关注的热点话题。到目前为止，对四合院研究较多的有建筑学和社会学：建筑学主要专注于对四合院建筑形制的探讨，而社会学的研究主要集中在其人文特征和社会效应方面。因而，在四合院地区主客体之间的互动关系这个方向上仍然具有一部分的研究空白。城市规划作为与此问题联系紧密的综合性学科，有责任去填补这一学术空白。

### 1.2　现实背景

四合院地区是典型的城市中心区和城市旧城区，面临着城市更新改造的巨大问题。而其特殊的历史文化意义将其带入了一个“尴尬”的境地：一方面，四合院地区的发展受到政府的各种政策的限制；另一方面，四合院地区已经明显地表现出了自主发展经济——尤其是发展旅游的趋势。在这种自外向内和自内向外的双重力量的驱动下，四合院和其中居民的生活又将发生

---

① 本文作者：肖丹、詹韵，指导老师：冯健、吕斌、汪芳。

什么新的变化？

随着中国步入老龄化社会，老年人的生活备受关注。由于各种原因，四合院地区老年居民的比重比社会平均比重高很多，老龄化带来的社会问题更严重。另外，四合院中的老龄人不仅仅是四合院地区里的活动主体，更是维护传统邻里关系的关键，具有与众不同的意义。

因此，对四合院地区老年居民生活的研究是对一个独特转型区中具有关键意义和特殊价值主体的关注，具有强烈的现实意义。

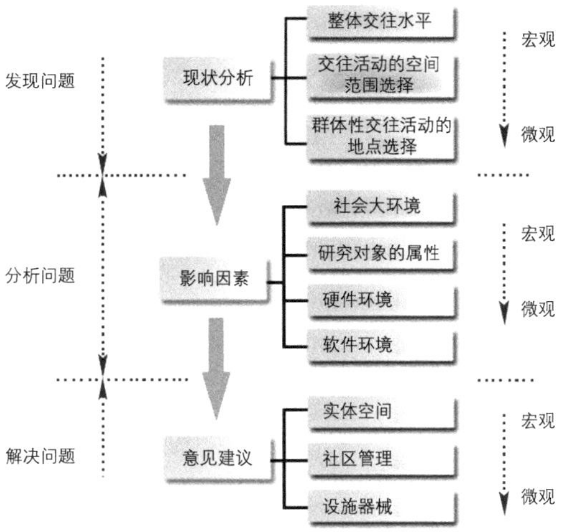

发现问题
现状分析
整体交往水平
交往活动的空间范围选择
群体性交往活动的地点选择
宏观
微观
分析问题
影响因素
社会大环境
研究对象的属性
硬件环境
软件环境
宏观
微观
解决问题
意见建议
实体空间
社区管理
设施器械
宏观
微观


图 4-1　研究思路示意图

## 1.3　研究核心问题

在以上背景下，本文聚焦于北京四合院地区的老年居民，选取能同时反映生理与心理状态的交往活动为切入点，调查研究其日常交往活动的空间特征，从建筑空间、城市规划与管理的角度分析其影响因素和现存阻力，从而针对老龄化问题为四合院建设“和谐社区”提供新的思路和实证依据（研究思路见图4-1）。

# 2　调研信息

## 2.1　调研地点

交道口地区位于北京市东城区，紧靠南北中轴线（图 4-2），与元大都同期建成，至今已有 800 年历史，是北京现存最古老、保存最完整的四合院地区之一，1993 年即被北京市划入 25 片历史文化保护区范围。该地区面积为 1. 47km²，下辖 10 个社区居委会，总人口约 5. 5 万人，2. 3 万户。

近年来，交道口地区旅游业和商业快速发展，导致四合院的规制和功能发生较大变化，传统保留与现代发展之间的矛盾日益突出。因而选取交道口地区作为研究地点，具有较强的典型性与代表性。

鼓楼
什刹海
交道口
故宫
鼓楼
什刹海
交道口
故宫
鼓楼
鼓楼东大街
菊儿胡同
地安门外大街
南锣鼓巷
交道口南大街
东四北大街
地安门东大街


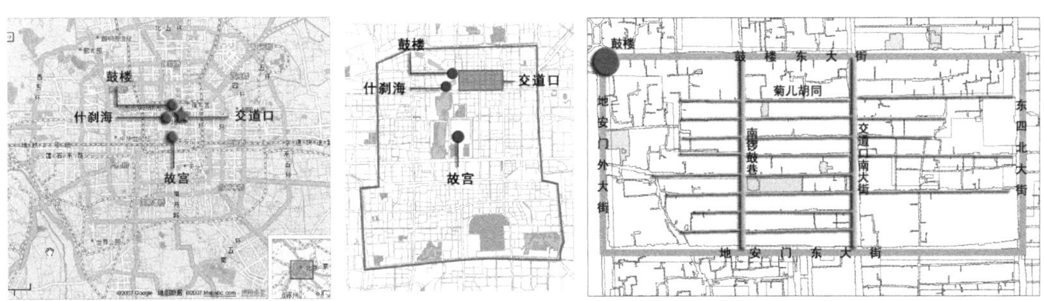

图 4-2　交道口地区区位图（宏观、中观、微观）

## 2.2 调研对象

本次调研的对象为交道口地区内的老年居民。根据 2006 年交道口街道范围户籍人口进行的 80%抽样调查数据，到 2005 年底，交道口地区的人口结构为：青少年占总人口的比例为 37.08%；中年人占 29.77%；前老龄及老龄人口则占 33.15%，其中 60 岁以上人口比重为 16.06%[①]（表 4-1）。可以看出，交道口地区的老龄化程度较为严重，因此由老龄化产生的问题也比较多。本次调查以 50 岁以上的居民为对象，调查其日常交往现状。

**交道口地区年龄结构比例** **表 4-1**

| | 抽样人数 | 年龄结构 | | | | | |
|---|---|---|---|---|---|---|---|
| | | 少年 | 青年 | 中年（35~49 岁） | 前老龄（50~59 岁） | 青—老年（60~74 岁） | 老—老龄（不小于 75 岁） |
| 人数 | 42581 | 6256 | 9532 | 12676 | 7280 | 4223 | 2614 |
| 百分比 | 100% | 14.69% | 22.39% | 29.77% | 17.10% | 9.92% | 6.14% |

## 2.3 调研方法

本次调查研究，是在查阅、总结多方文献的前提下，借助定量分析的问卷调查法及定性分析的访谈法两种研究方法，进行现象分析，并适当引入了空间学科中特有的空间序列分析方法，从而总结出对促进当地老年居民交往水平有利的意见及建议（调查流程见图 4-3）。

### 2.3.1 数据支持与资料获得

本次研究的数据资料以问卷调查的定量数据为主，辅以深度访谈的质性资料。

问卷调查中总样本量为 600 份，有效问卷 520 份，有效率为 86.7%；访谈中共 13 名被访者，根据老年人谈话主题分散且节奏较慢的特点经过 3 次完成，资料通过录音整理及语义分析，并选取最具代表性的内容作为证据支持。

### 2.3.2 空间排序与范围界定

此外，由于分析落脚于空间特征，因而本次调查不仅仅对四合院地区老年居民的交往活动地点进行了观察、归纳，并且根据距离远近的发散型特点，针对四合院本身的空间特质，对四合院地区附近供老年人交往活动使用的各种地点类型做了范围界定及空间排序，从而确定了可供交往活动进行的空间序列及其与四合院地区各范围之间的包含关系（图 4-4）。

① 人口按照年龄划分规则为：少年组（0~18 岁）、青年组（18~34 岁）、中年组（35~49 岁）、前老龄组（50~59 岁）、青—老年组（60~74 岁）和老—老龄组（不小于 75 岁）

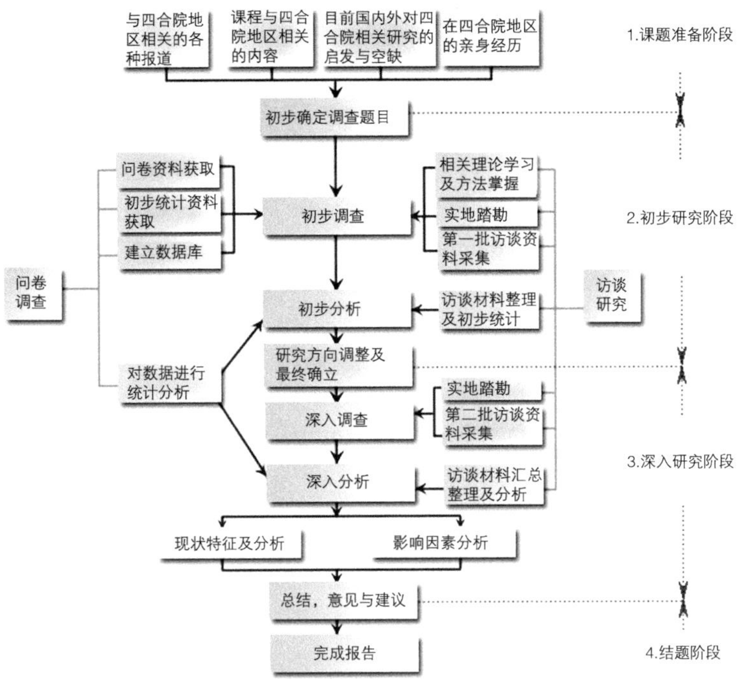


图 4-3　调查流程图

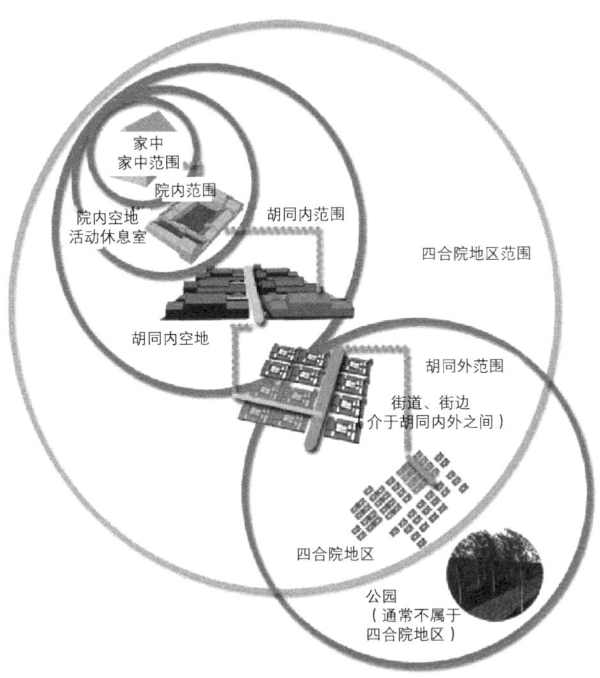


图 4-4　交往地点的空间序列及与空间范围的包含关系

# 3 现状调查及特征分析

## 3.1 交往的整体水平：浅层交往较好，深层交往不佳

根据问卷数据，对交往程度相关指标进行平均数统计。数据显示（表 4-2），院子中"打招呼"的平均人数仅为总住户的一半，这说明了邻里间关系弱化但仍保持了一定的惯性，且"可以说出名字的邻居"和"朋友"的平均数量比"打招呼的邻居"平均数量小，说明了交往深度已经偏低。因而，不难看出：目前居民之间的浅层交往状况较好，但深层交往状况不佳。

交往程度相关指标平均数统计结果　　表 4-2

| 项目 | 单位 |
|---|---|
| 总住户（户数）/院 | 22.5 |
| 见面会打招呼的邻居/人数 | 10.5 |
| 能说出名字的邻居/人数 | 6.4 |
| 朋友/人数 | 7.2 |

## 3.2 休闲时间主要交往活动的空间范围

据调查，交道口地区老年居民进行日常休闲活动的范围主要是在北京二环以内，即旧城区的范围内。具体来说，其交往活动主要发生在室内空间、四合院院落空地、胡同内空地、街边以及区外的社区公园，形成一个由内向外的空间序列（图 4-4）。按照离家距离远近的不同和相互之间空间性质的差异，本文将这一空间序列定性区分为 4 个类别：家中、（四合院）院内、胡同内和胡同外（图 4-5）。

根据问卷调查的数据，我们又进行了年龄分类的统计分析（图 4-6）。总体来说，老年居民休闲时间交往活动的空间分布图形呈倒"U"形——在家中和在胡同外的比重最大，而在院内的比重最小。具体而言，得出以下结论：

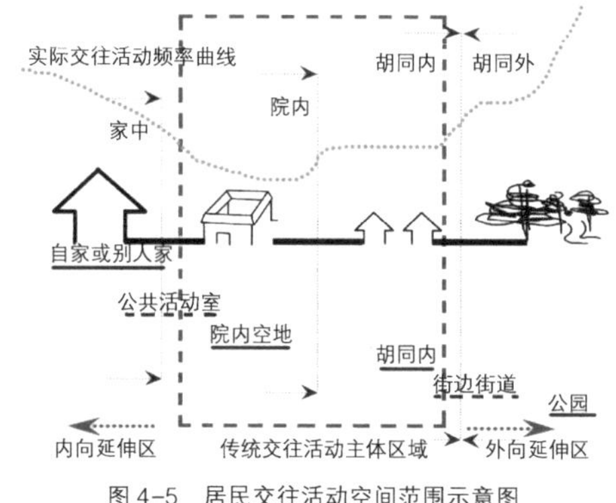


图 4-5　居民交往活动空间范围示意图

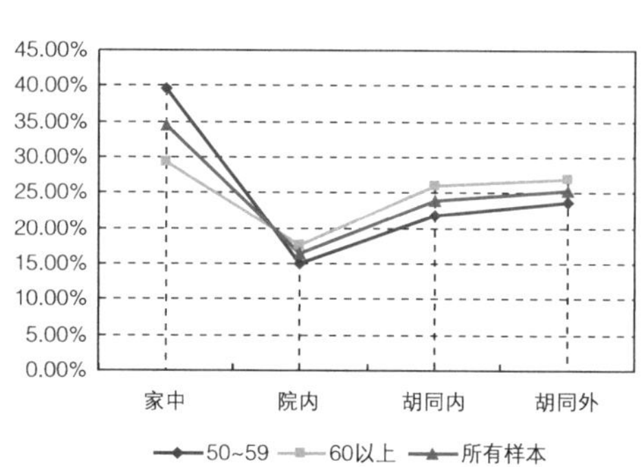


图 4-6　休闲时间的交往活动范围统计折线

(1)“家中”是交往活动发生的主要地点

可以看出，老年居民对于休闲时间交往活动的主要范围选择“在家中”的比例最高，说明较多老年居民的休闲时间主要活动范围在家中。访谈中了解到的情况也支持这一点：

第一，对于部分仍处于工作状态的老年人，由于平时在外时间较多，工作之余更倾向待在家中。

第二，胡同特色商业和旅游业的发展增加了对于胡同生活的干扰，老年居民更愿意待在家中。

(2) 院内交往存在明显的缺失

传统四合院中，院落作为一种积极的开敞空间，为居民的休憩和交流提供了场所。但由图4-6可以明显地看出，所有折线上，在“院内”的区域上都出现了明显的凹口，说明无论对于哪种年龄段的老人，在院内进行交往活动的比例都是最低的。根据实地踏勘，我们发现交道口地区的建筑密度非常高，私搭乱建的临时房屋已经将很多院子的院落空间占据大半，只留下过道空间。这种情况下，院落很难成为人们休憩和交往的场所，因而院内交往活动缺失就不足为奇了。

(3) 胡同仍然是一个有效的活动单位

图4-6中，在“胡同内”的统计项目上，折线又回到较高的水平，说明了其被选比例较高，这表明仍然有较大比例的老年居民以胡同作为交往活动的地点，这是符合四合院中的传统的。访谈中也了解到，很多老年居民在晚饭之后都会到胡同里活动（因为此时外来游客流量减小），胡同社区也会在胡同范围内组织一些集体活动，为居民特别是老年居民创造交流的机会（实例照片1）。

实例照片1　居民在胡同内进行交往活动

(4)“胡同外”比例较大，反映较强外部依存的特点

交往活动范围在“胡同外”的比例已达到1/4，表明交道口地区内老年居民交往对于外部空间依赖性大的特点（实例照片2）。

实例照片2　居民在胡同外进行交往活动
（左：景山公园内；右：什刹海旁空地）

## 3.3　群体性交往活动[①]的地点选择

按空间延展顺序界定，老年人群体性交往可能出现的主要地点包括：家中（自家或别人家）、公共活动室、院内空地、胡同内、街坊/街边以及公园。这种空间秩序及与各空间范围之间的包含关系已经在前文的图4-4中表达了。

从对老年居民进行群体性休闲活动的地点的统计结果中可以看出以下特点：

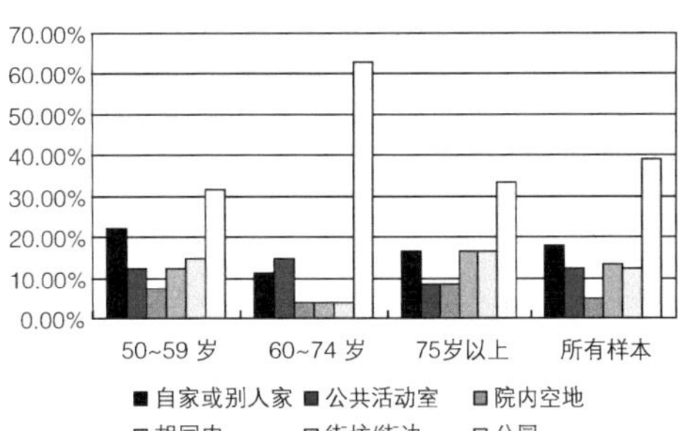


图4-7　群体性交往活动地点选择统计柱状图

① 群体性交往活动主要是指发生在由社区统一组织或居民自发组织的群体性休闲娱乐活动中的交往。

(1) 院内空地已经少人问津

由图4-7，所有样本以及不同年龄段样本的交往活动地点统计柱状图都呈现“U”形，且最低点都在院内空地处，说明了其已经很少被用于交往活动。在前文已解释过，在建筑密度过高的交道口四合院中，院内空地已经所剩无几，很难提供交往活动所需的场所和氛围。

(2) 在街坊/街边进行的交往活动比例相当高

通常情况下，街坊和街边通常由于车流、人流量较大，交通状况较复杂而并不适于交往活动。但图4-7的结果却显示，街坊/街边也已成为了重要的交往活动地点，这实质反映出了四合院地区胡同内、院落内的交往空间的匮乏。这点结论在访谈中得到了证实，很多受访的老年居民反映胡同内的活动空间存在问题：

第一，胡同内缺乏大面积空地，娱乐与休憩设施十分缺乏（见实例照片3）；

第二，旅游业及商业所吸引的人流和车流使胡同里出现嘈杂、拥挤、安全性降低等问题，其实质等于把过去半私密性的胡同内部空间变成了半公共性的“街道空间”。

(3) 公园已成为老年居民最重要的群体性交往活动空间

实例照片3　位于帽儿胡同内的休憩设施
此为调研过程中发现的交道口所有街巷内唯一一处可供居民休憩的设施。

实例照片4　公园是最重要的群体性交往空间
（上：景山公园内；下：什刹海旁空地）

图4-7中代表公园的柱形都具有最高的高度，这说明了地区外公园已成为交道口老年人的最主要的群体性交往活动地点。访谈也了解到，由于胡同内的休闲场地紧促，且交道口地区附近的皇城根公园、景山公园、什刹海等风景区，不仅距离近、品质高，而且免费或价格低廉，所以是吸引老年人聚集、休闲、交往的一个集点（见实例照片4）。

# 4　交往活动空间分布范围的影响因素分析

经过分析认为，交道口老年居民交往活动地点的分布规律是受到社会大环境和内部的软硬环境等多方面因素的综合影响而形成的。

## 4.1　社会背景因素

(1) 社会氛围隐私性加强，邻里关系逐渐淡漠

在现代社会中，生活压力的加大、经济关系的独立性加强使人们更强调私人生活的隐私性，从而淡化了与身边的人的交往。即使在相对封闭的四合院环境里，由于居民结构的变化及老街坊网络的打破，中国传统社会的以地缘联系在一起的邻里关系也正在减弱（见访谈资料1）。

**访谈资料 1**

“（串门）串得少了——每家都有点家里头的事儿，总不好意思总是去麻烦别人吧……”

——9 号被访者

“关系平淡了——拆迁太多了——很多（房子）已经租出去了，（居民）不住这儿——（住户）老换人……像锣鼓巷两边的房子全都租出去了，做生意——再找以前的人（老住户）很难——走得差不多了……”

——11 号被访者

（2）生活节奏加快，邻里交往活动逐渐减少

北京作为经济快速发展的大都市，人们的生活节奏越来越快，生活压力越来越大。这种生活压力直接或间接影响人们的身心状态，从而影响其交往活动。四合院位于城市核心区，紧邻 CBD，因而这种影响更为明显。上班族休闲交往活动减少是非常普遍的现象，而即使是非工作状态的老年人也间接地受到这种快节奏生活带来的影响，产生交往的心理障碍，使整体的交往水平降低（见访谈资料 2）。

**访谈资料 2**

“……和别人聊天？不常——也不喜欢和别人一起……家里现在这么困难，怎么好意思到处说——没时间——这么多烦人的事儿，房子什么的都没有解决呢……”

——6 号被访者

“……不休闲——就睡觉——为了少吃一顿饭呐……不出门——出门了消耗体力，还要吃饭——饿得都爬不回来了……”

——12 号被访者

（3）人口流动性增大，居民结构复杂化

中国已经进入快速城市化阶段，人口流动性逐年增大，最明显的表现在于城市流动人口的增多。由于四合院地区位于城市中心区，生活就业条件方便，且建筑以平房为主，租金相对低廉，因此吸引了大量外来人口。外来人口的迁入又对原住民有着较强的“挤出”作用，从而导致居民结构的复杂化，很大程度上影响了居民之间的交往方式和交往水平（见访谈资料 3）。

**访谈资料 3**

“我是一年前才搬到这儿来住的……一般都不会出去，认识的人很少，就算是认识的最多也就见面了寒暄几句……”

——5 号被访者

“外地人特别多，他们和我们不一样，他们不和我们交往，大家的生活方式啊，观念什么的都不一样……外来人口之间来往的也不多吧……”

——11 号被访者

## 4.2 老年人的特殊属性因素

老年人有着不同于其他年龄人群的生理、心理特点，都会对交往活动产生影响。而对于北京四合院地区的老年人来说，又具有其特殊之处。

（1）非工作状态为交往活动提供了充分的时间和理由

由于大多数居住于四合院地区的老年人都处于退休等非工作状态，且孤寡、空巢老人为数

很多，他们的休闲时间相对较多，且容易产生孤独心理。因而，工作缺失不仅仅为其进行交往活动提供了必要的时间条件，也增加了他们对于交往活动特别是群体性交往的需求。

实例照片 5　四合院内私搭乱建建筑

（2）四合院地区“老北京”独特的“胡同交往文化”激励其自发交往

北京四合院地区的老年人很多都是从小在胡同四合院里长大的“老北京”。对于他们来说，在胡同里进行交往活动是一种生活方式，这对于自发交往有很大的激励作用。

（3）相对脆弱的生理、心理状态促使其倾向短途、小范围的日常交往活动

一般来说，步入老年后身体条件将逐渐下降，身体素质趋弱。因而随着年龄的增长，进行长途休闲交往活动的可能就逐渐减小了，这就意味着小范围内的日常交往活动成为更为重要的生活组成。

（4）较大的时间比例、较差的身体条件使其对于交往环境的敏感性增加

老年居民交往时间较长、身体素质较差等特点促使他们对于交往环境的质量更为挑剔和敏感，而对于嘈杂混乱的忍耐程度下降。因而，相对于其他年龄段的人群，老年人通常更需要安静、开敞和自然以及稳定的空间。

## 4.3　建成环境因素（硬件环境）

（1）内部空间的“引力”：居住房屋内部更舒适

随着现代技术的发展，四合院内房屋虽多保持了传统的平房形制，但内部已经有了很多现代化的设备，如空调等，从而改善了室内的硬件条件，进而吸引人们停留在室内空间。

（2）外部空间的“推力”：建筑密度过高，活动空地、绿化匮乏（实例照片 5）

由于房租低廉等原因，四合院地区的人口密度较高，居民不得不在原来的开敞空间内私搭乱建违章建筑以增加日用空间，形成了很多建筑密度过高的大杂院，传统的院落开敞空间被破坏。

胡同内用地本身就比较紧凑，加之修建许多违章建筑以及近年来为扩宽街道所导致的破坏街边绿地的情况，目前四合院地区内可用于活动的空地及设施变得极为匮乏。即使有些胡同内或街边布置了活动设施，但由于设计的缺憾，实用性不强。这造成室外交往条件的恶化，从而大大减少居民在外部空间进行的交往活动（图 4-8）。

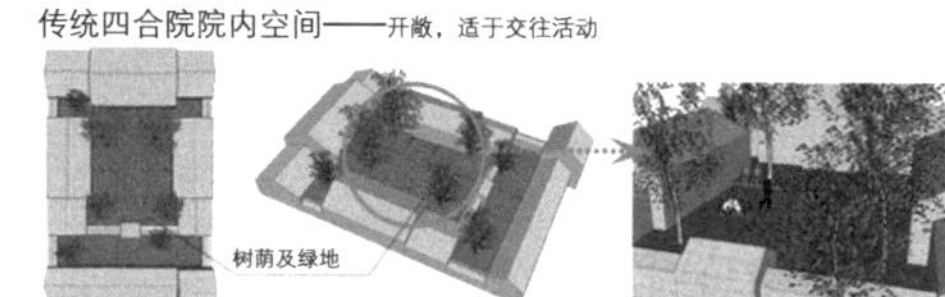


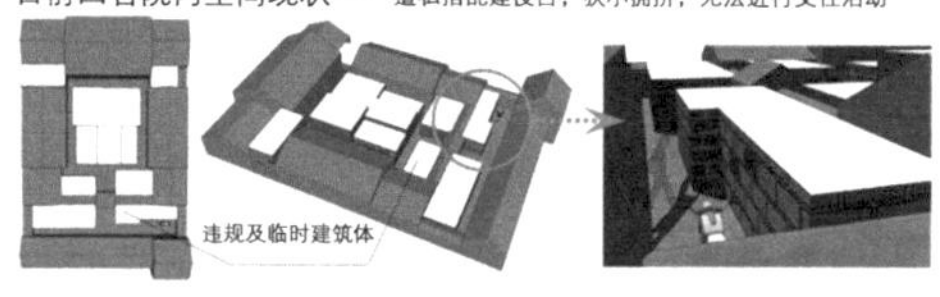


图 4-8　院落空间被占导致交往降低示意图

## 4.4　规划管理因素（软件环境）

（1）胡同内交通管制不力

由于多数胡同/街道宽度有限，而机动车辆和三轮车却频繁进出，不但堵塞消防通道，而且破坏了胡同内的步行系统，降低了居民出行的安全性。因此交通管制是十分必要的。

目前，交道口地区主要的交通措施包括在部分重要街巷实行单行、限制货车和班车进入、部分地段禁止停车等。但是，目前仍然存在以下主要问题（见实例照片6）：

第一，机动车违章出入和违章停车的情况屡有发生。很多胡同内的一侧停满了机动车，使原本狭窄的胡同更加狭窄。

第二，单行的措施只针对了机动车，而对胡同游等所用的三轮车却没有约束能力，因而不能解决胡同游的大规模车队来往干扰居民生活的问题。这大大削弱了胡同、街道作为主要交往空间的传统功能。

实例照片6

“胡同游”三轮车与机动车占用胡同有限空间

（2）对商业和旅游业的发展缺乏正确引导

交道口地区的特色商业发展势头强劲，特别是位于南锣鼓巷的特色酒吧街已成为了一大文化商业亮点（实例照片7）。但目前商业类型各式各样，很多都没有突出自身的特点，降低了本地区商业的文化品位，也带来了更为复杂的外部人流。人流的增加和杂乱影响了胡同的半封闭性，降低了安全感，且噪声、交通废气等恶化了胡同的环境，减弱了其对于老年居民交往的吸引性（见访谈资料4）。

实例照片7　南锣鼓巷的特色酒吧店

**访谈资料4**

“……锣鼓巷都是酒吧，人多着呢——车也多——谁去那儿……”

——4号被访者

“……胡同现在不行了——不安全，还吵还脏……（和街坊）顶多在街边站着聊聊——少了……”

——13号访问者

（3）公共活动空间的管理不善

根据实地调查及访谈证实，认为：

交道口地区室内公共活动空间管理较差，致使本来就有限的活动空间少人问津或遭占用（见访谈资料5）。实地调查中也发现，某公共活动室由于规章不明，甚至禁烟标识都没有，致使少数居民在其中抽烟使室内空气差，造成其他居民因为无法忍受这种室内环境而拒绝前来活动。

**访谈资料5**

“……以前这儿有一个活动站——可以健身、打球，乒乓球什么的——室内的——偶尔也去——但是现在没有了——居委会搬这儿来了，改居委会卫生站了……”

——7号被访问者

“外面（室外）连个坐的地方都没有——人家社区里还有点什么健身器什么的，咱这胡同里啊，啥都没有！……”

——4号被访者

室外的活动与休闲设施过少，并仍然存有较多问题。在实地调研中，总共只发现了一处固定的座椅，且没有任何遮挡，春秋季无法阻挡风沙，夏季无法遮阳避暑，冬季无法挡风保暖，因此少人问津，几乎只是摆设。

# 5 意见及建议

## 5.1 空间规划改良建议

（1）院内空间：积极降低建筑密度

不管是从恢复四合院建筑景观出发，还是从改善居住交往条件出发，都应积极地拆除私搭乱建的违规建筑，降低四合院地区的建筑密度，还原传统院落的公共空间。由于基数过大和其他原因，这种对开敞空间的还原是不可能一步到位的。因此，建议分期整改，逐步达到目的（图4-9）。

图4-9 四合院地区分期降低建筑密度示意图

拆迁过程中的老居民安置问题是值得深思的议题。目前，四合院地区实行的微循环政策是一种有效的尝试，但是进展的速度过于缓慢，应该予以更多重视。

（2）院外空间：发展良好的步行系统

四合院胡同的建筑格局决定了地区内不可能有较大面积的空地。因而，为改变老年居民对家中休闲的过分"青睐"，恢复其户外交往活动的传统水平，建议在胡同内规划设计较为完整的步行系统，以促进老年居民以散步等方式开展行进式交往。另外，应通过管制尽量减少胡同内部的机动车交通，积极发展地下停车空间，避免机动车占用胡同道路，以提高胡同活动空间的有效性，增加居民安全感，鼓励人们在胡同内的交往活动。

## 5.2 设施配置改良建议

（1）器材硬件：合理增加户外娱乐和休闲设施

由于四合院地区大规模的空地不足，有很大比例的交往是在街边或胡同内的小型空地进行的。因而，在条件允许的街边或小型空地上合理安置一些比较适宜的休闲与娱乐设施（如老年健身器材），免费供人们使用，这无疑为居民的交往活动创造了积极的条件。

（2）生态环境：合理增加绿化面积

大树等绿化可以改善四合院内、胡同内的小气候，配合上户外的活动器材，将形成交往的集聚点。同时，由于夏季纳凉聊天本身就是交往活动的方式之一，因而，树荫等绿化本身也可以作为一种交往活动设施，发挥吸引人流汇聚的功能。

## 5.3 日常管理改良建议

(1) 交通系统：协调人车矛盾

胡同内的交通系统紊乱是导致交往水平下降的重要原因。为了协调人车矛盾，改善胡同内的生活、交往环境，我们建议：不仅要针对机动车，而且要针对旅游商用的三轮车队，固定其行进的路线，并在一定的范围和时间内（主要是老年居民交往活动频繁的地区和时间）实行有效的交通管制。

(2) 社区建设：开展更多的公共交往活动

目前，自发性交往活动的深度和频率都在下降，这已经明显影响到了邻里关系的密切性及居民的主观感受。公共活动可以促进居民交往。但目前胡同内社区对公共活动的组织存在目标群体窄、活动类型单一、活动时间不合理等问题。因而，为了维持和提高交往水平，优化社区公共活动组织形制也是不可少的。

# 6 总 结

本次调查选取北京四合院地区的典型代表——交道口地区作为调研地段，以其内老年居民为调研对象，调查分析了老年居民交往活动的空间特征，总结了空间、规划和管理等方面的影响因素及现有问题，并在此基础上，从空间规划、日常管理等多方面提出了改善的意见与建议。

调查发现，北京四合院地区老年居民的交往水平和交往深度正在下降，且交往活动的空间范围表现出两极分化的特点：从传统的院内、胡同内分别向家中（内向）以及区外公园（外向）延伸，其中外向延伸特别明显，表现出了老年居民交往活动的外部依存的特点，也反映出了胡同内和四合院内的交往空间存在较大缺陷。要改良这种缺陷，需要通过空间规划改良、设施配置改良、日常管理改良等多方面措施才能全面解决问题。

# 参考文献

[1] 桂勇. 2005. 城市“社区”是否可能？——关于农村邻里空间与城市邻里空间的比较分析［J］. 贵州师范大学学报（社会科学版），(6)：12-18.

[2] 王颖. 2002. 上海城市社区实证研究——社区类型、区位结构及变化趋势［J］. 城市规划汇刊，(6)：33-40.

[3] 廖常君. 1997. 城市邻里关系淡漠的现状、原因及对策［J］. 城市问题，(2)：37-39.

[4] 宋言奇. 2004. 城市社区邻里关系的空间效应［J］. 城市问题，(5)：47-50.

[5] 付娟. 2007. 浅析我国人口老龄化问题及其对策［R］. 红网：zxz. rednet. cn/c/2007/05/18/1205173. htm.

[6] 郝彬彬. 2006. 谈人口老龄化对我国城市居住区规划的影响与对策［J］. 河北城市研究，(4)：35-38.